Nota bene!

Das lateinische Zitatenlexikon

von Karl Bayer

Albatros

Titel der Originalausgabe:
Nota bene: das lateinische Zitatenlexikon
3., erweiterte und überarbeitete Auflage

Bibliographische Information der Deutschen Bibliothek

Die Deutsche Bibliothek verzeichnet diese Publikation
in der Deutschen Nationalbibliographie;
detaillierte bibliographische Daten sind im Internet
über http://dnb.ddb.de abrufbar.

Umschlaggestaltung: butenschoendesign, Lüneburg
Umschlagmotiv: »Jason und Pelias«, Ausschnitt
(pompejianische Malerei), Museo Nazionale, Neapel
ISBN 3-491-96095-9
www.patmos.de

Inhalt

Einleitung

Als alphabetisch angelegtes Zitatenlexikon bietet der vorliegende Band ein buntes Gemenge von Geistesblitzen in lateinischer Sprache. Abgesehen davon, daß der Benutzer bei solcher Anordnung leichter findet, was er sucht, als das bei systematischer Aufbereitung möglich wäre, entspricht eine solche *farrago* (so hätte Juvenal ein solches Buch wohl genannt: *nostri farrago libelli* 1, 86) durchaus dem inhaltlichen Befund. Die Autoren liegen mit ihren aus den verschiedensten Zeiten, Verhältnissen und Zusammenhängen genommenen Bemerkungen viel zu weit auseinander, als daß man ihre Themen zu einem in sich geschlossenen Konzept verdichten könnte. Gemeinsam ist ihnen indes, daß sie Ergebnisse ihrer *meditatio condicionis humanae* (Cicero, Tusculanae disputationes 3, 34) mitteilen wollten, daß sie sagen wollten, was sie als Lebenserfahrung in die Scheuer einbrachten, worüber sie sich ärgerten, was sie belächelten, wozu sie rieten und wovor sie warnten. Bei all dieser Gemeinsamkeit gilt freilich der Satz: *Quot capita, tot sententiae.* Der Mensch läßt sich nicht normieren.

Den *Inhalt* sehr vieler Sentenzen hat somit das Leben selbst bereitgestellt. Da ist zunächst das Hadern mit der Kürze dieses Lebens, die Klage über die Unabwendbarkeit des Todes und der Wunsch, das Leben bis zu diesem Ende so angenehm oder so vernünftig wie möglich zu gestalten. Das führt zur Suche nach dem wahren Glück, der *vita beata*; die dazu versuchten Antworten sind ohne Zahl. Beim Leben in einer Gesellschaft, in der man sich gegenseitig kennt, spielt der Nachbar eine bedeutende Rolle: Ihn beäugt man, über ihn entrüstet man sich, an ihm lernt man, kurz, er wird zum Hauptlieferanten von Beispielen, überwiegend natürlich verwerflicher Art.

Wesentlich besser steht es um den Freund. Es gibt da sehr wohl das zweite Ich, die zwei Seelen in einer Brust, Seelenfreundschaft also. Viel öfter handelt es sich jedoch um Interessengemeinschaft, nicht zuletzt politischer Art. Sie war sichtlich oft wichtiger als eine verwandtschaftliche Beziehung. Daher die vielen Ratschläge, wie man den wahren Freund findet, ihn behandelt und für sich erhält. Es sind dies sichtlich immer Männerfreundschaften. Die Weiblichkeit findet, was die Leserinnen dieser Sammlung unschwer feststellen können, nur wenig Beachtung, und wenn ja, dann häufig in wenig charmanten Formulierungen. So war es halt in alten Zeiten – im Bereich der Sentenzen, wohlgemerkt –, und auch diese Seite des Lebens sollte nicht unterschlagen werden. Hingegen hatte man an schlauen und frechen Sklaven seinen Spaß, solange sie Bühnenfiguren blieben. Wahrscheinlich dachte sich so mancher *dominus*, daß er's gerne ebenso gut können möchte und vielleicht auch könnte, wenn er nur dürfte. Durch viele Sentenzen zieht sich noch ein weiteres, äußerst wichtiges Problem: das des Geldes, da ja auch in einem gewissen Zusammenhang mit einem glücklichen Leben steht oder wenigstens gesehen wurde. Die philosophische Abstinenz, die mit der Überbewertung des Materiellen hart ins Gericht geht, wird man nicht allzu ernst nehmen dürfen; denn letztlich wird es auch in der Praxis nicht ganz so zugegangen sein, wie Juvenal es beklagt: «Woher du's nimmst, danach fragt keiner – aber haben mußt du's!» (14, 207).

Lebenserfahrungen verdichten sich gerne zu *Sprichwörtern*. An sie stellt die Wissenschaft besondere Ansprüche: Sie gelten als solche nur dann, wenn sie eingeführt werden mit Wendungen wie *ut est in proverbio* oder *ut aiunt* u. ä. Was sie leisten, ist letztlich ein Paradoxon: Abstraktion durch Konkretisierung.

Weiterhin finden sich in dieser Sammlung gängige *Dicta memorabilia*, jene denkwürdigen Aussprüche also von Menschen, die in der Geschichte der Macht oder des Geistes etwas bedeuteten und auch zu formulieren verstanden. Nicht selten stellen sich solche *Dicta* als spontan treffende Kennzeichnung einer Situation dar, wie z. B. «Der Würfel ist gefallen!» und lassen sich in analogen Lagen ebenso treffend verwenden, oft treffender als viele Worte.

Aufgenommen sind ferner *Bildhafte Wendungen* aus dem Leben des Alltags, etwa aus den Bereichen der Landwirtschaft, des Handwerks, des Handels. An ihnen überrascht die Nähe zu unserer heutigen Ausdrucksweise. Dies gilt besonders, wenn es um Vergleiche mit dem Verhalten von Tieren geht, wenn also der Fuchs als schlau, der Wolf als räuberisch, die Taube als friedfertig typisiert wird. Man werfe einen Blick ins Register: Dort hat sich eine wahre Menagerie versammelt.

Bleiben noch die vielen Wendungen, die, oft aus dem Rechtswesen stammend, auch heute noch *formelhaft* verwendet werden und verwendbar sind, wie z. B. *ad hoc, eo ipso, ut aliquid fieri videatur* usw.

Betrachtet man die Zitate nach ihrer *Struktur*, so wird man sehr oft feststellen, daß die auf Gegensätzen beruhen, wie jung–alt, arm–reich, richtig–falsch, Leben–Tod, Reden–Schweigen, Tugend–Laster usw. oder aber auf Entsprechungen, wofür sich Korrelativa wie *qualis–talis, quot–tot* usw. eignen. Dazu stellen sich Parodoxa («Die Hälfte ist mehr als das Ganze») und Adynata («ohne Federn fliegen»), schließlich auch Rätselartiges wie z. B. *homo trium litterarum* (ein Mensch von drei Buchstaben, nämlich *fur*–Dieb).

Sentenzen beanspruchen gerne absolute *Geltung*; daher sind sie – was man gerade bei alphabetischer Anordnung rasch erkennt – oft mit apodiktischen Vokabeln wie *omnes, nemo, nihil/nil, nullus, numquam* eingeleitet und nur selten auf eine mehr statistische Wahrscheinlichkeit zurückgenommen, etwa durch Einschränkungen mit *saepe, saepius, non-*

numquam u. ä. Häufig findet man auch den relativierenden Bezug auf gewisse Personengruppen und Verhaltensweisen, vor allem durch einen vorangestellten Relativsatz mit *qui, quae, quod.*

Überraschungen bezüglich der Gültigkeit von Sentenzen erlebt man freilich auch, insbesondere dann, wenn man sich – wie in dieser Sammlung an sehr vielen Stellen versucht – davon überzeugt, was eine Aussage im *Kontext* bedeutet hat. Da ist zunächst schon die Verformung des Wortlauts alles andere als eine Ausnahme. So findet man gerne falsch zitiert die *disiecti membra poetae* als *disiecta membra poetae,* oder *naturam expellas furca* statt *expelles furca,* oder *quid est turpius quam senex vivere insipiens* statt *incipiens,* was schon arg an den Sinn rührt. In dieser Hinsicht sind die Zitierer ohnehin großzügig. Feststellungen werden da gerne zu Appellen: *militat omnis amans* zu *milita omnis amans!* oder *est modus in rebus* zu *sit modus in rebus.* Vielfach wird auch der ursprüngliche Zusammenhang nicht mehr gesehen, wie in *cum grano salis* (ursprünglich ein Rezept) oder *ne sutor supra crepidam,* womit nicht gemeint war, der Schuster solle bei seinem Leisten bleiben, sondern er könne bei der Kritik eines Kunstwerks allenfalls beurteilen, ob ein Schuh richtig dargestellt ist, nicht aber, ob die Wade darüber gut getroffen sei. Wenn man die *beati possidentes* beneidet, sollte man daran denken, daß Horaz (c. 4, 9, 45) deren Glück gerade in Frage stellt: *non possidentem multa vocaveris recte beatum.* Oder: *omne supervacuum pleno de pectore manat* meint nicht, daß das Herz des überfließe, wes es voll ist, sondern daß man Überflüssiges von sich abgleiten läßt (Horaz, De arte poetica 337). Solche Beispiele ließen sich häufen, und über manche könnte man gewiß auch diskutieren.

Es hängt vieles vom Zugriff des Exzerptors ab und auch von dem Zweck, den er verfolgt. Da die Zitate oft in Unterrichtswerken verwendet werden, kommt es verständlicherweise zu Verkürzungen, um sie griffiger zu machen. Zudem waren natürlich auch ganze Heerscharen von Nachahmern am Werk, die – *imitatores servom pecus* (Horaz, Epistulae 1, 19, 19) – in der Regel anonym bleiben und damit dem Nachweis der Herkunft Grenzen setzten. Sympathischer sind da die Weiterdenker, die durchaus Kongeniales zuwege bringen.

So stellt sich schließlich auch die Frage, wie es denn überhaupt zu *Zitaten* kommt. In unseren Tagen werden Aphorismen geschrieben und auch gerne gelesen, die von Anfang an als isolierte Sätze konzipiert sind, meist mit viel Sinn für Witz und Satire treffend zugespitzt. Auch in der Antike gab es Sammler von Sentenzen, auch von selbst geschaffenen, wie z. B. den Freigelassenen Publilius Syrus, auf den man in der vorliegenden Sammlung immer wieder stößt. Die Regel aber war das nicht. Eher muß man sich den Aufstieg eines Satzes zur Sentenz so vorstellen, daß einem Autor im Werkzusammenhang eine zündende Formulierung glückte, die ein Kenner bei geeigneter Gelegenheit aufgriff. Geschah das in der Öffentlichkeit, etwa in einer forensischen Rede, im Theater oder in einer bedeutenden Publikation, so begannen dem Wort bereits jene Flügel zu wachsen, die es – mit Anklang an Homer – zum *épos pteroén* geraten ließen, zum «geflügelten Wort».

Seneca schreibt in seinen Epistulae morales ad Lucilium (94, 27) hierzu folgenden Satz: «Vorschriften haben an und für sich großes Gewicht, jedenfalls wenn sie in ein Gedicht eingewoben oder in Prosa wie ein Spruch formuliert sind, wie jenes Cato-Wort: ‹Kaufe nicht, was nicht nötig ist; was nicht nötig ist, ist schon für einen As zu teuer.›» Auf solchem Wege gelangten sentenzenhafte Formulierungen unter die Leute und hielten sich durch die Zeiten. Wenn diese Sammlung mit den vielen andern, die es gibt, ein wenig dazu beitragen könnte, den Zitatenschatz im Bewußtsein zu verankern, wäre ihr Zweck erfüllt.

Zur dritten Auflage

Die neue Auflage unterscheidet sich von der vorausgegangenen nicht nur durch die Beseitigung kleinerer Irrtümer oder Druckversehen: Erweitert um 300 Texte bietet *Nota bene* nunmehr 3000 lateinische Zitate, Redewendungen, Aphorismen oder Sentenzen zu allen Lebensbereichen. Ferner wurde Wert darauf gelegt, das Fortleben der Zitate im Mittelalter und in der frühen Neuzeit (gekennzeichnet durch die Sigle *HW* = H. Walther, Lateinische Sprichwörter und Sentenzen des Mittelalters und – ab Nr. 34 284 – der frühen Neuzeit) sowie bei Erasmus, *Adagia* (in der Fassung von 1530), aufzuzeigen. Griechische Varianten, bisher nur in Umschrift aufgenommen, sind jetzt auch in griechischer Schrift abgedruckt. Das neu erstellte Register der Querverweise erschließt dem Leser Varianten und ähnliche Motive.

Für fördernde Kritik habe ich zu danken den Herren Prof. Dr. Franz Bömer, Dr. Uwe Dubielzig, Prof. Andreas Fritsch, Prof. Dr. Niklas Holzberg, Erich Keller, Prof. Dr. Theodor Knecht, Dr. Dietfried Krömer, Hubertus Kudla, Erich Liebi, Dr. Alwin Müller, Dr. Horst Puder, M. Stoffels, Prof. Renzo Tosi, Dr. Ludwig Voit und Dr. Günter Wojaczek.

München, Herbst 1998 *Karl Bayer*

A

1 **ab alio amentatas hastas torquere**
Pfeile verschießen, die ein anderer geschnitzt hat

CICERO, DE ORATORE 1, 242

... a quo cum *amentatas hastas* acceperit, ipse eas oratoris lacertis viribusque *torquebit.*

Wenn er von ihm (d. h. von einer Autorität, auf die man sich berufen kann) die wurfbereiten Lanzen übernimmt, wird er sie selbst mit rednerischer Kraft und Energie zu schleudern wissen.

(H. Merklin)

ERASMUS, ADAGIA 5, 2, 18 (amentatae hastae)

2 **Ab alio exspectes, alteri quod feceris!**
Erwart vom andern, was du selbst ihm tatest.

PUBLILIUS SYRUS, SENTENTIAE A 2

(H. Beckby)

HW 120

3 **Abducet praedam, qui occurrit prior.**
Wer zuerst kommt, mahlt zuerst.

PLAUTUS, PSEUDOLUS 1197f.

BA. Proin tu Pseudolo
nunties *abduxisse* alium *praedam, qui occurrit prior.*

BALLIO: Sag dem Pseudolus,
Ein anderer, der zuvorgekommen ist, ... sei mit der Beute schon davon.

(W. Binder – W. Ludwig)

HW 34358a

4 **Ab hac regula mihi non licet transversum digitum discedere.**
Von dieser Richtschnur darf ich keinen Fingerbreit abweichen.

CICERO, ACADEMICI LIBRI PRIORES 2, 58

Habeo enim *regulam,* ut talia visa vera iudicem, qualia falsa esse non possint: *ab hac mihi non licet transversum,* ut aiunt, *digitum discedere,* ne confundam omnia.

Ich habe nämlich eine Regel, die es mir ermöglicht, solche Eindrücke als wahr zu bezeichnen, die nicht falsch sein können: von dieser Regel darf ich, wie man sagt, keinen Fingerbreit abweichen, damit ich nicht alles in Verwirrung bringe.

5 **ab hoc et ab hac et ab illa**

von diesem und von dieser und von jener (d. h.: bunt durcheinanderreden)

Friedrich TAUBMANN († 1613)

Quando conveniunt Margretha, Sibylla, Camilla,
garrire incipiunt et *ab hoc et ab hac et ab illa.*

Wenn Grete, Sibylle, Camille sich treffen,
geht's gleich her über diesen und diese und jene.
(Es gibt verschiedene Fassungen)

6 **Abi atque abstine manum!**

Geh, tu die Hand weg! (sagt Cleostrata zu dem zudringlichen Lysidamus.)

PLAUTUS, CASINA 229

(W. Binder – W. Ludwig)

vgl. TERENZ, ADELPHOE 781: Non *manum abstines,* mastigia?

7 **ab igne ignem**

vom Feuer Feuer (Es war Pflicht, jedem zu gestatten, an seinem Feuer sich selbst Feuer anzuzünden.)

CICERO, DE OFFICIIS 1, 52

Ex quo sunt illa communia: non prohibere ab aqua profluente, pati *ab igne ignem* capere, si qui velit.

Daher sind jene Dinge gemeinsame Pflichten: nicht vom fließenden Wasser fernhalten, Feuer vom Feuer nehmen lassen, wenn jemand will.

(K. Büchner)

8 **Abi in malam crucem!**

Geh zum Teufel!

PLAUTUS, MOSTELLARIA 850

TR. Est: abi, canis: est, *abin* directa?
Abin hinc *in malam crucem?*

TRANIO: Haust du verflixter Hund nicht ab?
Willst du dich zum Henker packen, wie?

(W. Binder – W. Ludwig)

vgl. PLAUTUS, POENULUS 295: I in malam rem!

vgl. TERENZ, ANDRIA 317: *Abin* hinc *in malam* rem cum suspicione istac, scelus?

HW 34361

9 **Abiit, excessit, evasit, erupit.**

Er ging weg, er entwich, er verschwand, er stürzte davon. (Gemeint ist Catilina.)

CICERO, IN L. CATILINAM 2, 1

(M. Fuhrmann)

10 **ab imis unguibus usque ad verticem summum**
vom Scheitel bis zur Sohle

CICERO, PRO Q. ROSCIO COMOEDO 20

Non *ab imis unguibus usque ad verticem summum,* si quam coniecturam affert hominis tacita corporis figura, ex fraude, fallaciis, mendaciis constare totus videtur?

Ist nicht offensichtlich, daß der ganze Mann, so wahr man schon aus der leiblichen Bildung, ohne ein Wort zu vernehmen, Schlüsse ziehen darf, vom Scheitel bis zur Sohle aus Trug, Ränken und Lüge besteht?

(M. Fuhrmann)

vgl. ERASMUS, ADAGIA 1, 2, 37 (a capite usque ad calcem)

11 **ab initio**
von Anfang an

z. B. CICERO, DE OFFICIIS 2, 4

in his studiis *ab initio* versatus aetatis

...in solchen Studien wie hier von Anfang meines Lebens an tätig...

(K. Büchner)

12 **Ab initio nullum semper nullum.**
Was von Anfang an nichtig war, bleibt immer nichtig.

vgl. D. Liebs, A 4/N 119
HW 34350

13 **ab intestato**
ohne letztwillige Verfügung
(z. B. jemanden auf Grund des natürlichen Erbrechts beerben)

z. B. ULPIANUS, AD EDICTUM 46 (DIGESTA 29, 2, 39)

Quamdiu potest ex testamento adiri hereditas, *ab intestato* non defertur.

Solange die Erbschaft aufgrund eines Testaments angetreten werden kann, erhält man sie nicht ohne letztwillige Verfügung.

14 **Ab Iove principium**
Mit Jupiter laßt uns beginnen!

VERGIL, BUCOLICA 3, 60

Ab Iove principium musae: Iovis omnia plena;
ille colit terras; illi mea carmina curae.

Jupiter sei des Lieds Beginn! Er füllt ja das Weltall.
Er behütet die Lande, er liebt auch hier meine Lieder.

(J. Götte)

HW 123a

15 **A bove maiore discat arare minor.**
Vom größeren Ochsen lerne der kleinere pflügen.
(d. h.: Wie die Alten sungen, so zwitschern auch die Jungen.)

HW 4

16 **ab ovo**
vom Ei «der Leda» an
(Horaz lobt Homer, daß er den Trojanischen Krieg nicht «vom Ei der Leda an» besingt. Aus diesem Ei waren Helena und die Dioskuren Kastor/Castor und Polydeukes/Pollux hervorgegangen.)

HORAZ, DE ARTE POETICA 147

Nec gemino bellum Troianum orditur *ab ovo:*
semper ad eventum festinat et in medias res...

Nicht beginnt er... den Krieg um Troja beim Zwillingsei:
immer strebt er rasch zum Ziel und führt den Hörer mitten hinein in die Geschichte...

(W. Schöne)

HW 34351

17 **ab ovo usque ad mala**
vom Ei bis zu den Äpfeln
(d.h.: etwas gründlich erörtern)
(Die Römer pflegten das Mahl mit einem Ei zu beginnen und mit Äpfeln zu schließen.)

HORAZ, SERMONES 1, 3, 6f.

si conlibuisset, *ab ovo*
usque ad mala citaret 'io Bacchae' modo summa
voce, modo hac, resonat quae chordis quattuor ima.

...dann fiel's ihm plötzlich ein.
und er sang sein «Juchheißa» von der Vorspeise
bis zum Dessert, bald im tiefsten Baß und bald im höchsten Falsett.

(W. Schöne)

HW 34351a

18 **abrupte cadere in narrationem**
mit der Tür ins Haus fallen

QUINTILIAN, INSTITUTIO ORATORIA 4, 1, 79

Quapropter, ut non *abrupte cadere in narrationem,* ita non obscure transcendere est optimum.

Deshalb ist es das Beste, wie man nicht jählings in die Erzählung hineinplatzen soll, so auch nicht unerkennbar den Übergang zu nehmen.

(H. Rahn)

19 **Absens heres non erit.**
Wer nicht zur Stelle ist, wird nicht erben.

HW 34367; 37195a2

20 **Absentem laedit, qui cum ebrio litigat.**
An einem Abwesenden vergreift sich, wer mit einem Trunkenen streitet.

PUBLIUS SYRUS, SENTENTIAE A 12

HW 156

J. ALBINUS, S. 37

21 **Absit!**
Das sei ferne, Gott behüte!

z. B. CICERO, DE OFFICIIS 3, 87

Si gloriae causa imperium expetundum est,
scelus *absit,* in quo non potest esse gloria!

Wenn um des Ruhmes willen Herrschaft zu erstreben ist,
muß Verbrechen fern sein, in dem Ruhm nicht sein kann.

(K. Büchner)

22 **Absit invidia dicto!**
Mißgunst sei dem Worte fern!
Mit Verlaub zu sagen.

LIVIUS, AB URBE CONDITA 9, 19, 15

Absit invidia verbo et civilia bella sileant!

Meine Äußerung möge nicht als Vermessenheit ausgelegt werden, und die Bürgerkriege sollen schweigen!

vgl. LIVIUS 36, 7, 7:

Absit verbo invidia!

Hoffentlich machen meine Worte kein böses Blut!

(H. J. Hillen)

HW 174

23 **ab urbe condita**
seit Gründung der Stadt Rom (21. 4. 753 v. Chr.)
Titel des Geschichtswerkes des T. LIVIUS

24 **Abusus non tollit usum.**
Mißbrauch hebt ein Gebrauchsrecht nicht auf.

vgl. CICERO, TOPICA 17: *Usus* enim, *non abusus,* legatus est. Es ist nämlich nur (mäßiger) Gebrauch für den eigenen Bedarf eingeräumt, nicht aber (unmäßiger) Verbrauch. Karl Bayer

D. Liebs, A 12

25 **A cane non magno saepe tenetur aper.**
Von einem eher kleinen Hund wird oft ein Eber festgehalten.

OVID, REMEDIA AMORIS 422
HW 6

26 **a capillo usque ad ungues**
vom Kopf bis zum Fuß

PETRON, SATYRICA 102, 13

Hoc ergo remedio mutemus colores *a capillis usque ad ungues!*

Mit diesem Mittel wollen wir unsere Hautfarbe wechseln vom Scheitel bis zur Sohle!

(K. Müller – W. Ehlers)

vgl. CICERO, PRO Q. ROSCIO COMOEDO 20:

ab imis unguibus ad verticem summum.

Vom Scheitel bis zur Sohle.

(M. Fuhrmann)

vgl. APULEIUS, METAMORPHOSES 3, 21, 4:

ab imis unguibus sese totam adusque summos capillos perlinit.

...und bestreicht sich damit ganz und gar vom Kopf bis zur Zehe.

(E. Brandt – W. Ehlers)

HW 34287a1

vgl. ERASMUS, ADAGIA 1, 2, 37 (a capite usque ad calcem)

27 **Accedo nemini.**
Ich schließe mich niemandem an.
(d. h.: Ich habe meine eigene Meinung.)

28 **accepto damno ianuam claudere**
die Tür schließen, wenn der Schaden eingetreten ist.
(vgl.: Wenn das Kind im Brunnen liegt...)

HW 34390

29 **Accidit in puncto, quod non speratur in anno.**
Es ereignet sich im Augenblick, was man im Jahr nicht erhofft.
(d. h.: Unverhofft kommt oft.)

HW 242

30 **Accipere quam facere praestat iniuriam.**
Besser Unrecht leiden als Unrecht tun.

CICERO, TUSCULANAE DISPUTATIONES 5, 56

Nam cum *accipere quam facere praestat iniuriam,* tum morti iam ipsi adventanti paulum procedere ob viam, quod fecit Catulus, quam quod Marius, talis viri interitu sex suos obruere consulatus et contaminare extremum tempus aetatis.

Denn wie es besser ist, Unrecht zu leiden als zu tun, so ist es auch besser, von selbst dem nahenden Tod ein wenig entgegenzugehen, wie es Catulus tat, als was Marius tat, durch die Vernichtung eines solchen Mannes seine sechs Konsulate und seine letzten Lebensjahre so zu beschmutzen.

(O. Gigon)

HW 34399c

31 **accipitri columbas credere**
dem Habicht Tauben anvertrauen

OVID, ARS AMATORIA 2, 363

Accipitri timidas *credis*, furiose, *columbas*.

Machst du den Habicht, Verrückter, zum Wächter der ängstlichen Tauben?

(N. Holzberg)

32 **acer potor**
ein trinkfester Zecher

HORAZ, SERMONES 2, 8, 35ff.

Vertere pallor
tum parochi faciem nil sic metuentis ut *acris* | *potores* ...

Blässe überzieht
das Antlitz unseres Hauswirts: denn er fürchtet nichts so sehr wie scharfe Trinker ...

(W. Schöne – H. Färber)

33 **Acheronta movebo.**
Ich werde den Acheron (d. h. die Unterwelt) in Bewegung setzen, (wenn ich die Himmlischen nicht zu bewegen vermag).
(d. h.: alle Hebel in Bewegung setzen)

VERGIL, AENEIS 7, 312

Flectere si nequeo superos, *Acheronta movebo.*

Kann ich den Himmel nicht beugen, so hetz ich die Hölle in Aufruhr.

(J. Götte)

34 **A Corydon, Corydon, quae te dementia cepit?**
O Corydon, Corydon! Welch ein Wahnsinn hat dich ergriffen!

VERGIL, BUCOLICA 2, 69

(J. Götte)

35 **acta agere**
Erledigtes erledigen

CICERO, DE AMICITIA 85

Praeposteris enim utimur consiliis et *acta agimus*, quod vetamur vetere proverbio.

Was wir nämlich tatsächlich tun, ist, daß wir erst hinterher überlegen und so gleichsam Stroh dreschen, was man doch nach einem alten Sprichwort nicht tun sollte.

(M. Faltner)

vgl. z. B. PLAUTUS, PSEUDOLUS 261; TERENZ, PHORMIO 419;

vgl. auch HIERONYMUS, ADVERSUS PELAGIANOS 1, 24 (23, 541 Migne):

Actum ne *agas!*

Betreibe nicht bereits Erledigtes!

HW 34410a (Acta agis.)

ERASMUS, ADAGIA 1, 4, 70 (actum agere)

36 **Acta missa.**
Geschehenes läßt sich nicht ungeschehen machen.

CICERO, AD ATTICUM 15, 21 (20), 3 K.

Di illi mortuo, qui umquam Buthrotum! sed *acta missa*; videamus, quae agenda sint.

Fluch über diesen Kerl noch im Tode, der es je gewagt hat, Buthrotum anzurühren! Aber Geschehenes läßt sich nicht rückgängig machen; überlegen wir, was jetzt zu tun ist! (*20.6.44 v. Chr.*)

(H. Kasten)

37 **Acta, non verba!**
Taten, nicht Worte (helfen hier)!

38 **Acta probant homines, non verba, genus neque vestes.**
Taten machen den Menschen aus, nicht Worte, Herkunft oder Kleidung.

HW 298

39 **Acu tetigisti.**
Du hast (den kritischen Punkt) mit der Nadel(spitze) berührt. (d. h.: Du hast den Nagel auf den Kopf getroffen.)

PLAUTUS, RUDENS 1306

LA. *Tetigisti acu.*

LABRAX: Aufs Haar getroffen!

(W. Binder – W. Ludwig)

ERASMUS, ADAGIA 2, 4, 93 (Rem ...)

40 **ad absurdum (führen)**
die Sinnwidrigkeit z. B. eines Vorhabens nachweisen

z. B. CICERO, TUSCULANAE DISPUTATIONENS 1, 61

Absurdum id quidem.

Das ist Unsinn.

(O. Gigon)

41 **ad acta**
zu den Akten (legen)

42 **ad alienam voluntatem loqui**
den Leuten nach dem Munde reden

vgl. CICERO, DE OFFICIIS 1, 90

Atque etiam in rebus prosperis et *ad voluntatem* nostram fluentibus superbiam magnopere, fastidium arrogantiamque fugiamus!

Und wir wollen auch in günstigen und nach unserem Willen laufenden Verhältnissen gar sehr Überhebung, Hochmut und Anmaßung fliehen!

(K. Büchner)

43 **adamanta movere**
ein gefühlloses Herz (eigtl. Stahl) bewegen

vgl. Ovid, Ars amatoria 1, 659 (s. auch Amores 3, 7, 57)

Lacrimis adamanta movebis!

Mit deinen Tränen wirst du das stählerne Herz bewegen.

44 **ad amussim**
nach der Richtschnur
(d. h.: genauestens)

Gellius, Noctes Atticae 20, 1, 34

Sed decemviri minuere atque exstinguere volentes huiuscemodi violentiam pulsandi atque laedendi talione ... tantam esse habendam rationem arbitrati sunt, ut ... talionem in eo vel *ad amussim* aequiperarent vel in librili perpenderent.

Allein die gesetzgebenden Zehnmänner wollten überhaupt nur durch dieses Gesetz der Wiedervergeltung dem allerwärts möglichen frevelhaften Mutwillen tätlicher Beleidigung und Verletzung Einhalt gebieten und vorbeugen und hatten die Überzeugung, ... darauf sehen zu müssen, wie sie die Wiedervergeltung an dem Täter entweder gewissenhaft nach der Schnur abmessen, oder genau auf der Waage abwägen sollten.

(F. Weiss)

HW 321 (*Ad amussim* applica lapidem, non ad lapidem amussim.)

Erasmus, Adagia 1, 5, 90; 2, 5, 36

45 **ad bestias**
zu den wilden Tieren
(d. h.: zum Kampf mit wilden Tieren verurteilt werden – eine Form der Todesstrafe im alten Rom)

z. B. Gaius, Ad edictum provinciale 7 (Digesta 28, 1, 8, 4)

Hi vero, qui ad ferrum aut *ad bestias* aut in metallum damnantur, libertatem perdunt bonaque eorum publicantur.

Diejenigen aber, die zum Kampf mit Gladiatoren, mit wilden Tieren oder zur Arbeit im Bergwerk verurteilt werden, verlieren ihre Freiheit, und ihre Güter werden eingezogen.

46 **ad bonam frugem se recipere**
Die rechte Bahn einschlagen

Cicero, Pro M. Caelio 28

Equidem multos vidi in hac civitate, qui totam adulescentiam voluptatibus dedissent, emersisse aliquando et *se ad frugam bonam*, ut dicitur, *recepisse.*

Ich habe gesehen, daß manch einer aus unserer Bürgerschaft, der seine ganze Jugend dem Vergnügen geopfert hatte, schließlich doch davon loskam und – dem bekannten Wort gemäß – die rechte Bahn einzuschlagen vermochte.

(M. Fuhrmann)

Erasmus, Adagia 4, 5, 27

47 **Adde, quod ingenuos didicisse fideliter artes**
emollit mores nec sinit esse feros.

Ja, und mit redlichem Sinne die edleren Künste erlernen
sänftigt die Sitten und nimmt ihnen das Grausame weg.

Ovid, Epistulae ex Ponto 2, 9, 47f.

(W. Willige)

HW 536

48 **Additus ab insolente Gallo ponderi gladius.**

Vom überheblichen Gallier (Brennus) wurde zum Gewicht das Schwert hinzugelegt
(vgl.: sein Schwert in die Waagschale werfen)

Livius, Ab urbe condita 5, 48, 9

Rei foedissimae per se adiecta indignitas est:
pondera ab Gallis allata iniqua et tribuno recusante *additus ab insolente Gallo ponderi gladius* auditaque intoleranda Romanis vox: 'Vae victis!'

Zu der an sich schon höchst schimpflichen Sache kam noch eine besondere Schmach hinzu: Die Gallier brachten falsche Gewichte heran, und als der Tribun sie zurückwies, legte der unverschämte Gallier noch sein Schwert zu den Gewichten, und man mußte das für Römer unerträgliche Wort hören: «Wehe den Besiegten!»

(H. J. Hillen)

vgl. HW 34471

49 **Adeo obcaecat animos fortuna, ubi vim suam ingruentem refringi non vult.**

So sehr verblendet das Schicksal die Menschen, wenn es nicht will, daß seine hereinbrechende Macht aufgehalten wird!

Livius, Ab urbe condita 5, 37, 1

(H. J. Hillen)

50 **ad hoc**

für den vorliegenden Fall, eigens zu diesem Zweck

51 **Adhuc sub iudice lis est.**

Der Streitfall ist noch vor dem Richter.
(d. h.: er ist noch unentschieden)

Horaz, De arte poetica 78

Quis tamen exiguos elegos emiserit auctor,
grammatici certant et *adhuc sub iudice lis est.*

Doch wer der Erfinder war, der die knappen Zweizeiler in die Welt gehen ließ,
strittig ist's den Gelehrten, noch wartet des Spruches der Rechtsfall.

(W. Schöne- H. Färber)

HW 548

52 Adhuc tua messis in herba est.
Deine Ernte ist noch am Halm.
(Noch steht dein Korn auf dem Halme.)

OVID, HEROIDES 17 (16), 263 (Helena an Paris)

Sed nimium properas, et *adhuc tua messis in herbast.*

Aber du eilst zu sehr; noch steht dein Korn auf dem Halme.

(H. Naumann)

HW 549

ERASMUS, ADAGIA 2, 2, 89 (in herba esse)

53 Ad impossibilia nemo obligatur.
Zu Unmöglichem wird niemand verpflichtet.

vgl. CELSUS, DIGESTA 8 (DIGESTA 50, 17, 185)

Inpossibilium nulla obligatio est.

HW 34435: (Ad impossibile ...)

vgl. D. Liebs, J 21.22

54 ad incitas redigere
in die äußerste Not bringen

PLAUTUS, POENULUS 907

SY. Profecto *ad incitas* lenonem *rediget* (sc. calces), si eas abduxerit.

SYNCERASTUS: Führt er sie weg, dann ist der Kuppler matt gesetzt.

(W. Binder – W. Ludwig)

ERASMUS, ADAGIA 4, 7, 67 (ad incitas)

55 ad infinitum usque
weiter bis ins Unendliche

z. B. QUINTILIAN, INSTITUTIO ORATORIA 11, 2, 41

Quare et pueri statim, ut praecepi, quam plurima ediscant, et, quaecumque aetas operam iuvandae studio memoriae dabit, devoret initio taedium illud et scripta et lecta saepius revolvendi et quasi eundem cibum remandendi. Quod ipsum hoc fieri potest levius, si pauca primum et quae odium non adferant coeperimus ediscere, tum cotidie adicere singulos versus, quorum accessio labori sensum incrementi non adferat, in summam *ad infinitum usque* perveniat ...

Deshalb sollen die Knaben, wie ich vorgeschrieben habe, möglichst viel auswendig lernen, und jede Altersstufe, bei der es darauf ankommt, das Gedächtnis durch Fleiß zu fördern, muß von Anfang an den Widerwillen austilgen, das, was man geschrieben und gelesen hat, immer wieder aufzuschlagen und gleichsam die gleiche Speise wiederzukäuen. Gerade das aber kann um so leichter fallen, wenn wir damit beginnen, zuerst nur wenig und nur solches, wogegen wir keine Abneigung haben, auswendig zu lernen, dann täglich ein paar Zeilen hinzuzunehmen, so daß der Zuwachs gar nicht merklich macht, daß die Mühe gewachsen sei, insgesamt aber bis zu unbegrenztem Umfang des Gedächtnisses führt ...

(H. Rahn)

56 **Ad ingenium redis.**
Du kehrst zu deiner Veranlagung zurück.

TERENZ, HECYRA 113

Bleibst der alte doch!

(J. J. C. Donner)

57 **ad Kalendas Graecas**
auf die griechischen Kalenden
(d. h.: am St. Nimmerleinstag)
(Bei den Römern hieß der erste Tag des Monats «Kalendae». Die Griechen hatten keine solche Bezeichnung.)

SUETON, VITA DIVI AUGUSTI 87, 1

Cotidiano sermone quaedam frequentius et notabiliter usurpasse eum* litterae ipsius autographae ostentant, in quibus identidem, cum aliquos numquam soluturos significare vult, *ad Kalendas Graecas* soluturos ait. (*sc. Augustum)

In der Sprache des täglichen Verkehrs gebrauchte Augustus, wie seine eigenhändigen Briefe bezeugen, gewisse eigentümliche Ausdrücke; so schreibt er in diesen immer wieder, wenn er sagen will, daß jemand nie seine Schulden bezahlen werde, er werde «an den griechischen Kalenden» zahlen.

(A. Lambert)

ERASMUS, ADAGIA 1, 5, 84 (ad Graecas calendas)

58 **ad latus**
(als Mitarbeiter) zur Seite gestellt
(vgl. «Adlatus»)

59 **ad libitum**
nach Belieben

Ad libitum mugit canis et mulier lacrimatur.
Pro planctu tali sapiens vir non moveatur.

Wie's ihm grad einfällt, knurrt der Hund und heult das Weib:
Aus solch Geheul macht sich der Weise nichts.

HW 375a

60 **admodum tenui filo suspensum esse**
an einem ziemlich dünnen Faden hängen
(vgl.: an einem seidenen Faden hängen)

VALERIUS MAXIMUS, FACTA AC DICTA MEMORABILIA 6, 4, 1

61 **ad nauseam usque**
bis zum Erbrechen, bis zum Überdruß
(wörtl.: bis zur Seekrankheit)

HW 34444a

vgl. ERASMUS, ADAGIA 2, 8, 73 (ad satietatem usque)

62 **Adnuit et totum nutu tremefecit Olympum.**
(Also sprach Jupiter und) nickte ... gnädig Gewährung; sein Nicken ließ beben den ganzen Olympus.

Vergil, Aeneis 9, 106

(J. Götte)

63 **Ad nummum convenit.**
(Die Rechnung) stimmt auf den Pfennig.

Cicero, Ad Atticum 5, 21, 12 K.

Quid opus est, inquam, potius quam rationes conferatis? Adsidunt, subducunt; *ad nummum convenit.*

Dann ist es also das Einfachste, sage ich, ihr vergleicht eure Abrechnungen. Sie setzen sich zusammen und rechnen; es stimmte auf den Groschen.

(H. Kasten)

64 **Ad nutum raperet quivis, nisi lex prohiberet.**
Auf einen Wink hin ginge jeder zum Stehlen, wenn das Gesetz es nicht verböte.

HW 417

65 **ad oculos**
etwas so deutlich erklären, daß man es gleichsam lebendig vor Augen hat.
(vgl.: ad oculos demonstrieren)

vgl. Cicero, Partitiones oratoriae 20

Est enim haec pars orationis, quae rem constituat paene *ante oculos.*

Diese Art der Rede ist es nämlich, die ein Problem beinahe plastisch vor Augen stellt.

(K. u. G. Bayer)

66 **Adolescentia deferbuit.**
Die Jugend hat ausgebraust.

Cicero, Pro M. Caelio 43

Ac multi et nostra et patrum maiorumque memoria, iudices, summi homines et clarissimi cives fuerunt, quorum cum *adolescentiae* cupiditates *deferbuissent,* eximiae virtutes firmata iam aetate exstiterunt.

Zu unseren, zu unserer Väter und Vorväter Zeiten, ihr Richter, haben viele ausgezeichnete Männer und berühmte Mitbürger gelebt, die, wenn sich die Leidenschaften der Jugend erst gelegt hatten, in ihrem reifen Alter hervorragende Eigenschaften zeigten.

(M. Fuhrmann)

67 **Ad omnia alia aetate sapimus rectius.**
Für alles andere werden wir im Laufe der Jahre weiser (nur nicht für Geldangelegenheiten).

TERENZ, ADELPHOE 832

M. O noster Demea,
ad omnia alia aetate sapimus rectius;
solum unum hoc vitium adfert senectus hominibus:
adtentiores sumus ad rem omnes, quam sat est:
quod illos sat aetas acuet.

MICIO: O mein Demea,
Für alles andere machen uns die Jahre klug,
nur diesen einen Fehler bringt das Alter mit:
Wir sehen genauer auf das Geld als billig. Auch
sie wird das Alter schleifen.

(J. J. C. Donner)

68 **Adora, quod incendisti!**
Bete an, was du verbrannt hast!

GREGOR VON TOURS, HISTORIA FRANCORUM 2, 31

(Worte des Bischofs Remigius bei der Taufe des Königs Chlodwig im Jahre 496)

69 **Ad rem nihil facit.**
Es ist für die Sache ohne Bedeutung.

vgl. CICERO, DE FINIBUS 4, 73 (*Nihil ad rem!*); s. auch TUSCULANAE DISPUTATIONES 5, 63

ERASMUS, ADAGIA 3, 10, 33 (nihil ad rem)

70 **Ad scelus atque nefas, quodcumque est, purpura ducit.**
Zu Verbrechen und Unrecht, was immer es gibt, verleitet der Purpur.

J. ALBINUS, S. 72

71 **Adspice nudatas, barbara terra, nates!**
Schau meinen nackten Hintern an, Barbarenland!
(sagte Antonio Campani, der als päpstlicher Gesandter nach Deutschland reiste, um Türkenhilfe zu erbitten, aber nichts erhielt.)

Antonio CAMPANI (1471)

72 **Ad turpia nemo obligatur.**
Zu Schändlichem kann niemand verpflichtet werden.

73 **Adulatoris laus est speciosa fraus.**
Schmeichlers Lob ist glänzender Trug.

HW 558c

74 **Adversae res admonent religionum.**
Unglück erinnert an die Religion.
(vgl.: Not lehrt beten.)

LIVIUS, AB URBE CONDITA 5, 51, 9

Adversae deinde *res admonuerunt religionum.* Confugimus in Capitolium ad deos, ad sedem Iovis Optimi Maximi.

Unser Unglück hat uns dann wieder an die religiösen Verpflichtungen erinnert. Wir flüchteten uns auf das Kapitol zu den Göttern, zum Sitz Jupiters, des Besten und Größten.

(H. J. Hillen)

75 **adverso flumine**
gegen den Strom, stromaufwärts
mit widriger Strömung

CAESAR, BELLUM GALLICUM 7, 60, 3

Quinque eiusdem legionis (cohortes) reliquas de media nocte cum omnibus impedimentis *adverso flumine* magno tumultu proficisci imperat.

Die restlichen fünf Kohorten derselben Legion ließ er nach Mitternacht mit dem ganzen Troß unter großem Getöse stromaufwärts marschieren.

(O. Schönberger)

vgl. FRONTO, p. 113, 10 Nab.: *adverso,* quod aiunt, *flumine*

76 **adversum stimulum calces iactare**
wider den Stachel löcken
(d. h.: nutzlosen Widerstand leisten)

TERENZ, PHORMIO 78

DA. Venere in mentem mi istaec: namque inscitiast,
advorsum stimulum calces.

DAVUS: Da fiel der alte Spruch mir ein:
«Die Hufe wider den Stachel – welch ein Unverstand!»

(J. J. Donner)

vgl. z. B. PINDAR, PYTHIONIKAIS 2, 95:

Ποτὶ κέντρον δέ τοι λακτιζέμεν τελέθει ὀλισθηρὸς οἶμος.	(Potì kéntron dé toi laktizémen teléthei olistheròs oîmos.)

Doch gegen den Stachel ausschlagen, erweist sich
als Rutschbahn.

(D. Bremer)

vgl. auch ACTUS APOSTOLORUM 26, 14:

Saule, Saule, quid me persequeris? durum est tibi *contra stimulum calcitrare.*

Saulus, Saulus, was verfolgst du mich? Hart ist's für dich, wider den Stachel zu löcken

vgl. ERASMUS, ADAGIA 1, 3, 46 (contra...)

77 **Adversus necessitatem ne dii quidem resistunt.**
Der Notwendigkeit widerstehen nicht einmal die Götter.
(Gegen die Notwendigkeit kämpfen die Götter selbst vergebens.)

LIVIUS, AB URBE CONDITA 9, 4, 16

Subeatur ergo ista, quantacumque est, indignitas et pareatur *necessitati,* quam *ne di quidem* superant!

Nehmen wir also diese Schmach, so groß sie auch sei, auf uns und gehorchen wir der Notwendigkeit, die auch die Götter nicht besiegen.

s. auch SIMONIDES, fr. 4, 20f. D.:

Ἀνάγκῃ δὲ οὐδὲ θεοὶ μάχονται. (Anánke dè udè theoì máchontai.)

Mit der Notwendigkeit kämpfen auch die Götter nicht.

HW 568e. 34502

ERASMUS, ADAGIA 2, 3, 41 (Adversum ...)

78 **adversus omnes alios hostile odium**
gegen alle anderen feindseliger Haß

TACITUS, HISTORIAE 5, 5, 1

Sed *adversus* ...

79 **Aegroto dum anima est, spes est.**
Solange der Kranke atmet, gibt es noch Hoffnung.

CICERO, AD ATTICUM 9, 11 (10), 3 K.

Ut *aegroto, dum anima est, spes esse* dicitur, sic ego, quoad Pompeius in Italia fuit, sperare non destiti.

Man sagt, solange ein Kranker noch atmet, bestehe noch Hoffnung für ihn. Genauso habe ich die Hoffnung nicht aufgegeben, solange Pompeius noch in Italien stand.

(H. Kasten)

HW 34516

ERASMUS, ADAGIA 2, 4, 12

80 **aequa lance**
mit gleicher Waagschale
(d. h.: unparteiisch)

MODESTINUS, DIFFERENTIAE 2 (DIGESTA 42, 1, 20); s. auch CODEX IUSTINIANUS 5, 27, 10, 3.

... quod et in persona mulieris *aequa lance* servari aequitatis suggerit ratio.

Dies (d. h. eine Entscheidung des Kaisers Antoninus Pius) auch im Falle einer Frau unparteiisch zu beachten verlangt der Grundsatz der Rechtsgleichheit.

AUGUSTINUS, EPISTULAE 186, 34 (33, 829 Migne)

Aliquando enim ita paribus momentis potestatem voluntatis *aequa lance* perpendit, ut, quantum ad peccandum, tantum etiam ad non peccandum valere definiat. Quod si ita est, nullus locus adiutorio gratiae reservatur.

An einigen Stellen untersucht er* nämlich die Macht des unter gleich starken Einflüssen stehenden Willens ohne jede Parteinahme mit dem Ergebnis, daß er ihn als im gleichen Maße zum Sündigen wie zum Nicht-Sündigen befähigt definiert. Wenn dem so ist, bleibt kein Raum für das hilfreiche Einwirken der göttlichen Gnade. (*Pelagius)

ERASMUS, ADAGIA in 1, 4, 15; 2, 5, 82; in 1, 10, 42 (pari lance)

HW 613

81 **Aequalitas non parit bellum.**
Kräftegleichheit verursacht keinen Krieg.

HW 34521 a (... haud parit...)

ERASMUS, ADAGIA 4, 2, 96 (... haud parit...)

82 **Aequam memento rebus in arduis servare mentem!**
Bedenke stets, dir auch im Unglück deinen Gleichmut zu bewahren.

HORAZ, CARMINA 2, 3, 1 f.

Aequam memento rebus in arduis
servare mentem, non secus in bonis
ab insolenti temperatam
laetitia, moriture Delli, ...

Ein Herz voller Gleichmut in der Geschicke Drang,
In guter Zeit gleich frei von dem Übermaß
Unbändger Lust gedenk zu wahren,
Dellius, mußt ja dereinst doch sterben...

(Kayser – Nordenflycht – Burger – Färber)

HW 619a

83 **Aequat omnis cinis.**
Die Asche macht alle gleich.

SENECA, EPISTULAE MORALES 91, 16

Aequat omnis cinis. Impares nascimur, pares morimur.

Die Asche macht uns alle gleich: Ungleich werden wir geboren, im Tode sind wir alle gleich.

HW 34535a2a

84 **Aequo animo audienda sunt inperitorum convicia.**
Beschimpfungen durch Unerfahrene muß man mit Gleichmut ertragen.
(vgl.: Was von mir ein Esel spricht, das acht' ich nicht.)

SENECA, EPISTULAE MORALES 76, 4

Aequo animo audienda sunt inperitorum convicia et ad honesta vadenti contemnendus est ipse contemptus.

Mit Gemütsruhe kann ich mir die Schmähungen solcher Ignoranten anhören:
Wer sich der Sittlichkeit nähern will, für den ist selbst die Verachtung verächtlich.

(E. Glaser-Gerhard)

HW 34529

85 **Aequus animus optimum aerumnae condimentum.**
Gleichmut ist die beste Würze in Trübsal.

PLAUTUS, RUDENS 402

Ergo *animus aequos optumumst aerumnae condimentum.*

Daher ist Gleichmut die beste Würze jedes Grams.

(W. Binder – W. Ludwig)

86 **aere perennius**
dauernder als Erz

HORAZ, CARMINA 3, 30, 1

Exegi monumentum *aere perennius*
regalique situ pyramidum altius,
quod non imber edax, non Aquilo impotens
possit diruere aut innumerabilis
annorum series et fuga temporum.

Hochauf schuf ich ein Mal dauernder noch als Erz,
Majestätischer als der Pyramiden Bau,
Das kein Regen zernagt, rasenden Nordes Wut
Nicht zu stürzen vermag, noch der Jahrhunderte
Unabsehbare Reihn oder der Zeiten Flucht.

(Kayser – Nordenflycht – Burger – Färber)

87 **Aeris alieni comes miseria.**
Der Schulden Begleiter ist das Elend.
(vgl.: Borgen macht Sorgen.)

PLINIUS, NATURALIS HISTORIA 7, 119

Rursus mortales oraculorum societatem dedere Chiloni Lacedaemonio tria praecepta eius Delphis consecrando aureis litteris, quae sunt haec:
'nosse se quemque', et
'nihil nimium cupere',
'*comitem*' que '*aeris alieni* atque litis esse *miseriam*'.

Andererseits verliehen sterbliche Menschen dem Spartaner Cheilon die Gemeinschaft mit den Orakeln, indem sie zu Delphi in goldenen Buchstaben drei seiner Sprüche verewigten, welche folgendermaßen lauten:
«Erkenne dich selbst»,
«Verlange nicht zu viel»,
sowie «Gefährte der Schulden und des Rechtsstreits ist das Elend».

(R. König)

HW 34535

88 **aes alienum conflare**
Schulden machen

z. B. SALLUST, CONIURATIO CATILINAE 14, 2

Nam quicumque impudicus adulter ganeo manu ventre pene bona patria laceraverat, quique alienum aes grande conflaverat, quo flagitium aut facinus redimeret . . ., ii Catilinae proxumi familiaresque erant.

Denn jeder Wüstling, Ehebrecher, Schlemmer, der mit Spielen, Fressen, Huren sein väterliches Gut verschleudert hatte, und wer gewaltige Schulden zusammengebracht hatte, um eine Untat oder ein Vergehen wieder zu bereinigen . . ., die bildeten Catilinas nächste und vertraute Anhänger.

(W. Eisenhut – J. Lindauer)

89 **Aestas non semper durabit, condite nidos!**
Der Sommer wird nicht ewig währen: baut euch ein Nest!

HW 666

90 **Aetas volat.**
Die Zeit entfliegt schnell.

CICERO, TUSCULANAE DISPUTATIONES 1, 76

Veniet tempus, et quidem celeriter, sive retractabis sive properabis; *volat* enim *aetas*. Tantum autem abest ab eo, ut malum mors sit, quod tibi dudum videbatur, ut verear, ne homini nihil sit non malum aliud certius, nihil bonum aliud potius, si quidem vel di ipsi vel cum dis futuri sumus.

Die Zeit wird kommen, und zwar bald, magst du sie verzögern oder beschleunigen wollen. Denn das Leben fliegt dahin.
Der Tod ist aber so wenig ein Übel, wie Dir vorhin eben geschienen hatte, daß ich eher meine, es gebe für den Menschen nichts, was so gewiß kein Übel und so zuverlässig ein Gut ist, vorausgesetzt nämlich, daß wir entweder selbst Götter oder mit Göttern zusammen sein werden.

(O. Gigon)

91 **Aethiopem lavas.**
Du wäschst einen Mohren.

PLUTARCH, EKLOGE ADYNATON 7:

Αἰθίοπα σμήχεις. (Aithíopa sméchеis.)

Du wäschst einen Äthiopier.

vgl. HIERONYMUS, IN SOPHONIAM 2, 12 (25, 1368 Migne)

... secundum illud, quod in Ieremia (13, 23) legimus 'si mutabit *Aethiops* pellem suam'.

HW 34559

vgl. ERASMUS, ADAGIA 1, 4, 50

92 **Affirmantis probatio.**
Wer etwas behauptet, muß das auch beweisen (können).

vgl. D. Liebs A 61

93 **Afflavit deus et dissipati sunt.**
Gott blies, und sie wurden in alle Winde zerstreut.

INSCHRIFT AUF EINER MÜNZE zur Erinnerung an den Untergang der spanischen Armada im Jahre 1588

94 **Agunt opus suum fata.**
Was ihm obliegt, erfüllt das Schicksal.

SENECA, AD MARCIAM DE CONSOLATIONE 21, 7

(G. Fink)

95 **Ait (Apronius) omnia pecunia effici posse: dare, profundere oportere, si velis vincere.**
Er (Apronius) sagt, mit Geld könne man alles erreichen; man müsse geben, ja ausschütten, wenn man siegen wolle.

CICERO, IN C. VERREM II 3, 155

(M. Fuhrmann)

96 **Aiunt homines plus in alieno negotio videre.**
Man sagt, die Menschen sähen mehr in der Situation anderer.

SENECA, EPISTULAE MORALES 109, 16

(M. Rosenbach)

97 **Aiunt multum legendum esse, non multa.**
Viel muß man lesen, sagt man, nicht vielerlei.

PLINIUS MINOR, EPISTULAE 7, 9, 15

Tu memineris sui cuiusque generis auctores diligenter eligere! *Aiunt* enim *multum legendum esse, non multa.*

Sei stets darauf bedacht, unter den Autoren je nach ihrer Eigenart eine sorgfältige Auswahl zu treffen. Denn es heißt ja doch: «Lies viel, nicht vielerlei!»

(H. Kasten)

98 **A lasso rixa quaeritur.**
Wer müde ist, sucht Streit.

SENECA, DE IRA 3, 9, 5

Vetus dictum est *a lasso rixam quaeri.*

Es ist ein altes Sprichwort: Wer müde ist, sucht Streit.

(G. Fink)

HW 34505b1

ERASMUS, ADAGIA 1, 6, 46

99 **albae gallinae filius**
einer weißen Henne Sohn
(d. h.: ein Glückskind)

JUVENAL, SATURAE 13, 141

extra communia censes
ponendum, quia tu *gallinae filius albae,*
nos viles pulli, nati infelicibus ovis?

Du hältst dich für was Besseres,
weil du einer weißen Henne Sohn,
wir nur windige Küken, stammend von Unglückseiern?

HW 34589

ERASMUS, ADAGIA 1, 1, 78

100 **Albus an ater sit, nescio.**
Ob er weiß oder schwarz ist, ich weiß es nicht.

CATULL, CARMINA 93, 2

Nil nimium studeo, Caesar, tibi velle placere
nec scire, utrum *sis albus an ater* homo.

Wenig liegt mir daran, o Caesar, dir zu gefallen,
Oder zu wissen auch nur, ob du nun weiß oder schwarz.

(W. Eisenhut)

HW 34593

ERASMUS, ADAGIA 1, 6, 99 (... sis, ...)

101 **Alea iacta est.**
Der Würfel ist geworfen.
(Caesar beim Überschreiten des Rubico, 49 v. Chr.)

SUETON, VITA DIVI IULII 32

Quidam eximia magnitudine et forma in proximo sedens repente apparuit harundine canens; ad quem audiendum cum praeter pastores plurimi etiam ex stationibus milites concurrissent interque eos et aeneatores, rapta ab uno tuba prosiluit ad flumen et ingenti spiritu classicum exorsus pertendit ad alteram ripam. tunc Caesar: 'Eatur', inquit, 'quo deorum ostenta et inimicorum iniquitas vocat. *Iacta alea est.*'

Ein großgewachsener, schöner Mann saß plötzlich in der Nähe und blies Flöte. Als außer einigen Hirten viele Soldaten, unter ihnen auch Trompeter, von ihren Posten zu ihm liefen, um ihm zuzuhören, riß der Unbekannte plötzlich einem Soldaten die Trompete aus der Hand, sprang zum Fluß hinunter, begann aus Leibeskräften das Signal zum Angriff zu blasen und ging ans andere Ufer hinüber. Darauf rief Caesar: «Auf, laßt uns ziehen, wohin die Zeichen der Götter und die Ungerechtigkeit der Gegner uns rufen! Der Würfel ist gefallen!»

(A. Lambert)

102 **aliena negotia non curare**
sich nicht um fremde Geschäfte kümmern

vgl. HORAZ, SERMONES 2, 3, 19

Postquam omnis res mea Ianum
ad medium fracta est, *aliena negotia curo*
excussus propriis.

Seitdem mir mein Vermögen beim Bankier am Janusbogen
in die Brüche ging, besorg' ich, von den eigenen ferngehalten,
die Geschäfte andrer Leute.

(W. Schöne – H. Färber)

HW 34607a

103 **Aliena nobis, nostra plus aliis placent.**
Das Fremde gefällt uns, Unseres mehr den andern.

PUBLILIUS SYRUS, SENTENTIAE A 28

Uns lockt des andern Los und den das unsre.

(H. Beckby)

HW 786

104 **Aliena vitia in oculis habemus, a tergo nostra sunt.**
Wir haben die fremden Fehler vor Augen, die eigenen liegen im Rücken.
(vgl.: den Balken im eignen Auge nicht sehen, wohl aber den Splitter im Auge des andern bemerken)

Seneca, De ira 2, 28, 8 (Anspielung auf Äsop, Fabulae 359 Halm)

Aliena vitia in oculis habemus, a tergo nostra sunt:
Inde est, quod tempestiva filii convivia pater deterior filio castigat, et nihil alienae luxuriae ignoscit, qui nihil suae negavit, et homicidae tyrannus irascitur et punit furta sacrilegus.

Fremde Schwächen haben wir vor Augen, im Rücken die eigenen;
daher tadelt der Vater die schon früh am Tage beginnenden Gelage des Sohnes, obwohl er schlechter ist als der Sohn; und nichts verzeiht fremder Verschwendung, wer der seinen nichts versagt hat; dem Mörder zürnt der Gewaltherrscher, und Diebstahl bestraft der Tempelräuber.

(nach M. Rosenbach)

HW 34608k

105 **alienis gloriari bonis**
sich fremder Güter rühmen
(vgl.: sich mit fremden Federn schmücken)

Phaedrus, Fabulae 1, 3, 1 (von der anmaßenden Dohle und vom Pfau)

Ne *gloriari* libeat *alienis bonis*
suoque potius habitu vitam degere,
Aesopus nobis hoc exemplum prodidit.

Mit dem, was anderen gehört, tu man nicht groß:
ein jeder lebe lieber, wie es ihm gemäß.
Aesop gab hierfür dies Beispiel uns.

(H. C. Schnur – E. Keller)

106 **Alienis plumis se ornat.**
Er schmückt sich mit fremden Federn.

HW 34610

107 **Alii sementem faciunt, alii metent.**
Die einen säen, die andern werden ernten.

HW 34620

Erasmus, Adagia 1, 5, 32

108 **Aliis inserviendo consumor.**
Im Dienst für andere verzehre ich mich.

Otto v. Bismarck (1815–1898) in einem Brief vom 6. 11. 1852

Isidor von Sevilla, Sententia 3, 37, 6

Qui bene docet et male vivit, videtur, ut cereus, *aliis*, dum bona exponit, lucem praestare, *se* vero in malis suis *consumere* atque exstinguere.

(Der Priester,) der gut lehrt und schlecht lebt, scheint wie eine Kerze anderen, während er das Gute auslegt, Licht zu spenden, sich selbst aber in seinen kümmerlichen Lebensumständen zu verzehren und auszulöschen.

HW 34623

109 **Aliis ne feceris, quod tibi fieri non vis!**
Tu andern das nicht an, was du selbst nicht erleiden willst.
(vgl.: Was du nicht willst, daß man dir tu, das füg' auch keinem andern zu!)

Aelius Lampridius, Vita Alexandri Severi 51, 8

Quod tibi fieri non vis, alteri ne feceris!

Was du nicht willst, daß es dir geschieht, das tu auch deinem Nächsten nicht an!

Tobias, 4, 16: Quod ab aliis oderis fieri tibi, vide ne tu aliquando alteri facias!

Was du nicht schätzt, wenn es dir von anderen angetan wird, sieh zu, daß du dies nicht irgendwann einem anderen antust!

Matthaeus 7, 12: Omnia ergo, quaecumque vultis, ut faciant vobis homines, et vos facite illis. Haec est enim lex, et Prophetae.

Alles nun, was ihr wollt, daß euch die Menschen tun, das tut auch ihr ihnen. Denn das ist der Inhalt des Gesetzes der Propheten.

(K. Rösch)

Lucas 6, 31: Et prout vultis, ut faciant vobis homines, et vos facite illis similiter.

Wie ihr von den Menschen behandelt sein wollt, so behandelt auch ihr sie!

(K. Rösch)

HW 790

110 **Aliis si licet, tibi non licet.**
Mag es andern erlaubt sein: Dir ist es nicht erlaubt.

Terenz, Heautontimorumenos 797

111 **a limine**
von der Schwelle
(heutige Verwendung: Ein a limine zurückgewiesener Antrag wird nicht behandelt.)

vgl. Catull, Carmina 68, 1ff.

Quod mihi fortuna casuque oppressus acerbo
  conscriptum hoc lacrimis mittis epistolium,
naufragum ut eiectum spumantibus aequoris undis
  sublevem et *a* mortis *limine* restituam...
id gratum est mihi...

Daß du, von herbem Geschick und Unglück niedergeworfen,
  Mir dieses Brieflein schickst, mit deinen Tränen verfaßt,
Daß ich dich, der du Schiffbruch erlittest, aus schäumenden Wogen
  Reiße empor und dich rette vom Rande des Tods, ...
Lieb von dir...

(W. Eisenhut)

Erasmus, Adagia 1, 9, 91 (... salutare)

112 **Aliquid mali est propter vicinum malum.**
Es ist ein böses Ding um einen bösen Nachbarn.

Plautus, Mercator 771–772

Ly. Nunc ergo verum illud verbum esse experior vetus,
aliquid mali esse propter vicinum malum.

Lysimachus: Jetzt seh ich ein, wie wahr
Das Sprichwort ist: Es ist ein böses Ding
Um einen bösen Nachbarn.

(W. Binder – W. Ludwig)

HW 34631 c: *Aliquid mali* fers...

Erasmus, Adagia 1, 1, 32 (*om.* est)

113 **Aliud legunt pueri, aliud viri, aliud senes.**
Anderes lesen sich Knaben, anderes Männer, anderes Greise heraus.

Hugo Grotius (1583–1645)
HW 792a

114 **Aliud sceptrum, aliud plectrum.**
Etwas anderes ist das Szepter, etwas anderes die Leier.
(Was der eine versteht, muß nicht auch der andere verstehen.)

HW 792b

Erasmus, Adagia 4, 1, 56 (Alia res sceptrum, alia...)

115 **alius et idem**
immer anders und doch derselbe

HORAZ, CARMEN SAECULARE 10

Alme Sol, curru nitido diem qui
promis et celas *aliusque et idem*
nasceris, possis nihil urbe Roma
visere maius.

Nährer Sol, der du mit deinem Strahlenwagen
Bringst den Tag und nimmst, in dem steten Wandel
Ewig gleich, mögst Größeres als die Stadt du
Nimmer erblicken!

(Kayser – Nordenflycht – Burger – Färber)

116 **Alter alterius auxilio eget.**
Einer ist auf die Hilfe des anderen angewiesen.

SALLUST, CONIURATIO CATILINAE 1, 7

Nam et, priusquam incipias, consulto et, ubi consulueris, mature facto opus est.
Ita utrumque per se indigens *alterum alterius auxilio* eget.

Denn ehe man beginnt, bedarf es der Überlegung, und wenn man überlegt hat, rechtzeitiger Ausführung.
So ist jedes für sich allein unzureichend, eines braucht die Ergänzung durch das andere.

(W. Eisenhut – J. Lindauer)

HW 34652

117 **alter ego**
ein zweites Ich

AMBROSIUS, DE SPIRITU SANCTO 2, 13, 154 (16, 776A Migne)

Unde quidam interrogatus, quid amicus esset,
alter, inquit, *ego*.

Daher antwortete einer auf die Frage, was ein Freund sei:
ein zweites Ich.

CICERO, AD ATTICUM 3, 15, 4:

Me ipsum multo magis accuso, deinde te quasi me alterum.

vgl. ARISTOTELES, ETH. NIC. IX 4. 1166a 31:

ἄλλος αὐτός (állos autós)

vgl. DIOGENES LAERTIUS, ZENON 7, 23:

ἄλλος ἐγώ (állos egó)

HW 843a; 844

118 Alter frenis eget, alter calcaribus.
Der eine bedarf der Zügel, der andere der Sporen.

CICERO, AD ATTICUM 6, 1, 12 K.

Cicerones pueri amant inter se, discunt, exercentur, sed *alter*, ut Isocrates dixit in Ephoro et Theopompo, *frenis eget, alter calcaribus.*

Die beiden jungen Cicero vertragen sich, studieren, trainieren, doch bedarf der eine, wie Isokrates in Bezug auf Ephoros und Theopomp sagt, des Zügels, der andere der Sporen.

(H. Kasten)

HW 34654

ERASMUS, ADAGIA in 1, 2, 47

119 alterius ingenio uti
sich eines fremden Talents bedienen

TACITUS, HISTORIAE 1, 90, 2

Ut in consiliis militiae Suetonio Paulino et Mario Celso, ita in rebus urbanis Galeri Trachali *ingenio* Othonem *uti* credebatur.

Wie nämlich Otho bei militärischen Beratungen den Suetonius Paulinus und Marius Celsus beizog, so bediente er sich bei Fragen der inneren Politik des talentvollen Galerius Trachalus; es war wenigstens die allgemeine Ansicht...

(J. Borst – H. Hroß – H. Borst)

120 Altissima quaeque flumina minimo sono labuntur.
Je tiefer ein Wasser, um so lautloser gleitet es dahin.

CURTIUS RUFUS, HISTORIA ALEXANDRI MAGNI 7, 4, 13

(K. Müller-Schönfeld)

HW 34669

121 altum silentium
tiefes Schweigen

VERGIL, AENEIS 10, 63

Tum regia Iuno
acta furore gravi: Quid me *alta silentia* cogis
rumpere et obductum verbis volgare dolorem?

Doch Herrscherin Juno
sprach voll grimmiger Wut: «Was zwingst du mich, tiefes Schweigen
nun zu brechen, vernarbten Gram im Wort zu entblößen?»

(J. Götte)

122 amabilis insania
liebenswürdiger Wahnsinn
(vgl.: Verliebtheit macht blind.)

HORAZ, CARMINA 3, 4, 5f.

Auditis? An me ludit *amabilis*
insania?

Vernehmt ihr's? Oder täuscht mich ein holder Wahn?

(Kayser – Nordenflycht – Burger – Färber)

123 **amantes amentes**
verliebt, verdreht

TERENZ, ANDRIA 218

DA. Nam inceptiost *amentium*, haud *amantium*.

DAVUS: Das können nur Verrückte, nicht Verliebte, tun.

(J. J. C. Donner)

HW 914

124 **Amanti nihil difficile.**
Dem Liebenden ist nichts schwer.

CICERO, ORATOR 33

Magnum opus omnino et arduum, Brute, conamur;
sed *nihil difficile amanti* puto.

Eine in jeder Hinsicht gewaltige, komplizierte Aufgabe versuchen wir da, Brutus!
Aber nichts ist schwer für den, der liebt, glaube ich.

(B. Kytzler)

HW 34678

125 **Amantium irae amoris integratio est.**
Streit der Liebenden erneuert die Liebe.

TERENZ, ANDRIA 555

Amantium irae amoris integratiost.

Zank bei Verliebten macht die Liebe wieder jung.

(J. J. C. Donner)

HW 916

ERASMUS, ADAGIA 3, 1, 89

126 **Amare et sapere vix deo conceditur.**
Lieben und dabei vernünftig bleiben ist kaum einem Gotte möglich.

PUBLILIUS SYRUS, SENTENTIAE A 22

Bei Gott kaum schickt Vernunft sich mit der Liebe.

(H. Beckby)

HW 918

ERASMUS, ADAGIA 2, 2, 80

127 **Ambages narras.**
Du sprichst in Rätseln.

TERENZ, HEAUTONTIMORUMENOS 318f.

CL. Quas, malum, *ambages* mihi *narrare* occipit?

CLITIOPHO: Was beginnt denn der so breit?

(J. J. C. Donner)

128 **Amens incurrit in columnas.**
Ein Verrückter rennt gegen Säulen.

CICERO, PRO M. AEMILIO SCAURO 45m

Incurristi amens in columnas; in alienos insanus insanisti; depressam, caecam, iacentem domum pluris quam te, quam fortunas tuas aestimasti.

Du bist besinnungslos auf die Säulen losgestürzt, hast, ein Wütiger, gegen andere gewütet und ein erledigtes, bedeutungsloses, darniederliegendes Haus für wichtiger gehalten als dich und dein eigenes Geschick.

(M. Fuhrmann)

129 **Amici, diem perdidi!**
Freunde, ich habe einen Tag verloren!

SUETON, VITA DIVI TITI 8,1

Atque etiam recordatus super cenam, quod nihil cuiquam toto die praestitisset, memorabilem illam meritoque laudatam vocem edidit: *'Amici, diem perdidi!'*

Als er* sich einmal bei Tisch erinnerte, daß er während des ganzen Tages niemandem einen Wunsch erfüllt habe, sprach er dieses denkwürdige, mit Recht gepriesene Wort: «Freunde, ich habe einen Tag verloren!» (*Titus)

(A. Lambert)

130 **Amico amicus.**
Freund dem Freund.

PLAUTUS, MILES GLORIOSUS 660

PL. At quidem illuc aetatis qui sit non invenies alterum
lepidiorem ad omnis res nec magis qui *amicus amico* sit magis.

PLEUSCILES: Soll's einer seines Alters sein,
So wirst du schwerlich einen zweiten finden, der
So aufgelegt zu allem ist, so Freund dem Freund.

(W. Binder – W. Ludwig)

ERASMUS, ADAGIA 1, 3, 17

131 **Amicum esse unum animum in duobus corporibus.**
Ein Freund sei eine Seele in zwei Körpern.

nach ARISTOTELES, ETHICA NICOMACHEA IX 4.1166 a31

Ἔστι γὰρ ὁ φίλος ἄλλος αὐτός. (Ésti gàr ho phílos állos autós.)

Denn der Freund ist ein anderer er selbst.

(O. Gigon)

132 **Amicum res secundae parant, adversae certissime probant.**
Einen Freund verschafft dir das Glück, die Not erprobt ihn am sichersten.

PS.-SENECA, DE MORIBUS 51 (Amicos ...)

HW 958a (... secundae res optime parant ...)

133 **Amicus certus in re incerta cernitur.**
Den sichern Freund erkennt man in unsichrer Lage.
(vgl.: Freunde in der Not gehen hundert auf ein Lot.)

ENNIUS, HECUBA (scaen. fr. 210 V.), zitiert bei CICERO, DE AMICITIA 64

Quam graves, quam difficiles plerisque videntur calamitatum societates! Ad quas non est facile inventu qui descendant. Quamquam Ennius recte *«Amicus certus in re incerta cernitur.»*

Wie drückend, wie lästig empfinden es die meisten, Gefährten im Unglück zu sein! Leute zu finden, die dazu bereit sind, ist nicht leicht. Nun sagt zwar Ennius mit Recht: «Der wahre Freund wird in unsicherer Lage offenbar.»

(M. Faltner)

HW 960

vgl. ERASMUS, ADAGIA 4, 5, 5

134 **Amicus est tamquam alter ego.**
Ein Freund ist gleichsam ein anderes Ich.

CICERO, DE AMICITIA 80

Ipse enim se quisque diligit, non ut aliquam a se ipse mercedem exigat caritatis suae, sed quod per se sibi quisque carus est. Quod nisi idem in amicitiam transferetur, verus *amicus* numquam reperietur; est enim is, qui *est tamquam alter idem.*

Jeder liebt ja sich selbst, nicht etwa weil er von sich irgendeinen Lohn für seine Liebe herausschlagen wollte, sondern weil eben die Selbstliebe ein Naturgesetz ist. Wendet man nicht die gleiche Voraussetzungslosigkeit auf die Freundschaft an, dann wird man nie einen wahren Freund finden können. Denn der wahre Freund ist gleichsam ein zweites Ich.

(M. Faltner)

HW 960a

ERASMUS, ADAGIA 1, 1, 2 (Amicus alter ipse.)

135 **Amicus Plato, sed magis amica veritas.**
Platon ist mir lieb, doch noch lieber ist mir die Wahrheit.

nach ARISTOTELES, ETHICA NICOMACHEA I 4 1096a 16

Ἀμφοῖν γὰρ ὄντοιν φίλοιν ὅσιον προτιμᾶν τὴν ἀλήθειαν.
(Amphoîn gàr óntoin phíloin hósion protimân tèn alétheian.)

(Es scheint aber wohl besser und eine Pflicht der Wahrheit gegenüber zu sein, auch die eigenen Empfindungen nicht zu schonen, zumal da wir Philosophen sind.) Denn da beide uns lieb sind, so dürfen wir es verantworten, die Wahrheit vorzuziehen.

(O. Gigon)

HW 962

136 **Amittit famam, qui se indignis comparat.**
Seinen guten Ruf riskiert, wer sich Unwürdigen gleichstellt.

vgl. PHAEDRUS, FABULAE, ZANDER 10

Sibi *famam* minuit, *qui se indigne comparat.*

Sich selbst entwürdigt, wer Unwürdigem sich vergleicht.

(H. Schnur – E. Keller)

HW 970 (... bonam famam ...)

137 amor ac deliciae generis humani
Wonne des Menschengeschlechts

SUETON, VITA DIVI TITI 1,1

Titus, cognomine paterno, *amor ac deliciae generis humani* – tantum illi ad promerendam omnium voluntatem vel ingenii vel artis vel fortunae superfuit, et, quod difficillimum est, in imperio...

Titus, der den gleichen Beinamen (Vespasianus) wie sein Vater führte, war der Liebling und das Entzücken des Menschengeschlechtes. So sehr war er durch sein Naturell, seine Geschicklichkeit oder das Schicksal befähigt, sich – was das schwierigste ist – sogar als Kaiser die Zuneigung aller Menschen zu gewinnen...

(A. Lambert)

138 amor sceleratus habendi
verbrecherische Habgier

OVID, METAMORPHOSES 1, 131

De duro est ultima ferro.
Protinus inrupit venae peioris in aevum
Omne nefas: fugere pudor verumque fidesque;
in quorum subiere locum fraudesque dolique
insidiaeque et vis et *amor sceleratus habendi.*

Von Eisen hart war das letzte (Weltalter).
Da ergoß sich sogleich in die Zeit aus der schlimmeren Ader
aller Frevel. Es floh die Scham, die Treue, die Wahrheit;
und der Betrug, die List, die rohe Gewalt und die Tücke
rückten an deren Platz und die böse Gier zu besitzen.

(E. Rösch)

HW 34754

139 Amor vincit omnia.
Liebe überwindet alles.

VERGIL, BUCOLICA 10, 69

Omnia vincit Amor: et nos cedamus Amori!

Amor besiegt doch alles, so weichen auch wir denn dem Amor!

(J. Götte)

HW 998 (...; 'non est verum' dicit pecunia.)

140 Anceps malum urget.
Es droht ein doppeltes Übel.
(vgl.: Man gerät zwischen zwei Feuer.)

LIVIUS, AB URBE CONDITA 3, 28, 9

Hic instabat nova pugna; illa nihil remiserat prior. Tum *ancipiti malo urgente* a proelio ad preces versi hinc dictatorem, hinc consulem orare, ne in occidione victoriam ponerent, ut inermes se inde abire sinerent.

Hier drohte eine neue Schlacht; dabei hatte jene erste an Heftigkeit noch nichts verloren. Da das Übel sie jetzt von zwei Seiten bedrängte, verlegten sie sich vom Kämpfen aufs Bitten und baten auf der einen Seite den Diktator, auf der anderen den Konsul, den Sieg nicht im Niedermetzeln zu suchen und sie ohne Waffen von hier abziehen zu lassen.

(H. J. Hillen)

141 **An ego totiens de eadem re audiam?**
Hör ich ewig nur dasselbe Lied?

TERENZ, ADELPHOE 128

(J. J. C. Donner)

142 **Anguilla est, elabitur.**
Er entschlüpft wie ein Aal.

PLAUTUS, PSEUDOLUS 747

Ps. Ecquid argutust? CH. Malorum facinorum saepissume.
Ps. Quid quom manufesto tenetur? CH. *Anguillast: elabitur.*

PSEUDOLUS: Ist er auch verschmitzt? CHARINUS: Bei Schelmenstreichen nur zu sehr
PSEUDOLUS: Wie, wenn man ihn in flagranti packt? CHARINUS: So schlüpft er durch
er ist ein Aal.

(W. Binder – W. Ludwig)

HW 1058a: Anguilla e digitis saepe est dilapsa peritis.

vgl. ERASMUS, ADAGIA 1, 4, 94 (Cauda tenes anguillam.); 3, 6, 79 (anguillas captare)

143 **anima candida**
eine edle Seele, ein Mensch ohne Falsch

Horaz, Sermones 1, 5, 41

Postera lux oritur multo gratissima; namque
Plotius et Varius Sinuessae Vergiliusque
occurrunt, *animae*, qualis neque *candidiores*
terra tulit neque quis me sit devinctior alter.

Der folgende Morgen leuchtete uns zum Tage schönster Freude:
denn in Sinuessa schlossen sich Plotius, Varius und Vergil uns an.
Freundesseelen ohne Fehl und Falsch: edlere trug die Erde nimmer,
und niemand ist ihnen dankbarer ergeben als ich.

(W. Schöne – H. Färber)

144 **Animam debet.**
Er schuldet seine Seele.
(d. h.: Er steckt bis über die Ohren in Schulden.)

TERENZ, PHORMIO 661

AN. Utrum stultitia facere ego hunc an malitia
dicam, scientem an inprudentem, incertus sum.
DE. Quid si *animam debet*? GE. 'Ager oppositus pignori
decem ob minas est.' DE. Age, age, iam ducat: dabo.

ANTIPHO (für sich): Ob der aus Einfalt oder gar Böswilligkeit
So tut, mit Absicht oder nicht, ich weiß es nicht.
DEMIPHO: Wie, wenn er schuldet seinen Kopf? GETA: Sein Gütchen sei
Verpfändet um zehn Minen. DEMIPHO: Gut! Er nehme sie! Ich zahl's.

(J. J. C. Donner)

ERASMUS, ADAGIA 1, 10, 24

145 **animi sub vulpe latentes**
eine Gesinnung, die der Fuchspelz verdeckt

Horaz, De arte poetica 437

Reges dicuntur multis urgere culillis
et torquere mero, quem perspexisse laborent,
an sit amicitia dignus; si carmina condes,
numquam te fallent *animi sub vulpe latentes.*

Könige pflegen, wie man erzählt, beim Wein mit vielen Humpen dem hart zuzusetzen, dessen Gesinnung sie erforschen wollen, ob er ihrer Freundschaft wert; du dichte nur: nie kann dich die Gesinnung täuschen, die der Fuchspelz versteckt.

(W. Schöne – H. Färber)

HW 34785c1

146 **animus iniuriandi**
kriminelle Energie

147 **Animus in patinis est.**
Er hat seine Gedanken in der Schüssel.
(d. h.: Er paßt nicht auf.)

Terenz, Eunuchus 816

Gn. Sanga, ita ut fortis decet
milites, domi focique fac vicissim ut memineris!
Sa. Iam dudum *animus est in patinis.* Gn. frugi est.

Gnatho: Wie's braven Kriegern ziemt,
Freund Sanga, sei der Heimat und des Herdes wieder eingedenk!
Sanga: Schon lange wohnt mein Sehnen bei den Schüsseln. Gnatho: Brav!

(J. J. C. Donner)

148 **An nescis longas regibus esse manus?**
Weißt du denn nicht, daß die Hände der Könige weit reichen?

Ovid, Heroides 17 (17), 166 (Helena an Paris)

Fern ist freilich mein Mann, doch läßt er mich, fern auch, bewachen.
Weißt du denn nicht, wie weit reichet der Könige Arm?

(H. Naumann)

Erasmus, Adagia 1, 2, 3 (Regum manus longae.)

HW 1029

149 **An nescis, mi fili, quantilla prudentia mundus regatur?**
Weißt du etwa nicht, mein Sohn, mit wie wenig Verstand die Welt regiert wird?

Axel Oxenstierna (1583–1654)

150 **anno domini**
(Abk.: A. D.)
im Jahr des Herrn …

151 **An non delirat homo mittens in mare fontem?**
Ist nicht der Mensch verrückt, der eine Quelle ins Meer leitet?

HW 1030

152 **Ante mortem nemo beatus.**
Vor seinem Tode ist niemand glücklich zu preisen.

OVID, METAMORPHOSES 3, 136f.

Sed scilicet ultima semper
exspectanda dies homini est, dicique *beatus*
ante obitum nemo supremaque funera debet.

Doch abzuwarten ist stets die
letzte Stunde des Menschen und keiner glücklich zu nennen
vor seinem Hingang, vor das letzte Geleit ihm gegeben.

(E. Rösch)

vgl. HW 34814lm; 34815a

153 **antica expulsum postica recipere**
einen/etwas, den/was man an der Vordertür zurückgewiesen hat, durch die Hintertür aufnehmen

154 **aperta transire**
am Offensichtlichen vorübergehen
(vgl.: den Wald vor lauter Bäumen nicht sehen)

SENECA, EPISTULAE MORALES 68, 4

Multi *aperta transeunt*, condita et abstrusa rimantur; furem signata sollicitant. Vile videtur, quicquid patet: aperta effractarius praeterit. Hos mores habet populus, hos imperitissimus quisque: in secreta inrumpere cupit.

An allem, was offen zutage liegt, gehen die Menschen achtlos vorbei, doch alles Versteckte und Verborgene stöbern sie auf. Den Dieb reizt, was hinter Schloß und Riegel ist. Was offen daliegt, scheint wertlos; an allem, was unverschlossen ist, geht der Einbrecher vorbei. Das ist auch das Benehmen des einfachen Mannes, vor allem des gänzlich ungebildeten: gerade in Geheimnisse möchte er eindringen.

(E. Glaser-Gerhard)

vgl. HW 34837c1 (Aperta transit fur, rimatur condita.)

155 **A Phoebo Phoebe lumen capit; a sapiente insipiens sensum, quo quasi luce micet.**
Von Phoebus empfängt Phoebe das Licht, vom Weisen der noch Ungelehrte den Sinn, durch den er wie vom Licht erstrahlt.

ALANUS AB INSULIS (1125/30–1203), LIBER PARABOLORUM I (210, 421 A Migne)
HW 60 (... micat.)

156 **apices iuris**
juristische Spitzfindigkeiten

ULPIANUS, DISPUTATIONES 7 (DIGESTA 17, 1, 29, 4)

Quaedam tamen etsi sciens omittat fideiussor, caret fraude, ut puta si exceptionem procuratoriam omisit sive sciens sive ignarus: de bona fide enim agitur, cui non congruit *de apicibus iuris* disputare.

Auch wenn ein Bürge einiges übersehen hat, trifft ihn kein Betrugsvorwurf, so z. B. wenn er die gegen den mit der Prozeßführung Beauftragten zustehende Einrede unberücksichtigt ließ, sei es wissentlich oder auch aus Unwissenheit: Es geht hier nämlich um Treu und Glauben, und damit verträgt sich nicht, über juristische Spitzfindigkeiten zu diskutieren.

157 **Apparet id etiam caeco.**
Das sieht auch ein Blinder.

LIVIUS, AB URBE CONDITA 32, 34, 3

Motus oratione Alexandri Philippus navem, ut exaudiretur, propius terram applicuit. Orsum eum dicere, in Aetolos maxime, violenter Phaeneas interfatus non in verbis rem verti ait; aut bello vincendum aut melioribus parendum esse. *'Apparet id* quidem', inquit Philippus, *'etiam caeco'* iocatus in valetudinem oculorum Phaeneae.

Durch Alexanders Rede erregt, ließ Philipp, damit man ihn gut höre, sein Schiff näher an das Land heranfahren. Als er zu sprechen begonnen hatte, vor allem gegen die Ätoler, fuhr Phaineas heftig dazwischen und sagte, es komme nicht auf Worte an; entweder müsse man im Kriege siegen oder den Besseren gehorchen. «Das ist sogar einem Blinden klar», entgegnete Philipp und zielte mit diesem Witz auf das Augenleiden des Phaineas.

(H. J. Hillen)

HW 34841: Apparet etiam satis caeco.

158 **Appello a papa male informato ad papam melius informandum.**
Ich appelliere vom schlecht informierten Papst an den besser zu informierenden Papst.

MARTIN LUTHER (1483–1546); gedruckt 1518

159 **Apta ferunt magnam tempora rebus opem.**
Die Wahl des rechten Zeitpunkts fördert ein Unternehmen beträchtlich.

HW 1224

160 **Apta mihi vis est, vi tristia nubila pello.**
Mir (dem Windgott Boreas) ziemt besser Gewalt; mit Gewalt das Gewölke vertreib' ich.

Ovid, Metamorphoses 6, 690

Ast ubi blanditiis agitur nihil, horridus ira,
quae solita est illi nimiumque domestica vento,
'et merito!' dixit; 'quid enim mea tela reliqui,
saevitiam et vires iramque animosque minaces,
admovique preces, quarum me dedecet usus?
apta mihi vis est: vi tristia nubila pello ...'

Doch als er nichts erreicht mit Schmeicheln, spricht er im Zorne
schrecklich, der ihm gewohnt und nur allzu vertraut einem Winde:
«Und, wie verdient! Warum hab' ich auch meine Waffen gelassen?
Wildheit, gewaltige Kraft und Zorn und dräuendes Wüten?
Hab' es mit Bitten versucht, die zu gebrauchen mich schändet! Gewalt ist,
was mir geziemt! Mit Gewalt vertreib ich die düsteren Wolken.»

(E. Rösch)

161 **Aqua et panis est vita canis.**
Wasser und Brot – ein Hundeleben.

HW 1234a

162 **Aqua haeret.**
Das Wasser (in der Wasseruhr) hängt.
(d. h.: Man weiß nicht mehr, woran man ist.)

Cicero, De officiis 3, 117

Quamvis enim multis locis dicat Epicurus, sicuti dicit, satis fortiter de dolore, tamen non id spectandum est, quid dicat, sed quid consentaneum sit ei dicere, qui bona voluptate terminaverit, mala dolore. Ut si illum audiam de continentia et temperantia: dicit ille quidem multa multis locis, sed *aqua haeret*, ut aiunt.

Mag nämlich Epikur, wie er es tut, an vielen Stellen recht tapfer über den Schmerz sprechen, so darf man doch nicht darauf sehen, was er sagt, sondern was er, der die Güter nach der Lust, die Übel nach dem Schmerz bemißt, konsequenterweise sagen müßte! Wie, wenn ich jenen über Beherrschtheit und Maßhalten hören wollte: er sagt zwar vieles an vielen Stellen darüber, aber das Wasser klebt, wie man sagt.

(K. Büchner)

163 **aquam a pumice postulare**
vom Bimsstein Wasser fordern
(d. h.: von einem Mittellosen Geld verlangen)

Plautus, Persa 41

Sa. Qua confidentia rogare tu a med argentum tantum audes,
impudens? Quin si egomet totus veneam, vix recipi potis est,
quod tu me rogas: nam tu *aquam a pumice* nunc *postulas*,
qui ipsus sitiat.

Saturio (zu Toxilus): Wie bist du nur so keck,
Du Unverschämter, daß du eine solche Summe Geld
Von mir verlangst? Wenn ich mich selbst mit Haut und Haar
Verkaufte, löst ich kaum, was du von mir begehrst:
Vom Bimsstein willst du Wasser, der selbst immer durstig ist.

(W. Binder – W. Ludwig)

HW 34857 (... e pumice ...)

Erasmus, Adagia 1, 4, 75 (Aquam e pumice postulas.)

164 **arare bove et asino**
mit einem Ochsen und einem Esel pflügen
(d. h.: ungeschickt vorgehen)

vgl. Hieronymus, Epistulae 123, 5 (22, 1049 Migne)

Ne scilicet *aremus* in *bove* et *asino.*

(nach 5 Moses 22, 10: Non scilicet *aremus* in *bove* et *asino.*)

165 **arare litus**
den Strand pflügen
(d. h.: sich vergeblich plagen)

Ovid, Tristia 5, 4, 48

Nec sinet ille tuos *litus arare* boves.

⟨Er⟩ läßt nicht dein Ochsengespann pflügen im Sande des Strands

(W. Willige)

Erasmus, Adagia 1, 4, 51

166 **Arare malim quam sic amare.**
Lieber pflügen als so lieben!

Plautus, Mercator 356

Ch. Hocinest amare? *Arare mavelim quam sic amare.*

Charinus: Wäre das der Liebe Lust?
Viel lieber laß ich an den Pflug mich spannen.

(W. Binder – W. Ludwig)

167 **arbitrio popularis aurae**
nach Gutdünken der Volksgunst

Horaz, Carmina 3, 2, 20

Virtus, repulsae nescia sordidae,
intaminatis fulget honoribus
nec sumit aut ponit securis
arbitrio popularis aurae.

Wer ganz ein Mann ist, lädt keine Schmach auf sich,
Wenn man ihn abweist: fleckenrein, silberhell
Strahlt seine Ehre. Nicht nach Volksgunst
Nimmt er und gibt zurück die Würde.

(W. Schöne – H. Färber)

168 **Arbores serit agricola, quae alteri saeculo prosint.**
Der Bauer pflanzt Bäume, die einer späteren Zeit Nutzen bringen.

CAECILIUS STATIUS, SYNEPHEBOI, fr. 210 Ribb., zitiert bei CICERO, TUSCULANAE DISPUTATIONES 1, 31

Maxumum vero argumentum est naturam ipsam de inmortalitate animorum tacitam iudicare, quod omnibus curae sunt, et maxumae quidem, quae post mortem futura sint.
'*Serit arbores, quae alteri saeclo prosint*',
ut ait ille in Synephebis, quid spectans nisi etiam postera saecula ad se pertinere?

Doch der größte Beweis dafür, daß die Natur selbst stillschweigend für die Unsterblichkeit der Seele plädiert, ist, daß alle Menschen sich die größten Sorgen darüber machen, was nach ihrem Tode geschehen wird.
«Er pflanzt Bäume, deren Früchte die nächste Generation genießen wird»,
sagt Statius in den «Synepheboi» – offenbar weil er meint, daß ihn auch die späteren Generationen etwas angingen.

(O. Gigon)

vgl. auch CICERO, DE SENECTUTE 24

HW 34874 (*om.* agricola)

169 **arcem facere e cloaca**
Aus einer Kloake eine Burg machen
(d. h.: gewaltig übertreiben; aus der Mücke einen Elefanten machen)

CICERO, PRO CN. PLANCIO 95

Nunc venio ad illud extremum, quod dixisti, dum Plancii in me meritum verbis extollerem, me *arcem facere ex cloaca* lapidemque e sepulcro venerari pro deo; neque enim mihi insidiarum periculum ullum neque mortis fuisse.

Ich wende mich jetzt dem letzten Punkt deines Vortrags zu: ich machte, indem ich die Verdienste des Plancius mir gegenüber unmäßig preise, ein Schloß aus einem Abwasserkanal und erwiese einem Grabstein göttliche Ehren; ich sei ja keiner Nachstellung oder Lebensgefahr ausgesetzt gewesen.

(M. Fuhrmann)

vgl. HW 34877c

ERASMUS, ADAGIA 4, 5, 94 (... e cloaca facere)

170 **Arcus nimium tensus rumpitur.**
Ein zu stark gespannter Bogen bricht.

PHAEDRUS, FABULAE, 3, 14, 10

Cito *rumpes arcum, semper* si *tensum* habueris;
at si laxaris, cum voles, erit utilis.

Immer straff gespannt, zerbricht der Bogen bald,
entspannt jedoch bleibt nützlich er, wenn man ihn braucht.

(C. Schnur – E. Keller)

HW 1286 (Arcus tensus rumpitur, contra animus cum remittitur.)

ERASMUS, ADAGIA 4, 5, 77 (*om.* nimium)

171 **Ardua per praeceps gloria vadit iter.**
Gefährdet wandelt der Ruhm auf abschüssigem Pfad.

OVID, TRISTIA 4, 3, 74
HW 1308

172 **Ardua res est regi simul carum esse et gregi.**
Es ist eine schwierige Sache, dem König teuer zu sein und zugleich auch der Herde.

HW 1313

173 **argumentum ad hominem**
ein Argument, das auf einen bestimmten Menschen zielt (in der Erwartung, daß es akzeptiert wird)

174 **Arma amens capio; nec sat rationis in armis.**
Sinnlos ergreif ich die Waffen, weiß Rat aber nicht mit den Waffen.

Vergil, Aeneis 2, 314

(J. Götte)

175 **Arma in armatos sumere iura sinunt.**
Gegen Bewaffnete zu den Waffen greifen, das läßt das Recht zu.

Ovid, Ars amatoria 3, 492
HW 1352 (... iura sumere sinunt.)

176 **Arma non, nisi ut summoveas.**
Waffen nur, um sie zu beseitigen.
(d. h.: nur zur Abwehr von Angreifern)

177 **Arrectae sunt horrore comae.**
Die Haare stehen vor Schauder zu Berge.

Vergil, Aeneis 4, 280

At vero Aeneas adspectu obmutuit amens
adrectaeque horrore comae et vox faucibus haesit.

Aber Aeneas indes stand stumm, beim Anblick von Sinnen,
steil vor Entsetzen sträubt sich das Haar, im Schlund würgt die Stimme.

(J. Götte)

178 **Arrige aures, Pamphile!**
Jetzt spitz die Ohren, Pamphilus!

Terenz, Andria 933

Ch. Utinam id sit, quod spero! Eho, dic mihi,
quid eam tum? suamne esse aiebat? Cr. Non. Ch. quoiam igitur?
Cr. fratris filiam.
Ch. Certe meast. Cr. Quid ais? Si. Quid tu ais?
Pa. *Arrige auris, Pamphile!*

Chremes: Träfe doch mein Hoffen ein! Sprich, gab er nicht das Kind für seines aus?
Crito: Nein. Chremes: Für wessen denn?
Crito: Für seines Bruders Kind.
Chremes: Dann ist sie mein. Crito: Was sagst du? Simo: Wie? Was?
Pamphilus (*für sich*): Spitze die Ohren, Pamphilus!

(J. J. C. Donner)

s. auch Vergil, Aeneis 1, 152: Silent *arrectisque auribus* adstant.

179 **Ars longa, vita brevis.**
Die Kunst ist lang, das Leben ist kurz.

SENECA, DE BREVITATE VITAE 1, 1 (nach HIPPOKRATES, APHORISMOI 1, 1)

Inde illa maximi medicorum exclamatio est:
Vitam brevem esse, longam artem.

Daher rührt jener Ausruf des bedeutendsten unter den Ärzten:
«Das Leben ist kurz, lang die Kunst.»

vgl. HW 1417

180 **Ars prima regni est posse te invidiam pati.**
Die erste Herrscherkunst ist, daß du Mißgunst ertragen kannst.

SENECA, HERCULES FURENS 353
HW 1430 (*om.* est *et* te)

181 **Artem non odit nisi ignarus.**
Die Kunst haßt nur der, der nichts von ihr versteht.

vgl. HW 1476 (...nisi qui non novit eandem.)

182 **Asinus ad lyram.**
Er eignet sich wie ein Esel zum Lyraspielen.

VARRO bei GELLIUS, NOCTES ATTICAE 3, 16, 13

Hodie quoque in satura forte M. Varronis legimus, quae inscribitur 'Testamentum', verba haec: 'Si quis mihi filius unus pluresve in decem mensibus gignantur, ii si erunt ὄνοι λύρας *(ónoi lýras)*, exheredes sunto; quod si quis undecimo mense, κατ' Ἀριστοτέλην (kat' Aristotélen), natus est, Attio idem, quod Tettio, ius esto apud me.'

Heute noch kann man beispielsweise in einer Satire des M. Varro, welche «die Nachlaßbestimmung» überschrieben ist, folgende Worte lesen: «Wenn mir ein Sohn oder mehrere im zehnten, rechtmäßigen und gesetzlichen (Niederkunfts-)Monat geboren würden, so sollen sie trotzdem von der Erbschaft ausgeschlossen werden, im Fall sie (so albern und einfältig) sind, wie die Esel beim Lautenschlag (Dudelsack). Ist mir aber, welchen Fall Aristoteles allerdings auch für möglich hält, einer im elften Monat zur Welt gekommen (und er zeichnet sich durch geistige Eigenschaften aus): so sollen ihm von mir ohne Unterschied dieselben (Rechts- und Erb-)Ansprüche zugestanden sein und es mir gleichviel gelten, ob er ein Attius oder ein Tettius.»

(F. Weiss)

vgl. HIERONYMUS, EPIST. 27, 1: Asino quippe lyra superflue canit. (22, 431 Migne)

HW 34949

ERASMUS, ADAGIA 1, 4, 35; vgl. 4, 1, 47 (asinus ad tibiam)

183 **Asinus asino et sus sui pulcher.**
Der Esel erscheint einem Esel, und das Schwein einem Schweine schön.
(d. h.: Gleich und gleich gesellt sich gern.)

HW 1541

ERASMUS, ADAGIA 4, 10, 64

184 **Asinus asinum fricat.**
Ein Esel reibt sich am andern.

HW 34950a

185 **asinus in tegulis**
der Esel auf dem Dach

PETRON, SATYRICA 63, 2

Attonitis admiratione universis 'salvo' inquit 'tuo sermone' Trimalchio 'si qua fides est, ut mihi pili inhorruerunt, quia scio Niceronem nihil nugarum narrare: immo certus est et minime linguosus. Nam et ipse vobis rem horribilem narrabo: *asinus in tegulis*...'

Während alle starr vor Staunen waren, sagte Trimalchio: «Deine Geschichte in Ehren: falls ihr mir überhaupt etwas glauben wollt – wenn ich keine Gänsehaut gekriegt habe! Denn ich weiß, daß der Nikeros keinen Unsinn erzählt: nein, er ist ehrlich und alles andere als ein Sprüchmacher. Da will ich euch auch selber etwas Gruseliges erzählen: Der Esel in den Dachpfannen...»

(K. Müller – W. Ehlers)

HW 34952

186 **Asinus mavult stramina quam aurum.**
Der Esel will lieber Stroh als Gold.

HW 34955a (...stramen mavult...)

ERASMUS, ADAGIA 4, 8, 38 (...stramentum mavult...)

187 **Aspera perpessu fiunt iocunda relatu.**
Was hart zu ertragen war, wird angenehm, wenn man (später) davon erzählt.

CATONIS MONOSTICHA 32 (PLM III 238 B.)
MARBOD (171, 1736 B Migne)
HW 1450

188 **Aspiciunt oculis superi mortalia iustis.**
Die Götter betrachten das Treiben der Menschen mit gerechtem Auge.

OVID, METAMORPHOSES 13, 70
HW 1583

189 **Astutam vapido servas sub pectore vulpem.**
Den schlauen Fuchs bewahrst du unter deiner verdorbenen Brust.

PERSIUS, SATURAE 5, 117

Sin tu, cum fueris nostrae paulo ante farinae,
pelliculam veterem retines et fronte politus
astutam vapido servas in pectore volpem,
quae dederam supra, relego funemque reduco:
nil tibi concessit ratio.

Wenn du jedoch, noch jüngst von unserem Mehle gebacken,
Haftest im früheren Balg und hegst hinter gleißender Stirne
Immer noch einen verschlagenen Fuchs im verdorbenen Herzen:
Dann widerruf ich, was eben ich zugab, und ziehe den Strick fest.
Nichts ist's mit deiner Vernunft.

(O. Seel)

vgl. HW 1629

190 **At pulchrum est digito monstrari et dicier: Hic est!**
Wie ist es doch so schön, wenn man mit dem Finger auf dich zeigt und alles sagt: Das ist er!

PERSIUS, SATURAE 1, 28

O mores, usque adeone
scire tuum nihil est nisi te scire hoc sciat alter?
At pulchrum est digito monstrari et dicier: Hic est;
ten cirratorum centum dictata fuisse
pro nihilo pendes?

O Sitten! so gilt dir dein Wissen
Nicht als das Deinige, wenn kein Anderer weiß, daß du wissest?
«Dennoch ist's schön, mit dem Finger gewiesen ‹der ist es› zu hören;
Oder von hundert krausköpfigen Buben geschrieben zu werden,
Hältst du das für ein Nichts?»

(O. Seel)

HW 34981

191 **Atrocitati mansuetudo est remedium.**
Gegen Wildheit hilft Sanftmut.

PHAEDRUS, FABULAE APPENDIX PEROTTI 12, 15
HW 1652a

192 **Attenuant iuvenum vigilatae corpora noctes.**
Durchwachte Nächte zehren an den Kräften der Jugend.

OVID, ARS AMATORIA 1, 735
HW 1656

193 **At tuba terribili sonitu taratantara dixit.**
Doch die Trompete ließ mit schreckenerregendem Klang ihr 'taratántara' tönen.

ENNIUS, ANNALES (fr. 140 V.), zitiert bei PRISCIAN VIII 103 (GL II 1 450, 6–7 H.)
vgl. SERVIUS IN AENEIDA 9, 501

194 **Audaces fortuna iuvat.**
Den Kühnen steht das Glück zur Seite.
(vgl.: Frisch gewagt ist halb gewonnen.)

Vergil, Aeneis 10, 284

Audentis Fortuna iuvat.

Wagenden ist Fortuna gewogen.

(J. Götte)

vgl. Ovid, Ars amatoria 1, 608: *Audentem* Forsque Venusque *iuvat.*

vgl. Ovid, Metamorphoses 10, 586: *Audentes* deus ipse *iuvat.*

vgl. HW 1687; 1688 (... timidosque repellit.)

195 **Audacter calumniare, semper aliquid haeret!**
Verleumde nur frech! Irgendwas bleibt immer hängen.

Francis Bacon (1561–1626), De dignitate et augmentis scientiarum 8, 2, 34 (nach Plutarch, Quomodo adulator ab amico internoscatur 65c 24ff.)

'Εκέλευεν οὖν θαρροῦντας ἅπτεσθαι καὶ δάκνειν ταῖς διαβολαῖς, διδάσκων, ὅτι, κἂν θεραπεύσῃ τὸ ἕλκος ὁ δεδηγμένος, ἡ οὐλὴ μένει τῆς διαβολῆς.

(Ekéleuen ûn tharroûnta háptesthai kaì dáknein taîs diabolaîs, didáskon, hóti, kàn therapeúse tò hélkos ho dedegménos, he ulè ménei tês diabolês.)

Er befahl mir, dreist zuzupacken und mit Verleumdungen zuzubeißen, indem er versicherte, auch dann, wenn der so Gebissene seine Wunde heilen könne, werde doch von der Verleumdung eine Narbe bleiben.

HW 1688a

196 **Audax omnia perpeti**
gens humana ruit per vetitum nefas.
Bebt der Mensch doch vor nichts zurück,
Stürzt mit tollkühnem Mut selbst zu verbotener Tat.

Horaz, Carmina 1, 3, 25f.

(W. Schöne – H. Färber)

HW 1692a

197 **Audet vel lepus exanimo insultare leoni.**
Es wagt sogar der Hase, den entseelten Löwen zu verspotten.

HW 1708

198 **Audiatur et altera pars!**
Auch die Gegenpartei soll Gehör finden!

nach SENECA, MEDEA 199f.

M. Qui statuit aliquid *parte* inaudita *altera*,
aequum licet statuerit, haud aequus fuit.

MEDEA: Wer richtet, eh' den Beklagten er gehört,
Gerecht mag der wohl richten, gerecht war er doch nicht.

vgl. AUGUSTINUS, DE DUABUS ANIMIS S. C.

CONTRA MANICHAEOS 14, 22 (42, 110 MIGNE):

AUDI ALTERAM PARTEM!

HÖRE (AUCH) DIE ANDERE SEITE!

HW 1708a

199 **Audi, vide, sile!**
Höre, sieh und schweig!

vgl. HW 1709

Audi, vide, tace, si tu vis vivere pace.

Höre, sieh und schweig, wenn du in Frieden leben willst.

Audi, cerne, *tace,* bona res est vivere pace.

Höre, sieh und schweig; es ist eine gute Sache, in Frieden zu leben.

200 **Augiae cloacas purgare**
einen Augiasstall ausmisten
(eine der zwölf Taten des Hercules)

SENECA, APOCOLOCYNTOSIS 7, 5 (Claudius an Hercules)

Tu scis, quantum illic miseriarum tulerim, cum causidicos audirem diem et noctem, in quos si incidisses, valde fortis licet tibi videaris, maluisses *cloacas Augeae purgare:* multo magis ego stercoris exhausi.

Du weißt, wieviel Plage ich da ausgestanden habe, als ich die Advokaten anhören mußte bei Tag und bei Nacht; wärest du unter sie geraten, du hättest doch viel lieber die Kloaken des Augias reingefegt, magst du dir auch noch so heldenhaft erscheinen: viel mehr Mist mußte ich hinauskarren.

(W. Schöne)

HW 35029

ERASMUS, ADAGIA 2, 4, 21 (... stabulum repurgare)

201 **Augusto felicior, Traiano melior!**
Glücklicher als Augustus, besser als Trajan!

EUTROPIUS, BREVIARIUM AB URBE CONDITA 8, 5 (364–378 verfaßt)

Felicior Augusto, melior Traiano.

202 **aura popularis**
Hauch der Volksgunst

Cicero, De haruspicum responso 43

Sulpicium ab optima causa profectum Gaioque Iulio consulatum petenti resistentem longius, quam voluit, *popularis aura* provexit.

Sulpicius endlich begann mit einer vorzüglichen Sache, indem er gegen Gaius Iulius (gemeint ist C. Iulius Caesar Strabo Vopiscus), der sich gesetzwidrig um das Konsulat bewarb, auftrat: er ließ sich von der Volksgunst weiter forttreiben, als er beabsichtigt hatte.

(M. Fuhrmann)

203 **aurea mediocritas**
der goldene Mittelweg

Horaz, Carmina 2, 10, 5

Auream quisquis *mediocritatem*
diligit, tutus caret obsoleti
sordibus tecti, caret invidenda
sobrius aula.

Wer da wählt die goldene Mitte, sicher
Bleibt er fern vom Schmutz der morschen Hütte,
Bleibt, genügsam, fern von mißgönntem Prunke
Fürstlichen Schlosses.

(W. Schöne – H. Färber)

204 **Aurea sunt vere nunc saecula. plurimus auro venit honos. auro conciliatur amor.**
Wahrhaft golden sind jetzt die Zeiten; für Gold sogar kauft man
Oberste Ämter sich ein, Liebe gewinnt man durch Gold.

Ovid, Ars amatoria 2, 277

(N. Holzberg)

205 **aurem sibi pervellere**
sich hinters Ohr schreiben

z. B. Seneca, De beneficiis 5, 7, 6

Innumerabilia sunt, in quibus consuetudo nos dividit; dicere solemus: 'Sine, loquar mecum' et 'Ego *mihi aurem pervellam*'.

Unzählbar sind die Situationen, in denen die Gewohnheit uns teilt; zu sagen pflegen wir: «Laß mich mit mir reden!» und «Ich will mich am Ohr zupfen».

(M. Rosenbach)

HW 35036c (aurem vellere.)

Erasmus, Adagia 1, 7, 40 (aurem vellere)

206 **Auribus frequentius quam lingua utere!**
Benutze deine Ohren häufiger als deine Zunge!

Ps.-Seneca, De moribus 104
HW 1800a

207 Auribus teneo lupum.
Ich halte einen Wolf an den Ohren.

TERENZ, PHORMIO 506 (vgl. SUETON, VITA TIBERII 25, 1)

PH. O fortunatissume Antipho! AN. Egone? PH. Quoi, quod amas, domist,
neque umquam cum cuius modi usus venit ut conflictares malo.
AN. Mihin domist? Immo, id quod aiunt, *auribus teneo lupum:*
nam neque quo pacto a me amittam neque uti retineam scio.

PHADRIA: Antipho, du Sohn des Glückes! ANTIPHO: Ich? PHAEDRIA: Dein Liebchen ist bei dir;
Und du durftest nie mit solchem Mißgeschick den Kampf bestehen.
ANTIPHO: Wie? Bei mir? Nein, an den Ohren halt ich, wie man sagt, den Wolf,
Den ich weder loszulassen, weder festzuhalten weiß.

(J. J. C. Donner)

ERASMUS, ADAGIA 1, 5, 25

208 aurificis statera examinare
auf die Goldwaage legen

CICERO, DE ORATORE 2, 159

Haec enim nostra oratio multitudinis est auribus accomodanda, ad oblectandos animos, ad impellendos, ad ea probanda, quae non *aurificis statera*, sed populari quadam trutina *examinantur.*

Denn unser Redestil hat sich den Ohren der Menge anzupassen, ihre Herzen zu erfreuen, sie anzufeuern und von Dingen zu überzeugen, die man nicht auf der Goldwaage, sondern auf einer ganz gewöhnlichen Waage prüft.

(H. Merklin)

209 auri sacra fames
verfluchte Gier nach Gold

VERGIL, AENEIS 3, 57

Quid non mortalia pectora cogis,
auri sacra fames!

Wozu nicht treibst du der Sterblichen Herzen,
Gier nach Gold, du Fluch!

(J. Götte)

HW 1799

210 Auro loquente nil pollet quaevis oratio.
Wo das Gold spricht, ist jedes Wort zwecklos.

HW 1807b

Auro loquente omnis *oratio* inanis est.

Wenn das Gold spricht, ist jede Rede nichtig.

ERASMUS, ADAGIA 3, 3, 16

211 **Aurora Musis amica.**
Die Morgenröte ist die Freundin der Musen.
(vgl.: Morgenstund hat Gold im Mund.)

HW 1815a: Aurora Musis amica est. (vgl. 35054b: ... acceptissima est novem.)

HW 23879: Qui bona sectatur, prima bene surgit in hora.

Wer nach Besitz strebt, tut gut daran, früh auf den Beinen zu sein.

vgl. Carm. epigraph. 36 B.:

Vigila matutina et captabis aes cito.

Sei zur Morgenstunde wach, und du wirst schnell zu Geld kommen.

212 **Aurum omnes victa iam pietate colunt.**
Das Gold verehren heutzutage alle, dahin ist die Frömmigkeit

Properz, Elegiae 3, 13, 48
HW 1826

213 **Austriae est imperare orbi universo.**
(Abk.: A. E. I. O. U.)
Österreichs Aufgabe ist es, über den gesamten Erdkreis zu herrschen.
(*A*lles *E*rdreich *i*st *Ö*sterreich *u*ntertan.)

Wahlspruch des Kaisers Friedrich III. (1440/52–1493)
HW 35064 (*om.* universo)

214 **Aut bibat aut abeat!**
Er soll entweder trinken oder verschwinden!

Cicero, Tusculanae disputationes, 5, 118

Mihi quidem in vita servanda videtur illa lex, quae in Graecorum conviviis obtinetur: 'Aut bibat', inquit, '*aut abeat*': Et recte. Aut enim fruatur aliquis pariter cum aliis voluptate potandi aut, ne sobrius in violentiam vinulentorum incidat, ante discedat.

Ich jedenfalls finde, daß man im Leben jene Regel anwenden soll, die bei den Symposien der Griechen gilt: «Entweder trinken oder weggehen.» Und mit Recht: denn entweder soll man gleich wie die anderen sich am Genuß des Trinkens erfreuen oder vorher gehen, damit man nicht nüchtern in den Taumel der Trunkenen hineingerät.

(O. Gigon)

HW 1840 (..., quisquis sedet inter amicos.)

Erasmus, Adagia 1, 10, 47

215 **Aut Caesar aut nihil!**
Entweder Caesar oder nichts!

Cesare Borgia (1474–1507)
HW 1842

216 **Aut prodesse volunt aut delectare poetae.**
Die Dichter wollen uns entweder nützen oder uns erfreuen.

HORAZ, DE ARTE POETICA 333

Aut prodesse volunt aut delectare poetae
aut simul et iucunda et idonea dicere vitae.

Sinnbelehrend will Dichtung wirken oder herzerfreuend,
oder sie will beides geben: was lieblich eingeht und was dem Leben frommt.

(W. Schöne – H. Färber)

HW 1853

217 **Avaritia omnia vitia habet.**
Habsucht hat alle Laster in sich.

CATO, CARMEN DE MORIBUS fr. 388; zitiert bei GELLIUS, NOCTES ATTICAE 11, 2, 2

Est enim hoc animadvertere, cum in quibusdam aliis, tum in libro Catonis, qui inscriptus est 'Carmen de moribus'. Ex quo libro verba haec sunt: '*Avaritiam omnia vitia habere* putabant; sumptuosus, cupidus, elegans, vitiosus, inritus qui habebatur, is laudabatur.'

Dies läßt sich nämlich sowohl aus einigen anderen Schriftstellern ersehen, als auch besonders aus dem Buche des Cato, welches überschrieben ist «Carmen de moribus» Daraus ist folgende Stelle: «Man nahm an, daß der Geiz den Inbegriff alles Lasters bilde: hingegen wurde der Verschwender, der Wollüstige, der Zieraffe, der Lasterhafte, der Nichtsnutz noch gelobt.»
(Gellius will zeigen, daß das Wort ‹elegans› früher abwertend gebraucht wurde.)

(F. Weiss)

HW 35089

218 **Avaritia prima scelerum mater.**
Habsucht ist die Mutter aller Verbrechen.

CLAUDIANUS, DE CONSULATU STILICHONIS 2, 111

Ac *primam scelerum matrem*, quae semper habendo
plus sitiens patulis rimatur faucibus aurum,
trudis *Avaritiam* ...

Und die erste Mutter der Verbrechen, die immer nach mehr Besitz dürstend mit offenem Rachen nach Gold forscht, die Habsucht also, sie vertreibst du ...

vgl. 1. PAULUS, TIM 6, 10:

Radix enim omnium malorum est cupiditas.

Wurzel aller Übel ist nämlich die Begierde.

vgl. DIOGENES LAERTIUS 6, 50:

Τὴν φιλαργυρίαν εἶπε μητρόπολιν πάντων τῶν κακῶν.
(Tèn philargyrían eîpe metrópolin pánton tôn kakôn.)

219 **Avaro quid mali optes, nisi vivat diu?**
Was könntest du einem Geizigen Schlechtes wünschen, außer daß er lange leben soll?

PUBLILIUS SYRUS, SENTENTIAE A 26

HW 1878 (... ut vivat ...)

220 **Ave, Caesar, morituri te salutant!**

Heil dir, Caesar! Die Todgeweihten grüßen dich.
(Gruß der Gladiatoren nach dem Einzug in die Arena)

SUETON, VITA DIVI CLAUDII 21, 6

Have imperator, *morituri te salutant!*

Heil dir, Imperator, die zum Tode Bereiten grüßen dich!

HW 35096

221 **a verbis ad verbera**

von Worten zu Prügeln

222 **avis alba**

ein weißer Rabe

CICERO, AD FAMILIARES 7, 28, 2 K.

Cum salutationi nos dedimus amicorum, quae fit hoc etiam frequentius, quam solebat, quod quasi *avem albam* videntur bene sentientem videre, abdo me in bibliothecam.

Sobald ich die Aufwartung meiner Freunde hinter mir habe, die jetzt darum noch umfänglicher ausfällt als früher, weil sie in einem anständig denkenden Staatsbürger gleichsam einen weißen Raben zu sehen meinen, verkrieche ich mich in meine Bibliothek. (*August 46 v. Chr.*)

(H. Kasten)

HW 35100a

ERASMUS, ADAGIA 2, 2, 50 (alba avis)

B

223 Barbarus hic ego sum, quia non intellegor ulli.
Hier bin ja ich ein Barbar, weil mich keiner versteht.

OVID, TRISTIA 5, 10, 37

Barbarus hic ego sum, qui non intellegitur ulli,
et rident stolidi verba Latina Getae.

Hier bin ja ich ein Barbar und werde von keinem verstanden,
und das Lateinische wird dumm von den Geten verlacht.

(W. Willige)

HW 1934

224 Beati possidentes.
Glücklich die Besitzenden!

EURIPIDES, DANAE fr. 326 S.

Οἱ δ' ἔχοντες ὄλβιοι. (Hoi d' échontes ólbioi.)

Die Besitzenden sind glücklich.

vgl. HORAZ, CARMINA 4, 9, 45ff.; er sieht die Sache anders:

Non *possidentem* multa vocaveris
recte *beatum*; rectius occupat
nomen beati, qui deorum
muneribus sapienter uti ... callet ...

Nicht wer des Reichtums Fülle besitzt, ist dir
Wahrhaft beglückt, mit größerem Rechte heißt
Der glücklich, wer der Götter Gaben
Richtig zu nutzen versteht mit Weisheit ...

(Kayser – Nordenflycht – Burger– Färber)

HW 35126

225 Beatus ille, qui procul negotiis.
Glücklich ist, wer fern von Geschäften lebt.

HORAZ, EPODOE 2, 1

Beatus ille, qui procul negotiis,
ut prisca gens mortalium,
paterna rura bobus exercet suis
solutus omni faenore ...

Dem Manne Heil, der fern von der geschäftgen Welt,
Dem Urgeschlecht der Menschen gleich,
Das väterliche Feld mit eignen Stieren baut
Und nichts von Zinsgeschäften weiß ...

(Kayser – Nordenflycht – Burger – Färber)

vgl. HW 1951; 1952

226 Bella gerant alii, Protesilaus amet!
Krieg führen sollen andere, du, Protesilaos, liebe!

Ovid, Heroides 13, 84 (vgl. Heroides 17 (16), 254)

Anderen lasse den Krieg: Liebe, Protesilas, du!
(Protesilaos war als erster Grieche zu Beginn des Trojanischen Krieges an Land gegangen und als erster gefallen. Die Götter hatten Mitleid mit seiner Gattin Laodameia und ließen ihn für kurze Zeit aus der Unterwelt zurückkehren.)

(H. Naumann)

vgl. HW 1963;1964

227 Bella gerant alii, tu, felix Austria, nube!
Kriege führen die andern! Du, glückliches Österreich, heirate!

Matthias I. Corvinus Huniyadi (1440/43–1490; König von Ungarn seit 1458)

Bella gerant alii. Tu, felix Austria, nube,
nam quae Mars aliis, dat tibi regna Venus.

Kriege führen die andern! Du, glückliches Österreich, heirate;
Reiche bringt andern der Krieg: Venus, sieh, gibt sie dir.

228 bellum omnium contra omnes
ein Krieg aller gegen alle

Thomas Hobbes (1588–1679), Leviathan 1, 14

... insidias facere, ut si *hostes* sint *omnibus omnes.*

(Ein und derselben Kunst und Übung ergeben sich alle: schlau und behutsam Worte zu setzen, mit Listen zu streiten, wettzueifern im Schmeicheln, des Biedermanns Rolle zu spielen,) anderen Gruben zu graben, als sei Krieg aller gegen alle!

(O. Weinreich)

vgl. Lucilius, Deorum concilium 1234 M.

229 Bellum se ipsum alit.
Der Krieg ernährt sich selbst.

Livius, Ab urbe condita 34, 9, 12

Id erat forte tempus anni, ut frumentum in areis Hispani haberent; itaque redemptoribus vetitis frumentum parare ac Romam dimissis *'Bellum'* inquit *'se ipsum alet.'*

Es war damals gerade die Jahreszeit, daß die Spanier das Getreide auf der Tenne hatten. Deshalb verbot er* den Lieferanten, Getreide zu kaufen, und entließ sie nach Rom mit den Worten: «Der Krieg wird sich selbst nähren.»
(*M. Porcius Cato Censorius)

(H. J. Hillen)

HW 35154c (... se alit ipsum)

230 Bene cogitata, si excidunt, non occidunt.
Was recht gedacht, kann weggehn, nicht vergehen.

Publilius Syrus, Sententiae B 28

(H. Beckby)

HW 1984

231 **Bene facta in luce.**
Wohl Getanes will im Lichte stehen.

CICERO, TUSCULANAE DISPUTATIONES 2, 64

Omnia enim *bene facta in luce* collocari volunt.

Denn alle edlen Taten wollen im Lichte erscheinen.

(O. Gigon)

ERASMUS, ADAGIA in 1, 8, 92 (Bonum peractum non esse in terra occultandum silentio.)

232 **Benefacta male locata male facta arbitror.**
Eine Wohltat übel angewendet ist eine Übeltat.

ENNIUS (scaen. inc. fr. 409), zitiert bei CICERO, DE OFFICIIS 2, 62
(K. Büchner)
HW 35175b (Nam praeclare Ennius: *'Benefacta ... arbitror.'*)

ERASMUS, ADAGIA in 3, 2, 7

233 **Bene ferre magnam disce fortunam!**
Lerne großes Glück gut ertragen!

HORAZ, CARMINA 3, 27, 74

Mitte singultus, *bene ferre magnam*
disce fortunam; tua sectus orbis
nomina ducet.

Laß das Schluchzen, lern, wie man trägt mit Würde
Ein so großes Glück! Wird die halbe Welt nach
Dir sich doch nennen. (Venus zu Europa)

(Kayser – Nordenflycht – Burger – Färber)

HW 1987

234 **Beneficia non obtruduntur.**
Wohltaten werden nicht aufgedrängt.

235 **Bene vincit, qui se vincit in victoria.**
Gut siegt, wer sich im Siege selbst besiegt.

vgl. PUBLIUS SYRUS, SENTENTIAE B21 (Bis *vincit*, ...)
HW 1996a

236 **Bene vixit, qui bene latuit.**
Gut hat gelebt, wer im verborgenen gelebt hat.

OVID, TRISTIA 3, 4, 25

Crede mihi, *bene qui latuit, bene vixit*, et intra
fortunam debet quisque manere suam.

Gut lebt, glaub mir, wer gut im Verborgenen bleibt, und es sollte
jeder sich halten an das, was sein Geschick ihm gewährt.

(W. Willige)

237 **bis ad eundem**
zweimal an denselben Stein stoßen

CICERO, AD FAMILIARES 10, 12, 2 K.

Verum, ut errare, mi Plance, potuisti – quis enim id effugerit? –, sic decipi te non potuisse quis non videt? Nunc vero etiam erroris causa sublatast; culpa enim *'bis ad eundem'* vulgari reprehensa proverbio est.

Du hast Dich zwar irren können – das kann ja jedem einmal passieren –, aber daß Du Dich nicht hast aufs Glatteis führen lassen, sieht doch jedermann. Jetzt aber fällt auch die Ursache Deines Irrtums weg; ein Verschulden wäre es erst, wenn Du noch einmal über denselben Stein stolpertest, wie es in dem bekannten Sprichwort heißt. *(30. 5. 43 v. Chr.)*

(H. Kasten)

HW 35201 (... lapidem offendere)

238 **Bis dat, qui cito dat.**
Doppelt gibt, wer rasch gibt.

vgl. PUBLILIUS SYRUS, SENTENTIAE I 6

Inopi beneficium *bis dat, qui dat celeriter.*

Wer rasch dem Armen spendet, spendet doppelt.

(H. Beckby)

HW 35201 c

ERASMUS, ADAGIA 1, 8, 91

s. auch W. Binder 128 (Bis dat, qui cito dat; nil dat, qui munera tardat.)

239 **Bis vincit, qui se vincit in victoria.**
Wer sich im Sieg besiegen kann, siegt zweimal.

PUBLILIUS SYRUS, SENTENTIAE B 21

(H. Beckby)

vgl. HW 1996a (Bene vincit, ...)

240 **Blandum laudatur a malis mendacium.**
Als «schmeichelnd» wird die Lüge von Schurken gelobt.

241 **bolum e faucibus eripere**
einen guten Fang wegschnappen
(wörtl.: aus dem Rachen reißen)

TERENZ, HEAUTONTIMORUMENOS 673

SY. Nam quod de argento sperem aut posse postulem me fallere,
nil est: triumpho, si licet me latere tecto abscedere.
crucior *bolum mihi* tantum *ereptum* tam desubito *e faucibus.*

SYRUS: Denn meine Hoffnung auf das Geld, mein Wunsch, ihn auszuführen,
Umsonst; ich juble, wenn ich nur mit heiler Haut entwischen kann.
Daß solch ein fetter Bissen mir vom Munde weggerissen wird,
Das schmerzt.

(J. J. C. Donner)

ERASMUS, ADAGIA 3, 6, 99 (bolus ereptus e faucibus)

242 **Bonae leges ex malis moribus natae sunt.**
Gute Gesetze sind aus schlechten Sitten enststanden.

MACROBIUS, SATURNALIA 3, 17, 10
HW 2109

ERASMUS, ADAGIA 1, 10, 61 (... procreantur.)

243 **bona fide**
auf Treu und Glauben

z. B. PAULUS, AD SABINUM 8 (DIGESTA, 18, 1, 27)
HW 35225 (... sine fraude!)

244 **Bona nemini hora est, ut non alicui sit mala.**
Keiner hat eine gute Stunde, die nicht für einen anderen schlimm wäre.

PUBLILIUS SYRUS B 6
HW 2103 (... sit alicui ...)
ERASMUS, ADAGIA 4, 5, 7 (..., quin alicui ...)

245 **Boni pastoris est tondere pecus, non deglubere.**
Aufgabe eines guten Hirten ist es, seine Herde zu scheren, nicht aber zu schinden.

SUETON, VITA TIBERII 32, 2

Praesidibus onerandas tributo provincias suadentibus rescripsit *boni pastoris esse tondere pecus, non deglubere.*

Den Stadthaltern, die zu einer Steuererhöhung in den Provinzen rieten, schrieb er* zurück, ein guter Hirte dürfe die Herde wohl scheren, aber nicht abhäuten.
(* sc. Tiberius)

(A. Lambert)

HW 2013; 35240e

ERASMUS, ADAGIA 3, 7, 12

246 **Bonis nocet, qui malis parcit.**
Es schadet den Guten, wer die Schlechten schont.

PS.-SENECA, DE MORIBUS 114
vgl.HW 2016 (... quisquis malis pepercerit.)

247 **Bono nulla cuiusquam boni invidia est.**
Der Gute kennt keine Mißgunst gegen irgendein Gutes.

PLATON, TIMAIOS 29e1, zitiert bei SENECA, EPISTULAE MORALES 65, 10

Ita certe Plato ait: 'Quae deo faciendi mundum fuit causa?
Bonus est: *Bono nulla cuiusquam boni invidia est*:
Fecit itaque quam optimum potuit.'

So wenigstens sagt Platon: «Welche Ursache hatte Gott, die Welt zu schaffen?
Er ist voller Güte; für den Guten aber gibt es keine Mißgunst gegen irgendein Gutes.
Daher hat er der Welt die bestmögliche Gestalt gegeben.»

(E. Glaser-Gerhard)

HW 35256a2

248 **Bonos corrumpunt mores congressus mali.**
Schlechter Umgang verdirbt gute Sitten.
(Böse Beispiele verderben gute Sitten.)

TERTULLIAN, AD UXOREM 1, 8 (1, 1400 A Migne)

Convictum atque colloquia atque commercia Deo digna sectare, memor illius versiculi sanctificati per Apostolum: *Bonos* ...

Strebe nach einem Zusammenleben und nach Verbindungen, die du vor Gott verantworten kannst, und denke stets an jenen Vers, der durch den Apostel geheiligt wurde: «Gute Sitten ...»

HW 2024

vgl. ERASMUS, ADAGIA 1, 10, 74 (Corrumpunt mores bonos colloquia prava.)

249 **Bonus esse quam videri maluit.**
Er wollte lieber gut sein als scheinen.

SALLUST, CONIURATIO CATILINAE 54, 6

At Catoni studium modestiae, decoris, sed maxime severitatis erat ... *Esse quam videri bonus malebat.*

Catos Streben dagegen war auf Selbstzucht, Anstand, vor allem aber auf ernste Haltung gerichtet ... Er wollte lieber gut sein als gut scheinen.

(W. Eisenhut – J. Lindauer)

250 **Bonus vir semper tiro.**
Ein guter Mann bleibt ewig ein Anfänger.

MARTIAL, EPIGRAMMATA 12, 51, 2

Tam saepe nostrum decipi Fabullinum
miraris, Aule? *Semper* homo *bonus tiro* est.

Dich wundert's, Aulus, daß Freund Fabullin häufig
betrogen wird? Wer brav, ist immer ein Neuling.

(R. Helm)

HW 35291

251 **Bos lassus fortius figit pedem.**
Ein erschöpfter Ochse tritt schärfer auf.

HIERONYMUS, EPISTULA 102, 2 (22, 831 Migne)

et vulgaris proverbii: quod *bos* ...

... und es ist Bestandteil eines allgemein bekannten Sprichworts, daß ...

HW 35295

ERASMUS, ADAGIA 1, 1, 47

252 bracatae et Transalpinae nationes
die hosentragenden Völker von jenseits der Alpen

CICERO, AD FAMILIARES 9, 21 (15), 2 K.

Ego autem – existimes licet quidlibet – mirifice capior facetiis maxime nostratibus, praesertim cum eas videam primum oblitas Latio tum, cum in urbem nostram est infusa peregrinitas, nunc vero etiam *bracatis et Transalpinis nationibus*, ut nullum veteris leporis vestigium appareat.

Und ich bin – magst Du glauben, was Du willst – riesig empfänglich für feinen Humor, besonders wie er bei uns heimisch ist, zumal ich sehe, wie er durch das Latinertum übertüncht worden ist, damals als die Ausländerei in unsere Stadt einströmte, und jetzt gar durch diese behosten Völker von jenseits der Alpen.

(H. Kasten)

253 brevi manu
kurzerhand

ULPIANUS, DISPUTATIONES 3 (DIGESTA 23, 3, 43, 1)

Quotiens autem extraneus accepto fert debitori dotis constituendae causa, si quidem nuptiae insecutae non fuerint, liberatio non sequetur: nisi forte sic accepto tulit, ut velit mulieri in totum donatum: tunc enim credendum est *brevi manu* acceptum a muliere et marito datum.

Wenn aber ein Peregrine (ein Auswärtiger) dem Schuldner gegenüber zum Zweck der Bestellung einer Mitgift einen Schuldbetrag für getilgt erklärt, erfolgt dann keine Befreiung, wenn die Eheschließung nicht unmittelbar darauf erfolgte, es sei denn, die Freistellung wäre mit der Maßgabe erteilt, daß die Frau den Betrag auf jeden Fall erhalten solle; dann nämlich wäre es glaubhaft, daß die Schenkung von der Frau kurzerhand angenommen und an den Ehemann weitergegeben wurde.

HW 35306a

254 Brevis esse laboro, obscurus fio.
Kürze strebe ich an und werde unverständlich.

HORAZ, DE ARTE POETICA 25f.

Maxima pars vatum, pater et iuvenes patre digni,
decipimur specie recti: *brevis esse laboro,*
obscurus fio; sectantem levia nervi
deficiunt animique; professus grandia turget.

Euch sei's geklagt, Freund Piso und ihr jungen Söhne, die des Vaters würdig,
wir Sänger lassen insgemein uns beirren durch den Schein des Richtigen.
Bündige Kürze will ich erzwingen: Dunkelheit ist der Erfolg.
Glättung erzielt der Dichter: Kraft und Feuer geht ihm verloren.
Gesuchte Erhabenheit wird schwülstig.

(W. Schöne – H. Färber)

HW 35310 (... laborat, ... fit.)

ERASMUS, ADAGIA 4, 5, 25

255 Brevis nobis a natura vita data est.
Nur ein kurzes Leben ist uns von der Natur gegeben.

CICERO, ORATIONES PHILIPPICAE 14, 32

Brevis a natura vita nobis data est,
at memoria bene redditae vitae sempiterna.

Kurz ist das Leben, das die Natur uns schenkt;
doch die Erinnerung an ein wohl vollbrachtes Leben währt ewig.

(M. Fuhrmann)

C

256 **Cadente quercu quivis ligna colligit.**
Wenn eine Eiche fällt, sammelt jedermann Holz.

HW 2205 (... quilibet ligna legit.)

Erasmus, Adagia 3, 1, 86 (Arbore deiecta...)

257 **Caelum, non animum mutant, qui trans mare currunt.**
Das Klima, nicht aber ihre Seele ändern die, die übers Meer fahren.

Horaz, Epistulae 1, 11, 27

Nam si ratio et prudentia curas,
non locus effusi late maris arbiter aufert,
caelum, non animum mutant, qui trans mare currunt.

Bleibt es wahr, daß nur weiser, kluger Sinn die Sorgen bannt, nicht ein Ort mit beherrschendem Blick über Meeresbreiten, so kann, wer Meere durcheilt, wohl den Himmelsstrich wechseln, doch nicht der Seele Stimmung.

(W. Schöne – H. Färber)

258 **Caesar citra Rubiconem.**
Caesar hat den Rubikon überschritten.
(d. h.: Eine schwierige Entscheidung ist getroffen.)
(Mit der Überschreitung des Grenzflusses Rubico zwischen dem Diesseitigen Gallien und Italien hatte Caesar 49 v. Chr. den Bürgerkrieg eröffnet.)

vgl. Cicero, Orationes Philippicae 6, 5

An ille faciat, quod paulo ante decretum est, ut exercitum *citra* flumen *Rubiconem*, qui finis est Galliae, educeret, dum ne propius urbem Roman CC milia admoveret?

Er* sollte befolgen, was man soeben (im Senat) beschlossen hat: er möge sein Heer auf diese Seite des Rubikon, des gallischen Grenzflusses, führen, jedoch nicht näher als zweihundert Meilen an die Stadt Rom heranrücken? Dieser Anweisung sollte er sich fügen? (* M. Antonius 43 v. Chr.)

(M. Fuhrmann)

259 **Caesar non supra grammaticos.**
Der Kaiser steht nicht über den Regeln der Grammatiker.

Kaiser Sigismund (1368–1437, Kaiser seit 1433) soll auf dem Konzil von Konstanz (1414), als er auf einen Grammatikfehler hingewiesen wurde, erklärt haben:

Ego sum rex Romanus et *supra grammaticam.*

Daraufhin soll ihn der Kardinal von Piacenza mit dem o. a. Satz zurechtgewiesen haben.

HW 35336

260 **calcem impingere**
einen Fußtritt geben (auch: energisch beginnen)

Petron, Satyrica 46, 5

Ceterum iam Graeculis *calcem impingit* et Latinas coepit non male appetere, etiam si magister eius sibi placens fit nec uno loco consistit; scit quidem litteras, sed non vult laborare.

Übrigens hat er schon im Griechischen einen Anlauf genommen und ist fürs erste nicht schlecht hinter dem Latein her, obschon sein Lehrer sich etwas einzubilden beginnt und nicht bei der Stange bleibt; er hat zwar seine Weisheit studiert, will sich aber nicht plagen.

(K. Müller – W. Ehlers)

261 **Calumniare audacter! Aliquid semper haeret.**
Verleumde nur kühn! Irgend etwas bleibt immer hängen.

nach Plutarch, Quomodo adulator ab amico internoscatur 65c24ff.
HW 2255a

262 **Canes plurimum latrantes raro mordent.**
Hunde, die am lautesten bellen, beißen nur selten.
(vgl.: Bellende Hunde beißen nicht.)

HW 2287a

263 **canis a non canendo**
Der Hund heißt canis, weil er nicht singt (non canit).
(Beispiel einer unsinnigen Worterklärung)

Varro, De lingua Latina 7, 23

264 **Canis timidus vehementius latrat quam mordet.**
Ein ängstlicher Hund bellt heftiger, als er beißt.

Curtius, Historia Alexandri Magni 7, 4, 13

Adiecit deinde – quod apud Bactrianos vulgo usurpabant – *canem timidum vehementius latrare quam mordere*, altissima quaeque flumina minimo sono labi.

Er* fügte noch hinzu – was bei den Baktrianern als Sprichwort galt –, ein ängstlicher Hund belle heftiger, als er beiße, und gerade die tiefsten Flüsse machten am wenigsten Lärm. (* der medische Seher Gobares zu Alexander)

HW 2296a

Erasmus, Adagia 3, 7, 100 (Canes … latrant.)

265 **Cantabit vacuus coram latrone viator.**
Singen wird in Gegenwart des Räubers der mittellose Wanderer.

Juvenal, Saturae 10, 22
HW 2306

266 canterio vectum post mulum conscendere
sich vom Pferd auf den Maulesel setzen

vgl. CICERO, AD FAMILIARES 9, 17 (18), 4 K.

Potes *mulo* isto, quem tibi reliquum dicis esse, quoniam *cantherium* comedisti, Romam pervehi. Sella tibi erit in ludo tamquam hypodidascalo proxima; eam pulvinus sequetur.

Du* kannst auf Deinem Maulesel – das einzige, was Dir geblieben ist, wie Du sagst, da Du den Gaul verzehrt hast – nach Rom reiten. Du bekommst in meiner Schule gleichsam als Hilfslehrer einen Stuhl neben mir; hinterher ist Dir ein Platz an der Tafel sicher. (* Cicero an seinen Freund L. Papirius Paetus.)

(H. Kasten)

vgl. HW 35391 d (cantherio comeso mulo provehi)

vgl. ERASMUS, ADAGIA 1, 7, 29 (Ab equis ad asinos.)

267 Cantilenam eandem canis.
Du singst dasselbe Lied
(d. h.: Das ist immer die alte Leier.)

TERENZ, PHORMIO 495

PH. Crede mihi, gaudebis facto: verum hercle hoc est. DO. somnia.
PH. Experire: non est longum. DO. *Cantilenam eandem canis.*

PHAEDRIA: Wirst es nicht bereun: traun, im Ernste! DORIO: Träumerei!
PHAEDRIA: Auf, versuch's! Nicht lange währt es. DORIO: Immer das alte Lied!

(J. J. C. Donner)

HW 35392

ERASMUS, ADAGIA 2, 5, 76

268 Cantores amant humores.
Sänger lieben Feuchtes.

HW 2313

269 Capita aut navim!
Kopf oder Wappen!
(ein römisches Spiel)

MACROBIUS, SATURNALIA 1, 7, 22

270 Caput eius agitur.
Es geht bei ihm um Kopf und Kragen.

CICERO, DE AMICITIA 61

His igitur finibus utendum arbitror, ut, cum emendati mores amicorum sint, tum sit inter eos omnium rerum consiliorum voluntatum sine ulla exceptione communitas, ut, etiam si qua fortuna acciderit, ut minus iustae amicorum voluntates adiuvandae sint, in quibus *eorum* aut *caput agatur* aut fama, declinandum de via sit, modo ne summa turpitudo sequatur; est enim, quatenus amicitiae dari venia possit.

Ich glaube also, daß wir uns an folgende Grenzbestimmung in der Freundschaft halten sollen: Vorausgesetzt, daß ihr Charakter ohne Makel ist, soll unter den Freunden eine uneingeschränkte Gemeinschaft in allen Angelegenheiten, Plänen und Wünschen bestehen, die einen dazu zwingt, auch einmal vom Wege abzuweichen, wenn es der Zufall will, daß man einmal weniger berechtigte Wünsche der Freunde zu unterstützen hat, bei denen es um ihr Leben oder um ihren guten Ruf geht. Nur dürfen sich dabei nicht gerade die allerschandbarsten Folgen ergeben.

(M. Faltner)

271 **caput perfricare**
sich am Kopf kratzen
(d. h.: nachdenklich sein)

Cicero, In L.Calpurnium Pisonem 61

Quas rationes si cognoris, intelleges nemini plus quam mihi litteras profuisse. Ita enim sunt perscriptae scite et litterate, ut scriba, ad aerarium qui eas rettulit, perscriptis rationibus secum ipse, *caput* sinistra manu *perfricans*, commurmuratus sit: 'Ratio quidem hercle apparet, argentum οἴχεται (oíchetai).'

Wenn du die Abrechnung prüfst, dann kannst du feststellen, daß niemand so viel von seiner Bildung gehabt hat wie ich. Sie ist so sachkundig und überlegt aufgesetzt, daß sich der Schreiber bei der Staatskasse, der sie übernahm, mit der linken Hand die Stirne rieb, als er alles abgeschrieben hatte, und vor sich hinmurmelte: «Wahrhaftig, die Abrechnung ist klar – und das Geld ist flöten.»

(M. Fuhrmann)

272 **Caput prurit.**
Mich juckt's am Kopf.

Plautus, Bacchides 1193

Ni. *Caput prurit*: perii. Vix negito.

Nicobulus: Mir brennt der Kopf: ich bin verloren, kann es nicht mehr leugnen.

(W. Binder – W. Ludwig)

273 **Carmina iam moriens canit exequialia cygnus.**
Im Todeskampf singt der Schwan ein letztes Lied.

Ovid, Metamorphoses 14, 430
HW 2372

vgl. Erasmus, Adagia 1, 2, 55 (cygnea cantio)

274 **Carpe diem!**
Genieße den Tag!
(wörtl.: Pflücke den Tag!)

Horaz, Carmina 1, 11, 8 (An Leukonoë)

Sapias: vina liques et spatio brevi
spem longam reseces. Dum loquimur, fugerit invida
aetas: *carpe diem* quam minimum credula postero!

Zeige dich klug: kläre den Wein, stelle der Hoffnung Flug
Auf das Heute nur ein! Neidisch entflieht, während du sprichst, die Zeit:
Schenk dem kommenden Tag nimmer Vertraun, koste den Augenblick!

(Kayser – Nordenflycht – Burger – Färber)

HW 2407b

275 **casus belli**
der Kriegsfall

276 **casus foederis**
der Bündnisfall
(der dazu verpflichtet, dem Verbündeten Hilfe zu leisten)

277 **Casus magister alius et paene numerosior.**
Der Zufall ist ein weiterer Lehrmeister und fast der häufigere.

Plinius, Naturalis historia 17, 101

278 **Cato esse quam videri bonus malebat.**
Cato wollte lieber gut sein als scheinen.

Sallust, Coniuratio Catilinae 54, 6

Esse quam videri bonus malebat:
ita, quo minus petebat gloriam, eo magis illum adsequebatur.

Er wollte lieber gut sein als gut scheinen;
so folgte ihm der Ruhm um so mehr, je weniger er nach ihm strebte.

(W. Eisenhut – J. Lindauer)

HW 35433h1 (... maluit.)

279 **Causa aequat effectum.**
Die Ursache kommt der Wirkung gleich.

280 **Causa aliqua subest.**
Es steckt etwas dahinter.

Cicero, De finibus 5, 29

Quare, quotienscumque dicetur male quis de se mereri sibique esse inimicus atque hostis, vitam denique fugere, intellegatur *aliquam subesse* eiusmodi *causam*, ut ex eo ipso intellegi possit, sibi quemque esse carum.

Sooft als auch immer von jemandem gesagt wird, er habe unverdient schlecht an sich selber gehandelt, er sei sein eigener Gegner und Feind und er wolle dem Leben entfliehen, so wird man annehmen müssen, es stecke irgendein Motiv dahinter, an dem sich wahrnehmen ließe, daß ein jeder um sich selbst besorgt ist.

(O. Gigon – L. Straume-Zimmermann)

HW 35436b1

281 **Causa iubet melior superos sperare secundos.**
Die bessere Sache heißt uns, auf die Hilfe des Himmels zu hoffen.

Lukan, Pharsalia 7, 349
HW 2518

282 **Cautis pericla prodesse aliorum solent.**
Die Gefahren anderer pflegen den Vorsichtigen zu nützen.

HW 2552

283 **Cautius loquitur**
Er drückt sich recht vorsichtig aus.

284 **Cave canem!**
Hüte dich vor dem Hunde!
(Vorsicht, bissiger Hund!)

PETRON, SATYRICA 29, 1
HW 35451

285 **Cedamus: leve fit, quod bene fertur, onus.**
Geben wir nach! Leicht wird eine Last, die man gut trägt.

OVID, AMORES 1, 2, 10
HW 2570

286 **Cedant arma togae, concedat laurea laudi!**
Weichen sollen die Waffen der Toga, Kriegslorbeer lobenswerter Friedenstat!

CICERO, DE OFFICIIS 1, 77

Illud autem optimum est, in quod invadi solere ab improbis et invidis audio:
Cedant arma togae, concedat laurea laudi.
Ut enim alios omittam, nobis rem publicam gubernantibus nonne togae arma cesserunt?

Jenes aber ist am besten, wogegen Sturm gelaufen zu werden pflegt von Ruchlosen und Neidern:
«Weichen mag die Waffe der Toga, der Lorbeer dem Lobe!»
Um nämlich andere beiseite zu lassen: sind nicht, als wir am Steuer des Staates saßen, die Waffen der Toga gewichen?

(K. Büchner)

vgl. Ps.-SALLUST, INVECTIVA IN M. TULLIUM CICERONEM 6

vgl. HW 2572 (... linguae.)

287 **Cede repugnanti, cedendo victor abibis.**
Wenn sie sich sträubt, gib ihr nach, denn Nachgeben führt dich zum Siege.
(vgl.: Der Klügere gibt nach.)

OVID, ARS AMATORIA 2, 197

(N. Holzberg)

HW 2582; 35462

288 **celerius quam asparagi coquuntur**
schneller als das Spargelkochen

SUETON, VITA DIVI AUGUSTI 87, 2

Et ad exprimendam festinatae rei velocitatem: *celerius quam asparagi cocuntur.*

Und um die Schnelligkeit, mit der etwas ausgeführt wurde, auszudrücken (sagte er*): «schneller als man Spargel kocht.» (*sc. Augustus)

(A. Lambert)

ERASMUS, ADAGIA 3, 7, 5 (Citius ...)

289 **censura cothurnati sermonis invehi**
mit hochtrabenden Worten losziehen
(vgl.: sich aufs hohe Roß setzen)

MACROBIUS, SATURNALIA 7, 5, 28

290 **Cessante causa cessat effectus.**
Mit dem Wegfall der Ursache entfällt auch die Wirkung.

THOMAS VON AQUIN (1224/25–1274), SUMMA THEOLOGIAE 1, 96, 3, 3
HW 35493

291 **Cetera mitte loqui!**
Sprich nicht weiter!

HORAZ, EPODOE 13, 7

Rapiamus, amici,
occasionem de die, dumque virent genua
et decet, obducta solvatur fronte senectus.
tu vina Torquato move consule pressa meo.
Cetera mitte loqui: deus haec fortasse benigna
reducet in sedem vice.

Auf, meine Genossen,
Und haschet, was die Stunde beut, streift, da die Knie noch frisch
Und es noch angeht, den Griesgram hinweg von umdüsterter Stirne!
Herbei den Wein, im Konsulat meines Torquatus gepreßt!
Rede vom übrigen nichts: vielleicht, daß freundlichen Wechsels
Ein Gott ins rechte Gleis es bringt.

(Kayser – Nordenflycht – Burger – Färber)

292 **Cetera res expediet.**
Das weitere wird sich finden.

SALLUST, CONIURATIO CATILINAE 20, 10

Verum enim vero, pro deum atque hominum fidem, victoria in manu nobis est, viget aetas, animus valet; contra illis annis atque divitiis omnia consenuerunt. Tantummodo incepto opus est, *cetera res expediet.*

Ja, wahrhaftig, so gewiß noch Verlaß auf Götter und Menschen ist, der Sieg liegt in unserer Hand, wir haben noch junge Kraft, haben starken Mut; die dagegen sind durch Alter und Reichtum ganz verkalkt. Man braucht nur anzufangen, das übrige wird sich von selbst erledigen. (Rede Catilinas)

(W. Eisenhut – J. Lindauer)

HW 35498

293 **ceteris paribus**
unter im übrigen gleichen Bedingungen

294 **ceterum censeo**
im übrigen bin ich der Meinung (daß . . .)

z. B. FLORUS, HISTORIA ROMANA 1, 15, 4f.

295 **Ceterum censeo Carthaginem esse delendam.**
Im übrigen bin ich der Ansicht, daß Karthago zerstört werden muß.

Cato zugeschrieben:
z. B. FLORUS, HISTORIA ROMANA 1, 15, 4f.

Cum bellum sederet, de belli fine tractatum est.
Cato inexpiabili odio *delendam esse Carthaginem*, et cum de alio consuleretur, pronuntiabat: Scipio Nasica servandam, ne metu ablato aemulae urbis luxuriari felicitas Urbis inciperet.

Als der Krieg zum Stillstand kam, wurde über seine Beendigung verhandelt. In unversöhnlichem Haß erklärte Cato, Karthago müsse vom Erdboden verschwinden, und er sagte das auch, wenn über andere Gegenstände beraten wurde. Scipio Nasica hingegen vertrat die Ansicht, man müsse Karthago erhalten, damit nicht, wenn die Nebenbuhlerin weg wäre, das Glück der Stadt Rom allzu üppige Blüten treibe.

vgl. PLUTARCH, CATO MAIOR 27

296 **Charta non erubescit.**
Papier errötet nicht.

vgl. CICERO, AD FAMILIARES 5, 13 (12), 1 K.

Coram me tecum eadem haec agere saepe conantem deterruit pudor quidam paene subrusticus, quae nunc expromam absens audacius; *epistula* enim *non erubescit.*

Schon mehrfach war ich drauf und dran, mit Dir persönlich über dies Thema zu sprechen, immer hielt mich eine beinahe etwas bäurische Befangenheit zurück; jetzt aber, wo ich Dir nicht gegenübersitze, wage ich mich schon kecker damit heraus: ein Brief wird ja nicht rot. *(an L. Lucceius im Juni 56 v. Chr.)*

(H. Kasten)

AMBROSIUS, DE VIRGINIBUS 1, 1 (16, 188A Migne): Liber enim non ...

vgl. HW 7124a (Epistula ...)

297 **Cibi condimentum fames est.**
Der Speise Würze ist der Hunger.
(vgl.: Hunger ist der beste Koch.)

CICERO, DE FINIBUS 2, 90

Huic ego, si negaret quicquam interesse ad beate vivendum, quali uteretur victu, concederem, laudarem etiam; verum enim diceret, idque Socratem, qui voluptatem nullo loco numerat, audio dicentem, *cibi condimentum esse famem*, potionis sitim.

Wenn nun Epikur behaupten wollte, es habe auf die Glückseligkeit keinerlei Einfluß, wie man sich ernähre, so wäre ich einverstanden; ich würde dies sogar loben. Denn er würde die Wahrheit sagen, und ich stelle fest, daß Sokrates, für den die Lust überhaupt nicht zählt, gesagt hat, die Würze des Essens sei der Hunger, diejenige des Trinkens der Durst.

(O. Gigon – L. Straume-Zimmermann)

HW 35510 (... est fames, potionis sitis.)

298 **Cibus omnis in illo causa cibi est.**
Bei ihm wird jegliche Speise ein Grund zu neuer Speise.

OVID, METAMORPHOSES 8, 841 f.

Utque fretum recipit de tota flumina terra
nec satiatur aquis peregrinosque ebibit amnes, ...
sic epulas omnes Erysichthonis ora profani
accipiunt, poscuntque simul; *cibus omnis in illo*
causa cibi est, semperque locus fit inanis edendo.

Und wie das Meer die Ströme der ganzen Erde empfängt und
nie sich des Wassers ersättigt, die fernsten Flüsse noch austrinkt, ...
so empfängt und heischt zugleich Erysichthons, des Frevlers,
Schlund ein jedes Mahl. Ihm wird ein jegliches Essen
Grund zu essen, und stets wird leer von Speisen die Tafel.
(Erysichthon war von Demeter mit unstillbarem Hunger bestraft worden; am Ende verzehrte er sich selbst.)

(E. Rösch)

299 **Cita mors ruit.**
Rasch stürmt der Tod heran.

HORAZ, SERMONES 1, 1, 8: Cita mors venit.

HW 2766

300 **Citius venit periculum, cum contemnitur.**
Gefahr kommt schneller heran, wenn man sie verachtet.

PUBLILIUS SYRUS C 8
HW 2770

301 **Cito arescit lacrima.**
Rasch trocknet die Träne.

CICERO, PARTITIONES ORATORIAE 57

Cito enim *arescit lacrima*, praesertim in alienis malis.

Rasch nämlich vertrocknet die Träne, vor allem bei fremdem Unglück.

(K. u. G. Bayer)

vgl. AUCTOR AD HERENNIUM 2, 50

302 **Cito ignominia fit superbi gloria.**
Rasch wird für den Hochmütigen Ruhm zur Schande.

PUBLILIUS SYRUS, SENTENTIAE C 10

Dem prahlerischen Stolz folgt rasch Verachtung.

(H. Beckby)

HW 2773

303 **Civis Romanus sum.**
Ich bin römischer Bürger.

CICERO, IN C. VERREM II 5, 147 (u.ö.)

Cervices in carcere frangebantur indignissime civium Romanorum, ut iam illa vox et imploratio: '*Civis Romanus sum*', quae saepe multis in ultimis terris opem inter barbaros et salutem tulit, ea mortem illis acerbiorem et supplicium maturius ferret.

Auf die empörendste Weise wurde römischen Bürgern im Kerker das Genick gebrochen, so daß der flehende Ruf «Ich bin römischer Bürger», der schon oft vielen Leuten in den entlegensten Ländern unter Barbaren Hilfe und Rettung gebracht hat, ihnen nur einen grausameren Tod und eine eiligere Hinrichtung zuzog.

(M. Fuhrmann)

vgl. ACTUS APOSTOLORUM 22, 25

304 **Clamitat ad caelum vox sanguinis et Sodomorum, vox oppressorum, viduae, pretium famulorum.**
Es schreit zum Himmel die Stimme des Blutes und der Sodomiter, die Stimme der Unterdrückten, der Witwe, der Lohn der Knechte.

Die (nach 1 MOSES 4, 10; 18, 20; 19, 13; 2 MOSES 3, 7; 22, 23 und JACOBUS 5, 4) «himmelschreienden Sünden» sind in zwei Hexametern zusammengefaßt.

HW 2786: Clamitat in caelis...
vox oppressorum, merces detenta laborum.

305 **classici auctores**
die Klassiker
(Bei den Römern waren die 'classici' ursprünglich die zur obersten Steuerklasse zählenden, reichen Bürger.)

GELLIUS, NOCTES ATTICAE 19, 8, 15

Ite ergo nunc et, quando forte erit otium, quaerite, an 'quadrigam' et 'harenas' dixerit e cohorte illa dumtaxat antiquiore vel oratorum aliquis vel poetarum, id est *classicus* adsiduusque aliquis scriptor, non proletarius.

Geht also jetzt nur (euerem Berufe nach), und wenn ihr zufällig wieder einmal etwas freie Zeit habt, dann fragt abermals bei mir nach, ob irgendeiner der Redner oder der Dichter, d. h. nicht etwa ein untergeordneter, sondern ein mustergültiger und maßgebender, selbstverständlich aus jener älteren Schriftsteller-Reihe, irgendeinmal *quadriga* (im Singular) und *harenae* (im Plural) gesagt hat.

(F. Weiss)

306 **Claude os, aperi oculos!**
Halte den Mund und mach die Augen auf!

HW 35536

307 **Claudit eques stabulum, cum latro cepit equum.**
Der Reiter verschließt den Stall, wenn der Räuber das Pferd mitgenommen hat.
(vgl.: Wenn das Kind im Brunnen liegt...)

HW 2806

308 **clavum clavo eicere**
einen Nagel mit einem anderen heraustreiben
(d. h.: Gleiches mit Gleichem heilen)

CICERO, TUSCULANAE DISPUTATIONES 4, 75

Etiam novo quidam amore veterem amorem tamquam *clavo clavum eiciendum* putant; maxime autem admonendus est, quantus sit furor amoris. Omnium enim ex animi perturbationibus est profecto nulla vehementior.

Einige meinen, man solle die alte Liebe durch eine neue vertreiben wie einen Nagel durch einen anderen. Vor allem aber muß man daran erinnern, wie groß die Liebesleidenschaft ist. Denn von allen Leidenschaften ist sicherlich keine heftiger.

(O. Gigon)

vgl. HW 2821 a; 35537 d (... expelle, amorem veterem item amoveas novo!)

ERASMUS, ADAGIA 1, 2, 4 (pellere)

309 **Clericus clericum non decimat.**
Ein Geistlicher nimmt vom anderen keinen Zehnten.
(wird auch im Sinne von «Eine Krähe hackt der anderen kein Auge aus» verwendet)

CORPUS IURIS CANONICI, decr. 1, caus. 16
HW 2849 a

310 **Cogitatione finge!**
Stell' dir vor!

CICERO, PRO T. ANNIO MILONE 79

Fingite animis: liberae enim sunt *cogitationes* nostrae, et, quae volunt, sic intuentur, ut ea cernimus, quae videmus; *fingite* igitur *cogitatione* imaginem huius condicionis meae: si possim efficere, ut Milonem absolvatis, sed ita, si P. Clodius revixerit. Quid vultu extimuistis?

Stellt euch vor (ihr Richter) – unsere Einbildungskraft ist ja unbeschränkt; sie kann sich jeden beliebigen Gegenstand ebenso lebhaft ausmalen, wie wir das erkennen, was wir vor uns sehen – stellt euch also in Gedanken vor, was ich nunmehr annehmen will: gesetzt, ich könnte erreichen, daß ihr Milo freisprecht, doch unter der Bedingung, daß Clodius ins Leben zurückkehrt – warum zeigen eure Mienen Bestürzung?

(M. Fuhrmann)

311 **Cogitationis poenam nemo patitur.**
Bloße Gedanken bleiben straffrei.

ULPIAN, AD EDICTUM 3 (DIGESTA 48 19, 18)
HW 35563 (*cogitation*um *poenam*...)

312 **Cogitato, mus pusillus quam sit sapiens bestia,**
aetatem qui non cubili uni umquam committit suam,
quia, si unum ostium obsidiatur, alium perfugium gerit.
Das kleine Mäuslein ist ein kluges Tier,
Das nie sein Leben einem Loche nur vertraut,
Damit, wenn ein Ausgang belagert ist, es zur Flucht
Sich immer eines anderen noch bedienen kann.

PLAUTUS, TRUCULENTUS 868–870

(W. Binder – W. Ludwig)

313 **Cogito, ergo sum.**
Ich denke, folglich bin ich.

R. Descartes (Cartesius) (1596–1650), Principia philosophiae 4

314 **colludere cum altero**
mit einem andern zusammenspielen
(d. h.: unter einer Decke stecken)

Cicero, In C. Verrem II 2, 58

Qui, si eo animo esset, quo non modo eques Romanus, sed quivis liber debet esse, adspicere te postea non potuisset: inimicus, hostis esset tanta contumelia accepta, *nisi tecum collusisset* et tuae potius existimationi servisset quam suae.

Wenn er (Volcatius) so dächte, wie nicht nur jeder römische Ritter, sondern jeder freie Mann denken soll, dann hätte er dich hernach nicht mehr anblicken können; er wäre nach einer solchen Schmach dein Feind und Widersacher, hätte er nicht damals mit dir unter einer Decke gesteckt und lieber für deinen als für seinen eigenen Ruf gesorgt.

(M. Fuhrmann)

315 **Comes facundus in via pro vehiculo est.**
Ein munterer Plauderer ist (wie) ein Reisewagen.

Publilius Syrus, Sententia C 17

(H. Beckby)

HW 2961

316 **Communia inter amicos omnia.**
Unter Freunden ist alles gemeinsam.

Terenz, Adelphoe 804

Mi. Non aequom dicis. De. Non? Mi. Nam vetus verbum hoc quidemst,
communia esse *amicorum inter se* omnia.
De. Facete! Nunc demum istaec nata oratiost.

Micio: Du sprichst unbillig. Demea: Meinst du? Micio: Ja; denn alles ist
Gemeinsam unter Freunden, sagt der alte Spruch.
Demea: Wie sinnig! Jetzt erst fällt der weise Spruch dir ein?

(J. J. C. Donner)

Cicero, De officiis 1, 51: Amicorum esse *communia omnia.*

HW 2994 (Communia esse amicorum inter se omnia.)

Erasmus, Adagia 1, 1, 1 (Amicorum communia omnia.)

317 **Compedes, quas ipse fecit, ipse gestabit faber.**
Die Fesseln, die er selbst gefertigt, wird der Schmied nun selber tragen.
(d. h.: sich in der eigenen Schlinge fangen)

Ausonius, De Bissula I. praef. 5–6:

Tibi, quod intristi, exedendum est: sic vetus verbum iubet
compedes, quas ipse fecit, ipsus ut gestet faber.

vgl. Theognis 539

HW 35605a (…, ipsus gestitet faber.)

Erasmus, Adagia 2, 3, 23

318 **Compesce mentem!**
Bezwinge deinen Zorn!

HORAZ, CARMINA 1, 16, 22

Conpesce mentem: me quoque pectoris
temptavit in dulci iuventa
fervor et in celeres iambos
misit furentem. Nunc ego mitibus
mutare quaero tristia ...

Halt den Unmut! Wallende Glut der Brust,
Sie hat auch mich in süßer Jugend
Plötzlich erfaßt und zu raschen Jamben
Toll hingerissen. Liebliches möcht' ich jetzt
Statt Herbem gern dir bieten ...

(Kayser – Nordenflycht – Burger – Färber)

HW 35607

319 **compressis manibus sedere**
mit zusammengepreßten Händen (untätig) herumsitzen

LIVIUS, AB URBE CONDITA 7, 13, 7

Quid enim aliud esse causae credamus, cur veteranus dux, fortissimus bello, *conpressis*, quod aiunt, *manibus sedeas*? Utcumque enim se habet res, te de nostra virtute dubitasse quam nos de tua verius est.

Welchen anderen Grund sollen wir denn dafür annehmen, daß du, der alterprobte, tapfere Feldherr, jetzt mit zusammengepreßten Händen, wie man so sagt, untätig herumsitzt? Wie immer es sich verhält, es ist jedenfalls zutreffender, daß du an unserem Mut gezweifelt hast als wir an deinem.

320 **Conclamatum est.**
Alles ist aus.
(wörtl.: Es ist laut gerufen worden, wie es bei der Totenklage üblich war.)

TERENZ, EUNUCHUS 348

PA: Comites secuti scilicet sunt virginem?
CH. Verum: parasitus cum ancilla. PA. Ipsast: ilicet.
Desine; iam *conclamatumst.*

PARMENO: Es gingen andere Leute mit dem Mädchen noch?
CHAEREA: Ein Parasit und eine Magd.. PARMENO: Sie ist es, ja!
Gib's auf! Es ist vorüber.

(J. J. C. Donner)

321 **concordia discors**
zwieträchtige Eintracht

HORAZ, EPISTULAE 1, 12, 19

Cum tu inter scabiem tantam et contagia lucri
nil parvum sapias et adhuc sublimia cures: ...
quid velit et possit rerum *concordia discors*,
Empedocles an Stertinium deliret acumen.

Inmitten der herrschenden Seuche, bei dem prickelnden Reiz des Gewinnes, bist du allem Kleinlichen abgekehrt und wahrst dir den Sinn für die hohen Fragen der Natur:
Wo ist Zweck und Ziel in der zwieträchtigen Eintracht der Stoffe?
Ist Empedokles auf Abwegen oder Stertinius' Denkergeist?

(W. Schöne – H. Färber)

OVID, METAMORPHOSES 1, 433: *discors concordia* fetibus apta est.

LUKAN, PHARSALIA 1, 98: temporis angusti mansit *concordia discors*.

HW 3042

322 **Concordia domi, foris pax!**
Eintracht zu Hause, draußen Friede!

INSCHRIFT AM HOLSTENTOR ZU LÜBECK
HW 35619

323 **Concordia parvae res crescunt, discordia maxumae dilabuntur.**
Denn durch Eintracht wachsen auch kleine Staaten, durch Zwietracht zerfallen sogar die größten.
(König Micipsa von Numidien auf dem Sterbebett)

SALLUST, BELLUM IUGURTHINUM 10, 6

Nam *concordia* ...

(W. Eisenhut – J. Lindauer)

HW 3043a

vgl. ERASMUS, ADAGIA 3, 8, 64 (... fulciuntur opes etiam exiguae.)

324 **Condicio impossibilis, cui natura impedimento est, quo minus exsistat.**
Unerfüllbar ist eine Bedingung, wenn die Natur ihrer Erfüllbarkeit im Wege steht.

INSTITUTIONES IUSTINIANI 3, 19, 11

Si impossibilis condicio obligationibus adiciatur, nihil valet stipulatio. *Impossibilis* autem *condicio* habetur, *cui natura impedimento est, quo minus exsistat*, veluti si quis ita dixerit: 'Si digito caelum attigero, dare spondes?'

Wenn eine unmögliche Bedingung zu Schuldversprechungen hinzugefügt wird, hat das Versprechen keine Rechtswirksamkeit. Unmöglich ist eine Bedingung aber dann, wenn die Natur ihrer Erfüllung hinderlich ist, wie z. B. wenn einer sagte: «Wenn ich mit dem Finger den Himmel berühre, versprichst du dann zu zahlen?»

325 **condicio sine qua non**
eine Bedingung, «ohne die nicht»
(d. h.: eine unerläßliche Bedingung)

z. B. Cicero, Topica 61

Hoc igitur, *sine qua non* fit, ab eo, in quo certe fit, diligenter est separandum.

Die Voraussetzung, ohne die ein Ereignis nicht eintritt, muß man sorfältig von derjenigen trennen, die das Ereignis mit Sicherheit zur Folge hat.

(K. Bayer)

326 **confer!**
(Abk.: cf.)
Vergleiche!

327 **Conscia mens recti famae mendacia ridet.**
Ein Sinn, der sich des Rechten bewußt ist, lacht über Lügen und üble Nachrede.
(vgl.: Ein gutes Gewissen ist ein sanftes Ruhekissen.)

Ovid, Fasti 4, 311

Conscia mens recti famae mendacia risit.
Sed nos in vitium credula turba sumus.

Wer sich des Rechten bewußt, der lacht über schlechtes Gerede.
Wir aber sind eine leichtgläubige Schar und glauben den Vorwurf.

HW 3115

328 **consensu omnium**
nach übereinstimmender Meinung aller, mit allgemeiner Zustimmung

z. B. Caesar, Bellum Gallicum 7, 4, 6

Omnium consensu defertur imperium ad eum.

Einstimmig übertragen sie ihm* den Oberbefehl. (* sc. Vercingetorix)

(O. Schönberger)

329 **Consilium nasci sub diem debet.**
Ein Rat muß unmittelbar am Tag formuliert werden.

Seneca, Epistulae Morales 71, 1

Consilia rebus aptantur: res nostrae feruntur, immo volvuntur: ergo *consilium*...

Ratschläge richten sich nach den Verhältnissen: unsere Verhältnisse ändern sich, vielmehr sie wandeln sich von Grund auf – folglich muß ein Rat unmittelbar...

(M. Rosenbach)

330 **Consuetudo est quasi altera natura.**
Die Gewohnheit ist gleichsam eine zweite Natur.

CICERO, DE FINIBUS 5, 74

Quin etiam ipsi voluptarii deverticula quaedam quaerunt et virtutes habent in ore totos dies voluptatemque primo dumtaxat expeti dicunt, deinde *consuetudine quasi alteram* quandam *naturam* effici, qua inpulsi multa faciant nullam quaerentes voluptatem.

Sogar die Freunde der Lust suchen irgendeinen Ausweg und reden den ganzen Tag von den Tugenden und lehren, daß in der Tat am Anfang nur die Lust erstrebt werde, später aber durch die Gewöhnung gewissermaßen eine zweite Natur entstehe, die die Menschen zu Handlungen veranlasse, die nichts mit der Lust zu tun hätten.

(O. Gigon – L. Straume-Zimmermann)

vgl. JULIAN, MISOPOGON 353a4

HW 35702 (*om.* quasi)

ERASMUS, ADAGIA 4, 9, 25 (Usus est altera natura.)

331 **Contenti simus hoc Catone!**
Seien wir mit diesem Cato zufrieden!

SUETON, VITA DIVI AUGUSTI 87, 1

Cotidiano sermone quaedam frequentius et notabiliter usurpasse eum litterae ipsius autographae ostentant...
cum hortatur ferenda esse praesentia, qualiacumque sint: *Contenti simus hoc Catone*!

In der Sprache des täglichen Verkehrs gebrauchte er*, wie die von ihm eigenhändig geschriebenen Briefe bezeugen, gewisse Ausdrücke sehr oft und auf eigentümliche Weise...
Wenn er dazu ermunterte, die Gegenwart so zu nehmen, wie sie ist, sagte er: «Seien wir zufrieden mit *dem* Cato, den wir haben!» (* sc. Augustus)

(A. Stahr – F. Schön – G. Waldherr)

ERASMUS, ADAGIA 4, 10, 3 (Catone hoc contenti simus!)

332 **Conticuere omnes intentique ora tenebant.**
Still ward alles umher und hob voll Spannung das Antlitz.

VERGIL, AENEIS 2, 1

(J. Götte)

333 **contradictio in adiecto**
Widerspruch in der Beifügung
(z. B.: ein eckiger Kreis)

HW 35736

334 **contra legem/leges**
gegen das Gesetz/die Gesetze

z. B. CICERO, DE LEGIBUS 2, 10

335 **Contra quis ferat arma deos?**
Wer wollte gegen die Götter kämpfen?

TIBULL, ELEGIAE 1, 6, 30

Non ego te laesi prudens: ignosce fatenti,
iussit Amor: *Contra quis ferat arma deos?*

Vorsätzlich kränkt' ich dich nicht: verzeihe! Ich bin ja geständig.
Amor befahl es: wer kann Göttern sich stellen zum Kampf?

(W. Willige)

HW 35733g1

vgl. ERASMUS, ADAGIA 3, 9, 22 (Cum diis non pugnandum.)

336 **Contraria contrariis curantur.**
Gegensätze heilt man mit Gegensätzen.

HW 35737

337 **Contra vim mortis non est medicamen in hortis.**
Gegen die Macht des Todes ist kein Kraut gewachsen.

HW 3346; vgl. 3347 (... non est exceptio sortis: ... gibt es keine Ausnahme)

338 **Conversa subito fortuna est.**
Das Glück hat sich plötzlich gewendet.

CORNELIUS NEPOS, VITA ATTICI 10, 1

Conversa subito fortuna est. Ut Antonius rediit in Italiam, nemo non magno in periculo Atticum putarat propter intimam familiaritatem Ciceronis et Bruti. Itaque ad adventum imperatorum de foro cesserat...

Plötzlich trat ein Umschwung ein. Bei der Rückkehr des Antonius nach Italien galt Atticus wegen seiner engen Verbindung zu Cicero und Brutus allgemein für außerst gefährdet. Er hatte sich deshalb bei der Annäherung der Triumvirn aus der Öffentlichkeit zurückgezogen.

(H. Färber)

339 **Convicia, si irascare, agnita videntur; spreta exolescunt.**
Wenn man sich über Anwürfe entrüstet, erscheinen sie als begründet; ignoriert man sie, so lösen sie sich in nichts auf.

J. ALBINUS, S. 41

340 **coram publico**
in aller Öffentlichkeit

341 **cornicum eruere genas**
den Krähen die Augen ausreißen

PROPERZ, ELEGIAE 4, 5, 16 (Verfluchung einer Kupplerin)

Audax cantatae leges imponere lunae
et sua nocturno fallere terga lupo
posset et intentos astu caecare maritos;
cornicum inmeritas *eruit* ungue *genas*...

Dreist genug, dem Mond durch Zauber Gesetze zu geben
und in das Fell eines Wolfs nächtens zu hüllen den Leib,
wüßte sie auch argwöhnische Gatten durch Arglist zu blenden.
Augen schuldloser Krähen kratzt ihre Kralle heraus.

(W. Willige)

vgl. HW 35772e

342 **Cornix cornici numquam oculos effodit.**
Eine Krähe hackt der andern kein Auge aus.

MACROBIUS, SATURNALIA 7, 5, 2

Tamquam *cornix cornici oculos effodiat.*

Als ob eine Krähe der andern ein Auge aushackte!

HW 3483 (... confodit ocellum.)

vgl. ERASMUS, ADAGIA in 1, 3, 75 (cornicum oculos configere)

343 **corpus delicti**
Gegenstand oder Werkzeug eines Verbrechens (als Beweismittel)

344 **Corruptissima re publica plurimae leges.**
Wenn der Staat am verdorbensten ist, gibt es die meisten Gesetze.

TACITUS, ANNALES 3, 17, 3
vgl. HW 21433b

345 **crabrones irritare**
in ein Wespennest stochern

PLAUTUS, AMPHITRUO 707

AM. At pol qui certa res
Hanc est obiurgare, quae me hodie advenientem domum
noluerit salutare. SO. *Inritabis crabrones.* AM. Tace.
Alcumena, unum rogare te volo. AL. Quidvis roga!

AMPHITRUO: Nicht doch, zum Schelten bin
Ich mehr geneigt, da sie bei meiner Ankunft mich
Nicht grüßen wollte. SOSIA: Da stichst du in ein Wespennest.
AMPHITRUO: So schweige doch! Eines, Alcumena, nur
Möcht ich dich fragen. ALCUMENA: Was du willst; frag immerzu!

(W. Binder – W. Ludwig)

vgl. HW 35803b

ERASMUS, ADAGIA 1, 1, 60 (irritare crabrones)

346 **crambe repetita**
aufgewärmter Kohl

JUVENAL, SATURAE 7, 154

Nam quaecumque sedens modo legerat, haec eadem stans
perferet atque eadem cantabit versibus idem:
occidit miseros *crambe repetita* magistros.

Denn was sie (*sc.* die Klasse) gerade im Sitzen gelesen, genau dasselbe wird
sie im Stehen heruntersagen und dasselbe in Versen singen:
Es bringt der aufgewärmte Kohl die armen Lehrer um.

vgl. HW 19688a

ERASMUS, ADAGIA 1, 5, 38 (Crambe bis posita mors.)

347 **Cras legam.**
Ich werd' es morgen lesen.

nach SUETON, VITA DIVI IULII 81, 4

Libellumque insidiarum indicem ab obvio quodam porrectum libellis ceteris, quos sinistra manu tenebat, quasi *mox lecturus* commiscuit.

Unterwegs wurde ihm (Caesar am 15. 3. 44 v. Chr.) von jemandem ein Schriftstück überreicht, das ihm den geplanten Anschlag verraten hätte; er steckte es jedoch zu den übrigen Schriften, die er in der linken Hand hielt, weil er es später lesen wollte.

(A. Stahr – F. Schön – G. Waldherr)

348 **crassa Minerva**
mit Hausverstand
(wörtl.: mit fetter Minerva)
(Minerva galt als Erfinderin vieler Künste)

HORAZ, SERMONES 2, 2, 3

Nec meus hic sermo est, sed quae praecepit Ofellus
rusticus, abnormis sapiens *crassa*que *Minerva*.

Hört zu, statt meiner spricht zu euch Ofellus,
ein Bauer, Philosoph mit derbem Hausverstand, der keine Schule kennt.

(W. Schöne – H. Färber)

ERASMUS, ADAGIA 1, 1, 37

349 **Cras vives? Hodie iam vivere, Postume, serum est.**
Morgen lebst du? Zu spät ist's, Postumus, heut erst zu leben.

MARTIAL, EPIGRAMMATA 5, 58

(R. Helm)

350 **Crede experto!**
Glaube dem, der das aus Erfahrung kennt.

SILIUS ITALICUS, PUNICA 7, 395
vgl. HW 8531 (ANTONIUS DE ARENA, gest. 1544): *Experto crede* Roberto!

351 **Crede mihi: vera dicere fama solet.**
Glaube mir: Ein Gerücht pflegt Wahres zu sagen.

J. ALBINUS, S. 74

vgl. ERASMUS, ADAGIA 1, 6, 25 (Non omnino temere est, quod vulgo dictitant.)

352 **Credo, quia absurdum.**
Ich glaube es, weil es widersinnig ist.

TERTULLIAN, DE CARNE CHRISTI 5 (2, 761 Migne)

Prorsus *credibile* est, *quia ineptum* est.

Es ist völlig glaubwürdig, gerade weil es ungereimt ist.

HW 3707a

353 **Crescentem sequitur cura pecuniam.**
Dem wachsenden Geld folgt die Sorge nach.

HORAZ, CARMINA 3, 16, 17

Crescentem sequitur cura pecuniam
maiorumque fames: iure perhorrui
late conspicuum tollere verticem.

Mit dem wachsenden Geld wachsen die Sorgen auch
Und der Hunger nach mehr: gut, daß mich schauderte
Weithin sichtbaren Haupts höher zu heben mich ...

(Kayser – Nordenflycht – Burger – Färber)

HW 3724

354 **Crescit amor nummi, quantum ipsa pecunia crescit.**
Es wächst die Liebe zum Geld im gleichen Maße, wie das Geld zunimmt.

JUVENAL, SATURAE 14, 139

Interea, pleno cum turget sacculus ore,
crescit amor nummi, quantum ipsa pecunia crescit,
et minus hanc optat, qui non habet.

Inzwischen, wenn der Geldbeutel bis zum Rande anschwillt,
wächst mit dem Wachsen des Geldes die Liebe zum Geld,
und nur der strebt weniger nach ihm, der ohnehin keins hat.

HW 3731

355 **Crescunt anni, decrescunt vires.**
Die Jahre nehmen zu, die Kräfte ab.
(vgl.: Mit dem Alter schwinden die Kräfte.)

356 **Crucior bolum mihi tantum ereptum tam desubito e faucibus.**
Daß solch ein fetter Bissen mir vom Munde weggerissen wird, das schmerzt.

TERENZ, HEAUTONTIMORUMENOS 673

(J. J. C. Donner)

ERASMUS, ADAGIA 3, 6, 99 (bolus ereptus e faucibus)

357 **Crux est, si metuas, vincere quod nequeas.**
Es ist eine Qual, wenn du etwas fürchtest, dem du nicht Herr werden kannst.

HW 3820

358 **Cucullus non facit monachum.**
Die Kutte macht noch keinen Mönch.

HW 35860; vgl. 32351 a:

Ut *cuculla facit monachum*, ita nec vestis Gallum.

Wie die Kutte keinen zum Mönch macht, so das Kleid keinen zum Franzosen.

359 **Cui bono?**
Wem nützt das?

z. B. CICERO, PRO SEX. ROSCIO AMERINO 84

L. Cassius ille, quem populus Romanus verissimum et sapientissimum iudicem putabat, identidem in causis quaerere solebat, *'cui bono'* fuisset. Sic vita hominum est, ut ad maleficium nemo conetur sine spe atque emolumento accedere.

Der berühmte L. Cassius, nach Ansicht aller Römer ein überaus gewissenhafter und weiser Richter, pflegte in Strafverhandlungen immer wieder zu fragen, wer denn etwas von der Tat gehabt habe. So geht es nun einmal im Leben der Menschen: niemand versucht ohne Aussicht auf Gewinn eine Missetat ins Werk zu setzen.

(M. Fuhrmann)

HW 3836a

360 **Cui dolet, meminit**
Wen es schmerzt, der trägt es nach.

CICERO, PRO L. MURENA 42

Quid tua sors? Tristis, atrox: quaestio peculatus ex altera parte lacrimarum et squaloris, ex altera plena catenarum atque indicum ...
Cui placet, obliviscitur, *cui dolet, meminit.*

Wie aber steht es mit deinem Amt? Es war bedrückend und furchtbar: die Strafverfolgung von Unterschleif, einerseits von Tränen und Niedergeschlagenheit, andererseits mit Anklägern und Denunzianten erfüllt ... – wem das behagt, der vergißt's; wen es ärgert, der trägt es nach.

(M. Fuhrmann)

HW 35867

361 **Cui nolis saepe irasci, irascaris semel!**
Wem du nicht oftmals zürnen willst, zürn einmal!

PUBLILIUS SYRUS, SENTENTIAE C 28

(H. Beckby)

HW 3878

362 **Cui plus licet, quam par est, plus vult, quam licet.**
Wem mehr erlaubt ist, als recht ist, der will auch mehr, als recht ist.

Publilius Syrus C 46
HW 3897

363 **cuiuslibet rei simulator ac dissimulator**
in jeder Hinsicht ein Heuchler und Hehler

Sallust, Coniuratio Catilinae 5, 4

Animus audax, subdolus, varius, *quoius rei lubet simulator ac dissimulator*, alieni adpetens, sui profusus, ardens in cupiditatibus.

Er* war ein verwegener, heimtückischer, unsteter Mensch, ein Heuchler und Hehler in jedem Bereich, nach fremden Besitz gierend, den eigenen verschwendend, glühend in seinen Leidenschaften. (*sc. Catilina)

(W. Eisenhut – J. Lindauer)

364 **Cuius regio, eius religio.**
Wessen Land, dessen Bekenntnis.
(Augsburger Religionsfriede 1555)

HW 35891

365 **Cuiusvis hominis est errare, nullius nisi insipientis in errore perseverare.**
Jeder Mensch kann sich irren; nur der Narr verharrt in seinem Irrtum.

Cicero, Orationes Philippicae 12, 5

At non est integrum; constituta legatio est. Quid autem non integrum est sapienti, quod restitui potest? *Cuiusvis hominis est errare, nullius nisi insipientis in errore perseverare.* Posteriores enim cogitationes, ut aiunt, sapientiores solent esse.

Aber es gibt kein Zurück: die Gesandtschaft ist beschlossen. Warum soll es für den Klugen kein Zurück geben, wenn sich die Ausgangslage wiederherstellen läßt? Jeder kann sich irren, doch nur der Unkluge verharrt bei seinem Irrtum: die späteren Überlegungen pflegen ja, wie man sagt, die klügeren zu sein.

(M. Fuhrmann)

HW 3987 a; 35893

366 **Cuivis potest accidere, quod cuiquam potest.**
Was einen treffen kann, kann jeden treffen.

Publilius Syrus, Sententiae C 34

(H. Beckby)

Seneca, Ad Marciam de consolatione 9

HW 3989; 35894

367 **Cultus magnificus addit hominibus auctoritatem.**
Großartiges Auftreten gibt Ansehen.
(vgl.: Kleider machen Leute.)

ALEXIS, fr. 7 M., zitiert bei QUINTILIAN, INSTITUTIO ORATORIA 8, pr. 20

Et *cultus* concessus atque *magnificus addit hominibus*, ut Graeco versu testatum est, *auctoritatem*: at muliebris et luxuriosus non corpus exornat, sed detegit mentem. Similiter illa translucida et versicolor quorundam elocutio res ipsas effeminat, quae illo verborum habitu vestiantur.

Verleiht ja doch auch, wie es der griechische Vers bezeugt hat, ein geschmackvoll und prächtig gepflegtes Aussehen den Menschen Ansehen. Dagegen schmückt ein weibischer und mit Verschwendung geputzter Mensch nicht seinen Körper, sondern enthüllt seinen Geist. Ähnlich läßt auch die durchschimmernde und schillernde Ausdrucksweise bestimmter Redner die Gehalte selbst weibisch verkleidet erscheinen, die in jenes Wortgewand gekleidet werden.

(H. Rahn)

HW 35904

368 **cum basi sua metiri**
mit seinem Podest zusammen messen, den Sockel mit messen
(d. h.: überschätzen)

SENECA, EPISTULAE MORALES 76, 31

Nemo istorum, quos divitiae honoresque in altiore fastigio ponunt, magnus est. Quare ergo magnus videtur? *Cum basi* illum *sua metiris*. Non est magnus pumilio, licet in monte constiterit.

Niemand von denen, die Reichtum und Ehrenämter in einen höheren Rang versetzt, ist groß. Warum also wird er für groß gehalten? Weil du ihn nach seinem Sockel mißt. Der Zwerg ist nicht groß, mag er auch auf einem Berge stehen.

(nach M. Rosenbach)

369 **cum grano salis**
mit einem Salzkorn
(d. h.: nicht wörtlich zu nehmen)

PLINIUS MAIOR, NATURALIS HISTORIA 23, 149

In sanctuariis Mithiridatis, maximi regis, devicti Cn. Pompeius invenit in peculiari commentario ipsius manu compositionem antidoti e II nucibus siccis, item ficis totidem et rutae foliis XX simul tritis, *addito salis grano*: ei, qui hoc ieiunus sumat, nullum venenum nociturum illo die.

Nach dem Sieg über Mithridates, einen der größten Könige, fand Cn. Pompeius in dessen Geheimschriften in einer besonderen, eigenhändig geschriebenen Notiz die Zusammensetzung eines Gegengiftes aus zwei trockenen Nüssen, ebensoviel Feigen und zwanzig Rautenblättern, zusammen mit einem Körnchen Salz zerrieben; jeder, der dies nüchtern nehme, erleide an diesem Tag durch Gift keinen Schaden.

(R. König)

HW 35929

370 **Cum insanientibus furere necesse est.**
Man muß mit den Verrückten rasen.
(vgl.: mit den Wölfen heulen)

PETRON, SATYRICA 3, 2

Nil mirum est, si his exercitationibus doctores peccant, qui *necesse* habent *cum insanientibus furere*. Nam nisi dixerint, quae adulescentuli probent, ut ait Cicero, 'soli in scholis relinquentur'.

Kein Wunder, wenn bei diesen «Exerzierübungen» die Lehrer fehlgehen, die mit den Wölfen heulen müssen. Denn wenn sie nicht sagen, was die jungen Leute hören möchten, so werden sie, mit Cicero zu reden, «im Hörsaal allein sitzen bleiben».

(K. Müller – W. Ehlers)

HW 35932c3

vgl. ERASMUS, ADAGIA 4, 7, 14 (insanire cum insanientibus)

371 **cum lacte nutricis**
mit der Muttermilch

CICERO, TUSCULANAE DISPUTATIONES 3, 2

Simul atque editi in lucem et suscepti sumus, in omni continuo pravitate et in summa opinionum perversitate versamur, ut paene *cum lacte nutricis* errorem suxisse videamur.

Wir bewegen uns, sowie wir geboren und in die Gemeinschaft aufgenommen sind, sofort in jeglicher Schlechtigkeit und in vollkommener Verkehrtheit unserer Meinungen, so daß es aussieht, als hätten wir beinahe mit der Milch der Amme zusammen das Irren eingesogen.

(O. Gigon)

ERASMUS, ADAGIA 1, 7, 54

372 **cum laude**
mit Auszeichnung
(akademische Note)

373 **Cum libentissime edis, tum auferatur cena!**
Wenn es dir am besten schmeckt, soll das Mahl abgetragen werden!

GELLIUS, NOCTES ATTICAE 15, 8, 2

Praefecti popinae atque luxuriae negant *cenam* lautam esse, nisi, *cum lubentissime edis, tum auferatur* et alia esca melior atque amplior succenturietur.

Diese ausgelernten Feinschmecker und Tafelschwelger halten das nicht für ein stattliches Mahl, wenn nicht das Gericht, das Du eben noch mit Wohlbehagen verzehrst, sofort wieder abgetragen wird und eine andere, bessere und ausgezeichnetere Speise aufgetragen wird (um den Appetit ja nicht an einer einzigen Speise stillen zu müssen).

(F. Weiss)

374 **Cum moritur dives, concurrunt undique cives; raro, cum moritur, ad funus pauperis itur.**
Wenn ein Reicher stirbt, strömen viele Leute von überallher zusammen; aber nur selten geht man, wenn ein Armer stirbt, zu seinem Begräbnis.

HW 4256

375 **Cum mula pepererit.**
Wenn eine Mauleselin wirft.

Sueton, Vita Galbae 4, 2

Avo quoque eius fulgur procuranti, cum exta de manibus aquila rapuisset et in frugiferam quercum contulisset, responsum est summum, sed serum imperium portendi familiae; et ille irridens: 'Sane', inquit, '*si mula pepererit.*'

Und als sein* Großvater eine Opferhandlung gegen einen Blitzschlag vornahm und ihm ein Adler die Eingeweide des Opfertieres aus den Händen gerissen und auf eine Eiche voller Eicheln getragen hatte, wurde ihm vorausgesagt, dies bedeute für seine Familie die Herrschaft, wenn auch erst in später Zukunft. Darauf antwortete jener spottend: «Gewiß! Wenn eine Mauleselin geworfen haben wird!» (*sc. des Galba)

(A. Lambert)

Erasmus, Adagia 1, 5, 83

376 **Cum omnibus in rebus, tum in re publica permagni momenti est ratio atque inclinatio temporum.**
Wie bei allen Dingen, so ist zumal im öffentlichen Leben der Geist und die Stimmung der Zeiten von sehr großem Gewicht.

Cicero, In C. Verrem II 5, 177

Nam id maxime providendum est: etenim cum omnibus in rebus...

Denn darauf muß man ja ganz besonders achten; wie in allen Dingen...

(M. Fuhrmann)

377 **cum ratione insanire**
mit Vernunft unvernünftig handeln

Terenz, Eunuchus 62

Pa. Incerta haec si tu postules
ratione certa facere, nihilo plus agas,
quam si des operam, ut *cum ratione insanias.*

Parmeno: Diesem Umstand Bestand
Verleihen zu wollen durch Vernunft wär ebenso,
Als wenn du strebest, mit Vernunft ein Narr zu sein.

(J. J. C. Donner)

378 **Cum sale panis latrantem stomachum bene leniet.**
Brot mit Salz wird den knurrenden Magen gut beruhigen.

HORAZ, SERMONES 2, 2, 17f.

Cum labor extuderit fastidia, siccus, inanis
sperne cibum vilem; nisi Hymettia mella Falerno
ne biberis diluta. Foris est promus, et atrum
defendens piscis hiemat mare: *cum sale panis*
latrantem stomachum bene leniet.

Wenn die Arbeit dir die Mäkelsucht vertrieb: laß sehen, ob du nun trotz Durst und Hunger schlichte Hausmannskost verschmähst; jetzt trinkst du sicher nur Falerner, den hymettischer Honig würzt! Nimm an, dein Koch ist ausgegangen, und das Meer ist stürmisch und läßt keinen Fischfang zu: da wird dir Brot mit Salz des Magens Knurren doch ganz gut befriedigen.

(W. Schöne – H. Färber)

HW 4389

379 **Cum tacent, clamant.**
Indem sie schweigen, schreien sie.

CICERO, IN L. CATILINAM 1, 21

De te autem, Catilina, cum quiescunt, probant, cum patiuntur, decernunt, *cum tacent, clamant*; neque hi solum, sed etiam illi...

Bei dir aber verhalten sie sich ruhig, Catilina – also stimmen sie zu; sie dulden es – also beschließen sie; sie schweigen – also rufen sie laut. Und das gilt nicht nur für die...

(M. Fuhrmann)

HW 4497a

380 **Cum tempore invenietur ratio rei expediendae.**
Mit der Zeit wird sich eine Methode finden, die Sache aus der Welt zu schaffen.

381 **Cunctando restituit rem.**
Durch sein Zaudern hat er den Staat gerettet.

ENNIUS, ANNALES XII 370, zitiert bei MACROBIUS, SATURNALIA 6, 1, 23

Unus homo nobis *cunctando restituit rem.*
Non enim rumores ponebat ante salutem.

vgl. VERGIL, AENEIS 6, 846:

Tun Maximus ille es,
unus qui nobis *cunctanto restituis rem*?

Bist du nicht jener
Maximus*, der uns allein den Staat erneute durch Zögern?
(* Quintus Fabius Maximus im Krieg gegen Hannibal)

(J. Götte)

HW 36010

382 **Cuneus cuneum trudit.**
Ein Keil treibt den anderen.

vgl. HIERONYMUS, EPISTULAE 69, 5 (22, 657 Migne)

Iuxta vulgare proverbium malo arboris nodo malus *cuneus* requirendus est.

Nach dem bekannten Sprichwort gehört auf einen groben Klotz ein grober Keil.

HW 36017

383 **Curae dum di sunt, et qui coluere, colantur!**
Solange man sich um Götter kümmert, sollen auch die, die sie verehrten, geehrt werden!

OVID, METAMORPHOSES 8, 724

richtige Lesart: *Cura deum di sint, et qui*... (*i. e.* Sint nobis deorum loco, quos ipsi dei sua cura dignati sunt. [K. Lachmann])

384 **cura posterior**
eine Sorge, die man noch zurückstellen kann

385 **Cura viris levibus rerum solet esse novarum.**
Leichtsinnige Leute pflegen sich um Neuerungen zu kümmern.

HW 4739b (*sequitur*: Cura viris gravibus rerum solet ese suarum.)

386 **curriculum vitae**
Lebenslauf; auch: Lebensdauer

z. B. CICERO, ACADEMICI LIBRI POSTERIORES 1, 44

brevia *curricula vitae*

387 **curvo dinoscere rectum**
krumm und gerade unterscheiden

HORAZ, EPISTULAE 2, 2, 44

Romae nutriri mihi contigit atque doceri,
iratus Grais quantum nocuisset Achilles.
Adiecere bonae paulo plus artis Athenae,
scilicet ut vellem *curvo dinoscere rectum*
atque inter silvas Academi quaerere verum.

Das Glück gab meiner Jugend Rom zur Stätte, wo ich aufwuchs und lernend hörte vom Zorn Achills, dem Quell so vieler Drangsal für die Griechen. Ein Stücklein weiter in der Geistesbildung brachte mich mein liebes Athen; es weckte den Trieb, den graden Weg vom krummen wohl zu unterscheiden und in Akademos' Baumgängen zu forschen nach der Wahrheit.

(W. Schöne – H. Färber)

388 **Custos virtutum omnium dedecus fugiens laudemque consequens verecundia est.**

Wächter über alle Tugenden ist das Ehrgefühl, das Schande meidet und Lob erstrebt.

CICERO, PARTITIONES ORATORIAE 79

(K. u. G. Bayer)

vgl. HW 4815 (Custos virtutum pudor est, ad turpia scutum.)

389 **cutem curare**

seine Haut pflegen

(d. h.: es sich gutgehen lassen)

HORAZ, EPISTULAE 1, 4, 15 (vgl. 1, 2, 29)

Me pinguem et nitidum bene *curata cute* vises,
cum ridere voles, Epicuri de grege porcum.

Willst du mal herzhaft lachen, so komm zu mir zu Besuch: mich findest du rund und behäbig, in wohlgepflegter Leiblichkeit, ein richtiges Schweinchen aus Epikuros' Herde!

(W. Schöne – H. Färber)

vgl. ERASMUS, ADAGIA 2, 4, 75 (curare cuticulam)

390 **Cutis quando prurit, scabies intrinsecus urit.**

Wenn die Haut juckt, brennt darunter die Räude.

HW 4818

D

391 **Da! clamant; nisi des hodie, non ibimus a te.**
Gib! schreien sie; wenn du heute nichts gibst, gehen wir dir nicht vom Halse.

HW 4827a

392 **Damna damnis continuantur.**
Schaden wird mit Schaden fortgesetzt.
(vgl.: Ein Schlag folgt auf den andern.)

TACITUS, AGRICOLA 41, 3

Ita cum *damna damnis continuarentur* atque omnis annus funeribus et cladibus insigniretur, poscebatur ore vulgi dux Agricola.

Als sich deshalb Verlust an Verlust reihte und jedes Jahr nur durch Leichenzüge und Niederlagen bemerkenswert war, da forderte Volkes Stimme Agricola zum Feldherrn.

(A. Städele)

393 **Dantur opes nullis nunc nisi divitibus.**
Reichtum wird heute nur an Reiche gegeben.

MARTIAL, EPIGRAMMATA 5, 81

Semper pauper eris, si pauper es, Aemiliane.
Dantur opes nullis nunc nisi divitibus.

Aemilian, bist du arm, so wirst du auch immer es bleiben:
Schätze werden ja heut stets nur den Reichen verliehn.

(R. Helm)

HW 4956

394 **Da pignus!**
Gib ein Pfand!
(d. h.: Wollen wir wetten!)

PLAUTUS, EPIDICUS 699

EP. Lubuit: ea fiducia.
PE. Ain tu? Lubuit? EP. Aio, vel *da pignus*, ni east filia!
PE. Quam negat novisse mater? EP. Ni ergo matris filiast.
In meum nummum, in tuom talentum *pignus da*! PE. Enim istaec captiost.

EPIDICUS: Weil mir's so gefiel:
Das war der Grund.
PERIPHANES: Weil dir's gefiel, sagst du? EPIDICUS: Jawohl,
Und wette noch dazu, daß sie Tochter ist.
PERIPHANES: Sie, die der Mutter unbekannt? EPIDICUS: Daß sie
Der Mutter Tochter ist.
Setz ein Talent
Als Wette gegen meine Münze! PERIPHANES: Da steckt was hinter.

(W. Binder – W. Ludwig)

395 **Da requiem: requietus ager bene credita reddit.**
Gib Ruhe: ein ausgeruhter Acker wird das ihm anvertraute Saatgut voll zurückerstatten.

OVID, ARS AMATORIS 2, 351
HW 4853

396 **Da spatium vitae, multos da, Iuppiter, annos!**
Gib Raum zum Leben, gib, Jupiter, viele Jahre!

JUVENAL, SATURAE 10, 188

Da spatium vitae, multos da, Iuppiter annos!
Hoc recto voltu, solum hoc et pallidus optas.

Gib mir langes Leben, gib, Jupiter, gesunde Jahre!
Darum betet der Gesunde wie der Kranke.

(H. C. Schnur)

HW 4857

397 **Dat census honores.**
Vermögen bringt Ehren.

OVID, AMORES 3, 8, 55 (vgl. FASTI 1, 217)

Curia pauperibus clausa est, *dat census honores*:
  Inde gravis iudex, inde severus eques.
Omnia possideant; illis Campusque Forumque
  serviat, hi pacem crudaque bella gerant;
Tantum ne nostros avidi liceantur amores
  et (satis est) aliquid pauperis esse sinant.

Armen verschließt sich der Staat, nur Geld gibt Ämter und Ansehn:
  Dies macht der Richter Gewicht, dies gibt der Ritterschaft Stolz.
Alles sei ihnen gegönnt; den einen Marsfeld und Forum,
  Andern des Friedens Regie oder des grausamen Kriegs;
Nur soll ihre Begier nicht unser Lieben ersteigern!
  Etwas bleibe – es reicht! – auch noch den Armen zugut!

(W. Marg – R. Harder)

HW 4966 (... census amicitias, pauper ubique iacet.)

398 **Dat Galenus opes, dat Iustinianus honores:**
Pauper Aristoteles cogitur ire pedes.
Es gibt Galenus dir Reichtum, Iustinianus Ehre und Ämter:
armer Aristoteles, Fußgänger bleibest du stets.

HW 4983

andere Fassung:

Dat Galenus* opes et sanctio Iustiniana*
Ex aliis paleas, ex ista collige grana!

Es gibt Galenus dir Reichtum und der Segen des Justinian:
Von allen andern sammle Stroh, von jenen die Körner!
(*Galenus: berühmter Arzt; Kaiser Justinian: Organisator des römischen Rechts)

399 **Dat ille veniam facile, cui venia est opus.**
Leicht verzeiht, wer selbst Verzeihung nötig hat.

J. ALBINUS, S. 41

400 **Dat veniam corvis, vexat censura columbas.**
Nachsichtig behandelt die Zensur die Raben, und streng geht sie vor gegen Tauben.

JUVENAL, SATURAE 2, 63

HW 5020 (..., irretit muscas, transmittit aranea vespas.); vgl. 36086a

ERASMUS, ADAGIA 3, 5, 73

401 **Davus sum, non Oedipus.**
Ich bin nur (der Sklave) Davus, nicht (der Rätsellöser) Ödipus. (Ödipus hat ein von der Sphinx gestelltes Rätsel gelöst. Der Sklave Davus weist sich mit seinem Zitat als literarisch gebildet aus.)

TERENZ, ANDRIA 194

DA. Non hercle intellego. SI. Non? hem. DA. Non: *Davus sum, non Oedipus.*

DAVUS: Gott! Das versteh ich nicht. SIMO: Nicht? DAVUS: Bin Davus, bin nicht Oedipus

(J. J. C. Donner)

HW 36091

ERASMUS, ADAGIA 1, 3, 36

402 **decantata fabula**
das alte Lied

CICERO, AD ATTICUM 13, 40 (34) K.

De quo quae fama sit, scribes. 'Id populus curat scilicet!' Non mehercule arbitror; etenim haec *decantata* est *fabula*. Sed complere paginam volui.

Schreib mir bitte, was man davon redet. «Natürlich, das Volk interessiert sich dafür.» Das glaube ich wirklich nicht; das Thema ist zu abgedroschen. Aber ich wollte auch nur die Seite füllen. *(26. 8. 45 v. Chr.)*

(H. Kasten)

403 **Decet imperatorem stantem mori.**
Für einen Kaiser gehört es sich, im Stehen zu sterben.

SUETON, VITA DIVI VESPASIANI 24

Alvo repente usque ad defectionem soluta *imperatorem* ait *stantem mori oportere*; dumque consurgit ac nititur, inter manus sublevantium extinctus est.

...als ihn plötzlich ein furchtbarer Durchfall fast aller Kräfte beraubte. Mit den Worten «Ein Kaiser muß stehend sterben!» versuchte er mit aller Anstrengung sich aufzurichten, und bei diesem Versuch starb er in den Händen derer, die ihm emporhelfen wollten.

(A. Stahr – F. Schön – G. Waldherr)

404 Decet verecundum esse adulescentem.
Es ziemt dem jungen Mann, bescheiden aufzutreten.

PLAUTUS, ASINARIA 833

AR. Pietas, pater, oculis dolorem prohibet: quamquam ego istanc amo,
possum equidem inducere animum, ne aegre patiar, quia tecum accubat.
DE. *Decet verecundum esse adulescentem*, Argyrippe. AR. Edepol, pater,
merito tuo facere possum.

ARGYRIPPUS: Vater, der Respekt verbietet mir,
Wenn ich es seh, Schmerz zu empfinden. Denn ob
Ich gleich verliebt bin, kann ich mich doch dazu bringen,
Daß ich mich nicht ärgere, weil sie bei dir liegt.
DEMAENETUS: Wohl steht's einem Jüngling an,
Wenn er ehrerbietig ist, mein Argyripp.
ARGYRIPPUS: Ich erweise, Vater, dir nur meinen Dank.

(W. Binder – W. Ludwig)

HW 5245

405 Decies repetita placebit.
Auch bei der zehnten Wiederholung wird (dieses Werk) Gefallen finden.

HORAZ, DE ARTE POETICA 365

Ut pictura poesis: erit quae, si propius stes,
te capiat magis, et quaedam, si longius abstes
haec amat obscurum, volet haec sub luce videri,
iudicis argutum quae non formidat acumen;
haec placuit semel, haec *deciens repetita placebit.*

Das Dichtwerk gleicht dem Gemälde: manches wird dich, wenn du näher stehst, mehr ansprechen, ein andres bei entfernterem Standpunkt; dieses liebt den dunklen Platz, jenes will sich bei vollem Lichte zeigen und bangt nicht vor des Kenners eindringendem Scharfblick; dieses gefiel das erstemal, ein andres wird bei zehnfacher Wiederkehr gefallen.

(W. Schöne – H. Färber)

vgl. HW 5248

406 de corio suo ludere
um seine Haut spielen
(d. h.: seine Haut zu Markte tragen)

MARTIAL, EPIGRAMMATA 3, 16, 4

Das gladiatores, sutorum regule, cerdo,
  quodque tibi tribuit subula, sica rapit.
Ebrius es: neque enim faceres hoc sobrius umquam.
  ut velles *corio ludere*, cerdo, *tuo*.
Lusisti corio: sed te, mihi crede, memento
  nunc in pellicula, cerdo, tenere tua.

König der Flicker, du bringst uns Gladiatoren, du Schuster,
  und was die Ahle dir gab, nimmt nun das Schwert wieder fort.
Trunken bist du; denn sonst, wenn du nüchtern, tätst du das niemals,
  daß du so voller Lust, Schuster, dein Leder verspielst.
Nun hast du dein Leder verspielt, doch, glaub mir, in Zukunft,
  Schuster, denke daran, bleib in dem eigenen Fell!

(R. Helm)

vgl. ERASMUS, ADAGIA 2, 2, 88 (De alieno ludis corio.)

407 **de facto**
tatsächlich

ULPIANUS, AD EDICTUM 17 (DIGESTA 8, 5, 2, 3)

Pomponius dicit fructuarium interdicto de itinere uti posse, si hoc anno usus est: alibi enim de iure, id est in confessoria actione, alibi *de facto*, ut in hoc interdicto, quaeritur.

Pomponius sagt (zu diesem Rechtsfall): Der Nießbraucher könne mittels eines vom Prätor erteilten Interdikts bezüglich des Wegerechts klagen, wenn er es in diesem Jahre ausgeübt hat: Es wird nämlich im einen Fall *de iure*, d. h. in einer dinglichen Klage (mittels deren ein Servitutrecht geltend gemacht wird) untersucht, im andern Fall *de facto* (über eine Tatsache), wie beim vorliegenden Interdikt.

408 **Deficiente PECU deficit omne NIA.**
Fehlt das BAR, so hat's auch keine SCHAFT.

RABELAIS (1494–1553), GARGANTUA ET PANTAGRUEL 3, 41
HW 5305

409 **Deficit omne, quod nascitur.**
Alles, was entsteht, vergeht auch wieder.

QUINTILIAN, INSTITUTIO ORATORIA 5, 10, 79

Unde illa non hac ratione dicta, sed efficiens idem Domiti Afri sententia est pulchra: 'Ego accusavi, vos damnastis'. Est invicem consequens et quod ex diversis idem ostendit, ut, qui mundum nasci dicit, per hoc ipsum et deficere significet, quia *deficit omne, quod nascitur*.

Daher stammt auch die schöne Wendung des Domitius Afer, die zwar nicht in dieser Begründungsform gefaßt ist, aber dieselbe Wirkung hat: «Ich habe angeklagt, ihr habt verurteilt.» Ebenfalls wechselseitige Folge und die gleiche Wirkung aus Entgegengesetztem zeigt auch das Beispiel: «Wer sagt, daß die Welt entstehe, bezeichnet ebendadurch, daß sie auch vergehe, weil ja alles vergeht, was entsteht.»

(H. Rahn)

HW 36156

410 **Deforme est de se ipsum praedicare.**
Es ist unfein, sich selbst zu rühmen.
(vgl.: Selbstlob stinkt.)

CICERO, DE OFFICIIS 1, 137

Deforme etiam *est de se ipsum praedicare*, falsa praesertim, et cum inrisione audientium imitari 'Militem gloriosum'.

Häßlich ist es auch, von sich selbst große Worte zu machen, zumal unwahre, und unter dem Spott der Hörer den «Prahlerischen Soldaten» nachzuahmen.

(K. Büchner)

411 **de gradu deici**
sich aus der Fassung bringen lassen

Cicero, De Officiis 1,80

Fortis vero animi et constantis est non perturbari in rebus asperis
nec tumultuantem *de gradu deici*, ut dicitur,
sed praesenti animo uti et consilio nec a ratione discedere.

Sache eines tapferen und beständigen Geistes ist es, sich in schwierigen Lagen nicht in Verwirrung und in der Aufregung aus der Fassung bringen zu lassen, wie man sagt, sondern Geistesgegenwart zu beweisen und Entschlußkraft und von der Vernunft nicht abzuweichen.

(K. Büchner)

Erasmus, Adagia 1, 3, 98 (...deicere)

412 **De gustibus non est disputandum.**
Über den Geschmack läßt sich nicht streiten.

HW 36103

s. H. Sichtermann, De gustibus; in: Gymnasium 81 (1974) 1–40.

413 **de integro**
von neuem, ganz von vorne

Pacuvius, Chryses trag. fr. 129–131, zitiert bei Cicero, De divinatione 1, 131

Quidquid est hoc, omnia animat, format, alit, auget, creat,
sepelit recipitque in sese omnia omniumque idemst pater,
indidem eadem aeque oriuntur *de integro* atque eadem occidunt.

Was auch immer dies sei: es belebt alles, bildet, nährt, läßt wachsen und entstehen,
es begräbt und nimmt in sich alles auf, ist ebenso aller Dinge Vater;
eben von daher entstehen eben diesselben Dinge gleichmäßig neu und eben dorthin gehen sie unter.

(Chr. Schäublin)

414 **de iure**
von Rechts wegen

Ulpianus, Ad edictum 17 (Digesta 8, 5, 2, 3)

Pomponius dicit fructuarium interdicto de itinere uti posse, si hoc anno usus est: alibi enim *de iure*, id est in confessoria actione, alibi de facto, ut in hoc inderdicto, quaeritur.

Pomponius sagt (zu diesem Rechtsfall): Der Nießbraucher könne mittels eines vom Prätor erteilten Interdikts bezüglich des Wegerechts klagen, wenn er es in diesem Jahre ausgeübt hat: Es wird nämlich im einen Fall *de iure*, d. h. in einer dinglichen Klage (mittels deren ein Servitutrecht geltend gemacht wird) untersucht, im andern Fall de facto (über eine Tatsache), wie beim vorliegenden Interdikt.

415 **Deleatur!**
(Abk.: del. bzw. ₰)
Ist zu tilgen!

416 **de lege ferenda**
über ein zu erlassendes Gesetz (diskutieren)

417 **De me ego facio coniecturam.**
Ich schließe von mir auf andere.

TERENZ, HEAUTONTIMORUMENOS 574

CH. Multa fert lubido: ea facere prohibet tua praesentia.
de me ego facio coniecturam.

CHREMES: Vieles bringt die Liebe mit, wo deine Gegenwart nur stört.
Ich schließe dieses von mir selbst.

(J. J. C. Donner)

418 **De mortuis nil nisi bene!**
Über Tote soll man nur Gutes sprechen.
(Ein Ausspruch des Chilon, eines der Sieben Weisen.)

nach DIOGENES LAERTIUS 1, 70

Τὸν τεθνηκότα μὴ κατηγορεῖν. (Tòn tethnekóta mè kategoreîn.)

HW 5095d; vgl. 36110b

419 **De nihilo nihil.**
Aus nichts entsteht nichts.

LUKREZ, DE RERUM NATURA 1, 150

Principium cuius hinc nobis exordia sumet:
nullam rem e nihilo gigni divinitus umquam.

Ihr Beginnen aber wird von da den Ausgang uns nehmen,
daß kein Ding aus nichts entsteht auf göttliche Weise.

(K. Büchner)

HW 5100 (... in nihilum nil posse reverti.)

420 **Deo favente vimen est ratis loco.**
Mit Gottes Hilfe wird ein Zweig zum rettenden Floß.

vgl. HW 5398 (... naviges vel vimine.)
vgl. HISTORIA APOLLONII REGIS TYRI 13 (deo favente)

421 **de omni re scibili et quibusdam aliis**
über alles Wißbare und über manches andere (reden)

Giovanni PICO DELLA MIRANDOLA (1464–1494)

andere Fassung:

de omnibus rebus et quibusdam aliis

über alle Dinge und manches andere

(Giovanni Pico della Mirandola machte sich in einer seiner 900 im Jahre 1486 veröffentlichten Thesen anheischig, alles Wißbare zu erklären.)

422 **Desidis aurigae non audit verbera currus.**
Auf eines trägen Lenkers Peitschenknallen hört kein Gespann.

CLAUDIAN, PANEGYRICUS DICTUS MANLIO THEODORO CONSULI 187
HW 5443

423 **Desinant maledicere, facta ne noscant sua!**
Sie sollten aufhören zu schmähen, damit sie nicht ihre eigenen Schandtaten zu hören bekommen!

TERENZ, ANDRIA 22f.

Dehinc, ut quiescant porro, moneo, ut *desinant*
male dicere, male*facta ne noscant sua*.

Jetzt rat ich, daß man künftig ruht, Schandworte spart,
Damit man nicht Schandtaten von sich selbst erfährt.

(J. J. C. Donner)

HW 36202a

424 **Desunt inopiae multa, avaritiae omnia.**
Der Armut fehlt vieles, der Habsucht alles.

PUBLILIUS SYRUS, SENTENTIAE I 7 (SENECA, EPISTULAS MORALES 108, 9)

Inopiae desunt multa, avaritiae omnia.

Der Armut mangelt vieles, dem Geize alles.

(H. Beckby)

HW 5500 (... pauca, ... omnia.)

425 **De te fabula narratur.**
Die Geschichte handelt von dir (nur der Name ist geändert).

HORAZ, SERMONES 1, 1, 69f.

Quid rides? Mutato nomine *de te*
fabula narratur.

Worüber lächelst du? Nur der Name ist verändert: du bist
der Held der Sage.

HW 36118

426 **de tripode dictum**
ein orakelhaft dunkles Wort
(wörtl.: vom Dreifuß sc. der Pythia in Delphi herab gesprochen)

HW 36122

ERASMUS, ADAGIA 1, 7, 90 (ex tripode)

427 **Deus det!**
Gott gebe es!

428 **deus ex machina**

der Gott aus der Maschine

(Im antiken Drama läßt sich die Handlung oft nur durch das Eingreifen eines Gottes lösen. Dieser wird auf einer Theatermaschine zur Bühne gefahren und erscheint z. B. auf einem Tempeldach.)

nach PLATON, KRATYLOS 425d 5–6

Ὥσπερ οἱ τραγῳδοποιοί, ἐπειδάν τι ἀπορῶσιν, ἐπὶ τὰς μηχανὰς καταφεύγουσιν θεοὺς αἴροντες... (Hósper hoi tragodopoioí, epeidán ti aporôsin, epì tàs mechanàs katapheúgusin theoùs aírontes...)

HW 36231 b

ERASMUS, ADAGIA in 1, 1, 68

429 **Deus meliora!**

Möge Gott es zum Besseren wenden!

HW 36235

430 **Deus nobis haec otia fecit.**

Ein Gott hat uns diese Muße beschert.

VERGIL, BUCOLICA 1, 6

O Meliboee, *deus nobis haec otia fecit.*
Namque erit ille mihi semper deus...

Ja, Meliboeus, ein Gott beglückte uns also mit Muße.
Denn er gilt mir immer als Gott...

(J. Götte)

431 **dextro tempore**

zur rechten Zeit

HORAZ, SERMONES 2, 1, 18

Haud mihi dero,
cum res ipsa feret: nisi *dextro tempore*, Flacci
verba per attentam non ibunt Caesaris aurem.

Zur guten Stunde soll's an mir nicht fehlen:
doch nur im rechten Augenblick wird Flaccus'
Wort das Ohr des Kaisers offen finden.

(W. Schöne – H. Färber)

432 **Di bene vertant, tene crumenam!**

Mögen die Götter es zum Guten wenden! Halte den Geldbeutel fest!

PLAUTUS, EPIDICUS 632 (vgl. TRINUMMUS 500)

DA. Age, age, absolve atque argentum numera numera, ne comites morer.
STR. Pernumeratumst. DA. *Tene cruminam*: huc inde. STR. Sapienter mones.

DANISTA*: Nur geschwind mich abgefertigt und das Geld bezahlt, damit ich meine Begleiter nicht lange warten lasse.
STRATIPPOCLES: Es ist schon abgezählt. DANISTA: Nimm diesen Beutel da und tu's hinein! STRATIPPLOCLES: Mir ganz erwünscht. (*Danista: ein Wucherer)

(W. Binder – W. Ludwig)

433 **Di bene vortant!**
Die Götter mögen es zum Guten wenden!

PLAUTUS, TRINUMMUS 502

434 **Dic, cur hic!**
Sag, warum du hier (auf Erden) bist!

J. M. MOSCHEROSCH (1601–1669)
HW 5556; 36247d1

435 **dicenda tacenda locutus**
nachdem er über Dinge, die zu sagen waren, und über solche, die er besser verschwiegen hätte, gesprochen hatte

HORAZ, EPISTULAE 1, 7, 72

Ut ventum ad cenam est, *dicenda tacenda locutus*
tandem dormitum dimittitur.

Man kam zum Abendessen; er plauderte das Mögliche und Unmögliche
und wurde erst zur Schlafenszeit entlassen.

(W. Schöne – H. Färber)

436 **Dicere fortasse, quae sentias, non licet; tacere plane licet.**
Vielleicht darfst Du nicht sagen, was Du denkst,
aber schweigen kannst Du auf jeden Fall.

CICERO, AD FAMILIARES 4, 9, 2 K.

(K. Büchner)

437 **Diceres aliquid.**
Dein Wort hätte Gewicht.

CICERO, TUSCULANAE DISPUTATIONES 3, 35

Iubes me bona cogitare, oblivisci malorum. *Diceres aliquid*, et magno quidem philosopho dignum, si ea bona esse sentires, quae essent homine dignissima.

Du heißest mich, das Gute zu bedenken und die Übel zu vergessen. Dein Rat hätte Gewicht und wäre eines großen Philosophen würdig, wenn du jenes als Güter verstündest, was des Menschen am würdigsten ist.

(O. Gigon)

438 **Dices hic porcos coctos ambulare.**
Du wirst sagen, daß hier Ferkel gebraten herumlaufen.

PETRON, SATYRICA 45,4

Tu si aliubi fueris, *dices hic porcos coctos ambulare.*

Du da wirst sagen, wenn du woanders gewesen bist, daß hier die Säue gebraten herumlaufen.

(K. Müller – W. Ehlers)

439 **Dic, hospes, Spartae nos te hic vidisse iacentis,**
Dum sanctis patriae legibus obsequimur.

Wanderer, kommst du nach Sparta, verkündige dorten, du habest
uns hier liegen gesehn, wie das Gesetz es befahl.

(An den Thermopylen hatten 300 Spartaner unter Führung ihres Königs Leonidas 480 v. Chr. das Perserheer aufzuhalten versucht.)

CICERO, TUSCULANAE DISPUTATIONES 1, 101,
nach SIMONIDES, fr. 92 D.; s. HERODOT 7, 228

(Fr. v. Schiller)

440 **Dici beatus ante obitum nemo supremaque funera debet.**

Glücklich darf man keinen nennen vor seinem Tod und seinem Leichenbegängnis.

OVID, METAMORPHOSES 3, 136f.

Sed scilicet ultima semper
exspectanda dies homini est, *dicique beatus*
ante obitum nemo supremaque funera debet.

Doch abzuwarten ist stets die
letzte Stunde des Menschen und keiner glücklich zu nennen
vor seinem Hingang, vor das letzte Geleit ihm gegeben.

(E. Rösch)

HW 5599; 36255b

441 **dicis causa**

zum Schein

z. B. CICERO, IN C. VERREM II 4, 53

Permagnum est in eum dicere aliquid, qui praeteriens, lectica paullisper deposita, non per praestigias, sed palam per potestatem, uno imperio, ostiatim totum oppidum compilarit? At tamen, ut posset se dicere emisse, Archagatho imperat, ut aliquid illis, quorum argentum fuerat, nummulorum *dicis causa* daret.

Welch großes Kunststück, gegen den* etwas vorzubringen, der im Vorbeiziehen, während eines kurzen Aufenthalts seiner Sänfte, nicht durch Lug und Trug, sondern öffentlich, kraft Amtsgewalt, mit einem Machtwort eine ganze Stadt von Tür zu Tür ausgeplündert hat! Um aber trotzdem behaupten zu können, er habe die Sachen gekauft, befiehlt er dem Archagathos, er solle den ehemaligen Besitzern des Silbers zum Schein etwas Geld geben. (* sc. C. Verres)

(M. Fuhrmann)

442 **Dicta a maioribus minores repetunt.**

Was die Altvordern sagten, die Jüngeren wiederholen es.
(vgl.: Wie die Alten sungen, so zwitschern auch die Jungen.)

443 **Dictum, factum.**
Gesagt, getan.

TERENZ, ANDRIA 381

DA. Pater est, Pamphile:
difficilest. Tum haec solast mulier. *Dictum factum* invenerit
aliquam causam, quam ob rem eiciat oppido, PA. Eiciat? DA. Cito.

DAVUS: Pamphilus, dein Vater ist's!
Recht bedenklich! Und das Mädchen steht allein: schnell findet er
Einen Vorwand, sie zur Stadt hinauszuschaffen. PAMPHILUS: Was? DAVUS: Im Nu!

(J. J. C. Donner)

HW 36261 c (...et...)

ERASMUS, ADAGIA 3, 6, 85 (Dictum ac factum.)

444 **Diem perdidi.**
Ich habe einen Tag verloren.

SUETON, VITA DIVI TITI 8, 1

Atque etiam recordatus quondam super cenam, quod nihil cuiquam toto die praestitisset, memorabilem illam meritoque laudatam vocem edidit: 'Amici, *diem perdidi!*'

Als er sich einmal bei Tisch erinnerte, daß er* während des ganzen Tages niemandem einen Wunsch erfüllt habe, sprach er dieses denkwürdige, mit Recht gepriesene Wort: «Freunde, ich habe einen Tag verloren!» (*sc. Titus)

(A. Lambert)

445 **Diem vesper commendat.**
Erst der Abend erlaubt es, den (abgelaufenen) Tag richtig zu beurteilen.
(vgl.: Man soll den Tag nicht vor dem Abend loben.)

HW 36266

446 **dies ater**
ein schwarzer Tag
(Tag einer großen Katastrophe, z. B. der 18. 7. 390 v. Chr., an dem das römische Heer an der Allia vernichtend geschlagen wurde)

GELLIUS, NOCTES ATTICAE 5, 17, 1 f.

Verrius Flaccus.., *dies,* qui sunt postridie Kalendas, Nonas, Idus, quos vulgus imperite 'nefastos' dicit, propter hanc causam dictos habitosque *'atros'* esse scribit: 'Urbe', inquit, 'a Gallis Senonibus recuparata L. Atilius in senatu verba fecit Q. Sulpicium tribunum militum ad Alliam adversus Gallos dimicaturum rem divinam dimicandi gratia postridie Idus fecisse; tum exercitum populi Romani occidione occisum et post tertium eius diei diem urbem praeter Capitolium captam esse...'.

Verrius Flaccus schreibt, die Tage, die auf die Kalenden, Nonen und Iden folgten (die das Volk aus Unkenntis als *dies nefasti* bezeichnet), seien aus folgendem Grund ‹schwarze Tage› genannt und auch als solche angesehen worden: «Nachdem die Stadt», sagt er, «von den Senonischen Galliern wieder zurückerobert war, hielt L. Atilius im Senat eine Rede, in der er darstellte, der Militärtribun Q. Sulpicius habe, bereit an der Allia gegen die Gallier zum Kampf anzutreten, dieses Kampfes wegen ein Opfer am Tag nach den Iden dargebracht; am dritten Tage sei das Heer dann völlig niedergemacht und die Stadt bis auf das Kapitol besetzt worden...»

447 **Dies diem docet.**
Ein Tag lehrt den andern.

nach Publilius Syrus, Sententiae D 1.
HW 36267

448 **Dies dolorem minuit.**
Der Tag verringert den Schmerz.
(vgl.: Zeit heilt Wunden.)

vgl. HW 36267a (... consumit licet contumacissimum.)

vgl. Erasmus, Adagia 2, 5, 5 (Dies adimit aegritudinem.)

449 **Dies stultis quoque mederi solet.**
Die Zeit heilt zumeist selbst Toren.

Cicero, Ad Familiares 7, 28, 3 K.

Sed mercule et tum rem publicam lugebam, quae non solum suis erga me sed etiam meis erga se beneficiis erat mihi vita carior, et hoc tempore, quamquam me non ratio solum consolatur, quae plurimum debet valere, sed etiam *dies*, quae *stultis quoque mederi solet.*

Aber ich war damals weiß Gott traurig über das Schicksal des Staates, der mir nicht nur wegen seiner Wohltaten an mir, sondern auch wegen der meinigen an ihm höher als das Leben stand, und heute nicht minder, obwohl mich nicht allein die Vernunft tröstet, die das meiste tun muß, sondern auch die Zeit, die zumeist selbst die Narren heilt. *(an M'. Curius Patrensis im August 46 v. Chr.)*

(H. Kasten)

450 **Differ, habent parvae commoda magna morae.**
Laß dir Zeit! Kleiner Aufschub bringt großen Vorteil.

Ovid, Fasti 3, 394
HW 5664

451 **differre ac procrastinare**
verschieben und auf den folgenden Tag verlegen
(vgl.: auf die lange Bank schieben)

Cicero, Pro Sex. Roscio Amerino 26

Ac primo rem *differre* cotidie *ac procrastinare* isti coeperunt.

Und jene Schurken begannen damit, daß sie die Angelegenheit von Tag zu Tag hinauszögerten und auf einen anderen Termin verschoben.

(M. Fuhrmann)

452 **Difficile est saturam non scribere.**
Es fällt schwer, keine Satire zu schreiben.

JUVENAL, SATURAE 1, 30

Difficile est saturam non scribere. Nam quis iniquae
tam patiens urbis, tam ferreus, ut teneat se,
causidici nova cum veniat lectica Mathonis
plena ipso...

Es ist schwierig, keine Satire zu schreiben. Denn wer wäre gegen
diese ungerechte Stadt so geduldig, so eisern, daß er an sich halten könnte,
wenn die neue Sänfte des Rechtsanwalts Matho daherkommt,
ausgefüllt mit ihm selbst...

HW 5681

453 **Difficile est tristi fingere mente iocum.**
Für einen Traurigen ist es schwer, einen Scherz zu ersinnen.

TIBULL, ELEGIAE 3, 6, 34

HW 5683; vgl. 36282b2

454 **Dignum laude virum Musa vetat mori.**
Wer Lob verdient, den läßt die Muse (der Dichtkunst) nicht sterben.

HORAZ, CARMINA 4, 8, 28

Dignum laude virum Musa vetat mori,
caelo Musa beat.

Daß ein Würdiger stirbt, duldet die Muse nicht,
Selbst zum Himmel empor hebt ihn die Muse.

(Kayser – Nordenflycht – Burger – Färber)

HW 5715

455 **Dilexi iustitiam et odivi iniquitatem; propterea morior in exilio.**
Ich habe die Gerechtigkeit geliebt und das Unrecht gehaßt; daher sterbe ich in der Verbannung.

Papst GREGOR VII. (1021–1085; Papst 1073–1085)

456 **Diligitur nemo, nisi cui Fortuna secunda est.**
Niemand wird je geliebt, wenn die Göttin des Glücks ihm nicht hold ist.

OVID, EPISTULAE EX PONTO 2, 3, 23

(W. Willige)

HW 5774

457 **Di meliora!**
Mögen die Götter für Besseres sorgen!

Cicero, De senectute 47

Bene Sophocles, cum ex eo quidam iam adfecto aetate quaereret, utereturne rebus veneriis: '*Di meliora!*' inquit. 'Libenter vero istinc sicut a domino agresti ac furioso profugi.'

Als den schon vom Alter geschwächten Sophokles jemand fragte, ob er noch geschlechtlichen Verkehr mit Frauen habe, gab er treffend zur Antwort: «Gott bewahre! Mit Freuden bin ich aus der Sklaverei dieses so wilden und wütenden Gebieters entflohen!»

(M. Faltner)

Tibull, Elegiae 3, 4, 1: *Di meliora* ferant!

vgl. Ovid, Ars amatoria 2, 388; Seneca, Epistula morales 47, 8: *Di melius!*

HW 36245b (... dent!)

458 **Dimidium est facti coepisse.**
Die Hälfte der Tat ist, den Anfang gemacht zu haben.

Ausonius, Epigrammata 15, 1

Dimidium facti est coepisse; superfit
dimidium: rursus [hoc] incipe et efficies.

Die Hälfte ...; übrigbleibt
die Hälfte: pack' auch die wieder an, und du wirst es schaffen.

Lukian, Enhypnion 3

459 **Dimidium facti, qui coepit, habet.**
Frisch begonnen ist halb gewonnen.

Horaz, Epistulae 1, 2, 40

Dimidium facti, qui coepit, habet: sapere aude,
incipe!

Frisch gewagt ist halb gewonnen. Entschließ dich zur Weisheit!
Wage den Anfang!

(W. Schöne – H. Färber)

HW 5793 (... qui bene coepit ...)

460 **Dimidium plus toto.**
Die Hälfte ist mehr als das Ganze.

nach Hesiod, Erga 40

Νήπιοι, οὐδὲ ἴσασιν, ὅσῳ πλέον ἥμισυ παντός.
(Népioi, udè ísasin, hóso pléon hémisy pantós.)

Dummköpfe! Ahnen ja nicht: ein Halbes ist mehr als ein Ganzes.

(A. v. Schirnding)

HW 5793a; 36320

Erasmus, Adagia 1, 9, 95

461 Di nos quasi pilas habent.
Die Götter benutzen uns wie Spielbälle.

Plautus, Captivi 22

Enim vero *di nos quasi pilas* homines *habent.*

Fürwahr, wir Menschen sind
Nichts anderes als Spielbälle in der Götter Hand.

(W. Binder – W. Ludwig)

HW 5547a; 36309 (... pilas homines ...)

462 dira necessitas
die schlimme Notwendigkeit

Horaz, Carmina 3, 24, 6

Si figit adamantinos
summis verticibus *dira Necessitas*
clavos, non animum metu,
non mortis laqueis expedies caput.

Wenn in Scheitel, die allzu hoch,
Seinen stählernen Keil grausig das Schicksal treibt,
Löst du deine Seele nicht
Aus den Fesseln der Angst, nicht von dem Tode dein Haupt.

(Kayser – Nordenflycht – Burger – Färber)

HW 5805b

463 Diruit, aedificat, mutat quadrata rotundis.
Er bricht ab, baut neu, vertauscht das Eckige mit dem Runden.

Horaz, Epistulae 1, 1, 100

Rides: Quid? mea cum pugnat sententia secum,
quod petiit, spernit, repetit, quod nuper omisit,
aestuat et vitae disconvenit ordine toto,
diruit, aedificat, mutat quadrata rotundis?

Du lachst: Wie aber, wenn mein Wille mit sich im Streit liegt, wenn er das Gewünschte verwirft und das eben Verstoßene zurückwünscht, wenn er unstet schwankt und in der ganzen Lebensordnung mit sich uneins ist, wenn er zerstört und aufbaut und das Viereck vertauscht mit dem Kreisrund?

(W. Schöne – H. Färber)

HW 5810

464 Dis aliter visum.
Die Götter haben es anders beschlossen.

Vergil, Aeneis 2, 428

Anders schien es den Götter.

(J. Götte)

465 Disce bonas artes, moneo, Romana iuventus!
Lerne die edlen Künste, ich mahne dich, römische Jugend!

Ovid, Ars amatoria 1, 459

(N. Holzberg)

vgl. HW 5837; 36321e1

466 **Discipulus est prioris posterior dies.**
Schüler des Vortags ist der Tag danach.

Publilius Syrus, Sententiae D 1

Das Heute geht beim Gestern in die Schule.

(H. Beckby)

HW 36332b (... insequens dies.)

467 **Discite iustitiam, moniti, nec temnere divos!**
Lernet Gerechtigkeit, laßt euch warnen, und achtet die Götter!

Vergil, Aeneis 6, 620

(J. Götte)

HW 5954

468 **Discrepant facta cum dictis.**
Tat und Wort stimmen nicht überein.

Cicero, De finibus 2, 96

Audi, ne longe abeam, moriens quid dicat Epicurus,
ut intellegas *facta* eius *cum dictis discrepare!*

Um nicht weiter abzuschweifen, will ich dir die letzten Worte Epikurs vortragen, damit du einsiehst, wie sein Leben mit seiner Lehre nicht übereinstimmt.

(O. Gigon – L. Straume-Zimmermann)

469 **disiecti membra poetae**
die Glieder des in Teile zerrissenen Dichters

Horaz, Sermones 1, 4, 62

His ego quae nunc,
olim quae scripsit Lucilius, eripias si
tempora certa modosque, et quod prius ordine verbum est
posterius facias praeponens ultima primis,
non, ut si solvas 'postquam Discordia taetra
belli ferratos postis portasque refregit',
invenias etiam *disiecti membra poetae.*

Nimm dem, was ich jetzt schreibe und was einst Lucilius schrieb, das feste Versmaß und den Rhythmus, verändere die Stellung aller Worte, so findest du doch niemals eines zerrißnen Dichters Glieder wie beim aufgelösten Enniusvers: «Nachdem die grausige Zwietracht eisenbeschlagene Pfosten und Tore des Krieges zerschmettert.»

(W. Schöne – H. Färber)

470 **Displicuisse malis est placuisse bonis.**
Den Schlechten mißfallen zu haben heißt soviel wie den Guten gefallen zu haben.

HW 5996: Displicuisse bonis non est infamia parva;
nec placuisse malis suspicione caret.

471 **Dives erit, magno quae dormit tertia lecto.**
Reich sein wird die, die als Dritte im großen Bette schläft.

Juvenal, Saturae 2, 60

472 **Dives est, cui tanta possessio est, ut nihil optet amplius.**
Reich ist, wer so viel besitzt, daß er weiter keine Wünsche mehr hat.

Cicero, Paradoxa Stoicorum 42

Quem enim intellegimus *divitem* aut hoc verbum in quo homine ponimus? Opinor in eo, *quoi tanta possessio sit,* ut ad liberaliter vivendum facile contentus sit, qui nihil quaerat, nihil appetat, *nihil optet amplius.*

Wer gilt uns denn als reich und auf welchen Menschen trifft dieses Wort unserer Meinung nach zu? Ich meine, auf den, der so viel besitzt, daß er damit zu einem großzügigen Leben zufrieden sein kann, auf den, der nach nichts strebt, nichts anzielt, nichts weiter wünscht.

473 **Dives qui fieri volt, et cito volt fieri.**
Wer reich werden will, will es auch schnell werden.

Juvenal, Saturae 14, 177

Nam *dives*...

HW 6089a

474 **Divide et impera!**
Teile und herrsche!

Ludwig XI. von Frankreich (1423–1483; König seit 1461) zugeschrieben
HW 36352a1

475 **Dividuum fac!**
Begnüge dich mit der Hälfte!

Terenz, Adelphoe 241

Sy. Vide, si satis placet:
Potius quam venias in periclum, Sannio,
servesne an perdas totum, *dividuom face!*

Syrus: Sieh, ob dir's gefällt:
Eh du Gefahr läufst, Sannio, das Ganze zu
verlieren, laß die Hälfte dir genügen!

(J. J. C. Donner)

476 **Divitiis homines an sint virtute beati?**
Ist's der Reichtum, der die Menschen glücklich macht, oder ist's die Tugend?

Horaz, Sermones 2, 6, 74

Sed, quod magis ad nos
pertinet et nescire malum est, agitamus: utrumne
divitiis homines an sint virtute beati,
quidve ad amicitias, usus rectumne, trahat nos
et quae sit natura boni summumque quid eius.

Nein, wir besprechen, was uns näher angeht, was wir, um nicht Schaden zu nehmen, verstehen müssen: Ob Reichtum, ob Tugend das Menschenglück begründet, ob wir Freundschaft nur aus Vorteil schließen oder um sittlich uns zu fördern; dazu die Frage nach dem Wesen des Guten und dem höchsten Gut.

(W. Schöne – H. Färber)

477 Divitiis potietur heres.
Deinen Reichtum wird ein Erbe in Besitz nehmen.

Horaz, Carmina 2, 3, 20

Cedes coemptis saltibus et domo
villaque, flavos quam Tiberis lavit,
cedes et exstructis in altum
divitiis potietur heres.

Fort mußt du von den Wäldern, die du erkauft,
Von Haus und Hof, die Tibris, der gelbe, netzt,
Fort mußt du, und der hochgetürmten
Schätze bemeistert sich froh der Erbe.

(Kayser – Nordenflycht – Burger – Färber)

478 Divitis ad manes nil feret umbra suos.
Der Schatten des Reichen wird nichts ins Jenseits mitnehmen.

vgl. Ovid, Tristia 5, 14, 12
HW 6145; s. 16719

479 Dixi et salvavi animam meam.
Ich habe gesprochen und meine Seele gerettet.
(d. h.: Wer nicht hören will, kann die Schuld nicht auf mich schieben.)

Ezechiel 3, 19 (in Verbindung mit 1 Moses 19, 17)

Καὶ σὺ τὴν ψυχήν σου ῥύσῃ. (Kaì sỳ tèn psychén su rhýse.
Σῷζε τὴν σεαυτοῦ ψυχήν. Sôze tèn seautû psychén.)

HW 6158a

480 Docendo discimus.
Durch Lehren lernen wir.

nach Seneca, Epistulae morales 7, 8

Recede in te ipse, quantum potes; cum his versare, qui te meliorem facturi sunt, illos admitte, quos tu potes facere meliores: mutuo ista fiunt, et homines, *dum docent, discunt.*

Ziehe dich, soweit es geht, auf dich selbst zurück! Pflege Umgang nur mit Leuten, die dich besser machen! Ziehe an dich zum Verkehr nur Menschen heran, die du fördern kannst! So findet eine Wechselwirkung statt; man lernt durch Lehren.

(E. Glaser-Gerhard)

HW 6173

481 **docta dicta**
gelehrte Worte

Lukrez, De rerum natura 2, 987

Quod si delira haec furiosaque cernimus esse,
et ridere potest non ex ridentibus factus
et sapere et *doctis* rationem reddere *dictis*...,
qui minus esse queant ea, quae sentire videmus...?

Wenn aber Unsinn das ist und Wahnsinn, wie jeder erkennt doch,
und zu lachen vermag, nicht gemacht aus lachenden einer,
und Verstand zu haben und Rechenschaft klug zu entwickeln...,
wie soll weniger das, was empfinden wir sehen, bestehen können?

(K. Büchner)

482 **Doctrina est fructus dulcis radicis amarae.**
Wissenschaftliche Bildung ist die süße Frucht aus einer bitteren Wurzel.

Catonis Monosticha 40 (PLM III 238 B.)

HW 6199

483 **Doctum doces.**
Was du sagst, weiß ich bereits.

Plautus, Poenulus 880

Sy. Omnem operam perdis. Mi. Quid iam? Sy. Quia *doctum doces.*

Syncerastus: Alle Müh verschwendest du umsonst. Milphio: Warum?
Syncerastus: Weil Du mir sagst, was ich schon weiß.

(W. Binder – W. Ludwig)

HW 36381

484 **Doctus doctiorem sese alium inveniet.**
Ein Gelehrter wird einen anderen finden, der gelehrter als er selber ist.

J. Albinus, S. 42

485 **Dolus an virtus, quis in hoste requirat?**
Ob List oder Mut, wen kümmert's am Feinde?

Vergil, Aeneis 2, 390

(J. Götte)

HW 6252c

Erasmus, Adagia in 3, 5, 81

486 **dolus malus**
arglistige Täuschung

z. B. CICERO, TOPICA 40

Si *dolus malus* est, cum aliud agitur aliud simulatur, enumerare licet, quibus id modis fiat, deinde in eorum aliquem id, quod arguas dolo malo factum esse, includere.

Wenn arglistige Täuschung darin besteht, daß man etwas anderes betreibt als man vorgibt, kann man aufzählen, auf welche Weisen dies geschieht, und dann unter eine davon den Fall, in dem man arglistige Täuschung vorwirft, subsumieren.

(K. Bayer)

487 **Domi leones, foris vulpes.**
Zu Hause Löwen, draußen Füchse.

PETRON, SATYRICA 44, 14

Nunc populus est *domi leones, foras vulpes.*

Heutzutage sind die Leute daheim Bärenkerle, auswärts Duckmäuser.

(K. Müller – W. Ehlers)

HW 6252d; vgl. 36396d

ERASMUS, ADAGIA in 4, 5, 80 (..., sed foris vulpeculae.)

488 **Domine, dirige nos!**
Herr, lenke uns!

Wappendevise der City of London

489 **Domi suae quilibet rex.**
In seinem Hause ist jeder König.

HW 36398

490 **Domitrix rerum patientia.**
Geduld bändigt alles.
(vgl.: Geduld bringt Rosen.)

HW 36405 (Domitrix omnium patientia.)

491 **Domus propria, domus optima.**
Das beste Haus ist das eigene Haus.
(vgl.: Eigner Herd ist Goldes wert.)

HW 6259

492 **Dona praesentis cape laetus horae: linque severa!**
Gib mit Lust dich hin dieser Stunde Freuden: Laß doch, was ernst macht!

HORAZ, CARMINA 3, 8, 27f.

(Kayser – Nordenflycht – Burger – Färber)

HW 6265a

493 **Donec eris sospes, multos numerabis amicos;**
tempora si fuerint nubila, solus eris.

Während du glücklich bist, erfreust du dich vieler Gefährten;
wird dein Himmel jedoch trübe, so bist du allein.

Ovid, Tristia 1, 9, 5

Die erste Zeile wird oft so zitiert: *Donec eris* felix, ...

(W. Willige)

HW 6277 (... felix ...); 36410g

494 **donum exitiale Minervae**

Das verderbenbringende Geschenk der Minerva
(das hölzerne Pferd, mit dem Odysseus die Trojaner überlistete)

Vergil, Aeneis 2, 31

Pars stupet innuptae *donum exitiale Minervae*
et molem mirantur equi.

Manche bestaunen das Unheilsgeschenk der Jungfrau Minerva,
wundern sich über des Rosses Wucht.

(J. Götte)

495 **Dorsus totus prurit.**

Mir juckt der ganze Rücken.

Plautus, Miles gloriosus 397

Sc. Timeo, quid rerum gesserim: ita *dorsus totus prurit.*
Pa. Scin te perisse?

Sceledrus: Es ist mir doch
Gar nicht mehr wohl ob dem, was ich da angestellt;
Mein ganzer Rücken juckt mir schon.
Palaestrio: Merkst du es endlich, daß es dir um Kopf und Kragen geht?

(W. Binder – W. Ludwig)

496 **Dos est magna parentium virtus.**

Eine reiche Mitgift ist der Eltern Tugend.

Horaz, Carmina 3, 24, 21 f.
HW 6305

497 **Do, ut des.**

Ich gebe, damit auch du mir gibst.

z. B. Paulus, Quaestiones 5 (Digesta 19, 5, 5 pr.)

In hac quaestione totius ob rem dati tractatus inspici potest. Qui in his competit speciebus: aut enim *do* tibi, *ut des,* aut do, ut facias, aut facio, ut des, aut facio, ut facias: in quibus quaeritur, quae obligatio nascatur.

Bei diesem Verfahren kann man die Behandlung des Realkontraktes betrachten. Er gliedert sich in folgende Möglichkeiten: entweder gebe ich, damit du gibst, oder ich gebe, damit du etwas tust, oder ich tue etwas, damit du gibst, oder ich tue etwas, damit auch du etwas tust. Hierbei ist zu untersuchen, welche Verpflichtung jeweils daraus entsteht.

HW 6172b

498 **duabus sellis sedere**
auf zwei Stühlen sitzen
(d. h.: auf zwei Hochzeiten tanzen)

SENECA RHETOR, CONTROVERSIAE 7, 3, 9

Laberius ad Ciceronem remisit: Atqui soles *duabus sellis sedere.*

Laberius schrieb an Cicero zurück: Und doch pflegst Du auf zwei Stühlen zu sitzen.

ERASMUS, ADAGIA 1, 7, 2

499 **Ductor et ursa quidem non meditantur idem.**
Bärentreiber und Bärin haben nicht dasselbe im Sinn.

HW 6319b

500 **Ducunt volentem fata, nolentem trahunt.**
Wer sich in sein Schicksal fügt, den führt es; wer sich dagegen sträubt, den reißt es mit.

SENECA, EPISTULAE MORALES 107, 11
HW 6321

501 **Dulce est desipere in loco.**
Süß ist's, zur rechten Zeit leichtsinnig zu sein.

HORAZ, CARMINA 4, 12, 28

Verum pone moras et studium lucri
nigrorumque memor dum licet ignium
misce stultitiam consiliis brevem:
dulce est desipere in loco.

Auf und säume nicht lang! Rechne den Preis nicht nach!
Denk, es lodert auch uns bald schon die letzte Glut!
Drum, solang es vergönnt, mische mit Lust den Ernst:
Süß ist Leichtsinn am rechten Ort.

(Kayser – Nordenflycht – Burger – Färber)

HW 6326

502 **Dulce et decorum est pro patria mori.**
Süß ist's und ruhmvoll, stirbt man fürs Vaterland.

HORAZ, CARMINA 3, 2, 13

(Kayser – Nordenflycht – Burger – Färber)

vgl. AUCTOR AD HERENNIUM 4, 57

HW 6328

503 **Dulce mihi furere est.**
Süß finde ich es, über die Stränge zu schlagen.

HORAZ, CARMINA, 2, 7, 28

Recepto
dulce mihi furere est amico.

Süß ist mir des Rausches
Jubel, ich habe den Freund ja wieder!

(Kayser – Nordenflycht – Burger – Färber)

504 **Dulcia non meruit, qui non gustavit amara.**
Süßes hat nicht verdient, wer nicht das Bitt're gekostet.

HW 6357

505 **Dulcis amor patriae, dulce videre suos.**
Süß ist die Heimatliebe, süß das Wiedersehen mit den Seinen.

HW 6393

506 **Dum Colosseum stabit, Roma stabit;**
dum Roma stabit, mundus stabit.
Solange das Colosseum steht, wird Rom bestehen;
Solange Rom steht, wird die Welt bestehen.
(Rom, die «Ewige Stadt»)

BEDA VENERABILIS (672/73–735)

507 **Dum excusare credit, accusat.**
Während er zu entschuldigen meint, klagt er an.

HIERONYMUS, EPISTULA 4 ad virginem in exilium missam, c. 3 (30, 58 D Migne)

... et *dum excusare credis, accusas.*

...und während Du eine Entschuldigung vorzubringen glaubst, klagst Du in Wirklichkeit an.

HW 6510a (... velis, accusas.)

508 **Dum fata sinunt, vivite laeti!**
Solang das Schicksal es erlaubt, lebet froh!

SENECA, HERCULES FURENS 178f.

Dum fata sinunt,
vivite laeti; properat cursu
vita citato volucrique die
rota praecipitis vertitur anni.

Solang das Glück es erlaubt,
freut euch des Lebens! Es eilt das
Leben in raschem Lauf, und es dreht sich
mit dem flüchtigen Tag das Rad des eilenden Jahres.

HW 6513

509 **Dum ferrum candet, tundendum est.**
Man muß das Eisen schmieden, solange es glüht.

HW 6519

Dum ferrum candet, cudere quemque decet.

Solange das Eisen glüht, kann's jeder schmieden.

vgl. HW 36448 (... tundito!)

510 **Dum furor in cursu est, currenti cede furori!**
Solange das Rasen im Schwung ist, geh dem Rasen aus dem Wege!

Ovid, Remedia Amoris 119
HW 6541

511 **Dum licet, iniusto subtrahe colla iugo!**
Nimm den Augenblick wahr: zieh deinen Hals aus dem Joch!

Properz, Elegiae 2, 5, 14

(W. Willige)

HW 36449c

512 **Dum loquimur, fugerit invida aetas.**
Neidisch entflieht, während du sprichst, die Zeit.

Horaz, Carmina 1, 11, 7f.

(Kayser – Nordenflycht – Burger – Färber)

HW 6580 (...: carpe diem!)

513 **Dum loquor, hora fugit.**
Während ich spreche, entflieht die Stunde.

Ovid, Amores 1, 11, 15

Doch überm Reden verstreicht hier die Zeit.

(W. Marg – R. Harder)

514 **Dummodo sit dives, barbarus ipse placet.**
Wenn er nur reich ist, findet selbst ein Barbar Gefallen.

Ovid, Ars amatoria 2, 276
HW 6786

515 **Dum moliuntur, dum conantur, annus est.**
Bis sie sich in Bewegung setzen und bis sie den Versuch wagen, ist das Jahr um.

Terenz, Heautontimorumenos 240

Clit. Non cogitas hinc longule esse? Et nosti mores mulierum?
Dum moliuntur, dum conantur, annus est. Clin. O Clitipho, timeo.

Clitipho: Ein wenig weit ist's, wie du weißt. Auch kennst du wohl der Frauen Art:
Bis sie beschließen, bis sie handeln, wird's ein Jahr. Clinia: Mein Clitipho, Mir bangt.

(J. J. C. Donner)

516 **dum res et aetas et sororum fila trium patiuntur atra**
solange die Umstände, das Alter und die schwarzen Fäden der drei Schwestern* es erlauben

HORAZ, CARMINA 2, 3, 15

Huc vina et unguenta et nimium brevis
flores amonae ferre iube rosae,
dum res et aetas et sororum
fila trium patiuntur atra.

Hier schaffe Wein und duftende Narde hin
Und holder Rosen, ach, nur zu kurze Pracht,
Da Glück und Alter und der Parzen*
Düsterer Faden es noch gestattet.
(* Schicksalsgöttinnen, die den Lebensfaden spinnen)

(Kayser – Nordenflycht – Burger – Färber)

517 **Dum respicimus, quod aiunt, versamusque nos, iam mortalitas aderit.**
Während wir uns, wie es im Sprichwort heißt, umsehen und umdrehen, ist unsere Stunde schon da.
(G. Fink)

SENECA, DE IRA 3, 43

518 **Dum Roma deliberat, Saguntum perit.**
Während Rom noch überlegt, geht Sagunt bereits zugrunde. (Hannibal griff die in der römischen Interessensphäre gelegene Stadt Saguntum 219 v. Chr. an und eroberte sie, ehe die Römer sich zur Hilfeleistung entschließen konnten.)

nach LIVIUS, AB URBE CONDITA 21, 7, 1

Dum Romani parant *consultant*que, iam *Saguntum* summa vi oppugnabatur.

Während die Römer sich vorbereiteten und berieten, wurde Sagunt bereits mit aller Macht bestürmt.

HW 36455

519 **Dum spiro, spero.**
Solange ich noch atme, habe ich Hoffnung.

vgl. CICERO, AD ATTICUM 9, 11 (10), 3 K.

Alia res nunc tota est, alia mens mea. Sol, ut est in tua quadam epistula, excidisse mihi e mundo videtur. Ut aegroto, *dum anima est, spes esse* dicitur, sic ego, quoad Pompeius in Italia fuit, sperare non destiti.

Jetzt sieht alles ganz anders aus; auch ich denke heute anders darüber. Es will mir scheinen, als wäre, wie Du es einmal ausdrückst, die Sonne aus der Welt verschwunden. Man sagt, solange ein Kranker noch atmet, bestehe noch Hoffnung für ihn. Genauso habe ich die Hoffnung nicht aufgegeben, solange Pompeius noch in Italien stand. (18.3.49 v. Chr.)

(H. Kasten)

HW 6723 (..., mea spes est unica Christus.)

HW 6724 (..., sed dubito deinde quis ero.)

520 **Dum vires annique sinunt, tolerate labores:**
iam veniet tacito curva senecta pede.
Während noch die Kräfte und Jahre es zulassen, duldet Strapazen;
Schweigenden Schrittes, gekrümmt nähert das Alter sich schon.

OVID, ARS AMATORIA 2, 669–670

(N. Holzberg)

HW 6773

521 **Dum vitant stulti vitia, in contraria currunt.**
Während die Toren Fehler zu vermeiden suchen, rennen sie in gegenteilige.

HORAZ, SERMONES 1, 2, 24

Si quis nunc quaerat 'Quo res haec pertinet?' Illuc:
Dum vitant stulti vitia, in contraria currunt.

Was ich mit den Geschichten sagen will, fragt jetzt wohl einer. Daß Narren, die den einen Fehler meiden, geradewegs in den andern stürzen.

(W. Schöne – H. Färber)

HW 6776

522 **Dum vivimus, vivamus!**
Solange wir leben, laßt uns (wirklich) leben!

523 **Duobus litigantibus tertius gaudet.**
Wenn zwei sich streiten, freut sich der Dritte.

HW 36465

524 **Duo cum faciunt idem, non est idem.**
Wenn zwei dasselbe tun, ist es nicht das gleiche.

nach TERENZ, ADELPHOE 821 ff.

MI. Mane:
Scio: Istuc ibam. Multa in homine, Demea,
signa insunt, ex quibus coniectura facile fit,
duo quom idem faciunt, saepe ut possis dicere,
'hoc licet impune facere huic, illi non licet',
non quo dissimilis res sit, sed quo is, qui facit.

MICIO: Geduld!
Da wollt ich hin. Im Menschen gibt es, Demea,
Der Zeichen viel, woraus sich unschwer Schlüsse ziehen lassen,
Daß man, wo zwei dasselbe tun, oft sagen kann:
Der eine tut es ungestraft, der andere nicht.
Die Tat ist nicht verschieden, nur die Täter sind's.

(J. J. C. Donner)

HW 6790 (..., saepe non est idem.)

525 **Duodecim tabulas loquuntur.**
Manche reden noch in der Sprache der Zwölftafelgesetze.

SENECA, EPISTULAE MORALES 114, 13

Adice nunc, quod oratio certam regulam non habet: Consuetudo illam civitatis, quae numquam in eodem diu stetit, versat. Multi ex alieno saeculo petunt verba, *duodecim tabulas locuntur.*

Nimm hinzu, daß die gesprochene Rede keine feste Regel kennt: Die Gewohnheit der Gesellschaft, die niemals lange beim selben stehenbleibt, verändert sie. Manche aber nehmen ihre Wörter aus einem fremden Jahrhundert und sprechen noch wie einst die Zwölftafelgesetze.

526 **duo parietes de eadem fidelia dealbare**
zwei Wände aus dem gleichen Kübel weißeln

CICERO, AD FAMILIARES 7, 29, 2 K.

Sed, amice magne, noli hanc epistulam Attico ostendere. Sine eum errare et putare me virum bonum esse nec solere *duo parietes de eadem fidelia dealbare.*

Aber, großer Freund*, zeig' diesen Brief nicht Atticus! Laß ihn weiter irren und glauben, ich sei ein beständiger Mensch und weißte nicht zwei Wände aus einem Topf. (**M'. Curius Pratensis an Cicero am 29. 10. 45 v. Chr.*)

(H. Kasten)

ERASMUS, ADAGIA 1, 7, 3 (dúos... dealbare fidelia)

527 **Durate et vosmet rebus servate secundis!**
Drum bleibt hart und spart euch auf der glücklichen Zukunft!.
(J. Götte)

VERGIL, AENEIS 1, 207
HW 6816

528 **Durum est contendere cum victore.**
Hart ist's, sich mit einem Sieger anzulegen.

HORAZ, SERMONES 1, 9, 42

Ego, ut *contendere durum*
cum victore, sequor.

Und ich? Es ist ja nicht geraten, der Übermacht zu trotzen – ich folge.

(W. Schöne – H. Färber)

529 **Durum et durum non faciunt murum.**
Hart und Hart ergibt noch keine Mauer.

HW 6830

530 **Durum! Sed levius fit patientia, quidquid corrigere est nefas.**
Hart kommt's an! Aber leichter wird durch Geduld, was man nicht ändern darf.

Horaz, Carmina 1, 24, 19f.

Num vanae redeat sanguis imagini
quam virga semel horrida,
non lenis precibus fata recludere,
nigro compulerit Mercurius gregi?
Durum: sed levius fit patientia,
quidquid corrigere est nefas.

Nie doch kehret das Blut wieder dem Schattenbild,
Das mit schaurigem Stab einmal,
Unserm Flehn, des Geschicks Schlüsse zu lösen, taub,
Hin zur düstern Schar lenkte Mercurius.
Hart wohl ist's, doch Geduld mildert ein Mißgeschick,
Das zu ändern ein Gott verbeut.

(Kayser – Nordenflycht – Burger – Färber)

HW 36480a

531 **Durum telum necessitas.**
Eine harte Waffe ist die Notwendigkeit.

vgl. Livius, Ab urbe condita 4, 28, 5

Virtute pares, *necessitate*, quae ultimum ac maximum *telum* est, superiores estis.

An Tapferkeit seid ihr ebenbürtig, durch eure Notlage, die die letzte und stärkste Waffe ist, überlegen.

(H. J. Hillen)

HW 36481; vgl. 38629

E

532 **Ea est natura hominum.**
Das ist das Wesen des Menschen.

vgl. CICERO, DE FINIBUS 5, 66

Nam cum sic *hominis natura* generata sit, ut habeat quiddam ingenitum quasi civile atque populare, quod Graeci πολιτικὸν (politikòn) vocant, quicquid aget quaeque virtus, id a communitate ... non abhorrebit.

Da nämlich der Mensch von Natur so geschaffen ist, daß ihm die Bindung an das Gesellschaftliche und Staatliche, das die Griechen »das Politische« nennen, angeboren ist, so wird auch die Tätigkeit jeder einzelnen Tugend der Gemeinschaft ... nicht fremd sein.

(O. Gigon – L. Straume-Zimmermann)

533 **Ecce homo!**
Sehet: ein Mensch!

PONTIUS PILATUS bei JOHANNES 19, 5

534 **Ecquid is homo habet aceti in pectore?**
Hat der Mensch denn Essig in der Brust?

PLAUTUS, PSEUDOLUS 739

Ps. Sed iste servos ex Carysto, qui hic adest, ecquid sapit?
CH. Hircum ab alis. Ps. Manuleatam tunicam habere hominem addecet.
Ecquid is homo habet aceti in pectore? CH. Atque acidissumum.

PSEUDOLUS: Doch jener aus Karystos hergekommene Sklave,
Hat Geschmack er und Verstand? CHARINUS: Unter den Armen schmeckt er wie ein Bock. PSEUDOLUS: Da wird's gut sein, man zieht ihm einen Rock mit Ärmeln an.
Hat er auch Essig in der Brust? CHARINUS: Den allersauersten.

(W. Binder – W. Ludwig)

ERASMUS, ADAGIA 2, 3, 52 (Acetum habet in pectore.)

535 **Ede, bibe, lude! Post mortem nulla voluptas.**
Iß, trink, spiel! Nach dem Tod gibt's kein Vergnügen mehr.

HW 6952

536 **Edere oportet, ut vivas, non vivere, ut edas.**
Essen muß man, um zu leben, nicht aber leben, um zu essen.

AUCTOR AD HERENNIUM 4, 39

Oportet *esse, ut vivas, non vivere, ut edas.*

Man muß essen, um zu leben, nicht aber leben, um zu essen.

537 **E duobus malis minus eligendum est.**
Von zwei Übeln muß man das kleinere wählen.

CICERO, DE OFFICIIS 3, 3

Sed quia sic ab hominibus doctis accepimus, non solum *ex malis eligere minima* oportere, sed etiam excerpere ex his ipsis, si quid inesset boni, propterea et otio fruor, non illo quidem, quo debeat is, qui quondam peperisset otium civitati, nec eam solitudinem languere patior, quam mihi adfert necessitas, non voluntas.

Indes, weil wir es so von gelehrten Männern vernommen haben, daß man nicht nur unter den Übeln die kleinsten auswählen müsse, sondern aus diesen selber noch Gutes ziehen, wofern etwas in ihnen sei, darum genieße ich die Muße, freilich nicht die, die der genießen müßte, der einst dem Staate Ruhe schaffte, und lasse die Einsamkeit nicht schlaff darniederliegen, die mir der Zwang, nicht der freie Wille bringt.

(K. Büchner)

vgl. ARISTOTELES, ETHICA NICOMACHEA V, 2. 1129 b 8:

'Αλλ' ὅτι δοκεῖ τὸ μεῖον κακὸν ἀγαθόν πως. (All' hóti dokeî tò meîon kakòn agathón pos.)

HW 36487 e (E duobus eligendum est malum pusillius.)

vgl. ERASMUS, ADAGIA 3, 5, 9 (E tribus malis unum.); 4, 2, 36 (Praestat uni malo obnoxium esse quam duobus.)

538 **Effugit mortem, quisquis contempserit; timidissimum quemque consequitur.**
Dem Tod entkommt, wer ihn verachtet; gerade die Furchtsamsten ereilt er.

CURTIUS RUFUS, HISTORIA ALEXANDRI MAGNI 4, 14, 25
HW 6997 b

539 **e flamma petere cibum**
sein Futter aus den Flammen holen

TERENZ, EUNUCHUS 491

PA. Tace tu, quem ego esse infra infumos omnis puto
homines; nam qui adsentari huic animum induxeris,
e flamma petere te cibum posse arbitror.

PARMENO: Du schweige! Bist doch unter dem gemeinen Troß.
Wer dem (d. h. THRASO) zu schmeicheln über sich gewinnen kann,
Der holte, traun, sein Futter aus der Flamme selbst.

(J. J. C. Donner)

ERASMUS, ADAGIA 4, 1, 51

540 **Ego in portu navigo.**
Ich segle schon im Hafen.
(d. h.: Ich habe mein Schäfchen ins trockene gebracht.)

TERENZ, ANDRIA 480

S. Nunc huius periclo fit, *ego in portu navigo.*

SIMO: Jetzt geht es ganz
Auf seine Rechnung, während ich im Hafen bin.

(J. J. C. Donner)

541 **Ego mihi melius esse malo quam alteri.**
Ich will (lieber), daß es mir besser geht als einem andern.
(d. h.: Mir ist das Hemd näher als der Rock.)

TERENZ, ANDRIA 427

BY. Nullane in re esse quoiquam homini fidem!
Verum illud verbumst, volgo quod dici solet,
omnis *sibi malle melius esse quam alteri.*

BYRRIA: Daß man doch nicht einem Menschen trauen darf!
Wahr ist es, was man im gemeinen Leben sagt,
Daß jeder Gutes lieber sich als andern gönnt.

(J. J. C. Donner)

542 **Ego spem pretio non emo.**
Ich kaufe Hoffnung nicht um Geld.

TERENZ, ADELPHOE 219

(J. J. C. Donner)

HW 7004b

ERASMUS, ADAGIA 2, 4, 5 (spem pretio emere)

543 **Ego te intus et in cute novi.**
Dich erkenn ich drinnen im Fell.

PERSIUS, SATURAE 3, 30

(O. Seel)

HW 7004c

544 **Ego te ocius ire!**
Ich will dir Beine machen!

545 **Ego tu sum, tu ego es, unius animi sumus.**
Ich bin du, du bist ich, wir sind ein Herz und eine Seele.

546 **Eheu fugaces, Postume, Postume, labuntur anni!**
O weh, mein Postumus, Postumus, die Jahre gehen im Flug dahin!

HORAZ, CARMINA 2, 14, 1f.
HW 7015a

547 **Ei incumbit probatio, qui dicit, non qui negat.**
Die Beweispflicht liegt bei dem, der etwas behauptet, nicht bei dem, der leugnet.

PAULUS, AD EDICTUM 69 (DIGESTA 22, 3, 2)

548 **Eiusdem est farinae.**
Er ist aus demselben Mehl gebacken (wie wir).
(vgl.: Er ist aus demselben Holz geschnitzt.)

PERSIUS, SATURAE 5, 115

'Haec mea sunt, teneo', cum vere dixeris, esto
liberque ac sapiens praetoribus ac Iove dextro.
Sin tu, cum fueris *nostrae* paulo ante *farinae*,
pelliculam veterem retines et fronte politus
astutam vapido servas in pectore volpem,
quae dederam supra, relego funemque reduco.

«Dieses ist mein, und das halt ich»: sagst dies du ehrlich, dann sei mir
Frei und weise geheißen in Prätors und Jupiters Namen!
Wenn du jedoch, noch jüngst von unserem Mehle gebacken,
Haftest im früheren Balg und hegst hinter gleißender Stirne
Immer noch den verschlagenen Fuchs im verdorbenen Herzen:
Dann widerruf ich, was eben ich zugab, und ziehe den Strick fest.

(O. Seel)

vgl. ERASMUS, ADAGIA 3, 5, 44 (nostrae farinae)

549 **Elephanti corio circum tectus est.**
Ringsum ist er mit einer Elefantenhaut bedeckt.
(d. h.: Er hat ein dickes Fell.)

PLAUTUS, MILES GLORIOSUS 235

PA. Erus meus *elephanti corio circumtentust*, non suo,
neque habet plus sapientiai quam lapis. PE. Ego istuc scio.

PALAESTRIO: Mein Herr, der steckt in einer Elefantenhaut,
Nicht in der eigenen, und besitzt nicht mehr Verstand
Als ein Stein. PERIPLECTOMENUS: Das weiß ich längst.

(W. Binder – W. Ludwig)

HW 7034b; 36541

550 **Elephantum e musca facis.**
Du machst aus einer Mücke einen Elefanten.

LUKIAN, ENCOMIUM MUSCAE 12 (ἐλέφαντ᾽ ἐκ μυίας ποιεῖν – eléphant' ek myías poieîn)

HW 36542 (Elephantos ex muscis facias.)

ERASMUS, ADAGIA 1, 9, 69 (... ex ...)

551 **Ensis vulnerat corpus, sed animum oratio.**
Das Schwert verwundet den Körper, die Rede aber die Seele.

J. ALBINUS, S. 42

vgl. HW 36558b: *Ensis* sauciat *corpus*, mentem sermo.

552 **eo ipso**
ebendadurch, von selbst, selbstredend

z. B. CICERO, TUSCULANAE DISPUTATIONES 2, 97

553 **Epicuri de grege porcus**
aus Epikurs Herde ein Ferkel
(Der Philosoph Epikur sah in der Lust das höchste Ziel des Menschen. Horaz bezieht sich scherzhaft auf die vulgäre Interpretation des Epikureismus.)

HORAZ, EPISTULAE 1, 4, 16

Me pinguem et nitidum bene curata cute vises,
cum ridere voles, *Epicuri de grege porcum.*

Willst du mal herzhaft lachen, so komm zu mir zu Besuch: mich findest du rund und behäbig, in wohlgepflegter Leiblichkeit, ein richtiges Schweinchen aus Epikuros' Herde!

(W. Schöne – H. Färber)

554 **Epistula non erubescit.**
Ein Brief errötet nicht.
(vgl.: Papier ist geduldig.)

CICERO, AD FAMILIARES 5, 13 (12), 1 K.

Coram me tecum eadem haec agere saepe conantem deterruit pudor quidam paene subrusticus, quae nunc expromam absens audacius; *epistula* enim *non erubescit.*

Schon mehrfach war ich drauf und dran, mit Dir persönlich über dies Thema zu sprechen, immer hielt mich eine beinahe etwas bäurische Befangenheit zurück; aber jetzt, wo ich Dir nicht gegenübersitze, wage ich mich schon kecker damit heraus: ein Brief wird ja nicht rot. *(an L. Lucceius im Juni 56 v. Chr.)*

(H. Kasten)

vgl. D. Liebs, F 38 (Fiscus …)

HW 7124a

555 **Equi donati dentes non inspiciuntur.**
Die Zähne eines geschenkten Pferdes besichtigt man nicht.
(vgl.: Einem geschenkten Gaul schaut man nicht ins Maul.)

HIERONYMUS, COMM. IN EPHESIOS, praef. (26, 469 Migne)

Noli, ut vulgare proverbium est, *equi dentes inspicere donati!*

Schau nicht – wie es im Sprichwort heißt – dem geschenkten Gaul ins Maul!

HW 36564; vgl. auch 10291: Geschenktem gaulo non debes inspicere maulo.

vgl. ERASMUS, ADAGIA (equi dentes inspicere donati) 4, 5, 24

556 **Equo currenti non opus est calcaribus.**
Ein Pferd, das rennt, hat keine Sporen nötig.

HW 7126

vgl. ERASMUS, ADAGIA 1, 2, 46 (currentem incitare); 1, 2, 47 (calcar addere currenti)

557 **equus Troianus**
ein Trojanisches Pferd
(Die Raubzüge des Kunstsammlers Verres werden mit dem Untergang Trojas verglichen, den das von Odysseus erfundene hölzerne Pferd verursacht hatte.)

CICERO, IN C. VERREM II 4, 52

Quem concursum in oppido factum putatis? Quem clamorem? Quem porro fletum mulierum? Qui viderent *equum Troianum* introductum, urbem captam esse dicerent. Efferri sine thecis vasa, extorqueri de manibus mulierum, effringi multorum fores, revelli claustra.

Welches Getümmel, glaubt ihr, gab es da in der Stadt, welches Geschrei, und weiter, welch Wehklagen der Frauen? Wer das sah, konnte sagen, man habe das trojanische Pferd hereingeholt, die Stadt sei erobert. Man trug die Gefäße ohne ihre Behältnisse auf die Straße, riß andere den Frauen aus den Händen, zerschmetterte vielen die Türen und brach Schlösser auf.

(M. Fuhrmann)

ERASMUS, ADAGIA in 4, 2, 1

558 **e re fabellae**
Geschichten, die zum Thema passen

HORAZ, SERMONES 2, 6, 78

Cervius haec inter vicinus garrit anilis
ex re fabellas. Si quis nam laudat Arelli
sollicitas ignarus opes, sic incipit: 'Olim ...'

Nachbar Cervius tischt dabei Geschichtchen auf, wie sie Großmutter erzählt; sie passen zum Thema des Gesprächs. Rühmt etwa jemand Arellius' Reichtümer, ohne deren drückende Sorgen zu kennen, so beginnt Cervius: «Es war einmal ...» (Folgt die Fabel von der Land- und der Stadtmaus.)

(W. Schöne – H. Färber)

559 **Ergo bibamus!**
Wollen wir also trinken!

J. W. v. GOETHE (am 26. 3. 1810)

HW 7132 (..., ne sitiamus, vas repleamus!)

560 **eripere lupo agnum**
dem Wolf ein Lamm entreißen

PLAUTUS, POENULUS 776

LY. Compositast fallacia,
ut eo me privent atque inter se dividant.
Lupo agnum eripere postulant. Nugas agunt.

LYCUS: Der Plan ist schlau
Erdacht, mich auszurauben und dann unter sich
Den Raub zu teilen. Gerne möchten sie dem Wolf
Das Lamm entreißen; doch die Mühe ist vergeblich.

(W. Binder – W. Ludwig)

ERASMUS, ADAGIA 2, 7, 80

561 **Eripere telum, non dare irato decet.**
Einem Zornigen die Waffe entreißen, nicht sie ihm geben, das ist richtig.

PUBLILIUS SYRUS E 11
HW 7154

562 **Eripe te morae!**
Entreiße dich dem Zögern!
Entschließe dich endlich!

HORAZ, CARMINA 3, 29, 5

Iamdudum apud me est: *eripe te morae,*
ne semper udum Tibur et Aefulae
declive contempleris arvom et
Telegoni iuga parricidae.
Fastidiosam desere copiam...

Bereit ist alles! Reiße dich los und schau
Nicht ewig hin auf Aefulas Bergeshang,
Aufs quellge Tibur und des Vater-
Mörders Telegonus stolze Höhen!
Entflieh der Fülle, die ja nur Ekel weckt...

(Kayser – Nordenflycht – Burger – Färber)

563 **Eripitur persona, manet res.**
Die Person vergeht, die Sache bleibt.
(Die Maske wird abgerissen, es bleibt das wahre Gesicht.)

LUKREZ, DE RERUM NATURA 3, 58

Quo magis in dubiis hominem spectare periclis
convenit adversisque in rebus noscere, qui sit;
nam verae voces tum demum pectore ab imo
eliciuntur et *eripitur persona, manet res.*

Drum muß man um so mehr den Menschen in Proben des Zweifels
schauen und im widrigen Unglück sein Wesen erkennen;
dann nämlich erst wird entlockt der Tiefe des Herzens der echte
Laut, heruntergezerrt die Maske: es bleibt das Gewisse.

(K. Büchner)

564 **Eripuit coelo fulmen sceptrumque tyrannis.**
Dem Himmel entriß er den Blitz, das Szepter den Tyrannen.

A. R. TURGOT (1727–1781)
Epigramm auf B. Franklin, den Freiheitshelden und Erfinder des Blitzableiters:
Eripuit coelo fulmen, mox *sceptra tyrannis.*

565 **Eripuit Iovi fulmen viresque tonandi.**
Sie* entriß Jupiter den Blitz und die Macht zu donnern.
(* sc. die Vernunft des Menschen)

MANILIUS, ASTRONOMICA 1, 104

566 **Eris mihi magnus Apollo.**
Du wirst für mich der große Apollo sein.
(Die Hirten Damoetas und Menalcas stellen sich gegenseitig Rätselfragen. Apollo war der Herr zahlreicher Orakelstätten.)

VERGIL, BUCOLICA 3, 104

D. Dic, quibus in terris – et *eris mihi magnus Apollo* –
tris pateat caeli spatium non amplius ulnas.
M. Dic, quibus in terris inscripti nomina regum
nascantur flores: et Phyllida solus habeto.

DAMOETAS: Sag, wo auf Erden – und sollst mir dann gelten als großer Apollo –
weiter nicht als drei Ellen der Raum des Himmels sich ausdehnt?
MENALCAS: Sag, wo auf Erden Blumen, mit Königsnamen gezierte,
wachsen und blühn, und Phyllis sollst du als einziger haben.

(J. Götte)

567 **Eritis sicut deus, scientes bonum et malum.**
Ihr werdet sein wie Gott und wissen, was gut und böse ist.

1 MOSES 3, 5

568 **E rivo flumina magna facis.**
Aus einem Bach machst du gewaltige Ströme.

OVID, EPISTULAE EX PONTO 2, 5, 22

Tu tamen hic structos inter fera proelia versus
et legis et lectos ore favente probas,
ingenioque meo, vena quod paupere manat,
plaudis, et *e rivo flumina magna facis.*

Dennoch liesest du hier zwischen tobenden Kämpfen geschaffne
Verse; mit freundlichem Wort lobst du sogar, was du liest;
Beifall spendest du meinem Talent, das aus ärmlicher Ader
fließt, und den kärglichen Bach machst du zum mächtigen Strom.

(W. Willige)

HW 36500a2 (... facere.)

569 **Errare humanum est.**
Irren ist menschlich.

nach SENECA RHETOR, CONTROVERSIAE 4, 3

per humanos, inquit, *errores*

... infolge menschlicher Irrtümer, sagte er.

HW 7160d (..., perseverare diabolicum.)

570 **Errare humanum est et confiteri errorem prudentis.**
Irren ist menschlich, und einen Irrtum eingestehen weise.

vgl. HIERONYMUS, EPISTULA 57, 12 (22, 578 Migne)

Errasse humanum est.

571 **Errare malo cum Platone quam cum istis vera sentire.**
Lieber irre ich mit Plato, als daß ich mit jenen die Wahrheit erkenne.

CICERO, TUSCULANAE DISPUTATIONES 1, 39

An tu, cum me in summam exspectationem adduxeris, deseris? *Errare* mehercule *malo cum Platone*, quem tu quanti facias scio et quem ex tuo ore admiror, *quam cum istis vera sentire*.

Wie, willst Du mich jetzt im Stiche lassen, nachdem Du meine Erwartungen auf das höchste gespannt hast? Ich will wahrhaftig lieber mit Platon zusammen irren – ich weiß, wie sehr Du ihn schätzest und bewundere ihn, so wie Du von ihm sprichst –, als mit jenen* die Wahrheit glauben. (* Gemeint sind die Pythagoreer.)

(O. Gigon)

HW 7160e

572 **Errasse humanum est.**
Irren ist menschlich.
(eigtl.: sich geirrt zu haben ...)

HIERONYMUS, EPISTULAE 57, 12 (22, 578 Migne)

Igitur quia et *errasse humanum est*, et confiteri errorem sapientis.

...weil also Irren menschlich und den Irrtum einzugestehen Zeichen eines Weisen ist.

573 **errata**
Druckversehen

574 **E se finxit sicut aranea.**
Er hat es aus sich selbst gebildet wie eine Spinne.
(vgl.: Er hat es sich aus den Fingern gesogen.)

HW 36742 (... ut ...)
ERASMUS, ADAGIA 4, 4, 43 (Ex se fingit velut araneus.)

575 **Esse quam videri bonus malim.**
Ich möchte lieber gut sein als scheinen.

SALLUST, CONIURATIO CATILINAE 54, 6

At Catoni studium modestiae, decoris, sed maxime severitatis erat; non divitiis cum divite neque factione cum factioso, sed cum strenuo virtute, cum modesto pudore, cum innocente abstinentia certabat; *esse quam videri bonus malebat*.

Catos Streben dagegen war auf Selbstzucht, Anstand, vor allem aber auf ernste Haltung gerichtet; er wetteiferte nicht mit dem Reichen um Reichtum, mit dem Parteimann um Parteigeltung, sondern mit dem Tüchtigen um Tatkraft, mit dem Beherrschten um Zurückhaltung, mit dem Redlichen um Unbestechlichkeit; er wollte lieber gut sein als gut scheinen.

(W. Eisenhut – J. Lindauer)

576 **Est adamas mulier, pix, ramnus, carduus asper, lappa tenens, vespa pungens, urtica perurens.**
Eine Frau ist wie Stahl, wie Pech, Kreuzdorn und kratzige Distel, wie eine haftende Klette, stechende Wespe und brennende Nessel.

HW 7250

577 **Est deus in nobis, agitante calescimus illo.**
In uns wohnt ein Gott, und wenn er sich regt, dann erglühn wir.

Ovid, Fasti 6, 5

(N. Holzberg)

HW 7389

578 **Est et fideli tuta silentio merces.**
Auch für treues Schweigen gibt es sicheren Lohn.

Horaz, Carmina 3, 2, 25

Est et fideli tuta silentio
merces: vetabo, qui Cereris sacrum
volgarit arcanae, sub isdem
sit trabibus fragilemve mecum
solvat phaselon ...

Es folgt ihr Lohn auch treuer Verschwiegenheit:
Nie duld' ich, daß, wer Ceres' geheimen Dienst
Enthüllte, ein Dach mit mir teile
Oder mit mir ein gebrechlich Fahrzeug
Vom Strande löse ...

(Kayser – Nordenflycht – Burger – Färber)

HW 7416

vgl. Erasmus, Adagia 3, 5, 3 (Silentii tutum praemium.)

579 **Est modus in rebus, sunt certi denique fines.**
Es liegt ein Maß in allen Dingen; kurz, es gibt feste Grenzen.

Horaz, Sermones 1, 1, 106

Est modus in rebus, sunt certi denique fines,
quos ultra citraque nequit consistere rectum.

Es gibt ein rechtes Maß in allen Dingen; kurz, feste Schranken sind gezogen, und diesseits wie jenseits liegt das Unhaltbare.

(W. Schöne – H. Färber)

HW 7689

580 **Est mulier tamquam generalis regula. Quare?**
In multis fallit regula, sic mulier.
Einer Regel gleichet die Frau. Wieso das?
Oft stimmt die Regel nicht, nicht anders beim Weib.

HW 36617h

J. Owen (1560–1622), der «englische Martial»

581 **Est nimium gravis adverso labor ire fluento.**
Es ist eine gar schwere Mühe, gegen den Strom anzugehen.

J. ALBINUS, S. 77

582 **Est nobis voluisse satis.**
Uns genügt, den Willen gehabt zu haben.

TIBULL, ELEGIAE 4, 1, 7

Nec tua praeter te chartis intexere quisquam
facta queat, dictis ut non maiora supersint.
Est nobis voluisse satis, nec munera parva
respueris.

Und es brächte wohl niemand außer dir* deine Taten
So zu Papier, daß das Wort nicht weit dahinter zurückbleibt.
Mir genügt es, es zu wollen: du weisest nicht die geringe Gabe zurück! (* Messalla)

(W. Willige)

HW 7730

583 **Est omnium rerum magister usus.**
In allen Dingen ist die Erfahrung Lehrmeisterin.

CAESAR, BELLUM CIVILE 2, 8, 6

Postea vero, ut *est rerum omnium magister usus* hominum adhibita sollertia, inventum est...

Später aber fand man heraus, (dieser Turm könne sehr nützlich sein, wenn man ihn höher baute,) wie ja in allen Dingen Erfahrung Lehrmeisterin ist, wenn ein wenig Erfindungskraft mithilft.

(O. Schönberger)

584 **Esto, quod esse videris!**
Sei, was du zu sein scheinst!

vgl. JUVENAL, SATURAE 5, 112f.
HW 8047:

Esto, quod es!

Sei, was du bist!

585 **Est proprium stultitiae aliorum vitia cernere, oblivisci suorum.**
Es zeugt von Torheit, der andern Fehler zu erkennen, die eignen aber zu vergessen.

CICERO, TUSCULANAE DISPUTATIONES 3, 73

Es ist eben der Torheit eigentümlich, die Fehler der Andern zu bemerken, die eigenen dagegen zu vergessen.

(O. Gigon)

HW 36625 (..., at suorum oblivisci.)

586 Est quaedam flere voluptas.
Weinen ist eine Art von Genuß.

Ovid, Tristia 4, 3, 37f.

Tu vero tua damna dole, mitissima coniunx,
tempus et a nostris exige triste malis,
fleque meos casus: *est quaedam flere voluptas;*
expletur lacrimis egeriturque dolor.

Also beklage nur deinen Verlust, du zärtliche Gattin,
und durchlebe die Zeit traurig nach meinem Geschick!
Weine nur über mein Los: zu weinen kann eine Lust sein;
wird doch der Kummer gestillt, der sich in Tränen ergießt.

(W. Willige)

HW 7829

587 et cetera
(Abk.: etc.)
usw.
(wörtl.: und das übrige)

588 E tenui casa saepe vir magnus exit.
Aus einer ärmlichen Hütte geht oft ein großer Mann hervor.

Seneca, Epistulae morales 66, 3

Potest *ex casa vir magnus exire*, potest et ex deformi humilique corpusculo formosus animus ac magnus. Quosdam itaque mihi videtur in hoc tales natura generare, ut adprobet virtutem omni loco nasci.

Selbst aus einer kleinen Hütte kann ein großer Mann hervorgehen, in einem verunstalteten und kümmerlichen Körper ein schöner, großer Geist wohnen. Daher bringt die Natur, scheint mir, hin und wieder solche Menschen hervor, zu dem Zweck, uns zu beweisen, daß Tugend überall ihre Heimstätte hat.

(E. Glaser-Gerhard)

HW 6859

589 Et facere et pati fortia Romanum est.
Tapfer zu handeln wie auch tapfer zu leiden ist Römerart.
(C. Mucius Scaelova zum Etruskerkönig Porsenna nach dem mißglückten Attentat)

Livius, Ab urbe condita 2, 12, 9

'Romanus sum', inquit, 'civis; C. Mucium vocant. Hostis hostem occidere volui, nec ad mortem minus animi est, quam fuit ad caedem: *et facere et pati fortia Romanum est*...'

«Ich bin römischer Bürger», sagte er; «ich heiße C. Mucius. Als Feind wollte ich den Feind töten; und ich habe zum Sterben nicht weniger Mut, als ich zum Töten hatte. Tapfer handeln, aber auch tapfer leiden, das ist Römerart...»

(H. J. Hillen)

HW 8088

590 Et formicarum saepe fit esca lupus.
Selbst der Wolf wird oft ein Fraß für Ameisen.

HW 8092

591 **Et genus et formam regina pecunia donat.**
Adel und Schönheit schenkt König Mammon.

HORAZ, EPISTULAE 1, 6, 37

Scilicet uxorem cum dote fidemque et amicos
et genus et formam regina Pecunia donat
ac bene nummatum decorat Suadela Venusque.

Man weiß ja, Gattin und Mitgift, Vertrauen und Freunde und Ahnen und Wohlgestalt kann König Mammon schenken, und wer gut bei Kasse ist, den schmücken himmlische Mächte mit Überredungskunst und Liebenswürdigkeit.

(W. Schöne – H. Färber)

HW 8095

592 **Et hoc, quod senectus vocatur, paucissimorum est circuitus annorum.**
Sogar das, was man als hohes Alter bezeichnet, umfaßt nur ganz wenige Jahre.

SENECA, AD MARCIAM DE CONSOLATIONE 11, 5

(G. Fink)

593 **Etiam innocentes cogit mentiri dolor.**
Die Marter zwingt auch Unschuld oft zur Lüge.

PUBLILIUS SYRUS, SENTENTIAE E 1

(H. Beckby)

s. auch CICERO, PARTITIONES ORATORIAE 50

HW 8194 (... mentiri cogit ...)

594 **Etiam oblivisci, quid sis, interdum expedit.**
Auch vergessen, was man ist, bringt bisweilen Nutzen.

PUBLILIUS SYRUS E6
HW 8196

595 **Etiam qui faciunt, oderunt iniuriam.**
Auch die Unrecht tun, hassen es.

PUBLILIUS SYRUS, SENTENTIAE E 10

HW 8197; vgl. 8160c (Et qui oderunt, faciunt iniuriam.)

596 **Etiam si omnes, ego non.**
Auch wenn alle (das tun oder billigen), ich (tue oder billige es) nicht.

597 **Et in Arcadia ego.**
Auch in Arkadien bin ich zugegen.

BARTOLOMEO SCHEDONI (1578–1615), ein italienischer Maler, setzte diese Worte unter einen Totenkopf; ähnlich der französische Maler NICOLAS POUSSIN (1593–1665).

HW 36655 (Et ego in Arcadia!)

598 **Et mihi forsan, quod tibi negarit, porriget hora.**
Und vielleicht wird mir, was dir sie versagte, schenken die Stunde.

HORAZ, CARMINA 2, 16, 31 f.

Nihil est ab omni
   parte beatum.
Abstulit clarum cita mors Achillem,
longa Tithonum minuit senectus
et mihi forsan, quod tibi negarit,
   porriget hora.

Vollkommen Beglücktes findet
   Nie sich auf Erden.
Jäher Tod entraffte Achill, den Helden,
An Tithonus zehrte das Alters Länge,
Und vielleicht wird mir, was sie dir versagt hat,
   spenden die Stunde.

(Kayser – Nordenflycht – Burger – Färber)

599 **Et nimium vixisse diu nocet.**
Auch allzu lang gelebt zu haben ist schädlich.

OVID, METAMORPHOSES 6, 38

'Mentis inops longaque venis confecta senecta,
et nimium vixisse diu nocet...'

«Sinnlos kommst du* daher, von langem Alter verblödet,
allzu lang gelebt, ist arg...» (* Arachne zur verwandelten Pallas Athene)

(E. Rösch)

600 **Et pius est patriae facta referre labor.**
Fromm ist auch die Mühe, die Geschichte seiner Heimat zu erzählen.

OVID, TRISTIA 2, 322

Nec mihi materiam bellatrix Roma negabat,
   et pius est patriae facta referre labor.

Rom, das kriegerische, hätte mir Stoff zur Genüge geboten:
   Taten des Vaterlands preisen ist edles Bemühn.

(W. Willige)

601 **Et quae non prosunt singula, multa iuvant.**
Auch was einzeln nicht nützt, hilft in der Häufung.

OVID, REMEDIA AMORIS 420 (Sed *quae...*)

HW 8155

602 **Et semel emissum volat irrevocabile verbum.**
Und einmal losgelassen, fliegt das Wort unwiderrufbar fort.

HORAZ, EPISTULAE 1, 18, 71

Percontatorem fugito; nam garrulus idem est
nec retinent patulae commissa fideliter aures
et semel emissum volat inrevocabile verbum.

Dem Ausfrager entzieh dich, denn er ist auch ein Ausplauderer: ein ewig offenes Ohr hält Anvertrautes nicht in treuer Hut, und einmal ausgeflogen, hört das Wort auf keinen Widerruf.

(W. Schöne – H. Färber)

HW 8172 (... irreparabile ...)

603 **et sequentia**
(Abk.: et sq. bzw. sqq.)
und das folgende

604 **Et sit humus cineri non onerosa tuo!**
Und sei deiner Asche die Erde nicht schwer!

OVID, AMORES 3, 9, 68

Ossa quieta, precor, tuta requiescite in urna,
Et sit humus cineri non onerosa tuo.

Doch, ihr Gebeine, ruht still und verwahrt im Frieden der Urne –
Darum bet' ich – und leicht sei deiner* Asche das Grab! (* Gemeint ist Tibull.)

(W. Marg – R. Harder)

605 **Et sua riserunt saecula Maeonidem.**
Selbst einen Homer haben seine Zeitgenossen verlacht.

J. ALBINUS, S. 77

606 **Et tenuit nostras numerosus Horatius aures.**
Und es erfreute mein Ohr der rhythmenreiche Horaz.

OVID, TRISTIA 4, 10, 49 (Autobiographie)

Et tenuit nostras numerosus Horatius aures,
dum ferit Ausonia carmina culta lyra.
Vergilium vidi tantum: nec avara Tibullo
tempus amicitiae fata dedere meae.

Reich an Formen, entzückte Horatius unsere Ohren,
der im ausonischen Ton sang sein vollendetes Lied.
Sehn nur konnt' ich Vergil; auch ließ das geizige Schicksal
keine Zeit dem Tibull, Freundschaft zu pflegen mit mir.

(W. Willige)

607 **Et tu, Brute?**
Auch du, Brutus?
(Caesar am 15. 3. 44 v. Chr.)

SUETON, VITA DIVI IULI 82, 2

Καὶ σύ, τέκνον; (Kaì sý, téknon?)

608 **Et videt et iusta librat deus omnia lance.**
Gott sieht alles und wägt es mit gerechter Waage.

HW 8187

609 **Euge, poeta!**
Bravo, o Dichter!

Persius, Saturae 1, 75

(O. Seel)

610 **Eunt via sua fata.**
Das Schicksal geht seinen eigenen Gang.

Seneca, Ad Marciam de consolatione 21, 6

(G. Fink)

611 **Eventus docebit.**
Der Erfolg wird es lehren.

Livius, Ab urbe condita 22, 39, 10

Nec *eventus* modo hoc *docet* – stultorum iste magister est –; sed eadem ratio, quae fuit, futuraque, donec res eaedem manebunt, inmutabilis est.

Dies lehrt nicht nur der Erfolg – er ist ein Lehrmeister der Toren –, sondern die gleiche Überlegung, die bereits galt und die auch in Zukunft unabänderlich weitergelten wird, solange die Verhältnisse die gleichen bleiben.

(J. Feix)

HW 36692

612 **Eventus stultorum magister.**
Das Ergebnis ist der Lehrmeister der Toren.
(d. h.: Nur Toren lernen erst aus dem Ergebnis.)

Livius, Ab urbe condita 22, 39, 10
Stultorum iste (*sc.* eventus) *magister* est.
HW 8224a; 36694

613 **ex aequo et bono**
billigerweise

z. B. Sallust, Bellum Iugurthinum 35, 7
vgl. HW 36695c (... iuris lenienda acerbitas.)

614 **ex alieno incommodo suam petere occasionem**
aus dem Nachteil des andern Gelegenheit (zum eigenen Vorteil) suchen

LIVIUS, AB URBE CONDITA 4, 58, 2

Ab senatu impetratum, quia discordia intestina laborarent Veientes, ne res ab iis repeterentur; tantum afuit, ut *ex incommodo alieno sua occasio peteretur.*

Beim Senat erreichten sie durch ihre Bitten, daß von ihnen keine Wiedergutmachung gefordert wurde, weil die Leute in Veji an innerer Zwietracht litten. So wenig dachte man daran, aus fremden Schwierigkeiten für sich einen Vorteil zu ziehen.

(H. J. Hillen)

vgl. TERENZ, ANDRIA 627f.

615 **exanclare omnes labores**
alle Leiden auskosten müssen
(wörtl.: ausschöpfen)

CICERO, TUSCULANAE DISPUTATIONES 1, 118

Non enim temere nec fortuito sati et creati sumus, sed profecto fuit quaedam vis, quae generi consuleret humano nec id gigneret aut aleret, quod, *cum exanclavisset omnes labores*, tum incideret in mortis malum sempiternum; portum potius paratum nobis et perfugium putemus.

Denn wir sind nicht auf gut Glück und zufällig geschaffen und gezeugt worden, sondern es gab eine gewisse Kraft, die für das Menschengeschlecht sorgte und es nicht darum erzeugte und aufzog, damit es erst alle Mühsale durchmachte und schließlich in das ewige Unheil des Todes geriete. Wir wollen eher annehmen, daß er als Hafen und als Zuflucht für uns bereit ist.

(O. Gigon)

616 **ex animi nostri sententia**
aus unserer Herzensüberzeugung

QUINTILIAN, INSTITUTIO ORATORIA 8, 5, 1

Sententiam veteres, quod animo sensissent, vocaverunt. Id cum est apud oratores frequentissimum, tum etiam in usu cotidiano quasdam reliquias habet: nam et iurati '*ex animi nostri sententia*' et gratulantes 'ex sententia' dicimus.

Als *sententia* bezeichneten die Alten das, was sie im Inneren empfanden (ihre Herzensmeinung). So ist es einerseits bei den Rednern noch sehr gebräuchlich, sodann aber finden sich auch in der Umgangssprache noch gewisse Reste dieses Sprachgebrauches; denn wenn wir schwören wollen, sprechen wir «aus unserer Herzensüberzeugung», und beim Glückwünschen sagen wir «von Herzen».

(H. Rahn)

617 **Ex arena funiculum nectis.**
Aus Sand willst du ein Seil drehen.

vgl. COLUMELLA, DE RE RUSTICA 10, pr. 4 (MACARIUS HIEROMONACHUS 3, 97)

Et tamen ea tam exigua sunt, ut, quod aiunt Graeci,
ex inconprehensibili parvitate *arenae funis* effici non potest.

Denn obschon er (der Gegenstand meiner Darstellung) aus vielen Einzelgliedern besteht, über die ich etwas zu sagen vermag, sind sie doch so winzig, daß – nach dem griechischen Sprichwort – aus der unfaßbaren Kleinheit der Sandkörner kein Strick gedreht werden kann.

(W. Richter)

HW 36699 (... funes et retinacula ...)

ERASMUS, ADAGIA 1, 4, 78; 2, 6, 51

618 **Ex asse heres**
Universalerbe

ULPIANUS, AD EDICTUM 79 (DIGESTA 36, 3, 1, 12):

Certe sive *ex asse* sive ex parte quis legatum debeat, cavere debet, sive institutus sit *heres* sive substitutus.

Gewiß wird jemand, mag er insgesamt oder teilweise ein Legat schulden, Sicherheit leisten müssen, sei er nun als Erbe ersten Grades eingesetzt oder als nachrückender Erbe.

619 **Ex auribus cognoscitur asinus.**
Den Esel erkennt man an seinen Ohren.

620 **Ex avaritia omnia scelera ac maleficia gignuntur.**
Aus der Habsucht entspringen alle Verbrechen und Missetaten.

CICERO, PRO SEX. ROSCIO AMERINO 75

Ut non omnem frugem neque arborem in omni agro reperire possis, sic non omne facinus in omni vita nascitur. In urbe luxuries creatur, ex luxurie exsistat avaritia necesse est, *ex avaritia* erumpat audacia, inde *omnia scelera ac maleficia gignuntur.*

Wie es unmöglich ist, auf jedem Acker jede Art von Früchten oder Bäumen anzutreffen, so erzeugt nicht jede Lebensweise jede Art von Untaten. In der Stadt kommt Verschwendungssucht auf; aus der Verschwendungssucht muß Habgier entstehen, aus der Habgier Skrupellosigkeit hervorbrechen, und hieraus entspringen alle Verbrechen und Missetaten.

(M. Fuhrmann)

621 **ex cathedra**
vom (päpstlichen) Lehrstuhl aus (d. h.: verbindlich)

622 **Excelsis multo facilius casus nocet.**
Hochgestellten schadet ein Sturz viel leichter.

PUBLILIUS SYRUS E16
HW 8381

623 **Exceptio confirmat regulam.**
Die Ausnahme bestätigt die Regel.

HW 36756 (...probat...)

624 **ex cinere in prunas**
aus der Asche in die Kohlen
(vgl.: vom Regen in die Traufe)

vgl. ERASMUS, ADAGIA 3, 3, 72 (Ne cinerem vitans in prunas incidas!)

625 Excitat auditor studium.
Der interessierte Hörer regt den Eifer (des Dichters) an.

OVID, EPISTULAE EX PONTO 4, 2, 35

Sive quod in tenebris numerosos ponere gestus,
quodque legas nulli, scribere carmen, idem est.
Excitat auditor studium, laudataque virtus
crescit, et inmensum gloria calcar habet.

Sei's auch nur, weil Gedichte zu schreiben, die man nicht vorliest,
ganz so ist, wie ein Tanz, den man im Dunkel vollführt:
denn es ermuntert der Hörer den Eifer, und lobt man die Tugend,
nimmt sie zu, ist der Ruhm doch ein gewaltiger Sporn.

(W. Willige)

HW 8391

626 Excludat iurgia finis!
Eine genaue Definition soll jeden Rechtsstreit ausschließen!

HORAZ, EPISTULAE 2, 1, 38

Scriptor abhinc annos centum qui decidit, inter
perfectos veteresque referri debet an inter
vilis atque novos? *Excludat iurgia finis.*

Ist ein Schriftsteller, der jetzt vor hundert Jahren hinschied, unter die Alten, die
Meister, zu rechnen oder unter die Minderwertigen, die Modernen?
Ich bitte um eine feste Grenze, die den Rechtsstreit ausschließt.

(W. Schöne – H. Färber)

627 Exegi monumentum aere perennius.
Ich habe(mir) ein Denkmal gesetzt, das dauerhafter ist als Erz.

HORAZ, CARMINA 3, 30, 1

Exegi monumentum aere perennius
regalique situ pyramidum altius,
quod non imber edax, non Aquilo impotens
possit diruere aut innumerabilis
annorum series et fuga temporum.

Hochauf schuf ich ein Mal dauernder noch als Erz,
Majestätischer als der Pyramiden Bau,
Das kein Regen zernagt, rasenden Nordwinds Wut
Nicht zu stürzen vermag, noch der Jahrhunderte
Unabsehbare Reihn oder der Zeiten Flucht.

(Kayser – Nordenflycht – Burger – Färber)

628 Exempla docent.
Beispiele lehren.

nach SENECA, EPISTULAE MORALES 6, 5

Longum iter est per praecepta, breve et efficax per exempla.

Lang ist der Weg über Vorschriften, kurz und wirksam der über Beispiele.

629 Exemplis discimus.
Anhand von Beispielen lernen wir.

HW 36764

630 **exemplum facere**
ein Exempel statuieren

TERENZ, EUNUCHUS 948

PA. O Iuppiter,
Quae illaec turbast? Num nam ego perii? Quid istuc, Pythias?
Quid ais? In quem *exempla fient*? PY. Rogitas, audacissime?

PARMENO: O Jupiter!
Welch ein Lärm? Geht mir's ans Leben? Eil ich hin! –
Greuel soll – an wem geschehen? PYTHIAS: Frecher Mensch, das fragst du noch?

(J. J. C. Donner)

631 **Exercitatio artem parat.**
Übung führt zur Meisterschaft.
(vgl.: Übung macht den Meister.)

TACITUS, GERMANIA 24, 1

Genus spectaculorum unum atque in omni coetu idem: nudi iuvenes, quibus id ludicrum est, inter gladios se atque infestas frameas saltu iaciunt. *Exercitatio artem paravit*, ars decorem, non in quaestum tamen aut mercedem.

An Schauspielen kennen sie* nur eine Art; sie ist bei jeder festlichen Zusammenkunft die gleiche: Nackt werfen sich junge Männer, für die das ein Zeitvertreib ist, im Sprung zwischen Schwerter und drohende Framen. Die Übung hat Kunstfertigkeit hervorgebracht, die Kunstfertigkeit Anmut; sie tun das aber nicht des Geldes oder Lohnes willen: Der Lohn für das noch so kühne, ausgelassene Spiel ist nur die Freude der Zuschauer. (* sc. die Germanen)

(A. Städele)

HW 36767

632 **Exercitatio optimus magister.**
Übung ist der beste Lehrmeister.

vgl. HW 36767

633 **ex eventu iudicium facere, non ex consilio**
sich sein Urteil nicht aufgrund der Absicht, sondern des Erfolges bilden

CICERO, AD FAMILIARES 1, 8 (7), 5 K.

Sed ego te, ut ad certam laudem adhortor, sic a dimicatione deterreo redeoque ad illud, quod initio scripsi, totius facti tui *iudicium non* tam *ex consilio* tuo quam *ex eventu* homines *esse facturos*.

Aber wie ich Dich antreibe, wenn sicherer Ruhm winkt, so warne ich Dich vor einem ernsten Kampfe und wiederhole, was ich oben gesagt habe: ihr Urteil über Dein ganzes Unternehmen werden die Leute sich nicht nach Deinen Absichten, sondern nach dem Erfolg bilden. *(an P. Cornelius Lentulus Spinther im Juli 56 v. Chr.)*

(H. Kasten)

634 **Ex factis, non ex dictis amici pensandi.**
Nach ihren Taten, nicht nach ihren Worten soll man die Freunde wägen.

Livius, Ab urbe condita 34, 49, 7

Sed illis nec, quid dicerent, nec, quid facerent, quicquam umquam pensi fuisse; reliquas civitates monere, ut *ex factis, non ex dictis, amicos pensent* intellegantque, quibus credendum et a quibus cavendum sit.

Aber sie* hätten sich weder aus dem, was sie sagten, noch aus dem, was sie taten, je ein Gewissen gemacht. Die übrigen Staaten ermahne er, nach Taten, nicht nach Worten die Freunde zu wägen und zu begreifen, wem man vertrauen und vor wem man auf der Hut sein müsse. (* sc. die Ätoler, nach Meinung des T. Quinctius Flamininus)

(H. J. Hillen)

635 **Ex facto ius oritur.**
Aus Tat ensteht Recht.

HW 36710

636 **Exigit et e statuis farinam.**
Er zieht auch aus Statuen Mehl.

Erasmus, Adagia 3, 2, 89 (... a ...); vgl. 1, 9, 12; 2, 1, 69

637 **Ex igne ut fumus, sic fama ex crimine surgit.**
Wie aus dem Feuer der Rauch, so erhebt sich übler Leumund aus einem Schuldvorwurf.

Catonis Monosticha 14 (PLM III 237 B.)

HW 8270

638 **Exiguus magnum vicit puer ille Goliam.**
Jener kleine Knabe besiegte den großen Goliath.

HW 8470

639 **Exitus acta probat.**
Handlungen wägt ihr Erfolg.

Ovid, Heroides 2, 85

(H. Naumann)

HW 8481 b

640 **Exitus in dubio est.**
Der Ausgang ist zweifelhaft.

Ovid, Metamorphoses 12, 522 (vgl. Fasti 2, 781)

Exitus in dubio est: Alii sub inania corpus
Tartara detrusum silvarum mole ferebant;
abnuit Ampycides medioque ex aggere fulvis
vidit avem pennis liquidas exire sub auras...

Wie er* geendet, ist fraglich: Die einen sagten, des Waldes
Last, sie hätt' ihn hinab in den öden Orcus gedrückt: dies
leugnet des Ampycus Sohn. Der sah aus der Masse mit braunen
Federn heraus in die lautere Luft den Vogel sich schwingen... (* Caeneus)

(E. Rösch)

HW 8484 (...: audebimus ultima.)

641 **Exitus principio simillimus reperiatur.**
Das Ende soll als dem Anfang völlig ähnlich befunden werden.

Cicero, In C. Verrem II 2, 99

Itaque fecit (Verres), ut *exitus principio simillimus reperi*retur.

Er handelte demnach so, daß sich das Ende als das getreuliche Abbild des Anfangs erwies.

(M. Fuhrmann)

642 **ex libris**
aus der Bibliothek (von...)

643 **Ex magna coena stomacho fit maxima poena.**
Ut sis nocte levis, sit tibi coena brevis!
Aus einer reichlichen Abendmahlzeit erwächst deinem Magen größte Pein:
Damit du nachts leicht schläfst, sei dein Mahl abends kurz!

HW 8281

644 **Ex malis multis malum, quod minimum est, id minume est malum.**
Von vielen Übeln ist dasjenige, das das kleinste ist, am wenigsten ein Übel.

Plautus, Stichus 120 (*... quod minumumst, id minumest malum.*)

HW 8282a

645 **Ex minimis seminibus nascuntur ingentia.**
Aus winzigen Keimen entsteht Riesiges.

Seneca, De providentia 1, 2

Supervacuum est in praesentia ostendere non sine aliquo custode tantum opus stare ..., ut *ex minimis seminibus nascantur ingentia.*

Es erübrigt sich im Augenblick der Nachweis, daß nicht ohne irgendeinen Beschützer eine so herrliche Schöpfung Bestand haben kann ... und daß aus kleinsten Samenkörnern Ungeheures entsteht.

(G. Fink)

HW 8286a (... initiis maxima ...)

Erasmus, Adagia 3, 8, 23 (... initiis maxima.)

646 **Exoriare aliquis nostris ex ossibus ultor!**
Wachse doch, wer du auch seist, aus unsern Gebeinen, du Rächer!

Vergil, Aeneis 4, 625

(J. Götte)

HW 8493

647 **Ex oriente lux, ex occidente lex.**
Aus dem Osten das Licht, aus dem Westen das Gesetz.

HW 8315

648 **Experientia docet.**
Die Erfahrung lehrt es.

vgl. HW 8521 b (... stultorum magistra.)

vgl. W. Binder 475 (... rerum magistra.)

649 **Experti scire debemus.**
Wir müssen das aus Erfahrung wissen.

Cicero, Pro T. Annio Milone 69

Erit, erit illud profecto tempus et illucescet ille aliquando dies, cum tu salutaribus, ut spero, rebus tuis, sed fortasse motu aliquo communium temporum (qui quam crebro accidat *experti scire debemus*) et amicissimi benevolentiam et gravissimi hominis fidem et unius post homines natos fortissimi viri magnitudinem animi desideres.

Kommen, ja kommen wird die Zeit, und der Tag wird einmal anbrechen, da du (wie ich hoffe) in persönlich unangefochtener Stellung, doch vielleicht wegen eines Umschwungs der allgemeinen Verhältnisse (und wie oft sich der einstellt, das wissen wir aus Erfahrung) die Hilfsbereitschaft eines guten Freundes und die Zuverlässigkeit eines grundanständigen Mannes und die Seelengröße des seit Menschengedenken unerschrockensten Mitbürgers benötigst.

(M. Fuhrmann)

650 **Experto credite!**
Glaubt mir, ich erfuhr es!

Vergil, Aeneis 11, 283
(J. Götte)
vgl. Silius Italicus, Punica 7, 395: Crede *experto*!
vgl. HW 8531: *Experto crede* Roberto!

651 **Expertus metuit.**
Der Erfahrene hegt Furcht.
(vgl.: Gebranntes Kind scheut das Feuer.)

Horaz, Epistulae 1, 18, 87

Dulcis inexpertis cultura potentis amici:
Expertus metuit. Tu, dum tua navis in alto est,
hoc age, ne mutata retrorsum te ferat aura.

Reizvoll beim ersten Erproben ist verehrender Dienst beim mächtigen Gönner;
Erfahrung macht bedenklich. Dir rate ich: solang dein Schifflein auf hoher See ist,
bleib aufmerksam, daß nicht umspringende Wetterlaune dich rückwärts treibt.

(W. Schöne – H. Färber)

vgl. HW 8534 (... metue!)

652 **ex post**
im nachhinein

653 **expressis verbis**
ausdrücklich

654 **Ex quovis ligno non fit Mercurius.**
Nicht aus jedem beliebigen Holz läßt sich eine Merkurstatue schnitzen.

nach Apuleius, Apologia 43

Erasmus, Adagia 2, 5, 47 (Ne e quovis ligno Mercurius fiat!)

655 **Ex re communi rari cumulantur acervi.**
Aus gemeinsamem Besitz schüttet man nur selten große Haufen auf.

HW 8336

656 **ex tempore**
aus dem Stegreif

z. B. Cicero, De divinatione 1, 72
HW 36744 (... dicere)

657 **Extra ecclesiam nulla salus.**
Außerhalb der Kirche kein Heil!

Cyprianus, Epistulae 73, 21 (3, 1169 Migne)

Quodsi haeretico nec baptisma publicae confessionis et sanguinis proficere ad salutem poterit, quia *salus extra ecclesiam non est*, quanto magis ei nihil proderit, si..

Wenn also einem Häretiker weder das mit der Taufe verbundene öffentliche Sündenbekenntnis noch sein Märtyrerblut zum Heil verhelfen kann, weil es außerhalb der Kirche kein Heil gibt, wird es ihm noch weniger nützen, wenn er...

658 **extrema omnia experiri**
das Äußerste versuchen

Sallust, Coniuratio Catilinae 26, 5

Postquam dies comitiorum venit et Catilinae neque petitio neque insidiae, quas consulibus in campo fecerat, prospere cessere, constituit bellum facere et *extrema omnia experiri.*

Als nun der Wahltag gekommen war und für Catilina weder die Bewerbung noch die Anschläge, die er gegen die Konsuln auf dem Wahlgelände vorbereitet hatte, erfolgreich verliefen, beschloß er, offen Krieg anzufangen und das Äußerste zu wagen.

(W. Eisenhut – J. Lindauer)

659 **Extrema sunt vitiosa.**
Extreme sind fehlerbehaftet.

HW 8615a

660 **extremis digitis attingere**
nur mit den Fingerspitzen anfassen

Cicero, Pro M. Caelio 28

Equidem multos et vidi in hac civitate et audivi non modo, qui primoribus labris gustassent genus hoc vitae et *extremis*, ut dicitur, *digitis attigissent*, sed qui totam adulescentiam voluptatibus dedissent, emersisse aliquando et se ad frugem bonam, ut dicitur, recepisse gravesque homines atque illustres fuisse.

Ich habe nämlich gesehen und gehört, daß manch einer aus unserer Bürgerschaft, der nicht nur mit dem Rand seiner Lippen von diesem Lebensstil gekostet und ihn, wie man sagt, mit den Fingerspitzen berührt, nein: der seine ganze Jugend dem Vergnügen geopfert hatte, schließlich doch davon loskam und – dem bekannten Wort gemäß – die rechte Bahn einzuschlagen vermochte, so daß dann ein tüchtiger und bekannter Mann aus ihm geworden ist.

(M. Fuhrmann)

vgl. Plautus, Bacchides 675; Poenulus 566; Trinummus 118

Erasmus, Adagia 1, 9, 94

661 **Extremis malis extrema remedia.**
Gegen die äußersten Übel (wendet man) die äußersten Heilmittel (an).

662 **Ex umbra in solem!**
Aus dem Schatten in die Sonne!

HW 36746

ERASMUS, ADAGIA 1, 2, 82

663 **ex ungue leonem**
aus der Pranke auf den Löwen schließen

ALCAEUS, fr. 113, zitiert bei PLUTARCH, DE DEFECTU ORACULORUM 410C

'Εξ ὄνυχος τὸν λέοντα.
(Ex ónychos tòn léonta.)

HW 8352; 36747

ERASMUS, ADAGIA 1, 9, 34 (leonem ex unguibus aestimare)

664 **Ex uno puteo similior numquam potest aqua aquae sumi, quam haec est atque ista.**
Aus einem Brunnen kann man nie Wasser schöpfen, das dem Wasser ähnlicher ist, als diese da jener.

PLAUTUS, MILES GLORIOSUS 551f.

SC. Nam *ex* uno *puteo similior numquam potis*
aqua aeque sumi quam haec est atque ista hospita.
Et me despexe ad te per impluvium tuom
fateor.

SCELEDRUS: Denn nicht zwei gleichere Tropfen Wasser lassen sich
Aus einem Brunnen schöpfen. So einander gleich
Sind unsere Philocomasium und dein Gast. Und daß ich durch den Hof
Zu dir hinabgeschaut, gesteh ich auch.

(W. Binder – W. Ludwig)

665 **Ex uno specta omnia!**
Aus einem (Fall) bilde dir ein Urteil über alle!

HW 36748a (... omnia specta!)

ERASMUS, ADAGIA 1, 2, 78 (... omnia specta!)

666 **Ex vitulo fit bos.**
Aus dem Kalb wird ein Rind.

667 **ex voto**
aufgrund eines Gelübdes

z. B. OVID, METAMORPHOSES 10, 687

F

668 **Faba ista in me cudetur.**
Diese Bohne wird auf meinem Rücken gestampft werden.
(d. h.: Das werde ich ausbaden müssen.)

TERENZ, EUNUCHUS 381

PA. At enim *istaec in me cudetur faba.*

PARMENO: Ich aber muß die Suppe dann ausessen.

(J. J. C. Donner)

ERASMUS, ADAGIA 1, 1, 84 (In me haec cudetur faba.)

669 **Faber est quisque fortunae suae.**
Jeder ist seines Glückes Schmied.

AP. CLAUDIUS CAECUS, zitiert bei SALLUST, EPISTULAE AD CAESAREM SENEM 1, 1, 2

Sed res docuit id verum esse, quod in carminibus Appius ait, *fabrum esse suae quemque fortun*ae, atque in te maxume, qui tantum alios praegressus es, ut prius defessi sint homines laudando facta tua quam tu laude digna faciundo.

Aber es hat sich gezeigt, daß wahr ist, was Appius* in seinen Sprüchen sagt: Jeder sei seines Glückes Schmied. Der beste Beweis dafür bist Du, der Du die anderen so weit hinter Dir gelassen hast, daß den Leuten beim Rühmen Deiner Taten eher der Atem ausging als Dir bei ruhmreichem Vollbringen. (* sc. Appius Claudius Caecus)

(W. Eisenhut – J. Lindauer)

HW 8623 (Faber quisque suae fortunae.)

670 **Fabricando fabri fimus.**
Durch Schmieden wird man Schmied.
(vgl.: Übung macht den Meister.)

vgl. HW 36799 (... fabricam disces.)

671 **Fabula docet.**
Die Fabel lehrt ...
(vgl.: die Moral von der Geschichte ...)

vgl. PHAEDRUS, FABULAE 4, 4, 12 (Haec ... admonebit fabula: ...)

672 **Fabulae!**
Leeres Geschwätz!

TERENZ, HEAUTONTIMORUMENOS 336

673 **Fabula quanta fui!**
Ich wurde zum Stadtgespräch!

Horaz, Epodoe 11,8

Heu me, per urbem – nam pudet tanti mali –
fabula quanta fui!

Zum Stadtgespräch – ich schäme dieser Schande mich –
Ward ich im Munde des Volks.

(Kayser – Nordenflycht – Burger – Färber)

674 **Facetiae omnium sermonum condimenta.**
Witzige Bemerkungen sind die Würze jeder Unterhaltung.

vgl. Cicero, De amicitia 66

Accedat huc suavitas quaedam oportet *sermonum* atque morum, haudquaquam mediocre *condimentum* amicitae.

Außerdem kommt es darauf an, daß man im Reden und in seinem ganzen Wesen ein gewisses Quantum Liebenswürdigkeit besitzt; was sie zur Freundschaft beiträgt, ist keineswegs belanglos.

(M. Faltner)

675 **Facies non omnibus una nec diversa tamen.**
Ähnlich untereinander nicht ein Gesicht, doch auch keines verschieden.

Ovid, Metamorphoses 2, 13f.

Facies non omnibus una,
non diversa tamen, qualem decet esse sororum.

Nicht gleich bei allen das Antlitz,
gar zu verschieden auch nicht, so wie es sich ziemt für Geschwister*.
(* Gemeint sind die Nereïden.)

(E. Rösch)

HW 8682

676 **Facile inventis additur.**
Leicht ist es, eine Erfindung weiterzuentwickeln.

677 **Facilis descensus Averno.**
Leicht ist der Abstieg zur Unterwelt.

Vergil, Aeneis 6, 126

HW 8691 (... Averni.); 36819

678 **Facilitate nil homini melius.**
Nichts steht dem Menschen besser an als Umgänglichkeit.

Terenz, Adelphoe 860

De. Re ipsa repperi
facilitate nil esse *homini melius* neque clementia.

Demea: Das Leben lehrte mich,
Daß dem Menschen nichts so frommt wie Sanftmut und Gelindigkeit.

(J. J. C. Donner)

679 **Facilius mentem aperire quam claudere.**
Es ist leichter, seine Gedanken offen zu zeigen als sie zu verbergen.

HW 8694b (... aperiri quam claudi.)

680 **Facis de necessitate virtutem.**
Du machst aus der Not eine Tugend.

HIERONYMUS, ADVERSUS RUFINUM 3, 2 (23, 479 Migne)

Quin potius habeo gratiam, quod *facis de necessitate virtutem.*

Ich bin eher dankbar dafür, daß du aus der Not eine Tugend machst.

vgl. PS.-QUINTILIAN, DECLAMATIONES 4, 10

681 **Facis farinam.**
Du verbrauchst alles.
(wörtl.: Du machst alles zu Mehl).

MARTIAL, EPIGRAMMATA 8, 16, 5

Pistor qui fueras diu, Cypere,
causas nunc agis et ducena quaeris:
sed consumis et usque mutuaris.
A pistore, Cypere, non recedis:
et panem facis et *facis farinam.*

Bäcker warst du so lange Zeit, Cyperus.
Jetzt plädierst du, erwirbst zweihunderttausend.
Doch verbrauchst du sie auch und borgst beständig.
Bist vom Bäcker, Cyperus, nicht entfernt jetzt.
Denn du schaffst dir dein Brot und machst es klein auch.

(R. Helm)

682 **Facit consuetudinem peccandi multitudo peccantium.**
Ursachen für die Gewohnheit, sich zu verfehlen, ist die Menge der sich Verfehlenden.

SENECA, DE CLEMENTIA 1, 22, 2

(nach M. Rosenbach)

683 **Facit experientia cautos.**
Erfahrung macht vorsichtig.

HW 8696 (...; hoc virtutis opus.)

684 **Facit indignatio versum.**
Die Entrüstung schmiedet den Vers.

JUVENAL, SATURAE 1, 79

Si natura negat, *facit indignatio versum.*

Wenn mein Talent nicht reicht, soll Entrüstung Verse verfassen.

(H. C. Schnur)

HW 36826d

685 **Faciunt favos et vespae.**
Auch Wespen legen Waben an.

Tertullian, Adversus Marcionem 4, 5 (2, 367 Migne)

686 **Facta infecta fieri nequeunt.**
Geschehenes läßt sich nicht ungeschehen machen.

Terenz, Phormio 1034

Na. Merito hoc meo videtur factum? De. Minume gentium.
Verum iam quando accusando *fieri infectum non potest,*
ignosce: orat confitetur purgat: quid vis amplius?

Nausistrata: Meinst du, daß ich das verschuldet? Demipho: Nimmermehr!
Doch was geschehen, läßt sich durch Vorwürfe nicht mehr ändern:
Darum schenk es ihm. Er bekennt, er bittet, er entschuldigt sich: was willst du mehr?

(J. J. C. Donner)

HW 36835 (Factum infectum fieri non potest.)

687 **Facta loquuntur.**
Tatsachen sprechen.

HW 36830; vgl. 18072 (non multis opus est verbis, ubi facta...)

688 **Fac tantum cupias, sponte disertus eris.**
Wolle es nur! Von selbst wirst du beredt sein.

Ovid, Ars amatoria 1, 610

vgl. HW 8668a (... incipias, ...)

689 **Factum abiit, monumentum manet.**
Die Tat ist Vergangenheit, das Denkmal Gegenwart.

Ovid, Fasti 4, 709 (..., *monimenta manent.*)

HW 36834

690 **Factum illud; fieri infectum non potest.**
Es ist geschehen; man kann es nicht ungeschehen machen.

Plautus, Aulularia 741

Euc. Cur id ausus's facere, ut id, quod non tuom esset, tangeres?
Lyc. Quid vis fieri? *Factumst illud: fieri infectum non potest.*
Deos credo voluisse: nam ni vellent, non fieret, scio.

Euclio: Wie konntest du dich unterstehen, etwas, was
Nicht Dein war, zu berühren? Lyconides: Was verlangst du da?
Es ist einmal geschehen, läßt nimmer ungeschehen
Sich machen; glaub ich doch, die Götter haben selbst
Es so gewollt, sonst wär's gewißlich nicht geschehen.

(W. Binder – W. Ludwig)

HW 8715a

691 **Faenum habet in cornu: longe fuge!**
Er hat Heu am Horn! Nichts wie weg!
(Er führt sich auf wie ein stößiger Stier.)

HORAZ, SERMONES 1, 4, 34

Omnes hi metuunt versus, odere poetas.
'*Faenum habet in cornu, longe fuge*; dummodo risum
excutiat, sibi non, non cuiquam parcet amico...'

Sie alle hassen die Dichter und fürchten ihre Verse: «Weit weg – ein stößiger Stier! Wenn nur ein Gelächter herausspringt, dann kennt er gegen den Freund, ja gegen sich selbst keine Schonung...»

(W. Schöne – H. Färber)

HW 9710

ERASMUS, ADAGIA 1, 1, 81 (Foenum...)

692 **Fallaces sunt rerum species.**
Trügerisch ist der Schein der Dinge.

SENECA, DE BENEFICIIS 4, 34, 1

'Multa' inquit 'intervenient, propter quae et malus pro bono subrepat et bonus pro malo displiceat; *fallaces* enim *sunt rerum species* quibus credidimus.'
Quis negat? Sed nihil aliud invenio, per quod cogitationem regam.

«Viel», heißt es, «wird dazwischenkommen, dessentwegen ein Schlechter statt eines Guten sich einschleicht und ein Guter statt eines Schlechten Mißfallen erregt; trügerisch nämlich sind der Dinge Außenseiten, auf die wir uns verlassen haben.» Wer bestreitet das? Doch nichts anderes finde ich, womit ich mein Denken lenke.

(M. Rosenbach)

HW 8730a

693 **Fallacia alia aliam trudit.**
Schurkerei folgt auf Schurkerei.

TERENZ, ANDRIA 778f.
HW 8732; 36840a3

ERASMUS, ADAGIA 2, 2, 63

694 **Fallitur augurio spes bona saepe suo.**
Günstige Hoffnung betrügt in der Erwartung sich oft.

OVID, HEROIDES 17 (16), 234

(H. Naumann)

HW 8788

695 **Fallit vitium specie virtutis.**
Das Laster täuscht, indem es sich den Anschein der Tugend gibt.

JUVENAL, SATURAE 14, 109

Fallit enim *vitium specie virtutis* et umbra.

Es täuscht nämlich das Laster, als Tugend getarnt...

vgl. CICERO, PARTITIONES ORATORIAE 90

HW 8785; 36842a1

696 **Falsa demonstratio non nocet.**
Eine falsche Bezeichnung schadet (vor Gericht) nicht.

vgl. FLORENTINUS, INSTITUTIONES 11 (DIGESTA 35, 1, 34 pr.)

Nominatim alicui legatur ita 'Lucio Tito', an per demonstrationem corporis vel artificii vel officii vel necessitudinis vel adfinitatis, nihil interest: nam *demonstratio* plerumque vice nominis fungitur. Nec interest, *falsa* an vera sit, si certum sit, quem testator demonstraverit.

Namentlich wird einem ein Vermächtnis so zuerkannt: «dem L. Titus», ob durch Bezeichnung einer Korporation oder eines Handwerks oder einer Funktion oder einer nahen oder weiteren Verwandtschaft, macht keinen Unterschied. Denn die Bezeichnung dient meistens als Ersatz für den Namen. Auch macht es keinen Unterschied, ob sie falsch oder richtig ist, sofern nur sicher ist, wen der Erblasser bezeichnen wollte.

697 **Fama crescit eundo.**
Das Gerücht wächst im Laufen.

vgl. VERGIL, AENEIS 4, 175

Fama, malum qua non aliud velocius ullum:
mobilitate viget virisque adquirit *eundo*.

Fama, ein Übel, geschwinder im Lauf als irgendein andres,
ist durch Beweglichkeit stark, erwirbt sich Kräfte im Gehen.

(J. Götte)

HW 36844

698 **famam extendere factis**
seinen Ruhm durch Taten mehren

vgl. VERGIL, AENEIS 6, 806; 10, 468

Et dubitamus adhuc virtutem *extendere factis*
aut metus Ausonia prohibet consistere terra?

Und wir zögern, der Mannheit Raum zu schaffen durch Taten?
Oder hindert uns Furcht, Ausoniens Land zu besiedeln? (Anchises spricht zu Aeneas)

(J. Götte)

HW 8844

699 **Fama nihil est celerius.**
Nichts ist schneller als ein Gerücht.

LIVIUS, AB URBE CONDITA 24, 21, 5

Ceterum praevenerat non *fama* solum, qua *nihil* in talibus rebus *est celerius*, sed nuntius etiam ex regiis servis.

Aber nicht nur das Gerücht – in solchen Fällen gibt es nichts Schnelleres auf der Welt –, sondern auch einer von den königlichen Dienern war als Bote vorausgeeilt.

(J. Feix)

HW 8829a

700 **Fama volat.**
Das Gerücht eilt dahin.

VERGIL, AENEIS 7, 392 (s. auch 4, 174; 8, 554)

Fama volat, furiisque accensas pectore matres
idem omnis simul ardor agit nova quaerere tecta.

Windschnell fliegt das Gerücht; aufflammt im Herzen der Frauen
gleiche Glut, treibt alle hinaus zu neuer Behausung.

(J. Götte)

HW 8840 (... parvam subito vulgata per urbem ...)

701 **Fames est optimus coquus.**
Hunger ist der beste Koch.

702 **Fames multa docet.**
Hunger lehrt vieles.

HW 8845 (... docere multa mortales ...); 36858a1

vgl. auch W. Binder 518 (Fames artium magistra.)

703 **Fames optimum condimentum.**
Hunger ist die beste Würze.

nach CICERO, DE FINIBUS 2, 90

Socratem, qui voluptatem nullo loco numerat, audio dicentem *cibi* esse *condimentum famem*, potionis sitim.

Und ich stelle fest, daß Sokrates, für den die Lust überhaupt nicht zählt, gesagt hat, die Würze des Essens sei der Hunger, diejenige des Trinkens der Durst.

(O. Gigon – L. Straume-Zimmermann)

HW 36858a2

704 **Fas est et ab hoste doceri.**
Erlaubt ist es, sich auch vom Feinde belehren zu lassen.

OVID, METAMORPHOSES 4, 428

Idque mihi satis est? Haec una potentia nostra est?
Ipse docet, quid agam (*fas est et ab hoste doceri*!) ...

Und dies ist mir* genug, dies ist mein einzig Vermögen!
Lehrt er (*i. e.* Bacchus) doch selbst, was zu tun (auch vom Feinde zu lernen geziemt sich) ... (**sc.* Juno)

(J. Götte)

ARISTOPHANES, AVES 375:

Ἀλλ' ἀπ' ἐχθρῶν δῆτα πολλὰ μανθάνουσιν οἱ σοφοί.
(All' ap' echthrôn dêta pollà manthánusin hoi sophoí.)

Freunde! Kluge Leute lernen auch von ihren Feinden gern.

(L. Seeger – H.-J. Newiger – P. Rau)

HW 8859

705 **Fata obstant.**
Das Schicksal steht dem im Wege.

VERGIL, AENEIS 4, 440

Fata obstant placidasque viri deus obstruit auris.

Das Schicksal wehrt, taub macht ein Gott den Mann, der zu hören geneigt war. (Äneas trennt sich von Dido)

(J. Götte)

706 **Fata viam invenient.**
Das Schicksal wird seinen Weg finden.

VERGIL, AENEIS 3, 395 (s. auch 10, 113)

Nec tu mensarum morsus horresce futuros;
fata viam invenient aderitque vocatus Apollo.

Schaudre auch nicht vor künftigem Biß in die Tische der Mahlzeit:
Schicksal findet den Weg, dir hilft, den du anrufst, Apollo.
(Weissagung des Sehers Helenus für Äneas)

(J. Götte)

HW 8887

707 **Fatetur facinus, qui iudicium fugit.**
Es gesteht sein Vergehen, wer vor dem Richter flieht.

PUBLILIUS SYRUS, SENTENTIAE F 9

Fatetur facinus is, *qui iudicium fugit.*

Den Richter fliehen heißt die Tat gestehen.

(H. Beckby)

HW 8889 (... is, qui iudicium timet.)

708 **Faucibus premor.**
Man hat mich an der Kehle.

CICERO, PRO A. CLUENTIO 84

Istam conciliationem gratiae Staienus tum recenti re, cum *faucibus premeretur*, excogitavit, sive, ut homines tum loquebantur, a P. Cethego admonitus istam dedit conciliationis gratiae fabulam.

So hat Staienus damals, als die Sache gerade ruchbar war und ihm das Messer an der Kehle stand, diese Geschichte von der Aussöhnung und Verzeihung aufgebracht, mag er sie selbst erfunden oder, wie die Leute zu jener Zeit behaupteten, P. Cethegus ihn darauf aufmerksam gemacht haben.

(M. Fuhrmann)

709 **Faucibus teneor.**
Man hat mich an der Kehle (gepackt).

PLAUTUS, CASINA 943

LY. Omnibus modis occidi miser. Ita manufesto *faucibus teneor.*

LYSIDAMUS: Von allen Seiten droht der Tod
Mir Jammermann, man packt mich an der Kehle schon.

(J. J. C. Donner)

HW 8896a

710 **Favete linguis!**
Schweigt andächtig!

Horaz, Carmina 3, 1, 2 (vgl. Cicero, De Divinatione 1, 102)
HW 8899a

711 **fax et turbo sequentis saeculi**
Brandfackel und Wirbelsturm des folgenden Jahrhunderts

Florus, Historia Romana 4, 3, 2

Populus Romanus Caesare et Pompeio trucidatis redisse in statum pristinae libertatis videbatur: et redierat, nisi ... collega quondam, mox aemulus Caesarianae potentiae, *fax et turbo sequentis saeculi*, superfuisset Antonius.

Nach dem gewaltsamen Ende des Caesar und des Pompeius schien das römische Volk den alten Zustand der Freiheit wiedergewonnen zu haben: und das wäre auch so gewesen, hätte nicht Antonius überlebt, einst Kollege, dann Rivale im Streit um Caesars Machtstellung, Brandfackel und Wirbelsturm der nachfolgenden Epoche.

712 **Felicitas multos habet amicos.**
Glück hat viele Freunde.

HW 36878
Erasmus, Adagia 3, 4, 4

713 **Felicitas nutrix est iracundiae.**
Glück ist die Amme des Jähzorns.

HW 8926b

714 **Felix, heu, nimium felix!**
Glückliche ich, ach, allzu Glückliche!

Vergil, Aeneis 4, 657

Felix, heu nimium felix, si litora tantum
numquam Dardanidae tetigissent nostra carinae!

Glücklich, ach, zu glücklich nur, wenn an unserem Strande
niemals wäre die Flotte des Dardanervolkes gelandet. (Klage der Dido)

(J. Götte)

715 **Felix, quem faciunt aliena pericula cautum.**
Glücklich, wen fremde Gefahren vorsichtig machten.

vgl. Tibull, Elegias 3, 6, 43–44:
Felix, quicumque dolore
alterius disces posse cavere tuo.
Heil jedem, der aus dem Leide
Andrer zu lernen vermag, wie er sich selber bewahrt!

(W. Willige)

HW 8952

716 **Felix, qui nihil debet.**
Glücklich, wer nichts schuldet.

HW 8961 a; 36888

Erasmus, Adagia 2, 7, 98

717 **Felix, qui potuit rerum cognoscere causas.**
Glücklich, wer die Rätsel dieser Welt zu ergründen vermochte.

VERGIL, GEORGICA 2, 490

Felix, qui potuit rerum cognoscere causas,
atque metus omnis et inexorabile fatum
subiecit pedibus strepitumque Acherontis avari.

Selig, wer es vermochte, das Wesen der Welt zu ergründen,
wer so all die Angst und das unerbittliche Schicksal
unter die Füße sich zwang und des gierigen Acheron Tosen!

(J. Götte)

HW 8967 (... poterit ...)

718 **Felix, qui, quod amat, defendere fortiter audet.**
Glücklich, wer, was er liebt, tapfer zu verteidigen wagt!

OVID, AMORES 2, 5, 9
HW 8973

719 **Feras, non culpes, quod mutari non potest.**
Was man nicht ändern kann, ertrage man klaglos.

PUBLILIUS SYRUS, SENTENTIAE F 11
HW 9329; 36900b6

ERASMUS, ADAGIA 1, 3, 14 (... vitari ...)

720 **Fer aut feri; ne feriaris, feri!**
Trag oder schlag! Damit du nicht geschlagen wirst, schlag selbst!

DEVISE ELISABETH I. von England (1533–1603; Königin seit 1558)
HW 9322b (... feriare, ...)

721 **Feriunt summos fulgura montes.**
Die Blitze schlagen auf den Berggipfeln ein.

HORAZ, CARMINA 2, 10, 11f. (vgl. SENECA, AGAMEMNON 96f.)

Saepius ventis agitatur ingens
pinus et celsae graviore casu
decidunt turres *feriunt*que *summos*
fulgura montis.

Öfter schwankt, von Sturme gefaßt, der mächtgen
Fichte Haupt, hochragende Türme stürzen
Wuchtgeren Falls zusammen, der Berge Gipfel
Treffen die Blitze.

(Kayser – Nordenflycht – Burger – Färber)

vgl. HW 9338 (... celsos fulmina colles.)

722 **Ferreus assiduo consumitur anulus usu.**
Durch ständigen Gebrauch wird selbst ein eiserner Ring abgenützt.

OVID, ARS AMATORIA 1, 473
HW 9355; 36907

723 **Ferro nocentius aurum.**
Gold ist schädlicher als Eisen.

OVID, METAMORPHOSES 1, 140

Effodiuntur opes, inritamenta malorum.
Iamque nocens ferrum *ferro*que *nocentius aurum*
prodierat: prodit bellum, quod pugnat utroque,
sanguineaque manu crepitantia concutit arma.

Schätze grub man hervor – dem Schlechten zum Anreiz:
das schädliche Eisen ist schon getreten ans Licht und – schädlicher noch als das Eisen –
auch das Gold. Da ist, dem beide sie dienen, der Krieg und
schlägt mit blutigen Händen zusammen die klirrenden Waffen.

(E. Rösch)

HW 36907

724 **Fervet olla, vivit amicitia.**
Es kocht der Topf, die Freundschaft lebt.

vgl. PETRON, SATYRICA 38, 13

Scito autem: Sociorum *olla* male *fervet*, et ubi semet res inclinata est, amici de medio.

Ja, du mußt dir merken, beim Compagnon bringt man seinen Kohl nicht zum Kochen, und wenn es einmal schiefgeht, Freunde ab durch die Mitte.

(K. Müller – W. Ehlers)

HW 9399a; 36914g

ERASMUS, ADAGIA 1, 5, 23 (olla amicitiae)

725 **Fervet opus.**
Man ist fest bei der Arbeit.

VERGIL, AENEIS 1, 436

Fervet opus redolentque thymo fragrantia mella.

Glüht doch zum Werke die Lust, von Thymian duftet der Honig.
(Bautätigkeit, mit der Arbeit der Bienen verglichen)

(J. Götte)

726 **Festina lente!**
Eile mit Weile!

SUETON, VITA DIVI AUGUSTI 25, 4 (nach EURIPIDES, PHOENISSAE 599)

Nihil autem minus perfecto duci quam festinationem temeritatemque convenire arbitrabatur. Crebro itaque illa iactabat:
Σπεῦδε βραδέως· ἀσφαλὴς γάρ ἐστ᾽ ἀμείνων ἢ θρασὺς στρατηλάτης.
(Speûde bradéos: asphalès gár est' ameínon è thrasỳs stratelátes.)
et: 'Sat celeriter fieri quidquid fiat satis bene.'

Augustus war der Auffassung, daß sich nichts für einen vollkommenen Feldherrn weniger schicke als Überstürzung und Unbesonnenheit. Und so wiederholte er auch häufig die griechischen Sprüche: «Eile mit Weile» und:
«Vorsicht ist für den Feldherrn besser als Verwegenheit»,
ferner den lateinischen Merksatz, daß schnell genug getan werde, was recht getan werde.

(A. Lambert)

HW 9409; vgl. 36915a

ERASMUS, ADAGIA 2, 1, 1

727 **Fiat iustitia et pereat mundus!**
Es geschehe Gerechtigkeit, und mag die Welt darüber zugrunde gehen!

DEVISE FERDINANDS I. (1503–1564, Kaiser seit 1556)
HW 36920; vgl. 9425 (... pereat licet integer orbis.)

728 **Fide, sed ante vide, cui sit habenda fides,**
et, qua non tutum est fidere, fide Deo.
Vertraue, doch sieh zuerst, wem du vertrauen kannst,
und wo zu vertrauen nicht sicher ist, da vertraue auf Gott!
(vgl. Trau, schau wem!)

HW 9443 (*var.*: ..., cui tuto fidere possis ...); vgl. auch HW 9444

729 **Fide, sed, cui, vide!**
Trau, schau, wem!

HW 36926

vgl. 9439:

Fide, fide, sed cui, vide!

Vertrau, aber schau, wem du vertraust!

s. auch W. Binder 553 (Fide, sed ante vide; qui fidit nec bene videt, fallitur; ergo vide, ne capiaris fide!)

730 **fides spectata**
erprobte Treue

CICERO, DIVINATIO IN Q. CAECILIUM 11

Adsunt, queruntur Siculi universi: ad meam *fidem*, quam habent *spectatam* iam et diu cognitam, confugiunt: auxilium sibi per me a vobis atque a populi Romani legibus petunt.

Sämtliche Sizilier sind erschienen und führen Klage; zu meiner Treue, die sie erprobt und bewährt gefunden haben, nehmen sie Zuflucht; durch meinen Mund erbitten sie sich Beistand von euch und den Gesetzen des römischen Volkes.

(M. Fuhrmann)

731 **Finis coronat opus.**
Der Abschluß krönt das Werk.

HW 9536; 36961

732 **Finis Poloniae.**
Das ist das Ende Polens.

Th. KOSCIUSZKO (1745–1817) nach der Niederschlagung des Aufstandes 1794

733 **Firma valent per se.**
Das Starke setzt sich von selbst durch.

Ovid, Epistulae ex Ponto 3, 4, 7

Firma valent per se, nullumque Machaona quaerunt:
ad medicam dubius confugit aeger opem.
Non opus est magnis placido lectore poetis;
quamlibet invitum difficilemque tenent.

Starkes gedeiht von selbst und sucht nach keinem Machaon*;
droht einem Kranken Gefahr, flieht er zur ärztlichen Kunst.
Große Dichter haben den freundlichen Leser nicht nötig:
mag er sich noch so sehr sträuben, sie fesseln ihn doch. (*Arzt in der Ilias)

(W. Willige)

HW 9547

734 **Fistula dulce canit, volucrem dum decipit auceps.**
Süß tönt die Flöte, während der Vogelfänger den Vogel täuscht.

Catonis Disticha 1, 27 (PLM III 220 B.)

Noli homines blando nimium sermone probare: *Fistula*...

Täusche nicht die Menschen durch allzu schmeichlerische Worte!
Süß tönt...

HW 9571; 36971 a

735 **Fit fere malum malo aptissimum.**
Böses paßt in aller Regel bestens zum Bösen.

Livius, Ab urbe condita 1, 46, 7

Contrahit celeriter similitudo eos, ut fere fit: *malum malo aptissimum*; sed initium turbandi omnia a femina ortum est.

Rasch brachte ihre Ähnlichkeit die beiden* zusammen, wie es eben so geht; das Böse paßt ja am besten zum Bösen. Aber die Störung aller Ordnung ging von der Frau aus. (* Tullia und Tarquinius)

(H. J. Hillen)

736 **Fit via vi.**
Gewalt schafft sich Bahn

Vergil, Aeneis 2, 494; Seneca, Epistulae morales 37, 3

737 **Flamma fumo est proxima.**
Die Flamme ist dem Rauch am nächsten.
(d. h.: Wo Rauch ist, da ist auch Feuer.)

PLAUTUS, CURCULIO 53

PA. Semper, tu scito, *flamma fumost proxuma*:
Fumo comburi nil potest, flamma potest.
Qui e nuce nuculeum esse volt, frangit nucem:
Qui volt cubare, pandit saltum saviis.

PALINURUS: Denk an den Spruch stets: Wo es raucht, da brennt's auch bald.
Der Rauch verbrennt zwar nicht, allein die Flamme tut's.
Wer aus der Nuß den Kern will, bricht die Nuß entzwei;
wer nach dem Bett strebt, bahnt mit Küssen sich den Weg.

(W. Binder – W. Ludwig)

vgl. CICERO, PARTITIONES ORATORIAE 34: *fumus* ignem.

HW 9627a; 36979 (*om.* est)

ERASMUS, ADAGIA 1, 5, 20; vgl. 4, 7, 40

738 **Flectere si nequeo superos, Acheronta movebo.**
Kann ich den Himmel nicht beugen, so hetz ich die Hölle in Aufruhr.
(Juno scheut in ihrem Zorn vor dem letzten Mittel nicht zurück: Sie will die Trojaner nicht in Italien haben.)

VERGIL, AENEIS 7, 312

(J. Götte)

HW 9641

739 **Flocci non interduim.**
Das ist mir völlig gleichgültig.

PLAUTUS, TRINUMMUS 994

SY. Immo, salvos quandoquidem advenis –
Di me perdant, si te *flocci facio* an perisses prius.
Ego ob hanc operam argentum accepi: te macto infortunio.
Ceterum qui sis, qui non sis, *floccum non interduim.*

SYCOPHANTA: Nein, da mit heiler Haut
Du wirklich heimgekehrt bist, strafe Gott mich, wenn
Mir's nicht ganz gleich gegolten hätte, wärest du
Schon längst zugrunde gegangen. Meine Mühe ist mir
Bezahlt, dir wünsch ich alles Unheil. Übrigens
Sei, wer du bist und nicht bist, es ist mir einerlei.

(W. Binder – W. Ludwig)

740 **Fluctuat nec mergitur.**
(Das Schiff) schwankt, aber es geht nicht unter.

Wappendevise der Stadt Paris

741 **Fluvius cum mari certas?**
Du, ein Fluß, streitest mit dem Meer?

HW 36988b

ERASMUS, ADAGIA 1, 9, 76

742 foedum inceptu, foedum exitu
häßlich von Anfang bis Ende

LIVIUS, AB URBE CONDITA 1, pr. 10

Hoc illud est praecipue in cognitione rerum salubre ac frugiferum, omnis te exempli documenta in inlustri posita monumento intueri; inde tibi tuaeque rei publicae, quod imitere, capias, inde *foedum inceptu, foedum exitu*, quod vites.

Das ist vor allem beim Studium der Geschichte das Heilsame und Fruchtbare, daß man belehrende Beispiele jeder Art auf einem in die Augen fallenden Monument dargestellt findet. Daraus kann man für sich und seinen Staat entnehmen, was man nachahmen, daraus auch, was man meiden soll, da es häßlich in seinem Anfang und häßlich in seinem Ende.

(H. J. Hillen)

743 Fontes ipsi sitiunt.
Es dürsten selbst die Quellen.

CICERO, AD QUINTUM FRATREM 3, 1, 11 K.

Tibi, quod rogas, quoniam *fontes* iam *sitiunt*, si quid habebo spatii, scribam.

Und um was Du mich bittest, werde ich Dir, wo die Quellen* selbst zur Zeit ausgetrocknet sind, schreiben, wenn ich einmal Zeit habe. (* die dichterische Ader)

(H. Kasten)

HW 36997a

ERASMUS, ADAGIA 1, 7, 59

744 foris sapere, sibi non posse auxiliarier
draußen weise Reden führen, aber sich selbst nicht helfen können

TERENZ, HEAUTONTIMORUMENOS 923

ME. Tene istud loqui!
Nonne id flagitiumst, te aliis consilium dare,
foris sapere, tibi non posse te *auxiliarier*?

MENEDEMUS: Solche Sprache redest du?
O pfui der Schande, daß du anderen Rat erteilst,
Für andere klug bist und dir selbst nicht helfen kannst!

(J. J. C. Donner)

HW 9740 (... sapit ... potest ...)

vgl. ERASMUS, ADAGIA 1, 6, 20 (Sibi sapere qui nescit, frustra sapit.)

745 Forma bonum fragile est.
Schönheit ist ein zerbrechlich Gut.

OVID, ARS AMATORIA 2, 113

HW 9742 (... fragile; sit, quidquid habes, tibi vile!)

746 Formicae grata formica est, cicada cicadae.
Der Ameise ist die Ameise willkommen, die Zikade der Zikade.

HW 9765

ERASMUS, ADAGIA 1, 2, 24 (Cicada cicadae cara, formicae formica.)

747 **Formicis gaudet formica, cicada cicadis.**
An Ameisen hat die Ameise ihre Freude, an Zikaden die Zikade.

vgl. HW 9765

748 **Formosa facies muta commendatio est.**
Schönheit ist eine schweigende Empfehlung.

Publilius Syrus, Sententiae F 4

(H. Beckby)

HW 9771

749 **Forsan et haec meminisse iuvabit.**
Wer weiß, einst freut es uns noch, an dieses zu denken.

Vergil, Aeneis 1, 203

Revocate animos maestumque timorem
mittite: *forsan et haec meminisse iuvabit.*

Faßt euch drum, seid mutig und laßt die jammernde Angst doch
fahren: wer weiß, einst freut es euch noch, an dieses zu denken.

(J. Götte)

HW 9786 (... haec olim meminisse ...)

750 **Fortasse non poterit hoc sic abire.**
Vielleicht wird dies nicht ohne Schwierigkeiten abgehen.

Cicero, De finibus 5, 7

Etsi hoc, inquit, *fortasse* ...

(O. Gigon – L. Straume-Zimmermann)

751 **Fortes fortuna adiuvat.**
Den Tapferen hilft das Glück.

Terenz, Phormio 203 (u. ö., z. B. Cicero, De finibus 3, 4, 16; Vergil, Aeneis 10, 284)

Ge. Ergo istaec quom ita sint, Antipho,
tanto magis te advigilare aequomst: *fortis fortuna adiuvat.*

Geta: Nun, wenn es also steht,
Geziemt dir doppelt wach zu sein. Dem tapfern Manne hilft das Glück.

(J. J. C. Donner).

vgl. Plinius Minor, Epistulae 6, 16, 11: '*Fortes*', inquit, '*fortuna iuvat.*'

HW 9804

Erasmus, Adagia 1, 2, 45

752 **Fortior in fulva novus est luctator arena.**
Tapferer ist ein neuer Ringer in der mit gelbem Sand bedeckten Arena.

Ovid, Tristia 4, 6, 31

Fortior in fulva novus est luctator arena,
quam cui sunt tarda bracchia fessa mora.

Mutiger steht ein neuer Ringer im sandigen Kampfplatz,
als wenn langer Verzug ihm seine Arme geschwächt.

(W. Willige)

HW 9818

753 **Fortiter ille facit, qui miser esse potest.**
Tapfer nur handelt, wer still Elend zu tragen vermag.

Martial, Epigrammata 11, 56, 16
(R. Helm)
HW 37024b 4a

754 **Fortiter in re, suaviter in modo!**
Unbeirrbar in der Sache, aber sanft im Verfahren!

Claudio Acquaviva (1543–1615; seit 1581 5. Jesuitengeneral)
HW 9832

755 **Fortuna caeca est.**
Das Glück ist blind.

Cicero, De amicitia 54

Non enim solum ipsa *Fortuna caeca est,* sed eos etiam plerumque efficit caecos, quos complexa est; itaque efferuntur fere fastidio et contumacia, nec quicquam insipiente fortunato intolerabilius fieri potest.

Denn Fortuna ist nicht nur selbst blind – sie macht fast immer auch diejenigen blind, die sie in ihre Arme schließt. So unterliegen sie in der Regel schnöder Vornehmtuerei und störrischem Eigensinn. Ein törichter Glücksritter ist überhaupt das Unerträglichste, was es geben kann.

(M. Faltner)

HW 9845a

756 **fortunae filius**
ein Glückskind!

Horaz, Sermones 2, 6, 49 (vgl. Petron, Satyrica 43, 7)
HW 9884

757 **Fortuna favet fatuis.**
Das Glück begünstigt die Dummköpfe.
(vgl.: Die dümmsten Bauern haben die größten Kartoffeln.)

HW 9847c

758 **Fortuna fortes metuit, ignavos premit.**
Das Schicksal fürchtet die Tapferen, die Feigen aber drückt es.

Seneca, Medea 159
HW 9848

759 **Fortunam sibi quisque parat.**
Sein Glück schafft jeder sich selbst.

HW 9898a; vgl. 37041 (Fortunam suam quisque ...)

760 **Fortuna multis dat nimium, satis nulli.**
Das Glück gibt vielen zu viel, genug aber keinem.

Martial, Epigrammata 12, 10, 2

Habet Africanus miliens, tamen captat.
Fortuna multis dat nimium, satis nulli.

Der Millionär Africanus möchte noch erben.
Das Glück gibt vielen allzuviel, genug keinem.

(R. Helm)

HW 9855 (... nimis, nulli vero satis.); 3702913

761 **Fortuna non mutat genus.**
Das Glück ändert die Art des Menschen nicht.

Horaz, Epodoe 4, 6

Licet superbus ambules pecunia,
fortuna non mutat genus.

Stolzier' du ruhig pochend auf dein Geld umher:
Glück ändert nicht des Mannes Art!

(Kayser – Nordenflycht – Burger – Färber)

HW 9860

762 **Fortunato omne solum patria est.**
Dem Glücklichen ist jeder Boden Vaterland.

HW 9902

vgl. Erasmus, Adagia 2, 2, 03 (Quaevis terra patria.)

763 **Fortunatus et ille, deos qui novit agrestes.**
Glücklich auch der, der seine ländlichen Götter kennt!

Vergil, Georgica 2, 493

Felix, qui potuit rerum cognoscere causas,
atque metus omnis et inexorabile fatum
subiecit pedibus strepitumque Acherontis avari.
Fortunatus et ille, deos qui novit agrestis,
Panaque Silvanumque senem nymphasque sorores.

Selig, wer es vermochte, das Wesen der Welt zu ergründen,
wer so all die Angst und das unerbittliche Schicksal
unter die Füße sich zwang und des gierigen Acheron Tosen!
Selig auch jener, dem die ländlichen Götter vertraut sind,
Pan und der alte Silvanus, der Schwesternreigen der Nymphen!

(J. Götte)

764 **Fortuna, ut saepe alias, virtutem est secuta.**
Das Glück folgte, wie auch oft andermals, der Tatkraft.

Livius, Ab urbe condita 4, 37, 7

Ergo *fortuna, ut saepe alias, virtutem est secuta.*

Also war das Glück – wie auch sonst oft – dem Tüchtigen hold.

(H. J. Hillen)

765 **Fortuna vitrea est: tum, cum splendet, frangitur.**
Glück ist wie Glas: wenn es glänzt, zerplatzt es.
(vgl.: Glück und Glas, wie bald bricht das!)

Publilius Syrus, Sententiae F 24

Glück ist Glas: so glänzend wie zerbrechlich.

(H. Beckby)

HW 9878; 37037 u (... est, quae, cum maxime splendet, ...)

766 **Fraus est accipere, quod non possis reddere.**
Was man nicht wiedergeben kann, leiht nur ein Dieb.

Publilius Syrus, Sententiae F 7

(H. Beckby)

HW 9962

767 **Frenos imponit linguae conscientia.**
Das Schuldbewußtsein ist der Zunge Zügel.

Publilius Syrus, Sententiae F 31

(H. Beckby)

HW 9976

768 **frondem in silvis non cernere**
das Laub in den Wäldern nicht sehen
(vgl.: den Wald vor lauter Bäumen nicht sehen)

Ovid, Tristia 5, 4, 9

Tristitiae causam si quis cognoscere quaerit,
ostendi solem postulat ille sibi,
nec frondem in silvis, nec aperto mollia prato
gramina, nec pleno flumine *cernit* aquam.

Sollte jemand noch fragen, woher diese Trauer denn komme,
der verlangt, daß man ihm zeigt, wo die Sonne denn scheint,
sieht nicht im Walde das Laub und nicht im offnen Gefilde
wogende Halme und nicht Wasser im strömenden Fluß.

(W. Willige)

HW 10006

769 **Fronte capillata, post est occasio calva.**
Vorn hat die Gelegenheit den Schopf, doch kahl ist sie hinten.
(vgl.: die Gelegenheit am Schopf fassen)

Catonis Disticha 2, 26, 2 (PLM III 225, 26B.):

Rem, tibi quam noris aptam, dimittere noli:
Fronte...

vgl. Phaedrus, Fabulae 5, 8

HW 10012; 37061

770 **Frustra laborat, qui cunctis placere studet.**
Vergeblich müht sich ab, wer allen zu gefallen sucht.

HW 37067 (...qui omnibus...)

771 **Fugiendo in media saepe ruitur fata.**
Durch Flucht rennt man oft mitten ins Verderben.

Livius, Ab urbe condita 8, 24, 4

Ceterum, ut ferme *fugiendo in media fata ruitur*, ... tris tumulos aliquantum inter se distantes insedit.

Im übrigen besetzte er*, wie eben in der Regel Flucht direkt ins Verderben führt, ... drei Hügel, die ein weniges voneinander entfernt waren.
(* Gemeint ist der König Alexander von Epirus.)

772 **Fugit hora.**
Die Stunde entflieht.

Persius, Saturae 5, 153

Indulge genio, carpamus dulcia, nostrum est,
quod vivis! Cinis et manes et fabula fies!
Vive memor leti! *Fugit hora*, hoc quod loquor inde est.

Freu dich des Lebens und laß uns das Liebliche pflücken, denn uns ist
Nur, was man lebt! Und wie bald bist Asche du, Schatten und Schall nur!
Lebe und denk an den Tod! Es entflieht die Zeit, da ich rede!

(O. Seel)

773 **Fugit irreparabile tempus.**
Unwiederbringlich entflieht die Zeit.

Vergil, Georgica 3, 284

Sed fugit interea, *fugit inreparabile tempus*,
singula dum capti circumvectamur amore.

Aber es flieht inzwischen die Zeit, flieht unwiederbringlich,
während, gefesselt von Liebe, wir einzelne Dinge durchschweifen.

(J. Götte)

HW 10061; vgl. 37078b1 (...irrevocabile...)

774 **Fuimus Troes, fuit Ilium et ingens gloria Teucrorum.**

Troer sind wir gewesen, Ilion ist Geschichte und so auch der gewaltige Ruhm der Teukrer.
(Ilion ist ein anderer Name für Troja. Teucer/Teukros war ein Stammvater der Trojaner.)

Vergil, Aeneis 2, 325f.

Venit summa dies et ineluctabile tempus
Dardaniae. *Fuimus Troes, fuit Ilium et ingens*
gloria Teucrorum.

Der letzte
Tag ist da! Dardaniens unausweichliche Endzeit!
Troer sind wir gewesen, gewesen ist Ilium und der
Teukrer strahlender Ruhm! (Panthus beim Untergang Trojas)

(J. Götte)

HW 10061c (Fuimus Troes.); 37079

Erasmus, Adagia 1, 9, 50

775 **Fumantem nasum vivi ursi ne tentaveris!**

Wenn dem Bären die Nase raucht, darf man ihm nicht zu nahe kommen.

Martial, Epigrammata 6, 64, 28

Sed miserere tui rabido *nec* perditus ore
fumantem nasum vivi temptaveris ursi.
Sit placidus licet et lambat digitosque manusque,
si dolor et bilis, si iusta coegerit ira,
ursus erit.

Denk an dich, und reize du nicht mit rasendem Mundwerk,
Schuft du, den schnaubenden Rachen des sehr lebendigen Bären!
Mag er auch sanft sonst sein und Finger lecken und Hände,
wenn ihn Schmerz und Verdruß, wenn berechtigte Wut ihn erregt hat,
wird er zum Bären. (Invektive auf einen Dichterling)

(R. Helm)

HW 10068a; 37082 (*om.* vivi)

Erasmus, Adagia 3, 5, 67 (*om.* vivi)

776 **fumos vendere**

Rauch verkaufen

Martial, Epigrammata 4, 5, 7

Nec potes uxorem cari corrumpere amici
nec potes algentes arrigere ad vetulas,
vendere nec vanos circa Palatia *fumos* ...

Kannst nicht dem liebsten Freund die Gattin heimlich verführen,
frostige Vetteln auch nicht durch deine Liebe erfreun,
noch auch eitelen Dunst um den Hof des Kaisers verkaufen ...

(R. Helm)

vgl. auch Lampridius, Vita Alexandri Severi 23, 4; 36, 2

Erasmus, Adagia 1, 3, 41

777 **Fumus ignem.**
Rauch (zeigt) Feuer (an).
(d. h.: Wo Rauch ist, da ist auch Feuer.)

CICERO, PARTITIONES ORATORIAE 34

Sed appellemus docendi gratia veri simile, quod plerumque ita fit, ut adulescentiam procliviorem esse ad libidinem, proprie autem notatum argumentum, quod numquam aliter sit certumque declaret, ut *fumus ignem*.

Doch wollen wir der Verdeutlichung halber als wahrscheinlich das benennen, was meistens so zutrifft, wie z. B., daß junge Leute ziemlich zum Lustgewinn neigen, als charakteristisch aber sei ein Argument bezeichnet, das sich niemals anders verhält und etwas mit Sicherheit angibt, wie z. B. Rauch auf Feuer schließen läßt.

778 **fundamenta tamquam in aqua ponere**
die Fundamente gleichsam aufs Wasser setzen
(vgl.: auf Sand bauen, in den Sand setzen)

CICERO, DE FINIBUS 2, 72

Quae dici eadem de ceteris virtutibus possunt, quarum omnium *fundamenta* vos in voluptate *tamquam in aqua ponitis*.

Dasselbe kann auch von den übrigen Tugenden gesagt werden, die ihr alle auf der Lust, also sozusagen auf Sand aufgebaut habt.

(O. Gigon – L. Straume-Zimmermann)

779 **Fundamentum est iustitiae fides.**
Fundament der Gerechtigkeit ist das Grundvertrauen.

CICERO, DE OFFICIIS 1, 23

Fundamentum autem *est iustitiae fides*, id est dictorum conventorumque constantia et veritas.

Grundlage aber der Gerechtigkeit ist die Zuverlässigkeit, das heißt die Unveränderlichkeit und Wahrhaftigkeit von Worten und Abmachungen.

(K. Büchner)

780 **Funiculis ligatum vel puer verberat.**
Einen, der mit Stricken gefesselt ist, kann auch ein Knabe verprügeln.

781 **Furor fit laesa saepius patientia.**
Zu oft beleidigte Geduld wird Wut.

PUBLILIUS SYRUS, SENTENTIAE F 13

(H. Beckby)

HW 10124; 37095

782 **Furorne caecus vos rapit?**
Reißt euch blinde Wut dahin?
Laßt ihr euch von blinder Wut hinreißen?

Horaz, Epodoe 7, 13

Furorne caecus an *rapit* vis acrior
an culpa? Responsum date!

Reißt blinde Wut, ein allzu hitziger Trieb euch fort?
Ist's Schuldgefühl? Antwortet mir!

(Kayser – Nordenflycht – Burger – Färber)

783 **furor Teutonicus**
teutonisches Wüten
(Die Kimbern und Teutonen waren 113 v. Chr. an die Grenzen der römischen Staatsgebiete vorgedrungen und hatten Rom in Schrecken versetzt.)

Lukan, Pharsalia 1, 255

Nos primi | Senonum motus Cimbrumque ruentem
vidimus et Martem Libyes cursumque *furoris*
Teutonici: quotiens Romam Fortuna lacessit,
hac iter est bellis.

Wir zuerst | mußten Senonenwirren und Kimberneinfall
erleben, den Karthagerkrieg und den Sturm toller
Teutonen; immer, wenn Fortuna Rom herausfordert,
nimmt der Krieg über uns seinen Weg.
(Klagen der Bürger von Ariminum/Rimini im Bürgerkrieg zwischen Caesar und Pompeius)

(W. Ehlers)

HW 10125

G

784 **Gaudeamus igitur!**
Wollen wir uns also freuen!

Ch. W. Kindleben (1781)

785 **Gaudii comes maeror.**
Begleiter der Freude ist die Trauer

HW 10256a (... maeror comes.)

vgl. Erasmus, Adagia 3, 10, 61 (Gaudium dolori iunctum.)

786 **Genetrix virtutum frugalitas.**
Maßhalten ist die Mutter aller Tugenden.

HW 37111b2

787 **genium curare mero**
sich gütlich tun am Weine

Horaz, Carmina 3, 17, 14

788 **genius loci**
Schutzgeist des Ortes

z. B. Vergil, Aeneis 5, 95

incertus, *geniumne loci* famulumne parentis
esse putet

unsicher, ob ihm der Schutzgeist des Ortes oder des Vaters
Diener erschien

(J. Götte)

789 **Gens humana ruit per vetitum nefas.**
Das Menschengeschlecht stürzt zum verbotenen Unrecht.

Horaz, Carmina 1, 3, 26

Audax omnia perpeti
gens humana ruit per vetitum nefas.

Bebt der Mensch doch vor nichts zurück,
Stürzt mit tollkühnem Mut selbst zu verbotner Tat.

(Kayser – Nordenflycht – Burger – Färber)

HW 10268a

790 **genus irritabile vatum**
das reizbare Geschlecht der Dichter

HORAZ, EPISTULAE 2, 2, 102

Multa fero, ut mulcem *genus inritabile vatum*,
cum scribo et supplex populi suffragia capto;
idem finitis studiis et mente recepta
obturem patulas inpune legentibus auris.

Vieles erträgt der Mensch, um das reizbare Volk der Sänger zu versöhnen in Zeiten, wo man selber dichtet und fußfällig um des Publikums Stimmen wirbt. Nun ich von diesem Ehrgeiz frei und wieder bei Vernunft bin, kann ich mir ungestraft das Ohr verstopfen, das jeder Vorlesung einst offenstand.

(W. Schöne – H. Färber)

HW 10282

791 **genus mutabile mulierum**
das unbeständige weibliche Wesen

nach VERGIL, AENEIS 4, 569

Varium et *mutabile* semper
femina.

Ein buntveränderlich Etwas
bleibt das Weib!

(J. Götte)

792 **Germani possunt cunctos tolerare labores.**
O utinam possent sic tolerare sitim!
Die Deutschen können alle Strapazen ertragen.
O könnten sie doch so auch ertragen den Durst!

HW 10284

793 **Germanis vivere est bibere.**
Für die Germanen bedeutet trinken soviel wie leben.

HW 10284a

794 **Gladiator in arena capit consilium.**
Der Gladiator faßt seinen Entschluß erst in der Arena.

SENECA, EPISTULAE MORALES 22, 1

Vetus proverbium est *gladiatorem in harena capere consilium:* aliquid adversarii vultus, aliquid manus mota, aliquid ipsa inclinatio corporis intuentem monet.

Ein altes Sprichwort lautet: Der Fechter bestimmt seine Kampftaktik erst in der Arena: er beobachtet die Miene des Gegners, die Bewegung seiner Hand, auch eine bloße Drehung seines Körpers und stellt sich darauf ein.

(E. Glaser-Gerhard)

HW 37115

ERASMUS, ADAGIA 1, 6, 47 (... consilium capit.)

795 **gloriari alienis bonis**
sich fremder Güter rühmen
(vgl.: sich mit fremden Federn schmücken)

PHAEDRUS, FABULAE 1, 3, 1 (Die anmaßende Dohle und der Pfau)

Ne *gloriari* libeat *alienis bonis,*
suoque potius habitu vitam degere,
Aesopus nobis hoc exemplo prodidit.

Mit dem, was anderen gehört, tu man nicht groß:
ein jeder lebe lieber, wie es ihm gemäß.
Aesop gab hierfür dieses Beispiel uns.

(H. C. Schnur – E. Keller)

HW 10340c

796 **Graecia capta ferum victorem cepit et artis intulit agresti Latio.**
Griechisch Land ward erobert; erobernd den rauhen Besieger,
führt' es die Kunst in Latium ein, beim Volke der Bauern.
(Mit der Eroberung Griechenlands im 2. Jh. v. Chr. begann der Siegeszug des Hellenismus im Westen.)

HORAZ, EPISTULAE 2, 1, 156

(W. Schöne – H. Färber)

797 **Gram. loquitur, Dia. vera docet, Rhe. verba colorat,**
Mu. canit, Ar. numerat, Geo. ponderat, As. docet astra.
Die Grammatik redet (richtig), die Logik (Dialektik) lehrt, die Rhetorik schmückt die Worte,
die Musik singt, die Arithmetik zählt, die Geometrie gewichtet, die Astronomie lehrt (den Gang der) Gestirne.

MERKVERS auf die Sieben Freien Künste (artes liberales), von denen die ersten drei das Trivium, die folgenden vier das Quadrivium bilden.

798 **Grata superveniet, quae non sperabitur, hora.**
Angenehm wird eine Stunde überraschen, mit der man nicht mehr rechnete.

HORAZ, EPISTULAE 1, 4, 14

Inter spem curamque, timores inter et iras
omnem crede diem tibi diluxisse supremum:
grata superveniet, quae non sperabitur, hora.

In all dem Getriebe von Hoffnung und Sorge, von Ängsten und Ärgernissen
nimm jeden Tag, der dir heraufdämmert, als letzten Tag:
beglückend überrascht dich dann die Stunde, die unverhofft hinzukommt.

(W. Schöne – H. Färber)

HW 10396 (..., quae compensabit fellea prisca favis.)

799 **Gratia gratiam parit.**
Liebenswürdigkeit erzeugt Liebenswürdigkeit.

nach SOPHOKLES, AIAS 522

Χάρις χάριν γάρ ἐστιν ἡ τίκτουσ' ἀεί.
(Cháris chárin gàr estin he tíktus' aeí.)

Denn Huld gebiert ja immer wieder neue Huld.

(W. Willige – K. Bayer – B. Zimmermann)

HW 10408a; 3714a

ERASMUS, ADAGIA 1, 1, 34

800 **Gratis paenitet probum esse.**
Es macht wenig Spaß, ohne Anerkennung anständig zu sein.

OVID, EPISTULAE EX PONTO 2, 3, 13

Ipse decor, recte facti si praemia desint,
Non movet, et *gratis paenitet esse probum.*

Selbst die Ehre des rechtlichen Tuns, wenn Belohnungen fehlen,
reizt sie nicht, und umsonst redlich zu sein, das verdrießt.

(N. Holzberg)

801 **Gratius ex ipso fonte bibuntur aquae.**
Angenehmer trinkt sich das Wasser unmittelbar aus der Quelle.

OVID, EX PONTO 3, 5, 18

HILDEBRAND (171, 1422d Migne)

HW 10460

802 **Grave ipsius conscientiae pondus.**
Drückend ist die Last des (schlechten) Gewissens.

CICERO, DE NATURA DEORUM 3, 85

Invita in hoc loco versatur oratio; videtur enim auctoritatem adferre peccandi; recte videretur, nisi et virtutis et vitiorum sine ulla divina ratione *grave ipsius conscientiae pondus* esset.

Nur ungern verweilt meine Rede bei diesem Thema*, denn es scheint eine Berechtigung zum Freveln zu erbringen; und der Eindruck träfe auch zu, wenn nicht auch ohne jede Rücksicht auf ein strafendes Einwirken der Götter das Bewußtsein von rechtem Verhalten wie von Vergehen an sich schon schwerwiegend genug wäre. (* Gemeint ist der Tod des Sulla.)

(W. Gerlach – K. Bayer)

803 **Grave senectus est hominibus pondus.**
Das Alter ist für die Menschen eine schwere Bürde.

HW 37151b

804 **Gravissimum est imperium consuetudinis.**
Gewohnheit ist die drückendste Tyrannin.

PUBLILIUS SYRUS, SENTENTIAE G 8

(H. Beckby)

HW 10474

805 **Gutta cavat lapidem non vi, sed saepe cadendo.**
Der Tropfen höhlt den Stein nicht durch Gewalt, sondern durch häufiges Fallen.
(vgl.: Steter Tropfen höhlt den Stein.)

Ovid, Epistulae ex Ponto 4, 10, 5: erste Vershälfte; Garipontus (11. Jh.): zweite Vershälfte.

Gutta cavat lapidem, consumitur anulus usu.

Stein wird vom Tropfen gehöhlt, ein Ring vom Gebrauche entwertet.

(W. Willige)

HW 10508; 10507 (... et teritur pressa vomer aduncus humo.)

Erasmus, Adagia 3, 2, 100; s. auch 3, 3, 3 (Assidua stilla saxum excavat.)

s. auch W. Binder 632 (2. Vers: Sic homo fit doctus, non vi, sed saepe legendo.)

806 **Gutta fortunae prae dolio sapientiae.**
Ein Tropfen Glück geht über ein Faß Weisheit.

nach Diogenes, fr. 3N., zitiert bei Theodoros Hyrtakenos, Ep. 17
HW 10510; 37161

H

807 **Habeas corpus!**
Du sollst Deinen Körper haben!

HABEAS-CORPUS-AKTE, englisches STAATSGRUNDGESETZ von 1679, das verfügte, daß niemand ohne richterlichen Haftbefehl verhaftet oder ohne gerichtliche Untersuchung in Haft gehalten werden darf.

vgl. D. Liebs, N42

808 **Habeas tibi!**
Du sollst deinen Willen haben (auch wenn er zu nichts Gutem führt).

z. B. SUETON, VITA DIVI IULII 1, 3

Constat Sullam ... proclamasse sive divinitus sive aliqua coniectura: Vincerent ac *sibi haberent,* dum modo scirent eum (sc. Caesarem), quem incolumem tanto opere cuperent, quandoque optimatium partibus, quas secum simul defendissent, exitio futurum; nam Caesari multos Marios inesse.

Es ist allgemein bekannt, daß Sulla ... – sei es auf göttliche Eingebung oder in irgendeiner richtigen Vorahnung – ausrief: sie sollten nur ihren Willen haben und Caesar behalten, aber auch wissen, daß der, dessen Wohlergehen ihnen so sehr am Herzen liege, einmal den Untergang der Adelspartei, deren Interessen sie mit ihm gemeinsam verteidigt hätten, herbeiführen werde; denn in Caesar stecke mehr als ein Marius.

(A. Lambert)

HW 37164

809 **Habemus confidentem reum.**
Wir haben einen geständigen Angeklagten.

CICERO, PRO Q. LIGARIO 2

Habes igitur, Tubero, quod est accusatori maxime optandum, *confitentem reum.*

Du hast also, Tubero, was sich ein Ankläger am allermeisten wünscht, einen geständigen Angeklagten. (Das ‹Geständnis› betraf freilich nicht die Anklage.)

(M. Fuhrmann)

810 **Habent sua fata libelli.**
Auch Bücher haben ihr Schicksal.

TERENTIANUS MAURUS, DE SYLLABIS 1286 (GL 6, 363)

Pro captu lectoris *habent sua fata libelli.*

Je nach Fassungskraft des Lesers haben auch Bücher ihr Schicksal.

HW 10529

811 **Habes, habeberis.**
Hast du was, dann bist du was.

PETRON, SATYRICA 77, 6

(F. Bömer)

812 **Habet et musca splenem.**
Auch die Mücke hat ihre Milz.

HW 37169; vgl. 10530b:

Habet et muscula splenem.

Auch die kleinste Mücke hat ihren Spleen.

ERASMUS, ADAGIA 3, 5, 7

813 **Habet profecto confidentiam in ventre.**
Er hat Selbstvertrauen im Bauche.

PLAUTUS, CAPTIVI 812

HE. Basilicas edictiones atque imperiosas habet.
Satur homost, *habet profecto in ventre confidentiam.*

HEGIO: Der kommandiert ja wie ein Feldherr, wie ein Fürst:
Der Mensch ist satt, er hat das Selbstvertrauen im Bauch.
(Bezieht sich auf den großspurig auftretenden Parasiten Ergasilus.)

(W. Binder – W. Ludwig)

814 **Habet salem.**
Er hat Witz.

TERENZ, EUNUCHUS 400

GN. Labore alieno magno partam gloriam
verbis saepe in se transmovet, qui *habet salem;*
quod in test. TH. Habes.

GNATHO: Ruhm, den sich andere mühevoll erwerben, trägt
Auf sich hinüber durch ein Wort, wer witzig ist
Wie du. THRASO: Gewiß.

(J. J. C. Donner)

815 **Habet silices pectus eius.**
Seine Brust birgt Kieselsteine.
(d. h.: Er hat ein Herz von Stein.)

OVID, TRISTIA 3, 11, 4

Si quis es, insultes qui casibus, improbe, nostris,
meque reum dempto fine cruentus agas,
natus es e scopulis et pastus lacte ferino,
et dicam *silices pectus habere* tuum.

Schändlicher, der du bei meinem Geschick frohlockst und mich immer
wieder aufs neue verklagst, Blutiger, wer du auch bist,
du bist von Felsen geboren, gesäugt mit der Milch eines Raubtiers,
und ich behaupte: dein Herz ist wie ein Kiesel so hart.

(W. Willige)

816 **Habet suum venenum blanda oratio.**
Schmeichlerische Rede trägt ihr eigenes Gift in sich.

PUBLILIUS SYRUS, SENTENTIAE H 12

Das Schmeichelwort birgt ein besonderes Gift.

(H. Beckby)

HW 10533; vgl. 37172a (... item eloquentia.)

817 **Habitus non facit monachum.**
Der Habit macht noch keinen Mönch.

HW 10534

818 **Hac de re nemo laborabit.**
Deswegen wird niemand zu leiden haben.
(vgl.: Danach wird kein Hahn krähen.)

819 **Hac itur ad astra.**
Auf diesem Weg geht's zu den Sternen.

VERGIL, AENEIS 9, 641

Macte nova virtute, puer: *sic itur ad astra,*
dis genite et geniture deos. Iure omnia bella
gente sub Assaraci fato ventura resident,
nec te Troia capit.

Heil, mein Knabe, der Erstlingstat! So steigt man zu Sternen,
Göttersohn, Ahnherr von Göttern! Mit Recht kommen einstens zur Ruhe
unter Assaracus' Stamm alle schicksalgesendeten Kriege,
Troja faßt dich nicht. (Apollo zum Aeneassohn Iulus)

(J. Götte)

HW 37174

820 **Haec a te non multum abludit imago.**
Dieses Bild ist dir recht ähnlich.

HORAZ, SERMONES 2, 3, 320

Haec a te non multum abludit imago.
Adde poemata nunc, hoc est, oleum adde camino.

Die Fabel* paßt nicht schlecht zu dir.
Dazu kommt, daß du dichtest, also Öl ins Feuer gießt!
(*Fabel vom Ochsenfrosch, der sich aufpumpt und platzt)

(W. Schöne – H. Färber)

821 **Haec fiunt dolo malo.**
Das geschieht auf hinterlistige Weise.

TERENZ, EUNUCHUS 514f.

CH. Ubi veni, causam, ut ibi manerem, repperit:
ait rem divinam fecisse et rem seriam
velle agere mecum. Iam tum erat suspicio
dolo malo haec fieri omnia.

CHREMES: Wie ich hinkam, fand sie* einen Vorwand, daß ich blieb.
Sie habe geopfert, wolle jetzt was Wichtiges
Mit mir verhandeln. Damals hatt ich gleich Verdacht,
Dahinter stecke Trug. (*die Hetäre Thaïs)

(J. J. C. Donner)

822 **Haec hactenus!**
Dies (für dieses Mal) bis daher!

z. B. CICERO, DE FATO 20

Sed *haec hactenus;* alia videamus.

Doch dies nur soweit! Wollen wir weiter schauen!

(K. Bayer)

823 **Haec in quaevis potius conveniunt quam in ista.**
Das paßt auf alles, nur nicht auf den vorliegenden Fall.
(vgl.: Das paßt wie die Faust aufs Auge.)

824 **Haec tamquam cygnea fuit eius vox et oratio.**
Dies war gleichsam sein Schwanengesang.

CICERO, DE ORATORE 3, 6

Illa *tamquam cycnea fuit* divini hominis *vox et oratio,* quam quasi exspectantes post eius interitum veniebamus in curiam, ut vestigium illud ipsum, in quo ille postremum institisset, contueremur.

Das war gleichsam der Schwanengesang des genialen Mannes*; ihn suchten wir uns zu vergegenwärtigen, als wir nach seinem Tode in die Curie kamen, um jene Stelle, wo er zuletzt gestanden war, selbst zu betrachten. (*L. Licinius Crassus, gest. 20. 9. 91 v. Chr.)

(H. Merklin)

ERASMUS, ADAGIA 1, 2, 55 (cygnea cantio)

825 **Haeret in medullis eius ac visceribus.**
Er hängt ihm in Mark und Eingeweiden

CICERO, AD FAMILIARES 15, 18 (16), 2 K.

Simul ac mihi conlibitum sit de te cogitare, ...
qui *mihi haeres in medullis,* ...

Sobald es mir beliebt, an Dich zu denken ...,
den ich tief im Herzen trage, ... *(an C. Cassius Longinus im Januar 45 v. Chr.)*

(H. Kasten)

826 Haeret lateri letalis harundo.
Ihm hängt der tödliche Pfeil von der Flanke.

Vergil, Aeneis 4, 73

Qualis coniecta cerva sagitta,
quam procul incautam nemora inter Cresia fixit
pastor agens telis liquitque volatile ferrum
nescius, illa fugit silvas saltusque peragrat
Dictaeos, *haeret lateri letalis harundo.*

Gleichwie die pfeilgetroffene Hinde:
Arglos weidete die in Kretas Hainen; da traf von
fern sie ein jagender Hirt und ließ das geflügelte Eisen
ahnungslos zurück; das Tier aber flüchtet durch Kretas
Wälder, ihm hängt der tödliche Pfeil von der Flanke.
(Vergleich der liebeskranken Dido mit einer waidwunden Hindin)

(J. Götte)

827 Haeret mihi in summis labris.
Es liegt mir auf der Zunge.

vgl. Plautus, Trinummus 910

Ch. Quid est negoti? Sy. Devoravi nomen inprudens modo.
Ch. Non placet, qui amicos intra dentes conclusos habet.
Sy. Atque etiam modo vorsabatur mihi *in labris* primoribus.

Charmides: Was ist dir? Syrus: In diesem Augenblick
Hab ich den Namen aus Versehen hinabgeschluckt.
Charmides: Ei, das gefällt mir nicht, wenn mit den Zähnen man
Die Freunde so verbeißt. Syrus: Soeben schwebt' er mir noch auf den Lippen.

(W. Binder – W. Ludwig)

HW 37180e1 (Haeret in primoribus labris.)

vgl. Erasmus, Adagia 1, 9, 93 (summis labiis)

828 Hanc veniam petimus damusque vicissim.
Diese Nachsicht erbitten wir und gewähren sie auch selbst.

Horaz, De arte poetica 11

'Pictoribus atque poetis
quidlibet audendi semper fuit aequa potestas.'
Scimus, et *hanc veniam petimusque damusque vicissim.*

«Doch war ja Malern wie Dichtern immer schon das denkbar Kühnste verstattet.»
Ganz recht; und diese Freiheit erbitten wir, vergönnen wir uns auch wechselseitig.

(W. Schöne – H. Färber)

829 **Hannibal ante portas!**
Hannibal steht vor den Toren!
(d. h.: Es besteht höchste Gefahr.)
(Im Jahre 211 v. Chr. rückte Hannibal noch einmal bis vor die Tore Roms heran.)

CICERO, ORATIONES PHILIPPICAE 1, 11

Solusne aberam, an non saepe minus frequentes fuistis, an ea res agebatur, ut etiam aegrotos deferri oporteret? *Hannibal,* credo, erat *ad portas,* aut de Pyrrhi pace agebatur, ad quam causam etiam Appium illum caecum et senem delatum esse memoriae proditum est.

War ich der einzige, der fehlte*, seid ihr nicht schon oft weniger zahlreich gewesen, oder ging es um so wichtige Dinge, daß man auch Kranke herbeiholen mußte? Hannibal, möchte ich meinen, stand vor den Toren, oder es ging um den Frieden mit Pyrrhos, wozu man auch, wie uns überliefert ist, den berühmten Appius, einen blinden alten Mann, herbeigeholt hat. (sc. in der Senatssitzung)

(M. Fuhrmann)

vgl. LIVIUS, AB URBE CONDITA 23, 16, 2

HW 10642b

830 **Has litteras gallina scripsit.**
Das hat ein Huhn geschrieben.

PLAUTUS, PSEUDOLUS 30

CA. Qur inclementer dicis lepidis *litteris,*
lepidis tabellis, lepida conscriptis manu?
PS. An, opsecro hercle, habent quas gallinae manus?
Nam *has* quidem *gallina scripsit.* CA. Odiosus mihi's.

CALIDORUS: Wie ungalant du doch
von diesem lieben Brief sprichst, dieser lieben Schrift,
von liebster Hand geschrieben. PSEUDOLUS: Nun, beim Herkules,
Haben denn auch die Hühner Hände; wenigstens
Ist diese Schrift von einem Huhn. CALIDORUS: Du ärgerst mich.

(W. Binder – W. Ludwig)

831 **Has poenas garrula lingua dedit.**
Diese Strafe erlitt eine schwatzhafte Zunge.

OVID, AMORES 2, 2, 44

Quaerit aquas in aquis et poma fugacia captat
Tantalus; hoc illi *garrula lingua dedit.*

Wasser sucht mitten im See und es greift nach fliehenden Früchten
Tantalus, und sein Geschwätz hat ihm die Strafe gebracht.

(W. Marg – R. Harder)

832 hastas abicere
die Lanzen wegwerfen
(vgl.: die Flinte ins Korn werfen)

CICERO, PRO L. MURENA 45

Videsne tu illum tristem? demissum? Iacet, diffidit, *abiecit hastas.*

Siehst du, wie betrübt und niedergeschlagen der ist? Er liegt am Boden, er ist ohne Hoffnung, er hat das Rennen aufgegeben. (Es ist von einem aussichtslosen Kandidaten die Rede.)

(M. Fuhrmann)

ERASMUS, ADAGIA 2, 2, 97 (Abiecit hastam. Rhipsaspis); s. auch 1, 9, 81

833 hastas iacere, quas alius ministrat
Lanzen schleudern, die ein anderer herreicht
(vgl.: Büchsenspanner)

CICERO, TOPICA 65

Nam et adsunt multum et adhibentur in consilia et patronis diligentibus ad eorum prudentiam confugientibus *hastas ministrant.*

Denn sie* sind dauernd anwesend, werden zu den Beratungen beigezogen und liefern umsichtigen Anwälten, die zu ihnen ihre Zuflucht nehmen, die nötigen Waffen. (*Gemeint sind die Rechtsgelehrten.)

(K. Bayer)

ERASMUS, ADAGIA in 5, 2, 18 (hastas ministrare)

834 Has vaticinationes eventus comprobavit.
Diese Vorhersagen hat das Ergebnis bestätigt.

vgl. vaticinatio ex eventu

835 Haud aequum facit, qui, quod didicit, id dediscit.
Nicht recht handelt, wer Gelerntes wieder verlernt.

PLAUTUS, AMPHITRUO 688

AL. *Haud aequom facit,*
qui, quod didicit, id dediscit. An periclitamini,
quid animi habeam?

ALCUMENA: Übel tut
Wer das Gelernte so verlernt. Wollt ihr vielleicht
Mich auf die Probe stellen?
(AMPHITRUO hatte gesagt, er habe gelernt, die Wahrheit zu sagen.)

(W. Binder – W. Ludig)

HW 10650

836 **Haud stulte sapis.**
Du bist nicht dumm in deiner Weisheit
(d. h.: Du bist nicht auf den Kopf gefallen.)

Terenz, Heautontimorumenos 323

Sy. Vis amare, vis potiri, vis, quod des illi, effici;
tuom esse in potiundo periclum non vis: *haud stulte sapis;*
siquidem id saperest, velle te id, quod non potest contingere.

Syrus: Lieben willst du, willst genießen, ihr Geschenke schaffen, willst
Nicht Gefahr bei dem Genusse: bist ein gar gescheiter Narr,
Wenn gescheit sein heißt, zu wollen, was man nicht erlangen kann.

(J. J. C. Donner)

837 **Hectora quis nosset, felix si Troia fuisset?**
Publica virtuti per mala facta via est.
Wer würde Hektor kennen, wenn Troja glücklich gewesen?
Denn seiner Tapferkeit Bahn ward erst im Unglück bekannt.
(Hektor fiel im Kampf mit Achilles.)

Ovid, Tristia 4, 3, 75

(W. Willige)

HW 10684

838 **Heredis fletus sub persona risus est.**
Des Erben Weinen ist maskiertes Lachen.

Publilius Syrus, Sententiae H 19

(H. Beckby)

HW 10694; 37195a (... personatus risus ...)

W. Binder 642 (... sub larva risus.)

839 **Heu mihi, non multum carmen honoris habet.**
Weh mir, ein Gedicht bringt wenig Ehre.

vgl. Ovid, Ars Amatoria 2, 274 (Ei mihi, ...)

840 **Heu nihil invitis fas quemquam fidere divis!**
Ach, kein Mensch darf trauen den Göttern, wenn sie nicht wollen.

Vergil, Aeneis 2, 402

(J. Götte)

HW 10746a

841 **Heu pietas, heu prisca fides!**
Fromm sein Sinn und treu wie die Alten!

VERGIL, AENEIS 6, 878

Nec puer Iliaca quisquam de gente Latinos
in tantum spe tollet avos nec Romula quondam
ullo se tantum tellus iactabit alumno.
Heu pietas, heu prisca fides invictaque bello
dextera.

Nimmer wird je ein Knabe von ilischem Stamme zu solcher Hoffnung latinische Ahnen erheben, nimmer wird jemals Romulus' Land so sehr eines Sprößlings wieder sich rühmen: fromm sein Sinn und treu wie die Alten, sieghaft im Kriege stets seine Rechte. (Anchises über Marcellus)

(J. Götte)

HW 37196b7c

842 **Heu quam difficile est crimen non prodere vultu!**
Ach, wie schwer, die Schuld mit den Blicken nicht zu verraten! (Gemeint ist die geschwängerte Kallisto.)

OVID, METAMORPHOSES 2, 447

(E. Rösch)

HW 10760 (... vultu! Est aliquid magni crimen abesse malis.)

843 **Hic consilium haeret.**
Da stockt der Rat.
(vgl.: Hier ist guter Rat teuer.)

nach CICERO, DE OFFICIIS 3, 117 (sed aqua haeret, ut aiunt.)

844 **Hic dies aliam vitam defert, alios mores postulat.**
Doch dieser Tag bringt anderes Leben, fordert andere Lebensart.

TERENZ, ANDRIA 189 (CICERO, AD FAMILIARES 12, 24 (25), 5 K.)

Nunc *hic dies*...

(J. J. C. Donner)

845 **Hic esse et illic simul non possum.**
Ich kann nicht an zwei Stellen zugleich sein.

vgl. PLAUTUS, AMPHITRUO 566ff.

AM. Tun me, verbero, audes erum ludificari?
Tune id dicere audes, quod nemo umquam homo antehac
vidit nec potest fieri, tempore uno
homo idem *duobus locis* ut *simul* sit?
So. Profecto, ut loquor, res itast.

AMPHITRUO (zu Sosia): Du Schuft,
Du wagst's, mit deinem Herrn Gespött zu treiben? Wagst's,
So was zu sagen? Was noch nie ein Mensch gesehen,
Was nie geschehen kann, daß ein Mensch zur selben Zeit
Zugleich an zweien Orten ist?
SOSIA: Und doch ist's so, wie ich dir sage.

(W. Binder – W. Ludwig)

HW 37198

846 **hic et nunc**
hier und heute

847 **Hic finis fandi.**
Hier ein Ende des Redens.

Vergil, Aeneis 10, 116

Stygii per flumina fratris,
per pice torrentis atraque voragine ripas
adnuit et totum nutu tremefecit Olympum.
Hic finis fandi. Solio tum Iuppiter aureo
surgit, caelicolae medium quem ad limina ducunt.

Bei des Bruders stygischem Strom, bei
pechschwarz strudelnder Flut und düster klaffenden Ufern
nickt er zum Schwur und erschüttert beim Nicken den ganzen Olympus.
Also schließt die Beratung. Vom goldenen Throne erhebt sich
Jupiter, schreitet, umringt vom Geleite der Götter, zur Schwelle.

(J. Götte)

848 **Hic funis nihil attraxit.**
Dieses Seil hat nichts (an Land) gezogen.

HW 10844a (*dort:* fumis *errore typogr.*)

Erasmus, Adagia 1, 9, 45

849 **Hic haeret aqua.**
Hier stockt das Wasser.
(d. h.: Hier geht's nicht weiter.)

Cicero, De Officiis 3, 117 (sed aqua haeret.)

850 **Hic locus est, partis ubi se via findit in ambas.**
Hier ist die Stelle, wo der Weg sich in zwei Richtungen spaltet.

Vergil, Aeneis 6, 540

851 **Hic niger est, hunc tu, Romane, caveto!**
Das ist eine wirklich schwarze Seele, den mußt du meiden, Römer!

Horaz, Sermones 1, 4, 85

Absentem qui rodit, amicum
qui non defendit alio culpante, solutos
qui captat risus hominum famamque dicacis,
fingere qui non visa potest, commissa tacere
qui nequit: *hic niger est, hunc tu, Romane, caveto!*

Ja, wer einen hinterm Rücken schlecht macht, wer seinen Freund nicht wider falschen Vorwurf schützt, wer nach der Leute ausgelassenem Gelächter und nach dem Rufe eines Witzboldes trachtet, wer Nieerlebtes erdichten, Anvertrautes nicht verschweigen kann; das ist eine wirklich schwarze Seele, den mußt du meiden, Römer!

(W. Schöne – H. Färber)

HW 10878b

852 **Hic porci cocti ambulant.**
Hier laufen gebratene Schweine herum.

PETRON, SATYRICA 45, 4

Tu si alicubi fueris, dices *hic porcos coctos ambulare.*

Du da wirst sagen, wenn du woanders gewesen bist, daß hier die Säue gebraten herumlaufen.

(K. Müller – W. Ehlers)

853 **Hic Rhodus, hic salta!**
Hier ist Rhodus, hier springe!

nach ÄSOP, FABULAE 203b Halm

Ἰδοὺ Ῥόδος, ἰδοὺ πήδημα!
(Ἰδοὺ Ῥόδος καὶ πήδημα.)
(Αὐτοῦ Ῥόδος καὶ πήδημα.)

(Idù Rhódos, idù pédema!)
(Idù Rhódos kaì pédema.)
(Autû Rhódos kaì pédema.)

Sieh', hier ist Rhodos; sieh' auch die Sprunggrube!

HW 10908; 37199c

ERASMUS, ADAGIA 3, 3, 28

854 **Hic supremus felicitati eius cumulus accessit.**
Dies kam als Gipfel zu seinem Glück hinzu.

vgl. CICERO, AD ATTICUM 4, 21 (19), 2 K.

Ad summam laetitiam meam, quam ex tuo reditu capio, magnus illius adventus *cumulus accedit.*

Wirklich, all meiner Freude über Deine Heimkehr setzt es die Krone auf, daß er* mitkommt. (* Gemeint ist Dionysius, ein Sklave des Atticus; *November 54 v. Chr.*)

(H. Kasten)

855 **Hic ver adsiduum atque alienis mensibus aestas.**
Hier blüht dauernder Lenz, hier strahlt fast zeitloser Sommer.

VERGIL, GEORGICA 2, 149 (aus den LAUDES ITALIAE)
(J. Götte)

856 **Hinc illae irae!**
Daher dieser Zornesausbruch!
(vgl.: Da liegt der Hund begraben!)

nach TERENZ, ANDRIA 126

Hinc illae lacrumae!

857 **Hinc illae lacrimae!**
Daher diese Tränen!

TERENZ, ANDRIA 126

SI.... Attat hoc illud est,
hinc illae lacrumae, haec illast misericordia.
So. Quam timeo, quorsum evadas.

SIMO: . . .«Aha! Das ist es, das!
Daher die Tränen! Das ist der Grund des Mitgefühls!
SOSIA: Wie bangt mir, wo das enden wird!

(J. J. C. Donner)

HORAZ, EPISTULAE 1, 19, 41: *Hinc illae lacrimae.*

HW 10933a; 37202

ERASMUS, ADAGIA 1, 3, 68

858 **Hinc omne principium, huc refer exitum!**
Von hier nimm den Anfang, hierauf bezieh das Ende!

HORAZ, CARMINA 3, 3, 6

Dis te minorem quod geris, imperas:
hinc omne principium, huc refer exitum.
  Di multa neglecti dederunt
    Hesperiae mala luctuosae.

Dein ist, so du den Göttern dich beugst, das Reich:
das Erste laß sie, laß sie das Letzte sein!
  Die Leiden all, den Jammer brachte
    Götterverachtung Hesperiens Lande.

(Kayser – Nordenflycht – Burger – Färber)

859 **Hinc te aufer!**
Pack dich!

TERENZ, PHORMIO 559

G. *Aufer te hinc!*

GETA: Weg da!

(J. J. C. Donner)

860 **Hinc totam infelix vulgatur fama per urbem.**
Über die ganze Stadt hin drang (von hier) die Kunde des Unheils.

VERGIL, AENEIS 12, 608

(J. Götte)

861 **hircum olere**
stinken wie ein Bock

z. B. Horaz, Sermones 1, 2, 26f.

Facetus
pastillos Rufillus *olet,* Gargonius *hircum:*
nil medium est.

Der Elegant Rufillus duftet nach Pastillen, Gargonius nach dem Ziegenbock.
Die rechte Mitte kennt man nicht.

(W. Schöne – H. Färber)

Erasmus, Adagia 3, 4, 66

862 **Hirundines aestivo tempore praesto sunt, frigore pulsae recedunt. Ita falsi amici.**
Die Schwalben sind im Sommer zur Stelle; von der Kälte vertrieben, ziehen sie ab. So auch die falschen Freunde.

Auctor ad Herennium 4, 61

Ita, ut *hirundines aestivo tempore praesto sunt, frigore pulsae recedunt,* item *falsi amici* sereno vitae tempore praesto sunt; simulatque hiemem fortunae viderunt, devolant omnes.

So wie die Schwalben zur Sommerszeit sich einstellen und von der Kälte vertrieben wieder wegziehen, ebenso sind falsche Freunde zur heiteren Zeit des Lebens zugegen; sobald sie aber den Winter des Glücks bemerken, sind sie alle auf und davon.

HW 37207a

863 **His nunc praemium est, qui recta prava faciunt.**
Die erhalten heutzutage eine Belohnung, die das Gerade krumm machen.

Terenz, Phormio 771

De. *Eis nunc praemiumst, qui recta prava faciunt.*
Ge. Verissume.

Demipho: Jetzt wird noch belohnt, wer Recht verkehrt in Unrecht.
Geta: Sehr wahr!

(J. J. C. Donner)

HW 10952

864 **Historia vitae magistra.**
Die Geschichte ist die Lehrmeisterin des Lebens.

vgl. Cicero, De Oratore 2, 36

Historia vero testis temporum, lux veritatis, vita memoriae, *magistra vitae,* nuntia vetustatis, qua voce alia nisi oratoris immortalitati commendatur?

Und die Geschichte vollends, die vom Gang der Zeiten Zeugnis gibt, das Licht der Wahrheit, die lebendige Erinnerung, Lehrmeisterin des Lebens, Künderin von alten Zeiten, durch welche Stimmen, wenn nicht die des Redners, gelangt sie zur Unsterblichkeit?

(H. Merklin)

vgl. auch Cicero, Tusculanae disputationes 2, 16: *magistra vitae* philosophia.

HW 10965b

865 **Hoc age!**
Das tu!

HORAZ, EPISTULAE 1, 18, 88

Dulcis inexpertis cultura potentis amici:
expertus metuit. Tu, dum tua navis in alto est,
hoc age, ne mutata retrorsum te ferat aura.

Reizvoll beim ersten Erproben ist ehrender Dienst beim mächtigen Gönner;
Erfahrung macht bedenklich. Dir rate ich: solange dein Schifflein auf hoher See ist,
bleib' aufmerksam, daß nicht umspringende Wetterlaune dich rückwärts treibt.

(W. Schöne – H. Färber)

vgl. HW 10974

ERASMUS, ADAGIA 5, 1, 19

866 **Hoc erat in votis.**
Das gehörte zu meinen Herzenswünschen.

HORAZ, SERMONES 2, 6, 1

Hoc erat in votis: modus agri non ita magnus,
hortus ubi et tecto vicinus iugis aquae fons
et paulum silvae super his foret.

Das war so meiner Sehnsucht Wunsch: ein Ackergut auf nicht zu großem Raume, dazu ein Garten und dem Haus benachbart ein frisch rinnender Quell und oben am Bergeshang ein Fleckchen Wald.

(W. Schöne – H. Färber)

HW 37215

867 **Hoc est | vivere bis: vita posse priore frui.**
Das heißt zweimal leben: das frühere Leben genießen können.

HW 37216

868 **Hoc feci, dum licuit, intermisi, quoad non licuit.**
Das tat ich, solange es erlaubt war, und unterließ es, solange es nicht erlaubt war.

CICERO, ORATIONES PHILIPPICAE 3, 33

Hanc vero nactus facultatem nullum tempus, patres conscripti, dimittam neque diurnum neque nocturnum, quin de libertate populi Romani et dignitate vestra, quod cogitandum sit, cogitem, quod agendum atque faciendum, id non modo non recusem, sed etiam appetam atque deposcam. *Hoc feci, dum licuit; intermisi, quoad non licuit.*

Doch jetzt, wo sich mir die Möglichkeit dazu eröffnet hat, soll kein Augenblick vergehen, versammelte Väter, weder bei Tage noch bei Nacht, ohne daß ich, was man für die Freiheit des römischen Volkes und eure Vorrangstellung bedenken muß, bedenke und, was man dafür tun und durchsetzen muß, willig auf mich nehme, ja für mich fordere und beanspruche. So habe ich's einst gehalten, als es noch möglich war, und habe erst aufgehört, als es nicht mehr möglich war.

(M. Fuhrmann)

869 **Hoc habet.**
Das sitzt!
(Das rief man, wenn ein Gladiator tödlich getroffen war.)

PLAUTUS, MOSTELLARIA 715

TR. Tempus nunc est senem hunc adloqui mihi.
Hoc habet: repperi, qui senem ducerem,
quo dolo a me dolorem procul pellerem.
Accedam.

TRANIO: Doch nun ist's Zeit, den Alten anzureden. Halt,
Das tut's! Ich hab's heraus, wie ich ihn packen kann,
Wie ich durch List die Last vom Halse wälze. Ich will
Hin zu ihm.

(W. Binder – W. Ludwig)

HW 11013a

870 **Hoc Herculi, Iovis satu edito, potuit fortasse contingere, nobis non item.**
Das mochte vielleicht Herkules, der Saat des Zeus entsprossen, glücken, uns nicht ebenso.
(Gemeint ist Herkules am Scheideweg.)

CICERO, DE OFFICIIS 1, 118

(nach K. Büchner)

871 **Hoc pretium ob stultitiam fero.**
Diesen Lohn erhalte ich für meine Torheit.

TERENZ, ANDRIA 610

PA. Ubi ille est scelus, qui perdidit me? DA. Perii. PA. Atque hoc confiteor iure
mi obtigisse, quandoquidem tam iners, tam nulli consili sum.
Servon fortunas meas me commisisse futtili!
Ego *pretium ob stultitiam fero:* sed inultum numquam id auferet.

PAMPHILUS: Wo ist der Unhold, der mich heute ... DAVUS: Weh mir!
PAMPHILUS: Und ich muß bekennen,
Recht geschah mir, der so albern, so ganz ratlos gewesen,
Daß er einem Wicht von Sklaven anvertraut sein ganzes Glück!
Mir wurde meiner Torheit Lohn; doch er bezahlt mir auch dafür.

(J. J. C. Donner)

872 **Hoc signo vinces.**
In diesem Zeichen wirst du siegen!
(Kreuzeserscheinung vor der Schlacht an der Milvischen Brücke am 28. 10. 312)

nach EUSEBIUS, VITA CONSTANTINI 1, 28
HW 37220

873 **Hoc volo, sic iubeo! Sit pro ratione voluntas!**
Das will ich, so befehle ich's! Statt einer Begründung gelte mein Wille!

JUVENAL, SATURAE 6, 223
HW 11083; 37220g1

874 **Hodie mihi, cras tibi.**
Heute mir, morgen dir.

HW 11085a; 37220l

875 **Hominem experiri multa paupertas iubet.**
Die Armut läßt manch Wagnis uns versuchen.

Publilius Syrus, Sententiae H 8

(H. Beckby)

HW 11088; 37223c2

876 **Hominem improbum non accusari tutius est quam absolvi.**
Es ist sicherer, wenn ein schlechter Mensch nicht angeklagt wird, als wenn er freigesprochen wird.

Livius, Ab Urbe Condita 34, 4, 20

(H. J. Hillen)

877 **Hominem memento te!**
Denke daran, daß du nur ein Mensch bist!

Tertullian, Apologeticum 33, 4 (1, 511 D Migne)

Hominem se esse etiam triumphans in illo sublimissimo curru admonetur. Suggeritur enim ei a tergo: Respice post te, *hominem memento te*!

Daß er nur ein Mensch sei, daran wird sogar der Triumphator auf seinem Triumphwagen erinnert. Es wird ihm nämlich vom Rücken her zugerufen: Denke daran, du bist nur ein Mensch!

vgl. Plinius Maior, Naturalis Historia 33, 11

878 **Homines amplius oculis quam auribus credunt; longum iter est per praecepta, breve et efficax per exempla.**
Die Menschen haben mehr Vertrauen zu ihren Augen als zu ihren Ohren; lang ist der Weg durch Vorschriften, kurz und wirksam der durch Beispiele.

Seneca, Epistulae morales 6, 5

Plus tamen tibi et viva vox et convictus quam oratio proderit: in rem praesentem venias oportet, primum quia *homines amplius oculis quam auribus credunt;* deinde quia *longum iter est per praecepta, breve et efficax per exempla.*

Doch mehr als alle geschriebenen Worte wird dich ein Gespräch und unser Zusammensein fördern. So finde dich unbedingt an Ort und Stelle ein! Denn erstens trauen die Menschen ihren Augen mehr als ihren Ohren; und zweitens ist der Weg über die Belehrung lang, aber kurz und wirksam durch Vorbild und Beispiel.

(nach E. Glaser-Gerhard)

HW 11088a (... credunt quam auribus.)

879 **Homines dum docent, discunt.**
Während die Menschen lehren, lernen sie (auch).

Seneca, Epistulae morales 7, 8

HW 11088b

880 **Homines nihil agendo discunt male agere.**
Durch Müßiggang lernen die Menschen Übles tun.
(vgl.: Müßiggang ist aller Laster Anfang.)

CATO MAIOR, zitiert bei COLUMELLA, DE RE RUSTICA 11, 1, 26

Nam illud verum est M. Catonis oraculum:
'*Nihil agendo homines male agere discunt.*'

Denn wahr ist das Orakel des Marcus Cato:
«Durch Nichtstun lernen die Menschen übeltun.»

(W. Richter)

HW 11091a; 16627b; 37231

881 **Homines quo plura habent, eo cupiunt ampliora.**
Je mehr die Menschen besitzen, desto mehr begehren sie.

IUSTINUS, EPITOMA HISTORIARUM PHILIPPICARUM POMPEI TROGI 6, 1, 1

Lacedaemonii more ingenii humani, *quo plura habent, eo ampliora cupientes,* non contenti accessione Atheniensium opum vires sibi duplicatas totius Asiae imperium adfectare coeperunt.

Die Lakedaimonier waren – wie die Menschen so sind, die, je mehr sie haben, desto mehr begehren – nicht damit zufrieden, daß durch den Hinzugewinn der athenischen Mittel sich ihre Macht verdoppelt hatte, sondern begannen nach der Herrschaft über ganz Kleinasien zu streben.

HW 11092

882 **Homini necesse est mori.**
Der Mensch kann dem Tod nicht entrinnen.

CICERO, DE FATO 17

Nam 'Morietur Scipio' talem vim habet, ut, quamquam de futuro dicitur, tamen ut id non possit convertere in falsum: *de homine* enim dicitur, *cui necesse est mori.*

So hat z. B. der Satz: «Scipio wird sterben» die Kraft, daß er, wiewohl von der Zukunft ausgesagt, sich nicht (vom Wahren) ins Falsche verkehren kann: Er betrifft ja einen Menschen, für den der Tod etwas Unausweichliches ist.

(K. Bayer)

HW 11092b

883 **Hominis est errare, insipientis perseverare.**
Irren ist menschlich, verrückt aber, sich darauf zu versteifen.

CICERO, ORATIONES PHILIPPICAE 12, 5

Cuiusvis *hominis est errare,* nullius nisi *insipientis* in errore *perseverare.*

Jeder kann sich irren, doch nur der Unkluge verharrt bei seinem Irrtum.

(M. Fuhrmann)

884 **Hominis mores naturaque ex corpore, oculis, vultu, fronte pernoscuntur.**
Den Charakter eines Menschen liest man ab an seiner Gestalt, seinen Augen, seinem Gesichtsausdruck und an seiner Stirn. (vgl.: Man erkennt den Vogel an seinen Federn.)

CICERO, DE FATO 10

Quid? Socratem nonne legimus quemadmodum notarit Zopyrus physiognomon, qui se profitebatur *hominum mores naturasque ex corpore oculis vultu fronte pernoscere.*

Weiter: Können wir nicht nachlesen, wie Zopyros den Sokrates charakterisiert hat? Und er war als Physiognom ein Mann, der sich darauf verstand, den Charakter und die Naturveranlagung eines Menschen von seinem Körperbau, seinen Augen, seinen Gesichtszügen und seiner Stirn abzulesen.

(K. Bayer)

885 **Homo bonus semper tiro est.**
Ein guter Mensch bleibt immer ein Anfänger.

MARTIAL, EPIGRAMMATA 12, 51, 2 (Nachteil der Ehrlichkeit)

Tam saepe nostrum decipi Fabullinum
miraris, Aule? *Semper homo bonus tiro est.*

Dich wundert's, Aulus, daß Freund Fabullin häufig
betrogen wird? Wer brav, ist immer nur Neuling.

(R. Helm)

HW 37245 (*om.* est)

886 **Homo doctus in se semper divitias habet.**
Der Gebildete trägt immer Reichtum mit sich.

PHAEDRUS, FABULAE 4, 23, 1
HW 11097; 37251 b

887 **Homo ex veste vulgo aestimatur.**
Der Mensch wird gemeinhin nach seiner Kleidung eingeschätzt.

SENECA, EPISTULAE MORALES 47, 16

Quemadmodum stultus est, qui equum empturus non ipsum inspicit, sed stratum eius ac frenos, sic stultissimus est, qui *hominem* aut *ex veste* aut ex condicione, quae vestis modo nobis circumdata est, *aestimat.*

Ein Tor, wer beim Pferdekauf das Pferd selbst nicht besichtigt, sondern nur Pferdedecke und Zaumzeug – ein ganz besonders großer Tor aber ist, wer den Menschen nach seiner Kleidung oder der äußeren Stellung beurteilt, die uns wie ein Kleid umgehängt ist.

(E. Glaser-Gerhard)

888 **Homo homini aut lupus aut deus.**
Der Mensch ist für seinen Mitmenschen entweder ein Wolf oder ein Gott.

HW 11099b:

Homo homini deus est, si suum officium sciat.

Der Mensch ist für seinen Mitmenschen ein Gott, wenn er sich auf seine Pflicht versteht.

ERASMUS, ADAGIA 1, 1, 69.70

889 **Homo homini lupus.**
Der Mensch ist für seinen Mitmenschen ein Wolf.

PLAUTUS, ASINARIA 495

LE. ... neque me alter est Athenis hodie quisquam,
quoi credi recte aeque putent. ME. Fortassis: sed tamen me
numquam hodie induces, ut tibi credam hoc argentum ignoto.
Lupus est homo homini, non homo, quom, qualis sit, non novit.

LEONIDA: ... und in Athen lebt niemand bis auf diesen Tag,
Der nur das kleinste Mißtrauen in mich setzt. MERCATOR: Vielleicht.
Gleichwohl wirst du mich nicht bewegen, daß ich dir,
Solang du unbekannt mir bist, das Geld anvertraue:
Ein Wolf ist der Mensch dem Menschen, nicht ein Mensch,
Wenn man sich nicht kennt.

(W. Binder – W. Ludwig)

Kernsatz in der Staatslehre von Thomas HOBBES

HW 11100; 37254c

ERASMUS, ADAGIA 1, 1, 70

890 **homo novus**
ein Aufsteiger
(So bezeichnete man den ersten aus einer nichtadeligen Familie, dem es gelang, ein kurulisches Amt zu bekleiden und damit den Aufstieg in die Nobilität einzuleiten.)

z. B. CICERO, DE RE PUBLICA 1, 1

M. vero Catoni, *homini* ignoto et *novo,* quo omnes, qui isdem rebus studemus, quasi exemplari ad industriam virtutemque ducimur, certe licuit Tusculi se in otio delectare, salubri et propinquo loco.

M. Cato aber, einem unbekannten und ‹neuen› Manne, der uns allen, die wir nach denselben Dingen streben, ein Ideal ist, wodurch wir uns zu Tätigsein und männlicher Vollkommenheit leiten lassen, war es gewiß möglich, sich in Tusculum in Ruhe zu vergnügen, einem gesunden und nahe gelegenen Platz.

(K. Büchner)

HW 37257a

891 **homo observantissimus omnium officiorum**
ein Mensch, der seine Pflichten peinlich genau nimmt

PLINIUS MINOR, EPISTULAE 7, 30, 1

Torqueor, quod discipulum, ut scribis, optimae spei amisisti. Cuius et valetudine et morte impedita studia tua quidni sciam, cum sis *omnium officiorum observantissimus* cumque omnes, quos probas, effusissime diligas?

Es tut mir herzlich leid, daß Du einen – wie Du schreibst – zu den schönsten Hoffnungen berechtigenden Schüler verloren hast. Daß seine Krankheit und sein Tod Dich von den Studien abgehalten haben, wie sollte ich es nicht wissen, wo Du es doch mit allen Pflichten so ernst nimmst und alle, von denen Du etwas hältst, so grenzenlos liebhast!

(H. Kasten)

892 **Homo proponit, sed deus disponit.**
Der Mensch denkt sich etwas aus, aber Gott entscheidet.
(vgl.: Der Mensch denkt und Gott lenkt.)

THOMAS A KEMPIS (1379/80–1471), IMITATIO CHRISTI 1, 19, 2
HW 11102; 37258a

893 **Homo sine religione sicut equus sine freno.**
Ein Mensch ohne Religion ist wie ein Pferd ohne Zügel.

HW 11107

894 **Homo sum, humani nil a me alienum puto.**
Ich bin ein Mensch und denke, für alles Menschliche Verständnis zu haben.

TERENZ, HEAUTONTIMORUMENOS 77

ME. Chremes, tantumne ab re tuast oti tibi,
aliena ut cures ea, quae nil ad te attinent?
CH. *Homo sum: humani nil a me alienum puto.*
Vel me monere hoc vel percontari puta:
rectumst, ego ut faciam; non est, te ut deterream.

MENEDEMUS: Gönnt dein Geschäft denn, Chremes, dir so viele Zeit,
Daß Fremdes dich bekümmert, was dich nicht berührt?
CHREMES: Mensch bin ich; nichts, was menschlich, acht ich mir als fremd.
Nimm dieses Wort, als mahnt ich oder fragt ich dich,
Wenn's recht getan ist, um es selbst zu tun; wo nicht,
Davon dich abzuschrecken.

(J. J. C. Donner)

HW 11108

895 **Homo totiens moritur, quotiens amittit suos.**
Du stirbst so oftmal, wie dir Freunde sterben.

PUBLILIUS SYRUS, SENTENTIAE H 13

(H. Beckby)

HW 11110

896 **homo trium litterarum**
ein Mensch von drei Buchstaben
(d. h.: ein Dieb – lat. *fur*)

Erasmus, Adagia 2, 8, 89 (trium litterarum homo)

897 **Homunculi quanti sunt, cum recogito!**
Wie klein sind doch die Menschlein, wenn man's recht bedenkt!

Plautus, Captivi 51 (…, *quom recogito.*)

(W. Binder – W. Ludwig)

HW 11111a

898 **Honesta mors turpi vita potior.**
Ein ehrenvoller Tod ist einem schändlichen Leben vorzuziehen.

Tacitus, Agricola 33, 6

Proinde et honesta mors turpi vita potior,
et incolumitas ac decus eodem loco sita sunt; nec inglorium fuerit
in ipso terrarum ac naturae fine cecidisse.

Also ist ein ehrenvoller Tod einem Leben in Schande vorzuziehen,
und Rettung und Ehre liegen an derselben Stelle; auch wäre es nicht unrühmlich,
am Ende der Erde und der Welt zu fallen. (aus einer Feldherrnrede des Agricola)

(A. Städele)

HW 37263

899 **Honesta vita est beata.**
Ein anständiges Leben ist (auch) ein glückliches Leben.

Cicero, Tusculanae disputationes 5, 50

900 **Honestum est non semper, quod licet.**
Nicht immer ist anständig, was erlaubt ist.
Nicht immer ist das, was erlaubt ist, auch anständig.
(erlaubt i. S. v. nicht verboten)

901 **Honores mutant mores.**
Hohe Ämter verändern den Charakter.

HW 37280l; vgl. 11125 (…, sed raro meliores.)

902 **honoris causa**
ehrenhalber

Seneca, Epistulae morales 64, 8

903 **Honos alit artes.**
Ehre nährt die Künste.

CICERO, TUSCULANAE DISPUTATIONES 1, 4

Honos alit artes, omnesque incenduntur ad studia gloria, iacentque ea semper, quae apud quosque improbantur.

Die Ehre nährt die Kunst, der Ruhm treibt alle zur Arbeit an, und wo eine Kunst verachtet wird, da wird sie sich auch niemals entfalten können.

(O. Gigon)

HW 37282

ERASMUS, ADAGIA 1, 8, 92

904 **Honos est praemium virtutis.**
Anerkennung ist Lohn der Tugend.

CICERO, BRUTUS 281

Cum *honos* sit *praemium virtutis* iudicio studioque civium delatum ad aliquem, qui eum sententiis, qui suffragiis adeptus est, is mihi et honestus et honoratus videtur; qui autem occasione aliqua, etiam invitis suis civibus, nactus est imperium, ut ille cupiebat, hunc nomen honoris adeptum, non honorem puto.

Ehre ist der Lohn der Tüchtigkeit, durch das Urteil und die Zuneigung der Bürger auf jemanden übertragen. Wer sie aufgrund freier Meinungsäußerung, wer sie durch Abstimmung erlangt, der, scheint mir, ist ehrenwert und ehrenvoll. Wer aber nur aufgrund eines Zufalls, ja sogar gegen den Willen seiner Mitbürger an die Macht kommt, wie jener* es anstrebte, der hat, glaube ich, nur einen Ehrentitel erworben, aber keine Ehre. (*C. Scribonius Curio)

(B. Kytzler)

905 **Honos habet onus.**
Würde hat Bürde.

HW 37282b1; vgl. 11126:

Onus est *honos*, qui sustinet rem publicam.

Eine Last ist ein Ehrenamt, das den Staat aufrechterhält.

vgl. VARRO, DE LINGUA LATINA 5, 73:

Honos ab honesto *onere*.

906 **Honos reddatur dignis!**
Ehre erhalte, wer ihrer würdig!
(vgl.: Ehre, wem Ehre gebührt!)

907 **Hora, locus faciunt, quod fures non sua tollunt.**
Stunde und Ort verhindern, daß Diebe mit ihrer Beute davonkommen.

HW 11129

908 **Hora ruit.**
Die Stunde stürzt dahin.
(d. h.: Die Zeit vergeht wie im Fluge.)

HW 11129a

909 **horribile dictu, horribile visu**
schrecklich zu sagen, schrecklich anzusehen

vgl. z. B. VERGIL, AENEIS 3, 621

nec *visu* facilis nec *dictu* affabilis ulli

unerträglich dem Auge und unzugänglich dem Worte
(Gemeint ist der Kyklop Polyphem.)

(J. Götte)

HW 37287

910 **Hos ego versiculos feci, tulit alter honores.**
Diese Verse habe ich gedichtet; ein anderer aber nahm die Ehre dahin.

VITA VERGILI (Donatus auctus) 154 B.

Hos ego versiculos feci, tulit alter honorem.
Sic vos non vobis nidificatis aves.
Sic vos non vobis vellera fertis oves.
Sic vos non vobis mellificatis apes.
Sic vos non vobis fertis aratra boves.

Diese Verse habe ich gedichtet, ein anderer aber nahm die Ehre dahin.
So baut ihr nicht für euch das Nest, ihr Vögel.
So tragt ihr nicht für euch das Vlies, ihr Schafe.
So macht ihr nicht für euch den Honig, ihr Bienen.
So zieht ihr nicht für euch den Pflug, ihr Ochsen.

(J. Götte – K. Bayer)

HW 11156

911 **Hosti non solum danda via fugiendi, sed etiam munienda.**
Man muß dem Feind den Fluchtweg nicht nur öffnen, sondern ihn sogar noch bahnen.

vgl. VEGETIUS, EPITOMA REI MILITARIS 3

Ideoque Scipionis laudata sententia est,
qui dixit *viam hostibus, qua fugerent, muniendam.*

Daher lobt man Scipios Ansicht, der da sagte,
Feinden müsse man eine Bahn ebnen, auf der sie fliehen können.

vgl. HW 37292c1a (Hosti fugienti pontem substerne aureum!)

912 **Hostis est uxor invita.**
Ein Feind ist eine widerwillige Gattin.

PLAUTUS, STICHUS 140

PAN. Stultitiast, pater, venatum ducere invitas canes.
Hostis est uxor, invita quae viro nuptum datur.

PANEGYRIS: Dumm ist's, wenn man den Hund zum Jagen tragen muß.
Des Mannes Feind ist die aufgezwungene Frau.

(W. Binder – W. Ludwig)

913 **Huc usque nec amplius!**
Bis hierher und nicht weiter!

HW 37295

914 **Huic quantam fenestram ad nequitiem patefecisti!**
Welch weites Fenster hast du dem zur Schlechtigkeit geöffnet!

TERENZ, HEAUTONTIMORUMENUS 481

CH. Nam si semel tuom animum ille intellexerit,
prius proditurum te tuam vitam et prius
pecuniam omnem, quam abs te amittas filium: hui,
huic quantam fenestram ad nequitiem patefeceris...

CHREMES: Denn wenn er einmal deinen Sinn erkannt und sieht,
Daß du des Lebens Glück und all dein Gut
Aufopfern lieber als den Sohn verlieren willst:
Welch breite Pforten öffnest du der Schlechtigkeit! (Chremes zu Menedemus)

(J. J. C. Donner)

ERASMUS, ADAGIA 1, 4, 3 (fenestram aperire & similes metaphorae)

915 **Humanas actiones non ridere, non lugere neque detestari, sed intellegere (studui).**
Die Handlungen der Menschen nicht zu belächeln, nicht zu beweinen noch sie zu verabscheuen, sondern zu verstehen (war mein Bestreben).

B. SPINOZA (1632–1677), TRACTATUS POLITICUS 1, 4

916 **Humanum amare est, humanum autem ignoscere est.**
Es ist menschlich zu lieben, aber auch menschlich zu verzeihen.

PLAUTUS, MERCATOR 319

Humanum amarest atque id vei optingit deum;
(andere Lesart: *Humanum amarest, humanum autem ignoscere est.*)
Ne sis obiurga: hoc non voluntas me impulit.

Lieben ist menschlich, und es geschieht nach Götterwillen.
Schelte mich drum nicht, nicht freie Wahl trieb mich dazu.

(W. Binder – W. Ludwig)

I

917 **Iactantiae comes invidia.**
Begleiter des Prahlens ist der Neid.

HW 13012a; 37701a2

Erasmus, Agagia 3, 10, 52

918 **Iam dudum animus est in patinis.**
Schon lange wohnt mein Sehnen bei den Schüsseln
(Sagt der Sklave Sanga.)

Terenz, Eunuchus 816

919 **Iam finis erat.**
Schon war das Ende da.

Vergil, Aeneis 1, 223

Et *iam finis erat,* cum Iuppiter aethere summo
dispiciens mare velivolum terrasque iacentis
litoraque et latos populos sic vertice caeli
constitit et Libyae defixit lumina regnis.

Schon schwieg alles, als Jupiter hoch vom Äthergewölbe
spähte aufs segelschimmernde Meer, auf ruhende Lande,
Küsten und Völker umher. Dann blieb er im Scheitel des Himmels
stehn und heftete fest seinen Blick auf Libyens Reiche.

(J. Götte)

920 **Iam proximus ardet Ucalegon!**
Schon brennt es beim Nachbarn Ukalegon!
(Ukalegon war ein Trojaner, der das Haus neben dem des Äneas bewohnte.)

Vergil, Aeneis 2, 311 f.

921 **Iamque non pugna, sed caedes erat.**
Schon war es kein Kampf mehr, ein Niedermachen war's.

Curtius Rufus, Historia Alexandri Magni 4, 15, 32

HW 37704

922 **Iamque quiescebant voces hominumque canumque.**
Schon schwiegen die Stimmen der Menschen und Hunde.

OVID, TRISTIA 1, 3, 27; vgl. VERGIL, AENEIS 4, 522ff.

923 **Iam victi vicimus.**
Wir, die Besiegten, sind nun Sieger.

PLAUTUS, CASINA 510

CH. Nostro omine it dies: *iam victi vicimus.*

CHALINUS: Unser Glücksstern leuchtet jetzt:
Wir, die Besiegten, siegen.

(W. Binder – W. Ludwig)

HW 33296

924 **Id demum est homini turpe, quod meruit pati.**
Das erst ist eine Schmach für den Menschen, was er zu erleiden verdient hat.

PHAEDRUS, FABULAE 3, 11, 7

HW 11351a

925 **Idem velle et idem nolle, ea demum firma amicitia est.**
Dasselbe wollen und dasselbe nicht wollen, das ist ja erst feste Freundschaft.
(Catilina zu seinen Mitverschworenen.)

SALLUST, CONIURATIO CATILINAE 20, 4

Nam *idem* ...

(W. Eisenhut – J. Lindauer)

vgl. aber SENECA, EPISTULAE MORALES 20, 5 (s. auch 109, 16):
Quid est sapientia: semper idem velle atque idem nolle.
Was ist Weisheit? Stets dasselbe wollen und dasselbe nicht wollen.

(M. Rosenbach)

HW 11367c

926 **id est**
(Abk.: i. e.)
d. h.

927 **Id facere laus est, quod decet, non quod licet.**
Das zu tun ist löblich, was sich schickt, nicht was man darf.

Seneca, Octavia 454

Ne. Inertis est nescire, quid liceat sibi.
Se. *Id facere laus est, quod decet, non quod licet.*
Ne. Calcat iacentem vulgus. Se. Invisum opprimet.
Ne. Ferrum tuetur principem. Se. Melius fides.

Nero: Von Schwäche zeugt's zu wissen nicht, was einer darf.
Seneca: Lob bringt zu tun, was ziemt, nicht was erlaubt.
Nero: Mit Füßen tritt der Pöbel den, der liegt. Seneca: Es stürzet, den es haßt.
Nero: Das Schwert, es schützt den Fürsten. Seneca: Besser wär's: die Treu.

HW 11352; 37311

928 **Id maxime quemque decet, quod est cuiusque suum maxime.**
Das ziemt jedem am meisten, was seinem Wesen am meisten entspricht.

Cicero, De officiis 1, 113

Quae contemplantes expendere oportebit, quid quisque habeat sui, eaque moderari nec velle experiri, quam se aliena deceant: *id* enim *maxime quemque decet, quod est cuiusque maxime* ⟨suum⟩.

Wenn man das* betrachtet, wird es nötig sein, abzuwägen, was jeder Eigenes hat, und dies zu entwickeln und nicht auszuprobieren, wie ihm Fremdes ansteht. Das nämlich steht einem jeden am meisten an, was einem jeden besonders ⟨eigen⟩ ist. (*Gemeint sind die Beispiele Odysseus und Aias.)

(K. Büchner)

929 **Ieiunus raro stomachus vulgaria temnit.**
Ein nur selten nüchterner Magen verachtet das Gewöhnliche.

Horaz, Sermones 2, 2, 38

... volgaria temnit.

Und was alltäglich ist, lehnt ein Magen ab, der selten Hunger spürt.

(W. Schöne – H. Färber)

HW 13083

930 **Ignavis semper feriae sunt.**
Faule haben ständig Ferien.

HW 11374; 37317f2

Erasmus, Adagia 2, 6, 12

931 **Ignavus servos rector facit esse protervos.**
Ein fauler Aufseher macht die Sklaven frech.

(vgl.: Wie der Herr, so's G'scherr.)

HW 11379

932 **ignem igne incitare**
Feuer mit Feuer anfachen

SENECA, DE IRA 2, 20, 2

Naturam quidem mutare difficile est, nec licet semel mixta nascentium elementa convertere; sed in hoc nosse profuit, ut calentibus ingeniis subtrahas vinum, quod pueris Plato negandum putat et *ignem* vetat *igne incitari.*

Freilich ist es schwer, sein Wesen zu wandeln, und unmöglich lassen sich die bei der Geburt ein für allemal gemischten Elemente austauschen. Doch ist es in jedem Fall gut zu wissen, daß man Feuerköpfen den Wein vorenthalten soll. Platon* meint, man solle ihn den Kindern versagen, und warnt davor, Öl ins Feuer zu gießen. (*Platon, Leges 666a)

(G. Fink)

vgl. ERASMUS, ADAGIA 1, 2, 8 (Ignem igni ne addas!)

933 **Ignem ne gladio fodito!**
Stochere nicht mit dem Schwert im Feuer herum!

HIERONYMUS, ADVERSUS RUFINUM 3, 39 (23, 508 Migne)

... gladio ne fodito!

HW 37320

ERASMUS, ADAGIA in 1, 1, 2

934 **Ignis aurum probat.**
Gold prüft man im Feuer.

SENECA, DE PROVIDENTIA 5, 10

Ignis aurum probat, miseria fortes viros. Vide, quam alte escendere debeat virtus: scies illi non per secura vadendum.

Feuer prüft Gold, Unbill mutige Männer. Sieh, wie hoch ein Held sich erheben muß! Nun wird dir klar, daß er nicht auf sicherer Bahn gehen darf.

(G. Fink)

HW 11393 (..., miseria fortes viros.)

935 **Ignis quo clarior fulsit, citius exstiguitur.**
Je heller ein Feuer auflodert, desto rascher erlischt es.

SENECA, AD MARCIAM DE CONSOLATIONE 23, 4

Ignis, quo clarior fulsit, citius exstinguitur; vivacior est, qui cum lenta ac difficili materia commissus fumoque demersus ex sordido lucet: eadem enim detinet causa, quae maligne alit. Sic ingenia, quo illustriora, breviora sunt; nam ubi incremento locus non est, vicinus occasus est.

Ein Feuer muß, je heller es aufleuchtet, desto schneller erlöschen. Eher hält eines vor, das mit schwer entflammbarem, ungeeignetem Material zu kämpfen hat, im Qualm fast erstickt und nur ein trübes Licht gibt. Der gleiche Stoff läßt es ja länger schwelen, der es nur kärglich nährt. So leben Genies, je heller sie erstrahlen, desto kürzere Zeit; wo nämlich eine Steigerung unmöglich ist, da ist das Ende nicht mehr weit.

(G. Fink)

936 **Ignoramus et ignorabimus.**
Wir wissen es nicht und werden es auch nie wissen.

Emil DU BOIS-REYMOND (1818–1896), «Über die Grenzen des Naturerkennens» (Rede 1872)

937 **Ignorantia facti excusat, ignorantia iuris nocet.**
Unkenntnis von Tatsachen gilt als Entlastung, Rechtsunkenntnis schadet.

PAULUS, LIBER SINGULARIS DE IURIS ET FACTI IGNORANTIA (DIGESTA 22, 6, 9 pr.)

Regula est iuris quidem ignorantiam cuique nocere,
facti vero *ignorantiam* non nocere.

Als Regel hat zu gelten: Rechtsunkenntnis schadet jedermann,
Unkenntnis von Fakten hingegen nicht.

938 **Ignorantia iuris, quod quisque tenetur scire, neminem excusat.**
Unkenntnis des Rechts, das jeder zu kennen gehalten ist, entschuldigt keinen.

vgl. D. Liebs, J 13

939 **Ignorantia legis neminem excusat.**
Gesetzesunkenntnis entschuldigt niemanden.

D. Liebs, J 13

940 **Ignoratio futurorum malorum utilior est quam scientia.**
Um künftige Übel nicht zu wissen ist nützlicher als sie zu kennen.

CICERO, DE DIVINATIONE 2, 23

Certe igitur *ignoratio futurorum malorum utilior est quam scientia.* Nam illud quidem dici, praesertim a Stoicis, nullo modo potest: 'Non isset ad arma Pompeius, non transisset Crassus Euphratem, non suscepisset bellum civile Caesar.' Non igitur fatalis exitus habuerunt?

Es ist demnach die Unkenntnis künftigen Unheils gewiß von größerem Nutzen als ein entsprechendes Wissen. Denn folgendes kann man jedenfalls nicht behaupten, zumal die Stoiker können es nicht: «Pompeius hätte sich eben nicht auf einen Waffengang eingelassen; Crassus hätte den Euphrat nicht überschritten; Caesar hätte den Bürgerkrieg nicht unternommen»: War also der Tod, den sie fanden, doch nicht vom Schicksal bestimmt?

(Chr. Schäublin)

941 **Ignoscas aliis multa, tibi nihil!**
Andern magst du viel verzeihen, dir nichts!

AUSONIUS, SEPTEM SAPIENTUM SENTENTIAE 3, 4

HW 11415 (..., nihil tibi!)

942 **Ignoti nulla cupido**
Nach Unbekanntem hat man kein Verlangen.

OVID, ARS AMATORIA 3, 397

HW 11419; 37329f3; vgl. 37326c2 (Ignoranti nulla cupido.)

943 **Ignotum per ignotius.**
Erklärung von etwas Unbekanntem durch (noch) Unbekannteres.

944 **Iliacos intra muros peccatur et extra.**
Innerhalb und außerhalb der Mauern von Ilion (Troja) wird gesündigt.
(Während der Belagerung von Troja kommt es bei beiden Parteien zu Streit, z. B. zwischen Achilles und den Atriden Agamemnon und Menelaus, oder Vertragsbruch, z. B. durch Pandaros.)

Horaz, Epistulae 1, 2, 16

Nestor componere litis
inter Peliden festinat et inter Atriden:
hunc amor, ira quidem communiter urit utrumque.
Quidquid delirant reges, plectuntur Achivi.
Seditione, dolis, scelere atque libidine et ira
Iliacos intra muros peccatur et extra.

Nestor will Streit beilegen:
lebhaft vermittelt er, jetzt dem Peliden, jetzt dem Atriden zuredend. Hier schürt Liebe den Brand, Zorn lodert hier wie dort gleich heftig. Der Fürsten Wahn sät Hader, den Völkern blühen die Streiche. Zwist, Ränke, Frevel, Willkür und Zorn: sie treiben's arg in Trojas Mauern, arg treiben sie's vor Trojas Mauern.

(W. Schöne – H. Färber)

HW 11427; 37329k1

945 **Ilias post Homerum**
nach Homer noch einmal eine Ilias (schreiben wollen)
(d. h.: etwas völlig Unnützes beginnen)

W. Binder 693 (Iliada post Homerum scribit.)

946 **Illa dolet vere, quae sine teste dolet.**
Die (Frau) trauert wirklich, die ohne Augenzeugen trauert.
(d. h.: …, die auch dann trauert, wenn niemand sie sieht.)

Martial, Epigrammata 1, 33, 4

947 **Ille crucem sceleris pretium tulit, hic diadema.**
Jener wurde für sein Verbrechen gekreuzigt, dieser gekrönt.

Juvenal, Saturae 13, 105

HW 11438a

948 **Illi robur et aes triplex circa pectus erat.**
Jener hatte Eichenholz und drei Lagen Erz um die Brust.

HORAZ, CARMINA 1, 3, 9f.

Illi robur et aes triplex
circa pectus erat, qui fragilem truci
conmisit pelago ratem
primus...

Dreifach wappneten Erz und Holz
Dem die Brust, der zuerst trotziger Meeresflut
Den zerbrechlichen Kiel vertraut,
Ohne Furcht...

(Kayser – Nordenflycht – Burger – Färber)

949 **Illo neminem reperire potest sui similiorem.**
Er kann keinen finden, der ihm ähnlicher wäre als jener.
(vgl.: Er gleicht ihm wie ein Ei dem andern.)

CICERO, ORATIONES PHILIPPICAE 3, 31

In Galliam mutilatum ducit exercitum, cum una legione, et ea vacillante, L. fratrem exspectat, *quo neminem reperire potest sui similiorem.* Ille autem ex myrmillone dux, ex gladiatore imperator quas effecit strages, ubicumque posuit vestigium!

Nach Gallien führt er sein geschrumpftes Heer; mit nur einer Legion, die überdies schwankt, wartet er auf seinen Bruder Lucius – auf jemanden, der ihm so ähnlich ist wie kein anderer.* Doch der, einst ein Fechter, jetzt Truppenführer, einst Schwertkämpfer, jetzt Feldherr: was für Verheerungen hat er angerichtet, wohin er auch seinen Fuß setzte! (*Gemeint sind Marcus und Lucius Antonius.)

(M. Fuhrmann)

950 **illotis manibus**
mit ungewaschenen Händen
(d. h.: ohne gehörige Vorbereitung)

z. B. GAIUS, AD LEGEM DUODECIM TABULARUM 1 (DIGESTA 1, 2, 1)

Deinde si in foro causas dicentibus nefas, ut ita dixerim, videtur esse nulla praefatione facta iudici rem exponere: quanto magis interpretationem promittentibus inconveniens erit omissis initiis atque origine non repetita atque *illotis,* ut ita dixerim, *manibus* protinus materiam interpretationis tractare?

Wenn es sodann für Anwälte, die auf dem Forum einen Prozeß führen, sozusagen frevelhaft ist, ohne jedes Vorwort dem Richter den Fall vorzutragen, wieviel mehr muß es für Leute, die sich anheischig machen, eine Rechtsauslegung zu bieten, ungehörig sein, ohne jede Einführung, ohne auf die Entstehung zurückzugreifen, sozusagen mit ungewaschenen Händen, sogleich den Gegenstand der Interpretation anzupacken?

ERASMUS, ADAGIA 1, 9, 55

951 **illud amicitiae sanctum ac venerabile nomen**
jenes geheiligte und verehrungswürdige Wort ‹Freundschaft›

OVID, EPISTULAE EX PONTO 2, 3, 19; TRISTIA 1, 8, 15

Illud amicitiae quondam *venerabile nomen*
prostat et in quaestu pro meretrice sedet.

Und jener Name der Freundschaft, verehrungswürdig vorzeiten,
steht auf dem Markte und ist gleich einer Buhlerin feil.

(W. Willige)

HW 11496

952 **illud iucundum nil agere**
jenes angenehme Nichtstun

PLINIUS MINOR, EPISTULAE 8, 9, 1

Olim non librum in manus, non stilum sumpsi, olim nescio, quid sit otium, quid quies, quid denique *illud* iners quidem, *iucundum* tamen *nihil agere*, nihil esse; adeo multa me negotia amicorum nec secedere nec studere patiuntur.

Seit langem habe ich kein Buch, keinen Griffel in die Hand genommen, seit langem weiß ich nicht, was Muße, was Ruhe, was jenes träge, aber doch so angenehme Nichtstun und Nichtssein ist, so wenig lassen die zahlreichen Verpflichtungen gegen meine Freunde mich dazu kommen, mich zurückzuziehen und zu studieren.

(H. Kasten)

953 **Immensum gloria calcar habet.**
Einen ungeheuren Ansporn bedeutet der Ruhm.

OVID, EPISTULAE EX PONTO 4, 2, 36

Excitat auditor studium, laudataque virtus
crescit, et *inmensum gloria calcar habet.*

Denn es ermuntert der Hörer den Eifer, und lobt man die Tugend,
nimmt sie zu, ist der Ruhm doch ein gewaltiger Sporn.

(W. Willige)

HW 11530c

954 **Impavidum ferient ruinae.**
Einen Furchtlosen werden die Trümmer erschlagen.

HORAZ, CARMINA 3, 3, 8

Si fractus illabatur orbis,
inpavidum ferient ruinae.

Selbst wenn der Weltbau krachend einstürzt,
Treffen die Trümmer noch einen Helden.

(Kayser – Nordenflycht – Burger – Färber)

HW 11560

955 **Impedit ira animum, ne possit cernere verum.**
Es hindert der Zorn den Geist, das Wahre zu erkennen.

CATONIS DISTICHA 2, 4, 2 (PLM III 223, 4 B.)

HW 11566

956 **Imperare sibi maximum imperium est.**
Sich selbst beherrschen ist die größte Herrschaft.

SENECA, EPISTULAE MORALES 113, 30

O quam magnis homines tenentur erroribus, qui ius dominandi trans maria cupiunt permittere felicissimosque se iudicant, si multas... provincias obtinent et novas veteribus adiungunt, ignari, quod sit illud ingens parque dis regnum: *imperare sibi maximum imperium est.*

Ach, welch grundlegende Irrtümer halten die Menschen im Bann, die ihr Herrschaftsrecht über die Meere hinweg auszuweiten trachten und sich für Glückskinder halten, wenn sie viele... Provinzen besetzt halten und den alten neue angliedern: Sie wissen eben nicht, daß es ein gewaltiges, den Göttern gleiches Reich gibt: sich selbst beherrschen, das ist jenes gewaltigste Reich!

(nach M. Rosenbach) 11572a

HW 11572a

957 **Imperat aut servit collecta pecunia cuique.**
Es gebietet oder dient das angesammelte Geld einem jeden.

HORAZ, EPISTULAE 1, 10, 47

Imperat aut servit collecta pecunia cuique,
tortum digna sequi potius quam ducere funem.

Herr oder Sklav ist das erworbene Geld dem Erwerber;
recht gewertet, sollte es nachtraben an handfestem Strick, nicht Treiber sein.

(W. Schöne – H. Färber)

958 **Impia nulla diu gens superesse potest.**
Ein gottloses Volk kann nicht lange überleben.

J. ALBINUS, S. 80

959 **Impia sub dulci melle venena latent.**
Unter süßem Honig lauern verruchte Gifte.

OVID, AMORES 1, 8, 104

HW 11594

960 **Improbe Amor, quid non mortalia pectora cogis!**
Liebesdämon, wozu treibst du nicht sterbliche Herzen!.

VERGIL, AENEIS 4, 412

(J. Götte)

HW 11628

961 **in absentia**
in Abwesenheit

962 **in aëre aedificare**
Luftschlösser bauen

AUGUSTINUS, SERMONES 2, 6, 7 (38, 30 Migne)

... ne subtracto fundamento rei gestae *in aëre* quaeratis *aedificare.*

... damit ihr nicht nach Wegfall der Geschäftsgrundlage gewissermaßen in die Luft baut.

963 **in aëre piscari, in mari venari**
in der Luft fischen, auf dem Wasser jagen

PLAUTUS, ASINARIA 99

DE. Qua me, qua uxorem, qua tu servom Sauream
potes, circumduce, aufer: promitto tibi
non obfuturum, si hodie effeceris.
LI. Iubeas una opera me *piscari in aëre,*
venari autem rete iaculo *in* medio *mari.*

DEMAENETUS: Wie du's bei mir, bei meiner Frau, bei deren Knecht,
Dem Saurea, anstellst: nimm, wo was zu kriegen ist.
Mein Wort darauf, ich bin dir nicht im Wege, wenn
Noch heute du das ausführst. LIBANUS: Das ist ebenso,
Als hießest du mich Fische fangen in der Luft
und jagen auf dem Meere mit dem Wurfnetz.

(W. Binder – W. Ludwig)

HW 11659; 37377d

ERASMUS, ADAGIA 1, 4, 74 (..., venari in mari)

964 **In alienis vitiis sumus oculati, in nostris caeci.**
Für fremde Fehler haben wir scharfe Augen, für die eigenen sind wir blind.

J. ALBINUS, S. 48

965 **In alium quendam orbem delatus sibi videbatur.**
Es schien ihm, als wäre er in eine andere Welt verschlagen.

PETRON, SATYRICA 1, 2

Num alio genere furiarum declamatores inquietantur, qui clamant: 'Haec vulnera pro libertate publica excepi, hunc oculum pro vobis impendi...' Haec ipsa tolerabilia essent, si ad eloquentiam ituris viam facerent. Nunc et rerum tumore et sententiarum vanissimo strepitu hoc tantum proficiunt, ut, cum in forum venerint, *putent se in alium orbem terrarum delatos.*

Man fragt sich, ob die Deklamatoren von neuartigen Furien gehetzt sind, wenn sie schreien: «Hier diese Wunden habe ich mir im Kampf um die Freiheit der Nation geholt, das Auge habe ich für euch geopfert...» Dies wäre noch erträglich, wenn es den Jüngern der Eloquenz den Weg ebnete. Wie die Dinge liegen, kommen sie mit den gespreizten Themen ebenso wie mit dem völlig nichtssagenden Redeschwall nur so weit, daß sie bei ihrem Auftritt vor Gericht wie vom Himmel gefallen dastehen.

(K. Müller – W. Ehlers)

966 **inanis quaedam profluentia loquendi**
eine Art von leer dahinfließendem Geschwätz

CICERO, PARTITIONES ORATORIAE 81

(K. u. G. Bayer)

967 **In aqua scribis.**
Du schreibst auf Wasser.
(d. h.: Die Mühe kannst du dir sparen.)

Catull, Carmina 70, 3

Dicit: sed mulier cupido quod dicit amanti,
in vento et rapida *scribere* oportet *aqua*.

Sagen tut sie's. Doch was ein Weib dem Liebhaber sagte,
All das kann man sogleich schreiben in Wasser und Wind.

(W. Eisenhut)

vgl. Sophokles, fr. 742 N.:

Ὅρκον δ' ἐγὼ γυναικὸς εἰς ὕδωρ γράφω.
(Hórkon d' egò gynaikòs eis hýdor grápho.)

HW 37380

Erasmus, Adagia 1, 4, 56

968 **In arena aedificas.**
Du baust auf Sand.

vgl. Matthaeus 7, 26: qui *aedificat* domum suam super *arenam*.

HW 11665a

Erasmus, Adagia 1, 4, 57

969 **In audaces non est audacia tuta.**
Gegen Kühne bietet Kühnheit keine Sicherheit.

Ovid, Metamorphoses 10, 544

Te quoque, ut hos timeas, si quid prodesse monendo
possit, Adoni, monet, 'fortis' que 'fugacibus esto':
inquit, '*in audaces non est audacia tuta.*
Parce meo, iuvenis, temerarius esse periclo.'

Mahnt, o Adonis, auch dich, sich zu fürchten, ob sie mit Mahnen
etwas erreiche; sie spricht: «Sei tapfer denen, die flüchten,
gegen die Mutigen kann der Mut keine Sicherheit bieten.
Jüngling, ich bitte dich, sei nicht kühn auf meine Gefahr ...»
(Venus ermahnt Adonis.)

(E. Rösch)

HW 11666

970 **in aurem utramvis otiose ut dormias**
damit du auf welchem Ohr du willst in Ruhe schlafen kannst

Terenz, Heautontimorumenos 342

Clit. Hem,
quid dixti? Sy. Ademptum tibi iam faxo omnem metum,
in aurem utramvis otiose ut dormias.
Clit. Quid ago nunc? Clin. Tune? Quod boni.

Clitipho: Na! Was sagtest du? Syrus: Dich will ich so
Von aller Angst erlösen, daß du ganz in Ruh
Auf beiden Ohren schlafen kannst. Clitipho: Was mach ich jetzt?
Clinia: Du? Was für dich gut ist.

(J. J. C. Donner)

HW 37385a1

Erasmus, Adagia 1, 8, 19 (in utramvis dormire aurem); 4, 1, 43 (... oculum)

971 **In bonum virum non cadit mentiri.**
Ein guter Mann kommt nicht in die Lage zu lügen.

HW 37387 c1; vgl. 11674a:

In bonum virum non cadit suspicio.

Ein guter Mann gerät nicht in Verdacht.

972 **In causa facili cuivis licet esse diserto.**
In einer einfachen Sache kann jeder beredt sein.

Ovid, Tristia 3, 11 (12), 21

In causa facili cuivis licet esse diserto,
et minimae vires frangere quassa valent.

Jeder beliebige kann bei müheloser Sache beredt sein,
und mit geringer Kraft kann man zerbrechen, was morsch.

(W. Willige)

HW 11692

973 **Incende, quod adorasti!**
Verbrenne, was du angebetet!

Gregor von Tours, Historia Francorum 2, 31

(Bischof Remigius von Reims bei der Taufe des Königs Chlodwig im Jahre 496)

974 **Inceptio est amentium, non amantium.**
Ein Beginnen ist's von Verrückten, nicht von Verliebten.

Terenz, Andria 218

Nam *inceptiost amentium,* haud *amantium.*

Das können nur Verrückte, nicht Verliebte tun.

(J. J. C. Donner)

HW 37495b (Inceptio eadem amentium quae amantium.)

975 **Incerti sunt exitus belli.**
Ungewiß ist der Ausgang eines Krieges.

Cicero, Pro M. Marcello 15

Ex quo iam nemo erit tam iniustus rerum existimator, qui dubitet, quae Caesaris voluntas de bello fuerit, cum pacis auctores conservandos statim censuerit, ceteris fuerit iratior. Atque id minus mirum fortasse tum, cum esset *incertus exitus* et anceps fortuna *belli:* qui vero victor pacis auctores diligit, is profecto declarat se maluisse non dimicare quam vincere.

So wird denn auch niemand so ungerecht urteilen, daß er zweifelt, was Caesar vom Kriege gehalten hat: die Fürsprecher des Friedens glaubte er ja sofort begnadigen zu sollen, den übrigen zürnte er länger. Und das war gewiß weniger erstaunlich, solange der Ausgang noch nicht feststand und das Kriegsglück schwankte; wer jedoch als Sieger die Fürsprecher des Friedens schätzt, der gibt wahrhaftig zu erkennen, daß er lieber den Kampf vermieden als gesiegt hätte.

(M. Fuhrmann)

HW 37497h; vgl. 12176a (Incerti fallax fiducia Martis.)

976 **Incidit in foveam, quam fecit.**
Er fällt in die Grube, die er selbst ausgehoben hat.
(vgl.: Wer andern eine Grube gräbt, fällt selbst hinein.)

PSALM 7,16

Λάκκον ὤρυξεν καὶ ἀνέσκαψεν αὐτόν,
καὶ ἐμπεσεῖται εἰς βόθρον, ὃν εἰργάσατο.

(Lákkon óryxen kaì anéskapsen autón,
kaì empeseîtai eis bóthron, hòn eirgásato.)

Er hat eine Grube geöffnet und sie gegraben
und er wird in das Loch fallen, das er geschaufelt hat.

HW 12189 (..., quisquis prius effodit illam.); 37497t

ERASMUS, ADAGIA 1, 1, 52

977 **Incidit in Scyllam, qui vult vitare Charybdin.**
Es gerät in die Fänge der Skylla, wer der Charybdis Strudel zu meiden sucht.
(Nach antiker Vorstellung saß auf dem östlichen Ufer der Meerenge von Messina das Ungeheuer Skylla; vor dem anderen Ufer drohte der riesige Strudel Charybdis.)

WALTER VON CHÂTILLON (ca. 1135–1179), ALEXANDREÏS 5, 301

Incidis in Scyllam cupiens vitare Charybdin.

Du verfällst der Skylla, während du die Charybdis zu meiden suchst.

HW 12190

vgl. ERASMUS, ADAGIA 1, 5, 4 (Evitata Charybdi in Seyllam incidi.)

978 **Inclusio unius est exclusio alterius.**
Die Einbeziehung des einen ist der Ausschluß des andern.

HW 12212 (... alius est ...)

979 **in contumaciam**
wegen Nichterscheinens vor Gericht
(wörtl.: gegen den Trotz)

HERMOGENIANUS, IURIS EPITOMAE 1:

Contumax est, qui ... litteris evocatus
praesentiam sui facere contemnet.

Säumig ist, wer es ... trotz schriftlicher Vorladung ablehnt,
in eigener Person vor Gericht zu erscheinen.

vgl. D. Liebs, C 89 (Contumax confitetur.)

980 **incredibile dictu**
unglaublich zu sagen

z. B. Cicero, Orationes Philippicae 2, 106

Quid Anagnini? Qui, cum essent devii, descenderunt, ut istum, tamquam si esset, consulem salutarent. *Incredibile dictu:* sed nimis inter omnes constabat neminem esse resalutatum, praesertim cum duos secum Anagninos haberet, Mustelam et Laconem...

Was taten die Leute aus Anagnia? Sie, wiewohl ein Stück vom Wege entfernt, liefen hinab, um ihn*, als wäre er Konsul, zu begrüßen. Eine unglaubliche Geschichte, doch es war allgemein bekannt, daß er niemanden zur Begrüßung empfangen hat, und das, obwohl zwei Leute aus Anagnia bei ihm waren, Mustela und Laco... (*M. Antonius)

(M. Fuhrmann)

981 **In cunctis domina pecunia est.**
In allen Dingen herrscht das Geld.

982 **Inde ira et lacrimae!**
Daher Zorn und Tränen!

Juvenal, Saturae 1, 168

vgl. Terenz, Andria 99: Hinc illae *lacrumae!*

983 **In digitis hodie percoquam, quod ceperit.**
Zwischen zwei Fingern werde ich heute gar kochen, was er fängt. (d. h.: Der Fischer wird nichts fangen.)

Plautus, Rudens 902

Nam nunc et operam ludos facit et retia,
ut tempestas est nunc atque ut noctu fuit.
In digitis hodie percoquam, quod ceperit.
Ita fluctare video vehementer mare.

Denn ohne Zweck vergeudet jetzt er Müh und Netz,
Wie's gegenwärtig stürmt und diese Nacht gestürmt.
In den Fingern will ich kochen, was er heute fängt:
So allgewaltig wogt die Meerflut, wie ich seh.

(W. Binder – W. Ludwig)

984 **Indignere licet: iuvat inconcessa voluptas.**
Mag's dich empören, Spaß macht das unerlaubte Vergnügen.

Ovid, Amores 3, 4, 31

Indignere licet, iuvat inconcessa voluptas;
sola placet 'timeo' dicere siqua potest.

Mag's dich empören, es freut das unerlaubte Vergnügen,
Einzig die «Ich habe Angst!» sagen kann, reizt und gefällt.

(W. Marg – R. Harder)

985 **Indigne vivit, per quem non vivit alter.**
Unwürdig lebt, durch wen kein andrer lebt.
(d. h.: derjenige, der für niemand zu sorgen hat)

HW 12247

986 in dubio pro reo
im Zweifelsfalle (hat das Gericht) zugunsten des Angeklagten (zu entscheiden).

nach GAIUS, DE LEGATIS AD EDICTUM URBICUM 3 (DIGESTA 50, 17, 56)

Semper *in dubiis* benigniora praeferenda sunt.

Immer ist in Zweifelsfällen die gnädigere Lösung vorzuziehen.

D. Liebs, J 62

vgl. HW 37405a1

987 In eadem es navi.
Du bist auf demselben Schiff.
(d. h.: Wir sitzen im selben Boot.)

CICERO, AD FAMILIARES 2, 5, 1 K.

Haec negotia quo modo se habeant, ne epistula quidem narrare audeo. Tibi, etsi, ubicumque es, ut scripsi ad te ante, *in eadem es navi*, tamen, quod abes, gratulor, vel quia non vides ea, quae nos, vel quod excelso et inlustri loco sitast laus tua ...

Wie die Dinge hier stehen, wage ich nicht einmal einem Briefe anzuvertrauen. Du befindest Dich freilich, wie ich Dir neulich schon schrieb, auf demselben Schiffe, magst Du sein, wo Du willst. Aber ich beglückwünsche Dich doch, daß Du nicht hier bist, weil Du so nicht mit anzusehen brauchst, was wir vor Augen haben, oder weil Dein Ruhm vor den Augen fast aller Bündner und Bürger in erhabenem Glanze strahlt ... (Cicero an C. Curio, 53 v. Chr.)

(H. Kasten)

HW 37406 (... navi esse)

ERASMUS, ADAGIA 2, 1, 10

988 In eadem re utilitas et turpitudo esse non potest.
In der gleichen Sache kann nicht Nutzen und Schande zugleich liegen.

CICERO, DE OFFICIIS 3, 35

Quod si nihil est tam contra naturam quam turpitudo – recta enim et convenientia et constantia natura desiderat aspernaturque contraria – nihilque tam secundum naturam quam utilitas, certe *in eadem re utilitas et turpitudo esse non potest*.

Wenn aber nichts so gegen die Natur ist wie Schändlichkeit – Rechtes nämlich, mit der Natur Übereinstimmendes und in sich Beständiges verlangt die Natur und weist ihr Gegenteil zurück – und nichts so gemäß der Natur wie Nützlichkeit, können gewiß in derselben Sache nicht Nützlichkeit und Schändlichkeit sein.

(K. Büchner)

989 in eandem copulam conicere
mit demselben Strick binden
(vgl.: in einen Topf werfen, unter einen Hut bringen)

SENECA, DE VITA BEATA 7, 1

Itaque negant posse voluptatem a virtute diduci et aiunt nec honeste quemquam vivere, ut non iucunde vivat, nec iucunde, ut non honeste quoque. Non video, quomodo ista tam diversa *in eandem copulam coiciantur.*

Jedenfalls versichern sie*, die Lust lasse sich nicht von der Vollkommenheit trennen, und sagen, niemand lebe gut und nicht zugleich genußvoll und auch nicht genußvoll, ohne zugleich gut. Ich begreife nicht, wie man so Gegensätzliches unter einen Hut bringen kann. (*Gemeint sind die Epikureer.)

(G. Fink)

990 **In eo Catonis materies atque indoles est.**
Er hat das Zeug zu einem (neuen) Cato.

CICERO, IN C. VERREM II 3, 160

Fac enim *fuisse in isto* C. Laelii, M. *Catonis materiem atque indolem:* quid ex eo boni sperari atque effici potest, qui in patris luxurie sic vixerit, ut nullum umquam pudicum neque sobrium convivium viderit?

Denn gesetzt, in ihm* wäre das Zeug und die Begabung für einen C. Laelius oder M. Cato gewesen: was läßt sich Gutes bei jemandem erwarten und heranbilden, der so inmitten der Ausschweifungen seines Vaters lebte, daß er niemals ein anständiges und mäßiges Gastgelage gesehen hat? (*Gemeint ist der Sohn des Verres.)

(M. Fuhrmann)

991 **In eodem luteo haesitas.**
Du steckst noch im gleichen Dreck.

TERENZ, PHORMIO 780

GE. Quid fiet? *In eodem luteo haesitas;* vorsuram solves,
Geta: praesens quod fuerat malum, in diem abiit: plagae crescunt,
nisi prospicis.

GETA: Was wird's? Du steckst im alten Kot, borgst, um zu zahlen,
Das Ungewitter über dir verzog sich eine Weile;
Die Prügel sind im Wachsen, wenn du nicht gehörig achthast.

(J. J. C. Donner)

HW 11763b; 37403

ERASMUS, ADAGIA 1, 4, 99 (... haesitas luto.)

992 **In eo operam et oleum perdidi.**
An ihm habe ich Mühe und Öl verloren.
(vgl.: Da ist Hopfen und Malz verloren.)

CICERO, AD FAMILIARES 7, 1, 3 K.

Nam quid ego te athletas putem desiderare, qui gladiatores contempseris? In quibus ipse Pompeius confitetur se et *operam et oleum perdidisse.*

Denn wie sollte ich annehmen, Du sehntest Dich nach Athleten, wo Du die Gladiatoren verschmäht hast? Pompeius gibt selbst zu, dabei Zeit und Geld vertan zu haben.

(H. Kasten)

993 **ineptiis suis plaudere**
seinen eigenen Albernheiten Beifall klatschen.

TACITUS, DIALOGUS 32, 7; s. auch LAKTANZ, INSTITUTIONES 2, 8, 24; 7, 2, 3.

Ego iam meum munus explevi et, quod mihi in consuetudine est, satis multos offendi, quos, si forte haec audierint, certum habeo dicturos me, dum iuris et philosophiae scientiam tamquam oratori necessariam laudo, *ineptiis meis plausisse.*

Ich habe ja meine Aufgabe erfüllt und, woran ich gewöhnt bin, schon genug Anstoß bei vielen erregt; wenn diese meine Ausführungen hören sollten, werden sie sagen – ich weiß das gewiß –, ich hätte nur meinen eigenen Torheiten Beifall gespendet, indem ich die Kenntnis des Rechts und der Philosophie als unentbehrlich für den Redner gepriesen hätte.

(H. Volkmer)

s. auch LAKTANZ, INSTITUTIONES 2, 8, 24; 7, 2, 3.

994 **Inest et formicae sua bilis.**
Auch die Ameise hat ihre Galle.
(d. h.: Auch die geringste Kreatur kann zürnen.)

HW 37524 (*om.* sua)

ERASMUS, ADAGIA 2, 5, 31 (... formicae et serpho ⟨geflügelte Ameise⟩ bilis.)

995 **Inest sua gratia parvis.**
Das Kleine hat seinen eigentümlichen Charme.

996 **in extenso**
ausführlich

997 **Infandum, regina, iubes renovare dolorem.**
Unsagbaren Schmerz, o Königin, heißt du erneuen.
(So beginnt Aeneas seine Erzählung vor Dido, die dabei ist, Karthago zu gründen.)

VERGIL, AENEIS 2, 3

(J. Götte)

HW 37532

998 **Infantes perhibent et stultos dicere verum.**
Kinder und Narren, so heißt es, sagen die Wahrheit.

vgl. CICERO, TOPICA 75

HW 12295 (... dicere vera.)

999 **Infectum nemo reddet, quod fugiens semel hora vexit.**
Niemand macht das ungeschehen, was die fliehende Stunde einmal mit sich geführt hat.

HORAZ, CARMINA 3, 29, 47

Non tamen inritum,
quodcumque retro est, efficiet *neque*
diffingit *infectum*que *reddet,*
quod fugiens semel hora vexit.

Nie kann er* vereiteln, was
Dahinten liegt, und nimmer gestaltet er
Das um und macht das ungeschehen, was
Fliehend die Stunde einmal entführt hat. (*Jupiter)

(Kayser – Nordenflycht – Burger – Färber)

1000 **in flagranti**
auf frischer Tat

Codex Iustinianus 9, 13, 1

Ne igitur sine vindicta talis crescat insania, sancimus per hanc generalem constitutionem, ut hi, qui huiusmodi crimen commiserint et qui eis auxilium tempore invasionis praebuerint, ubi inventi fuerint in ipsa rapina et *adhuc flagrante crimine* comprehensi a parentibus virginum ..., convicti interficiantur.

Damit aber dieser Wahnsinn* nicht ohne Strafandrohung anwachse, verfügen wir durch dieses allgemeine Gesetz, daß diejenigen, die ein Verbrechen dieser Art begangen haben, und auch ihre Helfer, sowie sie unmittelbar bei der Tat von den Eltern der Jungfrauen ergriffen wurden, als überführt zu töten sind.
(*Entführung von Jungfrauen)

1001 **In flammam flammas, in mare fundis aquas.**
In die Flamme gießt du Flammen, ins Meer Wasser.

Ovid, Amores 3, 2, 34

His ego non visis arsi; quid fiet ab ipsis?
In flammam flammas, in mare fundis aquas.

Hier sah ich nicht und bin schon entflammt; was bringen sie selbst noch?
Schüttest Gluten zu Glut, Wasser ins flutende Meer?
(Er schwärmt von den Beinen der Angebeteten)

(W. Marg – R. Harder)

HW 11777

1002 **Ingenii dotes corporis adde bonis!**
Füge der Schönheit des Leibes geistige Gaben hinzu!

Ovid, Ars amatoria 2, 112

(N. Holzberg)

HW 12350

1003 **Ingenio pollet, cui vim natura negavit.**
Durch seinen Geist hat Kraft, wem Stärke versagt' die Natur.

HW 12358

W. Binder 740 (Ingenio pollet...)

1004 **Ingeniorum cos aemulatio.**
Wetzstein der Begabungen ist der Wettbewerb.

aus Cicero, Tusculanae Disputationes 4, 43 und Velleius Paterculus, Historia Romana 17, 5

1005 **Ingenio stimulos subdere fama solet.**
Den Geist pflegt Ruhm anzustacheln.

Ovid, Tristia 5, 1, 76

Denique nulla mihi captatur gloria, quaeque
ingeniis stimulos subdere fama solet.

Schließlich will ich mir ja keinen Ruhm, keinen Namen erhaschen,
wie sie gewöhnlich zum Sporn dienen dem schaffenden Geist.

(W. Willige)

HW 12361

1006 **Ingenium mala saepe movent.**
Oft sind es Übel, die ein Talent wecken.

Ovid, Ars amatoria 2, 43

vgl. aber Ovid, Tristia 3, 14, 33:

ingenium fregere meum mala.
Unheil hat meinen Geist gebrochen.

(W. Willige)

HW 12371

1007 **Ingenium non vult abdi nescitque latere:**
Exsiliens vires pandit amatque suas.
Begabung will nicht sich verstecken und versteht nicht sich zu verbergen.
Sie springt hervor, entfaltete ihre Kräfte und liebt sie.

HW 12377a; 37554a2

1008 **Ingenium res adversae nudare solent, celare secundae.**
Ein Talent pflegen Widrigkeiten ans Licht zu fördern, während Glück es verhüllt.

Horaz, Sermones 2, 8, 73f.

Sed convivatoris, uti ducis, *ingenium res*
adversae nudare solent, celare secundae.

Sieh, dem Wirt geht's wie dem Feldherrn: seine wahre Größe bleibt im Glück verborgen, immer erst das Mißgeschick wird sie enthüllen!

(W. Schöne – H. Färber)

HW 12380

1009 **Ingens telum necessitas.**
Eine ungeheure Waffe ist die Notwendigkeit.

vgl. Livius, Ab urbe condita 4, 28, 5

HW 37556

Erasmus, Adagia 2, 3, 40

1010 **Ingratus unus miseris omnibus nocet.**
Ein einziger Undank schadet allen Armen.

PUBLILIUS SYRUS, SENTENTIAE I 14

(H. Beckby)

HW 12406

1011 **In hac re omni pede standum est.**
In dieser Sache muß man fest auf beiden Beinen stehen.
(d. h.: Man kann so etwas nicht aus dem Stegreif erledigen.)

QUINTILIAN, INSTITUTIO ORATORIA 12, 9, 18

Itaque in iis actionibus *omni,* ut agricolae dicunt, *pede standum est.*

Deshalb muß man, wie man auf dem Lande sagt, bei diesen Reden vor Gericht auf jedem Fuße feststehen.

(H. Rahn)

1012 **In hoc signo vinces.**
In diesem Zeichen wirst du siegen.
(Die Erscheinung eines Kreuzes verheißt Konstantin den Sieg über Maxentius.)

EUSEBIUS, VITA CONSTANTINI 1, 28

HW 37415; vgl. 37220 (Hoc signo vinces.)

1013 **in horam vivere**
von der Hand in den Mund leben.

CICERO, ORATIONES PHILIPPICAE 5, 25

Totum iter Antoniorum quid habuit nisi depopulationes, vastationes, caedes, rapinas? Quas non faciebat Hannibal, quia multa ad usum reservabat, at hi, *qui in horam viverent,* non modo de fortunis et de bonis civium, sed ne de utilitate quidem sua cogitaverunt.

Der ganze Zug der Brüder Antonius: war er nicht eine Kette von Verwüstungen, Zerstörungen, Mord und Raub? So hat Hannibal sich nicht aufgeführt, weil er vieles um seiner eigenen Versorgung willen schonte – doch diese Leute, die von der Hand in den Mund lebten, dachten nicht im geringsten an das Hab und Gut ihrer Mitbürger, ja nicht einmal an ihren eigenen Vorteil.

(M. Fuhrmann)

1014 **Inicietque manum formae damnosa senectus,**
quae strepitus passu non faciente venit.
Denn nach der Schönheit streckt das zerstörende Alter die Hand aus:
lautlos schleicht es herbei, ohne Geräusch ist sein Schritt.

OVID, TRISTIA 3, 7, 35f.

(W. Willige)

HW 12411a

1015 **in infinitum**
und so fort, bis ins Unendliche

Z. B. QUINTILIAN, INSTITUTIO ORATORIA 1, 10, 49

de sectione *in infinitum*

über die Zerlegung ins Unendliche

(H. Rahn)

vgl. QUINTILIAN, INSTITUTIO ORATORIA 11, 2, 41: *ad infinitum* usque.

1016 **in integrum restituere**
in den alten Stand wieder einsetzen

CICERO, PRO A. CLUENTIO HABITO 98

Qui accusati sunt ab iis, qui erant ipsi ambitus condemnati: quos ego non idcirco esse arbitror *in integrum restitutos,* quod planum fecerint illos ob rem iudicandam pecuniam accepisse, sed quod iudicibus probarint, quod in eodem genere, in quo ipsi offendissent, alios reprehendissent, se ad praemia legis venire oportere.

Sie wurden von Leuten angeklagt, die selbst wegen Amtserschleichung verurteilt waren. Man hat diese Ankläger, meine ich, nicht deshalb wieder in den vorigen Stand eingesetzt, weil sie zeigen konnten, Populius und Gutta hätten für eine gerichtliche Entscheidung Geld angenommen, sondern weil sie den Richtern glaubhaft machten, ihnen müsse die Belohnung des Gesetzes zugute kommen, weil sie bei dem gleichen Verhalten, das ihnen selbst Mißbilligung einbrachte, andere gefaßt hätten.

(M. Fuhrmann)

HW 37417b

1017 **Iniqua numquam regna perpetuo manent.**
Ungerechte Herrschaft ist niemals von Dauer.

SENECA, MEDEA 196

CR. Aequum atque iniquum regis imperium feras.
ME. *Iniqua numquam regna perpetuo manent.*

CREO: Des Königs Befehl, sei er gerecht oder ungerecht, ertrage du!
MEDEA: Ein Reich ist nie von Dauer, das Gerechtigkeit nicht kennt.

HW 12418

1018 **Iniquissimam pacem iustissimo bello antefero.**
Den ungerechtesten Frieden ziehe ich selbst dem gerechtesten Kriege vor.

CICERO, AD FAMILIARES 6, 5 (6), 5f. K.

Causa orta belli est. Quid ego praetermisi aut monitorum aut querelarum, cum vel *iniquissimam pacem iustissimo bello anteferrem?* Victa est auctoritas mea non tam a Pompeio – nam is movebatur – quam ab iis, qui... peropportunam... belli victoriam fore putabant.

Der Anlaß zum Kriege war da. Was habe ich nicht alles versucht mit Warnungen und Klagen! Zog ich doch einen noch so unbilligen Frieden dem gerechtesten Kriege vor: Meine Stimme verhallte ungehört; weniger bei Pompeius – der zeigte sich beeindruckt – als bei denen, die... glaubten, ein Sieg... werde sich (für sie) günstig auswirken. *(an A. Caecina am 1. 10. 46 v. Chr.)*

(H. Kasten)

1019 **Iniuriam qui facturus est, iam facit.**
Wer bereit ist, Unrecht zu tun, tut bereits Unrecht.

SENECA, DE IRA 1, 3, 1

Verum est irasci nos laesuris, sed ipsa cogitatione nos laedunt, et *iniuriam qui facturus est, iam facit.*

Es stimmt, daß wir auf die wütend sind, die uns verletzen können, doch schon durch ihre Absicht verletzen sie uns, und wer Unrecht tun will, tut es bereits.

(G. Fink)

1020 **Iniuriarum remedium est oblivio.**
Der Balsam für ein Unrecht heißt Vergessen.

PUBLILIUS SYRUS, SENTENTIAE I 21

(H. Beckby)

s. auch SENECA, EPISTULAE MORALES 94, 28

HW 12430; 37580

1021 **in limine**
auf der Schwelle
(d. h.: schon zu Beginn)

z. B. VERGIL, AENEIS 11, 423

Cur indecores *in limine* primo
deficimus, cur ante tubam tremor occupat artus?

Warum versagen wir ruhmlos gleich auf der Schwelle,
was packt, ehe die Trompete noch ruft, schon Beben die Glieder?

(J. Götte)

HW 37422c1 (in limine deficere)

ERASMUS, ADAGIA 1, 5, 77 (... deficere)

1022 **In magnis et voluisse sat est.**
In großen Dingen ist es genug, den Willen gehabt zu haben.
(vgl.: Hier gilt der Wille fürs Werk.)

PROPERZ, ELEGIAE 2, 10, 6

Quod si deficiant vires, audacia certe
laus erit: *in magnis et voluisse sat est.*

Drum, wenn die Kräfte auch fehlen, so bringt doch zumindest die Kühnheit
Lob: wo es Großes gilt, ist schon das Wollen von Wert.

(W. Willige)

HW 11820; 37423k

ERASMUS, ADAGIA 2, 8, 55

1023 **in malam crucem**
Scher dich zum Henker!

PLAUTUS, MOSTELLARIA 850

TR. Est: abi, canis: est, abin directa? abin hinc *in malam crucem?*
At etiam restas? Abi istinc! SI. Nil periclist: age
tam placidast quam feta quaevis: eire intro audacter licet.

TRANIO: St! Geh weg! St! Haust du verflixter Hund nicht ab?
Willst du dich zum Henker packen? Wie? Du liegst noch da?
So scher dich doch davon! SIMO: Es hat gar nichts zu bedeuten. Geh
Nur weiter. Sie ist so sanft wie eine trächtige Hündin!
Tritt frisch ein!

(J. J. C. Donner)

1024 **In manu illius plumbum aurum fit.**
In seiner Hand wird Blei zu Gold.

PETRON, SATYRICA 43, 7

Fortunae filius, *in manu illius plumbum aurum fiebat.*

Ein reiner Glückspilz, in seiner Hand wurde Blei zu Gold.

(K. Müller – W. Ehlers)

1025 **In mari aquam quaerit.**
Im Meer sucht er Wasser.

vgl. PROPERZ, ELEGIAE 1, 9, 16

HW 37427 (... aquam indagas.)

ERASMUS, ADAGIA 1, 9, 75 (... quaeris.)

1026 **in medias res**
mitten in die Sache
(d. h.: ohne Umschweife zur Sache kommen)

HORAZ, DE ARTE POETICA 148

Nec reditum Diomedis ab interitu Meleagri
nec gemino bellum Troianum orditur ab ovo:
semper ad eventum festinat et *in medias res*...

Nicht beginnt er Diomedes' Heimfahrt beim Untergang seines Oheims Meleager und nicht den Krieg um Troja beim Zwillingsei: immer strebt er rasch zum Endziel und führt den Hörer mitten hinein in die Geschichte... (Horaz über Homers Dichtkunst)

(W. Schöne – H. Färber)

HW 11834a

1027 **In medio consistit virtus, saget der Teuffel; saß zwischen zweyen alten Huren.**
In der Mitte ist der Ort der Tugend, sagt der Teufel und sitzt zwischen zwei alten Huren.

HW 11835a

1028 **In medio luto est.**
Er steckt mitten im Dreck.
(vgl.: Er sitzt in der Tinte.)

Plautus, Pseudolus 984

Ba. Quis is homost, qui iussit? Ps. Perii, nunc homo *in medio lutost.*
Nomen nescit: haeret haec res.

Ballio: Wer ist's, der dir den Auftrag gab? Pseudolus: Es ist aus mit mir;
Nun steckt er im Morast, er weiß den Namen nicht.
Die Sache stockt.

(W. Binder – W. Ludwig)

1029 **In medio stat virtus.**
Die Tugend steht in der Mitte.
(d. h.: Sie ist das Mittlere zwischen den Extremen.)

HW 11835a; 11842a; 37430

1030 **in melius vertere**
zum Besseren wenden

(W. Willige)

Tibull, Elegiae 3, 4, 95

Haec deus *in melius* crudelia *somnia* vertat
  et iubeat tepidos inrita ferre Notos.

Mag denn ein Gott diesen grausamen Traum zum Besseren wenden!
  Ruf' er dem Südwind zu, daß er ins Nichts ihn verweht!

(W. Willige)

1031 **In monendo sapimus omnes.**
Wenn es darum geht, andere zu mahnen, sind wir alle weise.

1032 **in nuce**
in der Nuß, im Kern
(Gemeint ist ursprünglich: im Miniaturformat; später: in Kurzfassung)

Plinius Maior, Naturalis historia 7, 85

Oculorum acies vel maxime fidem excedentia invenit exempla. *In nuce* inclusam Iliadem Homeri carmen in membrana scriptam tradit Cicero, idem fuisse qui pervideret CXXXV passuum.

Für die Sehkraft findet man Beispiele, die im höchsten Grad über das Glaubliche hinausgehen. Von einem auf Pergament geschriebenen Exemplar der Ilias, das in einer Nuß eingeschlossen war, berichtet Cicero, wie auch von einem Manne, der 135 000 Schritte (rd. 200 km) weit sehen konnte.

(R. König)

1033 **in omnibus aliquid, in toto nihil**
in allem etwas, im ganzen nichts

HW 11911a

1034 **In omni certamine, qui opulentior est, etiam si accipit iniuriam, tamen, quia plus potest, facere videtur.**
In jedem Wettstreit scheint derjenige, der mächtiger ist, auch wenn er Unrecht hinnehmen muß, dennoch, weil er mehr Macht hat, das Unrecht zu begehen.

SALLUST, BELLUM IUGURTHINUM 10, 7, zitiert bei QUINTILIAN, INSTITUTIO OR. 8, 5, 4

(H. Rahn)

1035 **Inopiae desunt multa, avaritiae omnia.**
Der Armut mangelt viel, dem Geize alles.

(H. Beckby)

PUBLILIUS SYRUS, SENTENTIAE I 7

(H. Beckby)

HW 37586a 2

1036 **Inopiae pauca desunt, avaritiae omnia.**
Der Armut mangelt wenig, dem Geiz alles.

HW 12456

1037 **Inopi beneficium bis dat, qui dat celeriter.**
Wer rasch dem Armen spendet, spendet doppelt.

PUBLILIUS SYRUS, SENTENTIAE I 6

(H. Beckby)

HW 12455

1038 **in os laudare**
ins Gesicht schöntun

TERENZ, ADELPHOE 269

AE. O mi germane! ah, vereor coram *in os* te *laudare* amplius.
ne id adsentandi magis, quam quo habeam gratum facere, existumes.

AESCHINUS: Mein Bruder! Ach, dich ins Gesicht noch mehr zu loben scheu ich mich;
Du könntest glauben, solches sei mehr Schmeichelei als Dankbarkeit.

(J. J. C. Donner)

1039 **in otio inconcusso iacere**
in unerschütterter Ruhe daliegen
(d. h.: auf der Bärenhaut liegen)

SENECA, EPISTULAE MORALES 67, 14

Hoc loco mihi Demetrius noster occurrit, qui vitam securam et sine ullis fortunae incursionibus mare mortuum vocat. Nihil habere, ad quod exciteris, ad quod te concites, cuius denuntiatione et incursu firmitatem animi tui temptes, sed *in otio inconcusso iacere* non est tranquillitas: malacia est.

Dabei fällt mir unser Demetrios ein: er nannte ein sorgenfreies Dasein ohne jeden Schicksalsschlag ein ‹totes Meer›. Nichts vor sich zu haben, was aufregt und anspornt zugleich, nichts, was durch Drohung und Ansturm die Festigkeit unserer Seele wirklich auf die Probe stellt, sondern immer nur in unerschütterter Ruhe dazuliegen: das ist keine echte innere Ruhe, sondern einfach ‹Windstille›.

(E. Glaser-Gerhard)

1040 **in pace leones, in proelio cervi**
im Frieden Löwen, im Gefecht Hirsche

Tertullian, De corona militis 1 (2, 77 Migne)

Novi et pastores eorum, *in pace leones, in proelio cervos.*

Ich kenne auch ihre Hirten: Im Frieden ...

HW 37448

Erasmus, Adagia 4, 5, 80 (in pace leones)

1041 **In patria natus non est propheta vocatus.**
Wer im Vaterland geboren ist, den nennt man nicht ‹Prophet›.
(vgl.: Der Prophet gilt nichts in seinem Vaterland.)

HW 11918

1042 **in pertusum dolium dicta ingerere**
Worte in ein löcheriges Faß füllen
(d. h.: tauben Ohren predigen)

Plautus, Pseudolus 369

Ps. *In pertussum ingerimus dicta dolium:* operam ludimus.
Ba. Numquid aliud etiam voltis dicere? Ca. Ecquid te pudet?

Pseudolus: Was wir da reden, geht nur in ein bodenloses Faß. Vergebliche Mühe!
Ballio: Habt ihr noch sonst etwas zu sagen? Calidorus: Schämst du dich nicht über irgend etwas?

(W. Binder – W. Ludwig)

HW 11925

1043 **In plerisque rebus mediocritas optima est.**
In den meisten Dingen ist die unauffällige Mitte am besten.

Cicero, De officiis 1, 130

Adhibenda praeterea munditia est non odiosa neque exquisita nimis, tantum quae fugiat agrestem et inhumanam neglegentiam. Eadem ratio est habenda vestitus, in quo, sicut *in plerisque rebus, mediocritas optima est.*

Treiben muß man außerdem eine nicht zu auffallende und ausgesuchte Körperpflege, soweit sie eine unkultivierte und unmenschliche Nachlässigkeit zu meiden sucht. In derselben Weise ist die Kleidung zu behandeln, bei der, wie bei den meisten Dingen, die unauffällige Mitte am besten ist.

(K. Büchner)

1044 **in portum navigare**
in den Hafen einlaufen
(d. h.: in Sicherheit gelangen)

TERENZ, ANDRIA 480

SI. Hicine me si inparatum in veris nuptiis
adortus esset, quos me ludos redderet!
Nunc huius periclo fit, ego *in portu navigo.*

SIMO: Wär's mit der Hochzeit wirklich Ernst, und wäre mir
Der Bursch unvorbereitet auf den Hals gerückt:
Wie hätt er da mir mitgespielt! Jetzt geht es ganz
Auf seine Rechnung, während ich im Hafen bin.

(J. J. C. Donner)

HW 11934a; 37451 (In portu navigat, qui se probe novit.)

vgl. ERASMUS, ADAGIA 1, 1, 46 (in portu navigare)

1045 **In praeteritum subvenire ne di quidem possunt.**
In bezug auf die Vergangenheit können nicht einmal Götter helfen.

PLINIUS MINOR, PANEGYRICUS 40, 3

At *in praeteritum subvenire ne di quidem possunt:* tu tamen subvenisti cavistique, ut desineret quisque debere, quod non esset postea debiturus, id est effecisti, ne malos principes habuissemus.

Doch rückwärts datieren können ihre Hilfe nicht einmal die Götter: Du aber konntest es und verfügtest, daß keiner etwas schulde, was er nach dem Schuldenerlaßedikt nicht mehr geschuldet hätte, d. h. du bewirktest, daß wir keine schlechten Fürsten hatten. (Es geht um den Erlaß einer 5%igen Erbschaftssteuer für säumige Zahler.)

1046 **In praetoriis leones, in castris lepores.**
Im Stabsquartier (sind sie noch) Löwen, an der Front aber Hasen.

SIDONIUS, EPISTULAE 5, 7, 5

1047 **In quod me conieci malum!**
In welch üble Lage habe ich mich da gebracht!

TERENZ, HECYRA 132

PA. Perii, quid ego egi! *in quod me conieci malum!*
Non potero ferre hoc, Parmeno: perii miser.

PARMENO: Was tat ich, ach? In welches Elend stürzt ich mich?
Nicht tragen kann ich's, Parmeno! Ich Armer! Ach!

(J. J. C. Donner)

1048 **In rebus dubiis plurimi est audacia.**
In Fährden ist das höchste Gut die Kühnheit.

PUBLILIUS SYRUS, SENTENTIAE I 30

(H. Beckby)

HW 12010

1049 **in saltu uno duos apros capere**
mit einem Sprung zwei Eber fangen
(vgl.: zwei Fliegen auf einen Schlag)

PLAUTUS, CASINA 476

CHA. Enim vero huc aures magis sunt adhibendae mihi:
Iam ego *uno saltu* lepide *apros capiam duos.*

CHALINUS: Da muß ich meine Ohren schon
Noch besser spitzen; fang ich doch
Zwei Eber gleich in einem Wald.

(W. Binder – W. Ludwig)

HW 37464e

ERASMUS, ADAGIA 3, 6, 63

1050 **Insatiabilis est humanus animus.**
Unersättlich ist der Menschengeist.

LIVIUS, AB URBE CONDITA 4, 13, 4

Ipse, ut *est humanus animus insatiabilis* eo, quod fortuna spondet, ad altiora et non concessa tendere et, quoniam consulatus quoque eripiendus invitis patribus esset, de regno agitare.

Da der Mensch nie mit dem zufrieden ist, was das Glück ihm verheißt, begann er* selbst nach Höherem und Unerlaubtem zu trachten und, weil er auch das Konsulat den Patriziern gegen deren Willen hätte entreißen müssen, an die Königsherrschaft zu denken. (*Gemeint ist Sp. Maelius, 440 v. Chr.)

(H. J. Hillen)

1051 **In silvam ne ligna feras!**
Trag nicht Holz in den Wald!
(d. h.: Treib nichts Sinnloses!)

HORAZ, SERMONES 10, 10, 34

Atque ego cum Graecos facerem, natus mare citra,
versiculos, vetuit me tali voce Quirinus
post mediam noctem visus, cum somnia vera:
'*In silvam non ligna feras* insanius ac si
magnas Graecorum malis implere catervas.'

Als ich, geboren diesseits des Meeres, selbst einst griechische Verslein schuf, erschien im Traume mir Quirinus nach Mitternacht, zur Stunde der wahren Träume, und verbot es mir: «Nicht närrischer ist's, Holz in den Wald zu schleppen, als wenn du dich bemühst, der Griechen Dichterschar noch zu vergrößern.»

(W. Schöne – H. Färber)

HW 12052 (... non ...); 37468 (... ligna ferr)

ERASMUS, ADAGIA 1, 7, 57 (in sylvam ligna ferre)

1052 **In silvis lépores, in verbis quaere lepóres!**
In den Wäldern suche Hasen, in den Worten Anmut!

HW 12053a

1053 **in sinu atque in deliciis venenatam viperam habere**
eine Schlange am Busen nähren

CICERO, DE HARUSPICUM RESPONSO 50

Etiamne *in sinu atque in deliciis* quidam optimi viri *viperam* illam *venenatam* ac pestiferam *habere* potuerunt? Quo tandem decepti munere?

War es möglich, daß einige ausgezeichnete Männer diese giftige und todbringende Schlange* hätschelten und verwöhnten? Durch welche Dienste wurden sie denn irregeführt? (*Gemeint ist Clodius.)

(M. Fuhrmann)

HW 37469 (in sinu fovere serpentem)

ERASMUS, ADAGIA 4, 2, 40 (colubrum in sinu fovere)

1054 **Insipientis est dicere: non putaram.**
Es ist ein Zeichen von Torheit zu sagen: Das hätte ich nicht vermutet.

vgl. CICERO, DE OFFICIIS 1, 81; SENECA, DE IRA 2, 34 (*non putavi.*)

HW 38980c

1055 **in situ**
(Ein Gegenstand befindet sich in der natürlichen, richtigen Lage.)

1056 **in spe**
künftig
(wörtl.: in der Hoffnung)

1057 **in statu nascendi**
noch im Werden
(wörtl.: im Zustand des Geboren-Werdens)

1058 **in sucum ac sanguinem vertere**
in Saft und Fleisch verwandeln
(d. h.: in Fleisch und Blut übergehen lassen)

vgl. CICERO, AD ATTICUM 4, 20 (18), 2 K.

Amisimus, mi Pomponi, omnem non modo *sucum ac sanguinem*, sed etiam colorem et speciem pristinam civitatis. Nulla est res publica, quae delectet, in qua adquiescam.

Ach, mein lieber Pomponius, nicht nur allen Saft und alle Kraft haben wir verloren, selbst die Farbe und das frühere Gesicht des Staates ist dahin! Es gibt kein Gemeinwesen mehr, an dem ich mich freuen, mit dem ich mich trösten könnte. *(Oktober/November 54 v. Chr.)*

(H. Kasten)

1059 **integer vitae scelerisque purus**
unverdorben vom Leben und rein von Schuld

Horaz, Carmina 1, 22, 1

Integer vitae scelerisque purus
non eget Mauris iaculis neque arcu
nec venenatis gravida sagittis,
  Fusce, pharetra...

Wer da lebt unsträflich und frei von Schuld ist,
Der bedarf nicht maurischen Speers und Bogens,
Auch des Köchers nicht, der von giftigen Pfeilen
  Strotzet, o Fuscus,...

(Kayser – Nordenflycht – Burger – Färber)

vgl. HW 37603b (... vitae nec armis indiget nec artibus.)

1060 **In teneris consuescere multum est.**
Es liegt viel an der Gewöhnung im zarten Alter.

Vergil, Georgica 2, 272

Quo quaeque modo steterit, qua parte calores
austrinos tulerit, quae terga obverterit axi,
restituant: adeo *in teneris consuescere multum est.*

Wie jeder Schößling gestanden, wo ihn des Südens
Gluthauch traf, den Rücken gen Norden, so soll man ihn wieder
pflanzen: es liegt ja so viel an zarter Jugend Gewöhnung.
(Die Rede ist eigtl. vom Weinstock.)

(J. Götte)

HW 12097; 37474p

1061 **Inter amicos omnium rerum communitas.**
Unter Freunden herrscht Gemeinschaft in allen Belangen.

Cicero, De amicitia 61

His igitur finibus utendum arbitror, ut, cum emendati mores amicorum sint, tum sit *inter eos omnium rerum* consiliorum voluntatum sine ulla exceptione *communitas.*

Ich glaube also, daß wir uns an folgende Grenzbestimmung in der Freundschaft halten sollten: Vorausgesetzt, daß ihr Charakter ohne Makel ist, soll unter Freunden eine uneingeschränkte Gemeinschaft in allen Angelegenheiten, Plänen und Wünschen bestehen.

(M. Faltner)

vgl. Erasmus, in Adagia 1, 1, 1 (... cuncta sunt communia.)

1062 Inter arma silent leges.
Wenn die Waffen sprechen, schweigen die Gesetze.

CICERO, PRO T. ANNIO MILONE 10f.

Est enim haec, iudices, non scripta, sed nata lex ... ut, si vita nostra in aliquas insidias ... incidisset, omnis honesta ratio esset expediendae salutis. *Silent* enim *leges inter arma*, nec se exspectari iubent, cum ei, qui exspectare velit, ante iniusta poena luenda sit quam iusta repetenda.

Dies ist also kein geschriebenes, sondern ein angeborenes Gesetz, ihr Richter, ...: daß wir, wenn unser Leben durch einen tückischen Anschlag ... bedroht ist, in Ehren jedes Mittel verwenden dürfen, das uns vor Schaden bewahrt. Denn inmitten der Waffen verstummen die Gesetze; sie fordern in diesem Falle nicht, daß man auf ihren Beistand wartet, da jemand, der warten wollte, ein rechtswidriges Übel hinnehmen müßte, ehe er ein rechtmäßiges auferlegen könnte.

(M. Fuhrmann)

HW 37611; vgl. 12588 (Inter bella ...)

1063 Inter arma silent Musae.
Wenn die Waffen sprechen, schweigen die Musen.

vgl. LUKREZ, DE RERUM NATURA 2, 506 (carmina ... silerent.)

1064 inter canem et lupum
zwischen Hund und Wolf

PLAUTUS, CASINA 971

LY. Ecce autem uxor obviamst.
Nunc ego inter sacrum saxumque sum nec, quo fugiam, scio:
Hac lupi, hac canes: Lupina scaeva fusti rem gerit ...

LYSIDAMUS: Und da kommt mir meine Frau entgegen.
Das Messer sitzt mir an der Kehle, und ich weiß nicht, wohin fliehn:
Dort die Wölfe, hier die Hunde, und der Wolf,
Ein übles Omen, führt den Stock ...

(W. Binder – W. Ludwig)

1065 Interim fit aliquid.
Inzwischen geschieht schon irgend etwas.

TERENZ, ANDRIA 314

CH. *Interea fiet aliquid,* spero. BY. Id 'aliquid' nil est.

CHARINUS: Indessen, hoff ich, fügt sich was.
BYRRIA: Das ‹was› ist nichts.

(J. J. C. Donner)

HW 12660a

1066 Interim velim a sole non obstes!
Geh mir bitte vorerst ein wenig aus der Sonne!
(Diogenes aus Sinope zu Alexander d. Gr.)

VALERIUS MAXIMUS, FACTA AC DICTA MEMORABILIA 4, 3 ext. 4

'Mox', inquit, 'de ceteris: *interim a sole* mihi *velim non obstes!*'

«Gleich sprechen wir über das übrige», sagt er: «Inzwischen möchte ich, daß Du mir nicht in der Sonne stehst.»

1067 **inter iocos et seria**
zwischen Scherz und Ernst

vgl. z. B. SALLUST, BELLUM IUGURTHINUM 96, 2

ioca et seria cum humillimis agere

Er machte Späße und besprach Ernstes mit den Einfachsten...

vgl. CICERO, DE FINIBUS 2, 85

'At quicum *ioca seria,* ut dicitur, quicum arcana, quicum occulta omnia?' Tecum optime, deinde etiam cum mediocri amico.

«Ich brauche aber jemanden, mit dem ich Heiteres und Ernstes teilen, wie man sagt, und dem ich alles Intime und Persönliche mitteilen kann.» – Das kannst du dir selber am besten mitteilen, dann aber auch einem beliebigen Bekannten.

(O. Gigon – L. Straume-Zimmermann)

1068 **inter malleum et incudem**
zwischen Hammer und Amboß
(d. h.: in auswegloser Lage)

HW 37618

ERASMUS, ADAGIA 1, 1, 16

1069 **inter os et offam**
zwischen Mund und Bissen

CATO MAIOR, fr. 318 Sch., zitiert bei GELLIUS, NOCTES ATTICAE 13, 18 (17)

Saepe audivi *inter os et offam* multa intervenire posse.

Ich habe oft gehört, daß zwischen Mund und Bissen viel dazwischenkommen kann.

HW 12617a (... multa intervenire possunt.)

ERASMUS, ADAGIA 1, 5, 2

1070 **Inter sacrum saxumque sto nec, quid faciam, scio.**
Ich stehe zwischen Altar und Stein und weiß nicht, was ich tun soll.

PLAUTUS, CAPTIVI 617

TY. Nunc ego omnino occidi,
Nunc ego *inter sacrum saxumque sto nec, quid faciam, scio.*

TYNDARUS: Nun ist's ganz vorbei mit mir!
Jetzt steh ich zwischen Opferherd und Stein, ich weiß
Nicht, was ich tun soll.

(W. Binder – W. Ludwig)

vgl. PLAUTUS, CASINA 970; APULEIUS, METAMORPHOSES 11, 28, 2

HW 37623a1 (Inter saxum et sacrum sto.)

ERASMUS, ADAGIA 1, 1, 15 (inter sacrum et saxum)

1071 **inter spem et metum**
zwischen Hoffen und Bangen

HW 37625

1072 **In tormentis pinxit.**
Er hat es unter Qualen gemalt.
(So pflegte der preußische König Friedrich Wilhelm I.,der an Gicht litt, seine Gemälde zu signieren.)

1073 **In toto et pars continetur.**
Im Ganzen ist auch der Teil enthalten.

D. Liebs, J 129

1074 **Introite, nam et heic dii sunt!**
Tretet ein, denn auch hier sind Götter!

G. E. Lessing (1729–1781), Motto zu Nathan der Weise (1779 erschienen)

(nach Aristoteles, De partibus animalium 1, 5)

HW 37641 b

1075 **Intus et in cute te novi.**
Ich kenne dich innen und außen.

Persius, Saturae 3, 30

Ego *te intus et in cute novi.*
Non pudet ad morem discincti vivere Nattae,
sed stupet hic vitio et fibris increvit opimum
pingue. Caret culpa, nescit, quid perdat et alto
demersus summa rursus non bullit in unda.

Dich erkenn ich drinnen im Felle!
Schämst du dich nicht, nach der Art des lottrigen Natta zu leben?
Ihn zwar verblödet das Laster, das Fett ist ins Herz ihm gewachsen:
Er ist ledig der Schuld, kennt nicht seinen Schaden, und einmal
In die Tiefe gesunken, wirft nimmer er Blasen nach oben.

(O. Seel)

Erasmus, Adagia 1, 9, 89 (intus et in cute)

1076 **in tyrannos!**
Wider die Tyrannen!

Fr. v. Schiller (1759–1805), Die Räuber. (Motto der 2. Aufl. 1782)

1077 **In unoquoque virorum bonorum habitat deus.**
In jedem vollkommenen Menschen wohnt ein Gott.

Seneca, Epistulae morales 41, 2

In unoquoque virorum bonorum 'quis deus incertum est, *habitat deus'*.

In jedem einzelnen vollkommenen Menschen «wohnt ein Gott – verborgen bleibt, welcher Gott.»

(E. Glaser-Gerhard)

(darin Zitat aus Vergil, Aeneis 8, 352: Quis deus incertum est – habitat deus.)

1078 **in usum Delphini**
zum Gebrauch des Dauphins

(ursprüngl.: purgierte Klassikerausgaben für den französischen Thronfolger)

HW 37481

1079 **Inveni portum, Spes et Fortuna, valete!**
Sat mihi lusistis, ludite nunc alios!
Ich habe den Hafen gefunden. Glück und Hoffnung, lebt wohl!
Genug habt ihr mit mir gespielt, treibt euer Spiel jetzt mit andern!

HW 12716

1080 **Invenit interdum caeca columba pisum.**
Mitunter findet auch eine blinde Taube eine Erbse.
(vgl.: Bisweilen findet auch ein blindes Huhn ein Korn.)

HW 12732

1081 **Invenit patella operculum.**
Die Schüssel hat ihren Deckel gefunden.
(Sinn: Gleich und Gleich gesellt sich gern.)

Hieronymus, Epistulae 7, 5 (22, 340 Migne); 127, 9 (22, 1092 Migne):

Invenit protinus *patella* …

Die Schüssel fand sogleich …

HW 12732a

Erasmus, Adagia 1, 10, 72 (dignum patella operculum)

1082 **In verbis simus faciles!**
In unseren Worten seien wir umgänglich!

(Bismarck an Roon, 27. 8. 1869)

1083 **Invia virtuti nulla est via.**
Der Tatkraft ist kein Weg ungangbar.

Ovid, Metamorphoses 14, 113

HW 12739

1084 **Invidiae morbo praesens male iudicat aetas:**
iudicium melius posteritatis erit.
Aus krankhaftem Neid urteilt die Gegenwart schlecht:
Das Urteil der Nachwelt wird günstiger sein.

J. Albinus, S. 80

1085 **Invidia gloriae comes.**
Neid ist der Begleiter des Ruhms.

CORNELIUS NEPOS, VITA CHABRIAE 3, 3

Est enim commune vitium in magnis liberisque civitatibus, ut *invidia gloriae comes* sit et libenter de iis detrahant, quos emergere videant altius, neque animo aequo pauperes opulentium intueantur fortunam.

Ist es doch ein gewöhnlicher Nachteil aller großen Demokratien, daß der Neid der unvermeidliche Begleiter des Ruhmes ist und man sich gerne an Männern reibt, die irgendwie über den Durchschnitt hervorragen. Die ärmeren Schichten der Bevölkerung ertragen nicht mit Gleichmut den Anblick fremden Wohlstandes und Reichtums.

(H. Färber)

vgl. AUCTOR AD HERENNIUM 4, 36:

O virtutis comes, invidia, quae bonos sequeris plerumque atque adeo insectaris!

HW 12757b; 37659b2

1086 **Invidus alterius magrescit rebus opimis.**
Der Neider magert ab, weil sein Nachbar im Fette sitzt.

HORAZ, EPISTULAE 1, 2, 57

(W. Schöne – H. Färber)

HW 12788

1087 **In vino veritas.**
Im Wein liegt Wahrheit.

vgl. PLINIUS MAIOR, NATURALIS HISTORIA 14, 141

Vulgoque *veritas* iam attributa *vino* est.

Und schon im Volke heißt es «im Wein liegt Wahrheit.»

Zugrunde liegt ALCAEUS, fr. 57:

Οἶνος, ὦ φίλε παῖ, καὶ ἀλήθεα. (Oînos, ô phíle paî, kaì aléthea.)

HW 12144; 37486c1 (... veritas, in vino feritas.)

ERASMUS, ADAGIA 1, 7, 17; vgl. 4, 10, 24 (In foro ...)

1088 **Invisa nemo imperia retinuit diu.**
Verhaßte Herrschaft hat noch keiner lange aufrechterhalten.

SENECA, PHOENISSAE 660

HW 12805 (... numquam ... retinentur ...)

1089 **invita Minerva**
gegen den Willen der Minerva
(d. h.: nicht in der richtigen Schöpferlaune; Minerva galt als kluge Erfinderin)

CICERO, DE OFFICIIS 1, 110

Ex quo emergit, quale sit decorum illud, ideo quia nihil decet *invita Minerva*, ut aiunt, id est adversante et repugnante natura.

Woraus noch mehr herausschaut, wie beschaffen jenes Schickliche ist, deswegen, weil sich nichts ziemt gegen den Willen der Minerva, wie man sagt, das heißt, wenn die Natur widerstrebt und dagegen streitet.

(K. Büchner)

HORAZ, DE ARTE POETICA 385 (Tu nihil invita dices faciesve Minerva.)

HW 12806a; 37670a1

ERASMUS, ADAGIA 1, 1, 42

1090 **Invitat culpam, qui peccatum praeterit.**
Wer ein Vergehen nicht sehen will, reizt zu neuem.

PUBLILIUS SYRUS, SENTENTIAE I 9

(H. Beckby)

HW 12807

1091 **In vitium ducit culpae fuga.**
Zu Vergehen führt die Flucht vor der Schuld.

HORAZ, DE ARTE POETICA 31

Qui variare cupit rem prodigialiter unam,
delphinum silvis adpingit, fluctibus aprum:
in vitium ducit culpae fuga, si caret arte.

Wer den einheitlichen Stoff abenteuerlich durch Abwechslung beleben möchte, malt den Delphin in die Waldlandschaft und in die Wellen das Wildschwein. Zum Mißgriff führt die Abkehr vom Fehler, wenn's am künstlerischen Takte mangelt.

(W. Schöne – H. Färber)

HW 37488; vgl. 12151 (... ducunt culpae, fuga si caret arte.)

1092 **Iota unum aut unus apex non praeteribit de lege.**
Es wird kein Jota und kein Akzent am Gesetz zugrunde gehen.

nach MATTHAEUS 5, 18

1093 **Iovis omnia plena.**
Jupiters ist alles voll.

VERGIL, BUCOLICA 3, 60

Ab Iove principium musae: *Iovis omnia plena;*
ille colit terras; illi mea carmina curae.

Jupiter sei des Liedes Beginn! Er füllt ja das Weltall.
Er behütet die Lande, er liebt auch hier meine Lieder.

(J. Götte)

1094 **Ipsa olera olla legit.**
Der Topf sucht sich selbst seine Kräuter.

Catull, Carmina 94, 2

Mentula moechatur, moechatur mentula certe.
Hoc est, quod dicunt, *ipsa olera olla legit.*

Schwänzlein hurt herum. Natürlich huret ein Schwänzlein.
Das ist's, was man nennt, Topf sucht sich selber den Kohl.

(W. Eisenhut)

HW 37676

Erasmus, Adagia 1, 7, 60 (... olla olera ...)

1095 **Ipsa quidem pretium virtus sibi solaque late
Fortunae secura nitet.**
Die Tugend ist sich selbst Lohn genug und alleine
glänzt sie weithin, vor dem Schicksal sicher.

Claudian, Panegyricus Dictus Manlio Theodoro Consuli 1

HW 12819

1096 **Ipsa quidem virtus sibimet pulcherrima merces.**
Die Tugend ist sich selbst der schönste Lohn.

Silius Italicus, Punica 13, 663

HW 12820; 37676a1

1097 **Ipse dixit.**
Der Meister selbst hat's so gesagt.
(Gemeint ist Pythagoras; seine Anhänger befolgten die Weisungen des Meisters kritiklos.)

Cicero, De natura deorum 1, 10

Nec vero probare soleo id, quod de Pythagoreis accepimus, quos ferunt, si quid adfirmarent in disputando, cum ex iis quaereretur, quare ita esset, respondere solitos '*ipse dixit';* 'ipse' autem erat Pythagoras.

Ich pflege aber das nicht zu billigen, was wir über die Pythagoreer wissen: wenn man sie in einer Diskussion nach der Begründung einer aufgestellten These fragte, sollen sie gewohnheitsgemäß geantwortet haben: «Er selbst hat es ja gesagt!»; «er selbst» aber war eben Pythagoras.

(W. Gerlach – K. Bayer)

Erasmus, Adagia 2, 5, 87

1098 **Ipse Iuppiter neque pluens omnibus placet neque abstinens.**
Selbst Jupiter gefällt nicht allen,
mag er nun regnen lassen oder nicht.

1099 **Ipse semet canit.**
Er besingt sich selbst.
(d. h.: Selbstlob stinkt.)

HW 12841 a; 37677 n

Erasmus, Adagia 2, 5, 86; 3, 5, 80

1100 **I! Quid stas, lapis?**
Geh! Was stehst du noch herum wie ein Stein?

Terenz, Heautontimorumenos 831

Ch. Cape hoc argentum ac defer! Sy. *I! quid stas, lapis?*
Quin accipis? Cl. Cedo sane. Sy. Sequere hac me ocius!

Chremes: Da nimm das Geld und schaff es hin!
Syrus: Was stehst du, Stock? So nimm es doch!
Clitipho: Hier, gib es! Syrus: Nun geschwind mir nach!

(J. J. C. Donner)

1101 **Iracundia fortitudinis quasi cos est.**
Zorn ist gleichsam der Wetzstein der Tapferkeit.

Cicero, Academici Libri priores 2, 135

iracundiam . . . cotem esse

1102 **Iracundiam qui vincit, hostem superat maximum.**
Wer den Jähzorn überwindet, der besiegt den ärgsten Feind.

Publilius Syrus, Sententiae I 22

(H. Beckby)

HW 12890

1103 **Ira furor brevis est.**
Zorn ist kurze Raserei.

Horaz, Epistulae 1, 2, 62

Ira furor brevis est: animum rege; qui nisi paret,
imperat; hunc frenis, hunc tu conpesce catena!

Zorn ist ein kurzer Anfall von Wahnsinn. Beherrsche den Trieb in der Brust. Gehorcht er nicht, so gebietet er: zähme ihn mit dem Zaume, kirre ihn mit der Kette!

(W. Schöne – H. Färber)

HW 12856; 37683 b 1

1104 **Iram bene Ennius initium dixit insaniae.**
Den Zorn hat Ennius treffend als Beginn des Wahnsinns bezeichnet.

ENNIUS, INCERTA 18 V., zitiert bei CICERO, TUSCULANAE DISPUTATIONES 4, 52

An est quicquam similius insaniae quam *ira?* Quam *bene Ennius 'initium' dixit 'insaniae'.* Color, vox, oculi, spiritus, inpotentia dictorum et factorum quam partem habent sanitatis?

Oder gibt es etwas, was der Verrücktheit näher käme als der Zorn? Wie richtig nennt ihn Ennius «den Anfang des Wahnsinns». Farbe, Stimme, Augen, Atem, die Unbeherrschtheit in Worten und Handlungen, was hat das mit Gesundheit zu tun?

(O. Gigon)

vgl. HW 12871 b

1105 **Ire docetur eundo.**
Gehen lernt man durch Gehen.

1106 **Ire tendo de fumo ad flammam.**
Ich strebe aus dem Rauch in die Flamme.
(d. h.: zum Wesentlichen streben)

AMMIANUS MARCELLINUS, RES GESTAE 14, 11, 12

Prorsus *ire tendebat de fumo,* ut proverbium loquitur vetus, *ad flammam.*

Er machte sich sogleich daran, vom Rauch – wie ein altes Sprichwort sagt – zur Flamme zu kommen.

ERASMUS, ADAGIA 4, 7, 40 (de fumo ad flammam)

1107 **Irus est subito, qui modo Croesus erat.**
Irus ist plötzlich, wer eben noch Krösus war.
(Irus war ein Bettler am Hofe des Odysseus, Krösus der König von Lydien, bekannt durch seinen unermeßlichen Reichtum.)

OVID, TRISTIA 3, 7, 42 (an Perilla)

Sunt tibi opes modicae, cum sis dignissima magnis:
finge sed inmensis censibus esse pares,
nempe dat id cuicumque libet Fortuna rapitque,
Irus et est subito, qui modo Croesus erat.

Mäßige Habe gehört dir, wie sehr du auch große verdientest:
lebe indessen, als sei dein unermeßliches Gut!
Gibt doch die Göttin des Glückes und raubt nach eignem Belieben:
plötzlich ist Irus, wer eben ein Krösus noch war.

(W. Willige)

HW 12949

vgl. ERASMUS, ADAGIA 1, 6, 76 (Iro pauperior)

1108 **Is cadet ante senem, qui sapit ante diem.**
Der wird vor dem Greis ins Grab sinken, der vor der Zeit weise ist.
(vgl.: Kluge Kinder werden selten alt.)

HW 12953

1109 **Is fecit, cui prodest.**
Getan hat es der, dem die Tat nützt.

vgl. Cicero, Pro Sex. Roscio Amerino 84

L. Cassius ille, quem populus Romanus verissimum et sapientissimum iudicem putabat, identidem in causis quaerere solebat, *'cui bono'* fuisset.

Der berühmte L. Cassius, nach Ansicht aller Römer ein überaus gewissenhafter und weiser Richter, pflegte in Strafverhandlungen immer wieder zu fragen, wer denn etwas von der Tat gehabt habe.

(M. Fuhrmann)

HW 37693

1110 **Istuc est sapere: non quod ante pedes modost videre, sed etiam illa, quae futura sunt, prospicere.**
Das nenn ich klug, was einem vor den Füßen liegt,
Nicht nur zu schauen, sondern selbst, was kommen soll.

Terenz, Adelphoe 386f.; vgl. Hecyra 608

(J. J. C. Donner)

vgl. HW 12985a; 37696b

1111 **Ita comparatam esse hominum naturam omnium, aliena ut melius videant et diiudicent quam sua!**
Daß aller Menschen Wesen so geartet ist,
Daß Blick und Urteil schärfer trifft in fremden als
In eignen Dingen!

Terenz, Heautontimorumenos 503f.

(J. J. C. Donner)

HW 13001a

1112 **Ita est vita hominum.**
So ist das Leben der Menschen.

Terenz, Adelphoe 739ff.

Mi. Nunc quom non queo, animo aequo fero.
Ita vitast hominum, quasi quom ludas tesseris:
Si illud, quod maxume opus est, iactu non cadit,
illud, quod cecidit forte, id arte ut corrigas.
De. Corrector!

Micio: (Nein, wenn ich's ändern könnte); jetzt ergeb ich mich,
Weil ich es nicht kann, mit Gelassenheit darein.
Ist doch des Menschen Leben wie ein Würfelspiel;
Wenn nicht der Wurf fällt, den man eben braucht, so muß
Die Kunst den Wurf verbessern, der nun einmal fiel. Demea: Du Besserer!

(J. J. C. Donner)

HW 13002b (... vita est ...)

1113 **Ita fugias ne praeter casam!**
Fliehe nicht an der Hütte vorbei!

TERENZ, PHORMIO 768

DE. Nostrapte culpa facimus, ut malis expediat esse,
dum nimium dici nos bonos studemus et benignos.
Ita fugias ne praeter casam, quod aiunt. Nonne id sat erat,
accipere ab illo iniuriam? Etiam argentum ultro obiectum...

DEMIPHO: Wir selbst sind schuld, daß schlechtes Tun dem schlechten Mann Gewinn bringt,
Denn gar zu viel liegt uns daran, für mild und gut zu gelten.
«Flieh», heißt es, «nicht am eignen Haus vorbei!» War's nicht genügend,
Daß der uns einen Streich gespielt? Man warf ihm auch noch Geld hin...

(J. J. C. Donner)

HW 37698a (... fugito...)

ERASMUS, ADAGIA 1, 5, 3

1114 **Ita voluerunt, ita factum est.**
So haben sie es gewollt, und so ist es geschehen.

1115 **Iubet nos Pythius Apollo noscere nosmet ipsos.**
Der Apollo von Delphi befiehlt uns, uns selbst zu erkennen.

CICERO, DE FINIBUS 5, 44

Intrandum est igitur in rerum naturam et penitus, quid ea postulet, pervidendum; aliter enim nosmet ipsos nosse non possumus. Quod praeceptum quia maius erat, quam ut ab homine videretur, idcirco assignatum est deo. *Iubet* igitur *nos Pythius Apollo noscere nosmet ipsos.*

Jetzt müssen wir also ins Innere der Natur eintreten und ganz zu begreifen suchen, was sie von uns fordert. Es gibt keinen anderen Weg, uns selber kennenzulernen. Dieses Gebot hat immer für so erhaben gegolten, daß man es nicht einem Menschen, sondern einem Gott zuschreiben wollte. Also befiehlt uns der Pythische Apollon, uns selber zu erkennen.

(O. Gigon – L. Straume-Zimmermann)

HW 37706d

1116 **Iucunda est memoria praeteritorum malorum.**
Angenehm ist die Erinnerung an vergangene Übel.

CICERO, DE FINIBUS 2, 105

Quid, si etiam *iucunda memoria est praeteritorum malorum?* Ut proverbia non nulla veriora sint quam vestra dogmata. Vulgo enim dicitur: 'Iucundi acti labores' nec male Euripides – concludam, si potero, Latine; Graecum enim hunc versum nostis omnes –: 'Suavis laborum est praeteritorum memoria.'

Außerdem, warum sollte die Erinnerung an vergangenes Übel nicht sogar angenehm sein? Da gibt es einige Sprichwörter, die wahrer sind als eure Dogmen: «Überstandene Mühen sind süß», und nicht schlecht erklärt Euripides – ich will versuchen, es auf Latein zu sagen; denn den griechischen Vers kennt ihr alle –: «Süß ist die Erinnerung an vergangene Mühen.«

(O. Gigon – L. Straume-Zimmermann)

EURIPIDES, ANDROMEDA, fr. 133 N[2]: 'Αλλ' ἡδύ τοι σωθέντα μεμνῆσθαι πόνων.
(All' hedý toi sothénta memnêsthai pónon.)

Doch süß ist's, nach der Rettung an die Leiden zurückzudenken.

(G. A. Seeck)

ERASMUS, ADAGIA 4, 9, 27 (Iucunda malorum praeteritorum memoria.)

HW 13096a

1117 **iucunda rerum vicissitudo**
eine angenehme Abwechslung

HW 13097c

Erasmus, Adagia 1, 7, 64; vgl. auch 1, 7, 63

1118 **Iucundi acti labores.**
Überstandene Mühen sind süß.

Cicero, De finibus 2, 105

(O. Gigon – L. Straume-Zimmermann)

HW 37708

Erasmus, Adagia 2, 3, 43

1119 **Iudex damnatur, cum nocens absolvitur.**
Der Richter wird verurteilt, wenn ein Schuldiger freikommt.

Publilius Syrus, Sententiae I 28 (…, ubi…)
HW 13103

1120 **Iudex non calculat.**
Ein Richter rechnet nicht.

vgl. Macer, De appellationibus (Digesta 49, 8, 1, 1)

si calculi error in sententia esse dicatur…

(Das Wort *calculare* findet sich in den Digesten nicht.)

1121 **Iudicis est innocentiae subvenire.**
Aufgabe des Richters ist es, der Unschuld zu Hilfe zu kommen.

HW 37717a1

1122 **iugulare mortuos**
Tote erdrosseln

vgl. Aristophanes, Aves 1074f.

… ἤν τε τῶν τυράννων τίς τινα
τῶν τεθνηκότων ἀποκτείνῃ, τάλαντον λαμβάνειν.
(… én te tôn tyránnon tís tina
tôn thethnekóton apokteíne, tálanton lambánein.)

«… und wer der toten Volkstyrannen einen
noch toter schlagen wird, auch dieser soll bekommen ein Talent!»

(L. Seeger – H.-J. Newiger – P. Rau)

Erasmus, Adagia 1, 2, 54; vgl. 5, 1, 94

1123 **iungere vulpes**
Füchse ins Joch spannen
(d. h.: Unmögliches tun)

Vergil, Bucolica 3, 91

M. Qui Bavium non odit, amet tua carmina, Mevi.
Atque idem *iungat vulpes* et mulgeat hircos.

Menalcas: Wer nicht den Bavius haßt, der liebe auch Mevius' Lieder, spanne auch Füchse ins Joch an den Pflug und melke sich Böcke!

(J. Götte)

Erasmus, Adagia 1, 3, 50

1124 **Iuppiter est, quodcumque vides, quodcumque moveris.**
Alles was wir sehen, jede unserer Regungen ist Jupiter.

Lukan, Pharsalia 9, 580

(W. Ehlers)

1125 **iurare in verba magistri**
auf die Worte des Meisters schwören

Horaz, Epistulae 1, 1, 14

Ac ne forte roges, quo me duce, quo lare tuter:
nullius addictus *iurare in verba magistri,*
quo me cumque rapit tempestas, deferor hospes.

Frage auch nicht nach dem Führer meines Weges, nach dem Hause meiner Zuflucht: keinem Meister verpflichtet, auf seine Worte zu schwören, treibe ich, wohin der Sturm mich trägt, nur als flüchtiger Gast.

(W. Schöne – H. Färber)

HW 13204c

1126 **Iuravi lingua, mentem iniuratam gero.**
Ich habe nur mit der Zunge geschworen, mein Geist bleibt unvereidigt.

Cicero, De officiis 3, 108

Scite enim Euripides: *Iuravi lingua, mentem iniuratam gero.*

Hübsch sagt nämlich Euripides: mit der Zunge schwur ich, unvereidigt ist mein Geist.

(K. Büchner)

nach Euripides, Hippolytos 612:

'Η γλῶσσ' ὀμώμοχ', ἡ δὲ φρὴν ἀνώμοτος.
(He glôss' omómoch', he dè phrèn anómotos.)

Erasmus, Adagia 2, 5, 41 (Lingua iuravit.)

1127 **Ius civile neque inflecti gratia neque perfringi potentia neque adulterari pecunia debet.**
Das ‹ius civile› (die Bürgersatzung) darf weder durch Gunsterweisung gebeugt noch durch Machtausübung gebrochen noch durch Geld verfälscht werden.

CICERO, PRO A. CAECINA 73

Quod enim est *ius civile?* Quod *neque inflecti gratia neque perfringi potentia neque adulterari pecunia* possit: quod si non modo oppressum, sed etiam desertum aut neglegentius asservatum erit, nihil est, quod quisquam sese habere certum ... arbitretur.

Denn was hat es auf sich mit dem bürgerlichen Recht? Nicht Gunst vermag es zu beugen noch Gewalt zu zerbrechen noch Geld es zu verfälschen. Denn wenn man es unterdrückt, ja schon wenn man es preisgibt oder mit mangelnder Sorgfalt wahrt, dann verbürgt nichts mehr, daß jemand hoffen darf, einen gesicherten Besitz ... zu haben.

(M. Fuhrmann)

1128 **Ius est ars boni et aequi.**
Das Recht ist das Handwerk des Billigen und Gerechten.

ULPIAN, INSTITUTIONES 1 (DIGESTA 1, 1, 1 pr.)

Nam, ut eleganter Celsus definit, *ius est ars boni et aequi.*

D. Liebs, J. 180

1129 **Ius summum saepe summa malitia est.**
Das mit größter Schärfe ausgelegte Recht ist oft die größte Bosheit.

TERENZ, HEAUTONTIMORUMENOS 795f.

SY. Neque tu scilicet
illuc confugies: 'Quid mea? num mihi datumst?
num iussi?... Verum illud, Chremes,
dicunt: '*Ius summum saepe summast malitia.*'

SYRUS: Nicht einwenden kannst
Du jetzt: «Was geht es mich an? Ward das Geld mir geliehen?
War's mein Befehl?»... Wahr, o Chremes, ist der Spruch:
«Das größte Recht ist oft die größte Schlechtigkeit.»

(J. J. C. Donner)

vgl. CICERO, DE OFFICIIS 1, 33: *Summum ius summa* iniuria.

vgl. HW 13262 (... est malitia.)

D. Liebs, S 79

1130 **Iustitia erga deum religio dicitur.**
Gerechtigkeit gegen Gott nennt man Religion.

CICERO, PARTITIONES ORATORIAE 78

In communione autem quae posita pars est ‹virtutis›, iustitia dicitur, eaque *erga deos religio*, erga parentes pietas.

Der Bereich der Tugend aber, der für das Zusammenleben untereinander nötig ist, wird als Gerechtigkeit bezeichnet, und zwar im einzelnen gegenüber den Göttern als Frömmigkeit (*religio*), gegenüber den Eltern als Ehrerbietung (*pietas*).

(K. u. G. Bayer)

vgl. CICERO, DE NATURA DEORUM 1, 116

Est enim pietas iustitia adversum deos; cum quibus quid potest nobis esse iuris, cum homini nulla cum deo sit communitas?

Denn *pietas* bezeichnet das uns gebührende Verhalten gegenüber den Göttern; doch welches Rechtsverhältnis kann zwischen ihnen und uns bestehen, wenn der Mensch mit der Gottheit keinerlei Gemeinschaft hat?

(W. Gerlach – K. Bayer)

1131 **Iustitia fundamentum regnorum.**
Gerechtigkeit ist die Grundlage der Königreiche.

DEVISE Franz I. (1708–1765; Kaiser seit 1745)

HW 13289a; 37739

1132 **Iustitia nihil expetit praemii.**
Gerechtigkeit verlangt keine Belohnung.

CICERO, DE LEGIBUS 1, 48

HW 37741 (... praemii, nihil pretii.)

1133 **Iustum et tenacem propositi virum**
non civium ardor prava iubentium
non voltus instantis tyranni
mente quatit solida ...
Dem rechten Mann, der fest am Entschlusse hält,
Macht nicht die Volkswut, die ihn zum Schlechten drängt,
Nicht eines Zwingherrn drohend Antlitz
Wanken den stetigen Mut ...

HORAZ, CARMINA 3, 3, 1 ff.

(Kayser – Nordenflycht – Burger – Färber)

HW 13315b

1134 **Iuvat inconcessa voluptas.**
Unerlaubtes macht Spaß.

OVID, AMORES 3, 4, 31

Indignere licet, *iuvat* ...

HW 13330a

1135 **Iuvat ipse labor.**
Die Arbeit an sich macht Spaß.

MARTIAL, EPIGRAMMATA 1, 107, 8

In steriles nolunt campos iuga ferre iuvenci:
pingue solum lassat, sed *iuvat ipse labor.*

Auf einödes Gefild gehn Stiere nicht gern mit dem Joche;
fetter Boden macht matt, aber die Mühe erfreut.

(R. Helm)

1136 **Iuxta fluvium puteum fodit.**
Dicht beim Flusse gräbt er einen Brunnen.
(d. h.: Er blickt nicht durch.)

HW 13340a; 37761

ERASMUS, ADAGIA 3, 3, 69

L

1137 **Labitur occulte fallitque volubilis aetas.**
Verborgen gleitet sie hin und täuscht uns die schnelle Jugend.

Ovid, Amores 1, 8, 49 (auch Metamorphoses 10, 519)

Labitur occulte fallitque volatilis aetas
et celer admissis labitur Annus equis.

Heimlich gleitet davon und täuscht die geflügelte Jugend
Und in eilender Fahrt gleitet vorüber das Jahr.

(W. Marg – R. Harder)

HW 13361

1138 **labores exanclare**
(den Becher der) Leiden bis zur Neige leeren

Cicero, Tusculanae disputationes 1, 118

Non enim temere nec fortuito sati et creati sumus, sed profecto fuit quaedam vis, quae generi consuleret humano nec id gigneret aut aleret, quod, *cum exanclavisset omnes labores,* tum incideret in malum sempiternum; portum potius paratum nobis et perfugium putemus.

Denn wir sind nicht auf gut Glück gezeugt worden, sondern es gab gewiß eine Kraft, die für das Menschengeschlecht sorgte und es nicht darum erzeugte und aufzog, damit es erst alle Mühen durchmachte und schließlich in das ewige Unheil des Todes geriete. Wir wollen eher annehmen, daß er als Hafen und als Zuflucht für uns bereit ist.

(O. Gigon)

1139 **Labor omnia vincit improbus.**
Unablässige Mühe überwindet alles.

Vergil, Georgica 1, 145f.

HW 13363; 37768 (Labor improbus omnia vincit.)

1140 **Labor voluptasque, dissimillima natura, societate quadam inter se naturali sunt iuncta.**
Arbeit und Vergnügen, an sich ganz unähnlich, sind durch einen natürlichen Zusammenhang miteinander verbunden.

Livius, Ab urbe condita 5, 4, 4

(H. J. Hillen)

1141 **labra linere**

einem etwas weismachen

MARTIAL, EPIGRAMMATA 3, 42, 2

Non mihi labra linis.

Mir schmierst du nichts um den Mund.

(R. Helm)

1142 **Lacrima nil citius arescit.**

Nichts trocknet rascher als die Träne.

AUCTOR AD HERENNIUM 2, 50; vgl. CICERO, PARTITIONES ORATORIAE 57

HW 13370b; 37795

ERASMUS, ADAGIA 4, 9, 14

1143 **Laetitia vana evadit.**

Die Freude erweist sich als unbegründet.

LIVIUS, AB URBE CONDITA 23, 12, 12

Mihi possunt laeta esse, quia res bello gestae, si volumus fortuna uti, pacem nobis aequiorem dabunt; nam si praetermittimus hoc tempus, quo magis dare quam accipere possumus videri pacem, vereor, ne haec quoque *laetitia* luxuriet nobis ac *vana evadat.*

Für mich* kann es erfreulich sein, weil ja erfolgreiche Kriegshandlungen, wenn wir das Glück nutzen wollen, uns einen günstigeren Frieden bringen werden. Lassen wir nämlich diese Stunde verstreichen, in der wir in den Augen der Welt den Frieden mehr diktieren als annehmen können, dann fürchte ich, daß auch diese Freude für uns zu hoch gesteckt ist und leer entschwindet. (*Hanno nach der Schlacht bei Cannae, 216 v. Chr.)

(J. Feix)

1144 **Laetus sorte tua vives sapienter.**

Lebst du deines Loses froh, so übst du rechte Lebensweisheit.

HORAZ, EPISTULAE 1, 10, 44

(W. Schöne – H. Färber)

HW 13430

1145 **Lapidem, non hominem putes.**

Du hältst mich wohl für einen Stein.

TERENZ, HECYRA 214

LA. Tu sola exorere, quae perturbes haec tua inpudentia.
SO. Egon? LA. Tu, inquam, mulier, quae *me* omnino *lapidem, non hominem putas.*
An, quia ruri crebro esse soleo, nescire arbitramini,
quo quisque pacto hic vitam vostrarum exigat?

LACHES: Du nur erhebst dich und verwirrst durch deine Frechheit alles.
SOSTRATA: Ich? LACHES: Du, sag ich, Weib, die mich für einen Stein,
für keinen Menschen hält!
Wohl meint ihr, weil ich häufig auf dem Lande bin, ich wüßte nicht,
Was jeder Mann und jede Frau von euch hier treibt.

(J. J. C. Donner)

1146 **lapsus linguae**
ein Versprecher

nach KRATES, Fr. 29 N. (GNOMOLOGICUM VATICANUM 382)

vgl. JESUS SIRACH 20, 18

'Ολίσθημα ἀπὸ ἐδάφους μᾶλλον ἢ ἀπὸ γλώσσης.
(Olísthema apò edáphus mâllon è apò glósses.)

Lieber ein Ausrutschen am Erdboden als ein Ausrutschen der Zunge.

HW 37812b (... plerumque veri.)

1147 **Largitio fundum non habet.**
Schenken hat keinen Boden.

CICERO, DE OFFICIIS 2, 55

Omnino meminisse debemus id, quod a nostris hominibus saepissime usurpatum iam in proverbii consuetudinem venit, *largitionem ... habe*re.

Überhaupt müssen wir an das denken, was, von unseren Landsleuten so überaus oft gebraucht, schon zur Gewohnheit eines Sprichwortes geworden ist: Schenken habe keinen Boden.

(K. Büchner)

HW 13463a; 37816

ERASMUS, APAGIA 1, 10, 32 (... non habet fundum.)

1148 **Laterem lavas.**
Du wäschst einen Ziegelstein.
(vgl. Mohrenwäsche)

TERENZ, PHORMIO 186

GE. Quod quom audierit, eius quod remedium inveniam iracundiae?
Loquarne? incendam; taceam? instigem; purgem me? *laterem lavem.*
Heu me miserum!

GETA: Wenn er's hört, wo find ich dann ein Mittel gegen seine Wut?
Red ich, setz ich ihn in Flammen; schweig ich, reiz ich ihn noch mehr;
Will ich etwa rein mich waschen, wasch ich einen Mohren weiß.
Weh! Mir bangt um mich...

(J. J. C. Donner)

s. auch HIERONYMUS, ADVERSUS PELAGIANOS 1, 24 (23, 541 Migne)

HW 13502

ERASMUS, ADAGIA 1, 4, 48

1149 **Latet anguis in herba.**
Es lauert eine Schlange im Gras.

VERGIL, BUCOLICA 3, 93

Qui legitis flores et humi nascentia fraga,
frigidus, o pueri, fugite hinc, *latet anguis in herba.*

Die ihr Blumen hier sucht und Erdbeeren, wachsend am Boden,
flieht, ihr Knaben, hier lauert im Gras kaltschlüpfig die Schlange!

(J. Götte)

HW 13504; 37819k

1150 **Latet error equo; ne credite, Teucri!**
Es steckt ein Betrug in diesem (hölzernen) Pferde. Seid auf der Hut, ihr Teukrer!
(Der trojanische Priester Laokoon warnte seine Mitbürger vor dem hölzernen Pferde.)

VERGIL, AENEIS 2, 48

1151 **Laudamus veteres, sed nostris utimur annis.**
Wir loben die alten Zeiten, doch leben wir in den unsern.

OVID, FASTI 1, 225

HW 13518

1152 **laudator temporis acti**
ein Lobredner auf vergangene Zeiten

HORAZ, DE ARTE POETICA 173

Multa senem circumveniunt incommoda, vel quod
quaerit et inventis miser abstinet ac timet uti,
vel quod res omnis timide gelideque ministrat,
dilator, spe longus, iners avidusque futuri
difficilis, querulus, *laudator temporis acti*...

Vielerlei Nöte umringen den Greis: erwerben will er noch, und den Ertrag spart er mit Selbstpein und scheut sich, ihn zu nutzen. Scheu und kühl faßt er jedes Ding an, abwartend und in die Ferne rechnend, matt im Schaffen und zäh im Hoffen für die Zukunft; eigensinnig und verdrießlich; ein Lobredner der vergangenen Zeit...

(W. Schöne – H. Färber)

HW 13540; vgl. 37813a3 (... acti temporis vir est senex.)

1153 **Laudatur ab his, culpatur ab illis.**
Es loben ihn diese und tadeln ihn jene.

HORAZ, SERMONES 1, 2, 11

Hunc si perconteris, avi cur atque parentis
praeclaram ingrata stringat malus ingluvie rem,
omnia conductis coemens obsonia nummis,
sordidus atque animi quod parvi nolit haberi,
respondet. *Laudatur ab his, culpatur ab illis.*

Hier verpraßt einer sinnlos in unersättlichem Schlemmen das reiche Gut, das ihm Großvater und Vater hinterließ; alle möglichen Leckerbissen kauft er mit zusammengeborgtem Geld; du fragst, warum? «Knausrig und kleinlich soll man mich nicht schimpfen», gibt er zur Antwort. Lob wie Tadel findet er dafür in gleicher Weise

(W. Schöne – H. Färber)

HW 13540b

1154 **Laudat venales qui vult extrudere merces.**
Es lobt seine Waren, wer sie losbringen möchte.
(vgl.: Jeder Kramer lobt seine War'.)

HORAZ, EPISTULAE 2, 2, 11

HW 13536 (... bene qui...); vgl. 37829 (laudat mercator, quas...)

1155 **Laus in proprio ore sordescit.**
Lob wird im eigenen Munde schmutzig.
(vgl.: Selbstlob stinkt.)

HW 13593

Varianten:
Laus nostro more proprio sordescit in ore. 13595
Laus mea sordet eo, quod venit ore meo. 13593
Laus omnis vere proprio sordescit in ore. 13597

1156 **Laus sapientiae maxima est non aliunde pendere.**
Das höchste Lob der Weisheit besteht darin, von nichts abhängig zu sein.

J. Albinus, S. 51

1157 **Legem brevem esse oportet, quo facilius ab imperitis teneatur.**
Ein Gesetz muß kurz und bündig sein, damit es auch Rechtsunkundige leicht(er) behalten können.

Poseidonios bei Seneca, Epistulae morales 94, 38

s. D. Liebs, L 5

1158 **Lege totum, si vis scire totum!**
Lies das Ganze, wenn du das Ganze wissen willst!

1159 **Legibus omnes idcirco servimus, ut liberi esse possimus.**
Den Gesetzen dienen wir alle, damit wir frei sein können.

Cicero, Pro A. Cluentio Habito 146

1160 **Legis virtus haec est: imperare, vetare, permittere, punire.**
Leistung eines Gesetzes ist es, anzuordnen und zu verbieten, zu erlauben und Strafe anzudrohen.

Modestinus, Regulae 1 (Digesta 1, 3, 7)

1161 **leniter malo perstringi**
vom Unheil nur leicht gestreift werden
(vgl.: mit einem blauen Auge davonkommen)

Seneca, Naturales quaestiones 6, 1, 2

Neapolis quoque privatim multa, publice nihil amisit *leniter perstricta*, villae vero prorutae, passim sine iniuria tremuere.

Neapel verzeichnete ebenfalls starke Schäden an Privateigentum, keinen jedoch an öffentlichem und wurde von dem schrecklichen Unglück nur leicht gestreift. Manche Landhäuser freilich stürzten ein, während die meisten nur schwankten, ohne Schaden zu nehmen. (Erdbeben 5. 2. 63 n. Chr.)

(O. Schönberger)

1162 **Leonem larva terres.**
Einen Löwen willst du mit einer Maske schrecken?

Erasmus, Adagia 1, 6, 40

1163 **Leones non papilionibus molesti.**
Die Löwen sind den Schmetterlingen nicht lästig.

Martial, Epigrammata 12, 61, 5f.

In tauros Libyci ruunt *leones,*
non sunt papilionibus molesti.

Stürzen libysche Löwen doch auf Stiere,
nicht belästigen sie die Schmetterlinge.

(R. Helm)

HW 37855b (Leones papilionibus non molesti.)

1164 **leonina societas**
Löwengemeinschaft
(Der Löwe beansprucht nach gemeinsamer Jagd nicht nur seinen Teil, sondern alles.)

vgl. Phaedrus, Fabulae 1, 5

Sic est locutus partibus factis leo:
'Ego primam tollo nomine hoc, quia rex cluo;
secundam, quia sum consors, tribuetis mihi;
tum, quia plus valeo, me sequetur tertia;
malo afficietur, si quis quartam tetigerit.'

(Als einen Hirsch sie erlegt,) verteilte ihn der Löwe, und er sprach dazu:
«Ich nehm den ersten Teil mir, weil ich König heiß';
den zweiten weist ihr zu mir, weil ich der Partner bin;
der dritte kommt mir zu, weil ich der Stärkste bin;
rührt einer an den vierten, soll's ihm bös ergehn.»

(H. C. Schnur – E. Keller)

vgl. Ulpianus, Ad Sabinum 30 (Digesta 17, 2, 29, 2)

Erasmus, Adagia 1, 7, 89

1165 **Leporis vitam vivit.**
Er lebt das Leben eines Hasen.

Erasmus, Adagia 4, 3, 77

1166 **Lepus tute es, pulpamentum quaeris?**
Du, selbst Hase, jagst nach zartem Fleisch?

Terenz, Eunuchus 426

(J. J. C. Donner)

HW 37862

Erasmus, Adagia 1, 6, 7 (... es, et...)

1167 **Leve fit, quod bene fertur, onus.**
Leicht wird eine Last, die gut getragen wird.

OVID, AMORES 1, 2, 10

HW 13677

1168 **Leves homines futuri sunt improvidi.**
Leichtsinnige Menschen sorgen sich nicht um die Zukunft.

TACITUS, HISTORIAE 1, 88, 3

Levissimus quisque et *futuri improvidus* spe vana tumens; multi adflicta fide in pace anxii, turbatis rebus alacres et per incerta tutissimi.

Die Leichtsinnigen und die um die Zukunft Unbekümmerten waren von eitler Hoffnung geschwellt; viele, denen im Frieden ihr gesunkener Kredit peinlich gewesen war, zeigten sich jetzt, in den stürmisch bewegten Zeiten, guter Dinge und fühlten sich trotz der unsicheren Verhältnisse in voller Sicherheit.

(J. Borst – H. Hroß – H. Borst)

1169 **levi defungi poena**
mit einer leichten Strafe davonkommen

LIVIUS, AB URBE CONDITA 29, 21, 6

Ante omnia libera corpora placere sine mora Locrensibus restitui; non *levi defunctum poena*, qui non restituisset.

Vor allem müßten alle Freien den Lokrern unverzüglich zurückgegeben werden; mit keiner leichten Strafe werde davonkommen, wer dies nicht tue. (204 v. Chr.)

1170 **levis notae macula adspergi**
mit einer leichten Rüge davonkommen

CODEX IUSTINIANUS 3, 28, 27

si scripti heredes infamiae vel turpitudinis vel *levis notae macula adsperguntur*...

Wenn die im Testament aufgeführten Erben auch nur mit einer leichten Rüge wegen unehrenhaften, schändlichen Lebenswandels belastet sind ... (sc. können Verwandte Einspruch erheben).

1171 **Levis sit tibi terra!**
Möge dir die Erde leicht sein!

TIBULL, ELEGIAE 2, 4, 50f.

Atque aliquis senior veteres veneratus amores
annua constructo serta dabit tumulo
et 'bene' discedens dicet 'placideque quiescas,
*terra*que securae *sit* super ossa *levis*'.

Irgendein Alter dann, im Gedenken früherer Liebe,
Legt ihr verehrungsvoll jährlich den Kranz auf das Grab:
«Ruhe», so spricht er im Weggehn, «ruhe du wohl und in Frieden
Sorglos: die Erde, sie sei leicht über deinem Gebein!»

(W. Willige)

nach EURIPIDES, ALKESTIS 463f.:

Κούφα σοι | χθὼν ἐπάνωθε πέσοι, γύναι.
(Kúpha soi | chthòn epánothe pésoi, gýnai!)

1172 **Lex cogit neminem ad impossibilia.**
Das Gesetz zwingt niemanden zu etwas Unmöglichem.

vgl. D. Liebs, J 22; L 36; N 64; U 21

1173 **Lex dura, sed lex.**
Ein hartes Gesetz, aber immerhin ein Gesetz.

ULPIANUS, DE ADULTERIIS 4 (DIGESTA 40, 9, 12, 1)

Ipsa igitur, quae divertit, omnes omnimodo servos suos manumittere vel alienare prohibetur...: quod quidem perquam *durum* est, *sed* ita *lex* scripta est.

Die Frau also, die sich von ihrem Gatten trennt, darf unter keinen Umständen alle ihre Sklaven freilassen oder veräußern...: Das ist eine sehr harte Bestimmung, aber so lautet das geschriebene Gesetz nun einmal.

1174 **Lex non promulgata non est rata.**
Ein nicht öffentlich bekanntgemachtes Gesetz ist ohne Rechtskraft.

vgl. ULPIANUS, AD LEGEM IULIAM ET PAPIAM 2 (DIGESTA 50, 16, 131, 1)

Poena *non* irrogatur, *nisi* quae quaque *lege* vel quo alio iure specialiter huic delicto imposita est.

Als Strafe kann nur verhängt werden, was durch ein Gesetz oder eine andere Rechtsbestimmung für das betreffende Delikt speziell vorgesehen ist.

D. Liebs, L 37

1175 **Lex posterior derogat priori.**
Das später erlassene Gesetz setzt ein früher erlassenes außer Kraft.

MODESTINUS, EXCUSATIONES 2 (DIGESTA 1, 4, 4)

Αἱ μεταγενέστεραι διατάξεις ἰσχυρότεραι τῶν πρὸ αὐτῶν εἰσιν.
(Hai metagenésterai diatáxeis ischyróterai tôn prò autôn eisin.)

(*Posteriores leges* plus valent quam quae *ante eas* fuerunt.)

Später erlassene Gesetze haben mehr Kraft als diejenigen, die vor ihnen da waren.

D. Liebs, L 43

1176 **Lex prospicit, non respicit.**
Ein Gesetz blickt nach vorne, nicht zurück.
(d.h.: Ein Gesetz gilt nie rückwirkend.)

HW 13711

D. Liebs, L 45

1177 **Lex universa est, quae iubet nasci et mori.**
Entstehen und Vergehen ist Weltsatzung.

PUBLILIUS SYRUS, SENTENTIAE L 5

(H. Beckby)

HW 13716

1178 **Libenter homines id, quod volunt, credunt.**
Gern glauben die Menschen das, was sie sich wünschen.

Caesar, De bello Gallico 3, 18, 6

HW 37874a2 (*om.* id)

1179 **Liberae sunt cogitationes.**
Die Gedanken sind frei.

Cicero, Pro T. Annio Milone 79

Quin sic attendite, iudices: nempe haec est quaestio de interitu P. Clodii. Fingite animis: *liberae* enim *sunt cogitationes* nostrae et, quae volunt, sic intuentur, ut ea cernimus, quae videmus; fingite igitur cogitatione imaginem huius condicionis meae!

Hört mir also weiterhin so gut zu, ihr Richter! Stellt euch vor – unsere Einbildungskraft ist ja unbeschränkt; sie kann sich jeden beliebigen Gegenstand ebenso lebhaft ausmalen, wie wir das erkennen, was wir vor uns sehen – stellt euch also in Gedanken vor, was ich nunmehr annehmen will: gesetzt, ich könnte erreichen ...

(M. Fuhrmann)

HW 13733a; vgl. 37880 (... nostrae cogitationes.)

1180 **Libertas est potestas faciendi id, quod iure licet.**
Freiheit ist die Möglichkeit zu tun, was Rechtens erlaubt ist.

1181 **Libertas est potestas vivendi, ut velis.**
Freiheit ist die Möglichkeit zu leben, wie man will.

Cicero, Paradoxa Stoicorum 34

Quid est enim *libertas? Potestas vivendi, ut velis.*
Quis igitur vivit, ut volt, nisi qui recte vivit?

Was nämlich ist Freiheit? Die Möglichkeit zu leben, wie man will.
Wer also lebt, wie er will, wenn nicht der, der richtig lebt?

HW 37895b

1182 **Libido effrenata effrenatam appetentiam efficit.**
Ungezügelte Lust führt zu ungezügelter Begierde.

Cicero, Tusculanae disputationes 4, 15

Sed quae iudicia quasque opiniones perturbationem esse dixi, non in eis perturbationes solum positas esse dicunt, verum illa etiam, quae efficiuntur perturbationibus, ut aegritudo quasi morsum aliquem doloris *efficiat,* metus recessum quendam animi et fugam, laetitia profusam hilaritatem, *lubido effrenatam adpetentiam.*

Aber was ich das Urteil und das Meinen der Leidenschaft nannte, so lehren sie, daß auf ihnen nicht nur die Leidenschaften begründet seien, sondern auch das, was durch diese zustande kommt, wie etwa, daß der Kummer gewissermaßen einen Biß des Schmerzes verursacht, die Ängste eine Art Rückzug und Flucht der Seele, das Vergnügen eine ausgelassene Heiterkeit und die Begierde ein wildes Streben.

(O. Gigon)

1183 **licentia poetica**
dichterische Freiheit

SENECA, NATURALES QUAESTIONES 2, 44, 1

In hoc quoque tam imperiti non fuerunt, ut Iovem existimarent tela mutare. *Poeticam istud licentiam* decet.

Auch war man nicht so ungeschickt zu meinen, Jupiter wechsle seine Geschosse. So etwas gehört zur dichterischen Freiheit.

(O. Schönberger)

1184 **Lingua haeret metu.**
Die Zunge stockt mir vor Angst.

TERENZ, EUNUCHUS 977

PA. Quis homost? Ehem, salvom te advenire, ere, gaudeo.
SE. Quem praestolare? PA. Perii: *Lingua haeret metu.*
SE. Quid est, quod trepidas? Satine salve? Dic mihi!

PARMENO: Wer spricht? – Aha! Bist wohlbehalten wieder hier: das freut mich.
SENEX: Wen erwartest du? PARMENO: Weh! Schrecken lähmt mir die Zunge.
SENEX: Nun! Was ist es? Sprich! Was bebst du? Ist doch alles wohl?

(J. J. C. Donner)

1185 **Lingua mali pars pessima servi.**
Die Zunge ist der schlimmste Teil eines schlechten Sklaven.

JUVENAL, SATURAE 9, 121 [*versus suspectus*]

HW 13805

1186 **Linguam compescere virtus non minima est.**
Seine Zunge hüten können ist nicht die geringste Tugend.

HW 13840

1187 **Lingua, sile! Non est ultra narrabile quicquam.**
Schweig, Zunge! Es gibt da nichts weiter zu berichten.

OVID, EPISTULAE EX PONTO 2, 2, 59

Lingua, sile! Non est ultra narrabile quicquam.
Posse velim cineres obruere ipse meos.

Zunge, sei still: darüber hinaus ist nichts zu erzählen.
Könnt' ich, begrübe ich gern selber mein eignes Gebein.

(W. Willige)

HW 13823

1188 **Linque severa!**
Laß den Ernst beiseite!

Horaz, Carmina 3, 8, 28 (an Maecenas)

Neglegens, ne qua populus laboret,
parce privatus nimium cavere et
dona praesentis cape laetus horae:
linque severa!

Denk nicht dran: was etwa dem Volk mangle,
Sorge nicht zu sehr, da du ohne Amt bist,
Gib mit Lust dich hin dieser Stunde Freuden:
Laß doch, was ernst macht!

(W. Schöne – H. Färber)

1189 **Lippis et tonsoribus notum.**
Die Triefäugigen und die Barbiere wissen es.
(d. h.: Jedermann weiß es.)

Horaz, Sermones 1, 7, 3

Proscipti Regis Rupili pus atque venenum
hybrida quo pacto sit Persius ultus, opinor
omnibus et *lippis notum et tonsoribus* esse.

Bei allen Quacksalbern und Barbieren erzählt man sich wohl schon, wie Persius, der Mischling, sich gegen Gift und Geifer des verfemten Rupilius Rex gewehrt hat. (Es geht um einen Prozeß.)

(W. Schöne – H. Färber)

HW 13866a; 37917

Erasmus, Adagia 1, 6, 70 (Notum lippis ...)

1190 **Lis litem generat.**
Streit erzeugt Streit.

HW 13871a; 37918b

(Varianten: ... parit; ... serit.)

Erasmus, Adagia 2, 10, 41 (... serit.)

1191 **litigare cum ventis**
mit Winden streiten
(d. h.: sich nutzlos abmühen)

Petron, Satyrica 83, 7

ego dum *cum ventis litigo* ...

während ich mich mit Hirngespinsten herumschlug ...

(K. Müller – W. Ehlers)

1192 **Litore quot conchae, tot sunt in amore dolores.**
Soviel Muscheln am Strand, soviel Schmerzen bringt die Liebe.

Ovid, Ars amatoria 2, 519

1193 **Littera scripta manet.**
Der geschriebene Buchstabe hat Bestand.

HW 13903 (..., verbum ut inane perit.)

1194 **Litura tamen exstet!**
Die Tilgung soll man wenistens bemerken!

SUETON, VITA DIVI CLAUDII 16, 1

Gessit et censuram intermissam diu post Plancum Paulumque censores, sed hanc quoque inaequabiliter varioque et animo et eventu. ... cum orantibus familiaribus dempsisset cuidam appositam notam: *'Litura tamen'*, inquit, *'exstet!'*

Claudius wirkte auch als Censor, ein Amt, das seit langer Zeit, seit Plancus und Paulus, nicht mehr bekleidet worden war; aber auch hier erwies er sich als ungerecht und unbeständig in seinen Stimmungen und Entscheidungen... Und als er einmal auf Fürbitte seiner Freunde hin bei einem Ritter den seinem Namen beigefügten Verweis gestrichen hatte, sagte er: «Doch soll man wenigstens die Streichung sehen!»

(A. Lambert)

1195 **Litus ama! Altum alii teneant!**
Halt dich an der Küste! Die hohe See mögen andere halten!

VERGIL, AENEIS 5, 163f.

Quo tantum mihi dexter abis? Huc dirige gressum;
litus ama et laeva stringat sine palmula cautes;
altum alii teneant.

Sag, warum drehst du so weit mir nach rechts? Halt hierhin den Kurs doch,
bleib am Gestade, links laß streifen das Ruder die Riffe;
offene See laß andern!

(J. Götte)

HW 13910

1196 **loco citato**
(Abk.: l. c.)
an der zitierten Stelle

1197 **locus sigilli**
(Abk.: L. S.)
Stelle, an der ein Siegel/Stempel anzubringen ist.
(auch: loco sigilli: anstelle eines Siegels/Stempels durch Unterschrift beglaubigt)

1198 **Longa dies homini docuit parere leones.**
Vieler Tage bedarf's, bis die Löwen dem Menschen gehorchen.

TIBULL, ELEGIAE 1, 4, 17

(W. Willige)

HW 37933b

1199 Longe absit!
Das bleibe fern!

1200 longo, sed proximus intervallo
in weitem Abstand, aber doch als der nächste

Vergil, Aeneis 5, 320

Primus abit longeque ante omnia corpora Nisus
emicat, et ventis et fulminis ocior alis;
proximus huic, *longo sed proximus intervallo,*
insequitur Salius; spatio post deinde relicto
tertius Euryalus.

Fort als erster und weit vor all den andern hin fliegt
Nisus, geschwinder als Windeswehn und Flügel des Blitzes.
Gleich als nächster, als nächster doch erst mit beträchtlichem Abstand,
folgt ihm Salius; wieder mit Abstand folgt ihm sodann als dritter Euryalus.

(J. Götte)

1201 Longum iter est per praecepta, breve et efficax per exempla.
Lang ist der Weg über Belehrung, kurz und wirksam über Beispiele.

Seneca, Epistulae Morales 6, 5

Plus tibi et viva vox et convictus quam oratio proderit:
in rem praesentem venias oportet, primum quia homines amplius oculis quam auribus credunt, deinde quia *longum iter est*...

Mehr dennoch wird dir die lebendige Stimme und unser Zusammensein nützen als meine Ausführungen:
an Ort und Stelle mußt du kommen, erstens, weil die Menschen mehr den Augen als den Ohren trauen, zweitens, weil lang der Weg ist über...

(M. Rosenbach)

HW 13959a; 37939

1202 loquentiae multum, sapientiae parum
Viel Gerede, wenig Sinn

Gellius, Noctes Atticae 1, 15, 18, zitiert Sallust, Coniuratio Catalinae 5, 5

Valerium Probum, grammaticum inlustrem, ex familiari eius, docto viro, comperi Sallustianum illud *'satis eloquentiae, sapientiae parum'*, brevi antequam vita decederet, sic legere coepisse et sic e Sallustio relictum affirmavisse: *'satis loquentiae, sapientiae parum'*...

Der berühmte Grammatiker Valerius Probus, wie ich von einem seiner Verwandten, einem gelehrten Manne, erfuhr, soll jenen Ausspruch des Sallust: *satis eloquentiae, sapientiae parum* («genug Beredsamkeit, wenig Weisheit») kurz vor Ende seines Lebens und, wie er auch versichert, nach Sallusts ausdrücklichem letzten Willen zu ändern und so zu lesen angefangen haben: *satis loquentiae, sapientiae parum* («viel Wortschwall, wenig Sinn»)...

(F. Weiss)

HW 37944

1203 **Lucet. Eamus, quo ducit gula!**
Es tagt. Gehen wir hin, wo die Kehle uns hinführt!

HORAZ, EPISTULAE 1, 6, 57

Si bene qui cenat, bene vivit: *lucet, eamus*
quo ducit gula, piscemur, venemur, ut olim
Gargilius – qui mane plagas, venabula, servos
differtum transire forum populumque iubebat,
unus ut e multis populo spectante referret
emptum mulus aprum – ...

Ist dies das Lebensgut, daß man «gut lebt»: nun wohl, es tagt; gehn wir, wohin der Gaumen lockt! Fischen wollen wir und jagen; ich meine, so wie einst Gargilius, der morgens Netze und Spieße und Treiber im Volksgewühl den Markt durchqueren ließ, – worauf dann eins der vielen Maultiere, zur Schau des Volkes, die Beute heimtrug: den Frischling vom Wildhändler....

(W. Schöne – H. Färber)

1204 **Lucri bonus odor ex re qualibet.**
Gut riecht Gewinn, woher er auch stammen mag.

JUVENAL, SATURAE 14, 204f.

Lucri bonus est *odor ex re qualibet.*

Des Gewinns Duft steigt angenehm in die Nase, mag er stammen, woher er will.

HW 14003 (... bonus est odor ex re qualibet); 37955 (... ex re quavis.)

ERASMUS, ADAGIA 3, 7, 13 (... est odor ...)

1205 **Lucrum sine damno alterius esse non potest.**
Gewinn kann es nur zu Lasten eines andern geben.

PUBLILIUS SYRUS L 6

HW 14011

W. Binder 894 (... fieri non potest.)

1206 **lucus a non lucendo**
Einen Hain nennt man *lucus,* weil in ihm kein Licht leuchtet *(lucet).*

nach QUINTILIAN, INSTITUTIO ORATORIA 1, 6, 34

Etiamne a contrariis aliqua sinemus trahi, ut *'lucus', quia* umbra opacus *parum luceat,* et 'ludus', quia sit longissime a lusu...?

Werden wir auch manche Wörter vom Gegenteil ihre Bedeutung beziehen lassen, wie *lucus* (der Hain), weil er im dunklen Schatten zu wenig Licht hat *(luceat),* und *ludus* (die Schule), weil sie vom Spiel *(lusus)* am weitesten entfernt ist...?

(H. Rahn)

HW 37961

1207 **ludibrio habere**
zum Gespött machen

TERENZ, HECYRA 149

PA. Sed quam decrerim me non posse diutius
habere, *eam ludibrio haberi,* Parmeno,
neque honestum mihi neque utile ipsi virginist,
quin integram itidem reddam, ut accepi a suis.

PARMENO: Aber sollt' ich sie mißbrauchen, sie,
Von der ich mich zu trennen fest entschlossen bin,
Nicht unberührt entlassen, wie ich sie empfing?
Das wäre mein nicht würdig noch ihr selbst erwünscht.

(J. J. C. Donner)

1208 **Ludit in humanis divina potentia rebus.**
Im Menschenleben spielt eine göttliche Kraft mit.

OVID, EPISTULAE EX PONTO 4, 3, 49

Ludit in humanis divina potentia rebus,
et certam praesens vix feret hora fidem.

Treibt doch die göttliche Macht ihr Spiel mit dem menschlichen Schicksal,
und auf den Augenblick kaum ist noch ein sichrer Verlaß.

(W. Willige)

HW 14052 (... vix habet hora ...)

1209 **Luna fallax.**
Der Mond täuscht.

Der abnehmende Mond sieht aus wie ein C in CRESCIT – «nimmt zu», und umgekehrt der zunehmende Mond wie ein D in DECRESCIT - «nimmt ab».

vgl. CICERO, DE NATURA DEORUM 2, 95 (luna crescens)
COLUMELLA, DE RE RUSTICA 11, 2, 11 (luna decrescente)

1210 **Lupo ovem commisisti.**
Einem Wolf hast du das Schaf anvertraut.

TERENZ, EUNUCHUS 832

TH. Scelesta, *lupo ovem commisisti.* Dispudet
sic mihi data esse verba. Quid illud hominis est?

THAIS: Verdammt! Dem Wolf vertrautest du das Lamm! O Schmach,
Daß man mich so berückte! – Wer ist dort der Mensch?

(J. J. C. Donner)

ERASMUS, ADAGIA 1, 4, 10 (Ovem lupo ...)

1211 **lupum auribus tenere**
einen Wolf an den Ohren halten

SUETON, VITA TIBERII 25, 1 (vgl. TERENZ, PHORMIO 506)

Cunctandi causa erat metus undique imminentium discriminum, ut saepe *'lupum se auribus tenere'* diceret.

Der Grund seines Zögerns war die Furcht vor den ihm von allen Seiten drohenden Gefahren; so sagte er auch öfters, er halte einen Wolf an den Ohren. (Tiberius sträubte sich gegen die Übernahme des Prinzipats.)

(A. Lambert)

HW 37965 (... tenet.)

ERASMUS, ADAGIA 1, 5, 25 (Auribus lupum teneo.)

1212 **lupum sub ovis pelle celare**
Den Wolf unter dem Schafspelz verbergen

LAKTANZ; vgl. MATTHAEUS 7, 15: Intrinsecus autem sunt *lupi* rapaces

1213 **Lupus in fabula!**
Der Wolf in der Fabel!
(vgl.: Wenn man den Esel nennt, kommt er g'rennt.)

TERENZ, ADELPHOE 537

SY. Laudari per te audit lubenter: facio te apud illum deum?
Virtutes narro. CT. meas? SY. tuas: homini ilico lacrumae cadunt
quasi puero gaudio. Em tibi autem!
CT. Quidnam est? SY. *Lupus in fabula.*

SYRUS: Er hört dich gern loben: ich vergöttere dich bei ihm und schwatze viel
Von deiner Tugend. CTESIPHO: Meiner? SYRUS: Ja; dann weint er alsbald
wie ein Kind vor Freude. Still jetzt: aufgeschaut!
CTESIPHO: Was ist's? SYRUS: Der Wolf in fabula.

(J. J. C. Donner)

s. auch CICERO, AD ATTICUM 13, 33, 1 K.

HW 14115; 37968

ERASMUS, ADAGIA 3, 8, 56; 4, 5, 50

1214 **Lupus non curat numerum.**
Der Wolf kümmert sich nicht um die Zahl (der Schafe).

vgl. VERGIL, BUCOLICA 7, 51 f.

Hic focus et taedae pingues, hic plurimus ignis
semper et adsidua postes fuligine nigri;
hic *tantum* boreae *curamus* frigora, *quantum*
aut *numerum lupus* aut torrentia flumina ripas.

Hier ist ein Herd und Kienholz voll Harz, hier prasselndes Feuer
immer und tiefgeschwärzt von ständigem Ruße die Pfosten.
Hier macht Sorgen des Nordwinds Frost uns ebensoviel wie
Zahlenstempel dem Wolf und reißenden Strömen das Ufer.

(J. Götte)

HW 37971; vgl. 14117b (... non veretur etiam numeratas oves devorare.)

ERASMUS, ADAGIA 2, 4, 99 (Non curat numerum lupus.)

1215 Lupus pilum mutat, non mentem.
Der Wolf wechselt sein Fell, nicht aber seinen Charakter.

vgl. SUETON, VITA DIVI VESPASIANI 16, 3

Quidam natura cupidissimum tradunt, idque exprobratum ei a sene bubulco, qui negata sibi gratuita libertate, quam imperium adeptum suppliciter orabat, proclamaverit *'vulpem pilum mutare, non mores'*.

Der einzige Fehler, den man Vespasian mit Recht vorhalten konnte, war seine Habgier. Gewisse Leute behaupten, diese große Habgier sei in seinem Charakter begründet gewesen und das sei ihm auch von einem alten Rinderhirten vorgeworfen worden; als dieser ihn nämlich, nachdem er Kaiser geworden war, inständig um die Freiheit ohne Bezahlung der Loskaufsumme bat, soll er nach einer abschlägigen Antwort laut gerufen haben, der Fuchs wechsle seinen Balg, aber nicht seine Art.

(nach A. Lambert)

HW 14117c; 37973b1

ERASMUS, ADAGIA 3, 3, 19

M

1216 **Machina multa minax minitatur maxima muris.**
Vielerlei Sturmgerät droht riesig ragend den Mauern.

Ennius, Annales (fr. incert. 621)

1217 **Macte virtute!**
Bravo!

z. B. Horaz, Sermones 1, 2, 31 f.

macte virtute esto!

Gepriesen sei deine Tugend!

(W. Schöne – H. Färber)

vgl. HW 37986 (Macte nova virtute, puer, sic itur ad astra.)

1218 **magis mutus quam piscis**
stummer als ein Fisch

HW 37990

Erasmus, Adagia 1, 5, 29

1219 **Magister alius casus.**
Ein anderer Lehrmeister ist der Zufall.

Plinius maior, Naturalis historia, 17, 101

... et paene numerosior

1220 **Magni animi magnis honoribus fiunt.**
Große Selbstsicherheit entsteht aus hohen Ämtern.

Livius, Ab urbe condita 4, 35, 9

Magnos animos magnis honoribus fieri. Neminem se plebeiorum contempturum, ubi contemni desissent. Experiundam rem denique in uno aut altero esse, sitne aliqui plebeius ferendo magno honori, an portento simile miraculoque sit fortem ac strenuum virum aliquem exsistere ortum ex plebe.

Große Selbstsicherheit gewinne man durch hohe Ämter. Keiner werde als Plebjer künftig gering von sich denken, wenn erst einmal Schluß damit sei, daß man gering von ihnen denke. Man müsse endlich mit dem einen oder anderen versuchen, ob nicht auch ein Plebejer geeignet sei, ein hohes Amt zu erlangen, oder ob es fast etwas Unerhörtes und ein Wunderding sei, wenn es einen tapferen und tüchtigen Mann gebe, der aus der Plebs komme. (424 v. Chr.)

(H. J. Hillen)

1221 **Magni constant regum amicis bona consilia.**
Den Freunden von Königen kommen gute Ratschläge teuer zu stehen.

SENECA, DE IRA 3, 14, 6

Accessit itaque ad numerum eorum, qui magnis cladibus ostenderunt, *quanti constarent regum amicis bona consilia.*

So trat er denn in die Schar derer ein, die durch ihr großes Unglück erwiesen, wie teuer den Freunden von Königen guter Rat zu stehen kommt. (Praexaspes hatte dem König Kambyses geraten, nicht soviel Wein zu trinken.)

(G. Fink)

HW 38024

1222 **magni nominis umbra**
nur noch der Schatten eines großen Namens

LUKAN, PHARSALIA 1, 135

HW 30313

1223 **Magno cum periculo custoditur, quod multis placet.**
Was vielen gefällt, wird unter großem Risiko bewacht.

HW 14239

1224 **Magnum vectigal est parsimonia.**
Großes Einkommen bedeutet Sparsamkeit.

CICERO, PARADOXA STOICORUM 49

O di immortales! Non intellegunt homines, quam *magnum vectigal sit parsimonia.* Venio enim iam ad sumptuosos, relinquo istum quaestuosum. Capit ille ex suis praediis sescena sestertia, ego centena ex meis...

O ihr Unsterblichen! Die Menschen wollen einfach nicht kapieren, welch reiche Einnahmequelle die Sparsamkeit darstellt. Ich komme jetzt nämlich zu denen, die großen Aufwand treiben, und verlasse die Gewinnsüchtigen. Jener nimmt aus seinen Ländereien 600 000 Sesterze ein, ich 100 000 aus meinen...

HW 38033

1225 **Maiora perdes, parva si servaveris.**
Du wirst das Größere verlieren, wenn du das Kleinere retten willst.

HW 14279

vgl. W. Binder 923 (..., minora si...)

1226 **Maior e longinquo reverentia.**
Größer ist die Verehrung für Menschen, die man nur aus der Ferne sieht.

TACITUS, ANNALES 1, 47, 2

At per filios pariter adiri maiestate salva, cui *maior e longinquo reverentia;* simul adulescentibus excusatum quaedam ad patrem reicere, resistentisque Germanico aut Druso posse a se mitigari vel infringi: quod aliud subsidium, si imperatorem sprevissent?

Dagegen könne er durch seine Söhne an beide (Heere) gleicherweise herankommen, unbeschadet der eigenen Majestät, der größere Ehrfurcht aus der Ferne zuteil werde; gleichzeitig sei es bei den jungen Leuten entschuldbar, wenn sie manche Dinge an den Vater zurückverwiesen, und wer sich dem Drusus oder Germanicus widersetze, könne von ihm selbst beschwichtigt oder niedergekämpft werden. Was gebe es aber noch für einen Rückhalt, wenn sie dem Kaiser die Achtung verweigerten? (Überlegungen des Tiberius, Rom nicht zu verlassen)

(E. Heller)

HW 38041

1227 **Maiores fertilissimum in agro oculum domini esse dixerunt.**
Unsere Ahnen sagten, das Fruchtbarste auf dem Acker sei das Auge des Herrn.

PLINIUS MAIOR, NATURALIS HISTORIA 18, 43

(R. König – K. Bayer)

HW 38053a

1228 **Maiori cedo.**
Ich füge mich dem Stärkeren.

CATONIS DISTICHA pr. 7 (PLM III 215 B.)

Maiori concede!

Weiche dem Größeren!

HW 14287 (... cede, sed non contemne minorem!); 38055

1229 **Maiori parti ne cede, sed meliori!**
Stultorum numerus inumerabilis est.
Weiche nicht dem größeren, sondern dem besseren Teil!
Die Zahl der Toren ist unermeßlich.

PETRUS ABAELARDUS, CARMEN AD ASTRALABIUM FILIUM 251 f. (NE 34, 2, 164)

vgl. ECCLESIASTES 1,15: Et *stultorum* infinitus *est numerus.*

HW 14290 (... ne credas...)

1230 **Mala gallina, malum ovum.**
Schlechtes Huhn, schlechtes Ei.

HW 14299a (..., quae vicinis ova parit.)

1231 **Mala mali malo mala contulit omnia mundo;**
causa mali tanti femina sola fuit.

Der Rachen des Bösen brachte mit dem Apfel der Welt alle Übel.
Ursache solch großen Unheils war nur die Frau allein.

HW 14301; 38062c1

Andere Fassungen:

Malo malo mali malum mala mandere malo.

Mala malo mali meruit mala maxima mundo.

1232 **Mala mens, malus animus.**

Schlechter Geist, schlechter Sinn.

Terenz, Andria 164

Si. Quapropter? Rogas?
Mala mens, malus animus. Quem quidem ego si sensero...

Simo: Und warum? Du fragst?
Ein jeder Zoll ein Bösewicht! Doch faß ich ihn,...

(J. J. C. Donner)

HW 38062d

1233 **Mala ultro adsunt.**

Übel stellen sich von selbst ein.
(vgl.: Ein Unglück kommt selten allein.)

HW 14302c; 38066

Erasmus, Adagia 4, 2, 62

1234 **Male facere qui vult, nusquam non causam invenit.**

Wer eine Missetat im Sinn hat, findet überall einen Vorwand.

Publilius Syrus, Sententiae M 28

HW 14320

1235 **Male habet medicus, si nemo male habuerit.**

Schlecht geht's dem Arzt, wenn's keinem schlecht geht.

HW 14309a; 38070

1236 **Male imperando summum imperium amittitur.**

Durch schlechtes Regieren geht auch das größte Reich verloren.

Publilius Syrus M 31

HW 14310

1237 **Male parta male dilabuntur.**
Auf schlimme Weise Erworbenes zerrinnt auf dieselbe Weise.
(vgl.: Unrecht Gut gedeiht nicht.)

NAEVIUS, trag. fr. 54, zitiert bei CICERO, ORATIONES PHILIPPICAE 2, 65

In eius igitur viri copias cum se subito ingurgitasset, exsultabat gaudio, persona de mimo, modo egens, repente dives. Sed, ut est apud poetam nescio quem, *male parta male dilabuntur.*

Auf die Besitztümer dieses Mannes hatte er sich also unversehens gestürzt: er barst vor Freude, Komödienfigur, die er war – eben noch arm, auf einmal reich. Doch, wie es bei irgendeinem Dichter* zu lesen steht: «Übler Gewinn geht übel dahin.»
(*Naevius)

(M. Fuhrmann)

HW 14311 b; 38070f

ERASMUS, ADAGIA 1, 7, 82

1238 **Male partum male disperit.**
Auf üble Weise Erworbenes geht auf gleiche Weise wieder verloren.

PLAUTUS, POENULUS 844

SY. Haec quom hic video fieri, crucior: pretiis emptos maxumis
apud nos expeculiatos servos fieri suis eris.
Sed ad postremum nil apparet: *male partum male disperit.*

SYNCERASTUS: Wenn ich das so mit anseh, was bei uns geschieht,
So schmerzt mich's tief, wie mancher Knecht, um schweres Geld
von seinem Herrn gekauft, sein Eigentum verliert.
Doch zuletzt ist doch nichts da: wie gewonnen, so zerronnen.

(W. Binder – W. Ludwig)

HW 14313

1239 **Male, quod sic!**
Schlimm, daß es so steht!

HW 38071 a

1240 **Male secum agit aeger, medicum qui heredem facit.**
Schlecht dient sich, wer den Arzt als Erben einsetzt.

PUBLILIUS SYRUS, M 24

(H. Beckby)

HW 14314; 38072b

1241 **Mali corvi malum ovum.**
Eines schlechten Raben schlechtes Ei.

HW 14322b; 38078a

vgl.: Κακοῦ κόρακος κακὸν ὠόν. (Kakû kórakos kakòn oón.)

ERASMUS, ADAGIA 1, 9, 25

1242 **Malignus comes quamvis candido et simplici robiginem suam affricat.**

Ein schlimmer Begleiter schmiert auch dem Reinsten und Ehrlichsten seinen Rost hin.

(vgl.: Schlechte Gesellschaft verdirbt gute Sitten.)

SENECA, EPISTULAE MORALES 7, 7

Unum exemplum luxuriae aut avaritiae multum mali facit: convictor delicatus paulatim enervat et mollit, vicinus dives cupiditatem inritat, *malignus comes quamvis candido et simplici rubiginem suam adfricuit*; quid tu accidere his moribus credis, in quos publice factus est impetus?

Ein einziges Beispiel von Schlemmerei und Habsucht richtet großes Unheil an. Ein verwöhnter Hausfreund entnervt und verweichlicht langsam seine Umgebung. Ein reicher Nachbar reizt unsere Begierden. Ein übler Genosse überträgt sogar auf die reinsten und schlichtesten Seelen den Moder seiner üblen Gewohnheiten. Und was wird wohl aus deinem Charakter werden, wenn die ganze Volksmasse auf ihn losstürmt?

(E. Glaser-Gerhard)

1243 **Mali principii malus finis.**

Schlechter Beginn, schlechtes Ende.

vgl. HW 14324; 38080

Mali principii raro bonus exitus.

Auf schlechten Beginn folgt selten ein gutes Ende.

ERASMUS, ADAGIA 4, 9, 86

1244 **Malis consiliis pares adepti eventus.**

Durch schlechte Pläne haben sie ein gleiches Ergebnis erlangt.

LIVIUS, AB URBE CONDITA 6, 8, 8; vgl. 6, 10, 8

Signo deinde receptui dato nox insecuta quietis Romanis perfecit bellum; Latini namque et Hernici relictis Volscis domos profecti sunt *malis consiliis pares adepti eventus.*

Nachdem dann das Zeichen zum Rückzug gegeben war, beendete die folgende Nacht den Krieg, ohne daß die Römer noch etwas zu tun brauchten. Denn die Latiner und Herniker verließen die Volsker und zogen nach Hause; sie hatten für ihre schlimmen Pläne den verdienten Lohn erhalten.

(H. J. Hillen)

1245 **Malleus manubrio sapientior.**

Der Hammer will gescheiter sein als der Stiel.

(vgl.: Das Ei will klüger sein als die Henne.)

PLAUTUS, EPIDICUS 524

PE. Atque me minoris facio prae illo, qui omnium
legum atque iurum fictor, condictor cluet.
Is etiam sese sapere memorat: *malleum*
sapientiorem vidi excusso *manubrio.*

PERIPHANES: Und doch halt ich mich für geringer noch
Als meinen Freund, der sich Begründer und Patron
Jedweden Rechtes und Gesetzes nennen läßt.
Er sagt's auch immer selbst, wie er klug und weise sei;
Ein Hammer ohne Stiel hat mehr Verstand als er.

(W. Binder – W. Ludwig)

HW 38090

1246 **Malo accepto stultus sapit.**
Durch erlittenen Schaden erst wird der Dumme gescheit.
(vgl.: Durch Schaden wird man klug.)

HW 14335a; 38092

Erasmus, Adagia 1, 1, 31

1247 **Malo emere quam rogare.**
Ich bezahle lieber, als daß ich bitte sage.

Cicero, In C. Verrem II 4, 12

Profecto hinc natum est: *malo emere quam rogare.*

Wahrhaftig, so ist das Sprichwort entstanden: Ich will lieber kaufen als bitten.

(M. Fuhrmann)

Erasmus, Adagia 1, 3, 20 (Emere malo...)

1248 **Malo nodo malus quaerendus cuneus.**
Für einen schlimmen Knorren muß man einen entsprechenden Keil suchen.
(vgl.: Auf groben Klotz ein grober Keil.)

Hieronymus, Epistulae 69, 5 (22, 657 Migne):

Malo arboris *nodo malus cuneus requirendus est.*

HW 14348b (... quaerendus est...); 38097a; 38844bcd

Erasmus, Adagia 1, 2, 5

1249 **Malos faciunt malorum falsa contubernia.**
Zu schlechten Menschen macht der falsche Umgang mit Schlechten.
(vgl.: Böse Gesellschaft verdirbt den Charakter.)

Florus 416 (PLM IV 347 B.)

Qui mali sunt, non fuere matris ex alvo mali,
sed *malos*...

vgl. Euripides, frg. 812 N.:

Τοιοῦτός ἐστιν, οἷσπερ ἥδεται ξυνών.
(Toiûtós estin, hoîsper hédetai xynón.)

HW 14358b

1250 **malum necessarium**
ein notwendiges Übel

Lampridius, Vita Alexandri Severi 46, nach Menander, fr. 651 K.

Rationales cito mutabat, ita ut nemo nisi annum compleret, eosque, et si boni essent, oderat, *malum necessarium* vocans.

Seine Rechnungsbeamten tauschte er rasch aus, so daß keiner länger als ein Jahr blieb, und er haßte sie, auch wenn sie gut waren, und nannte sie ein notwendiges Übel.

HW 38104a

Erasmus, Adagia 1, 5, 26

1251 **Malum nullum est sine aliquo bono.**
Es gibt kein Übel, das nicht auch sein Gutes hätte.

PLINIUS MAIOR, NATURALIS HISTORIA 27, 9

Sed maiores oculorum quoque medicamentis aconitum misceri saluberrime promulgavere aperta professione *malum* quidem *nullum esse sine aliquo bono.*

Unsere Vorfahren aber haben auch gelehrt, es sei sehr zuträglich, die Wolfswurz den Augenheilmitteln beizumischen, wobei sie geradezu verhießen, es gebe überhaupt kein Übel, das nicht irgend etwas Gutes in sich trage.

(R. König)

HW 14367a

1252 **Malum panem tibi tenerum et siligineum fames reddet.**
Schlechtes Brot wird dir der Hunger als zartes Weißbrot erscheinen lassen.

SENECA, EPISTULAE MORALES 123, 2

Non habet panem meus pistor: sed habet vilicus, sed habet atriensis, sed habet colonus. – *Malum panem*, inquis. – Exspecta: bonus fiet; etiam illum *tenerum tibi et siligineum fames reddet.* Ideo non est ante edendum, quam illa imperat. Exspectabo ergo nec ante edam, quam aut bonum habere coepero aut fastidire desiero.

Mein Bäcker hat kein Brot: aber mein Verwalter hat welches, mein Hausmeister, mein Pächter. – Schlechtes Brot, sagst du. – Warte es ab: gut wird es werden; auch dies wird dir zart und aus Weizenmehl gebacken erscheinen, wenn dich hungert. Deshalb darf man nicht eher essen, als es der Hunger befiehlt. Ich werde also warten und nicht essen, ehe es entweder gutes Brot zu haben gibt oder ich zu mäkeln aufhöre.

(nach M. Rosenbach)

1253 **Malum vas non frangitur.**
Ein schlechtes Gefäß bricht nicht.
(vgl.: Unkraut verdirbt nicht.)

HW 38111

ERASMUS, ADAGIA 4, 2, 99

1254 **Malus ubi bonum se simulat, tunc est pessimus.**
Wenn ein Schurke den Ehrenmann spielt, ist er besonders schlimm.

HW 14376

1255 **Manet alta mente repostum.**
Es bleibt in tiefster Seele verborgen.

VERGIL, AENEIS 1, 26

Necdum etiam causae irarum saevique dolores
exciderant animo; *manet alta mente repostum*
iudicium Paridis spretaeque iniuria formae
et genus invisum et rapti Ganymedis honores.

Noch nicht waren die Gründe des Grolls, die wütenden Schmerzen
ihrem Gemüte entschwunden; es kränkt sie* tief in des Herzens
Grunde des Paris Spruch, die Schmach der verachteten Schönheit
und das verhaßte Geschlecht, des geraubten Ganymed Ehren. (*Juno.)

(J. Götte)

HW 14422

1256 **manibus pedibusque obnixe omnia facere**
sich mit Händen und Füßen (gegen etwas) stemmen

TERENZ, ANDRIA 161

SI. Simul sceleratus Davos si quid consili
habet, ut consumat nunc, quom nil obsint doli;
quem ego credo *manibus pedibusque obnixe omnia*
facturum, magis id adeo mihi ut incommodet...

SIMO: Auch soll der Schurke Davus, führt er einen Kniff
Im Schild, ihn jetzt verbrauchen, wo sein Ränkespiel
Nicht schadet. Der wird, glaub ich fest, mit Hand und Fuß
Sich mir entgegenstemmen...

(J. J. C. Donner)

ERASMUS, ADAGIA 1, 4, 15 (manibus pedibusque)

1257 **Manig man treit banzer et est viribus quasi cancer.**
Mancher Mann trägt einen Panzer und gleicht an Kräften einem Krebs.

HW 14424

1258 **Manum de tabula!**
Die Hand vom Bild!
(Apelles soll den Maler Protogenes aufgefordert haben, an einem fertiggestellten Bild nichts mehr nachzubessern.)

CICERO, AD FAMILIARES 7, 26 (25), 1 K.

Quod autem me mones, valde gratum est, idque ut semper facias, rogo. Videris enim mihi vereri, ne, nisi istum habuerimus, rideamus γέλωτα σαρδάνιον (gélota sardánion). Sed heus tu, *manum de tabula*! Magister adest citius, quam putaremus; vereor, ne in catomum Catoninos.

Daß Du mich warnst, ist mir sehr lieb, und ich möchte Dich bitten, es nur immer zu tun. Du scheinst mir nämlich zu befürchten, wenn wir den Kerl nicht für uns haben, wird uns das Lachen schlecht bekommen. Aber hör mal! Hand von der Butt! Der Meister ist schneller da, als wir gedacht hatten; ich fürchte: «An den Galgen mit den Catonianern!» *(an M. Fabius Gallus am 24. 8. 45 v. Chr.)*

(H. Kasten)

PLINIUS MAIOR, NATURALIS HISTORIA 35, 80 (... quod manum de tabula sciret tollere)

HW 14436b

ERASMUS, ADAGIA 1, 3, 19

1259 **Manus manum fricat et manus manum lavat.**
Eine Hand reibt die andere und eine Hand wäscht die andere.

PETRON, SATYRICA 45, 13, nach EPICHARMOS

Manus tamen, inquit, tibi dedi: et ego tibi plodo. Computa, et tibi plus do, quam accepi. *Manus manum lavat.*

Trotzdem, sagt er, das Spiel habe ich dir geliefert; und ich klatsche dir Beifall. Rechne nach, und ich liefere dir mehr, als ich bekommen habe. Eine Hand wäscht die andere.

(K. Müller – W. Ehlers)

s. auch SENECA, APOCOLOCYTOSIS 9, 6

HW 14437

ERASMUS, ADAGIA 1, 1, 33 (Manus manum fricat.)

1260 **maria montesque polliceri**
Meere und Berge versprechen
(d. h.: das Blaue vom Himmel versprechen)

SALLUST, CONIURATIO CATILINAE 23, 3

Erat ei cum Fulvia, muliere nobili, stupri vetus consuetudo. Quoi cum minus gratus esset, quia inopia minus largiri poterat, repente glorians *maria montisque polliceri* coepit et minari interdum ferro, ni sibi obnoxia foret, postremo ferocius agere, quam solitus erat.

Der* hatte mit Fulvia, einer Frau aus dem Adel, seit langem ein unzüchtiges Verhältnis. Als er ihr nicht mehr recht genehm war, weil er wegen seiner knappen Mittel weniger spendieren konnte, fing er auf einmal an, aufzuschneiden sowie ganze Meere und Berge zu versprechen, mitunter auch mit dem Messer zu drohen, falls sie ihm nicht zu Willen sei, kurz, sich dreister zu gebärden als gewöhnlich. (*Catilina)

(W. Eisenhut – J. Lindauer)

HW 38131

1261 **Marte, non arte!**
durch Kampf, nicht durch List!

HW 38132

1262 **Martyrem facit causa, non poena aut supplicium.**
Den Märtyrer schafft der Prozeß, nicht die Strafe oder die Hinrichtung.

J. ALBINUS, S. 53

1263 **Mater artium necessitas.**
Mutter der Künste ist die Not.
(vgl.: Not macht erfinderisch.)

vgl. ERASMUS, ADAGIA 4, 7, 55 (necessitas magistra)

1264 **Materiam superabat opus.**
Das Werk übertraf das Material.

OVID, METAMORPHOSES 2, 5

Regia Solis erat sublimibus alta columnis,
clara micante auro flammasque imitante pyropo;
cuius ebur nitidum fastigia summa tegebat,
argenti bifores radiabant lumine valvae.
Materiam superabat opus ...

Hoch erhob sich der Saal der Sonne auf ragenden Säulen,
leuchtend von funkelndem Gold und feuerflammenden Erzen.
Schimmernd Elfenbein deckt den erhabenen First seines Giebels,
gleißend in silbernem Licht erstrahlen die Flügel der Pforten.
Und den Stoff übertraf das Werk ...

(E. Rösch)

HW 14479

1265 **Matres omnes filiis in peccato adiutrices, auxilio in paterna iniuria solent esse.**
Alle Mütter sind ihren Söhnen Helfer in der Sünde und kommen zu Hilfe, wenn der Vater ungerecht handelt.

TERENZ, HEAUTONTIMORUMENOS 991 f.

SY. Nunc aliud specta: *matres omnes filiis*
in peccato adiutrices, auxilio in paterna iniuria
solent esse: id non fit. CL. Verum dicis. Quid ergo nunc faciam?

SYRUS: Erwäge nur dies eine noch: dem Sohne, der unrecht getan,
Pflegt sonst die Mutter beizustehen, ihn bei des Vaters Härte stets
Zu schützen. Hier geschieht es nicht. CLITIPHO: Hast recht. Indes, was tu ich jetzt?

(J. J. C. Donner)

HW 14482d

1266 **Matura, dum libido manet!**
Beeil' dich, solange die Lust anhält!
(vgl.: Schmiede das Eisen, solange es warm ist!)

TERENZ, PHORMIO 716

CH. Atque ita opus factost; et *matura, dum lubido* haec *manet,*
nam si altera illaec magis instabit, forsitan nos reiciat.

CHREMES: So mußt du's machen; eile nur, solang er noch des Sinnes ist!
Denn wenn die andere mehr ihn drängt, so kündet er uns wieder auf.

(J. J. C. Donner)

1267 **Mature fias senex, si diu velis esse senex!**
Beeil' dich, ein Greis zu werden, wenn du es lange bleiben willst!

CICERO, DE SENECTUTE 32

Nec enim umquam sum adsensus veteri illi laudatoque proverbio, quod monet *mature fieri senem, si diu velis senex esse.*

Ich habe nämlich nie jenem alten, vielgepriesenen Spruch beigestimmt, der da lehrt, man müsse «früh alt werden, wenn man lange alt bleiben wolle.»

(M. Faltner)

HW 14490 (..., ut maneas diu.);

vgl. 38135a (Mature senesce, si optas esse longius senex!)

ERASMUS, ADAGIA 1, 2, 59 (Mature fias senex!)

1268 **Maxima puero debetur reverentia.**
Höchste Ehrfurcht schulden wir dem Knaben.

JUVENAL, SATURAE 14, 47

Maxima debetur puero reverentia, si quid
turpe paras; nec tu pueri contempseris annos,
sed peccaturo obstet tibi filius infans.

Höchster Respekt wird ja dem Kinde geschuldet, wenn du
Schändliches planst, so achte gering nicht die Jugend des Knaben,
sondern es steh vor der Sünde des Söhnchens Bild dir im Wege!

(H. C. Schnur)

1269 **Maximum remedium irae dilatio est.**
Das beste Mittel gegen den Zorn ist, ihn aufzuschieben.

SENECA, DE IRA 3, 12, 4

Nemo se differt: atqui *maximum remedium irae dilatio est,* ut primus eius furor relanguescat et caligo, quae premit mentem, aut residat aut minus densa sit.

Keiner nimmt sich Zeit: und doch ist das beste Mittel gegen den Zorn der Aufschub, damit sein erstes Aufbrausen nachläßt und das Dunkel, das sich auf den Verstand senkt, sich entweder legt oder wenigstens weniger dicht wird.

HW 14519b (... irae remedium est mora.)

1270 **Mea virtute me involvo.**
Ich hülle mich in meinen Wert.

HORAZ, CARMINA 3, 29, 54f.

Laudo manentem: si celeris quatit
pinnas, resigno quae dedit et *mea*
virtute me involvo probamque
pauperiem sine dote quaero.

Wohl, wenn sie* treu bleibt: hebt sie die Fittiche
Zur Flucht, entsag' ich ihren Geschenken gern,
Ich hülle mich in meinen Wert und
wähl' ohne Mitgift die brave Armut. (*Fortuna)

(Kayser – Nordenflycht – Burger – Färber)

HW 14562a

1271 **Medice, cura te ipsum!**
Arzt, heile dich selbst!

LUKAS 4, 23

HW 14562d; 38154

ERASMUS, ADAGIA 4, 4, 32

1272 **Medicina vinci fata non possunt.**
Durch Medizin kann das verhängte Schicksal nicht bezwungen werden.
(d. h.: Gegen den Tod ist kein Kraut gewachsen.)

PS.-QUINTILIAN, DECLAMATIONES 268 extr.

HW 14564b

1273 **Medicus curat, natura sanat.**
Der Arzt kuriert, die Natur heilt.

HW 14564e

1274 **Medicus minister naturae.**
Der Arzt ist Diener der Natur.

1275 **Mediocritas est inter nimium et parum.**
Der Mittelweg liegt zwischen dem Zuviel und dem Zuwenig.

CICERO, DE OFFICIIS 1, 89

Cavendum est enim, ne maior poena quam culpa sit et ne isdem de causis alii plectantur, alii ne appellentur quidem. Prohibenda autem maxime est ira puniendo; numquam enim iratus qui accedet ad poenam, *mediocritatem* illam tenebit, *quae est inter nimium et parum*...

Auch davor muß man sich vorsehen, daß die Strafe nicht größer ist als die Schuld und daß nicht aus denselben Gründen die einen geschlagen, die anderen nicht einmal zur Rede gestellt werden. Vor allem ist beim Strafen der Zorn fernzuhalten. Nie wird nämlich jemand, der zornig zur Strafe schreitet, jene Mitte innehalten, die zwischen dem Zuviel und Zuwenig liegt...

(O. Gigon)

1276 **Medio tutissimus ibis.**
In der Mitte wirst du am sichersten gehen.
(Mahnung des Sonnengottes an seinen Sohn Phaëthon)

OVID, METAMORPHOSES 2, 137

HW 14568

1277 **Medium tenuere beati.**
Die Glücklichen haben die rechte Mitte eingehalten.

HW 14571; 38168c1

1278 **Me duce carpe viam!**
Unter meiner Führung nimm den Weg!

OVID, METAMORPHOSES 8, 208

1279 **Mel in ore, verba lactis,**
fel in corde, fraus in factis.
Honig im Munde, Worte von Milch,
Galle im Herzen, Taten voll Tücke.

HW 14577; vgl. 38168e

W. Binder 1032: Multis annis iam peractis
nulla fides est in pactis,
mel in ore...

1280 **Melior est condicio possidentis.**
Die Lage dessen, der etwas in Besitz hält, ist vorteilhafter (als die dessen, der sein Recht erst erkämpfen muß).

D. Liebs, M 35

HW 38171

1281 **Melius est unum malum pati quam multa.**
Es ist besser, ein Übel zu erleiden als viele.

LAMPRIDIUS, VITA ALEXANDRI SEVERI 65, 5

1282 **Me, me, adsum, qui feci!**
Ich, ich hab's getan!

VERGIL, AENEIS 9, 427

Tum vero exterritus amens
conclamat Nisus, nec se celare tenebris
amplius aut tantum potuit perferre dolorem:
'me me, adsum, qui feci...'

Jetzt aber, sinnlos vor Angst, schreit
Nisus laut, nicht kann er länger noch sich im Dunkel
bergen, nicht vermag er so großen Schmerz zu ertragen.
"Mich schlagt, mich! Ich tat's!..."

(J. Götte)

1283 **Memento mori!**
Bedenke, daß du sterben mußt!

HW 14632a

1284 **Memento omnia mihi et in omnes licere!**
Bedenke, daß mir alles und gegen alle erlaubt ist.

SUETON, VITA CALIGULAE 28, 1

Monenti Antoniae aviae tamquam parum esset non oboedire: *'memento'*, ait, *'omnia mihi et in omnes licere'*.

Auf eine Ermahnung seiner Großmutter Antonia antwortete er*, wie wenn es nicht genug gewesen wäre, nicht zu gehorchen: «Denke immer daran, daß mir alles erlaubt ist und gegen alle!» (*Caligula)

(A. Lambert)

1285 **Me miseram, quod amor non est medicabilis herbis!**
Weh mir Armen! daß nicht durch Kräuter Liebe geheilt wird!

OVID, HEROIDES 5, 149

(H. Naumann)

HW 14540a

1286 **Memoria minuitur, nisi eam exerceas.**
Das Gedächtnis läßt nach, wenn man es nicht übt.

CICERO, DE SENECTUTE 21

At *memoria minuitur.* Credo, *nisi eam exerceas* aut etiam si sis natura tardior.

Aber das Gedächtnis läßt nach. Das dürfte stimmen, wenn man es nicht übt, oder auch, wenn man von Natur aus ein Schwachkopf ist.

(M. Faltner)

HW 14635; 38206c2

1287 **Mendacem memorem esse oportet.**
Ein Lügner braucht ein gutes Gedächtnis.

QUINTILIAN, INSTITUTIO ORATORIA 4, 2, 91

Utrubique autem orator meminisse debebit actione tota, quid finxerit, quoniam solent excidere, quae falsa sunt: verumque est illud, quod vulgo dicitur, *mendacem memorem esse oportere.*

In beiden Fällen aber wird der Redner während seines ganzen Vortrages dessen eingedenk sein müssen, was er erfunden hat, weil einem gern entfällt, was man gefälscht hat. Und es ist wahr, daß, wie man im Volke sagt, der Lügner ein gutes Gedächtnis haben müsse.

(H. Rahn)

HW 14363 (... oportet memorem esse.); 38206i

ERASMUS, ADAGIA 2, 3, 74

1288 **Mendacia non diu fallunt.**
Lügen täuschen nicht lange.
(vgl.: Lügen haben kurze Beine.)

HW 38208

1289 **Mendaci homini ne verum quidem dicenti credere solemus.**
Einem Lügner pflegen wir nicht einmal dann zu glauben, wenn er die Wahrheit spricht.
(vgl.: Wer einmal lügt, dem glaubt man nicht, und wenn er auch die Wahrheit spricht.)

CICERO, DE DIVINATIONE 2, 146

Quomodo autem distingui possunt vera somnia a falsis? cum eadem et aliis aliter evadant et isdem non semper eodem modo; ut mihi mirum videatur, cum *mendaci homini ne verum quidem dicenti credere soleamus,* quo modo isti, si somnium verum evasit aliquod, non ex multis potius uni fidem derogent quam ex uno innumerabilia confirment.

Wie andererseits lassen sich wahre von trügerischen Träumen unterscheiden, wo doch die gleichen einerseits bei verschiedenen Leuten auf Verschiedenes hinauslaufen, andererseits bei den gleichen Leuten nicht immer aufs Gleiche? So kommt mir die Sache denn wunderlich vor: Einem Lügner pflegen wir nicht einmal zu glauben, wenn er die Wahrheit sagt. Erfüllt sich dagegen einmal ein Traum in der Wirklichkeit: warum verweigern dann deine Stoiker nicht aufgrund der vielen (trügerischen) dem einen (wahren) das Vertrauen, sondern ziehen es vor, aufgrund des einen die unzähligen zu bestätigen?

(Chr. Schäublin)

HW 38206k; vgl. 14640a (... credere solent.)

1290 **Mendico ne parentes quidem amici.**
Einen Bettler mögen nicht einmal seine Eltern.

HW 14654; 38218e (... amici sunt.)

ERASMUS, ADAGIA 4, 2, 51 (... amici sunt.)

1291 **Mens ad multa fluens non est ad singula prudens.**
Ein Verstand, der sich an vieles verzettelt, taugt nicht für Einzelheiten.

HW 14659

1292 **Mens agitat molem.**
Der Geist bewegt die Materie.

Vergil, Aeneis 6, 727

Principio caelum ac terras, camposque liquentis
lucentemque globum Lunae Titaniaque astra
spiritus intus alit totamque infusa per artus
mens agitat molem et magno se corpore miscet.

Himmel und Erde zunächst und des Meeres Wogengefilde
und die leuchtende Kugel des Monds und die riesige Sonne
nährt von innen ein Geist und gliederdurchfließend bewegt sein
Walten den Weltenbau, vermählt sich dem mächtigen Leibe.

(J. Götte)

HW 14660a

1293 **Mens assueta malis vix eripietur ab illis.**
Ein Geist, der sich an die Übel gewöhnt hat, wird von ihnen schwerlich hingerafft werden.

HW 14661

1294 **Mens bona iustorum non curat verba malorum.**
Der gute Sinn der Gerechten kümmert sich nicht um die Worte der Schlechten.

HW 14663

1295 **Mens est prava suis contraria saepe loquentis.**
Schlimm ist der Sinn dessen, der oft das Gegenteil zu seinen eigenen Aussagen äußert.

HW 14671 (... saepe loquelis.)

1296 **Mens est, quae diros sentiat ictus.**
Der Geist ist's, der die grausamen Stiche fühlt.

Ovid, Metamorphoses 4, 499

At illi
Inoosque sinus Athamanteosque pererrant
inspirantque graves animas nec vulnera membris
ulla ferunt: *mens est, quae diros sentiat ictus.*

Und die schweifen durch Inos und Athamas' Busen und hauchen
schweres Gemüt ihnen ein. Dem Leibe schlagen sie keine
Wunden, der Geist ist's, der die schrecklichen Bisse empfindet.

(E. Rösch)

HW 14671a

1297 **Mens humilis thus est, inflata superbia pus est.**
Demütiger Sinn ist wie Weihrauch, aufgeblasener Hochmut aber wie Eiter.

HW 14684

1298 **Mens invicta manet.**
Der Geist bleibt unbesiegt.

1299 **Mens nisi pura, non prodest regula dura.**
Wenn das Herz nicht rein ist, nützt auch keine strenge Vorschrift.

HW 14700a (... nisi sit pura, ...)

1300 **Mens patet in facie.**
Die Gesinnung liegt im Gesicht offen zutage.

HW 14702a

1301 **Mens recti sibi conscia gloria vera est.**
Ein sich des Rechten bewußter Sinn ist wahrer Ruhm.

Amarcius, Sermones 4, 242

vgl. Vergil, Aeneis 1, 604

HW 14713

1302 **mens sana in corpore sano**
ein gesunder Geist in einem gesunden Körper

Juvenal, Saturae 10, 356

HW 14715; vgl. 38225b

1303 **Mens stulti plaudit, cum verbum dulcius audit.**
Das Herz des Toren klatscht Beifall, wenn es ein süßeres Wort hört.

HW 14720a

1304 **mente atque sensu absentissimus**
völlig geistesabwesend

Augustinus, Confessiones 4, 4

Temptavi apud illum inridere, tamquam et illo inrisuro mecum baptismum, quem acceperat *mente atque sensu absentissimus.*

(und als ich zum ersten Mal wieder mit ihm sprechen konnte ...), fing ich an, vor ihm spöttische Reden zu führen, in der Annahme, auch er werde mit mir über seine Taufe lachen, die er völlig geistesabwesend empfangen hatte. (Die Manichäer verwarfen die Taufe.)

(W. Thimme)

1305 **Mentem praecipitat animus.**
Das Herz treibt den Verstand voran.

QUINTILIAN, INSTITUTIO ORATORIA 6, 2, 6

Nam cum irasci, favere, odisse, misereri coeperunt, agi iam rem suam existimant, et, sicut amantes de forma iudicare non possunt, quia sensum oculorum *praecipit animus*, ita omnem veritatis inquirendae rationem iudex omittit occupatus adfectibus: aestu fertur et velut rapido flumini obsequitur.

Denn wo sie Zorn, Vorliebe, Haß und Mitleid zu spüren begonnen haben, sehen sie die Dinge schon so, als ginge es um ihre eigene Sache, und wie Liebende über die Schönheit kein Urteil zu fällen vermögen, weil ihr Herz ihnen vorschreibt, was die Augen sehen sollen, so verliert der Richter allen Sinn für die Ermittlung der Wahrheit, wenn er von Gefühlen eingenommen ist. Die Flut packt ihn, und er überläßt sich gleichsam einem reißenden Strom.

(H. Rahn)

1306 **Meo sum pauper in aere.**
In meinem eigenen Gelde bin ich arm.
(d. h.: Schulden habe ich keine, aber auch keine Reichtümer.)

HORAZ, EPISTULAE 2, 2, 12

Multa fidem promissa levant, ubi plenius aequo
laudat venalis, qui volt extrudere, merces:
res urget me nulla; *meo sum pauper in aere.*

Wer viel verspricht, dessen Wort wiegt leicht: mitunter lobt der Verkäufer in allzu vollen Tönen, wenn er die Ware losschlagen möchte. Mir ist's durchaus nicht dringend: ich bin nicht reich, doch hab' ich keine Schulden.

(W. Schöne – H. Färber)

1307 **Me quoque pectoris temptavit in dulci iuventa fervor.**
Auch mich hat des Herzens Glut in süßer Jugendzeit gepackt.

HORAZ, CARMINA 1, 16, 22

Conpesce mentem: *me quoque pectoris*
temptavit in dulci iuventa
fervor et in celeres iambos
misit furentem.

Halt ein den Unmut! Wallende Glut der Brust
Sie hat auch mich in süßer Jugend
Plötzlich erfaßt und zu raschen Jamben
Toll hingerissen.

(Kayser – Nordenflycht – Burger – Färber)

1308 **Mera mora est.**
Es ist die reine Zeitverschwendung.

PLAUTUS, CAPTIVI 396

TYN. Nam equidem, nisi quod custodem habeo, liberum me esse arbitror.
Dicito patri, quo pacto mihi cum hoc convenerit
de huius filio. PHIL. Quae memini *mora merast* monerier.
TYN. Ut eum redimat et remittat nostrum huc amborum vicem.

TYNDARUS: Wahrhaftig, hätt ich keine Wache, ich hielte mich
Für frei. Berichte meinem Vater, in welcher Art
Ich mich mit dem hier wegen seines Sohns geeint.
PHILOCRATES: Ich weiß es ja, das Mahnen macht nur Aufenthalt.
TYNDARUS: Daß er ihn freigibt und hierherschickt für uns zwei.

(W. Binder – W. Ludwig)

1309 **Merx ultronea putet.**
Geschenkte Ware stinkt.

Hieronymus, Epistulae 26, 5 (22, 431 Migne); vgl. 130, 16 (22, 1121 Migne)

Tritum quippe est proverbium *ultroneas putere merces.*

Es ist nämlich ein geläufiges Sprichwort, daß geschenkte Waren stinken.

HW 38245

Erasmus, Adagia 1, 9, 53

1310 **Me tamquam umbra sequitur.**
Er folgt mir wie ein Schatten.

Plautus, Casina 91

Ol. Quid tu, malum, me sequere? Cha. Quia certumst mihi
quasi umbra, quoquo tu ibis, *te* semper *sequi.*

Olympio: Was schleichst du, Taugenichts, mir nach?
Chalinus: Weil's fest bei mir beschlossen ist, wohin du gehst,
Dich wie ein Schatten zu verfolgen.

(W. Binder – W. Ludwig)

vgl. Erasmus, Adagia 3, 7, 51 (velut umbra sequi)

1311 **Metasque dati pervenit ad aevi.**
Er ist an den Wendepunkt der ihm gegebenen Lebenszeit gelangt.

Vergil, Aeneis 10, 472, zitiert bei Seneca, Ad Marciam de consolatione 21, 5

Etiam sua Turnum
fata vocant *metasque dati pervenit ad aevi.*

Bald ruft auch den Turnus
sein Verhängnis, zum Wendepunkt kam er im Feld seines Lebens.
(Jupiter zu Herkules)

(J. Götte)

1312 **Metiri se quemque suo modulo ac pede verum est.**
Es stimmt: ein jeder mißt sich nach seinem eignen Maße.

Horaz, Epistulae 1, 7, 98

Qui semel adspexit, quantum dimissa petitis
praestent, mature redeat repetatque relicta.
Metiri se quemque suo modulo ac pede verum est.

Wer einmal mit Augen sah, wie das Weggegebene besser war als das
Herbeigewünschte, der kehre beizeiten um, zurück zu dem, was er verließ!
Ein jeder messe sich nach seinem eignen Maß und Fuß: das ist allein das Richtige.

(W. Schöne – H. Färber)

HW 14820

1313 Mihi istic nec seritur nec metitur.
Für mich wird dort weder gesät noch geerntet.
(d. h.: Daran habe ich kein Interesse.)

PLAUTUS, EPIDICUS 265

EP. Immo, si placebit, utitor
consilium; si non placebit, repetito rectius.
Mihi istic nec seritur nec metitur, nisi ea, quae tu vis, volo.

EPIDICUS: Ist euch mein Rat genehm, so macht Gebrauch davon,
Wo nicht, so sinnt was Besseres aus. Für mich ist da
Nicht Saat noch Ernte: Ich will nur, was du willst.

(W. Binder – W. Ludwig)

HW 14835a

ERASMUS, ADAGIA 1, 6, 82 (Nec seritur nec metitur mihi.)

1314 Milita omnis, amans!
Verliebter, diene ganz!

OVID, AMORES 1, 9, 1

Militat omnis amans et habet sua castra Cupido,
Attice, crede mihi, *militat omnis amans.*

Krieger ist jeder, der liebt, auch Amor hält stehende Heere,
Atticus, glaube mir nur: Krieger ist jeder, der liebt.

(W. Marg – R. Harder)

HW 14854 (Militat omnis amans, vincenti laurus amata est,
victorique parant laeta trophaea iugum.)

1315 Mille modi Veneris.
In der Liebe gibt es tausend Wege.

OVID, ARS AMATORIA 3, 787

1316 Mille viae ducunt homines per saecula Romam.
Tausend Wege führen die Menschen seit Jahrhunderten nach Rom.

ALANUS AB INSULIS (1125/30–1203), LIBER PARABOLORUM V (210, 433A Migne)

Mille viae ducunt homines per saecula Romam,
qui Dominum toto quaerere corde volunt.

Tausend Wege führen die Menschen seit Jahrhunderten nach Rom,
die den Herrn mit ganzem Herzen suchen wollen.

HW 14873

1317 Minima de malis!
Von mehreren Übeln wähle die geringsten!

CICERO, DE OFFICIIS 3, 105

Nam quod aiunt: *'minima de malis'*, id est, ut turpiter potius quam calamitose: an est ullum maius malum turpitudine?

Denn wenn sie sagen: das kleinste von den Übeln! das heißt, lieber in Schande als im Unglück: gibt es etwa ein schlimmeres Unglück als Schande?

(K. Büchner)

1318 **minima malorum eligere**
die geringsten Übel wählen

CICERO, IN C. VERREM II 3, 201

Perspicere vos certo scio, Siculis quanto opere hoc expediat, non ad aequitatem condicionis, sed ad minima malorum eligenda.

Ihr seht ganz gewiß ein, wie gut sich die Sizilier hierbei stünden, nicht als ob diese Auflage gerecht wäre, sondern weil sie das geringere Übel würden.

(M. Fuhrmann)

vgl. HW 36488 (E duobus malis minus eligendum.)

1319 **minima maxima**
das Unwichtigste wie das Wichtigste

CICERO, AD QUINTUM FRATREM 3, 1, 10

De publicis negotiis, quae vis ad te Tironem scribere, neglegentius ad te ante scribebam, quod omnia *minima maxima* ad Caesarem scribi sciebam.

Von den Staatsgeschäften, über die Dir Tiro berichten soll, habe ich Dir bisher weniger eingehend geschrieben, weil ich wußte, daß Caesar von allen Vorgängen, wichtigen und unwichtigen, unterrichtet wird. *(54 v. Chr.)*

(H. Kasten)

1320 **Minima non curat praetor.**
Um Kleinigkeiten kümmert sich der Prätor nicht.

nach CALLISTRATUS, EDICTI MONITORII LIBER 1 (DIGESTA 4, 1, 4)

Scio illud a quibusdam observatum, *ne propter* satis *minimam rem* vel summam, si maiori rei vel summae praeiudicetur, audiatur is, qui in integrum restitui postulat.

Wie ich weiß, wird von manchen der Grundsatz beachtet, daß einer, der wegen einer unbedeutenden Sache oder Summe in den vorigen Stand eingesetzt zu werden fordert, dann kein rechtliches Gehör findet, wenn über eine größere Sache oder Summe bereits eine Vorentscheidung getroffen wurde.

vgl. CICERO, DE NATURA DEORUM 3, 86:

Ne in regnis quidem reges omnia minima curant.

Auch in den Königreichen kümmern sich die Herrscher nicht um jede Kleinigkeit.

(W. Gerlach – K. Bayer)

HW 14884a

D. Liebs, M 47

1321 **Minimum decet libere, cui multum licet.**
Wem viel erlaubt ist, dem ziemt es, sich wenig zu erlauben.

SENECA, TROADES 336

PY. Quodcumque libuit facere, victori licet.
AG. *Minimum decet libere, cui multum licet.*

PYRRHUS: Was immer ihm beliebt zu tun, ein Sieger darf's.
AGAMEMNON: Nur wenig sollte sich erlauben, der da alles darf.

HW 382621; vgl. 14887a (... multum decet.)

1322 **Minuta est omnis diligentia.**
Kleinkariert wirkt jede (übertriebene) Genauigkeit.

(K. u. G. Bayer)

CICERO, PARTITIONES ORATORIAE 57

Minuta enim ...

1323 **Miror, quod non ridet haruspex, haruspicem cum videt.**
Ich wundere mich, daß ein Zeichendeuter nicht lachen muß, wenn er einem Kollegen begegnet.
(Die haruspices hatten die Aufgabe, die Eingeweide der Opfertiere zu beschauen und daraus die Zukunft zu deuten. Man traute ihrer Kunst nicht recht.)

CATO, fr. 542 Sch., zitiert bei CICERO, DE DIVINATIONE 2, 51

Vetus autem illud Catonis admodum scitum est, qui *mirari* se aiebat, *quod non rideret haruspex, haruspicem cum vidisset.* Quota enim res eventi praedicata ab istis? aut, si evenit quippiam, quid adferri potest, cur non casu id evenerit?

Jener alte Ausspruch Catos dagegen trifft die Sache genau; er pflegte zu sagen, er wundere sich, daß ein Beschauer nicht lachen müsse, wenn er einen Beschauer sehe. Denn jede wievielte ihrer Voraussagen geht in Erfüllung? Oder wenn etwas in Erfüllung geht: womit läßt sich erhärten, weswegen es nicht zufällig in Erfüllung gegangen sei?

(Chr. Schäublin)

1324 **Misce stultitiam consiliis brevem!**
Mische auch einmal Torheit unter deine Pläne!
(d. h.: Dauernder Ernst ödet an.)

HORAZ, CARMINA 4, 12, 27

Verum pone moras et studium lucri
nigrorumque memor, dum licet, ignium
misce stultitiam consiliis brevem:
dulce est desipere in loco.

Auf und säume nicht lang! Rechne den Preis nicht nach!
Denk, es lodert auch uns bald schon die letzte Glut!
Drum, solang es vergönnt, mische mit Lust den Ernst:
Süß ist Leichtsinn am rechten Ort!

(Kayser – Nordenflycht – Burger – Färber)

HW 14912a; 38272g

1325 **Miscuit utile dulci.**
Er mischte Nützliches unter das Angenehme.

HORAZ, DE ARTE POETICA 343

Omne tulit punctum, qui *miscuit utile dulci*
lectorem delectando pariterque monendo.

Aller Beifall ist dem gewiß, der Heilsames mischte mit Süßem,
der den Leser zum Genießen einlud und zugleich zum Nachdenken.

(W. Schöne – H. Färber)

1326 **Misera est magni custodia census.**
Ein Elend ist's, ein großes Vermögen hüten zu müssen!

JUVENAL, SATURAE 14, 304

HW 14919

1327 **Misera mors sapienti non potest accidere.**
Ein elender Tod kann einem Weisen nicht zustoßen.

CICERO, IN L. CATILINAM 4, 3

Nam primum debeo sperare omnis deos, qui huic urbi praesident, pro eo mihi, ac mereor, relaturos esse gratiam; deinde, si quid obtigerit, aequo animo paratoque moriar. Nam *neque* turpis *mors* forti viro *potest accidere* neque immatura consulari nec *misera sapienti.*

Denn einmal darf ich hoffen, daß mir alle Götter, die diese Stadt beschirmen, meinem Verdienste gemäß ihre Dankbarkeit erzeigen; zum anderen werde ich, falls mir etwas zustößt, gefaßt und bereitwillig sterben. Denn kein schimpflicher Tod kann dem Tapferen zustoßen, kein allzu früher dem Konsular, kein beklagenswerter dem Weisen.

(M. Fuhrmann)

1328 **Miseris succurrere disco.**
Ich lerne, den Elenden zu Hilfe zu kommen.

VERGIL, AENEIS 1, 630

Non ignara mali *miseris succurrere disco.*

Wohl mit Leiden vertraut, lern' ich, zu helfen den Armen. (Dido zum gestrandeten Aeneas)

(J. Götte)

1329 **mixtum compositum**
ein Gebilde aus nicht zusammenpassenden Bestandteilen

1330 **Mobile mutatur mutato principe vulgus.**
Bei einem Wechsel in der Führung wechselt auch die bewegliche Menge ihre Ansichten.

CLAUDIAN, DE QUARTO CONSULATU HONORII PANEGYRICUS 302

HW 14986

s. auch W. Binder 995 (... mutatur semper cum principe ...)

1331 **Mobilitate viget viresque acquirit eundo.**
(Das Gerücht) ist stark und beweglich und gewinnt im Gehen Kräfte.

Vergil, Aeneis 4, 175

Extemplo Libyae magnas it Fama per urbes,
Fama, malum qua non aliud velocius ullum:
mobilitate viget virisque adquirit eundo,
parva metu primo, mox sese attollit in auras
ingrediturque solo et caput inter nubila condit.

Allsogleich geht Fama durch Libyens mächtige Städte
Fama, ein Übel, geschwinder im Lauf als irgendein andres,
ist durch Beweglichkeit stark, erwirbt sich Kräfte im Gehen,
klein zunächst aus Furcht, dann wächst sie schnell in die Lüfte,
schreitet am Boden einher und birgt ihr Haupt zwischen Wolken.

(J. Götte)

1332 **mobilium turba Quiritium**
die wankelmütige Masse der Quiriten
(Quiriten: Bürger von Rom)

Horaz, Carmina 1, 1, 7

palmaque nobilis
terrarum dominos evehit ad deos;
hunc, si mobilium turba *Quiritium*
certat tergeminis tollere honoribus;
illum, si proprio condidit horreo
quidquid de Libycis verritur areis.

Stellt sie der ehrende
Zweig der Palme der Welt Herrschern, den Göttern gleich:
Dem ist's Wonne, wenn Roms schwankende Bürgerschaft
Ihm mit stürmischer Gunst dreifache Ehren beut;
Dem, wenn er als Besitz birgt in des Speichers Raum,
Was man nur vom Bereich libyscher Tennen kehrt.

(Kayser – Nordenflycht – Burger – Färber)

1333 **Moderata durant.**
Maßvolles hat Dauer.

Seneca, Troades 259

Ag. Violenta nemo imperia continuit diu,
moderata durant; quoque Fortuna altius
evexit ac levavit humanas opes,
hoc se magis supprimere felicem decet
variosque casus tremere metuentem deos
nimium faventes.

Agamemnon: Gewalttätige Herrschaft hielt noch keiner lang aufrecht;
gemäßigte hat Dauer; je höher das Glück
menschliche Macht hebt empor,
desto mehr ziemt's dem Glücklichen, sich zu bezähmen
und vor vielerlei Wechselfällen zu zittern, aus Furcht vor den Göttern,
die ihm im Übermaß hold.

HW 14994; 38289a3

1334 **Modum iudicem rerum omnium utilissimum.**
Maßhalten ist in allen Dingen am nützlichsten.

PLINIUS MAIOR, NATURALIS HISTORIA 18, 38

Internicionem ergo famemque censemus? immo, Hercules, *modum iudicem rerum omnium utilissimum.*

Soll man daher Untergang und Hunger schätzen? Nein, beim Herkules, vielmehr ist Maßhalten in allen Dingen am nützlichsten.

(R. König – K. Bayer)

1335 **Modus omnibus in rebus optimum est habitu.**
Maßhalten ist in allen Lagen das Beste.

PLAUTUS, POENULUS 238

AD. Itast. Verum hoc unum tamen cogitato:
Modus omnibus rebus, soror, *optimumst habitu:*
Nimia omnia nimium exhibent negoti hominibus ex se.

ADELPHASIUM: So ist es. Doch bedenke nur das eine:
Maß ist das Beste in allen Dingen; alles, was
Zuviel ist, lastet beschwerlich auf den Menschen. (Adelphasium zu ihrer Schwester Anterastilis)

(W. Binder – W. Ludwig)

HW 14999; vgl. 38298a

1336 **modus procedendi**
die Methode des (weiteren) Vorgehens

1337 **modus vivendi**
ein Weg, miteinander auszukommen

1338 **Molestus interpellator venter.**
Der Bauch ist ein lästiger Störenfried.

HW 15003a; 38307a

ERASMUS, ADAGIA 3, 10, 9

1339 **Molli bracchio tractari se vult.**
Er will mit sanftem Arm behandelt werden.
(vgl.: wie ein rohes Ei behandeln)

CICERO, AD ATTICUM 2, 1, 6 K.

Quod me quodam modo *molli bracchio* de Pompei familiaritate obiurgas, nolim ita existimes me mei praesidii causa cum illo coniunctum esse; sed ita res erat instituta, ut, si inter nos esset aliqua forte dissensio, maximas in re publica discordias versari esset necesse.

Wenn Du mich ganz zart ins Gebet nimmst wegen meines Verhältnisses zu Pompeius, so darfst Du die Sache nicht so auffassen, als hätte ich mich mit ihm verbunden, um mich persönlich zu decken; vielmehr liegen die Dinge so, daß es bei der geringsten Meinungsverschiedenheit zwischen uns beiden unbedingt zu schweren Mißhelligkeiten im Staatsleben gekommen wäre. (3. 6. 60 v. Chr.)

(H. Kasten)

ERASMUS, ADAGIA 1, 4, 27 (molli bracchio, levi bracchio)

1340 **monitoribus asper**
Mahnern unzugänglich

HORAZ, DE ARTE POETICA 163

Inberbis iuvenis, tandem custode remoto,
gaudet equis canibusque et aprici gramine campi,
cereus in vitium flecti, *monitoribus asper*,
sublimis cupidusque et amata relinquere pernix.

Der bartlose Jüngling, der – endlich! – des Hüters ledig ward, hat sein Vergnügen an Pferden und Hunden, am grünen Rasen des sonnigen Marsfeldes. Wachsweich ist er für Eindrücke der Verführung; für Mahnworte harthörig; säumig im Berechnen des Nutzens; großspurig im Geldausgeben; hoch hinausstrebend, rasch im Begehren und schnellfertig wiederaufzugeben, was er liebte.

(W. Schöne – H. Färber)

HW 38315

1341 **Monstror digito praetereuntium.**
Wer vorübergeht, zeigt mit dem Finger auf mich.

HORAZ, CARMINA 4, 3, 22 (an die Muse Melpomene)

Totum muneris hoc tui est,
quod *monstror digito praetereuntium*
Romanae fidicen lyrae;
quod spiro et placeo, si placeo, tuum est.

Nur dein Gnadengeschenk bewirkt,
Daß mit Fingern auf mich weist, wer vorübergeht,
Als den Meister der Leier Roms:
Ja, mein Dichten, mein Ruhm, werd' ich gerühmt, ist dein!

(Kayser – Nordenflycht – Burger – Färber)

ERASMUS, ADAGIA 1, 10, 43 (monstrari digito)

1342 **monstrum horrendum, informe, ingens, cui lumen ademptum**
ein furchtbar ungestaltetes Wesen, des Augenlichtes beraubt

VERGIL, AENEIS 3, 658

Vix ea fatus erat, summo cum monte videmus
ipsum inter pecudes vasta se mole moventem
pastorem Polyphemum et litora nota petentem,
monstrum horrendum informe ingens, cui lumen ademptum.

Kaum hatte dies er gesagt, da sahen wir hoch auf dem Berg ihn
selbst inmitten des Viehs in Riesengestalt sich bewegen,
ihn, Polyphemus, den Hirten: er schritt zum vertrauten Gestade,
ungetüm, grausig, unförmig, gewaltig, das Auge geblendet. (Auf seiner Irrfahrt begegnet Aeneas dem geblendeten Polyphem.)

(J. Götte)

1343 **montes auri polliceri**
goldene Berge versprechen

TERENZ, PHORMIO 68

GE. Is senem per epistulas
pellexit, modo non *montis auri pollicens.*
DA. Quoi tanta erat res et supererat? GE. Desinas:
sic est ingenium. DA. Oh, regem me esse oportuit.

GETA: ... Der lockt ihn dahin,
Durch Briefe, wo er Berge Goldes ihm verhieß.
DAVUS: Ihm, der so viel und übergenug besaß?
GETA: O still! So ist er. DAVUS: Ha, ich hätte sollen König sein!

(J. J. C. Donner)

vgl. HW 1783 (aureos montes pollicetur.); 38317

ERASMUS, ADAGIA 1, 9, 15 (aureos montes ...)

1344 **monumentum aere perennius**
ein Denkmal, dauerhafter als Erz

HORAZ, CARMINA 3, 30, 1

HW 38318

1345 **Mora trahit periculum.**
Zögern zieht Gefahr nach sich.

HW 38321

1346 **Mors certa, hora incerta.**
Der Tod ist gewiß; die Stunde aber ungewiß.

HW 38345f3; vgl. 15117

Mors certa est, incerta dies, *hora* agnita nulli.

Der Tod ist gewiß, der Tag ungewiß, und die Stunde kennt keiner

1347 **Mors et fugacem persequitur virum.**
Der Tod verfolgt auch den fliehenden Mann.

HORAZ, CARMINA 3, 2, 14

Mors et fugacem persequitur virum
nec parcit inbellis iuventae
poplitibus timidoque tergo.

Des Todes Arm erfasset den Flüchtigen doch,
Erbarmt sich nicht wehrloser Jugend,
Schont nicht die Knie, nicht den feigen Rücken.

(Kayser – Nordenflycht – Burger – Färber)

HW 15145

1348 **Mors ipsa refugit saepe virum.**
Selbst der Tod flieht oft vor einem Mann.

LUKAN, PHARSALIA 2, 75f.

Mors ipsa refugit
saepe virum frustraque hosti concessa potestas
sanguinis invisi, primo qui caedis in actu
deriguit ferrumque manu torpente remisit...

Der Tod selbst war vor dem Recken oft zurückgewichen, und umsonst wurde jetzt einem Landesfeind Gewalt über sein verhaßtes Leben gegeben. Als dieser zum Streich ausholte, stand er starr, und seiner gelähmten Hand entfiel das Schwert... (Marius entgeht dem Tod im Kerker zu Minturnae.)

(W. Ehlers)

HW 15167a

1349 **Mors laborum ac miseriarum quies est.**
Der Tod ist Ruhe von Mühe und Elend.

CICERO, IN L. CATILINAM 4, 7

Alter intellegit *mortem* ab dis inmortalibus non esse supplicii causa constitutam, sed aut necessitatem naturae aut *laborum ac miseriarum quietem esse.*

Der andere (d. h. Caesar) berücksichtigt, daß die unsterblichen Götter den Tod nicht als Strafe, sondern als natürliche Notwendigkeit oder zur Ruhe von Mühsal und Elend eingerichtet haben. (Diskussion über die Bestrafung der Catilinarier)

(M. Fuhrmann)

1350 **Mors misera non est, aditus ad mortem est miser.**
Tod ist kein Elend, elend ist der Weg zu ihm.

QUINTILIAN, INSTITUTIO ORATORIA 8, 5, 6 (Zitat aus einer Tragödie: frg. inc. trag. 109 Rib.)

HW 38350a

1351 **Mors ultima linea rerum.**
Der Tod ist der Schlußstrich unter das Erdenleben.

HORAZ, EPISTULAE 1, 16, 79

'Ipse deus, simulatque volam, me solvet.' Opinor.
hoc sentiat 'moriar'. *Mors ultima linea rerum* est.

«Er selbst, der Gott, wird, sobald ich will, mich befrein.» Ich ahne, was er im Sinne hat: freiwilligen Tod! Denn der Tod macht aller Not ein Ende.

(W. Schöne – H. Färber)

HW 15213

1352 **Mortalia facta peribunt.**
Menschenwerk vergeht.

HORAZ, DE ARTE POETICA 68

Mortalia facta peribunt,
nedum sermonum stet honos et gratia vivax.

Was Sterbliche vollbringen, ist dem Untergang geweiht; wie sollten Lautgebilde sich ewig in Geltung und in Gunst behaupten?

(W. Schöne – H. Färber)

HW 15228

1353 **Morte carent animae semperque priore relicta sede novis domibus vivunt habitantque receptae.**
Aber die Seele stirbt nicht, und stets ihren früheren Wohnsitz lassend,
lebt sie und wohnt, empfangen von anderem Hause.

Ovid, Metamorphoses 15, 158f. (nach Pythagoras)

(E. Rösch)

HW 15232a

1354 **Mortem pro ludo Mars violentus habet.**
Der Krieg treibt sein Spiel mit dem Tod.

J. Albinus, S. 82

1355 **Mortuo leoni et lepores insultant.**
Einen toten Löwen zu beleidigen trauen sich selbst die Hasen.

HW 38377

Erasmus, Adagia 4, 7, 82

1356 **Mos legem regit.**
Die Sitte leitet das Gesetz.

HW 38381

1357 **mos maiorum**
Sitte der Vorfahren

z. B. Cicero, De legibus 2, 23

Ergo adeo exspectate leges, quae genus illud optumum rei publicae contineant, et si quae forte a me hodie rogabuntur, quae non sint in nostra re publica nec fuerint, fuerunt fere *in more maiorum*, qui tum ut lex valebant.

Erwartet also von mir Gesetze, die jenen Idealstaat in sich schließen, und wenn einige von mir vorgeschlagen werden, die in unserem (realen) Staat weder existieren noch existierten, so bestanden sie in der Regel in der Sitte der Vorfahren, die damals wie ein Gesetz galt.

1358 **mulgere hircum**
einen Bock melken
(d. h.: Unmögliches tun)

Vergil, Bucolica 3, 91

Qui Bavium non odit, amet tua carmina, Mevi.
Atque idem iungat vulpes et *mulgeat hircos.*

Wer nicht den Bavius haßt, der liebe auch Mevius' Lieder,
spanne auch Füchse ins Joch an den Pflug und melke sich Böcke!

(J. Götte)

HW 15345a; 38383g

Erasmus, Adagia 1, 3, 51

1359 **Mulier olitori numquam supplicat, si qua est mala:**
Domi habet hortum et condimenta ad omnis mores maleficos.
Ein Weib, das boshaft ist, braucht keinen Krämer,
Sie hat daheim selbst Salz und Pfeffer, Um all ihr übles Tun zu würzen.

PLAUTUS, MILES GLORIOSUS 193

Nam *mulier*...

(W. Binder – W. Ludwig)

1360 **Multa cadunt inter calicem supremaque labra.**
Vieles fällt zwischen dem Rand des Kelches und den Lippen ins Nichts.
(d.h.: Vor dem Vollzug ist nichts endgültig sicher.)

vgl. GELLIUS, NOCTES ATTICAE 13, 18, 3:

Πολλὰ μεταξὺ πέλει κύλικος καὶ χείλεος ἄκρου.
(Pollà metaxỳ pélei kýlikos kaì cheíleos ákru.)

HW 15371; 38405a1

ERASMUS, ADAGIA 1, 5, 1

1361 **Multa docet fames.**
Vieles lehrt der Hunger.

SENECA, EPISTULAE MORALES 15, 7

Admitte istos, quos nova artificia *docuit fames:* erit, qui gradus tuos temperet et buccas edentis observet et in tantum procedat, in quantum audaciam eius patientia et credulitate produxeris.

Laß die Leute ein, die der Hunger neue Kunstfertigkeiten gelehrt hat: es wird einen geben, der deine Schritte regelt und deine Backen beim Essen beobachtet und sich soweit vorwagt, wie du seine Dreistigkeit mit Langmut und Leichtgläubigkeit hast gewähren lassen.

(nach M. Rosenbach)

vgl. MACARIUS HIEROMONACHUS 7, 24

Πολλῶν ὁ λιμὸς γίγνεται διδάσκαλος.
(Pollôn ho limòs gígnetai didáskalos.)

HW 38407; vgl. 15380 (... duris urgens in rebus egestas.)

ERASMUS, ADAGIA 4, 2, 48

1362 **Multa tulit fecitque puer, sudavit et alsit.**
Viel hat er schon als Kind getan und ertragen, hat geschwitzt und gefroren.

HORAZ, DE ARTE POETICA 413

Qui studet optatam cursu contingere metam,
multa tulit fecitque puer, sudavit et alsit,
abstinuit Venere et vino; qui Pythia cantat
tibicen, didicit prius extimuitque magistrum.

Wer im Wettlauf dem ersehnten Zielstein zustrebt, hat oft sich geplagt und oft die junge Kraft gespannt; Schweiß und Frost hat er ertragen, hat nicht gefragt nach Weib und Wein. Wer im Pythischen Wettkampf die Flöte bläst, mußte lernen zuvor und des Meisters Rüge fürchten. Heutzutage ...

(W. Schöne – H. Färber)

HW 15439

1363 **Multibibi non sunt longaevi.**
Vieltrinker leben nicht lang.

HW 15487b

1364 **Multis ictibus deicitur quercus.**
Mit vielen Hieben bringt man eine Eiche zu Fall.

HW 38439

ERASMUS, ADAGIA 1, 8, 94

1365 **Multis ille bonis flebilis occidit, nulli flebilior quam tibi.**
Von vielen Guten betrauert, ging er von uns, von keinem mehr als von dir.

HORAZ, CARMINA 1, 24, 9

Multis ille bonis flebilis occidit,
nulli flebilior quam tibi, Vergili.
Tu frustra pius heu non ita creditum
poscis Quintilium deos.

Ja, manch Trefflicher weint innig dem Toten nach,
Niemand inniger denn du, o Vergilius!
Doch dein treues Gebet fordert umsonst den Freund –
Anders Göttern vertraut – zurück.

(Kayser – Nordenflycht – Burger – Färber)

HW 15503a

1366 **Multis minatur, qui uni facit iniuriam.**
Wer einem ein Unrecht antut, bedroht viele.

PUBLILIUS SYRUS M 2

HW 15512

1367 **Multitudo canum mors est leporum.**
Die Menge der Hunde ist der Tod der Hasen.
(vgl.: Viele Hunde sind des Hasen Tod.)

HW 15522

1368 **Multo facilius divitem quam patrem familias fieri.**
Es ist viel leichter, reich als ein Familienvater zu werden.

Cicero, Pro P. Quinctio 55

Memini; vetus est 'de scurra *multo facilius divitem quam patrem familias fieri* posse'. Haec ille, si verbis non audet, re quidem vera palam loquitur.

Ich erinnere mich da des alten Sprichwortes, daß ein Nichtsnutz viel leichter ein reicher Mann werden könne als ein ehrbarer Hausvater. So etwas sagt er, wenn auch nicht mit Worten, so doch durch seine Taten in aller Offenheit.

(M. Fuhrmann)

1369 **Multorum opera res turbantur.**
Wenn sich viele um eine Sache bemühen,
gerät sie durcheinander.
(vgl.: Viele Köche verderben den Brei.)

1370 **multos modios salis simul edisse**
viele Scheffel Salz miteinander gegessen haben

Cicero, De amicitia 67

Verumque illud est, quod dicitur, *multos modios salis simul edendos esse,* ut amicitiae munus expletum sit.

In diesem Sinne ist das Sprichwort wahr, daß man zusammen viele Scheffel Salz essen muß, bis die Aufgabe der Freundschaft erfüllt ist.

(M. Faltner)

HW 38452a1a (... salis cum amicis edendos esse)

Erasmus, Adagia 2, 1, 14 (Nemini fidas, nisi cum quo prius modium salis absumpseris!)

1371 **Multos timere debet, quem multi timent.**
Wen viele fürchten, der muß viele fürchten.

Publilius Syrus, Sententiae M 30

(H. Beckby)

vgl. Laberius bei Seneca, De ira 2, 11, 3:

Necesse est *multos timeat, quem multi timent*

HW 15550

1372 **Multum, non multa.**
Viel, nicht Vielerlei!

PLINIUS MINOR, EPISTULAE 7, 9, 15

Aiunt enim *multum* legendum esse, *non multa.*

Denn es heißt jedoch: «Lies viel, nicht vielerlei!»

(H. Kasten)

vgl. QUINTILIAN, INSTITUTO ORATORIA 10, 1, 59

Multa magis quam *multorum* lectione formanda mens.

HW 15583 (... legendum.)

1373 **Multum sapit, qui non diu desipit.**
Viel Weisheit hat, wer nicht lange unweise bleibt.

HW 15589

1374 **Munditiis capimur.**
Von Sauberkeit lassen wir uns gewinnen.

OVID, ARS AMATORIA 3, 133

HW 15625a

1375 **Mundus stultorum cavea.**
Die Welt ist ein Käfig voller Narren.

HW 15648a

1376 **Mundus vult decipi, ergo decipiatur!**
Die Welt will betrogen sein; werde sie also betrogen!

SEBASTIAN BRANT (1457–1521), NARRENSCHIFF S. 65, Sp. 1.

(lateinisch von Carlo CARAFFA:
Quandoque populus *vult decipi, decipiatur!*)

HW 15651

1377 **Munera, crede mihi, capiunt hominesque deosque:**
Placatur donis Iuppiter ipse datis.
Glaube mir nur, Geschenke erobern Menschen und Götter;
Wird doch durch Gaben sogar Jupiter gnädig gestimmt.

OVID, ARS AMATORIA 3, 653f.

(N. Holzberg)

HW 15656

ERASMUS, ADAGIA 1, 3, 18 (Muneribus vel dii capiuntur.)

1378 **Munerum animus optimus est.**
Von allen Geschenken ist das beste die Absicht.

HW 15722a (... est optimus.)

1379 **Mures insultant feli mortuo, asini caeso leoni**
Die Mäuse tanzen auf der toten Katze, die Esel auf dem erlegten Löwen herum.

J. Albinus, S. 53

1380 **Muri nulla salus, cui pervius est cavus unus.**
Für eine Maus, die nur einen Ausgang hat, gibt es keine Rettung.

HW 15739

1381 **Mus miser est, antro qui solum clauditur uno.**
Die Maus ist arm dran, die auf eine einzige Höhle angewiesen ist.

Plautus, Truculentus 868

Epistuale virorum obscurorum 1, 3

HW 15767

vgl. Erasmus, Adagia 5, 1, 4 (Mus non uni fidit antro.)

1382 **mutatis mutandis**
nach Änderung des Änderungsbedürftigen

1383 **Mutum est pictura poema.**
Ein Gemälde ist ein stummes Gedicht.

N

1384 **Nabis sine cortice.**
Du wirst ohne Korkgürtel schwimmen können.

Horaz, Sermones 1, 4, 120

Mi satis est, si
traditum ab antiquis morem servare tuamque,
dum custodis eges, vitam famamque tueri
incolumem possum; simul ac duraverit aetas
membra animumque tuum, *nabis sine cortice.*

Mir soll's genügen, dir die altehrwürdige Sitte treu zu wahren und rein zu halten dein Leben, solange du des Hüters bedarfst; hat dir das Alter Körper und Geist gestählt, wirst du schon lernen, ohne Kork zu schwimmen. (Horazens Vater an seinen Sohn)

(W. Schöne – H. Färber)

1385 **Nam et ipsa scientia potestas est.**
Wissen ist Macht.
(Denn schon das Wissen an sich ist eine Macht.)

Francis Bacon (1561–1626), Meditationes sacrae 11

1386 **Nam fuit ante Helenam cunnus taeterrima belli causa.**
Denn längst vor Helena war Kriegsgrund oft die schnöde Lust am Weibe.
(Herodot zählt in seinem Geschichtswerk die Fälle auf, in denen der Streit um eine Frau Kriege auslöste.)

Horaz, Sermones 1, 3, 107f.

(W. Schöne – H. Färber)

1387 **Nam si hic mali est quicquam, em illic est huic rei caput.**
Wenn nämlich hier was Böses ist, so ist dort der Kopf des Dings.

Terenz, Andria 458

Si. Ego istaec recte ut fiant videro.
Quid nam hoc est rei? Quid hic volt veterator sibi?
Nam si hic malist quicquam, em illic est huic rei caput.

Simo: Ich sorge schon, daß alles richtig geht. –
Was soll das sein? Was will der alte Schelm? Denn, traun,
Der ist der Rädelsführer, wenn's was Böses gibt.

(J. J. C. Donner)

1388 **Nam tua res agitur, paries cum proximus ardet, et neglecta solent incendia sumere vires.**
Denn dein Besitz steht auf dem Spiel, wenn die Nachbarwand brennt, und Feuers Macht pflegt, wo man achtlos bleibt, sich auszubreiten.

HORAZ, EPISTULAE 1, 18, 84f.

(W. Schöne – H. Färber)

HW 15871

ERASMUS, ADAGIA 3, 6, 71 (Tua res agitur, cum proximus ardet paries.)

1389 **Nam vitiis nemo sine nascitur; optimus ille est, qui minimis urgetur.**
Kein Mensch wird ja ohne Fehler geboren; der ist noch der beste, den die kleinsten drücken.

HORAZ, SERMONES 1, 3, 68f.

(W. Schöne – H. Färber)

HW 15875

1390 **Nascentes morimur finisque ab origine pendet.**
Bereits auf dem Wege zum Sterben werden wir geboren, und das Ende hängt am Beginn.

MANILIUS, ASTRONOMICA 4, 16

HW 15890; 38494a3

1391 **Nascuntur poetae, fiunt oratores.**
Dichter ist man von Natur, Redner wird man durch Ausbildung.

HW 38496

1392 **Naso suspendis adunco ignotos.**
Du rümpfst die Nase über Namenlose.

HORAZ, SERMONES 1, 6, 5

Nec quod avus tibi maternus fuit atque paternus
olim qui magnis legionibus imperitarent,
ut plerique solent, *naso suspendis adunco*
ignotos, ut me libertino patre natum.

Ahnen zählst du, mütterliche und väterliche Ahnen, die einst großen Heerscharen geboten, und trägst doch nicht, wie es so mancher tut, darob die Nase himmelwärts, siehst nicht herab auf Namenlose, wie ich es bin, der Sohn eines Freigelassenen. (Horaz über seinen Gönner Mäcenas)

(W. Schöne – H. Färber)

ERASMUS, ADAGIA 1, 8, 22 (naso suspendere)

1393 **Natura cupiditatem ingenuit homini veri videndi.**
Die Natur hat dem Menschen die Begierde nach Wahrheitsfindung eingepflanzt.

CICERO, DE FINIBUS 2, 46

Et quoniam eadem *natura cupiditatem ingenuit homini veri videndi,* quod facillime apparet, cum vacui curis, etiam quid in caelo fiat, scire avemus, his initiis inducti omnia vera diligimus, id est fidelia, simplicia, constantia, tum vana, falsa, fallentia odimus ut fraudem, periuriam, malitiam, iniuriam.

Da dieselbe Natur den Menschen die Begierde eingegeben hat, die Wahrheit kennenzulernen, was am ehesten sichtbar wird, wenn wir frei von Sorgen sogar zu wissen wünschen, was am Himmel vor sich geht, so lieben wir von diesem Ausgangspunkt her alles Wahre, also Zuverlässige, Einfache, Beständige und hassen das Eitle, Falsche, Täuschende, wie den Betrug, den Meineid, die Boshaftigkeit, die Verleumdung.

(O. Gigon – L. Straume-Zimmermann)

1394 **Natura dedit usuram vitae tamquam pecuniae, nulla praestituta die.**
Die Natur hat uns den Nießbrauch des Lebens gewährt wie den eines Darlehns, für das kein Rückzahlungstermin im voraus vereinbart wurde.

CICERO, TUSCULANAE DISPUTATIONES 1, 93

At ea (natura) quidem *dedit usuram vitae tamquam pecuniae nulla praestituta die.* Quid est igitur, quod querare, si repetit, cum volt?

Aber sie (die Natur) hat uns das Leben ausgeliehen wie Geld, ohne den Fälligkeitstermin festzulegen. Warum beklagst du Dich also, wenn sie es zurückverlangt, wann sie will?

(O. Gigon)

1395 **Natura duce errare nullo modo possumus.**
Unter Führung der Natur können wir auf keine Weise irren.

vgl. CICERO, DE LEGIBUS 1, 20

Repetam stirpem iuris a *natura,* qua *duce* nobis omnis est disputatio explicanda.

Ich will den Ursprung des Rechts auf die Natur zurückführen, unter deren Führung wir die gesamte Erörterung entfalten müssen.

HW 15922a; 38499b5b

1396 **Natura duce utendum est.**
Man muß sich der Führung durch die Natur anvertrauen.

SENECA, DE VITA BEATA 8,1

Natura enim *duce utendum est:* hanc ratio observat, hanc consulit.

Die Natur nämlich muß man als Führerin haben; auf sie achtet die Vernunft, von ihr holt sie sich Rat.

(G. Fink)

HW 15922b

1397 Naturae convenienter vive!
Lebe im Einklang mit der Natur!

z. B. CICERO, DE OFFICIIS 3, 13

Etenim quod summum bonum a Stoicis dicitur, *convenienter naturae vivere*, id habet hanc, ut opinor, sententiam: cum virtute congruere semper, cetera autem, quae secundum naturam essent, ita legere, si ea virtuti non repugnarent.

Denn was von den Stoikern das höchste Gut geheißen wird, mit der Natur im Einklang zu leben, das bedeutet, wie ich meine, immer mit der Tugend übereinzustimmen, das übrige aber, was der Natur gemäß ist, dann auszuwählen, wenn er der Tugend nicht widerstreitet.

(K. Büchner)

s. KLEANTHES, SVF III 178:
ὁμολογουμένως τῇ φύσει ζῆν (homologuménos tê phýsei zên)

HW 38515

1398 Natura est paucis contenta.
Die Natur ist mit wenigem zufrieden.

HW 15924

1399 Natura fundat ingenium, provehit usus.
Die Natur begründet die Begabung, es fördert sie der Gebrauch.

HW 15925a

1400 Naturalia non sunt turpia.
Natürliche Dinge sind nicht schimpflich.

nach EURIPIDES, HYPSIPYLE, fr. 89 N.

Οὐκ αἰσχρὸν οὐδὲν τῶν ἀναγκαίων βροτοῖς.
(Uk aischròn udèn tôn anankaíon brotoîs.)

Nichts von dem, was für die Menschen notwendig ist, ist schimpflich.

HW 15936a; 38517b2

1401 Naturam expellas furca, tamen usque recurret.
Du magst die Natur mit der Gabel austreiben, sie wird doch immer wiederkehren.

HORAZ, EPISTUALE 1, 10, 24

Nempe inter varias nutritur silva columnas
laudaturque domus, longos quae prospicit agros:
naturam expelles furca, tamen usque recurret
et mala perrumpet furtim fastidia victrix.

Man pflanzt ja einen «Wald» inmitten der buntfarbigen Säulen und preist ein Haus mit Fernsicht in die Landschaft. Natur magst du austreiben mit der Heugabel: Natur kehrt beharrlich zurück; unmerklich dringt sie durch die Sperren der leidigen Blasiertheit.

(W. Schöne – H. Färber)

HW 15938; 38517c3

ERASMUS, ADAGIA 2, 7, 14 (... expellas ...)

1402 **Naturam mutare difficile est.**
Freilich ist es schwer, sein Wesen zu wandeln.

Seneca, De ira 2, 20

(G. Fink)

HW 15940c

1403 **Natura non facit saltum.**
Die Natur macht keinen Sprung.

C. v. Linné (1707–1778)

(nach E. Fournier, Varietés historiques et litteraires, 1613)

1404 **Natura sanat, medicus curat morbos.**
Die Natur heilt die Krankheiten, der Arzt behandelt sie.

HW 15929; vgl. 38510

1405 **Naufragium rerum est mulier male fida marito.**
Eine Katastrophe ist eine Frau, die ihrem Gatten nicht treu ist.

Catonis Monosticha 6 (PLM III 237 B.)

HW 15949

1406 **Navigare necesse est.**
Seefahrt ist not. (Gorch Fock 1911/12)

nach Plutarch, Vita Pompei 50, 2

HW 15958b (..., vivere non necesse est.)

1407 **Ne Aesopum quidem trivisti.**
Nicht einmal (die Fabeln des) Äsop hast du gründlich gelesen.

'Αμαθὴς γὰρ ἔφυς κοὐ πολυπράγμων, οὐδ' Αἴσωπον πεπάτηκας.
(Amathès gàr éphys ku polyprãgmon, ud' Aísopon pepátekas.)

Aristophanes, Aves 471

Erasmus, Adagia 2, 6, 27; vgl. 2, 9, 94 (Ne tria quidem Stesichori nosti.)

W. Binder 1067

1408 **Ne bis in idem!**
Nicht zweimal in der gleichen Sache (gegen den gleichen Angeklagten)!

nach Demosthenes, In Leptinem 147

Οἱ νόμοι δ' οὐκ ἐῶσι δὶς πρὸς τὸν αὐτὸν περὶ τῶν αὐτῶν οὔτε δίκας οὔτ' εὐθύνας οὔτε διαδικασίαν οὔτ' ἄλλο τοῦτ' οὐδὲν εἶναι.

(Hoi nómoi d' uk eôsi dìs pròs tòn autòn perì tôn autôn úte díkas út' euthýnas úte diadikasían út' állo tût' udèn eînai.)

Die Gesetze lassen es nicht zu, zweimal gegen dieselbe Person in derselben Angelegenheit gerichtlich vorzugehen.

1409 **nec caput nec pedes**
weder Kopf noch Fuß
(vgl.: weder Hand noch Fuß)

CICERO, AD FAMILIARES 7, 31, 2 K.

Acilio non fuisse necesse meas dari litteras facile patior; Sulpici tibi operam intellego ex tuis litteris non multum opus fuisse propter tuas res ita contractas, ut, quem ad modum scribis, *'nec caput nec pedes'*. Equidem vellem, uti pedes haberent, ut aliquando redires.

Daß mein Brief an Acilius sich als überflüssig erwiesen hat, höre ich gern; Sulpicius' Hilfe hast Du, wie ich auch Deinem Briefe entnehme, nicht übermäßig in Anspruch zu nehmen brauchen, weil Deine Vermögenswerte so beschränkt sind, daß sie – um Deine Worte zu gebrauchen – «weder Kopf noch Füße haben». Ich wollte, sie hätten Füße, damit Du endlich herkommst.

(H. Kasten)

PLAUTUS, ASINARIA 729; CAPTIVI 614

HW 16172c (... nec pes apparet.); 38601 a2 (... habere)

ERASMUS, ADAGIA 5, 1, 11

1410 **Nec domui dominus, sed domino domus honestanda est.**
Nicht das Haus muß den Herrn, sondern der Herr das Haus in Ehren halten.

CICERO, DE OFFICIIS 1, 139

Ornanda enim est dignitas domo, non ex domo tota quaerenda, *nec domo dominus, sed domino domus honestanda est*, et, ut in ceteris habenda ratio non sua solum, sed etiam aliorum ...

Die Würde nämlich ist mit einem Palast zu schmücken, nicht ganz durch einen Palast zu erwerben, nicht der Herr aber ist durch den Palast zu adeln, sondern der Palast durch den Herrn, und wie man sonst nicht nur auf sich, sondern auch auf andere Rücksicht zu nehmen hat, (so ist beim Haus ... Sorge zu tragen).

(K. Büchner)

1411 **Necesse est cum insanientibus furere, nisi solus relinqueris.**
Du mußt mit den Verrückten rasen, wenn du nicht allein dastehen willst.
(vgl.: mit den Wölfen heulen)

PETRON, SATYRICA 3, 2

Nil mirum, si in his exercitationibus doctores peccant, qui *necesse* habent *cum insanientibus furere.* nam nisi dixerint, quae adulescentuli probent, ut ait Cicero, *'soli* in scholis *relinquentur'*.

Kein Wunder, wenn bei diesen ‹Exerzierübungen› die Lehrer fehlgehen, die mit den Wölfen heulen müssen. Denn wenn sie nicht sagen, was die jungen Leute hören möchten, so werden sie, mit Cicero zu reden, «im Hörsaal allein sitzen bleiben».

(K. Müller – W. Ehlers)

s. auch CICERO, PRO CAELIO 41

HW 16290

1412 **Necessitas ante rationem est.**
Notwendigkeit kennt keine Gründe.

CURTIUS RUFUS, HISTORIA ALEXANDRI MAGNI 7, 7, 10

'Discrimen', inquit, 'me occupavit meliore hostium quam meo tempore; sed *necessitas ante rationem est,* maxime in bello, quo raro permittitur tempora eligere'.

«Die Entscheidung», so sagte er, «hat mich zu diesem Zeitpunkt überfallen, der für die Feinde günstiger ist als für mich. Aber Not geht über Vernunft, vor allem im Kriege, wo man sich ja selten den Zeitpunkt auswählen darf...» (Alexander d. Gr. im Kriegsrat)

(K. Müller – H. Schönfeld)

HW 16293a

1413 **Necessitas est lex temporis et loci.**
Notwendigkeit ist das Gesetz von Zeit und Ort.

SENECA RHETOR, CONTROVERSIAE 4, 4

D. Liebs, N 8

1414 **Necessitas ultimum et maximum telum est.**
Die Notwendigkeit ist die letzte und stärkste Waffe.

LIVIUS, AB URBE CONDITA 4, 28, 5

«Hac, qua me praegressum videritis, agite, qui visuri domos, parentes, coniuges, liberos estis, ite mecum! Non murus nec vallum, sed armati armatis obstant. Virtute pares, *necessitate, quae ultimum ac maximum telum est,* superiores estis.»

«Hier, wo ihr mich vorausschreiten seht, los, wenn ihr eure Häuser und Eltern, eure Frauen und Kinder noch einmal sehen wollt, geht mit mir! Nicht Mauer noch Wall, sondern Bewaffnete stehen Bewaffneten im Weg. An Tapferkeit seid ihr ihnen ebenbürtig, durch eure Notlage, die die letzte und stärkste Waffe ist, überlegen!» (Vettius Messius, 431 v. Chr.)

(H. J. Hillen)

1415 **Necessitatem ferre, non flere addecet.**
Die Not zu tragen gilt's, nicht drob zu weinen.

PUBLILIUS SYRUS N 58

(H. Beckby)

HW 16299

1416 **Necessitatem ne dii quidem superant.**
Der Notwendigkeit werden nicht einmal die Götter Herr.

LIVIUS, AB URBE CONDITA 9, 4, 16

HW 16300; vgl. 38639h

1417 **Necessitati parendum est.**
Der Notwendigkeit muß man sich beugen.

CICERO, DE OFFICIIS 2, 74

Sin quae necessitas huius muneris alicui rei publicae obvenerit, – ita malo enim quam nostrae ominari neque tamen de nostra, sed de omni re publica disputo –, danda erit opera, ut omnes intellegant, si salvi esse velint, *necessitati esse parendum.*

Wenn aber die Notwendigkeit einer solchen Abgabe irgendeinem Gemeinwesen entgegentritt – diese Wendung ziehe ich vor, um nicht über unseres eine böse Vorbedeutung zu geben, ich spreche ja nicht von unserem Staate, sondern von einem jeden –, wird man sich bemühen müssen, daß alle einsehen, daß sie, wollen sie unversehrt bleiben, der Notwendigkeit gehorchen müssen.

(nach K. Büchner)

HW 38640a1

1418 **Necessitati parere semper habitum est sapientis.**
Der Notwendigkeit sich zu fügen galt noch immer als Zeichen von Weisheit.

HW 16300a; vgl. CICERO, DE OFFICIIS 2, 74

1419 **Nec imbellem feroces progenerant aquilae columbam.**
Auch zeugen wilde Adler keine sanfte Taube.

HORAZ, CARMINA 4, 4, 32

Fortes creantur fortibus et bonis.
est in iuvencis, est in equis patrum
virtus *neque inbellem feroces*
progenerant aquilae columbam.

Ein Starker stammt von Starken und Guten nur:
Es lebt im Stier, es lebt in dem Roß die Kraft
der Väter, niemals wird ein wilder
Adler die friedliche Taube zeugen.

(Kayser – Nordenflycht – Burger – Färber)

HW 16194

1420 **Nec inventus est quisquam, quoi, quod haberet, esset satis.**
Und es hat sich noch keiner gefunden, dem das, was er hat, genug wäre.

CICERO, PARADOXA STOICORUM 42

1421 **nec mora nec requies**
nicht Rast noch Ruhe

VERGIL, AENEIS 5, 458

Nec mora nec requies: quam multa grandine nimbi
culminibus crepitant, sic densis ictibus heros
creber utraque manu pulsat versatque Dareta.

Ohne Ruhe und Rast; so dicht wie auf Dächern des Hagels
Schlossen prasseln im Sturm, so schlägt mit Hieb über Hieben
immer mit beiden Fäusten der Held zuschanden den Dares.

(J. Götte)

1422 **Nec possum tecum vivere nec sine te.**
Nicht kann ich mit dir, nicht ohne dich leben.

MARTIAL, EPIGRAMMATA 12, 46, 2

Difficilis facilis, iucundus acerbus es idem:
nec tecum possum vivere nec sine te.

Mürrisch und lieb, und freundlich und rauh, so bist du zugleich stets.
Mit dir kann ich drum nicht leben noch ohne dich auch.

(R. Helm)

HW 38617b3a

1423 **Nec quod fuimusve sumusve, cras erimus.**
Was wir waren oder sind, werden wir morgen nicht mehr sein.

OVID, METAMORPHOSES 15, 215f.

Nostra quoque ipsorum semper requieque sine ulla
corpora vertuntur, *nec, quod fuimusve sumusve,*
cras erimus.

Rastlos wird auch unser Leib verwandelt zu jeder
Stunde: was gestern wir waren und heute wir sind – wir werden's
morgen nicht sein.

(E. Rösch)

1424 **Nec rationem patitur nec aequitate mitigatur nec ulla prece flectitur populus esuriens.**
Ein hungerndes Volk beeindruckt kein Argument, besänftigt keine gerechte Entscheidung und stimmt keine Bitte um.

(nach G. Fink)

SENECA, DE BREVITATE VITAE 18

1425 **Nec regna socium ferre nec taedae sciunt.**
Weder Throne noch Ehebetten wollen etwas von einem Genossen wissen.

SENECA, AGAMEMNON 259

HW 16247 (Nec regna nec taedae socios ferre sciunt.)

1426 **Nec scire fas est omnia.**
Auch ist es nicht recht, alles wissen zu wollen.

HORAZ, CARMINA 4, 4, 22

Vindelici, quibus mos unde deductus per omne
tempus Amazonia securi
dextras obarmet, quaerere distuli,
nec scire fas est omnia.

Woher der altgewohnte Brauch stammt,
Der mit dem Beile der Amazonen
Dies Volk (die Vindeliker) bewehrt, nicht wollt' ich's erforschen jetzt,
Auch ist's nicht möglich, alles zu wissen.

(Kayser – Nordenflycht – Burger – Färber)

1427 **Nec semper feriet, quodcumque minabitur arcus.**
Nicht immer wird der Bogen treffen, worauf er drohend gerichtet ist.

Horaz, De arte poetica 350

Sunt delicta tamen, quibus ignovisse velimus:
nam neque chorda sonum reddit, quem volt manus et mens,
poscentique gravem persaepe remittit acutum,
nec semper feriet, quodcumque minabitur arcus.

Doch gibt es Verstöße, über die wir willig hinwegsehn. Denn auch die Saite gibt nicht genau den Ton an, den des Spielers Hand und Musikalität heischt: will er den tiefen, so schwingt sie gar oft den hellen zurück; auch der Bogen trifft nicht unfehlbar jedes Ziel, dem sein Schuß gilt.

(W. Schöne – H. Färber)

HW 16251

1428 **Nec, si non obstatur, permittitur.**
Nicht bedeutet es Erlaubnis, wenn sich kein Widerstand zeigt.

Cicero, Orationes Philippicae 13, 14

Neque enim, quod quisque potest, id ei licet, *nec, si non obstatur,* propterea etiam *permittitur.*

Denn niemandem ist alles, was er kann, auch erlaubt, und aus dem Fehlen eines Hindernisses folgt nicht einfach, daß etwas gestattet sei.

(M. Fuhrmann)

1429 **Nec te fata tenent post funera.**
Und nicht wird dich das Schicksal festhalten nach dem Tode.

Seneca, Hercules Oetaeus 1953

Nec te fata tenent post funera,
an tibi praeclusit Pluton iter
et pavidus regni metuit sibi?

Nicht wird dich das Schicksal festhalten nach dem Tod;
oder hat dir etwa Pluton den Weg versperrt
und ist er, besorgt um sein Reich, voll Angst um sich?

1430 **Nec tellus eadem parit omnia.**
Einerlei Boden erzeugt nicht alles.

Ovid, Ars amatoria 1, 757

(N. Holzberg)

HW 16271

vgl. Erasmus, Adagia 4, 4, 20 (Non omnis fert omnia tellus.)

1431 **Nec tempora perde precando!**
Und verlier keine Zeit mit Bitten!

Ovid, Metamorphoses 11, 286

Ne tempora perde precando:
quod petis, omne feres tuaque haec pro parte vocato,
qualiacumque vides. Utinam meliora videres!

Verliere die Zeit nicht mit Bitten,
alles wird dir gewährt. Was hier ist, nenne das Deine,
wie du immer es siehst. O möchtest du Besseres sehen! (Ceyx zu Peleus)

(E. Rösch)

1432 **Ne cui de te plus quam tibi credas!**
Vertraue, was dich angeht, keinem mehr als dir selbst!

1433 **Ne cuivis crede nec nulli!**
Vertraue nicht jedem beliebigen, aber auch nicht keinem!

HW 15984b

1434 **Ne cuivis dextram inieceris!**
Gib nicht gleich jedem die Hand!

HW 38530; vgl. 15984c (... porrexeris!)

1435 **Nec violae semper, nec hiantia lilia florent.**
Blühen die Veilchen ja nicht, noch geöffnete Lilien immer.

Ovid, Ars Amatoria 2, 115

(N. Holzberg)

HW 18418 (Non semper violae, non semper lilia florent.); 16283 (... nec lilia candida...)

1436 **Ne depugnes in alieno negotio!**
Setze dich für ein fremdes Geschäft nicht bis zum letzten ein!

Erasmus, Adagia 3, 8, 75

1437 **Ne differas in crastinum!**
Verschiebe nichts auf morgen!
(vgl.: Verschiebe nicht auf morgen, was du auch heute kannst besorgen!)

z. B. Cicero, De re publica 2, 70:

Reliqua – satis enim multa restant – *differamus in crastinum*!

Das übrige – steht doch noch ziemlich viel aus – wollen wir auf den morgigen Tag verschieben.

(K. Büchner)

1438 **Nefas propter vitam vivendi perdere causas.**
Man darf nicht um des Lebens willen des Lebens Sinn verlieren.

JUVENAL, SATURAE 8, 84

Summum crede *nefas* animam praeferre pudori
et *propter vitam vivendi perdere causas!*
Dignus morte perit, cenet licet ostrea centum
Gaurana et Cosmi toto mergatur aeno.

Acht es für höchsten Frevel, vor Ehre das Leben zu setzen
und um des Lebens willen des Lebens Sinn zu verlieren.
So einer ist mit Recht schon tot zu nennen, schlemmt er auch noch mit hundert
Gaurusaustern und ist er ganz in Cosmus' (Parfüm-)Kessel eingetaucht.

(H. C. Schnur)

1439 **Neglecta solent incendia sumere vires.**
Brände, auf die man nicht achtet, pflegen Kraft zu gewinnen.

HORAZ, EPISTULAE 1, 18, 85

Nam tua res agitur, paries cum proximus ardet,
et *neglecta solent incendia sumere vires.*

Denn dein Besitz steht auf dem Spiel, wenn die Nachbarwand brennt, und Feuers Macht pflegt, wo man achtlos bleibt, sich auszubreiten.

(W. Schöne – H. Färber)

HW 8136 (Et neglecta ...)

1440 **Neglectis urenda filix innascitur agris.**
Auf vernachlässigten Feldern nistet sich das Farnkraut ein, das zu verbrennen wäre.

HORAZ, SERMONES 1, 3, 37

HW 16310

ERASMUS, ADAGIA 2, 9, 97

1441 **Ne, illius modi iam nobis magna civium penuriast antiqua virtute ac fide!**
Wahrhaftig, jetzt gibt's solche Bürger wenig nur
Wie der, so recht von alter Redlichkeit und Treu.

TERENZ, ADELPHOE 441 f.

(J. J. C. Donner)

1442 **Ne Iuppiter quidem omnibus placet.**
Nicht einmal Jupiter gefällt allen.

HW 16026b; 38543b (nach THEOGNIS)

ERASMUS, ADAGIA 2, 7, 55

1443 **Neminem unum civem tantum eminere debere, ut legibus interrogari non possit.**
Kein einziger Bürger dürfe so sehr herausragen, daß er nicht vor Gericht gestellt werden kann.

(H. J. Hillen)

LIVIUS, AB URBE CONDITA 38, 50, 8

1444 **Nemini dixeris, quod nolis efferri!**
Sag keinem, was du nicht ausgeplaudert wissen willst!

1445 **Nemo ante mortem beatus.**
Keiner ist vor seinem Tod glücklich zu preisen.

OVID, METAMORPHOSES 3, 136, nach HERODOT, HISTORIAE 1, 32, 7:

Πρὶν δ' ἂν τελευτήσῃ, ἐπισχεῖν μηδὲ καλεεῖν ὄλβιον ἀλλ' εὐτυχέα.
(Prìn d' àn teleutése, epischeîn medè kaleeîn ólbion all' eutychéa.)

Vor dem Tode aber muß man sich im Urteil zurückhalten und darf niemanden glücklich nennen, sondern nur vom Schicksal begünstigt.

(J. Feix)

1446 **Nemo a Papa impetrare potest bullam numquam moriendi.**
Keiner kann vom Papst eine Bulle erhalten, die ihm zusichert, daß er nie sterben muß.

THOMAS A KEMPIS (1379/80–1471), IMITATIO CHRISTI

vgl. ERASMUS, ADAGIA 3, 9, 49 (Nec dii quidem a morte liberant.)

1447 **Nemo bene imperat, nisi qui paruerit imperio.**
Keiner gibt gute Befehle, es sei denn, er hätte vorher selbst Befehlen gehorcht.

ARISTOTELES, POLITICA III 44. 1277b 11–16

Διὸ λέγεται καί τοῦτο καλῶς, ὡς οὐκ ἔστιν εὖ ἄρξαι μὴ ἀρχθέντα.
(Diò légetai kaì tûto kalôs, hos uk éstin eŷ árxai mè archthénta.)

vgl. CICERO, DE LEGIBUS 3, 5:

Et qui *bene imperat, paruerit* aliquando necesse est, et qui modeste paret, videtur, qui aliquando imperet, dignus esse.

Wer gut befehlen kann, muß notwendigerweise einmal gehorcht haben, und wer bescheiden gehorcht, scheint würdig zu sein, eines Tages selbst Befehle zu geben.

HW 38651

ERASMUS, ADAGIA 1, 1, 3 (Non...)

1448 **Nemo dat, quod non hat.**
Niemand gibt, was er nicht hat.
(scherzhaft)

HW 38652n1 (... habet.)

1449 **Nemo dignitati perditae parcit.**
Keiner schont verlorene Würde.
(vgl.: Ehre hin, alles hin.)

Seneca, De clementia 1, 22, 1

Nemo dignitati perditae parcit; inpunitatis genus est iam non habere poenae locum.

Niemand nimmt Rücksicht auf verlorene Würde; eine Art von Straflosigkeit ist es, keinen Raum mehr zu haben für eine Strafe (d. h. straffrei auszugehen).

(nach M. Rosenbach)

1450 **Nemo errat uni sibi, sed dementiam spargit in proximos.**
Keiner irrt nur für sich allein; er verbreitet seinen Unsinn auch in seiner Umgebung.

Seneca, Epistulae morales 94, 54

Nemo errat uni sibi, sed dementiam spargit in proximos accipitque invicem.

Niemand geht für sich allein in die Irre, sondern verbreitet sein unsinniges Verhalten in seiner Umgebung und empfängt es umgekehrt von ihr.

(M. Rosenbach)

1451 **Nemo est ab omni parte beatus.**
Niemand ist in jeder Hinsicht glücklich.

nach Horaz, Carmina 2, 16, 27f.

HW 38658; vgl. 16343 (... ex omni ...)

1452 **Nemo est tam agrestis, quem non si ipsa honestas minus, contumelia tamen et dedecus magnopere moveat.**
Niemand ist aus so grobem Holz, daß ihn, wenn schon nicht der Anstand, so doch wenigstens die Furcht vor Schmach und Schande beeindruckte.

Cicero, Partitiones oratoriae 92

(K. u. G. Bayer)

1453 **Nemo est tam senex, qui se annum non putet posse vivere.**
Keiner ist so alt, daß er nicht glaubte, er könne noch ein Jahr leben.

Statius, Synephebi, zitiert bei Cicero, De senecute 24

Nemo enim *est tam senex, qui se annum non putet posse vivere;* sed idem in eis elaborant, quae sciunt nihil ad se omnino pertinere:
'Serit|arbores, quae alteri saeculo prosient',
ut ait Statius noster in Synephebis.

Ist doch keiner so alt, daß er nicht mehr glaubt, noch ein weiteres Jahr leben zu können. Aber sie mühen sich ja in gleicher Weise mit solchen Arbeiten ab, die ihnen, wie sie genau wissen, überhaupt nichts mehr einbringen können:
«Pflanzt er doch Bäume, die nutzen erst künft'ger Zeit»,
wie unser Statius in seinen ‹Synepheben› sagt.

(M. Faltner)

1454 **Nemo invenitur, qui satisfaciat omnibus.**
Man findet keinen, der es allen recht machen könnte.

HW 16359c

1455 **Nemo iudex, nemo testis idoneus in propria causa.**
Niemand ist als Richter oder Zeuge in eigener Sache geeignet.

Codex Iustinianus 3, 5

Generali lege decernimus *neminem sibi esse iudicem* vel ius sibi dicere debere. In re enim propria iniquum admodum est alicui licentiam tribuere sententiae.

Durch ein generelles Gesetz verfügen wir, daß niemand in eigener Sache Richter sein oder für sich selbst Recht sprechen darf. Es ist nämlich hinreichend ungerecht, jemandem die Erlaubnis zu erteilen, in eigener Sache ein Urteil zu sprechen.

vgl. Seneca, De beneficiis 3, 8, 1:

Sed *nemo* huic rei satis *idoneus iudex* inventus est.

Es hat sich aber in dieser Sache kein genügend geeigneter Richter gefunden.

HW 38669

1456 **Nemo malus felix, minime corruptor.**
Kein Schurke ist glücklich, am wenigstens ein Verführer.

Juvenal, Saturae 4, 8

HW 16371; vgl. 38672a

1457 **Nemo me impune laeserit.**
Keiner, der mich beleidigt, wird ungestraft bleiben.
Umschrift eines engl. Pfund-Stückes

1458 **Nemo mortalium omnibus horis sapit.**
Keiner der Sterblichen ist zu jeder Stunde weise.

Plinius Maior, Naturalis historia 7, 131

HW 16377a; 38673

Erasmus, Adagia 2, 4, 29

1459 **Nemo nascitur sapiens, sed fit.**
Keiner wird als Weiser geboren, er muß es erst werden.

Seneca, De ira 2, 10, 6

Non irascetur sapiens peccantibus: quare? Quia scit *neminem nasci sapientem, sed fieri,* scit paucissimos omni aevo sapientes evadere, quia condicionem vitae humanae perspectam habet.

Keinen Zorn wird der Weise gegenüber Sündern empfinden. Wieso? Weil er weiß, daß niemand als Weiser auf die Welt kommt, sondern weise wird. Er weiß, daß in jeglicher Epoche nur ganz wenige sich zu Weisen entwickeln, weil er erfaßt hat, wie es um das Menschenleben steht.

(G. Fink)

HW 38674a3; vgl. 16377b (... nascitur artifex ...)

1460 **Nemo nostrum non peccat.**
Keiner von uns, der nicht sündigte.

Petron, Satyrica 75, 1

HW 38678; vgl. 16385 (Nemo non nostrum peccat, homines sumus, non dii.)

1461 **Nemo potest dominis pariter servire duobus.**
Niemand kann zwei Herren zugleich dienen.

Amarcius 4, 259

HW 38686f 2 (*Nemo potest dominis* simul in*servire duobus*); vgl. 16405 (... potest digne dominis ...)

Erasmus, Adagia in 1, 7, 3 (duobus servire dominis)

1462 **Nemo potest nudo vestimenta detrahere.**
Keiner kann einem Nackten die Kleider ausziehen.

Plautus, Asinaria 92

De. Me defraudato. Li. Maxumas nugas agis:
nudo detrahere vestimenta me iubes.

Demaenetus: Betrüge mich darum. Libanus: Ein artig Späßchen das:
Du willst, daß einem Nackten ich den Rock ausziehe.

(W. Binder – W. Ludwig)

1463 **Nemo prudens punit, ut ait Plato, quia peccatum est, sed ne peccetur.**
Kein Verständiger straft, wie Platon sagt, weil gefehlt worden ist, sondern damit nicht weiter gefehlt werde.

Seneca, De ira 1, 19, 7 (nach Platon, Leges 934a6)

Hoc semper in omni animadversione servabit, ut sciat alteram adhiberi, ut emendet malos, alteram, ut tollat; in utroque non praeterita, sed futura intuebitur, nam, *ut Plato ait: 'nemo prudens punit, quia peccatum est, sed ne peccetur;* revocari enim praeterita non possunt, futura prohibentur.'

Darauf wird er* stets bei jeder Maßnahme achten, daß er ganz bewußt die eine anwendet, um Böse zu bessern, die andere, um sie zu vertilgen. In beiden Fällen sieht er nicht auf Vergangenes, sondern in die Zukunft, denn nach den Worten Platons wird «kein Vernünftiger strafen, weil gesündigt wurde, sondern damit nicht gesündigt wird. Vergangenes läßt sich nicht ungeschehen machen, Zukünftiges aber verhüten.»
(*der Richter)

(G. Fink)

1464 **Nemo solus sapit satis.**
Niemand ist für sich allein weise genug.

PLAUTUS, MILES GLORIOSUS 885

PE. At *nemo solus satis sapit:* nam ego multos saepe vidi
regionem fugere consili prius quam repertam haberent.

PERIPLECTOMENUS: Niemand ist für sich allein gescheit genug; denn viele sah
Ich schon das Land des guten Rats verlieren,
Bevor sie es gefunden hatten.

(W. Binder – W. Ludwig)

HW 16452a (... satis sapit.); 38697a (... vivit.)

1465 **Nemo sua sorte contentus.**
Keiner ist mit seinem Los zufrieden.

HW 16454a; 38697b1 (... vivit.)

1466 **Nemo tam divos habuit faventes,**
crastinum ut possit sibi polliceri.
Keiner noch hatte die Götter so zum Freund,
daß er sich des nächsten Tages sicher sein konnte.

SENECA, THYESTES 619f.

Nemo tam divos habuit faventes,
crastinum ut possit sibi polliceri.
Res deus nostras celeri citatas
turbine versat.

(wie oben)...
Unser Geschick wirbelt ein Gott
in schnellem Wechsel durcheinander.

HW 16472; 38697i1

1467 **Nemo tam pauper vivit, quam natus est.**
Niemand lebt so völlig mittellos, wie er geboren wurde.

SENECA, DE PROVIDENTIA 6

Contemnite paupertatem: *nemo*...

Verachtet die Armut; niemand...

(G. Fink)

HW 38698c 2; vgl. 16361 (... ita ...)

1468 **Nemo tenetur se ipsum accusare.**
Niemand ist gehalten, sich selbst anzuklagen.

s. D. Liebs, N 81

1469 **Nemo ultra posse tenetur.**
Keiner ist verpflichtet, mehr zu leisten, als er kann.

HW 38700 (... obligatur.)

1470 Nemo umquam sapiens pecuniam concupivit.
Noch hat kein Weiser Geld begehrt.

SALLUST, CONIURATIO CATILINAE 11, 3

Avaritia pecuniae studium habet, quam *nemo sapiens concupivit:* ea quasi venenis malis inbuta corpus animumque effeminat, semper infinita et insatiabilis est, neque copia neque inopia minuitur.

Habgier hat in sich das Streben nach Geld, das doch kein wirklich Einsichtiger begehrt; wie wenn sie von schlimmen Giften durchtränkt wäre, verweichlicht sie einen Mann an Leib und Seele, sie kennt kein Ziel und Maß und läßt sich weder durch Fülle noch durch Mangel dämpfen.

(W. Eisenhut – J. Lindauer)

HW 38701; vgl. 16481 a (... sapiens proditori credidit.)

1471 Ne pereas per eas, ne sedeas, sed eas!
Damit du durch sie nicht umkommst, bleib nicht sitzen, sondern geh!

HW 25018

1472 Ne musca quidem!
Nicht einmal eine Fliege!

SUETON, VITA DOMITIANI 3, 1

Inter initia principatus cotidie secretum sibi horarum sumere solebat nec quicquam amplius quam muscas captare ac stilo praeacuto configere, ut cuidam interroganti, essetne quis intus cum Caesare, non absurde responsum sit a Vibio Crispo, *ne muscam quidem.*

Zu Beginn seiner Regierung pflegte er* sich täglich für Stunden zurückzuziehen und nichts anderes zu tun, als Fliegen fangen und mit einem spitzen Griffel aufspießen, so daß Vibius Crispus einmal auf die Frage, ob jemand beim Kaiser sei, nicht ohne Witz antworten konnte: Nein, nicht einmal eine Fliege» (* Domitian)

(A. Lambert)

HW 16048a (... cum eo est.)

ERASMUS, ADAGIA 2, 1, 84

1473 ne pilo quidem minus
um kein Haar weniger

CICERO, AD QUINTUM FRATREM 2, 16, 5 K.

Quomodonam, mi frater, de nostris versibus Caesar? Nam primum librum se legisse scripsit ad me ante, et prima sic, ut neget se ne Graeca quidem meliora legisse; reliqua ad quendam locum ῥαθυμότερα (rhathymótera) – hoc enim utitur verbo. Dic mihi verum, num aut res eum aut χαρακτὴρ (charaktèr) non delectet. Nihil est, quod vereare; ego enim *ne pilo quidem minus* me amabo.

Was sagt Caesar eigentlich zu meinem Epos*, lieber Bruder? Neulich schrieb er mir doch, er habe das erste Buch gelesen, und der erste Teil sei so vortrefflich, daß er selbst bei den Griechen nie etwas Besseres gelesen zu haben meint. Der Rest bis zu einer gewissen Stelle sei etwas matt – so drückt er sich aus. Sag mir die Wahrheit, findet er am Inhalt oder an der Form etwas auszusetzen? Du brauchst kein Blatt vor den Mund zu nehmen, denn ich bin trotzdem nicht um ein Haar weniger mit mir zufrieden. (*De temporibus meis)

(H. Kasten)

1474 **Ne praesentem aquam effundas, priusquam aliam sis adeptus!**
Gieße das vorhandene Wasser nicht aus, ehe du Ersatz dafür hast!

1475 **Ne prius antidotum quam venenum!**
Nicht das Gegenmittel vor dem Gift!

HIERONYMUS, ADVERSUS RUFINUM 2, 34 (23, 476 Migne)

Quae quondam vaticinio futurae calumniae responderunt implentes proverbium: *prius antidotum quam venenum!*

Diese Antwort haben sie einst auf die Prophezeiung einer bevorstehenden Verleumdung hin gegeben, womit sie das Sprichwort erfüllten: Das Gegengift vor dem Gift!

ERASMUS, ADAGIA 4, 3, 98 (*om.* Ne)

1476 **Ne puero gladium!**
Gebt einem Knaben kein Schwert!

AUGUSTINUS, EPISTULAE 104, 2, 7 (33, 391 Migne)

Unde illud proverbium: *Nec puero gladium!*

Daher das bekannte Sprichwort: Gib einem Knaben kein Schwert!

HW 38555; 16074a (... committe!)

ERASMUS, ADAGIA 2, 5, 18

1477 **Neque aqua aquae, lac est lacti usquam similius quam hic illius est illeque huius.**
Kein Wasser ist dem Wasser, keine Milch der Milch ähnlicher als dieser jenem und jener diesem.

PLAUTUS, MENAECHMI 1089f

MES. Illic homo aut sycophanta aut geminus est frater tuos.
Nam ego hominem hominis similiorem numquam vidi alterum,
neque aqua aquae neque lactest lactis, crede mihi, *usquam similius*
quam hic tuist *tuque huius* autem.

MESSENIO: Der Mensch da ist entweder ein Gauner oder gar
Dein Zwillingsbruder selber, denn nie sah ich noch
Zwei Menschen, wo der eine mehr dem anderen glich.
Das Wasser sieht dem Wasser und die Milch der Milch
So ähnlich nicht wie dieser dir, du ihm.

(W. Binder – W. Ludwig)

vgl. QUINTILIAN, INSTITUTIO ORATORIA 5, 11, 30

HW 17249a; 38703i

vgl. ERASMUS, ADAGIA 1, 5, 12 (Non tam aqua similis aquae.); 1, 5, 11 (Non tam lac lacti simile.)

1478 **Neque enim inaudita causa quemquam damnari aequitatis ratio patitur.**
Jemand zu verurteilen, ohne ihn angehört zu haben, verstößt gegen das Recht.

MARCIANUS, DE IUDICIIS PUBLICIS 2 (DIGESTA 48, 17, 1)

1479 **Neque habet plus sapientiae quam lapis.**
Er hat nicht mehr Verstand als ein Stein.

PLAUTUS, MILES GLORIOSUS 236

PA. Erus meus elephanti corio circumtentust, non suo,
neque habet plus sapientiai quam lapis. PE. Ego istuc scio.

PALAESTRIO: Mein Herr, der steckt in einer Elefantenhaut,
Nicht in der eigenen, und besitzt nicht mehr Verstand
Als ein Stein. PERIPLECTOMENUS: Das weiß ich längst.

(W. Binder – W. Ludwig)

HW 16500a

1480 **Neque id ad vivum reseco.**
Ich schneide das nicht bis zum lebenden Fleisch zurück.
(d. h.: Ich lege das nicht auf die Goldwaage.)

CICERO, DE AMICITIA 18

Sed hoc primum sentio, nisi in bonis amicitiam esse non posse, *neque id ad vivum reseco,* ut illi, qui haec subtilius disserunt, fortasse vere, sed ad communem utilitatem parum.

Vorausschicken möchte ich aber, daß ich Freundschaft nur zwischen Guten für möglich halte; ich meine das allerdings nicht im strengsten Sinne, wie die Leute, die diese Fragen scharfsinniger behandeln, was vielleicht richtig wäre, aber nicht recht für die Erfordernisse des täglichen Lebens paßt.

(M. Faltner)

ERASMUS, ADAGIA 2, 4, 13 (ad vivum resecare)

1481 **Neque mel neque apes.**
Kein Honig, keine Bienen.

ERASMUS, ADAGIA 1, 6, 62

1482 **Neque semper arcum tendit Apollo.**
Auch Apollo spannt seinen Bogen nicht immer.
(Der Bogen war ein Attribut des Apollo.)

HORAZ, CARMINA 2, 10, 19

Non, si male nunc, et olim
sic erit; quondam cithara tacentem
suscitat Musam *neque semper arcum*
tendit Apollo.

Kommt heut Böses, so kommt es nicht auch
Morgen; weckt ja doch mit der Zither Klange
Oft Apollo die schweigende Muse, spannt nicht
Immer den Bogen.

(Kayser – Nordenflycht – Burger – Färber)

1483 **Ne quid nimis!**
Nichts im Übermaß!

TERENZ, ANDRIA 61 (dem weisen Chilon zugeschrieben)

SI. ... tamen omnia haec mediocriter.
Gaudebam. SO. Non iniuria; nam id arbitror
adprime in vita esse utile, ut *ne quid nimis.*

SIMO: Alles doch mit Maß!
Das freute mich. SOSIA: Und nicht mit Unrecht; denn mir deucht,
Gar nützlich sei's im Leben, nie zu viel zu tun.

(J. J. C. Donner)

s. auch TERENZ, HEAUTONTIMORUMENOS 519

HW 16078; 38578a4

ERASMUS, ADAGIA 1, 6, 96

1484 **Nervi belli pecunia infinita.**
Die Nerven des Kriegs sind unbegrenzte Geldmittel.

CICERO, ORATIONES PHILIPPICAE 5, 5

Quid est aliud omnia ad bellum civile hosti arma largiri, primum *nervos belli, pecuniam infinitam* ...

Heißt das nicht, einem Staatsfeinde alle Waffen ausliefern, deren er für einen Bürgerkrieg bedarf: zuerst den Nerv des Krieges, unendliche Mengen Geldes ...

(M. Fuhrmann)

1485 **nervus rerum**
Geld (der ‹Nerv› der Dinge)

HW 38717

1486 **Nescia mutari ad mores natura recurrit.**
Unfähig, sich zu ändern, nimmt die Natur ihre Zuflucht zu den Sitten.

JUVENAL, SATURAE 13, 239

Quid fas
atque nefas, tandem incipiunt sentire peractis
criminibus. Tamen *ad mores natura recurrit*
damnatos fixa et *mutari nescia.* Nam quis
peccandi finem posuit sibi?

Was Recht und Unrecht ist, lernen sie erst nach begangener Tat zu unterscheiden. Dann aber kehrt doch die natürliche Anlage, die fest und unveränderlich ist, zu den vorher mißbilligten Sitten zurück. Wer hätte sich denn wohl eine Grenze der Sünde gesetzt?

(H. C. Schnur/J. Adamietz)

HW 16515; 38717b2

1487 **Nescis, mi fili, quantilla prudentia mundus regatur.**
Du ahnst nicht, mein Sohn, mit wie wenig Verstand die Welt regiert wird.

Axel OXENSTIERNA (1583–1654)

1488 **Nescit plebs ieiuna timere.**
Wenn das Volk hungert, kennt es keine Furcht.

LUKAN, PHARSALIA 3, 58 (... *plebes* ...)

HW 16570a

1489 **Nescit, quot digitos habeat in manu.**
Er weiß nicht, wie viele Finger er an der Hand hat.
(d. h. Er kann nicht bis fünf zählen.)

PLAUTUS, PERSA 187

PAE. Da hercle pignus, ni omnia memini et scio,
Etquidem si *scis* tute, *quot* hodie *habeas digitos in manu.*
TO. Egon dem pignus tecum? PAE. Audacter, si lubidost perdere.

PAEGNIUM: Was gilt die Wette, daß ich alles gründlich weiß?
Und: ich wette sogar, daß du nicht weißt,
Wieviel an deiner Hand du heute Finger hast.
TOXILUS: Ich soll mit dir wetten? PAEGNIUM: Herzhaft, wenn das Verspielen dir Vergnügen macht.

(W. Binder – W. Ludwig)

HW 16573a (... habeat digitos ...)

1490 **Nescit vox missa reverti.**
Das gesprochene Wort kann nicht zurückkehren.

HORAZ, DE ARTE POETICA 390

HW 16578; 38724b

1491 **Ne sus Minervam!**
Die Sau soll nicht Minverva belehren wollen! (Wer Minerva belehren wollte, machte sich als Siebengescheiter lächerlich.)

CICERO, ACADEMII LIBRI POSTERIORES 1, 18

Nam etsi *'sus Minervam'*, ut aiunt, tamen inepte, quisquis Minervam docet.

Denn wenn man auch sagt *Sus Minervam*, handelt doch jeder albern, der Minerva belehren will.

HW 38585 (... doceat!)

1492 **Ne, sutor, supra crepidam!**
Schuster, bleib bei deinem Leisten!
(eigtl.: Schuster, erheb dich nicht über deinen Halbschuh!)

PLINIUS MAIOR, NATURALIS HISTORIA 35, 85

Feruntque (Apellem) reprehensum a sutore, quod in crepidis una pauciores intus fecisset ansas; eodem postero die superbo emendatione pristinae admonitionis cavillante circa crus, indignatum prospexisse denuntiantem, *ne supra crepidam sutor* iudicaret, quod et ipsum in proverbium abiit.

Man berichtet, ein Schuster habe getadelt, daß (Apelles) an den Schuhen auf der Innenseite eine Öse zu wenig angebracht habe; als dieser aber am folgenden Tage, übermütig durch die Verbesserung des vorhergenannten Fehlers, etwas am Bein bekrittelte, soll Apelles, darüber aufgebracht, ‹aus seinem Versteck› hervorgesehen und gesagt haben, der Schuster solle bei seinem Leisten bleiben, was ebenfalls zum Sprichwort wurde.

(nach R. König)

HW 16126a; 38586 (... ultra...)

ERASMUS, ADAGIA 1, 6, 16 (... ultra...)

1493 **Ne tentes, aut perfice!**
Versuche es nicht, oder bring es zu Ende!

QUINTILIAN, INSTITUTIO ORATORIA 4, 5, 17

Recte enim Graeci praecipiunt, *non tentanda, quae effici* omnino *non possint.*

Die Griechen haben Recht, wenn sie lehren, man solle gleich gar nicht in Angriff nehmen, was sich unter keinen Umständen zu Ende bringen läßt.

nach ZENOBIUS 1, 29: Ἀδύνατα θηρᾷς. (Adýnata therâs.)

HW 38589

1494 **ne transversum quidem unguem**
keinen Fingerbreit

CICERO, AD ATTICUM 13, 31 (20), 4 K.

Atque hoc 'in omni vita sua quemque a recta conscientia *traversum unguem* non oportet discedere' viden quam φιλοσόφως (philosóphos)?

Und das Wort: «in seinem ganzen Leben darf man nicht um eines Fingers Breite vom guten Gewissen abweichen», klingt das nicht ganz nach Philosophie? (Cicero versucht, sich damit zu rechtfertigen.)

(H. Kasten)

vgl. HIERONYMUS, EPISTULAE 127, 8 (22, 1092 Migne):

... te numquam ab illo *ne transversum quidem unguem,* ut dicitur, recessisse.

1495 **Ne unum quidem pilum boni viri habet.**
An ihm ist kein gutes Haar.

CICERO, PRO Q. ROSCIO COMOEDO 20

Qui idcirco capite et superciliis semper est rasis,
ne ullum pilum boni viri habere dicatur.

Er zeigt sich deshalb stets mit Glatze und rasierten Brauen, damit es nicht heißen kann, es sei auch nur ein Haar eines anständigen Menschen an ihm.

(M. Fuhrmann)

1496 **Ne verba pro farina!**
Nicht Worte statt Mehl!

HW 16161 a

ERASMUS, ADAGIA 2, 6, 16

1497 **ne vitiosa quidem nuce emere**
nicht einmal für eine taube Nuß kaufen

PLAUTUS, MILES GLORIOSUS 316

PA. Iuben tibi oculos exfodiri, quibus id, quod nusquamst, vides?
SC. Quid, nusquam? PA. *Non ego* tuam *empsim* vitam *vitiosa nuce.*
SC. Quid negotist?

PALAESTRIO: Geh, laß dir gleich
Die Augen aus dem Kopfe stechen, die da sehen,
Was nirgends ist. SCELEDRUS: Was heißt ‹nirgends›?
PALAESTRIO: Keine taube Nuß
Gäb ich mehr für dein Leben. SCELEDRUS: Wieso?...

(W. Binder – W. Ludwig)

ERASMUS, ADAGIA 1, 8, 8 (Vitiosa nuce non emam.); vgl. 4, 10, 63 (Cyatho non emam.)

1498 **Nihil a deo vacat; opus suum ipse implet.**
Nichts ist leer von Gott; er selbst füllt sein Werk.

SENECA, DE BENEFICIIS 4, 8, 2

Quocumque te flexeris, ibi illum videbis occurrentem tibi; *nihil ab illo vacat,* opus suum ipse implet.

Wohin immer du dich wendest, dort wirst du ihn* sehen, wie er dir entgegenkommt; nichts ist frei von ihm, er selbst ist ganz in seinem Werk anwesend. (*sc. Gott)

(M. Rosenbach)

1499 **Nihil ad rem.**
Tut nichts zur Sache.

CICERO, TUSCULANAE DISPUTATIONES 5, 63

ERASMUS, ADAGIA 3, 10, 33

1500 **Nihil agendo homines male agere discunt.**
Durch Nichtstun lernen die Menschen, sich übel aufzuführen.
(vgl.: Müßiggang ist aller Laster Anfang.)

CATO, fr., zitiert bei COLUMELLA, DE RE RUSTICA 11, 1, 26

Nam illud verum est M. Catonis oraculum: *'Nihil agendo homines male agere discunt.'*

Denn wahr ist das Orakel des Marcus Cato: «Durch Nichtstun lernen die Menschen übeltun.»

(W. Richter)

HW 16627b; 38730a1 (*om.* homines;... discimus.)

1501 **Nihil agere delectat.**
Nichtstun macht Spaß.

Cicero, De oratore 2, 24

In qua permaneo, Catule, sententia meque, cum huc veni, hoc ipsum *nihil agere* et plane cessare *delectat*.

Auf diesem Standpunkt*, Catulus, beharre ich, und immer, wenn ich hierher komme, finde ich gerade daran Freude, nichts zu tun und richtig auszuspannen. (*Standpunkt: Ich halte einen für nicht frei, der nicht auch einmal gar nichts tut.)

(H. Merklin)

Erasmus, Adagia 3, 6, 66 (nihil agere)

1502 **Nihil aliud necessarium, ut sis miser, quam ut te miserum credas.**
Um unglücklich zu sein, ist allein nötig, sich unglücklich zu fühlen.

1503 **Nihil carius constat, quam quod beneficiis emitur.**
Nichts kommt teurer zu stehen, als was man mit Wohltaten erkauft.

HW 16681 a (*var.*: ... precibus emitur.)

1504 **Nihil eripit Fortuna, nisi quod dedit.**
Nichts entreißt das Glück, was es nicht zuvor gegeben hätte.

Seneca, De constantia sapientis 5

Et *nihil eripit fortuna, nisi quod dedit;*
virtutem autem non dat, ideo nec detrahit.

Und das Schicksal kann nur nehmen, was er schenkte.
Doch sittliche Vollkommenheit schenkt es nicht, also nimmt es sie nicht weg.

(G. Fink)

HW 16702 a (... quod et ...); 38747 a

1505 **Nihil est ab omni parte beatum.**
Nichts ist in jeder Hinsicht beglückt.

Horaz, Carmina 2, 16, 27f.

Laetus in praesens animus, quod ultra est,
oderit curare et amara lento
temperet risu: *nihil est ab omni*
parte beatum ...

Frohen Sinns das Heute genießend, laß das
Morgen sein und mildere ruhig lächelnd,
Was dich schmerzt; vollkommen Beglücktes findet
Nie sich auf Erden.

(Kayser – Nordenflycht – Burger – Färber)

HW 16631; 38748

Erasmus, Adagia 3, 1, 87

1506 **Nihil est annis velocius.**
Nichts ist schneller als die Jahre.

OVID, METAMORPHOSES 10, 520

Labitur occulte fallitque volatilis aetas,
et *nihil est annis velocius.*

Heimlich entgleitet die flüchtige Zeit in dringender Eile,
und nichts Schnelleres ist als die Jahre.

(E. Rösch)

HW 16632

1507 **Nihil est, quod deus efficere non possit.**
Es gibt nichts, was Gott nicht bewirken könnte.
(vgl.: Bei Gott ist kein Ding unmöglich.)

CICERO, DE NATURA DEORUM 3, 92

Vos enim ipsi dicere soletis *nihil esse, quod deus efficere non possit.*

Denn ihr selbst behauptet ja immer, es gebe nichts, was die Gottheit nicht zuwege bringen könnte.

(W. Gerlach – K. Bayer)

HW 16637c; 38754c

1508 **Nihil est, quod non arte curaque, si non potest vinci, mitigetur.**
Es gibt nichts, was sich nicht durch Kunstfertigkeit und Fleiß wenn nicht aus der Welt schaffen, so doch mildern ließe.

(H. Kasten)

PLINIUS MINOR, EPISTULAE 8, 4, 4 K.

1509 **Nihil est, quod non expugnet pertinax opera et intenta ac diligens cura.**
Es gibt nichts, was beharrliche Mühe und angespannte, umsichtige Sorge nicht überwinden könnte.

(nach M. Rosenbach)

SENECA, EPISTULAE MORALES 50, 6

1510 **Nihil est tam miserabile quam ex beato miser.**
Nichts ist so erbarmungswürdig wie einer, der aus einem Glücklichen zu einem Elenden wurde.

CICERO, PARTITIONES ORATORIAE 57

Nihil est enim tam ...

(K. u. G. Bayer)

1511 **Nihil est veritatis luce dulcius.**
Nichts ist süßer als das Licht der Wahrheit.

CICERO, LIBRI ACADEMICI PRIORES 2, 31

1512 **Nihil est virtute amabilius.**
Es gibt nichts Liebenswerteres als die Tugend.

CICERO, DE AMICITIA 28

(M. Faltner)

HW 38758 (... fructuosius.)

1513 **Nihil ex nihilo exsistere vera sententia est.**
Es ist ein wahrer Spruch, daß aus Nichts nichts entsteht.

BOETHIUS, CONSOLATIO PHILOSOPHIAE 5, 1 p.

Nam *nihil ex nihilo exsistere vera sententia est,* cui nemo umquam veterum refragratus est, quamquam id illi non de operante principio, sed de materiali subiecto hoc omnium de natura rationum quoddam iecerint fundamentum.

Denn daß nichts aus nichts entstehen kann, ist ein wahrer Satz und gewissermaßen das Fundament aller Theorien über die Natur; keiner von den Alten hat ihn jemals bestritten, obschon jene nicht von dem wirkenden Prinzip, sondern von dem materialen Substrat ausgegangen sind.

(E. Gegenschatz – O. Gigon)

1514 **Nihil habenti nihil deest.**
Wer nichts hat, dem fehlt nichts.

HW 16641

1515 **Nihil homini amico est opportuno amicius.**
Nichts ist für einen Menschen erfreulicher als ein Freund zur rechten Zeit.

PLAUTUS, EPIDICUS 425

PE. *Nil homini amicost opportuno amicius:*
sine tuo labore, quod velis, actumst tamen.

PERIPHANES: Nichts auf der Welt ist so willkommen wie ein Freund,
Der zu gelegener Zeit erscheint. Du brauchst dich nicht
Selbst abzumühen, und dennoch wird dein Wunsch erfüllt.

(W. Binder – W. Ludwig)

HW 16642; 38761 c

ERASMUS, ADAGIA 4, 1, 75

1516 **Nihil honestum esse potest, quod iustitia vacat.**
Nichts kann ehrenhaft sein, was der Gerechtigkeit entbehrt.

CICERO, DE OFFICIIS 1, 62

Quocirca nemo, qui fortitudinis gloriam consecutus est insidiis et malitia, laudem est adeptus: *nihil honestum esse potest, quod iustitia vacat.*

Darum hat niemand, der den Ruhm der Tapferkeit mit Hinterlist und Schlechtigkeit erreicht hat, Lob erlangt: nichts kann ehrenvoll sein, was ohne Gerechtigkeit ist.

(K. Büchner)

1517 **Nihil interit.**
Nichts geht unter.

OVID, METAMORPHOSES 15, 165

Omnia mutantur, *nihil interit.*

Alles wandelt sich, nichts vergeht.

(E. Rösch)

1518 **Nihil in vulgo modicum; terrere, ni paveant; ubi pertimuerit, inpune contemni.**
Die Menge kenne keinerlei Mäßigung; sie verbreite Schrecken, wenn sie nicht vor Angst bebe; sei sie einmal in Furcht geraten, so könne man sie ungestraft mißachten.

(E. Heller)

TACITUS, ANNALES 1, 29, 3

1519 **Nihil lacrima citius arescit.**
Nichts trocknet rascher als eine Träne.

CICERO, PARTITIONES ORATORIAE 57

K. und G. Bayer

1520 **Nihil natura portionibus parit.**
Die Natur erzeugt nichts stückweise.

PLINIUS MAIOR, NATURALIS HISTORIA 17, 177

(R. König)

1521 **Nihil novi sub sole.**
(Es gibt) nichts Neues unter der Sonne.

nach ECCLESIASTES 1, 9f.

Καὶ οὐκ ἔστι πᾶν πρόσφατον ὑπὸ τὸν ἥλιον.
(Kaì uk ésti pân prósphaton hypò tòn hélion.)

1522 **Nihilo sepse plus quam alterum diligat.**
Um nichts schätze er sich höher als den andern!

CICERO, DE LEGIBUS 1, 34

... sit autem necessarium, uti *nihilo* ...

... aber unausweichlich ist, daß er* sich selbst ... (* der Weise)

(R. Nickel)

1523 **nihil praeter suum negotium agere**
ausschließlich sein eigenes Geschäft betreiben

CICERO, DE OFFICIIS 1, 125

Peregrini autem atque incolae officium est *nihil praeter suum negotium agere,* nihil de alio anquirere minimeque esse in aliena re publica curiosum.

Des Auswärtigen und Fremden Pflicht aber ist es, nichts außer seinem Geschäft zu treiben, nicht dem anderen nachzuspüren und sich im fremden Gemeinwesen so wenig wie möglich um alles zu kümmern.

(K. Büchner)

1524 **Nihil probat, qui nimium probat.**
Nichts beweist der, wer zuviel beweist.

D. Liebs, Q 59 (... nimis ...)

1525 **Nihil, quod ad ultimum sui perventurum est finem, non et mature et celeriter incipit.**
Nichts, was zu seinem letzten Ziel gelangen will, beginnt nicht auch frühzeitig und rasch.

VALERIUS MAXIMUS, FACTA AC DICTA MEMORABILIA 8, 7 ext. 2

1526 **Nihil, quo stat loco, stabit, omnia sternet abducetque secum vetustas.**
Nichts wird da stehen bleiben, wo es jetzt steht, alles wird das Alter niederstürzen und mit sich fortreißen.

SENECA, AD MARCIAM DE CONSOLATIONE 26, 6

1527 **Nihil scire est vita iucundissima.**
Nichts wissen ist das angenehmste Leben.

HW 16651d

vgl. ERASMUS, ADAGIA 2, 10, 81 (In nihilo sapiendo iucundissima vita.)

1528 **Nihil sciri potest, ne id ipsum quidem.**
Man kann nichts wissen, ja nicht einmal das.

1529 **Nihil se scire dicit nisi id ipsum.**
Er sagt, er wisse nichts außer diesem Umstand.
(Eine der Grundthesen des Sokrates, mit der er seine Gesprächspartner in Verlegenheit brachte.)

CICERO, ACADEMICI LIBRI POSTERIORES 1, 16

Hic in omnibus fere sermonibus, qui ab iis, qui illum audierunt, perscripti varie et copiose sunt, ita disputat, ut nihil affirmet ipse, refellat alios: *nihil se scire dicat nisi id ipsum.*

Dieser* diskutiert in fast allen Gesprächen, die von den Ohrenzeugen in verschiedener Weise und Ausführlichkeit aufgezeichnet wurden, in der Weise, daß er nichts selbst behauptet, sondern nur andere widerlegt; daß er erklärt, er wisse nichts, außer eben, daß er nichts wisse. (*Sokrates)

1530 **Nihil tam difficile est, quin quaerendo investigari possit.**
Nichts ist so schwierig, daß man es durch Suchen nicht herausbringen könnte.

TERENZ, HEAUTONTIMORUMENOS 675

SY. Quid agam? Aut quid comminiscar? Ratio de integro ineundast mihi.
Nil tam difficilest, quin quaerendo investigari possiet.
Quid, si hoc nunc sic incipiam? Nil est. Quid, sic? Tantundem egero...

SYRUS: Was sinn ich aus? Ich muß den Plan von neuem schmieden. Ist
Doch nichts so schwierig, daß es nicht durch Suchen auszugrübeln sei.
Wie? Wenn ich's so nun mache? – Nein! – Nicht besser ist's.

(J. J. C. Donner)

HW 38790a; vgl. 16654 (... inquirendo...)

1531 **Nihil tam fixum est, quod non expugnari pecunia possit.**
Nichts ist so befestigt, daß es nicht mit Geld eingenommen werden könnte.

CICERO, IN C. VERREM I 4

Nihil esse *tam* sanctum, quod non violari, nihil tam munitum, *quod non expugnari pecunia possit.*

(Er äußert immer wieder...) nichts sei so heilig, was Geld nicht zu entweihen, nichts so fest verschanzt, was es nicht zu erobern vermöge.

(M. Fuhrmann)

HW 16651c (... munitum, quod...); vgl. 38790c

1532 **Nihil tam populare quam bonitas.**
Nichts ist so beliebt im Volk wie Güte.

CICERO, ORATIO PRO Q. LIGARIO 37; zitiert bei QUINTILIAN, INSTITUTIO ORATORIA 8, 5, 3

Antiquissimae sunt, quae proprie... sententiae vocantur, quas Graeci γνώμας (gnómas) appellant: utrumque autem nomen ex eo acceperunt, quod similes sunt consiliis aut decretis. est autem haec vox universalis, quae etiam citra complexum causae possit esse laudabilis, ut '*nihil est tam*...'.

Die ältesten sind die, die im eigentlichen Sinn «Sentenzen» heißen..., die bei den Griechen sogenannten gnômai (Sinnsprüche). In beiden Sprachen haben sie ihre Namen deshalb, weil sie Ratschlägen oder allgemeinen Bestimmungen ähnlich sind. Eine Sentenz aber ist ein allgemeiner Satz, der auch unabhängig vom Zusammenhang eines Falles Anerkennung finden kann..., so etwa «nichts ist so beliebt...».

(H. Rahn)

1533 **nil admirari**
nichts anstaunen

HORAZ, EPISTULAE 1, 6, 1f.

Nil admirari prope res est una, Numici,
solaque, quae possit facere et servare beatum.

Nichts anstaunen: nur dies im Grunde, dies allein, Numicius,
kann Menschen glücklich machen und erhalten.

(W. Schöne – H. Färber)

HW 16666

1534 **nil conscire sibi, nulla pallescere culpa**
sich nichts zuschulden kommen lassen, vor keiner Schuld erblassen müssen

HORAZ, EPISTUALE 1, 1, 61

At pueri ludentes 'rex eris' aiunt,
si recte facies. Hic murus aeneus esto:
nil conscire sibi, nulla pallescere culpa.

Wie anders sagen schon die Knaben beim Spiele: «König wird, wer's recht macht!»
Ja, das sei die eherne Schutzwehr: Gewissensreinheit, vor keiner Schuld zu erblassen

(W. Schöne – H. Färber)

HW 38801

1535 **Nil est dictu facilius.**
Nichts läßt sich leichter sagen.
(vgl.: leicht gesagt!)

TERENZ, PHORMIO 300

GE. Non ratio, verum argentum deerat. DE. Sumeret
alicunde. GE. Alicunde? *Nil est dictu facilius.*
DE. Postremo, si nullo alio pacto, faenore.
GE. Hui, dixti pulchre!

GETA: Es fehlte nicht
An einem Grunde, nur am Geld. DEMIPHO: Er hätte das
Ja borgen können. GETA: Borgen! Das ist leicht gesagt.
DEMIPHO: Am Ende, wenn's nicht anders ging, auf Zinsen. GETA: Ah!
Vortrefflich!...

(J. J. C. Donner)

1536 **Nil feret ad manes divitis umbra suos.**
Nimmt der Reiche doch nichts mit zu den Schatten hinab.

(N. Holzberg)

OVID, TRISTIA 5, 14, 12

HW 16719

1537 **Nil homini certum est.**
Nichts ist dem Menschen sicher.

OVID, TRISTIA 5, 5 (6), 27

HW 16728b

1538 **Nil mortalibus ardui est.**
Nichts ist für die Menschen zu steil.

HORAZ, CARMINA 1, 3, 37

Nil mortalibus ardui est:
caelum ipsum petimus stultitia neque
per nostrum patimur scelus
iracunda Iovem ponere fulmina.

Nichts dünkt Sterblichen allzu hoch:
Auf den Himmel im Wahn stürmen wir frevelnd ein!
Einzig will es nur unsre Schuld,
Wenn der zürnende Gott strafende Blitze zuckt.

(Kayser – Nordenflycht – Burger – Färber)

HW 16770; 38812h1

1539 **Nil nimis!**
Nichts im Übermaß!

TERENZ, HEAUTONTIMORUMENOS 519

SY. Sed te miror, Chremes,
tam mane, qui heri tantum biberis. CH. *Nil nimis.*
SY. 'Nil' narras? Visa verost, quod dici solet,
aquilae senectus. CH. Heia.

SYRUS: Doch bewundere ich dich.
So früh? Und trankst doch gestern so! CHREMES: Nichts übers Maß.
SYRUS: Nichts, sagst du? Bist du wahrlich doch, dem Spruche nach,
Jung wie ein Adler. CHREMES: Ei ja!

vgl. HW 38813 (Nil nimium! satis hoc, ne sit et hoc nimium.)

1540 **Nil prodest, quod non laedere possit idem.**
Nichts ist nützlich, ohne gleichzeitig auch schaden zu können.

OVID, TRISTIA 2, 266

Non tamen idcirco crimen liber omnis habebit:
nil prodest, quod non laedere possit idem.
Igne quid utilius? Si quis tamen urere tecta
comparat, audaces instruit igne manus.

Aber die Schuld daran wird nicht stets beim Buche nur liegen:
nichts ist von Nutzen, was nicht schädigen könnte zugleich.
Was nützt mehr als das Feuer? Doch wer's unternähme, die Häuser
anzuzünden, der treibt Frevel mit Feuers Gewalt.

(H. Willige)

HW 16817; 38817b1

1541 **Nil sine magno vita labore dedit mortalibus.**
Nichts hat das Leben den Sterblichen ohne große Mühe gegeben.

Horaz, Sermones 1, 9, 59f.

Haud mihi dero:
muneribus servos corrumpam; non, hodie si
exclusus fuero, desistam; tempora quaeram,
occurram in triviis, deducam. *Nil sine magno
vita labore dedit mortalibus.*

An mir wird es nicht fehlen. Geschenke sollen seine* Dienerschaft gefügig machen. Weist er mich heute ab, so komm' ich morgen wieder, Stunden und Stimmungen will ich erkunden, auf der Straße ihm meinen Gruß darbringen, meine Begleitung anbieten. Was dir im Leben soll gelingen, mit vielem Schweiß mußt du's erringen. (*des Maecenas)

(W. Schöne – H. Färber)

HW 16845; 38818g2b

1542 **Nil supra!**
Nichts darüber!

Terenz, Andria 120

1543 **Nil tam difficile est, quod non sollertia vincat.**
Nichts ist so schwierig, daß Geschicklichkeit es nicht überwinden könnte.

vgl. Terenz, Heautontimorumenos 675

Nil tam difficilest, quin quaerendo investigari possiet.

Ist doch nichts so schwierig, daß es nicht durch Suchen auszugrübeln sei.

(J. J. C. Donner)

HW 16859

1544 **Nil terra pectore ingrato peius alit.**
Die Erde nährt nichts Schlechteres als ein undankbares Herz.

HW 16867 (... ingrato pectore ...); vgl. 38819d1

1545 **Nil volenti difficile.**
Dem, der da will, ist nichts schwierig.

HW 16924a

vgl. Cicero, Orator 33: *Nihil difficile* amanti puto.

1546 **Nimia familiaritas parit contemptum.**
Allzu große Vertraulichkeit führt zu Verachtung.

Augustinus, Scala paradisi 8 (40, 1001 Migne)

Vulgare proverbium est, quod *nimia familiaritas parit contemptum.*

HW 16925b (... contemptus.); 38823c

1547 **Nimias delicias facit.**
Er übertreibt die Feinheiten.

PLAUTUS, CASINA 528

LY. Fac habeant linguam tuae aedes. AL. Quid ita? LY. Quom veniam, vocent.
AL. Attatae, caedundus tu homo's: *nimias delicias facis.*
LY. Quid me amare refert, nisi sim doctus ac dicaculus?

LYSIDAMUS: Mach, daß dein Haus auch eine Zunge krieg. ALCESIMUS: Warum?
LYSIDAMUS: Mich einzuladen, wenn ich wiederkomm. ALCESIMUS: Haha!
Was du doch für ein Kerlchen bist; man sollte dir
Die Rute geben; dir ist wirklich gar zu wohl.
LYSIDAMUS: Wozu bin ich verliebt, wenn ich nicht schlau und witzig bin!

(W. Binder – W. Ludwig)

1548 **Nimium altercando veritas amittitur.**
Durch allzu vieles Streiten verliert man die Wahrheit aus dem Blick.

PUBLILIUS SYRUS N 40

HW 16933; 38826h

1549 **Nisi caste, saltem caute!**
Wenn schon nicht keusch, so doch wenigstens vorsichtig!

HW 16940a

1550 **Nitimur in vetitum semper cupimusque negata.**
Wir streben immer nach dem Verbotenen und begehren Versagtes.

OVID, AMORES 3, 4, 17; vgl. 2, 19, 3

Nitimur in vetitum semper cupimusque negata;
Sic interdictis inminet aeger aquis.
Centum fronte oculos, centum cervice gerebat
Argus, et hos unus saepe fefellit Amor.

Ständig drängen wir hin zum Verbotenen, wünschen Versagtes;
So ist der Kranke voll Gier nach dem verweigerten Trank.
Hundert Augen von vorn und hundert hatte im Rücken
Argus, und Amor, allein, hat sie so häufig getäuscht.

(W. Marg – R. Harder)

HW 16956; 38831 e1

1551 **N. N.**
(Abk. für Numerius Negidius, den Formularname des zahlungsunwilligen Beklagten)

z. B. GAIUS, INSTITUTIONUM COMMENTARII 4, 40:

Quod Aulus Agerius Numerio Negidio hominem vendidit...

Daß A. A. dem N. N. einen Sklaven verkauft hat...

1552 **Nobile vindictae genus est ignoscere victo.**
Eine edle Art der Rache besteht darin, dem Besiegten zu verzeihen.

HW 16975f:

Nobile vindictae genus est ignoscere victo:
si veniam dederis, iam satis ultus eris.

Vornehme Art sich zu rächen ist, dem Besiegten zu verzeihen:
Wenn du Verzeihung gewährst, hast du genug dich gerächt.

HW 38833a1

1553 **Nobilis equus umbra quoque virgae regitur.**
Ein edles Pferd läßt sich schon durch den Schatten der Reitgerte lenken.

Curtius Rufus, Historia Alexandri Magni 7, 4, 18

Consilium habes fidele, quod diutius exequi supervacuum est. *Nobilis equus umbra quoque virgae regitur,* ignavus ne calcari quidem concitari potest.

Mein Vorschlag ist ehrlich; ihn weiter auszuführen erübrigt sich. Ein edles Pferd wird schon vom bloßen Schatten der Gerte regiert – ein feiges läßt sich nicht einmal vom Sporn antreiben!

(K. Müller – H. Schönfeld)

HW 16985; 38835 (*om.* quoque)

1554 **Nocere facile est, prodesse difficile.**
Schaden ist leicht, nützen schwierig.

Quintilian, Institutio oratoria 8, 5, 6, zitiert Ovid, Medea, fr. 1 Lenz

... et translatione a communi ad proprium. Nam cum sit rectum *'nocere facile est, prodesse difficile',* vehementius apud Ovidium Medea dicit:
servare potui: perdere an possim, rogas?

... teils durch Übertragung vom Allgemeinen auf den Einzelfall; denn während die direkte Feststellung lauten könnte: ‹das Schaden ist leicht, das Nützen schwer›, sagt Medea bei Ovid mit heftigem Schwung:
‹Ihn retten konnt' ich – ihn vernichten könnt' ich nicht?›

(H. Rahn)

HW 38840g1

1555 **Nocet empta dolore voluptas.**
Es schadet ein Vergnügen, das mit Schmerz erkauft wurde.

Horaz, Epistulae 1, 2, 55

Sperne voluptates: *nocet empta dolore voluptas.*
Semper avarus eget: certum voto pete finem.

Meide die Lüste: die Lust schafft Leid, und Schmerz ist ihr Preis.
Habsucht fühlt immer ein Darben: ein Ziel muß dir den Wunsch begrenzen.

(W. Schöne – H. Färber)

HW 17051; 38841b

1556 **Noctuas Athenas.**
Eulen nach Athen tragen

nach ARISTOPHANES, AVES 301:

Τίς γλαῦκ' 'Αθήναζ' ἤγαγεν; (Tís glaûk' Athénaz' égagen?)

vgl. CICERO, AD FAMILIARES 6, 2, (3), 4 K.:
Sed haec consolatio levis est; illa gravior, qua te uti spero, ego certe utor; nec enim, dum ero, angar ulla re, cum omni vacem culpa, et, si non ero, sensu omni carebo. Sed rursus γλαῦκ' 'Αθήναζε (glaûk' Athénaze), qui ad te haec.

Aber das ist, wie gesagt, ein schwacher Trost; wirksamer der andre, den Du hoffentlich und ich auf jeden Fall anwende: solange ich lebe, habe ich nichts zu fürchten, denn ich fühle mich frei von jeder Schuld; und wenn ich nicht mehr bin, fühle ich überhaupt nichts mehr. Aber das brauch ich Dir nicht zu sagen; schon wieder «Eulen nach Athen!». *(an A. Manlius Torquatus im Januar 45 v. Chr.)*

(H. Kasten)

HW 38844a1; vgl. 17080a (Noctuas Athenas portat.)

1557 **Nodum in scirpo quaeris.**
Du suchst den Knoten in der Binse.
(d. h.: Du machst dir unnötige Mühe.)

PLAUTUS, MENAECHMI 247

ME. *In scirpo nodum quaeris.* Quin nos hinc domum
redimus, nisi si historiam scripturi sumus?

MESSENIO: Du suchst da Knoten in der Binse. Laß uns heim;
Es sei, du hättest es auf eine Reiseschilderung abgesehen.

(W. Binder – W. Ludwig)

s. auch TERENZ, ANDRIA 941

ENNIUS, SATURAE (fr. incert. 70), zitiert bei FESTUS, p. 490, 11 Th.: *Quaerunt in scirpo* soliti quod dicere *nodum.*

HW 17081a

ERASMUS, ADAGIA 2, 4, 76

1558 **Nodus malus cuneumque postulat malum.**
Ein grober Klotz verlangt auch nach einem groben Keil.

HW 38844d

1559 **nolens volens**
nicht wollend wollend
(d. h.: schließlich doch, wohl oder übel)

vgl. CICERO, DE NATURA DEORUM 1, 17

Tu autem nolo existimes me adiutorem huic venisse, sed auditorem, et quidem aecum, libero iudicio, nulla eiusmodi adstrictum necessitate, ut mihi *velim nolim* sit certa quaedem tuenda sententia.

Du aber glaube nicht, daß ich als Beistand für ihn gekommen bin, sondern ich will nur zuhören, und zwar unparteiisch, denn mein Urteil ist frei, und ich bin in keiner Weise gezwungen, eine bestimmte Ansicht wohl oder übel zu verteidigen.

(W. Gerlach – K. Bayer)

s. auch PETRON, SATYRICA 71, 11:

... ut, quisquis horas inspiciat, *velit nolit,* nomen meum legat.

... damit jeder, der nach der Zeit sieht, er mag wollen oder nicht, meinen Namen liest.

(K. Müller – W. Ehlers)

SENECA, EPISTULAE MORALES 53, 3 (vellet nollet.)

HW 17084a; 38845a (... senecta saltat ebria.)

ERASMUS, ADAGIA 1, 3, 45

1560 **Noli barbam vellere mortuo leoni!**
Zupf einen toten Löwen nicht am Bart!

MARTIAL, EPIGRAMMATA 10, 90, 9f.

HW 17086a

1561 **Noli curare aliena negotia!**
Kümmere dich nicht um fremde Geschäfte!

1562 **Noli equi dentes inspicere donati!**
Schau die Zähne eines geschenkten Pferdes nicht an!
(vgl.: Einem geschenkten Gaul schaut man nicht ins Maul.)

HIERONYMUS, COMM. IN EPHES., praef. (26, 469 A Migne)

Noli, ut vulgare proverbium est, *equi dentes inspicere donati!*

Schau nicht – wie es im Sprichwort heißt – dem geschenkten Gaul ins Maul!

HW 38848

1563 **Nolim esse, quo is est, loco.**
Ich möchte nicht an seiner Stelle stehen.
(vgl.: Ich möchte nicht in seiner Haut stecken.)

1564 **Noli me tangere!**
Rühr mich nicht an!

JOHANNES 20, 17

1565 Noli turbare circulos meos!
Störe meine Kreise nicht!

(Archimedes bei der Eroberung von Syrakus durch die Römer 212 v. Chr.)

nach Valerius Maximus, Facta ac dicta memorabilia 8, 7, ext. 7
Noli, inquit, obsecro istum *disturbare*: ac perinde quasi negligens imperii victoris obtruncatur et sanguine suo artis suae lineamenta confudit.

Ich bitte dich, sagte er, störe mir diesen (Glasstaub, in den ich meine Figuren gezeichnet habe) nicht; und so wird er, als habe er sich um einen Befehl des Siegers nicht gekümmert, niedergestoßen, und er löschte mit seinem Blute die Linien seiner wissenschaftlichen Arbeit aus.

s. auch Livius, Ab urbe condita 25, 31, 10

1566 Nolumus in scirpo, quo non est, quaerere nodum.
Wir wollen nicht in der Binse, wo keiner ist, den Knoten suchen.

Alanus Ab Insulis (1125/30–1203), Liber Parabolorum III (210, 428B Migne)

HW 17158; vgl. 17081a

Erasmus, Adagia 2, 4, 76 (Nodum in scirpo quaeris.)

1567 Nomen atque omen.
Name und Vorbedeutung

Plautus, Persa 625

Do. Quid nomen tibist?
To. Nunc metuo, ne peccet. Vi. Lucridei nomen in patria fuit.
To. *Nomen atque omen* quantivis iamst preti: quin tu hanc emis?

Dordalus: Wie nennst du dich?
Toxilus: Wenn sie nur jetzt nicht einen Fehler macht!
Mädchen: Lucris, ‹Profit›, das war daheim mein Name.
Toxilus: Name wie Bedeutung ist schon etwas wert. Die kaufst du doch?

(W. Binder – W. Ludwig)

HW 17164 (Nomen et omen habet.)

1568 Nomina sunt odiosa.
Namen sind verhaßt.
(d. h.: Es ist oft schon schlimm, Namen zu nennen.)

vgl. Ovid, Heroides 13, 54; vgl. Cicero, Pro Sex. Roscio Amerino 47

Nomina sunt ipso paene timenda sono.

(Ida und Ilion sind und Tenedos, Simois, Xanthos)
Namen alle für mich fürchterlich schon durch den Klang.
(Laodamia schreibt an Protesilaus)

(H. Naumann)

HW 17171

1569 **Non Archimedes posset melius describere.**
Kein Archimedes hätte das besser berechnen können.
(Archimedes galt als großer Mathematiker und als Erfinder von Maschinen.)

CICERO, PRO A. CLUENTIO HABITO 87

Si, ut tu dicis, gratiae conciliandae causa, quadraginta istorum accessio milium quid valet? Sin, ut nos dicimus, ut quadragena milia nummum sedecim iudicibus darentur, *non Archimedes melius potuit describere.*

(Ich sage, 16 Richter mußte man bestechen, um den Freispruch des Oppianicus zu herbeizuführen; 640 000 Sesterzen gelangten an Staienus.) Wenn, wie du behauptest, um Verzeihung zu erwirken: was bedeutet dieser Überschuß von 40 000? Wenn, wie wir behaupten, damit 16 Richtern je 40 000 Sesterzen gezahlt würden, dann hätte auch Archimedes keine bessere Verteilung gefunden.

(M. Fuhrmann)

1570 **Non aurum est, quodcumque nitet, non gemma, quod ardet.**
Nicht immer ist es Gold, was glänzt, und nicht immer ein Edelstein, was da funkelt.

HW 17266; 38861 a

1571 **Non avis aucupibus monstrat, qua parte petatur.**
Nicht zeigt der Vogel den Vogelfängern, wie man ihn am besten fängt.

OVID, ARS AMATORIA 3, 669

Non avis aucupibus monstrat, qua parte petatur:
non docet infestos currere cerva canes.

Zeigt doch den Vogelstellern der Vogel nicht, wo man am besten
Fallen stellt; nicht lehrt der Hirsch laufen den feindlichen Hund.

(N. Holzberg)

HW 17269

1572 **Non bene vivit homo, quem rerum sollicitudo torquet: et exanimat nocte dieque metus.**
Nicht gut lebt ein Mensch, den die Sorge um seinen Besitz quält: und es drückt ihn bei Nacht und bei Tag diese Furcht.

ALANUS AB INSULIS (1125/30–1203), LIBER PARABOLORUM VI (210, 434B Migne)

HW 17323 (... torpet et examinat...)

1573 **Non capillos liberos habet.**
Er hat mehr Schulden als Haare auf dem Kopf.

PETRON, SATYRICA 38, 12

Non puto illum *capillos liberos habere*, nec mehercules sua culpa; ipso enim homo melior non est; sed liberti scelerati, qui omnia ad se fecerunt.

Ich meine, auch die Haare auf dem Kopf gehören ihm nicht mehr, und weiß Gott ohne seine Schuld; denn er selbst ist eine Seele von Mensch – aber diese Spitzbuben von Freigelassenen, die alles auf die Seite geschafft haben!

(K. Müller – W. Ehlers)

1574 **Non caret is, qui non desiderat.**
Wer nichts vermißt, dem fehlt auch nichts.

CICERO, DE SENECTUTE 47 (quamquam *non* ...)

1575 **Non cuivis homini contingit adire Corinthum.**
Nicht jedem Mensch wird das Glück zuteil, Korinth sehen zu dürfen.
(Korinth hatte in römischer Zeit nicht gerade den besten Ruf.)

HORAZ, EPISTULAE 1, 17, 36

Non cuivis homini contingit adire Corinthum.
Sedit, qui timuit, ne non succederet. Esto.
Quid? Qui pervenit, fecitne viriliter?

«Nicht jedem, der reist, gelingt es, Korinth zu erreichen.» Mancher hält sich zurück aus Angst vor Mißerfolg. «Das mag er tun; aber nicht wahr, der andre, der ans Ziel kam, hat doch Mannhaftes geleistet?»

(W. Schöne – H. Färber)

GELLIUS, NOCTES ATTICAE 1, 8, 4

Οὐ παντὸς ἀνδρὸς ἐς Κόρινθόν ἐσθ' ὁ πλοῦς.
(Uk pantòs andròs es Kórinthón esth' ho plûs.)

HW 17421; 38864f

ERASMUS, ADAGIA 1, 4, 1 (Non est cuiuslibet Corinthum appellere.)

1576 **Nondum clivum exsuperavimus.**
Wir haben den Gipfel noch nicht bezwungen.
(vgl.: Wir sind noch nicht überm Berg.)

vgl. SENECA, EPISTULAE MORALES 31, 4

Tanto melior, surge et inspira et *clivum* istum uno, si potes, spiritu *exsupera!* Generosos animos labor nutrit.

Auf! Immer besser! Mutig hinauf! Nehmt die Höhe, wenn's geht, in einem Atem! Für edle Seelen ist die Arbeit Nahrung!

(E. Glaser-Gerhard)

1577 **Nondum meridies.**
Es ist noch nicht Mittag.

1578 **Nondum omnium dierum sol occidit.**
Noch ist nicht die Sonne aller Tage untergegangen.
(vgl.: Noch ist nicht aller Tage Abend.)

LIVIUS, AB URBE CONDITA 39, 26, 9

Elatus deinde ira adiecit, *nondum omnium dierum solem occidisse.*

Er* ließ sich dann vom Zorn hinreißen und sagte, es sei noch nicht aller Tage Abend.
(*Philipp von Makedonien, 185 v. Chr.)

(H. J. Hillen)

HW 18735b; 39020

1579 **Nondum perrupimus omnes difficultates.**
Wir haben noch nicht alle Schwierigkeiten überwunden.
(vgl.: Wir sind noch nicht überm Berg.)

vgl. PLINIUS, NATURALIS HISTORIA 8, 86 (... perrumpit omnes difficultates.)

1580 **Non enim diligitur nisi cognitum.**
Denn man liebt nichts, ehe man es erkannt hat.

AUGUSTINUS, DE TRINITATE 10 (42, 951 Migne), zitiert bei THOMAS VON AQUIN, SUMMA THEOLOGIAE 1 q. 60, a.1.

vgl. AUGUSTINUS, DE DIVERSIS QUAESTIONIBUS 35, 2 (40, 24 Migne):

Nullum bonum perfecte noscitur, quod non perfecte amatur.

Es wird kein Gut vollkommen erkannt, das nicht vollkommen geliebt wird.

1581 **Non erat his locus.**
Das war hier nicht am Platze.

HORAZ, DE ARTE POETICA 19

Inceptis gravibus plerumque et magna professis
purpureus, late qui splendeat, unus et alter
adsuitur pannus, cum lucus et ara Dianae
et properantis aquae per amoenos ambitus agros
aut flumen Rhenum aut pluvius describitur arcus;
sed nunc *non erat his locus.*

Oft, wenn der Eingang feierlich das Große, das da kommen soll, verkündigt hat, wird der und jener Purpurstreif als weithin glänzendes Prunkstück angeheftet: geschildert wird Dianas Altar im Waldesgrün oder ein Bächlein, das sich durch liebliche Auen schlängelt, auch wohl der Rheinstrom oder ein Regenbogen. Sehr schön; nur war jetzt nicht der Ort dafür.

(W. Schöne – H. Färber)

1582 **Non est ad astra mollis e terris via.**
Nicht ist der Weg zu den Sternen von der Erde aus bequem.

SENECA, HERCULES FURENS 437

HW 17574; vgl. 38881 (... a terris mollis ad ...)

1583 **Non est beatus, esse qui se non putat.**
Wer sich nicht glücklich dünkt, ist auch nicht glücklich.

PUBLILIUS SYRUS N 61; s. auch SENECA, EPISTULAE MORALES 9, 21

(H. Beckby)

HW 17584 (... esse se qui ...); vgl. 38887a1 (*om.* non *alterum*)

ERASMUS, ADAGIA 4, 5, 4 (... qui se nesciat.)

1584 **Non est consilium in vulgo.**
Die Menge ist ohne Urteil.

CICERO, PRO CN. PLANCIO 9

Non est enim consilium in vulgo, non ratio, non discrimen, non diligentia semperque sapientes ea, quae populus fecisset, ferenda, non semper laudanda duxerunt.

Die Menge ist ohne Überblick, ohne Vernunft, ohne Unterscheidungsvermögen, ohne Umsicht, und die Weisen sagen, man müsse, was das Volk tut, immer hinnehmen, aber nicht immer gutheißen.

(M. Fuhrmann)

1585 **Non est, crede mihi, sapientis dicere: vivam.**
Sera nimis vita est crastina: vive hodie!
Glaub es mir nur: kein Weiser sagt: «Bald lebe ich wirklich.»
Morgen erst leben, zu spät kommt es: so lebe drum heut!

MARTIAL, EPIGRAMMATA 1, 15, 11 f.

(R. Helm)

HW 17608; 38888a3

1586 **Non est de pastu ovium quaestio, sed de lana.**
Es ist hier nicht die Frage gestellt nach der Fütterung der Schafe, sondern nach deren Wolle.

PAPST PIUS II. (Enea Silvio de' Piccolomini 1405–1464; Papst seit 1458)

1587 **Non est de sacco tanta farina tuo.**
So viel Mehl kann nicht aus deinem Sacke stammen.
(vgl.: Er schmückt sich mit fremden Federn.)

HW 38890a1

1588 **Non est in culpa, qui prohibere nequit.**
Der ist ohne Schuld, der sie nicht verhindern kann.

J. ALBINUS, S. 82

1589 **Non est mihi cornea fibra.**
Ich habe kein hürnenes Herz.

PERSIUS, SATURAE 1, 47

Non ego, cum scribo, si forte quid aptius exit –
quando haec rara avis est, si quid tamen aptius exit –
laudari metuam, *neque* enim *mihi cornea fibra est.*

Nicht, wenn ich schreib', und sofern was Tüchtiges dabei herauskommt
– Zwar ein seltener Vogel: doch wenn was Tücht'ges herauskommt –
Scheue ich, daß man mich lob', und hab kein hürnenes Herze.

(O. Seel)

1590 **Non est tuum, fortuna quod fecit tuum.**
Nicht ist dein eigen, was das Glück dir zu eigen gab.

PUBLILIUS SYRUS bei SENECA, EPISTULAE MORALES 8, 10

HW 17723

1591 **Non ex quovis ligno fit Mercurius.**
Nicht aus jedem Holze kann man einen Merkur schnitzen.
(Merkur galt als Gott der Kaufleute, aber auch der Diebe.)

APULEIUS, APOLOGIA 43

Non enim *ex* omni *ligno*, ut Pythagoras dicebat, *Mercurium* exsculpi.

Denn, wie Pythagoras sagte, nicht aus jedem Holze läßt sich ein Merkur schnitzen.

HW 38912

1592 **Non fit sine periculo facinus magnum nec memorabile.**
Ohne Risiko wird keine große und denkwürdige Tat vollbracht.

TERENZ, HEAUTONTIMORUMENOS 314f.

CLIT. O hominis inpudentem audaciam! SY. Heus,
non fit sine periclo facinus magnum nec memorabile.
CLIT. Hoc vide: in mea vita tibi ut laudem is quaesitum, scelus?
Ubi, si paululum modo quid te fugerit, ego perierim.

CLITIPHO: Der unverschämte, freche Mensch! SYRUS: Höre!
Wer nicht wagt, vollbringt kein großes, kein der Rede wertes Werk.
CLITIPHO: Sieh da! Willst dir Ruhm gewinnen, setztest mich, mein Leben dran:
Wenn du hier nur wenig fehlgreifst, Frevler, ist's um mich geschehen!

(J. J. C. Donner)

HW 17797a; 38914e

1593 **Non habet commercium cum virtute voluptas.**
Lust hat mit Tugend nichts gemein.

CICERO, DE SENECTUTE 42

Impedit enim consilium *voluptas*, rationi inimica est, mentis, ut ita dicam, praestringit oculos *nec habet ullum cum virtute commercium.*

Denn die Lust hindert vernünftiges Denken, ist eine Feindin des Verstandes, sie bindet sozusagen dem Geist die Augen zu und hat keinerlei Berührungspunkte mit der Tugend.

(M. Faltner)

1594 **Non hoc de nihilo est.**
Das kommt nicht von nichts.

1595 **Non honor est, sed onus.**
Nicht Ehre ist's, sondern Last.

Ovid, Heroides 9, 31

Non honor est, sed onus species laesura ferentis.

Bürde nur ist, nicht Würde ein Glanz, der schadet den Trägern.

(nach H. Naumann)

HW (17875-) 17877; 38916m1

1596 **Non ignara mali miseris succurrere disco.**
Weil mir Leiden vertraut, lern' ich zu helfen den Armen.

Vergil, Aeneis 1, 630

(J. Götte)

HW 17888a; 38918b1

1597 **Non intellegunt homines, quam magnum vectigal sit parsimonia.**
Die Menschen wollen nicht begreifen, welch großes Einkommen Sparsamkeit bedeutet.

Cicero, Paradoxa Stoicorum 49

1598 **non invita Minerva**
Minerva gab ihren Segen dazu.
(Cicero verweist auf das Zusammentreffen seines Verhandlungserfolgs mit der Wiederaufrichtung eines Minerva-Standbildes.)

Cicero, Ad familiares 12, 24 (25), 1 K.

Eo die non fuit senatus neque postero. Quinquatribus frequenti senatu causam tuam egi *non invita Minerva;* etenim eo ipso die senatus decrevit, ut Minerva nostra, custos urbis, quam turbo deiecerat, restitueretur.

An diesem Tage fand keine Senatssitzung statt und auch nicht am folgenden. Heute, an den Quinquatrus, habe ich Deine Sache in gut besuchter Senatssitzung vorgebracht, und Minerva gab ihren Segen dazu; denn am gleichen Tage beschloß der Senat, meine Minerva, die Hüterin der Stadt, die der Sturm umgeworfen hatte, wieder aufzurichten (19. März 43 v. Chr.)

(H. Kasten)

1599 **Non licet in bello bis peccare.**
Im Kriege darf man nicht zweimal einen Fehler machen.

HW 17969a (... bis in bello ...); 38928

Erasmus, Adagia 3, 1, 31 (... bis in bello ...)

1600 **Non liquet.**
(Abk.: N. L.)
Etwas läßt sich nicht eindeutig entscheiden.

Cicero, Oratio Pro A. Cluentio Habito 76: *non liquere* dixerunt.

1601 **Non me pudet fateri nescire, quod nesciam.**
Ich schäme mich nicht einzugestehen, daß ich nicht weiß, was ich nicht weiß.

CICERO, TUSCULANAE DISPUTATIONES 1, 60

Nescio *nec me pudet,* ut istos, *fateri nescire, quod nesciam.*

Ich weiß es nicht und schäme mich nicht wie jene, es einzugestehen, wo ich etwas nicht weiß.

(O. Gigon)

HW 38938c (..., quidquid...)

1602 **Non meus hic sermo est.**
Das sind nicht meine Worte.

HORAZ, SERMONES 2, 2, 3: Nec *meus hic sermo est.*

1603 **Non minus est dulcis parvo de fonte recepta**
quam quae de magno flumine fertur aqua.
Nicht weniger wohlschmeckend ist aus bescheidner Quelle geholtes
Wasser als das, das man aus einem Strome geholt.

ALANUS AB INSULIS (1125/30–1203), LIBER PARABOLORUM IV (210, 429A Migne)

HW 18045

1604 **Non missura cutem nisi plena cruoris hirudo.**
Der Blutegel will nicht von der Haut lassen, ehe er sich nicht mit Blut vollgesogen hat.

HORAZ, DE ARTE POETICA 476

Certe furit ac velut ursus,
obiectos caveae valuit si frangere clatros,
indoctum doctumque fugat recitator acerbus;
quem vero arripuit, tenet occiditque legendo,
non missura cutem nisi plena cruoris hirudo.

Jedenfalls ist er gestört; und wie der Bär, dem es gelang, die Sperrgitter des Käfigs zu durchbrechen, so scheucht mit ungenießbarem Vortrag der Verseschmied alles Volk, gelehrtes und ungelehrtes, aus dem Wege. Wen er aber packen konnte, den stellt er und bringt ihn um durch Vorlesen: der Blutegel läßt die Haut nicht los, eh' er mit Blut sich vollgesogen.

(W. Schöne – H. Färber)

HW 18059; 38943a1

ERASMUS, ADAGIA 2, 4, 84

1605 Non nobis solum nati sumus.
Wir sind nicht nur für uns allein geboren.

CICERO, DE OFFICIIS 1, 22; zitiert PLATON, EPISTULAE 9.358a2

Sed quoniam, ut praeclare scriptum est a Platone, *non nobis solum nati sumus* ortusque nostri partem patria vindicat, partem amici, atque, ut placet Stoicis, quae in terris gignantur, ad usum hominum omnia creari, homines autem hominum causa esse generatos, ut ipsi inter se aliis alii prodesse possent, in hoc naturam debemus ducem sequi...

Aber da ja, wie von Platon vortrefflich geschrieben wurde, wir nicht nur für uns geboren wurden und einen Teil unserer Existenz das Vaterland beansprucht, einen Teil die Freunde, und, wie es den Stoikern gefällt, alles was auf Erden entstünde, zum Gebrauch der Menschen erschaffen werde, die Menschen aber um der Menschen willen geschaffen seien, daß sie sich selbst untereinander zu nützen vermöchten, die einen denen, die anderen jenen, so müssen wir hierin der Natur als Führerin folgen...

(O. Gigon)

PLATON, EPISTULAE 9.358a2: Ἀλλὰ κἀκεῖνο δεῖ σε ἐνθυμεῖσθαι, ὅτι ἕκαστος ἡμῶν οὐχ αὑτῷ μόνον γέγονεν, ἀλλὰ τῆς γενέσεως ἡμῶν τὸ μέν τι ἡ πατρὶς μερίζεται, τὸ δέ τι...

(Allà kakeîno deî se enthymeîsthai, hóti hékastos hemôn uch hautô mónon gégonen, allà tês genéseos hemôn tò mén ti he patrìs merízetai, tò dé ti...)

HW 18113d (... nascimur, sed et alii partem sibi vindicant.)

1606 Non nostrum tantas componere lites.
Es ist nicht unsere Sache, so schwere Streitigkeiten zu schlichten.

VERGIL, BUCOLICA 3, 108

Non nostrum inter vos *tantas componere lites.*
Et vitula tu dignus et hic et quisquis amores
aut metuet dulcis aut experietur amaros.

Nicht ziemt mir's, den großen Streit unter euch zu entscheiden.
Du hast ein Kalb dir verdient und du – und wer immer die Liebe
fürchtet, wiewohl sie so süß, oder spürt, wie bitter sie mundet.

(J. Götte)

HW 18118a

1607 Non numero haec iudicantur, sed pondere.
Dies wird nicht nach der Zahl, sondern nach dem Gewicht beurteilt.

CICERO, DE OFFICIIS 2, 79

At vero ille, qui accepit iniuriam, et meminit et prae se fert dolorem suum, nec, si plures sunt ii, quibus inprobe datum est, quam illi, quibus iniuste ademptum est, idcirco plus etiam valent. *Non* enim *numero haec iudicantur, sed pondere.*

Aber jener, der Unrecht erfahren hat, denkt daran und zeigt seinen Schmerz offen, und wenn es mehr sind, denen verbrecherisch gegeben, als jene, denen ungerecht genommen wurde, so haben sie deshalb auch nicht mehr Macht. Denn nicht nach der Zahl wird das beurteilt, sondern nach dem Gewicht.

(K. Büchner)

1608 **Non oculi tacuere tui.**
Deine Augen haben nicht geschwiegen.
(d. h.: Man konnte von deinen Augen ablesen, was du denkst.)

OVID, AMORES 2, 5, 17

Multa supercilio vidi vibrante loquentes;
nutibus in vestris pars bona vocis erat.
Non oculi tacuere tui, conscriptaque vino
mensa nec in digitis littera nulla fuit.

Habe gesehn, wie ihr vieles erzählt mit wippender Braue,
Auch euer Nicken enthielt manches beredteste Wort.
Nicht war das Auge dir stumm, und mit Wein war die Platte beschrieben,
Und euch haben auch oft Lettern die Finger geformt.

(W. Marg – R. Harder)

1609 **Non olet.**
Es stinkt nicht.
(sc. das Geld aus einer Klosettsteuer)

nach SUETON, VITA DIVI VESPASIANI 23, 3

Reprehendenti filio Tito, quod etiam urinae vectigal commentus esset, pecuniam ex prima pensione admovit ad nares, sciscitans, num odore offenderetur; et illo negante: 'atquin', inquit, 'e lotio est'.

Sein Sohn Titus machte ihm Vorwürfe, daß er auf die Idee gekommen sei, auch den Urin zu besteuern; da hielt ihm Vespasian die ersten Geldstücke aus dieser Steuer unter die Nase und wollte wissen, ob der Geruch ihn störe, und als dieser verneinte, sagte er: «Und doch kommen sie vom Urin.»

(A. Lambert)

zuvor CICERO, BRUTUS 154:

Quid, illud non olet, unde sit...?

Ja, schwant dir nicht, woher es kommt...?

(B. Kytzler)

HW 38953

1610 **Non omne licitum honestum est.**
Nicht alles, was erlaubt ist, ist auch ehrenhaft.

PAULUS, AD EDICTUM 62 (DIGESTA 50, 17, 144)

Non omne, quod licet, honestum est.

Nicht alles, was erlaubt ist, ist auch ehrenhaft.

1611 **Non omne, quod nitet, aurum est.**
Es ist nicht alles Gold, was glänzt.

HW 38953d1 (..., quod lucet...)

1612 **Non omnes eadem mirantur amantque.**
Es bewundern und lieben nicht alle das gleiche.

Horaz, Epistulae 2, 2, 58

Denique *non omnes eadem mirantur amantque*:
carmine tu gaudes, hic delectatur iambis,
ille Bioneis sermonibus et sale nigro.

Noch eins: nicht jeder Leser schätzt und liebt das gleiche.
Das Lied ist dein Geschmack; ein andrer freut sich an Jamben,
der dritte an Unterhaltungen nach Bions Art, an beißendem Salze.

(W. Schöne – H. Färber)

HW 18140; 38953h

1613 **Non omnia possumus omnes.**
Wir können nicht alle alles.

Vergil, Bucolica 8, 63

Macrobius, Saturnalia 6, 1, 35, zitiert Lucilius, Saturae 5, 218 M.
Dicite Pierides, *non omnia possumus omnes.* Lucilius in quinto:
Maior erat natu, *non omnia possumus omnes.*

HW 18147; 38954

Erasmus, Adagia 2, 3, 94

1614 **Non omnibus dormio.**
Ich schlafe nicht für alle.
(d. h.: Ich werde nicht zu allem schweigen.)

Cicero, Ad familiares 7, 25 (24), 1 K.

Cipius, opinor, olim: '*Non omnibus dormio.*' Sic ego non omnibus, mi Galle, servio.

Cipius hat ja wohl einmal gesagt: «Ich schlafe nicht für alle!» So diene ich nicht allen, mein Gallus. (Cipius: eine Figur aus Lucilius' Satiren, die er ‹den Schnarcher› nennt.)

(H. Kasten)

HW 38955a1

Erasmus, Adagia 1, 6, 4

1615 **Non omnis error stultitia est dicenda.**
Nicht jeden Irrtum darf man als Torheit bezeichnen.

Cicero, De divinatione 2, 90

HW 38958

1616 **Non omnis moriar.**
Ich werde nicht gänzlich sterben.

Horaz, Carmina 3, 30, 6

HW 18154; 38958c1a

1617 **Non ovum tam simile ovo, quam hic illi est.**
Er sieht ihm ähnlich wie kein Ei dem andern.

QUINTILIAN, INSTITUTIO ORATORIA 5, 11, 30

Scio quosdam inani diligentia per minutissimas ista partis secuisse, et esse aliquid minus simile, ut simia homini et marmora deformata prima manu, aliquid plus, ut illud *'non ovum tam simile ovo'*, et dissimilibus inesse simile, ut formicae et elephanto genus...

Ich weiß, daß manche Gelehrte in unnützer Sorgfalt diese Dinge bis in die winzigsten Teile zerlegt haben: es gebe geringere Ähnlichkeit, z. B. die eines Affen mit einem Menschen und eines im ersten Arbeitsgang bearbeiteten Marmorblockes; auch größere, z. B. der bekannte Satz: «Kein Ei ist einem anderen so ähnlich»; auch Unähnliches trage Ähnlichkeit in sich, so die Ameise mit dem Elefanten die Gattungszugehörigkeit (weil sie beide Lebewesen sind).

(H. Rahn)

ERASMUS, ADAGIA 1, 5, 10 (Non tam ovum ovo simile.)

1618 **Non plus ultra!**
Nicht darüber hinaus!

HIOB 38, 11

Μέχρι τούτου ἐλεύσῃ καὶ οὐχ ὑπερβήσῃ. (Méchri tútu eleúse kaì uch hyperbése.)

Bis hierher wirst du gehen und Du wirst nicht darüber hinausgehen.

HW 38968

1619 **Non posse videtur muscam excitare.**
Er scheint keine Mücke aufscheuchen zu können.
(vgl.: Er kann kein Wässerchen trüben.)

SENECA, APOCOLOCYNTOSIS 10, 3

Hic, patres conscripti, qui vobis *non posse videtur muscam excitare,* tam facile homines occidebat, quam canis adsidit.

Der Mann hier, Senatoren, der – so scheint's euch – keine Fliege scheuchen konnte, pflegte Menschen hinzumorden so leicht wie ein Hund das Bein hebt.

(W. Schöne)

1620 **Non possidentem multa vocaveris recte beatum.**
Nicht den, der vieles besitzt, kannst Du zu Recht glücklich nennen.

HORAZ, CARMINA 4, 9, 45f.

Non possidentem multa vocaveris
recte beatum; rectius occupat
nomen beati, qui deorum
muneribus sapienter uti
duramque callet pauperiem pati...

Nicht wer des Reichtums Fülle besitzt, ist dir
Wahrhaft beglückt, mit größerem Rechte heißt
Der glücklich, wer der Götter Gaben
Richtig zu nutzen versteht mit Weisheit,
Wer harter Armut Los zu ertragen weiß...

(Kayser – Nordenflycht – Burger – Färber)

HW 18237

1621 **Non possumus.**
Wir können nicht.
(Antwort des Papstes Clemens VII. [1478–1534; Papst seit 1523] in der Scheidungssache des englischen Königs Heinrich VIII.)

Actus apostolorum 4, 20

Non enim *possumus*, quae vidimus et audivimus, non loqui.

Wir können unmöglich das, was wir gesehen und gehört haben, nicht weitersagen.

1622 **Non potest bene imperare, qui male antea servivit.**
Es kann nicht gut befehlen, wer vorher schlecht gedient hat.

38971 d4

1623 **Non procul a proprio stemmate poma cadunt.**
Das Obst fällt nicht weit vom eigenen Stamm.
(vgl.: Der Apfel fällt nicht weit vom Stamm.)

HW 18283 (... stipite ...)

1624 **Non profecturis litora bubus aras.**
Du pflügst den Strand mit Rindern, die nicht vorankommen.

Ovid, Heroides 5, 116; vgl. Ovid, Tristia 5, 4, 48

HW 18293

1625 **Non progredi est regredi.**
Nicht vorwärtsgehen heißt zurückgehen.
(vgl.: Wer rastet, der rostet.)

HW 18294; 38979a2 (..., et qui non ascendit, descendit.)

1626 **Non purgat peccata, qui negat.**
Es reinigt sich nicht von seinen Fehlern, wer sie abstreitet.

1627 **Non putaram.**
Das hätte ich nicht gedacht.

Cicero, De Officiis 1, 81

Quamquam hoc animi, illud etiam ingenii magni est, praecipere cogitatione futura et aliquanto ante constituere, quid accidere possit in utramque partem et quid agendum sit, cum quid evenerit, nec committere, ut aliquando dicendum sit: '*non putaram*'.

Indes dies ist Sache eines großen Mutes, jenes aber auch einer großen Begabung, die Zukunft vorwegzunehmen und lange vorher zu bestimmen, was nach beiden Richtungen geschehen kann und was getan werden muß, wenn etwas geschieht, und es nicht dahin kommen zu lassen, daß man sagen muß: «Ich hätte nicht gedacht.»

(K. Büchner)

s. auch Seneca, De Ira 2, 31: *Non putavi.*

HW 38980c

1628 **Non qua itur, sed qua eundum est via, tibi eundum est.**
Nicht der Weg, auf dem man geht, ist für dich, sondern der, auf dem man gehen muß.

SENECA, DE VITA BEATA 1, 3

Nihil ergo magis praestandum est quam, ne pecorum ritu sequamur antecedentium gregem pergentes non, quo *eundum est, sed, quo itur.*

Vor nichts sollen wir uns folglich mehr in acht nehmen als davor, wie Schafe der Herde zu folgen, die vor uns dahingeht, und nicht die Richtung einzuschlagen, in die man gehen müßte, sondern die, in die man geht.

(G. Fink)

1629 **Non quam diu, sed quam bene vixeris, refert.**
Nicht wie lange, sondern wie gut du gelebt hast, das zählt.

SENECA, EPISTULAE MORALES 77, 20

Vides aliquam gloriari senectute longa: quis illam ferre potuisset, si contigisset centesimum implere? Quomodo fabula, sic vita *non quam diu, sed quam bene* acta sit, refert. Nihil ad rem pertinet, quo loco desinas. Quocumque voles, desine: tantum bonam clausulam impone!

Du siehst, eine Frau rühmt sich ihres hohen Alters: wer hätte sie ertragen können, wenn sie das 100. Jahr erreicht hätte? Wie im Theaterstück, so kommt es auch im Leben nicht darauf an, wie lange, sondern wie gut es gestaltet ist. Es ist ohne Belang, an welcher Stelle du aufhörst. Wo immer du willst, höre auf: nur sorge für einen guten Schluß!

(nach M. Rosenbach)

HW 38981 a (... quam diu vivas, refert, sed ...)

1630 **Non quam multis placeas, sed quibus, stude!**
Nicht wie vielen du gefällst, sondern welchen, darauf schau!

PS.-SENECA, DE MORIBUS 8

HW 18225a (..., sed qualibus, stude!)

1631 **Non quantitas, sed qualitas!**
Nicht Menge, sondern Güte!
(Nicht die Menge bringt's, sondern die Qualität.)

1632 **Non scholae, sed vitae!**
Nicht für die Schule, sondern fürs Leben (muß man lernen).

SENECA, EPISTULAE MORALES 106, 12

Kritik an *non vitae, sed scholae*

HW 18399; vgl. 389911

1633 **Non semper erit aestas.**
Es wird nicht ewig Sommer sein.

HW 18408a

ERASMUS, ADAGIA 4, 3, 86

1634 **Non semper erunt Saturnalia.**
Es werden nicht immer Saturnalien sein.
(vgl.: Es ist nicht alle Tage Sonntag.)
(Am Ende des Monats Dezember wurde das Saturnalienfest gefeiert, bei dem die Herren ihre Sklaven zu bedienen hatten.)

SENECA, APOCOLOCYNTOSIS 12, 2

Ex his unus cum vidisset capita conferentes et fortunas suas deplorantes causidicos, accedit et ait: 'Dicebam vobis: *non semper Saturnalia erunt.*'

Als einer aus dem Kreise nun die Advokaten sah, wie sie sich Kopf an Kopf zusammendrängten und ihr Los beklagten, da ging er auf sie zu und rief: «Hab ich's euch nicht gesagt? nicht ewig werden Saturnalien sein!» (Trauer über den Tod des Kaisers Claudius, der mit Leidenschaft zu Gericht saß, in seinen Entscheidungen jedoch unberechenbar war.)

(W. Schöne)

1635 **Non semper feriet, quodcumque minabitur, arcus.**
Nicht immer wird der Bogen das Ziel treffen, auf das er drohend gerichtet ist.

HORAZ, DE ARTE POETICA 350

HW 18409

1636 **Non semper idem floribus est honor vernis.**
Nicht immer prangt die Blüte in Lenzes Pracht.

HORAZ, CARMINA 2, 11, 9f.

(Kayser – Nordenflycht – Burger – Färber)

1637 **Non semper idem spirat ventus.**
Es weht nicht immer derselbe Wind.

HW 19409a

1638 **Non, si male nunc, et olim sic erit.**
Kommt heute Böses, so kommt es nicht auch morgen.

HORAZ, CARMINA 2, 10, 17f.

(Kayser – Nordenflycht – Burger – Färber)

HW 18423; 38995i1

1639 **Non statim pusillum est, si quid maximo minus est.**
Es ist nicht gleich klein, was kleiner ist als das Größte.

HW 17700c (Non est pusillum, si... est minus.)

1640 Non sum, qualis eram.
Ich bin nicht mehr, der ich einmal war.
(Ich bin nicht mehr der alte.)

HORAZ, CARMINA 4, 1, 3

Intermissa, Venus, diu
rursus bella moves? Parce, precor, precor.
Non sum, qualis eram bonae
sub regno Cinarae ...

Rufst du, Venus, nach langer Rast
Mich aufs neue zum Kampf? Schone, o schone mein!
Bin nicht mehr, was ich unter der
Guten Cinara war ...

(Kayser – Nordenflycht – Burger – Färber)

s. auch OVID, TRISTIA 3, 11, 25

vgl. HW 18521 (..., qui fueram, vix me cognoscere possum.)

1641 Non sum, qui fueram.
Ich bin nicht mehr, der ich (gewesen) war.

OVID, TRISTIA 3, 11, 25 (vgl. HORAZ, CARMINA 4, 1, 3)

Non ego *sum, qui fueram.* Quid inanem proteris umbram?
Quid cinerem saxis bustaque nostra petis?

Bin ich doch nicht, der ich war: was zertrittst du den nichtigen Schatten,
wirfst nach der Asche den Stein, willst meinen Staub noch bedrohn?

(W. Willige)

vgl. HW 18521 (... vix me cognoscere possum.)

1642 Non tantum, qui rapuit, verum is quoque, qui recepit, tenetur.
Nicht nur der Räuber, sondern auch der Hehler wird belangt.
(vgl.: Der Hehler ist nicht besser als der Stehler.)

ULPIANUS, AD EDICTUM 56 (DIGESTA 47, 9, 3, 3)

Non tantum autem, *qui rapuit, verum is* quoque, *qui recepit,* ex causis supra dictis *tenetur.*

Nicht nur derjenige, der den Raub begangen hat, sondern auch derjenige, der (die geraubte Sache) entgegengenommen hat, wird aus den oben angegebenen Gründen gerichtlich belangt.

1643 Non umquam tacuisse nocet, nocet esse locutum.
Nicht schadet es, einmal geschwiegen zu haben; geredet zu haben schadet.

HW 18765:

Nonnumquam tacuisse nocet, nocet esse locutum.

Manchmal schadet es, geschwiegen zu haben, schadet es aber auch, geredet zu haben.

1644 Nonumque prematur in annum.
Bis ins neunte Jahr hinein muß an einem Gedicht gearbeitet werden.

HORAZ, DE ARTE POETICA 388

Tu nihil invita dices faciesve Minerva:
Id tibi iudicium est, ea mens. Si quid tamen olim
scripseris, in Maeci descendat iudicis auris
et patris et nostras *nonumque prematur in annum*
membranis intus positis: delere licebit,
quod non edideris, nescit vox missa reverti.

Du, Freund, wirst in Wort und Werk nicht sündigen wider Minervas Geist: dafür bürgt dein Geschmack, deine Einsicht. Hast du jedoch einmal etwas «geschrieben», so mag Maecius der Kunstrichter sein, dem du es vorträgst, und dein Vater und ich; neun Jahre halt es unsichtbar und laß die Handschrift eingeschlossen liegen: noch kannst du tilgen, was du nicht herausgabst; entfahrenes Wort kennt kein Zurück.

(W. Schöne – H. Färber)

HW 18767a (*om.* -que)

1645 Non ut diu vivamus, curandum est, sed ut satis.
Man muß sich nicht darum sorgen, daß man lange lebt, sondern daß man genug lebt.

SENECA, EPISTULAE MORALES 93, 2

Utrum, obsecro te, aequius iudicas te naturae an tibi parere naturam? Quid autem interest, quam cito exeas, unde utique exeundum est? *Non ut diu vivas, curandum est, sed ut satis:* nam ut diu vivas, fato opus est, ut satis, animo.

Ich bitte dich, hältst du es für gerechter, daß du der Natur gehorchst oder die Natur dir? Was aber macht es aus, wie schnell du den Ort verläßt, den man auf jeden Fall verlassen muß? Nicht daß wir lange leben, darf man Sorge tragen, sondern daß man befriedigend lebt: denn daß du lange lebst, bedarf des Schicksals, daß befriedigend, des Geistes.

(M. Rosenbach)

HW 39009a (... vivas, cura, sed ...)

1646 Non ut edam, vivo, sed ut vivam, edo.
Ich lebe nicht, um zu essen, sondern esse, um zu leben.

QUINTILIAN, INSTITUTIO ORATORIA 9, 3, 85 (vgl. AUCTOR AD HERENNIUM 4, 39)

Fit etiam adsumpta illa figura, qua verba declinata repetuntur, quod ἀντιμεταβολή (Antimetabole) dicitur: *'non, ut edam, vivo, sed, ut vivam, edo'.*

Auch kommt mit Hinzunahme der Figur, die in der Wiederholung der flektierten Wörter besteht, die sog. Antimetabole zustande: ‹Nicht um zu essen, lebe ich, sondern um zu leben, esse ich.›

(H. Rahn)

HW 39010; vgl. 18662 (... edas, vivas, sed edas, ut bene sic vivas.)

1647 Non uti libet, sed uti licet, vivimus.
Wir leben nicht, wie es uns beliebt, sondern wie man es uns erlaubt.

HW 39011 (... ut ... ut ...)

1648 **Non volat in buccas assa columba tuas.**
Die gebratene Taube fliegt dir nicht in den Mund.

HW 18719; 39017a5

1649 **Non vult Hensle probus dominis servire duobus.**
Das brave Hänslein will nicht zwei Herren dienen.

HW 18728

1650 **Nosce te!**
Erkenne dich selbst!
(Inschrift am Apollotempel zu Delphi: Γνῶθι σαυτόν. – Gnôthi sautón!)

Cicero, Tusculanae disputationes 1, 52

Cum igitur *'Nosce te'* dicit, hoc dicit: 'Nosce animum tuum.'

Wenn er (sc. Apollo) also sagt: ‹Erkenne Dich›, so meint er: ‹Erkenne Deine Seele›.

(O. Gigon)

HW 18810 (... te ipsum!); 39021c

Erasmus, Adagia 1, 6, 95

1651 **Noscitur ex sociis.**
An seinen Genossen erkennt man ihn.
(vgl.: Sage mir, mit wem du umgehst, und ich sage dir, wer du bist.)

HW 39024a1a (... *ex socio*, qui non cognoscitur ex se.); vgl. 18821

1652 **Nos iam fabula sumus.**
Wir sind schon Märchenfiguren geworden.

Terenz, Hecyra 620

La. Postremo *nos iam fabula*
sumus, Pamphile, 'senex atque anus'.

Laches: (Leute unsers Alters sind
Jungen stets ein Dorn im Auge: besser denn, man räumt das Feld,
Pamphilus;) am Ende gibt es noch ein Märchen über uns:
«Es war einmal ein alter Mann, und war ein altes Weibchen.»

(J. J. C. Donner)

1653 **Nos numerus sumus et fruges consumere nati.**
Wir sind die gewöhnlichen Alltagsmenschen, berufen, der Erde Brot zu essen (ganz wie die windigen Freier Penelopes ...).

Horaz, Epistulae 1, 2, 27

(W. Schöne – H. Färber)

HW 18791

1654 **Nosse volunt omnes, mercedem solvere nemo.**
Wissen wollen sie alle, den Lohn zahlen keiner.

Juvenal, Saturae 7, 157

Quis color et quod sit causae genus atque ubi summa
quaestio, quae veniant diversa parte sagittae
nosse volunt omnes, mercedem solvere nemo.
'Mercedem appellas? Quid enim scio?'

Wie man jeden Fall ins rechte Licht setzt, welcher Art der Streitfall und was der springende Punkt ist, was der Gegner vielleicht für Pfeile dagegen entsendet, wissen wollen sie's alle, jedoch bezahlen will keiner. «Von Honorar sprichst du? Ich weiß doch noch gar nichts.»

(H. C. Schnur)

HW 18831

1655 **Nosti mores mulierum:**
dum moliuntur, dum conantur, annus est.
Du kennst doch den Charakter der Weiber:
bis sie sich in Bewegung setzen, bis sie den Versuch wagen, ist das Jahr um.

Terenz, Heautontimorumenos 239f.

Clit. Non cogitas hinc longule esse? Et *nosti mores mulierum:*
dum moliuntur, dum conantur, annus est. Clin. o Clitipho, timeo.

Clitipho: Ein wenig weit ist's, wie du weißt. Auch kennst du wohl der Frauen Art:
Bis sie beschließen, bis sie handeln, wird's ein Jahr.
Clinia: Mein Clitipho, Mir bangt.

(J. C. C. Donner)

HW 18835; 39024a6a (... comuntur...)

1656 **Nostri farrago libelli.**
unseres Buches bunter Mischmasch

Juvenal, Saturae 1, 86

..., *nostri farrago libelli* est.

..., (das) ist das Gemisch meines Büchleins.

(J. Adamietz)

1657 **Nota bene!**
(Abk.: NB)
Notiere es gut! (Merke wohl!)

1658 **Notitiam veri quae res falsique crearit,**
et dubium certo quae res differre probarit.
Was verschafft ihm (dem Menschen) denn die Erkenntnis des Wahren und Falschen?
Welchen Probierstein hat er, das Sichre vom Zweifel zu scheiden?

(H. Diels)

Lukrez, De rerum natura 4, 476–477

1659 **Nova nunc religio in te incessit.**
Du bist ja plötzlich ganz gewissenhaft!
(wörtl.: Welch neue Gewissenhaftigkeit hat dich denn jetzt befallen?)

TERENZ, ANDRIA 730

(J. J. C. Donner)

1660 **Novi ingenium mulierum:**
nolunt, ubi velis; ubi nolis, cupiunt ultro.
Ich weiß ja, wie die Weiber sind:
Willst du, so wollen sie nicht; willst du nicht, so wollen sie.

TERENZ, EUNUCHUS 812f.

(J. J. C. Donner)

HW 18854a; 39030a1

1661 **novum et ad hunc diem inauditum**
neu und bis zum heutigen Tage unerhört

CICERO, PRO Q. LIGARIO 1

Novum crimen, C. Caesar, *et ante hunc diem inauditum*, propinquus meus ad te, Q. Tubero, detulit, Q. Ligarium in Africa fuisse.

Ein neues und bis zum heutigen Tage unerhörtes Vergehen, C. Caesar, hat mein Verwandter Q. Tubero vor dich gebracht: Q. Ligarius sei in Afrika gewesen...

(M. Fuhrmann)

1662 **Novus rex, nova lex.**
Ein neuer König, ein neues Gesetz.

HW 18860c; 39036

1663 **Nube solet pulsa candidus ire dies.**
Ist die Wolke verjagt, geht der Tag leuchtend voran.

OVID, TRISTIA 2, 142

HW 18869

1664 **nuda veritas**
die nackte Wahrheit

HORAZ, CARMINA 1, 24, 7

Ergo Quintilium perpetuus sopor
urget. Cui Pudor et Iustitiae soror,
incorrupta Fides, *nuda*que *Veritas*
quando ullum inveniet parem?

Also ewigen Schlaf schläft nun Quintilius!
Wann wird Adel der Seel' und unbestechliche
Treu, die Schwester des Rechts, offene Wahrheit wann
Seinesgleichen auf Erden sehn?

(Kayser – Nordenflycht – Burger – Färber)

1665 **Nudo detrahere vestimenta me iubes.**
Du willst, daß ich einem Nackten den Rock ausziehe?

PLAUTUS, ASINARIA 92

(W. Binder – W. Ludwig)

HW 18879a; 39043a1 (nudo vestimenta detrahere)

ERASMUS, ADAGIA 1, 4, 76 (nudo vestimenta detrahere)

1666 **Nudus in hanc veni terram nudusque redibo.**
Nackt bin ich auf diese Erde gekommen, nackt werde ich unter sie scheiden.

HW 18885 (*sequitur*: Quid crucier frustra? clausula nuda datur.)

1667 **nugae canorae**
wohlklingende Kleinigkeiten

HORAZ, DE ARTE POETICA 322

Interdum speciosa locis morataque recte
fabula nullius veneris sine pondere et arte,
valdius oblectat populum meliusque moratur
quam versus inopes rerum *nugae*que *canorae*.

Zeigt ein Stück Gedankenschätze und rechte, wahre Menschen, so mag es auch ohne den Reiz der Anmut, ohne Wucht und Kunst der Sprache den Hörer anregender unterhalten und wirksamer fesseln als inhaltsleere Verse und nichtssagender Wohlklang.

(W. Schöne – H. Färber)

1668 **Nulla dies maerore caret.**
Kein Tag ist frei von Kummer.

SENECA, TROADES 77

Deciens nivibus canuit Ide,
deciens nostris nudata rogis,
et Sigeis trepidus campis
decumas secuit messor aristas,
ut *nulla dies maerore caret*.
Sed nova fletus causa ministrat.

Zehnmal war der Ida schneebedeckt, zehnmal abgeholzt für unsere Feuerstöße, und auf den sigeïschen Feldern schnitt der Schnitter die zehnten Halme, seitdem kein Tag ohne Kummer ist. Aber jetzt haben wir neuen Grund zum Weinen...

HW 18897; 39048e3c

1669 **Nulla dies sine linea.**
Kein Tag ohne einen Pinselstrich!
(sagte der Maler Apelles, ein Zeitgenosse Alexanders d. Gr.)

nach Plinius Maior, Naturalis historia 35, 84

Apelli fuit alioqui perpetua consuetudo numquam tam occupatum *diem* agendi, ut non *lineam* ducendo exerceret artem, quod ab eo in proverbium venit.

Apelles übrigens hatte es sich zur beständigen Aufgabe gemacht, niemals, auch wenn er noch so beschäftigt war, einen Tag vergehen zu lassen, ohne durch Ziehen einer Linie sein Können zu üben, was durch ihn zum Sprichwort wurde.

(R. König)

HW 18899

Erasmus, Adagia 1, 4, 12 (Nullam hodie lineam duxi.)

1670 **Nulla est iniuria, quae in volentem fiat.**
Es ist kein Unrecht, was einem geschieht, der es so haben will.

Ulpianus, Ad edictum 56 (Digesta 47, 10, 1, 5)

Usque adeo autem iniuria, quae fit liberis nostris, nostrum pudorem pertingit, ut etiamsi volentem filium quis vendiderit, patri suo quidem nomine competit iniuriarum actio, filii vero nomine non competit, *quia nulla iniuria est, quae in volentem fiat.*

Soweit aber betrifft ein Unrecht, das unseren Kindern geschieht, unser Schamgefühl, daß selbst dann, wenn ein Vater seinen Sohn mit dessen Einverständnis verkauft, gegen den Vater eine Klage möglich ist, nicht aber gegen den Sohn, weil kein Unrecht vorliegt, wenn es jemandem mit seinem Einverständnis geschieht.

s. D. Liebs, V 36

1671 **Nullae sunt occultiores insidiae quam eae, quae latent in simulatione officii aut in aliquo necessitudinis nomine.**
Es gibt keine heimtückischeren Nachstellungen als die, die sich hinter der Maske einer Pflicht oder hinter dem Vorwand einer engen Bindung verbergen.

(M. Fuhrmann)

Cicero, In C. Verrem II 1, 39

1672 **Nulla fere causa est, in qua non femina litem moverit.**
Es gibt kaum einen Prozeß, in dem den Streit nicht eine Frau ausgelöst hätte.

Juvenal, Saturae 6, 242f.

HW 18907; 39054c1

1673 **Nulla herba aut vis frangit mortis tela.**
Kein Kraut und keine Macht zerbricht die Waffen des Todes.

HW 390540 (... mortis tela frangit.)

1674 **Nulla lex, quae puniat inscitiam capitalem, nullum exemplum vindictae.**

Es gibt kein Gesetz, das gemeingefährliche Unwissenheit bestraft, kein Beispiel von Vergeltung.

PLINIUS MAIOR, NATURALIS HISTORIA 29, 18

Nulla praeterea *lex*...

(R. König)

1675 **Nulla lex satis commoda omnibus.**

Kein Gesetz genügt allen so recht.

J. ALBINUS, S. 56

1676 **Nullam rem e nihilo gigni divinitus umquam.**

Nichts kann je aus dem Nichts entstehen durch göttliche Schöpfung.

(H. Diels)

LUKREZ, DE RERUM NATURA 1, 149

1677 **Nulla nisi ardua virtus.**

Der Aufstieg zur Tugend kann immer nur steil sein.

OVID, ARS AMATORIA 2, 537

Ardua molimur. Sed *nulla, nisi ardua, virtus.*

Steil ist der Weg, doch der Aufstieg zur Tugend kann immer nur steil sein.

(N. Holzberg)

1678 **Nulla poena sine lege.**

Keine Strafe ohne (vorher erlassenes) Gesetz.

Anselm von FEUERBACH (1755–1833)

1679 **Nulla potentia supra leges esse debet.**

Es darf keine Macht über den Gesetzen geben.

HW 18938b

1680 **Nulla praecepta firma et stabilia.**

Es gibt keine festen und unverrückbaren Regeln.

CICERO, DE OFFICIIS 1, 6

Hae disciplinae igitur si sibi consentaneae velint esse, de officio nihil queant dicere, *neque ulla officii praecepta firma, stabilia*, coniuncta naturae tradi possunt, nisi aut ab iis, qui solam, aut ab iis, qui maxime honestatem propter se dicant expetendam.

Diese (philosophischen) Schulen also könnten, wofern sie konsequent bleiben wollen, über das rechte Handeln nichts sagen; und irgendwelche Lehren über die Pflicht, die fest, beständig und der Natur verbunden wären, können nur entweder von denen gegeben werden, die sagen, daß allein innerer Wert an sich erstrebenswert sei, oder von denen, die sagen: am meisten.

(O. Gigon)

1681 **Nulla quaesita scelere potentia diuturna.**
Keine durch ein Verbrechen erlangte Macht ist von Dauer.

J. Albinus, S. 56

1682 **Nulla regula sine exceptione.**
Keine Regel ohne Ausnahme.

HW 18949a; 39059f2

1683 **Nulla salus bello; pacem te poscimus omnes.**
Nicht liegt Heil im Krieg, Frieden fordern wir alle von dir.

Vergil, Aeneis 11, 362

Nulla salus bello, pacem te poscimus omnes,
Turne, simul pacis solum inviolabile pignus.

Nicht liegt Heil im Krieg, den Frieden verlangen wir alle,
Turnus, zugleich des Friedens allein unverletzliche Bürgschaft.

(J. Götte)

HW 18955; 39060e2

1684 **Nulla scabies scabiosior superstitione.**
Keine Räude ist räudiger als der Aberglaube.

1685 **Nulla tam facilis res, quin difficilis fiat, quam invitus facias.**
Es gibt keine noch so leichte Aufgabe, die nicht schwierig würde, wenn man sie ungern erledigt.

Terenz, Heautontimorumenos 806f.

Ch. *Nullast tam facilis res, quin difficilis siet,*
quam invitus facias. Vel me haec deambulatio,
quam non laboriosa, ad languorem dedit.

Chremes: Nichts ist so leicht, was einem nicht schwer würde, wenn
Man's tut mit Unlust. Der Spaziergang hier, wiewohl
Ganz unbedeutend, hat mich doch recht matt gemacht. (bei J. C. C. Donner spricht Clitipho)

(J. J. C. Donner)

1686 **Nullum anarchia maius est malum.**
Kein Übel ist größer als der Zustand der Gesetzlosigkeit.

HW 19031

1687 **Nullum erit tempus hoc amisso.**
Es wird keinen (günstigen) Zeitpunkt mehr geben, wenn wir diesen versäumen.

1688 **Nullum est iam dictum, quod non sit dictum prius.**
Es gibt kein Wort mehr, das nicht früher schon gesagt worden wäre.

TERENZ, EUNUCHUS, pr. 41

Denique | *nullumst iam dictum, quod non sit dictum prius.*
Qua re aequomst vos cognoscere atque ignoscere,
quae veteres factitarunt, si faciunt novi.

Kurzum, es gibt | Kein Wörtchen, das nicht früher schon gesprochen ward.
Drum ist es billig, daß ihr seht und überseht,
Wenn, was die Alten taten, jetzt die Jungen tun.

(J. C. C. Donner)

HW 39076m; vgl. 19035 (*om.* iam)

1689 **Nullum est malum maius quam non posse ferre malum.**
Kein Übel ist größer als das, ein Übel nicht ertragen zu können.

1690 **Nullum magnum ingenium sine mixtura dementiae fuit.**
Es hat kein großes Talent ohne Beimischung von Verrücktheit gegeben.

SENECA, DE TRANQUILLITATE ANIMI 17, 10

Nam, sive Graeco poetae credimus,
aliquando et insanire iucundum est;
sive Platoni,
frustra poeticas fores compos sui pepulit;
sive Aristoteli,
nullum magnum ingenium sine mixtura dementiae fuit –
non potest grande aliquid et super ceteros loqui nisi mota mens.

Denn ob wir einem griechischen Dichter glauben wollen, daß es manchmal ein Vergnügen ist, sich auszutoben, oder Plato, daß noch jeder umsonst ans Tor der Poesie bei vollem Bewußtsein geklopft hat, oder dem Aristoteles, daß es kein Genie gab ohne eine Spur von Wahnsinn – von etwas Großem und über die Masse Erhabenen sprechen kann nur ein erschütterter Geist.

(G. Fink)

vgl. PS.-ARISTOTELES, PROBLEMATA Λ 954a 34

HW 19037a; 39078f

1691 **Nullum simile quattuor pedibus currit.**
Kein Vergleich läuft auf vier Beinen.
(vgl.: Jeder Vergleich hinkt.)

1692 **Nullus dolor est, quem non longinquitas temporis minuat ac molliat.**
Es gibt keinen Schmerz, den die Länge der Zeit nicht minderte und milderte.

Cicero, Ad familiares 4, 5, 6 K.

Nullus dolor est, quem non longinquitas temporis minuat ac molliat. Hoc te exspectare tempus tibi turpe est ac non ei rei sapientia tua te occurrere.

Jeden Schmerz mindert und lindert die Zeit; aber darauf zu warten und Deinem Gram nicht Deine Weisheit entgegenzusetzen, ziemt sich nicht für Dich. (Servius tröstet Cicero über den Tod der Tullia)

(H. Kasten)

HW 39088 (Nullus est dolor, ... non minuat.)

1693 **Nullus est liber tam malus, ut non aliqua parte prosit.**
Kein Buch ist so schlecht, daß es nicht in irgendeiner Weise nützte.

Plinius Minor, Epistulae 3, 5, 10

Nihil enim legit, quod non excerperet; dicere etiam solebat *nullum esse librum tam malum, ut non aliqua parte prodesset.*

Denn er (sc. mein Onkel Plinius Maior) hat nichts gelesen, ohne es nicht auch zu exzerpieren; auch pflegte er zu sagen, kein Buch sei so schlecht, daß es nicht irgendwie Nutzen brächte.

(H. Kasten)

HW 39089

1694 **Nummis potior amicus in periculis.**
Besser als Geld ist in Gefahren ein Freund.

vgl. HW 19137b (... praestat carere quam amicis.)

1695 **Numquam accedo, quin a te abeam doctior.**
Nie geh' ich zu dir, ohne dich gescheiter zu verlassen.

Terenz, Eunuchus 791

Gn. Di vostram fidem!
Quantist sapere! *Numquam accedo, quin abs te abeam doctior.*

Gnatho: Götter, helft!
Was ist Klugheit wert! Nie geh ich, ohne weiser zu sein, von dir.

HW 19221a (... abs te ...)

1696 **Numquam aliud natura, aliud sapientia dicit.**
Niemals sagt die Natur etwas anderes als die Weisheit.

Juvenal, Saturae 14, 321

HW 19223; 39114h

1697 **Numquam est fidelis cum potente societas.**
Niemals kann man sich auf ein Bündnis mit einem Mächtigen verlassen.

PHAEDRUS, FABULAE 1, 5, 1 (Kuh, Ziege, Schaf und Löwe)

Numquam est fidelis cum potente societas.
Testatur haec fabella propositum meum.

Nie geht man sicher, wenn mit Mächtigen man teilt.
Die kleine Fabel diene hierfür als Beweis.

(H. C. Schnur – E. Keller)

HW 19254; vgl. 19255c; 39116o

1698 **Numquam imperator ita paci credit, ut non se praeparet bello, quod, etiam si non geritur, indictum est.**
Niemals traut ein General dem Frieden so, daß er sich nicht für den Krieg rüstete, der, wenn er auch noch nicht geführt wird, doch erklärt ist.

(G. Fink)

SENECA, DE VITA BEATA 26

1699 **Numquam nimis dicitur, quod numquam satis discitur.**
Nie wird zuviel gesagt, was nicht genug gelernt werden kann.

Καλὸν δὲ τό γε ὀρθὸν καὶ δὶς καὶ τρίς. (Kalòn dè tó ge orthòn kaì dìs kaì trís.)

EPIKUR, fr. 477 Us., zitiert bei SENECA, EPISTULAE MORALES 27, 9

'Divitiae sunt ad legem naturae composita paupertas.' Hoc saepe dicit Epicurus aliter atque aliter: sed *numquam nimis dicitur, quod numquam satis discitur.* Quibusdam remedia monstranda, quibusdam inculcanda sunt.

«Reichtum ist nach dem Gesetz der Natur geordnete Armut.» Das sagt Epikur oft, und immer wieder mit anderen Worten: aber man sagt niemals zu oft, was niemals genug gelernt wird. Den einen braucht man ein Heilmittel nur zu zeigen, den anderen muß man es gewaltsam einflößen.

(nach M. Rosenbach)

HW 19277a (... satis dicitur.); 39120d1

1700 **Numquam Stygias fertur ad umbras**
incluta virtus.
Niemals fährt hinab zu den Stygischen Schatten
rühmenswerte Tugend.

SENECA, HERCULES OETAEUS 1983f.

HW 39125

1701 **Numquam sunt visi, qui caruere 'nisi'.**
Man hat noch keinen gesehen, der ohne ein «wenn nicht» ausgekommen wäre.

HW 19306

1702 **Numquam te fallent animi sub vulpe latentes.**
Nie kann dich die Gesinnung täuschen, die unterm Fuchspelz steckt.

Horaz, De arte poetica 437

Reges dicuntur multis urgere culillis
et torquere mero, quem perspexisse laborent,
an sit amicitia dignus; si carmina condes,
numquam te fallent animi sub vulpe latentes.

Könige pflegen, wie man erzählt, beim Wein mit vielen Humpen dem hart zuzusetzen,
dessen Gesinnung sie erforschen wollen, ob er der Freundschaft wert;
du dichte nur: nie kann dich die Gesinnung täuschen, die der Fuchspelz versteckt.

(W. Schöne – H. Färber)

HW 19307 (... fallant ...); 39125a5

1703 **Nunc adbibe puro**
pectore verba, puer, nunc te melioribus offer!
Jetzt wo du jung bist, schlürfe mit reinem Herzen das Wort der Lehre, jetzt öffne dich vorbildlicher Weisheit!

Horaz, Epistulae 1, 2, 67f.

(W. Schöne – H. Färber)

HW 19330b

1704 **Nunc animis opus, Aenea, nunc pectore firmo.**
Jetzt ist Mut, Aeneas, dir not, jetzt Stärke des Herzens.

Vergil, Aeneis 6, 261

(J. Götte)

HW 19331a

1705 **Nunc est bibendum, nunc pede libero**
pulsanda tellus.
Jetzt heißt es trinken, jetzt ausgelassen tanzen
(wörtl.: mit freiem Fuß die Erde stampfen ...)
(nach dem Sieg über Kleopatra)

Horaz, Carmina 1, 37, 1f.

(Kayser – Nordenflycht – Burger – Färber)

HW 19338a

1706 **Nunc quidem paulum a sole.**
Geh mir vorderhand ein wenig aus der Sonne!
(Diogenes aus Sinope zu Alexander d. Gr.)

Cicero, Tusculanae disputationes 5, 92

At vero Diogenes liberius, ut Cynicus, Alexandro roganti, ut diceret, si quid opus esset, *'nunc quidem paululum'*, inquit, *'a sole'*. Offecerat videlicet apricanti.

Aber Diogenes war als Kyniker unbefangener, und als ihn Alexander aufforderte, zu sagen, ob er etwas brauche, erwiderte er: «Nur, daß Du ein wenig aus der Sonne gehst». Offenbar stand jener ihm im Weg, als er sich wärmen wollte.

(O. Gigon)

1707 **Nunc tua messis in herba.**
Noch steht dein Korn auf dem Halme.

Ovid, Heroides 17, 263: (Helena an Paris): et adhuc *tua messis in herba est.*

(H. Naumann)

vgl. HW 549 (Adhuc... est.)

Erasmus, Adagia 2, 2, 89 (in herba esse)

1708 **Nunc tuum ferrum in igne est.**
Jetzt ist dein Eisen im Feuer.

Seneca, Apocolocyntosis 9, 6

Hercules enim, qui viderit *ferrum suum in igne esse,* modo huc, modo illuc cursabat et aiebat: 'Noli mihi invidere, mea res agitur; deinde tu si quid volueris, in vicem faciam: manus manum lavat.'

Herkules sah doch, wie sein Eisen im Feuer war, und so lief er bald hierin, bald dorthin und sagte: «Sei mir nur nicht mißgünstig, um meine Sache geht's! Ein andermal, wenn du was haben willst, werd' ich dir auch den Gefallen tun: eine Hand wäscht die andere!»

(W. Schöne)

HW 19372a; 39130

Erasmus, Adagia 4, 4, 100 (... in igni...)

1709 **Nunc vino pellite curas!**
Vertreibt jetzt die Sorgen mit Wein!

Horaz, Carmina 1, 7, 31

O fortes peioraque passi
mecum saepe viri, *nunc vino pellite curas:*
Cras ingens iterabimus aequor.

Tapfere Brüder, wir haben zusammen
Härteres oft schon erduldet, verscheucht nun im Weine die Sorgen:
Morgen trägt uns aufs neue das Weltmeer! (Teucer auf der Flucht)

(Kayser – Nordenflycht – Burger – Färber)

1710 **Nusquam est, qui ubique est.**
Nirgends ist, wer überall ist.
(vgl.: Hansdampf in allen Gassen)

Seneca, Epistulae morales 2, 2

Illud autem vide, ne ista lectio auctorum multorum et omnis generis voluminum habeat aliquid vagum et instabile. Certis ingeniis inmorari et innutriri oportet, si velis aliquid trahere, quod in animo fideliter sedeat. *Nusquam est, qui ubique est.* Vitam in peregrinatione exigentibus hoc evenit, ut multa hospitia habeant, nullas amicitias.

Darauf aber achte, daß nicht diese Lektüre vieler Autoren und Bücher aller Art etwas Planloses und Unstetes mit sich bringe. Bei bestimmten Geistern muß man verweilen und sich von ihnen durchdringen lassen, wenn man etwas gewinnen will, was in der Seele zuverlässig Platz findet. Nirgends ist, wer überall ist. Wer sein Leben auf Reisen verbringt, dem widerfährt, daß er viele Gastfreundschaften hat, aber keine Freundschaften.

(nach M. Rosenbach)

HW 39133f1

1711 **Nusquam nec opera sine emolumento nec emolumentum ferme sine impensa opera est.**
Nirgendwo gibt es eine Dienstleistung ohne Gewinn und in der Regel auch keinen Gewinn ohne erbrachte Dienstleistung.

(H. J. Hillen)

Livius, Ab Urbe Condita 5, 4, 4

1712 **Nutrit pax Cererem, pacis amica Ceres.**
Der Friede ernährt die Ceres, des Friedens Freundin ist Ceres. (Ceres: Metonymie für Landwirtschaft)

Ovid, Fasti 1, 704

Pax Cererem nutrit, Pacis alumna *Ceres.*

Ziehkind des Friedens, gedeiht Ceres im Frieden allein.

(N. Holzberg)

1713 **Nutritur vento, vento restinguitur ignis.**
Feuer schüret der Wind und löschet das Feuer auch wieder.

Ovid, Remedia amoris 807f.

Nutritur vento, vento restinguitur ignis;
Lenis alit flammas, grandior aura necat.

Wind ist's, welcher das Feuer nährt, und Wind ist's, der's auslöscht;
Sanfteres Wehen nährt, stärkeres tötet die Glut.

(N. Holzberg)

HW 19402; 39133p

O

1714 **Oblatam occasionem tene!**
Halte die sich bietende Gelegenheit fest!

CICERO, ORATIONES PHILIPPICAE 3, 34

Hanc *occasionem oblatam tenete!*

Nutzt also die Gelegenheit, die sich euch bietet!

(M. Fuhrmann)

vgl. HW 39146i (... arripere)

1715 **Oblivionem tempus adfert omnium.**
Mit der Zeit gerät alles in Vergessenheit.

HW 39147b

1716 **Obsequium amicos, veritas odium parit.**
Gefälligkeit schafft Freude, Wahrheit Haß.

TERENZ, ANDRIA 68, zitiert bei QUINTILIAN, INSTITUTIO ORATORIA 8, 5, 4

So. Sapienter vitam instituit; namque hoc tempore
obsequium amicos, veritas odium parit.

SOSIA: Da tat er klug; denn heutzutage gilt der Spruch:
Nachsicht erwirbt uns Freunde, Wahrheit aber Haß.

(J. J. C. Donner)

HW 19648; 39153

ERASMUS, ADAGIA 2, 9, 53

1717 **Obstipui steteruntque comae et vox faucibus haesit.**
Starr stand ich, die Haare gesträubt, mir stockte die Stimme.

VERGIL, AENEIS 2, 774 und 3, 48

(J. Götte)

HW 39155d1

1718 **Obstipui tacitus sustinuique gradum.**
Ich starrte schweigend und hemmte den Schritt.

OVID, FASTI 6, 398

1719 **Occasio facit furem.**
Gelegenheit macht den Dieb.
(vgl.: ... macht Diebe.)

HW 19682b; 39160b (... fures.)

1720 **Occidis fabulans.**
Du bringst mich noch um mit deiner Fabelei.

PLAUTUS, MENAECHMI 922

MED. Mane modo: etiam percontabor. ME. Alia, *occidis fabulans.*
MED. Dic mihi hoc: Solent tibi umquam oculi duri fieri?
ME. Quid? tu me locustam censes esse, homo ignavissume?

MEDICUS: Warte nur, ich muß ihn einiges noch fragen!
SCHWIEGERVATER: Du bringst mich um mit deinem Schwatzen.
MEDICUS: Sag mir dies: werden manchmal dir die Augen starr?
MENAECHMUS: Du siehst mich wohl für einen Hummer an,
Du blöder Kerl?

(W. Binder – W. Ludwig)

1721 **Occidit miseros crambe repetita magistros.**
Aufgewärmter Kohl bringt die armen Lehrer um.

JUVENAL, SATURAE 7, 154

HW 19688a

1722 **O cives, cives, quaerenda pecunia primum est, virtus post nummos.**
O Bürger, ihr Bürger! Erst müßt ihr Geld machen, dann erst kommt die Tugend!

HORAZ, EPISTULAE 1, 1, 53f.

'O cives, cives, quaerenda pecunia primum est;
virtus post nummos': Haec Ianus summus ab imo
prodocet, haec recinunt iuvenes dictata senesque
laevos suspensi loculos tabulamque lacerto.

«Nein, hört ihr Bürger: trachtet am ersten nach dem Reichtum; die Taler gehn der Tugend vor.» So predigt es Janus am ersten und Janus am letzten Bogen; so beten es jung und alt wie Schulbuben im Chore nach, mit Rechenkasten und Schreibtafel am linken Arm.

(W. Schöne – H. Färber)

HW 19432; 39136a

ERASMUS, ADAGIA in 2, 9, 38 (Pecunia primum quaerenda.)

1723 **O consuetudo peccandi, quantas habes iucunditates in improbis et audacibus, cum poena abfuit et licentia consecuta est!**
Gewohnheit des Stehelns, wie bist du für Gewissenlose und Verwegene angenehm, wenn die Sühne ausblieb und Straflosigkeit folgte!

CICERO, ORATIO IN C. VERREM II 3, 176

(M. Fuhrmann)

1724 **Oculi avidiores sunt quam venter.**
Die Augen sind begieriger als der Magen.

1725 **Oculi plus vident quam oculus.**
(Zwei) Augen sehen mehr als ein Auge.

HW 19710a; 39170a

1726 **Oculus domini saginat equum.**
Das Auge des Herrn füttert das Pferd.

HW 39172 (... pascit...)

W. Binder 1261 (... saginat...)

1727 **O curas hominum! O quantum est in rebus inane!**
O Sorgen der Menschen! O Welt, wie nichtig und eitel!

Persius, Saturae 1, 1

'O curas hominum! O quantum est in rebus inane!'
Quis leget haec? Min? Tu istud ais. Nemo hercule, nemo.

«O der Menschen Bemühn! O Welt so nichtig und eitel!»
«Wer mag's lesen?» Gilt mir's? Kein Einziger wahrlich. «Nicht einer?»

(O. Seel)

HW 19440; 39136b

1728 **Oderint, dum metuant!**
Sie mögen mich ruhig hassen, wenn sie mich nur fürchten!

Accius, Atreus, fr. 203, zitiert bei Sueton, Vita Caligulae 30, 1

Tragicum illud subinde iactabat: *'Oderint, dum metuant.'*

Häufig prahlte er* mit dem bekannten Ausspruch des tragischen Dichters: «Mögen sie hassen, wenn sie nur fürchten!» (*Caligula)

(A. Stahr – F. Schön – G. Waldherr)

vgl. Cicero, De officiis 1, 97; Seneca, De ira 1, 20

HW 19712a

Erasmus, Adagia 2, 9, 62

1729 **Oderint, dum probent!**
Sie mögen (das) hassen, wenn sie (es) nur hinnehmen!

Sueton, Vita Tiberii 59, 2

Dicebat identidem: *'Oderint, dum probent.'*

(Diese Verse wollte er* anfangs so aufgenommen wissen, als rührten sie von solchen her, die mit seinen Maßnahmen unzufrieden wären, und als würden sie nicht so sehr aus voller Überzeugung, als vielmehr aus Ärger und Unmut verfaßt, wobei er immer wieder sagte:) «Mögen sie nur hassen, wenn sie mir nur recht geben müssen.» (*Tiberius)

(A. Stahr – F. Schön – G. Waldherr)

1730 **Odero, si potero; si non, invitus amabo.**
Ich werde sie hassen, wenn ich kann; wenn nicht, sie widerwillig lieben.

Ovid, Amores 3, 11, 35

Odero, si potero; si non, invitus amabo:
nec iuga taurus amat; quae tamen odit, habet.

Hassen will ich, wenn's geht. Sonst lieb ich wider den Willen.
Liebt der Stier denn sein Joch? Doch, was er haßt, ist sein Los.

(W. Marg – R. Harder)

HW 19714

1731 **Oderunt hilarem tristes.**
Der Fröhliche geht den Traurigen auf die Nerven.

Horaz, Epistulae 1, 18, 89

Oderunt hilarem tristes, tristemque iocosi,
sedatum celeres, agilem navumque remissi...

Anstoß gibt der Heitere dem Ernsten und der Ernste dem Lustigen,
der Gesetzte dem Beweglichen, der Rührige und Tätige dem Bequemen.

(W. Schöne – H. Färber)

HW 19716; 39173a4

1732 **Oderunt peccare boni virtutis amore.**
Der Ehrenmann verabscheut die Sünde, weil er die Tugend liebt.

Horaz, Epistulae 1, 16, 52

(W. Schöne – H. Färber)

vgl. HW 19717 (... mali formidine poenae,...); 39173b1

1733 **Odia qui nimium timet, regnare nescit.**
Wer den Haß zu sehr fürchtet, versteht nicht zu regieren.

Seneca, Oedipus 703f.

Oedipus: *Odia qui nimium timet,*
regnare nescit; regna custodit metus.

Wer sich vor Haß im Übermaße fürchtet,
kann nicht König sein: Nur Furcht beschützt die Königsmacht.

HW 19723; 39176a4

1734 **Odi profanum vulgus et arceo.**
Hinweg, unheiliger Pöbel! Ihr andern, schweigt!

Horaz, Carmina 3, 1, 1

(Kayser – Nordenflycht – Burger – Färber)

HW 19721a (*om.* et arceo)

1735 **odium generis humani**
Haß auf das Menschengeschlecht
(Vorwurf gegen die Christen)

Tacitus, Annales 15, 44

1736 **Odo tenet mulum, madidam mappam tenet Anna.**
Otto hält den Maulesel, das feuchte Tuch hält Anna.

(Versus reciprocus per litteras)

HW 19735; vgl. 20521 (Otto ... Otto.)

1737 **O fallacem hominum spem!**
Wie trügerisch ist das Hoffen der Menschen!

Cicero, De oratore 3, 7

1738 **O faustum et felicem diem!**
Welch ein Glückstag!

Terenz, Andria 956

1739 **O fortes peioraque passi**
mecum saepe viri!
Tapfere Brüder, wir haben zusammen
Härteres oft schon erduldet...!

Horaz, Carmina 1, 7, 30

(Kayer – Nordenflycht – Burger – Färber)

1740 **O fortunate adulescens, qui tuae virtutis Homerum praeconem inveneris!**
«Du glücklicher junger Held: du hast zum Preise deiner Tapferkeit einen Homer gefunden!»
(Alexander d. Gr. am Grabhügel Achills)

Cicero, Pro Archia poeta 24

1741 **Ohe, iam satis est.**
Halt da, genug jetzt!

Horaz, Sermones 1, 5, 12f.

(W. Schöne – H. Färber)

1742 **O imitatores, servum pecus!**
O ihr Nachahmer, ihr Sklavenherde!

HORAZ, EPISTULAE 1, 19, 19

Decipit exemplar vitiis imitabile; quodsi
pallerem casu, biberent exsangue cuminum.
O imitatores, servom pecus, ut mihi saepe
bilem, saepe iocum vestri movere tumultus!

Beirrend wirkt ein Vorbild, das in seinen Fehlern zur Nachahmung ermutigt: hätte ich zufällig ein blasses Aussehen, sie tränken sogar bleichmachenden Kümmel. Ach, ihr Nachahmer, ihr Sklaven, ihr Herdenmenschen, wie hat euer lärmendes Gebaren oft mir die Galle, oft auch Heiterkeit erregt.

(W. Schöne – H. Färber)

HW 19477a

1743 **Olet lucernam.**
Das riecht nach der Öllampe.
(d. h.: nach Nachtarbeit)

HW 39183

ERASMUS, ADAGIA 1, 7, 71

1744 **oleum addere camino**
Öl ins Feuer gießen

HORAZ, SERMONES 2, 3, 321

Haec a te non multum abludit imago.
Adde poemata nunc, hoc est, *oleum adde camino;*
quae si quis sanus fecit, sanus facis et tu.

Die Fabel* paßt nicht schlecht zu dir. Dazu kommt, daß du dichtest, also Öl ins Feuer gießt! Wenn das je einer mit Vernunft getan, dann bist auch du vernünftig. (*vom zerplatzten Ochsenfrosch)

(W. Schöne – H. Färber)

HW 39183a (... camino addere)

ERASMUS, ADAGIA 1, 2, 9 (... camino addere)

1745 **Oleum et operam perdidi.**
Ich habe Öl und Mühe verschwendet.

PLAUTUS, POENULUS 332

ANCILLA: Tum pol ego et *oleum et operam perdidi.*

DIENERIN: Wahrlich, dann
War all mein Fleiß, war all meine Müh umsonst.

HW 19768; 39183b

ERASMUS, ADAGIA 1, 4, 62

1746 **Oleum perdit et impensas.**
Er verschwendet Öl und Mühen.

vgl. HIERONYMUS, EPISTULAE 57, 12 (22, 578 Migne)

Completur in me tritum vulgi sermone proverbium *'Oleum perdit et impensas'.*

Es erfüllt sich an mir das schon abgenutzte Sprichwort: «Er vertut Geld und Mühen».

1747 **Olim meminisse iuvabit.**
Einst wird man sich gerne daran erinnern.

VERGIL, AENEIS 1, 203

O passi graviora, dabit deus his quoque finem.
Vos et Scyllaeam rabiem penitusque sonantis
accestis scopulos, vos et Cyclopia saxa
experti, revocate animos maestumque timorem
mittite: forsan et haec *olim meminisse iuvabit.*

(Gefährten ...,) truget schon schwereres Leid, ein Gott wird auch dieses beenden.
Kamt ihr doch nahe der Skylla Wut, den hohl aus der Tiefe
heulenden Klüften, ertruget ihr doch kyklopisches Felsland.
Faßt euch drum, seid mutig und laßt die jammernde Angst doch
fahren: wer weiß, einst freut es auch noch, an dieses zu denken.

(J. Götte)

HW 19775; 39184d

1748 **Olla male fervet.**
Der Topf kocht schlecht.
(d. h.: Da ist nichts zu holen.)

PETRON, SATYRICA 38, 13

Scito autem: sociorum *olla male fervet,* et ubi semel res inclinata est, amici de medio.

Ja, du mußt dir merken: beim Compagnon bringt man seinen Kohl nicht zum Kochen, und wenn es einmal schiefgeht, Freunde ab durch die Mitte.

(K. Müller – W. Ehlers)

HW 19781a

vgl. ERASMUS, ADAGIA 1, 4, 23 (olla amicitiae)

1749 **O magnam stultitiam timoris, id ipsum, quod verearis, ita cavere, ut, cum vitare fortasse potueris, ultro accersas et attrahas!**
O diese grenzenlos törichte Angst, gerade das, was man befürchtet, so sicherzustellen, daß man es, obwohl man es vielleicht hätte vermeiden können, noch obendrein heranholt und herbeizieht!

CICERO, EPISTULAE AD M. BRUTUM 1, 26 (25), 4 K.

(H. Kasten)

1750 **O matre pulchra filia pulchrior!**
O schöner Mutter schönere Tochter du!

HORAZ, CARMINA 1, 16, 1

(Kayser – Nordenflycht – Burger – Färber)

1751 **Omen ab eventu est.**
Es ist eine Vorbedeutung, die sich aus dem Erfolg herleitet.

OVID, FASTI 1, 59

1752 **O mihi praeteritos referat si Iuppiter annos!**
O gäbe Jupiter mir doch zurück die vergangenen Jahre!
(Worte des greisen Euander)

VERGIL, AENEIS 8, 560

(J. Götte)

HW 19498; 39139b2

1753 **Omina sunt aliquid.**
An Vorbedeutungen ist was dran.

OVID, AMORES 1, 12, 3

Flete meos casus: tristes rediere tabellae.
Infelix hodie littera posse negat.
Omina sunt aliquid: modo cum discedere vellet,
Ad limen digitos restitit icta Nape.

Weint, o beweint mein Geschick: zurück kam kläglich die Tafel,
Unheilslettern darauf melden für heute ein Nein.
Etwas ist wahr an den Zeichen: vorhin, als Nape davonging,
Stieß an die Schwelle der Zeh, sie aber stockte und stand.

(W. Marg – R. Harder)

1754 **Omitte haec!**
Laß die Finger davon!

vgl. CICERO, ACADEMICI LIBRI POSTERIORES 1, 2

Omitte ista, quae nec percontari nec audire sine molestia possumus, quaeso.

Laß bitte das beiseite, was wir nicht erforschen und auch nicht ohne Beschwernis hören können, bitte. (Dem Atticus in den Mund gelegte Worte)

1755 **Omne animal se ipsum diligit.**
Jedes Lebewesen liebt sich selbst.

CICERO, DE FINIBUS 5, 24

Omne animal se ipsum diligit, ac simul ut ortum est, id agit, ut se conservet.

Jedes Lebewesen liebt sich selbst und bemüht sich sofort von seiner Geburt an darum, sich selbst zu erhalten.

(O. Gigon – L. Straume-Zimmermann)

HW 19796a

1756 **Omne animi vitium tanto conspectius in se crimen habet, quanto maior, qui peccat, habetur.**
Jedes Laster schließt einen um so größeren Schuldvorwurf in sich, für wie höhergestellt man den Sünder hält.

IUVENAL, SATURAE 8, 140f.

vgl. PETRUS BLESENSIS (1135–1204), EPISTOLAE 15 (207, 54 C Migne):

Privato peccanti saepe parcitur.

HW 19798; 39187e

1757 **Omne initium difficile.**
Aller Anfang ist schwer.

HW 19825a; 39196e1

1758 **Omne malum nascens facile opprimitur.**
Jedes Übel läßt sich in seinen Anfängen leicht beseitigen.

CICERO, ORATIONES PHILIPPICAE 5, 31

... *opprimitur*, inveteratum fit plerumque robustius.

... beseitigen; wenn es sich einfrißt, gewinnt es meist an Kraft.

(M. Fuhrmann)

HW 39198

1759 **Omne nimium nocet.**
Alles Übermaß schadet.

vgl. SENECA, DE TRANQUILLITATE ANIMI 9, 6

Vitiosum est ubique, quod *nimium* est.

Verkehrt ist in jedem Falle, was zuviel ist.

(G. Fink)

HW 39202a; vgl. 19838 (Omne nocet nimium.)

1760 **Omne nimium vertitur in vitium.**
Alles Übermäßige wird zum Fehler.

HW 19837

vgl. SENECA, DE TRANQUILLITATE ANIMI 9, 6

1761 **Omnes eodem cogimur.**
Alle müssen wir zum selben Ort (d. h. zum Hades).

HORAZ, CARMINA 2, 3, 25

Omnes eodem cogimur, omnium
versatur urna serius ocius
sors exitura et nos in aeternum
exilium inpositura cumbae.

Ja, einen Weg geht alles, uns allen springt,
Ob früh, ob spät, einst aus dem geschwungenen Topf
Das letzte Los – in jenen Nachen
Holt es dich ab, und du kommst nicht wieder.

(Kayser – Nordenflycht – Burger – Färber)

HW 19898

1762 **Omnes homines ad suom quaestum calent et fastidiunt.**
Alle Menschen, die schlau auf Gewinn aus sind, die ekeln sich vor nichts.

Plautus, Truculentus 931–932

PHR. Venitne in mentem tibi, quod verbum in cavea dixit histrio?
Omnes homines ...

Phronesium: Erinnerst du dich nicht des Spruches, welchen wir
Jüngst im Theater hörten: alle Menschen, die ...
(W. Binder – W. Ludwig)

HW 39215a

vgl. Erasmus, Adagia 3, 7, 19 (Ad suum quemque quaestum aequum est esse callidum.)

1763 **Omne simile claudicat.**
Jeder Vergleich hinkt.

HW 19877b (*Omne simile* [exemplum] *claudicat.*)

1764 **Omnes immemorem beneficii oderunt.**
Alle hassen den, der eine Wohltat vergißt.

Cicero, De officiis 2, 63

Omnes enim *immemorem beneficii oderunt* eamque iniuriam in deterrenda liberalitate sibi etiam fieri eumque, qui faciat, communem hostem tenuiorum putant

Alle nämlich hassen den, der einer Wohltat nicht eingedenk ist, und meinen, dies Unrecht geschehe, da hierdurch die Großzügigkeit abgeschreckt wird, auch ihnen, und halten den, der das tut, für den gemeinsamen Feind der Schwächeren.

(nach K. Büchner)

1765 **Omnes inlacrimabiles urgentur ignotique longa nocte.**
Unbeweint hält alle die lange Nacht fest.

Horaz, Carmina 4, 9, 26

Vixere fortes ante Agamemnona
multi; sed *omnes inlacrimabiles*
urgentur ignotique longa
nocte, carent quia vate sacro.

Vor Agamemnon lebte schon mancher Held,
Doch unbeweint hält alle die lange Nacht
Und unbekannt umfangen, denn es
Fehlt der geheiligte Sänger ihnen.

(Kayser – Nordenflycht – Burger – Färber)

1766 **Omnes muti loquentur prius.**
Eher werden alle Stummen sprechen.

Plautus, Persa 240

Pa. Edictumst magnopere mihi, ne quoiquam hoc homini crederem,
Omnes muti ut *eloquerentur prius* hoc quam ego. So. At tu hoc face:
Fide data credamus.

Paegnium: Mir ist ebenfalls
Streng aufgegeben, niemand etwas zu vertrauen.
Eher sollten alle Stummen reden.
Sophoclidisca: Weißt du was?
Wir geben uns das Wort und trauen uns sodann.

(W. Binder – W. Ludwig)

1767 **Omnes pendent ab ore narrantis.**
Alle hängen am Mund des Erzählers.

VERGIL, AENEIS 4, 79

Nunc eadem labente die convivia quaerit,
Iliacos iterum demens audire labores
exposcit *pendetque* iterum *narrantis ab ore.*

Bald auch, wenn der Tag sich neigt, hält wieder sie Tafel:
ganz von Sinnen verlangt sie aufs neue von Ilions Leiden
wieder zu hören und hängt aufs neue am Mund des Erzählers. (Dido und Aeneas)

(J. Götte)

1768 **Omnes sibi malunt melius quam alteri.**
Alle meinen es mit sich selber besser als mit ihrem Nächsten.

TERENZ, ANDRIA 426f.

BY. Verum illud verbumst, volgo quod dici solet,
omnis sibi malle melius esse quam alteri.

BYRRIA: Wahr ist es, was man im gemeinen Leben sagt,
Daß jeder Gutes lieber sich als andern gönnt.

(J. J. C. Donner)

HW 19922 (... melius esse ...); 39220l

ERASMUS, ADAGIA 1, 3, 91 (... melius esse malunt ...)

1769 **Omnes una manet nox.**
Alle erwartet ein und dieselbe Nacht (sc. des Todes).

HORAZ, CARMINA 1, 28, 15

Sed *omnis una manet nox*
et calcanda semel via leti.

Ein Dunkel erwartet uns alle,
Einmal geht es die Straße des Todes.

(Kayser – Nordenflycht – Burger – Färber)

HW 19926; 39222b1

1770 **Omne supervacuum pleno de pectore manat.**
Alles Überflüssige fließt aus vollem Herzen.
(Richtig: Überflüssiges bleibt nicht haften.)

HORAZ, DE ARTE POETICA 337

Quidquid praecipies, esto brevis, ut cito dicta
percipiant animi dociles teneantque fideles:
Omne supervacuum pleno de pectore manat.

All dein Unterweisen sei kurz und bündig, damit der Geist das Gesagte alsbald gelehrig auffaßt und es getreulich festhält. Hat die Seele genug der Fülle, läßt sie alles abgleiten, was darüber ist.

(W. Schöne – H. Färber)

HW 19880; 39204b1

1771 **Omnes vulnerant, ultima necat.**
Alle (Stunden) verwunden, die letzte tötet.

Aufschrift auf einer SONNENUHR

Variation mit Wortspiel:

Omnes secant, *ultima necat.*

Alle schneiden, die letzte tötet.

1772 **Omne trinum perfectum.**
Aller guten Dinge sind drei.

HW 19880b; 39205a

1773 **Omne tulit punctum, qui miscuit utile dulci.**
Aller Beifall ist dem gewiß, der Heilsames mischte mit Süßem.

HORAZ, DE ARTE POETICA 343

Omne tulit punctum, qui miscuit utile dulci
lectorem delectando pariterque monendo.

Aller Beifall ist dem gewiß, der Heilsames mischte mit Süßem,
der den Leser zum Genießen einlud und zugleich zum Nachdenken.

(W. Schöne – H. Färber)

HW 19882; 39205c

ERASMUS, ADAGIA 1, 5, 60 (Omne tulit punctum. Omnium calculis.)

1774 **Omnia causa fiunt.**
Alles, was geschieht, hat eine Ursache.

1775 **Omnia conando docilis sollertia vincit.**
Indem sie alles versucht, kommt gelehrige Sorgfalt ans Ziel.

MANILIUS, ASTRONOMICA 1, 95 *(... vicit.)*

HW 19956; 39226a1

1776 **Omnia cum amico delibera, sed de te ipso prius!**
Berate alles mit deinem Freunde, zuvor aber über dich selbst!
(Richtig: ... zuvor aber berate dich über ihn selbst.)

SENECA, EPISTULAE MORALES 3, 2

Tu vero *omnia cum amico delibera, sed de ipso prius:* post amicitiam credendum est, ante amicitiam iudicandum.

Im Gegenteil, berate alles mit deinem Freunde – doch zunächst berate dich über ihn mit dir selbst! Nach Abschluß einer Freundschaft ist nur volles Vertrauen am Platze, vorher klares Urteil.

(E. Glaser-Gerhard)

HW 19964a; 39226a1b

1777 **omnia eiusdem farinae**
alles vom gleichen Mehl
(d. h.: alles von derselben Sorte)

vgl. Persius, Saturae 5, 115

Sin tu, cum fueris *nostrae* paulo ante *farinae,*
pelliculam veterem retines et fronte politus
astutam vapido servas in pectore volpem,
quae dederam supra, relego funemque reduco.

Wenn du jedoch, noch jüngst von unserem Mehle gebacken,
Haftest im früheren Balg und hegst hinter gleißender Stirne
Immer noch den verschlagenen Fuchs im verdorbenen Herzen:
Dann widerruf ich, was eben ich zugab, und ziehe den Strick fest.

(O. Seel)

1778 **Omni aetati mors est communis.**
Jedem Alter ist der Tod gemeinsam.

Cicero, De senectute 68

Sensi ego in optumo filio, tu in exspectatis ad amplissimam dignitatem fratribus, Scipio, *mortem omni aetati esse communem.*

Ich für meinen Teil habe an meinem eigenen vortrefflichen Sohn die Erfahrung gemacht, und du, Scipio, hast es bei deinen Brüdern, die man sich schon als Inhaber der höchsten Staatsämter wünschte, erlebt, daß der Tod in gleicher Weise jedes Lebensalter bedroht.

(M. Faltner)

HW 39222d2

1779 **Omnia hominum tenui pendent filo.**
Alles Menschliche hängt an einem dünnen Faden.

Ovid, Epistulae ex Ponto 4, 3, 35

Omnia sunt *hominum tenui pendentia filo,*
et subito casu, quae valuere, ruunt.

Alles Menschliche hängt an leicht zerreißbaren Fäden,
und was gewaltig war, endet in plötzlichem Sturz.

(W. Willige)

1780 **Omnia ibi summa ratione consilioque acta fortuna etiam, ut fit, secuta est.**
Alles geschah dort mit größter Umsicht und Überlegung, und das Glück blieb, wie es zu gehen pflegt, nicht aus.
(396 v. Chr.)

Livius, Ab urbe condita 5, 19, 8

(H. J. Hillen)

1781 **Omnia levi momento pendent.**
Alles hängt von einer leichten Bewegung ab.
(vgl.: Alles hängt an einem seidenen Faden.)

vgl. LIVIUS, AB URBE CONDITA 2, 7, 10

Tam *levi momento* mea apud vos fama *pendet?* Adeone est fundata leviter fides, ut, ubi sim quam qui sim, magis refert?

An einer solchen Kleinigkeit hängt mein Ruf bei euch? Ist euer Vertrauen zu mir so schwach begründet, daß es mehr darauf ankommt, wo ich bin, als was ich bin? (P. Valerius 509 v. Chr.)

(H. J. Hillen)

1782 **Omnia mea mecum porto.**
Ich trage all das Meinige bei mir (sagte der weise Bias).

BIAS AUS PRIËNE (6. Jh. v. Chr.), zitiert bei CICERO, PARADOXA STOICORUM 1, 1, 8

Ego vero, inquit, facio; nam *omnia mecum porto mea.*

Ich, sagte er, tue das in der Tat; denn ich trage all das Meine bei mir. (an der Textstelle ausführlicher dargestellt)

vgl. SENECA, EPISTULAE MORALES 9, 18

HW 20001b

vgl. ERASMUS, ADAGIA 4, 5, 9 (Sapiens sua bona secum fert.)

1783 **Omnia mors aequat.**
Alles macht der Tod gleich.

HW 20004a

s. auch CLAUDIAN, DE RAPTU PROSERPINAE 2, 302

1784 **Omnia mors poscit; lex est, non poena, perire.**
Alles fordert der Tod; Gesetz ist's, nicht Strafe, daß man stirbt.

SENECA, EPIGRAMMATA 1 (De qualitate temporis), v. 7.

HW 20007

1785 **Omnia munda mundis.**
Den Reinen ist alles rein.

PAULUS, AD TITUM 1, 15

1786 **Omnia mutantur, nihil interit.**
Alles wandelt sich, nichts geht unter.

OVID, METAMORPHOSES 15, 165

HW 20015

1787 **Omnia orta occident.**
Alles, was entstanden ist, wird auch wieder untergehen.

SALLUST, BELLUM IUGURTHINUM 2, 3

Postremo corporis et fortunae bonorum ut initium sic finis est, *omnia*que *orta occidunt* et aucta senescunt: animus incorruptus, aeternus, rector humani generis agit atque habet cuncta neque eis habetur.

Kurz, wie die Vorzüge des Körpers und die Gaben des Glücks ihren Anfang haben, so haben sie auch ihr Ende, und alles Entstandene muß wieder untergehen, und was aufgewachsen ist, muß altern; der unzerstörbare Geist aber wirkt als lenkende Kraft im Menschen und beherrscht alles, ohne selbst beherrscht zu werden.

(W. Eisenhut – J. Lindauer)

HW 39238 (... cadunt.)

1788 **Omnia praeclara rara.**
Alles Herrliche ist selten.

CICERO, DE AMICITIA 79

Digni autem sunt amicitia, quibus in ipsis inest causa, cur diligantur. Rarum genus! Et quidem *omnia praeclara rara,* nec quicquam difficilius quam reperire, quod sit omni ex parte in suo genere perfectum.

Der Freundschaft würdig aber sind nur die, welche das, was die Liebe zu ihnen auslöst, in ihrem Inneren haben. Eine seltene Menschenart! Es ist ja alles Vortreffliche selten, und nichts ist schwieriger, als etwas zu finden, was in seiner Art in jeder Beziehung vollkommen wäre.

(M. Faltner)

HW 20036a; 39239a2

1789 **Omnia prius experiri quam armis sapientem decet.**
Alle Mittel muß der weise Mann versuchen, ehe er kämpft.

TERENZ, EUNUCHUS 789

(J. J. C. Donner)

HW 20042 (... prius consilio experiri ...); 39239d

1790 **Omnia quadrata currunt.**
Alles läuft wie am Schnürchen.

Petron, Satyrica 43, 7

Facile est autem, ubi *omnia quadrata currunt.*

Es ist eben ein Kinderspiel, wo alles wie am Schnürchen läuft.

(K. Müller – W. Ehlers)

1791 **Omnia, quae sunt, aliquando coeperunt.**
Alles, was ist, hat irgendwann einmal begonnen.

1792 **Omnia sponte fluant; absit violentia rebus.**
Alles fließe von selbst, jeder Zwang bleibe fern!

J. A. COMENIUS (1592–1670)

1793 **Omnia sunt inter amicos communia.**
Alles haben Freunde untereinander gemeinsam.
(vgl.: Sie sind ein Herz und eine Seele.)

vgl. TERENZ, ADELPHOE 803

MI. Nam vetus verbum hoc quidemst,
communia esse amicorum inter se omnia.
DE. Facete! Nunc demum istaec nata oratiost.

MICIO: Ja; denn alles ist
Gemeinsam unter Freunden, sagt der alte Spruch.
DEMEA: Wie sinnig! Jetzt erst fällt der weise Spruch dir ein?

(J. J. C. Donner)

1794 **Omnia tempus habent.**
Alles hat seine Zeit.

HW 20 086; 39248a

Omnia tempus habent et tempore perficiantur;
impetus et facti turbatio proiciantur.

Alles hat seine Zeit und alles werde zur rechten Zeit getan;
Ungestüm und Überstürztheit beim Tun verwerfe man völlig!

vgl. ECCLESIASTES 3, 1: Τοῖς πᾶσιν χρόνος... (Toîs pâsin chrónos...)

1795 **Omnia venalia Romae.**
In Rom ist alles käuflich.
(So urteilte der Numiderkönig Jugurtha, als er aus Rom ausgewiesen wurde.)

SALLUST, BELLUM IUGURTHINUM 8, 1

Romae omnia venalia esse.

In Rom sei für Geld alles zu haben.

(W. Eisenhut – J. Lindauer)

1796 **Omnia vertuntur.**
Alles ist dem Wandel unterworfen.

PROPERZ, ELEGIAE 2, 8, 7

Omnia vertuntur; certe vertuntur amores:
Vinceris aut vincis, haec in amore rota est.

Alles dreht sich, gewiß, und so dreht es sich auch in der Liebe;
du wirst besiegt oder siegst, Liebender: dies ist das Rad.

(W. Willige)

HW 20096a

1797 **Omnia videre, multa praetermittere, pauca monere.**
Alles sehen, vieles unbeanstandet lassen, nur weniges anmahnen.

PAPST JOHANNES XXIII. (1881–1963; Papst seit 1958)

1798 **Omnia vincit amor, nos et cedamus amori!**
Amor besiegt doch alles, so weichen auch wir denn dem Amor!

VERGIL, BUCOLICA 10, 69

Omnia vincit Amor, et nos …

(J. Götte)

HW 20097; 39248 b 1

1799 **Omnibus invideas, livide, nemo tibi.**
Alle magst du beneiden, du Neider, doch keiner beneidet wohl dich.

MARTIAL, EPIGRAMMATA 1, 40, 2

HW 20162

1800 **Omnibus telis fortunae proposita est vita nostra.**
Allen Geschossen des Schicksals ist unser Leben ausgesetzt.

1801 **omni ex parte in suo genere perfectum**
in seiner Art in jeder Hinsicht vollkommen

CICERO, DE AMICITIA 79

(M. Faltner)

1802 **omni pede stare**
fest auf den Beinen stehen
(in allen Sätteln gerecht sein)

QUINTILIAN, INSTITUTIO ORATORIA 12, 9, 18

Ita nec liber est inpetus nec cura contexta, et utrumque alteri opstat: illa enim, quae scripta sunt, retinent animum, non sequuntur. Itaque in iis actionibus *omni*, ut agricolae dicunt, *pede standum est.*

(Wenn dies geschieht, bildet sich kein Zusammenhang …) So kommt es weder zu freiem Schwung noch zu Sorgfalt im Gewebe des Textes, und eins ist dem anderen im Wege; denn das, was schriftlich ausgearbeitet ist, hemmt den Geist, statt seiner Bahn zu folgen. Deshalb muß man, wie man auf dem Lande sagt, bei diesen Reden vor Gericht auf jedem Fuße stehen.

(H. Rahn)

HW 19937 b (… standum est.); 39223

ERASMUS, ADAGIA 3, 1, 34 (… standum)

1803 **Omnis amans amens.**
Jeder Verliebte ist verrückt.

vgl. Plautus, Mercator 82

Ch. Ego me ubi invisum meo patri esse intellego
atque odio me esse, quoi placere aequom fuit,
amens amansque animum offirmo meum:
dico esse iturum me mercatum, si velit,
amorem missum facere me, dum illi obsequar.

Charinus: Ich merkte bald, wie bös mein Vater auf mich war,
Wie er mich hassen mußte, während ich ihm doch
Gefallen sollte; da ermannt ich mich, versprach
Von meiner dummen Liebe abzulassen, mich,
Wenn es sein Wille wäre, auf die Handelsreise
Zu begeben, wenn ich nur dadurch mir seine Gunst
Erwerben könnte.

(W. Binder – W. Ludwig)

HW 20186; 20187; 39265k

1804 **Omnis arrogantia odiosa.**
Jede Art von Anmaßung ruft Widerwillen hervor.

Cicero, Divination in Q. Caecilium 36

(nach M. Fuhrmann)

1805 **Omnis ars imitatio est naturae.**
Jede Kunst ist Nachahmung der Natur.

Seneca, Epistulae morales 65, 3

Omnis ars naturae imitatio est: itaque quod de universo dicebam, ad haec transfer, quae ab homine facienda sunt. Statua et materiam habuit, quae pateretur artificem, et artificem, qui materiae daret faciem: ergo in statua materia aes fuit, causa opifex.

Jede Kunst ist Nachahmung der Natur. Daher gilt, was ich vom Weltganzen sagte, auch für die Werke von Menschenhand: zur Schöpfung einer Statue benötigt man den Stoff, der dem Künstler die Möglichkeit gibt, und den Künstler, der der Materie Gestalt verleiht. Bei einer Statue ist mithin die Materie das Erz, die Ursache der Bildhauer.

(E. Glaser-Gerhard)

HW 20193a

1806 **Omnis festinatio tarda est.**
Alle Eile ist langsam.
(vgl.: Eile mit Weile!)

Curtius Rufus, Historia Alexandri Magni 9, 9, 12

Sed in tumultu *festinatio* quoque *tarda est.*

Aber im Wirrwarr ist auch Eile ein Hemmnis.

(K. Müller – H. Schönfeld)

1807 **Omnis in modo est virtus.**
Jede Tugend beruht auf dem Maße.

Seneca, Epistulae morales 66, 9

(E. Glaser-Gerhard)

1808 **Omnis motus in fine velocior.**
Jede Bewegung beschleunigt sich zum Ende hin.

1809 **Omnis res est iam in vado.**
Wir sind im seichten Wasser.
(vgl.: Wir haben unser Schäfchen im trockenen.)

TERENZ, ANDRIA 845

Wir sind geborgen.

(J. J. C. Donner)

ERASMUS, ADAGIA 1, 1, 45 (in vado)

1810 **Omnium rerum mors est extremum.**
Von allen Dingen ist der Tod das Äußerste.

CICERO, AD FAMILIARES 6, 20 (21), 1 K.

Nunc vero eversis omnibus rebus, cum consilio profici nihil possit, una ratio videtur, quicquid evenerit, ferre moderate, praesertim cum *omnium rerum mors sit extremum* et mihi sim conscius me, quoad licuerit, dignitati rei p. consuluisse et hac amissa salutem retinere voluisse.

Jetzt, wo alles dahin ist und guter Ratschlag nichts mehr fruchtet, gibt es anscheinend nur noch einen vernünftigen Ausweg: alles, was kommt, gelassen hinzunehmen, zumal in jedem Fall am Ende der Tod steht und ich mir bewußt bin, daß ich, solange es möglich war, der Würde des Staates gedient habe, und als sie verloren war, wenigstens seinen Fortbestand wahren wollte. (Januar 45 v. Chr.)

(H. Kasten)

HW 20263c

1811 **Omnium rerum principia parva sunt.**
Die Anfänge aller Dinge sind klein.

CICERO, DE FINIBUS 5, 58

Omnium enim *rerum principia parva sunt*, sed suis progressionibus usa augentur, nec sine causa; in primo enim ortu inest teneritas ac mollitia quaedam, ut nec res videre optimas nec agere possint.

Die Anfänge aller Dinge sind klein, aber im Zuge des Fortschrittes werden sie bedeutender und dies aus gutem Grund; denn dem Ursprung ist eine gewisse Zerbrechlichkeit und Weichheit eigen, so daß man die wichtigsten Dinge weder zu sehen noch zu tun vermag.

(O. Gigon – L. Straume-Zimmermann)

1812 **Omnium vitiorum fundamentum avaritia est.**
Aller Laster Fundament ist die Habsucht.

SENECA RHETOR, CONTROVERSIAE EXC. 2, 7

1813 **O passi graviora, dabit deus his quoque finem.**
(Liebe Gefährten ...),
truget schon schwereres Leid; ein Gott wird auch dieses beenden.

VERGIL, AENEIS 1, 199

(J. Götte)

HW 19519; 3913914

1814 **O praeclarum ovium custodem lupum!**
Ein prächtiger Schafhirte: ein Wolf!

CICERO, ORATIONES PHILIPPICAE 3, 27

O praeclarum custodem ovium, ut aiunt, *lupum!*
Custosne urbis an direptor et vexator esset Antonius?
Et quidem se introiturum in urbem dixit exiturumque, cum vellet.

Ein herrlicher Hüter, wie im Sprichwort: für Schafe ein Wolf!
Der Hüter der Stadt, oder ihr Plünderer und Zerstörer: was käme wohl für Antonius in Betracht? Und er werde die Stadt betreten, sagte er, und wieder verlassen, wie es ihm beliebe.

(M. Fuhrmann)

HW 39140 (... custodem ovium ...)

1815 **Optat ephippia bos piger, optat arare caballus.**
Der müde Ochse wünscht sich einen Sattel, das Pferd möchte pflügen.

HORAZ, EPISTULAE 1, 14, 43

HW 20289a

ERASMUS, ADAGIA 1, 6, 71

1816 **Optime homines exemplis docentur.**
Aufs beste werden die Menschen durch Beispiele belehrt.

PLINIUS MINOR, PANEGYRICUS 45, 6

Nec tam imperio nobis opus est quam exemplo. Quippe infidelis recti magister est metus. Melius *homines exemplis docentur,* quae imprimis hoc in se boni habent, quod adprobant, quae praecipiunt, fieri posse.

Wir brauchen weniger den Befehl als das Beispiel. Denn ein unzuverlässiger Lehrer des Rechten ist die Furcht. Besser werden die Menschen durch Beispiele belehrt, die vor allem das Gute an sich haben, daß sie glaubhaft machen, das, was sie verlangen, lasse sich auch bewirken.

1817 **Optimum cibi condimentum fames, sitis potus.**
Die beste Würze für das Essen ist der Hunger, für das Getränk der Durst.

vgl. CICERO, DE FINIBUS 2, 90

Socratem, qui voluptatem nullo loco numerat, audio dicentem *cibi condimentum esse famem, potionis sitim.*

Und ich stelle fest, daß Sokrates, für den die Lust überhaupt nicht zählt, gesagt hat, die Würze des Essens sei der Hunger, diejenige des Trinkens der Durst.

(O. Gigon – L. Straume-Zimmermann)

HW 39325 (*om.* cibi)

ERASMUS, ADAGIA 2, 7, 79 (Optimum condimentum fames.)

1818 **Optimum est aliena insania frui.**
Am besten ist es, aus der Torheit anderer Nutzen zu ziehen.

PLINIUS MAIOR, NATURALIS HISTORIA 18, 31

*Optimum*que *est*, ut volgo dixere, *aliena insania frui.*

Und es ist, wie man gewöhnlich sagt, am besten, aus der Torheit anderer Nutzen zu ziehen.

(R. König – K. Bayer)

HW 20314a1

ERASMUS, ADAGIA 2, 3, 39 (*om.* est)

1819 **Optimum est non nasci.**
Am besten ist es, überhaupt nicht geboren zu werden.

nach SOPHOKLES, OEDIPUS COLONEUS 1224f.

Μὴ φῦναι τὸν ἅπαντα νι- |
κᾷ λόγον ...

(Mè phŷnai tòn hápanta ni- |
kâ lógon ...)

vgl. HW 39325k (... non exstitisse, vel statim esse mortuum.)

ERASMUS, ADAGIA 2, 3, 49 (*om.* est)

1820 **Opus opificem probat.**
Das (fertige) Werk bestätigt den Meister.

vgl. HW 39332c1 (... laudat artificem.)

1821 **O quantum est in rebus inane!**
O Welt, so nichtig und eitel!

PERSIUS, SATURAE 1, 1

(O. Seel)

HW 19560b; 39140f3

1822 **Ora et labora!**
Bete und arbeite!

im Sinne der Regula Sancti Benedicti

HW 20330: *Ora et labora*, dabit Deus omnia bona.
HW 39332a: *Ora et labora* et impetrabis omnia.

1823 **Orandum est, ut sit mens sana in corpore sano.**
Man kann nur darum beten, daß in einem gesunden Körper auch ein gesunder Geist steckt.

Juvenal, Saturae 10, 356

HW 20339; 14715 (Mens sana in corpore sano.)

1824 **Oscula qui sumpsit, si non et cetera sumit,**
haec quoque, quae data sunt, perdere dignus erit.
Wer bereits Küsse sich nahm und das übrige nun nicht dazunimmt,
Der verdient, auch noch das, was er schon hat, zu verlieren.

Ovid, Ars amatoria 1, 669f.

(N. Holzberg)

HW 20453

1825 **O si sic omnia!**
O, wenn doch alles so wäre!

1826 **Ossa atque pellis totus est.**
Er besteht nur noch aus Haut und Knochen.

Plautus, Aulularia 564

Meg. Volo ego ex te scire, qui sit agnus curio.
Euc. Quia *ossa ac pellis totust:* ita cura macet.
Quin exta inspicere in sole ei vivo licet:
ita is pellucet quasi lanterna Punica.

Megadorus: Verkümmert? Inwiefern? Das möcht ich wissen.
Euclio: Weil das Tier nur Haut und Knochen hat. Der Kummer zehrt:
Die Eingeweide kann man bei lebendigem Leib
Ihm zählen, wenn man's an die Sonne hält; es ist
Durchsichtig wie eine punische Laterne.

(W. Binder – W. Ludwig)

1827 **O tempora, o mores!**
O Zeiten, o Sitten!

Cicero, In C. Verrem II 4, 56; In L. Catilinam 1, 2

HW 19586a

1828 **Otio qui nescit uti, duplum ei negotium est.**
Wer mit der Muße nichts anzufangen weiß, hat doppelt zu tun.

HW 39353d; vgl. 39353e (... ei otium *negotium est.*)

vgl. ERASMUS, ADAGIA 2, 9, 99 (Negotium ex otio.)

1829 **O Tite, tute, Tati, tibi tanta, tyranne, tulisti!**
O Titus Tatius, du Tyrann, hast dir dies große Unglück selbst verschuldet.

ENNIUS, ANNALES I 109 V., zitiert bei AUCTOR AD HERENNIUM 4, 18; PRISCIAN XII 23 (GL II 1, p. 591, 13 H.)

HW 19588; 39141 a3

1830 **otium cum dignitate**
ehrenvoller Ruhestand

CICERO, PRO P. SESTIO 98

Quid est igitur propositum his rei publicae gubernatoribus, quod intueri et quo cursum suum dirigere debeant? Id, quod est praestantissimum maximeque optabile omnibus sanis et bonis et beatis: *cum dignitate otium.*

Was ist nun das Ziel dieser Lenker unseres Staates, das sie fest ins Auge fassen und auf das sie ihre Fahrt richten müssen? Was allen Vernünftigen, Rechtschaffenen und Wohlhabenden höchster Wert und Wunsch ist: der mit Würde gewahrte Frieden.

(M. Fuhrmann)

HW 39357

1831 **Otium est operosius negotio.**
Muße ist arbeitsreicher als Arbeit.

J. ALBINUS, S. 57

1832 **Otium sine litteris mors est et hominis vivi sepultura.**
Muße ohne geistige Beschäftigung ist Tod und Bestattung eines lebenden Menschen.

SENECA, EPISTULAE MORALES 82, 3

HW 20518e; vgl. 39362 l (... hominem ante mortem infert humo.)

1833 **Otto, oro, relever, non reveler, oro, Otto.**
Otto, ich bitte, daß ich unterstützt, nicht entblößt werde, Otto. (Versus reciprocus)

HW 20519

1834 **ovem committere lupo**
dem Wolf ein Schaf anvertrauen

TERENZ, EUNUCHUS 832

TH. Scelesta, *lupo ovem commisisti.* Dispudet
sic mihi data esse verba.

THAIS: Verdammt! Dem Wolf vertrautest du das Lamm! O Schmach,
Daß man mich so berückte!

(J. J. C. Donner)

vgl. HW 20528b (... lupo commisisti.); 39363

ERASMUS, ADAGIA 1, 4, 10 (Ovem lupo commisisti.)

1835 **O vita, misero longa, felici brevis!**
O Leben, kurz im Glück, wie lang im Unglück!

PUBLILIUS SYRUS O 3

(H. Beckby)

HW 19595 (O vitam, ... longam, ... brevem!)

P

1836 pabulum Acherontis
Futter für den Acheron
(Der Acheron ist einer der vier Unterweltströme.)

Plautus, Casina 157

Cle. Ego pol illum probe incommodis dictis angam:
Faciam, uti proinde, ut est dignus, vitam colat,
Acheruntis pabulum, flagiti persequentem, stabulum nequitiae.

Cleostrata: Ich will (mit Schimpfen und Mißhandeln den verliebten Bock gehörig strafen,) ihn mit Reden ängstigen, die ihm ganz ungelegen sind, ein Leben ihm bereiten, wie er's wert ist, dieses Höllenaas, dies Sündenmagazin, der Pfuhl von Schlechtigkeit.

(W. Binder – W. Ludwig)

1837 Pacta sunt servanda.
Abmachungen müssen eingehalten werden.

Cicero, De Officiis 3, 92

Pacta et promissa semperne *servanda* sint, 'quae nec vi nec dolo malo', ut praetores solent, 'facta sint'.

Ob Abmachungen und Versprechen immer zu halten sind, «die weder mit Gewalt noch böswilliger Täuschung», wie die Prätoren sich auszudrücken pflegen, «zustande gekommen sind».

(K. Büchner)

1838 Pactolus tibi fluat!
Möge dir der Paktolos fließen!
(Paktolos: ein goldführender Fluß in Lydien)

Horaz, Epodoe 15, 20

Et tu, quicumque es felicior atque meo nunc
 superbus incedis malo,
sis pecore et multa dives tellure licebit
 *tibi*que *Pactolus fluat* ...,
eheu, translatos alio maerebis amores:
 ast ego vicissim risero.

Aber auch du, wer immer du seist, der jetzt, ein Beglückter,
 Ob meinem Unglück triumphiert,
Sei du an Herden so reich, wie du willst, und an Menge der Felder,
 Paktolus ströme Gold dir zu ...,
Du auch jammerst dereinst, wenn dein Lieb zum nächsten sich wendet!
 Dann wird an mir das Lachen sein!

(Kayser – Nordenflycht – Burger – Färber)

vgl. Erasmus, Adagia 1, 6, 75 (Pactoli opes)

1839 **Pallida mors aequo pulsat pede pauperum tabernas regumque turris.**

Klopft doch der Tod, der bleiche, an mit gleichem Fuß an Hütten wie Königsschloß.

HORAZ, CARMINA 1, 4, 13f.

(Kayser – Nordenflycht – Burger – Färber)

HW 20578; 39365w1

1840 **Palmam qui meruit, ferat!**

Die Siegespalme erhalte, wer sie sich verdient hat!

s. GELLIUS, NOCTES ATTICAE 3, 6 (zur Siegespalme);
s. auch CICERO, AD ATTICUM 4, 18 (15), 6 k.

HW 39368

1841 **panem et circenses**

Brot und Spiele

(Mit Lebensmittelspenden und Veranstaltung von aufwendigen Spielen hielten die Kaiser das Volk von Rom bei Laune.)

JUVENAL, SATURAE 10, 81

Nam qui dabat olim
imperium fasces legiones omnia, nunc se
continet atque duas tantum res anxius optat,
panem et circenses.

Denn (das Volk,) das einst
Herrschaft, Rutenbündel, Legionen, kurz: alles gab, hält nun sich
bescheiden zurück und wünscht ängstlich nur noch zwei Dinge:
Brot und Spiele.

HW 39369b1

1842 **Papulas observatis alienas obsiti plurimis ulceribus.**

Pusteln nehmt ihr bei anderen wahr, selbst übersät von zahllosen Geschwüren!

(G. Fink)

Seneca, De Vita Beata 27

HW 39370a 3 (Papulas alienas observat ipse ulceribus obsitus.)

1843 **par bene comparatum**

ein gut zusammengestelltes Paar

IUSTINUS, EPITOMA HISTORIARUM PHILIPPICARUM 6, 2

Postquam Agesilaum cum ingentibus copiis in Asiam misere, non facile dixerim, quod aliud *par* ducum tam *bene comparatum* fuerit.

Nachdem sie den Agesilaos mit riesigen Truppenmassen nach Kleinasien geschickt hatten, könnte ich nicht leicht sagen, welches andere Paar von Feldherrn so gut aufeinander abgestimmt gewesen wäre (sc. wie Kanon und Agesilaos).

1844 **Parcam verbis, gratuita sunt.**
Ich will mir die Worte sparen, sie sind ohnehin in den Wind gesprochen.

SENECA, EPISTULAE MORALES 29, 2

Quid enim, si quis surdos obiurget aut natura morbove mutos? 'Quare', inquis, '*verbis parcam? Gratuita sunt.* Non possum scire, an ei profuturus sim, quem admoneo: illud scio, alicui me profuturum, si multos admonuero. Spargenda manus est. Non potest fieri, ut non aliquando succedat multa temptanti.'

Wohin soll es denn führen, wenn man Taube anschreit oder Leute, die von Geburt oder durch Krankheit stumm sind? «Warum», erwiderst du, «soll ich meine Worte sparen? Sie kosten doch nichts. Ich kann natürlich nicht wissen, ob ich dem nütze, dem ich eine Predigt halte; eins aber weiß ich: spreche ich viele an, so wird schon einer davon Nutzen haben. Man muß dem Mitmenschen seine Hand entgegenstrecken: wer viel versucht, dem muß etwas gelingen.»

(E. Glaser-Gerhard)

1845 **parcere subiectis et debellare superbos**
(Du aber, Römer, gedenk ...) Unterworf'ne zu schonen und niederzukämpfen Empörer!

VERGIL, AENEIS 6, 853

(J. Götte)

HW 20670 (... hoc est in summis gloria summa viris!)

1846 **Pares cum paribus facillime congregantur.**
Gleiche kann man mit Gleichen sehr leicht zusammenscharen. (vgl.: Gleich mit Gleich gesellt sich gern.)

CICERO, DE SENECTUTE 7

Pares autem vetere proverbio *cum paribus facillime congregantur.*

Ein altes Sprichwort sagt ja: Gleich und gleich gesellt sich gern!

(M. Faltner)

HW 39385

1847 **Paritur pax bello.**
Der Friede wird durch Krieg gewonnen.

CORNELIUS NEPOS, VITA EPAMINONDAE 5, 4

Huic ille 'Fallis' inquit 'verbo civis tuos, quod hos a bello avocas: otii enim nomine servitutem concilias. Nam *paritur pax bello.* Itaque, qui ea diutina volunt frui, bello exercitati esse debent ...'

Aber Epaminondas hielt ihm (dem Thebaner Menekleides) vor: «Dein Bemühen, die Bürger vom Krieg abzuhalten, geht auf Betrug aus. Von der Friedensruhe sprichst du und die Knechtschaft bringst du. Nur durch Krieg wird der Frieden gewonnen und nur die Kampfbereitschaft sichert seine Früchte auf die Dauer ...»

(H. Färber)

HW 39387

1848 **par negotiis neque supra**
seinen Aufgaben gewachsen, aber nicht mehr

TACITUS, ANNALES 6, 39, 3

Fine anni Poppaeus Sabinus concessit vita... maximis provinciis per quattuor et viginti annos inpositus, nullam ob eximiam artem, sed quod *par negotiis neque supra* erat.

Am Ende des Jahres (35 n. Chr.) starb Poppaeus Sabinus..., in den bedeutendsten Provinzen 24 Jahre lang Statthalter, nicht etwa wegen besonderer Befähigung, sondern weil er seinen Aufgaben eben gewachsen war – aber nicht darüber hinaus.

(E. Heller)

1849 **par nobile fratrum**
ein sauberes Brüderpaar

HORAZ, SERMONES 2, 3, 243

Quinti progenies Arri, *par nobile fratrum,*
nequitia et nugis pravorum et amore gemellum
luscinias soliti inpenso prandere coemptas,
quorsum abeant? Sani ut creta, an carbone notati?

Quintus Arrius' Söhne kannte man als edles Brüderpaar, das sich in Niedertracht und Albernheit und allerhand üblen Gelüsten zwillingsmäßig glich; sie speisten schon zum Frühstück Nachtigallen, die sie für teures Geld aufgekauft. In welche Klasse weist du sie? Sind sie mit weißer Kreise als gesund, mit schwarzer als verrückt gezeichnet?

(W. Schöne – H. Färber)

vgl. LIVIUS, AB URBE CONDITA 8, 29, 10 (par nobile)

HW 20634

1850 **Par pari refertur.**
Gleiches wird mit gleicher Münze zurückbezahlt.

vgl. TERENZ, ADELPHOE 73

MI. Ille, quem beneficio adiungas, ex animo facit;
studet *par referre,* praesens absensque idem erit.

MICIO: Wen du durch Wohltun fesselst, der tut alles gern;
Er will vergelten; nah und fern bleibt er sich gleich.

(J. J. C. Donner)

HW 39373 (... refero.)

ERASMUS, ADAGIA 1, 1, 35

1851 **par pari respondere**
Gleiches mit Gleichem erwidern

CICERO, AD ATTICUM 16, 7, 6 K.

Provide, si cui quid debetur, ut sit, unde *par pari respondeam.* Mirifica enim δυσχρηστία (dyschrestía) est propter metum armorum.

Wenn Du jemand etwas schuldig bist, sieh zu, daß ich das Nötige zur Verfügung habe, um auch den letzten Heller zu bezahlen. Es herrscht nämlich eine riesige Geldknappheit aus Angst vor dem Kriege. *(19. 8. 44 v. Chr.)*

(H. Kasten)

1852 **Pars tui melior immortalis est.**
Dein besserer Teil ist unsterblich.

vgl. SENECA, EPISTULAE MORALES 82, 1

In tuto *pars tui melior est.* Potest fortuna tibi iniuriam facere: quod ad rem magis pertinet, non timeo, ne tu facias tibi.

In Sicherheit ist dein besseres Selbst. Es kann das Schicksal dir Unrecht tun: was viel wichtiger ist – ich fürchte nicht, daß du dir Unrecht tust.

(M. Rosenbach)

HW 20730

1853 **Parturiunt montes, nascetur ridiculus mus.**
Es kreißen die Berge, geboren wird nur eine lächerliche Maus. (vgl.: Der Berg hat eine Maus geboren, d. h.: viel Lärm um nichts.)

HORAZ, DE ARTE POETICA 139

Fortunam Priami cantabo et nobile bellum.
Quid dignum tanto feret hic promissor hiatu?
Parturient montes, nascetur ridiculus mus.

(Auch Du darfst nicht anfangen wie einst der Homeride im kyklischen Epos:) Priams Schicksal will ich singen und den weltberühmten Krieg. Ein vielversprechend Wort! Wird er auch bieten, was dem Mundwerk ganz entspricht? Gebirge wollen gebären, und nur ein winziges Mäuslein wird zur Welt gebracht!

(W. Schöne – H. Färber)

HW 20746; 39389h1

ERASMUS, ADAGIA 1, 9, 14

1854 **Parva do, ut mihi magna remittantur.**
Ich gebe kleine Geschenke, um größere zu erhalten.

vgl. MARTIAL, EPIGRAMMATA 5, 59, 3

Quod non argentum, quod non tibi mittimus aurum,
hoc facimus causa, Stella diserte, tua.
Quisquis magna dedit, *voluit sibi magna remitti;*
fictilibus nostris exoneratus eris.

Wenn ich kein Silbergeschirr und wenn ich kein Gold an dich sende,
deinetwegen allein, trefflicher Stella, geschieht's.
Wer da große Geschenke dir gibt, will große erhalten.
Durch mein tönern Geschirr bist du von Lasten befreit.

(R. Helm)

1855 **Parva leves capiunt animos.**
Kleines nimmt schlichte Gemüter ein.

OVID, ARS AMATORIA 1, 159

Parva levis capiunt animos. Fuit utile multis
pulvinum facili composuisse manu.

Kleines gewinnt ein leichtes Gemüt. Es nützte schon vielen,
Daß sie mit freundlicher Hand rückten das Polster zurecht.

(N. Holzberg)

HW 39395

1856 **parva magnis**
Kleines mit Großem (vergleichen)

PLINIUS MINOR, EPISTULAE 5, 6, 44 K.

Similiter nos, ut *parva magnis*, cum totam villam oculis tuis subicere conamur, si nihil inductum et quasi devium loquimur, non epistula, quae describitur, magna est.

(Sieh, wie Arat selbst die winzigsten Gestirne verfolgt und aufzählt, und doch das rechte Maß hält...)
Ebenso ich – um «Kleines mit Großem» zu vergleichen; wenn ich bei dem Versuch, Dir das ganze Anwesen vor Augen zu führen, nichts Gesuchtes und gleichsam Abwegiges einfließen lasse, so ist es nicht der beschreibende Brief, der umfangreich ist, sondern das beschriebene Anwesen.

(H. Kasten)

1857 **Parvum addas parvo, magnus acervus erit.**
Kleines füge zu Kleinem: ein großer Haufen wird es bald sein.

HW 20789

vgl. OVID, AMORES 1, 8, 90: postmodo de stipula grandis *acervus erit*.

1858 **Parvum parva decent.**
Kleines geziemt dem Kleinen.

HORAZ, EPISTULAE 1, 7, 44

Parvum parva decent: mihi iam non regia Roma,
sed vacuum Tibur placet aut inbelle Tarentum.

Schlichtem Stande ziemt die Schlichte: mir behagt jetzt nicht mehr Roms herrschende Herrlichkeit, sondern das stille Tibur oder das friedsame Tarent.

(W. Schöne – H. Färber)

HW 39404a2; vgl. 20784 (parvos...)

1859 **Pater, peccavi.**
Vater, ich habe gesündigt.

LUKAS 15, 18

1860 **Patet omnibus veritas.**
Die Wahrheit steht allen offen.

SENECA, EPISTULAE MORALES 33, 11

Patet omnibus veritas, nondum est occupata: multum ex illa etiam futuris relictum est.

Allen ist die Wahrheit zugänglich, noch ist sie nicht in Beschlag genommen: viel ist von ihr auch noch für künftige Geschlechter übrig.

(nach M. Rosenbach)

HW 39413

1861 **Patientia laesa fit furor.**
Verletzte Geduld wird zur Wut.

HW 20833d

Patientia saepius *laesa fit furor.*

Zu oft verletzte Geduld wird zur Raserei.

1862 **Patriae fumus igne alieno luculentior.**
Der Rauch des Vaterlands leuchtet heller als das Feuer in der Fremde.

HW 20845; 39426 (... luculentior quam alienus ignis.)

ERASMUS, ADAGIA 1, 2, 16

1863 **Patriae inserviendo consumor.**
Ich verzehre mich im Dienst fürs Vaterland.

O. v. BISMARCK (1815–1898), zuerst Dezember 1881

1864 **Patriae solum omnibus carum est.**
Der Boden des Vaterlands ist allen teuer.

CICERO, IN L. CATILINAM 4, 16

Quis est enim, cui non haec templa, aspectus urbis, possessio libertatis, lux denique haec ipsa et commune *patriae solum* cum *sit carum,* tum vero dulce atque iucundum?

Denn wem wären nicht diese Heiligtümer, der Anblick der Stadt, der Besitz der Freiheit, endlich das Tageslicht selbst und der gemeinsame Boden des Vaterlandes teuer, ja süß und wonnevoll?

(M. Fuhrmann)

HW 39427

1865 **Patria est, ubicumque est bene.**
Das Vaterland ist überall da, wo es gut ist.

CICERO, TUSCULANAE DISPUTATIONES 5, 108,
zitiert aus PACUVIUS, TEUCER; trag. inc. v. 92 R.

Postremo ad omnis casus facillima ratio est eorum, qui ad voluptatem ea referunt, quae sequuntur in vita, ut, quocumque haec loco suppeditetur, ibi beate queant vivere. Itaque ad omnem rationem Teucri vox accommodari potest: *'Patria est, ubicumque est bene.'*

Schließlich ist allen Unglücksfällen gegenüber der einfachste Gedanke derjenige jener Philosophen, die alle Ereignisse des Lebens auf die Lust beziehen, so daß sie also glückselig leben können, wo immer die Lust ihnen zur Verfügung steht. Ganz allgemein läßt sich also der Ausspruch des Teukros anwenden: «Vaterland ist, wo es einem gut geht.»

(O. Gigon)

HW 20842a (... ubicumque bene vixeris.); vgl. 39420b

ERASMUS, ADAGIA 2, 2, 93

1866 **Patria est, ubicumque vir fortis sedem sibi elegerit.**
Vaterland ist, wo immer ein tapferer Mann seinen Wohnsitz genommen hat.

Curtius Rufus, Historia Alexandri Magni 6, 4, 13

Multa exilia patere fugienti:
patriam esse, ubicumque vir fortis sedem sibi elegerit.

Auf der Flucht stünden ihm ja so mancherlei Ort in der Fremde offen:
dem Tapferen wandle sich allerorten der Wohnsitz, den er gewählt, zum Vaterland.

(K. Müller – H. Schönfeld)

vgl. Cicero, Tusculanae disputationes 5, 37

HW 20843; 39420d (... sedem vir fortis delegerit.)

1867 **Patris est filius.**
Er ist der Sohn seines Vaters.

vgl. Cicero, De finibus 5, 12

Quare teneamus Aristotelem et eius filium Nicomachum, cuius accurate scripti de moribus libri dicuntur illi quidem esse Aristoteli, sed non video, cur non potuerit *patri similis* esse *filius.*

Halten wir uns also an Aristoteles und seinen Sohn Nikomachos, dessen sorgfältig aufgebaute Bücher über die Ethik zwar dem Aristoteles zugeschrieben werden, aber ich sehe nicht ein, warum nicht der Sohn dem Vater hätte ähnlich sein können.

(O. Gigon – L. Straume-Zimmermann)

HW 39428h

Erasmus, Adagia 4, 3, 36

1868 **Pauca accipe contra!**
Laß mich kurz darauf erwidern!

Horaz, Sermones 1, 4, 38

Agedum *pauca accipe contra!*

Nun schön – laß mich ein kurzes Wort darauf erwidern!

(W. Schöne – H. Färber)

1869 **Pauca, sed bona.**
Weniges, aber Gutes.

1870 **Paulatim longius itur.**
Allmählich kommt man voran.

HW 39440k1

1871 **Paulum interesse censes, ex animo omnia, ut fert natura, facias an de industria?**
Wie? Meinst du, gleich viel sei es, ob du frisch und frei
Vom Herzen weg sprichst alles oder einstudiert?

Terenz, Andria 794f.

(J. J. C. Donner)

1872 **Paulum sepultae distat inertiae celata virtus.**
Wenig entfernt ist verhehlte Tugend von begrabener Untätigkeit.

HORAZ, CARMINA 4, 9, 29f.

Paulum sepultae distat inertiae
celata virtus: non ego te meis
chartis inornatum silebo
totve tuos patiar labores
inpune, Lolli, carpere lividas
obliviones.

Verdienst, das niemand feiert, begraben liegt's,
Dem Nichtstun gleichwert: nimmer, o Lollius,
soll deinen Preis mein Lied verschweigen,
Nimmer, ich wehr' es, an deinem Mühen,
Dem reichen, straflos nagen die neidische
Vergessenheit.

(Kayser – Nordenflycht – Burger – Färber)

HW 20888a

1873 **Pauperis est numerare pecus.**
Sache des Armen ist es, sein Vieh zu zählen.

OVID, METAMORPHOSES 13, 824

Hoc pecus omne meum est, multae quoque vallibus errant,
multas silva tegit, multae stabulantur in antris.
Nec, si forte roges, possim tibi dicere, quot sint:
Pauperis est numerare pecus!

All dies Vieh ist mein, und viel auch schweift in den Tälern,
viel verbirgt sich im Wald, und viel ist gestallt in den Höhlen.
Fragst du mich etwa, wie viele an Zahl: ich kann es nicht sagen. –
Sache des Armen, zu zählen sein Vieh! (sagt Polyphem)

(E. Rösch)

HW 20985a; 39451

1874 **Paupertas impulit audax.**
Verwegene Armut hat ihn angetrieben.

HORAZ, EPISTULAE 2, 2, 51

Unde simul primum me dimisere Philippi,
decisis humilem pinnis inopemque paterni
et laris et fundi *paupertas inpulit audax,*
ut versus facerem.

Den Abschied gab mir der Tag von Philippi. Gestutzt waren die Schwingen, gebeugt der Sinn, verloren das väterliche Haus und Grundstück: da hat Armut mir den Wagemut gegeben und den Trieb zum Dichten.

(W. Schöne – H. Färber)

HW 21009a

1875 **Paupertas mordet.**
Armut tut weh.

1876 **Paupertas non est probro.**
Armut ist keine Schande.

1877 **Paupertas tolerabilis est, si ignominia absit.**
Armut ist erträglich, wenn ihr keine Schande anhaftet.

1878 **Pauper ubique iacet.**
Der Arme liegt überall am Boden.
(d. h.: Der Arme hat es immer schwer.)

Ovid, Fasti 1, 218

In pretio pretium nunc est: dat census honores.
census amicitias: *Pauper ubique iacet.*

Geschätzt wird heutzutage nur noch der Geldeswert: Die Steuerkraft verleiht Ämter,
Freundschaften auch: Wer arm, überall liegt der am Boden.

HW 20949; 39447c3 (Pauper ubique iacet premiturque a mole potentis. | Pauper ubique gemit, dives ubique premit.)

1879 **Pax Cererem nutrit, pacis alumna Ceres.**
Der Friede nährt Ceres, des Friedens Zögling ist sie.
(Ceres: Metonymie für Landwirtschaft)

Ovid, Fasti 1, 704

HW 21032

1880 **Pax hominibus bonae voluntatis!**
Friede (auf Erden) den Menschen, die guten Willens sind!

Lukas, 2, 14

Et subito facta est cum angelo multitudo militiae caelestis laudantium Deum, et dicentium:
'Gloria in altissimis Deo, et *in terra pax hominibus bonae voluntatis.*'

Alsbald gesellte sich zu dem Engel eine große himmlische Heerschar, die Gott lobte und sang:
«Ehre ist Gott in der Höhe und auf Erden Friede den Menschen seiner Huld.»

(K. Rösch)

1881 **Pax optima rerum, quas homini novisse datum.**
Frieden ist das Beste auf der Welt, was dem Menschen zu kennen gegeben ist.

Silius Italicus, Punica 11, 592

HW 21051; 39470h

1882 **Pax una triumphis innumeris potior.**
Ein einziger Friedensschluß ist besser als ungezählte Triumphe.

Silius Italicus, Punica 11, 596 f.

HW 21059

1883 **Peccare idem bis haud viri sapientis est.**
Zweimal denselben Fehler machen läßt nicht gerade einen Weisen erkennen.

vgl. HW 21065: *Peccare bis* idipsum *haud sapientis est viri.*

1884 **Peccare licet nemini.**
Zu sündigen ist keinem erlaubt.

CICERO, PARADOXA STOICORUM 3, 1, 20

Peccare certe *licet nemini.* Quod autem non licet, id hoc uno tenetur, si arguitur non licere.

Zu sündigen ist sicherlich niemandem erlaubt. Was aber nicht erlaubt ist, das wird nur dann belangt, wenn bewiesen wird, daß es nicht erlaubt ist.

1885 **Pectus est, quod facit disertos.**
Das Herz nämlich ist's, das beredt macht.

QUINTILIAN, INSTITUTIO ORATORIA 10, 7, 15

Quare capiendae sunt illae, de quibus dixi, rerum imagines, quas vocari φαντασίας (phantasías) indicavimus, omniaque, de quibus dicturi erimus, personae, quaestiones, spes, metus, habenda in oculis, in adfectus recipienda: *pectus est* enim, *quod disertos facit,* et vis mentis.

Deshalb gilt es, diese anschaulichen Vorstellungen von den Gegenständen, die ich gerade genannt habe, und die, wie wir gezeigt haben, phantasíai (Vorstellungen) heißen, zu erfassen und alles, worüber wir gerade reden wollen, die Personen, die Fragen, um die es geht, die Hoffnungen und Befürchtungen, leibhaftig vor Augen zu haben und ins Gefühl aufzunehmen. Unser Inneres ist es nämlich, was beredt macht, und die geistige Kraft in uns.

(H. Rahn)

HW 39479 (... disertos facit ...)

1886 **Pecuniae omnia oboediunt.**
Dem Geld gehorcht alles.
(vgl.: Geld regiert die Welt.)

vgl. Ps.-SENECA, DE MORIBUS 58:

Pecuniae imperare oportet, non servire.

Man muß dem Geld befehlen, nicht ihm gehorchen.

HW 21128a; 39485 (... oboediunt omnia.)

ERASMUS, ADAGIA 1, 3, 87 (... oboediunt omnia.)

1887 **Pecunia est nervus belli.**
Geld ist der «Nerv» des Krieges.

CICERO, ORATIONES PHILIPPICAE 5, 5

Quid est aliud omnia ad bellum civile hosti arma largiri, primum *nervos belli, pecuniam* infinitam, qua nunc eget, deinde equitatum, quantum velit?

Heißt das nicht einem Staatsfeinde alle Waffen ausliefern, deren er für einen Bürgerkrieg bedarf: zuerst den Nerv des Krieges, unendliche Mengen Geldes (woran er jetzt Mangel leidet), dann Reiterei, soviel er will?

(M. Fuhrmann)

HW 21124d

1888 **Pecuniam in loco neclegere maxumum interdumst lucrum.**
Das Geld nicht achten am rechten Ort bringt oft den größten Nutzen.

TERENZ, ADELPHOE 216

(J. J. C. Donner)

HW 21130a; 39486c

1889 **pecuniam per gulam ventremque transmittere**
das Geld durch Gurgel und Bauch jagen

PS.-QUINTILIAN, DECLAMATIONES 260

1890 **Pedem summis digitis suspendit.**
Er geht auf den Zehenspitzen (um größer zu erscheinen.).

vgl. SENECA, EPISTULAE MORALES 111, 3

Talis est, mi Lucili, verus et rebus, non artificiis philosophus. In edito stat admirabilis, celsus, magnitudinis verae. Non exsurgit in plantas nec *summis* ambulat *digitis* eorum more, qui mendacio staturam adiuvant longioresque, quam sunt, videri volunt.

So beschaffen, mein Lucilius, ist der echte – auf Grund von Taten, nicht Spielereien – Philosoph. Hoch steht er, bewunderungswürdig, erhaben, von wahrer Größe. Nicht steigt er auf Schuhe mit hohen Absätzen, noch geht er auf Zehenspitzen einher wie jene, die ihrer Erscheinung mit einer Lüge aufhelfen und größer erscheinen wollen, als sie sind.

(M. Rosenbach)

vgl. ERASMUS, ADAGIA 2, 2, 16 (summis unguibus ingredi)

1891 **Pedibus timor addidit alas.**
Die Furcht verlieh den Füßen Flügel.

VERGIL, AENEIS 8, 224

Tum primum nostri Cacum videre timentem
turbatumque oculis: fugit ilicet ocior Euro
speluncamque petit, *pedibus timor addidit alas.*

Damals sahen zum ersten Mal die Unsern den Cacus
zagend, verstörten Blickes: stracks floh er schneller als Ostwind,
rannte zur Höhle hinein, und Furcht gab Flügel den Füßen.

(J. Götte)

HW 21132

1892 **pendente lite**
bei schwebendem Verfahren

CODEX IUSTINIANUS 8, 36 (37), 2

Lite pendente actiones, quae in iudicium deductae sunt, vel res, pro quibus actor a reo detentis intendit, in coniunctam personam vel extraneam donationibus vel emptionibus vel quibuslibet aliis contractibus minime transferri ab eodem actore liceat.

Solange ein Rechtsstreit noch in der Schwebe ist, sei es nicht erlaubt, daß Ansprüche, die vor Gericht gebracht sind, oder Dinge, wegen deren Vorenthaltung durch den Beklagten der Kläger den Prozeß betreibt, auf eine nahestehende Person oder an eine auswärtige durch Schenkung oder Kauf oder sonstwie vom selben Kläger übertragen werden.

s. D. Liebs, L 67

1893 **pendere filo**

an einem Faden hängen

OVID, EPISTULAE EX PONTO 4, 3, 35

Omnia sunt hominum tenui *pendentia filo*,
et subito casu, quae valuere, ruunt.

Alles Menschliche hängt an leicht zerreißbaren Fäden,
und was gewaltig war, endet in plötzlichem Sturz.

(W. Willige)

1894 **pennas incidere**

die Flügel stutzen

CICERO, AD ATTICUM 4, 2, 5 K.

Sed non est id, nam hoc quidem etiam profuisset; verum iidem, mi Pomponi, iidem, inquam, illi, quos ne tu quidem ignoras, qui mihi *pinnas inciderant*, nolunt easdem renasci. Sed, ut spero, iam renascuntur.

Nein, mein Pomponius, dieselben Männer – auch Du kennst sie ganz genau –, dieselben, sage ich, die mir die Flügel beschnitten haben, wollen nicht, daß sie mir wieder wachsen. Aber sie wachsen mir hoffentlich schon wieder. *(Oktober 57 v. Chr.)*

(H. Kasten)

vgl. HORAZ, EPISTULAE 2, 2, 51 (decisis ... pinnis)

1895 **Per aspera ad astra!**

auf rauhen Wegen zu den Sternen.
(vgl.: durch Nacht zum Licht)

vgl. SENECA, HERCULES FURENS 437

ME. Virtutis est domare, quae cuncti pavent.
LY. Tenebrae loquentem magna Tartareae premunt.
ME. Non est *ad astra* mollis e terris via.

MEGARA: Der Tugend Part ist's, zu überwinden, was alle fürchten.
LYCUS: Die Finsternis des Tartarus bedrücket den, der große Worte spricht.
MEGARA: Nicht ist bequem von Erden her der Weg zu Sternen.

vgl. auch HESIOD, ERGA 289:

Μακρὸς δὲ καὶ ὄρθιος οἶμος ἐς αὐτὴν ... (Makròs dè kaì órthios oîmos es autèn ...)

HW 21182 (... ad ardua!); vgl. 39496 (Per ardua ad alta.)

1896 **per fas et nefas**

mit Recht und Unrecht
(d. h.: mit allen Mitteln)

z. B. LUKAN, PHARSALIA 5, 313

Hos ante pigebit
sanguinis, his ferri grave ius erit, ipse *per* omne
*fas*que *nefas*que rues?

Sollen sie vor dir* des Mordes überdrüssig sein, sollen sie das Regiment des Schwerts als Last empfinden, während du selber überall dahinstürmst und nicht fragst, was gut, was böse ist? (*sc. Caesar)

(W. Ehlers)

vgl. LIVIUS, AB URBE CONDITA 6, 14, 10: *per* omne *fas* ac *nefas* ...

HW 39496f1

1897 **Perfer et obdura! Dolor hic tibi proderit olim.**
Halte durch und sei hart! Der Schmerz kommt dir einmal zustatten.

OVID, AMORES 3, 11, 7

(W. Marg – R. Harder)

vgl. OVID, ARS AMATORIA 2, 178

Si nec blanda satis, nec erit tibi comis amanti,
perfer et obdura. postmodo mitis erit.

Ist sie nicht zärtlich genug, nicht freundlich zu dir, dem Verliebten,
Sei nur geduldig und hart. Später wird sanft sie dann sein.

(N. Holzberg)

vgl. OVID, TRISTIA 5, 11, 7; CATULL, CARMINA 8, 11

HW 21334; 39505i2 (... quondam proderit tibi hic labor.)

1898 **Pergo ad alios, venio ad alios,**
deinde ad alios: una res.
(Wie ich sehe, daß
Sie nur Spott mit mir treiben,) gehe ich meines Wegs.
Da treff ich andere und wieder andere: immer gleich ...

PLAUTUS, CAPTIVI 488

(W. Binder – W. Ludwig)

1899 **Periculum ex aliis facito, quod tibi usui sit.**
Ziehe die Lehre aus anderen, auf daß sie dir nütze!

TERENZ, HEAUTONTIMORUMENOS 210 (vgl. 221)

CH. Scitumst *periclum ex aliis facere, tibi quod ex usu siet.*

CHREMES: Ein goldner Spruch ist: spiegle dich an anderen, dadurch werde klug.

(J. J. C. Donner)

HW 21366b (... facere tibi ex usu fiet astutus.)

1900 **Periculum in mora.**
Gefahr im Verzug.
(d. h.: Sofortiges Handeln ist notwendig.)
(A. v. Roon [1803–1879] in einem Telegramm an Bismarck, 18. 9. 1862)

nach LIVIUS, AB URBE CONDITA 38, 25, 13

Postremo, cum iam *plus in mora periculi* quam in ordinibus conservandis praesidii esset, omnes passim in fugam effusi sunt.

Zuletzt, als schon mehr Gefahr darin lag, wenn sie noch länger warteten, als Sicherheit darin, wenn sie in der Reihe blieben, stoben sie alle nach allen Seiten in wilder Flucht davon. (189 v. Chr.)

(H. J. Hillen)

HW 21367 (..., sicut dicit schola.)

vgl. ERASMUS, ADAGIA 5, 2, 27 (Cunctatio noxia.)

1901 **Perit, quod facis ingrato.**
Verloren ist, was du einem Undankbaren erweist.

1902 **Per me equidem sint omnia protinus alba!**
Von mir aus sei künftig alles weiß!
(d. h.: Ich will fünf gerade sein lassen.)

PERSIUS, SATURAE 1, 110

Sed quid opus teneras mordaci radere vero
auriculas? Videsis, ne maiorum tibi forte
limina frigescant: sonat hic de nare canina
littera. *Per me equidem sint omnia protinus alba!*

«Aber ist's Not, empfindlichen Ohren mit bissiger Wahrheit
Wehe zu tun? Sieh zu, daß nicht der Mächtigen Schwellen
frostig dir werden: da knurrt aus der Nase der hündische Buchstab*
Hurtig dich an.» Von mir aus sei fürder alles im Reinen!
(*Gemeint ist der Laut R.)

(O. Seel)

1903 **Per me isti pedibus trahantur!**
Mag meinetwegen der Teufel diese Gesellschaft holen.

Cicero, Ad Atticum 4, 20 (18), 2 K.

(H. Kasten)

1904 **Permitte divis cetera!**
Das andere stell' den Göttern anheim!

HORAZ, CARMINA 1, 9, 9

(Kayser – Nordenflycht – Burger – Färber)

HW 39518

1905 **per pedes apostolorum**
zu Fuß reisen wie die Apostel

HW 21230a

1906 **Per risum multa debes cognoscere.**
Beim Lachen mußt du vieles erkennen.

HW 21246 (... multum ... cognoscere stultum.)

1907 **Persaepe evenit, ut utilitas cum honestate certet.**
Es kommt sehr oft vor, daß der Nutzen mit dem Anstand im Widerstreit liegt.

Cicero, Partitiones oratoriae 89

Sed quia temporibus, quae vim habent maximam, *persaepe evenit, ut utilitas cum honestate certet,* earumque rerum contentio plerumque deliberationes efficit, ne aut opportuna propter dignitatem aut honesta propter utilitatem relinquantur, ad hanc difficultatem explicandam praecepta referamus.

Da es aber durch die Zeitumstände, die größten Einfluß haben, bedingt nur zu oft vorkommt, daß die Nützlichkeit mit der Ehrenhaftigkeit im Widerstreit liegt und die Unverträglichkeit dieser Gesichtspunkte meist zu ernsten Überlegungen Anlaß gibt, wollen wir, damit nicht das Vorteilhafte wegen der Würde, das Anständige wegen des Nutzens auf der Strecke bleibe, zur Lösung dieses Problems Hilfestellung leisten.

(K. u. G. Bayer)

1908 **persona non grata**
eine unerwünschte Person
(in der Diplomatensprache Begründung einer Ausweisung)

1909 **Persta atque obdura!**
Steh's durch und bleibe hart!

Horaz, Sermones 2, 5, 39

Ire domum atque
pelliculam curare iube; fi cognitor ipse,
persta atque obdura: seu rubra Canicula findet
infantis statuas, seu pingui tentus omaso
Furius hibernas cana nive conspuet Alpis.

Dann heiß ihn heimgehn und sein Bäuchlein pflegen; du selbst sei sein Anwalt vor Gericht und harre standhaft aus, ob auch der glühende Hundsstern stumme Statuen aus Holz zum Bersten bringt, ob Dichter Furius, bis zum Platzen voll mit fetten Rindskaldaunen, »der Alpen winterliches Haupt mit grauem Schnee bespuckt«.

(W. Schöne – H. Färber)

HW 39526

1910 **per varios casus, per tot discrimina rerum ...**
durch mancherlei Unglück, durch viele Gefahren ...

Vergil, Aeneis 1, 204

Per varios casus, per tot discrimina rerum
tendimus in Latium, sedes ubi fata quietas
ostendunt, illic fas regna resurgere Troiae.

Durch viel Ungemach, durch so viel der schlimmsten Gefahren
streben wir Latium zu; dort zeigt uns ruhigen Wohnsitz
unser Geschick, neu darf dort erstehen die Herrschermacht Trojas.

(J. Götte)

HW 21271 a; 39499 e2

1911 **Per varios usus artem experientia fecit.**
Durch vielfachen Gebrauch hat die Erfahrung eine Kunst geschaffen.

MANILIUS, ASTRONOMICA 1, 61

HW 21273

1912 **Pessima res publica, plurimae leges.**
Je schlechter der Staat, desto mehr Gesetze erläßt er.

HW 21433b

1913 **Pessimum genus inimicorum laudantes.**
Die schlimmste Art von Feinden sind die Lobredner.

TACITUS, AGRICOLA 41, 1

Crebro per eos dies apud Domitianum absens accusatus, absens absolutus est. Causa periculi non crimen ullum aut querela laesi cuiusquam, sed infensus virtutibus princeps et gloria viri ac *pessimum inimicorum genus, laudantes.*

Häufig wurde er* in diesen Tagen vor Domitian in Abwesenheit angeklagt, in Abwesenheit wiederum freigesprochen. Der Grund für die Gefahr, in der er schwebte, war kein Vergehen oder der Vorwurf, er habe irgend jemand beleidigt, sondern der Vorzügen feindliche Kaiser, der Ruhm des Mannes und die übelste Sorte von Feinden, die Lobredner. (* Agricola)

(A. Städele)

1914 **Pestis in amicitia pecuniae cupiditas.**
Eine schlimme Gefahr für die Freundschaft ist Geldgier.

CICERO, DE AMICITIA 34

Quod si qui longius in amicitia provecti essent, tamen saepe labefactari, si in honoris contentionem incidissent; *pestem* enim nullam maiorem esse *amicitiis* quam in plerisque *pecuniae cupiditatem,* in optimis quibusque honoris certamen et gloriae.

Wenn nun einige mit Ihrer Freundschaft noch weiter gekommen seien, so erhalte diese doch auch recht oft einen Stoß, wenn die beiden wegen einer Ehrenstellung in Konkurrenz gerieten; die gefährlichste Seuche nämlich, die alle Freundschaften bedrohe, sei bei der Mehrzahl die Geldgier, bei allen Guten aber der Wettstreit um Ehre und Ruhm.

(M. Faltner)

1915 **Petere licet.**
Bitten ist erlaubt.

1916 **Petimusque damusque vicissim.**
Wir bitten und geben wechselweise.

HORAZ, DE ARTE POETICA 11

'Pictoribus atque poetis
quidlibet audendi semper fuit aequa potestas.'
Scimus, et hanc veniam *petimusque damusque vicissim.*

«Doch war ja Malern wie Dichtern immer schon das denkbar Kühnste verstattet.» Ganz recht; und diese Freiheit erbitten wir, vergönnen wir uns wechselseitig.

(W. Schöne – H. Färber)

HW 21459

1917 **pia fraus**
frommer Betrug

OVID, METAMORPHOSES 9, 711

Inpercepta *pia* mendacia *fraude* latebant.

Unbemerkt blieb so in frommem Betruge die Lüge. (Das Mädchen Iphis wurde als Knabe ausgegeben.)

(E. Rösch)

1918 **Pictoribus atque poetis quidlibet audendi semper fuit aequa potestas.**
Doch war ja Malern wie Dichtern immer schon das denkbar Kühnste verstattet.

HORAZ, DE ARTE POETICA 9f.

(W. Schöne – H. Färber)

HW 21490

1919 **Pietas est fundamentum omnium virtutum.**
Frömmigkeit ist die Grundlage aller Tugenden.

CICERO, PRO CN. PLANCIO 29

Nam meo iudicio *pietas fundamentum est omnium virtutum.*

Nach meiner Meinung ist nämlich der Gehorsam des Kindes die Grundlage aller Tugenden.

(M. Fuhrmann)

HW 21490c; 39544f

1920 **Pietas et concordia salus civitatis.**
Frömmigkeit und Eintracht begründen das Wohl eines Staates.

1921 **pinguis Minerva**
gesunder Menschenverstand
(Der Name der Göttin Minerva wird metonymisch für «Verstand» verwendet.)

CICERO, DE AMICITIA 19

Agamus igitur *pingui*, ut aiunt, *Minerva*.

Lassen wir also den gesunden Menschenverstand walten, wie man so sagt. (M. Faltner)

ERASMUS, ADAGIA 1, 1, 37 (pingui ...)

1922 **Pinguis venter non gignit sensum tenuem.**
Ein fetter Bauch erzeugt keine zarten Gedanken.

HIERONYMUS, EPISTULAE 52, 11 (22, 557 Migne)

Pulchre dicitur: *Pinguis venter non gignit sensum tenuem.*

Schön sagt man: Ein fetter Bauch bringt keinen zarten Sinn hervor.

HW 21505b; 39548 (... parit tenues sensus.)

ERASMUS, ADAGIA 3, 6, 18

1923 **Pinta trahit pintam, trahit altera pintula pintam**
et sic per pintas nascitur ebrietas.
Ein Glas zieht das andre nach sich, das Gläschen ein Gläschen,
So wächst Glas um Glas still ein Räuschlein heran.

HW 21506a

1924 **Piscator ictus sapiet.**
Ein Fischer, der gestochen wurde, wird (künftig) vorsichtiger sein.
(vgl.: Gebranntes Kind scheut das Feuer.)

HW 39551a1

ERASMUS, ADAGIA 1, 1, 29

1925 **Piscem natare doces.**
Du lehrst einen Fisch schwimmen.

HW 39552

ERASMUS, ADAGIA 3, 6, 19

1926 **Piscemur, venemur, ut olim!**
Wollen wir fischen und jagen wie einst!

Horaz, Epistulae 1, 6, 57

Si bene qui cenat, bene vivit: lucet, eamus,
quo ducit gula, *piscemur, venemur, ut olim*
Gargilius...

Ist das der Lebensgenuß, daß man «gut lebt»: nun wohl, es tagt; gehn wir, wohin der Gaumen lockt! Fischen wollen wir und jagen; ich meine, so wie einst Gargilius (der alles auf dem Markte kaufte).

(W. Schöne – H. Färber)

1927 **Pisces natare oportet.**
Fische müssen schwimmen.

Petron, Satyrica 39, 3

HW 21512a; 39554a

1928 **Placeat homini, quicquid deo placuit.**
Es gefalle dem Menschen, was Gott gefallen hat.

Seneca, Epistulae morales 74, 20

Nihil indignetur sibi accidere sciatque illa ipsa, quibus laedi videtur, ad conservationem universi pertinere et ex his esse, quae cursum mundi officiumque consummant. *Placeat homini, quicquid deo placuit:* ob hoc ipsum se suaque miretur...

(Du möchtest wissen, worin dies Rüstzeug besteht?) Auf keinen Fall murren, was uns auch treffe, und überzeugt sein, daß alles, was Wunden schlägt, zur Erhaltung des Weltalls dient, also zu dem gehört, was den Lauf der Welt, ihre Aufgaben vollendet. Der Mensch muß für gut halten, was Gott beschließt! Gerade aus diesem Grunde soll er Bewunderung für sich und seine Leistung hegen...

(E. Glaser-Gerhard)

HW 21534a

1929 **Plane qualis dominus, talis est servus.**
Genau wie der Herr, so der Knecht.
(vgl.: Wie der Herr, so s'Gscherr.)

Petron, Satyrica 58, 3

1930 **Plaudit adulator, non est tamen verus amator.**
Beifall klatscht der Schmeichler,
doch ist er kein aufrichtiger Verehrer.

HW 21556

1931 **Plaudite, cives!**
Klatscht Beifall, Bürger!
(letzte Worte des Augustus, 19. 8. 14 n. Chr.; er zitiert damit den üblichen Komödienabschluß *'plaudite!'*)

vgl. Sueton, Vita divi Augusti 99, 1

Δότε κρότον. (Dóte króton!)

1932 **Plenus venter facile de ieiuniis disputat.**
Ein voller Bauch tut sich leicht, wenn er übers Fasten diskutiert.

Hieronymus, Epistulae 58, 2 (22, 580 Migne); vgl. Epistulae 52, 11 (22, 557 Migne)

HW 21594a

1933 **Plenus venter non studet libenter.**
Ein voller Bauch studiert nicht gern.

HW 21595; 39563d5

1934 **Plerumque gratae divitibus vices.**
Meist sind den Reichen Abwechslungen willkommen.

Horaz, Carmina 3, 29, 13

Plerumque gratae divitibus vices
mundaeque parvo sub lare pauperum
cenae sine aulaeis et ostro
sollicitam explicuere frontem.

Hat doch so mancher Wechsel, dem Reichen lieb,
Und schlichte Nachtkost unter des Armen Dach
Auch ohne Baldachin und Purpur
Ihm die bekümmerte Stirn entrunzelt.

(Kayser – Nordenflycht – Burger – Färber)

HW 21598a

1935 **Ploratur lacrimis amissa pecunia veris.**
Echt sind Tränen, die dem verlorenen Gelde gelten.

Juvenal, Saturae 13, 134

Maiore tumultu
planguntur nummi quam funera; nemo dolorem
fingit in hoc casu, vestem diducere summam
contentus, vexare oculos umore coacto:
ploratur lacrimis amissa pecunia veris!

Mit lauterem Getöse
klagt man um verlorene Münzen als um verlorne Verwandte: keiner simuliert in solchem Falle seinen Schmerz, zufrieden, nur sein Oberkleid etwas einzureißen, den Augen Krokodilstränen abzuquälen verpflichtet: Nein, ums verlorne Geld vergossene Tränen, sie sind echt!

HW 21599

1936 **Plura faciunt homines e consuetudine quam e ratione.**
Die Menschen tun mehr aus Gewohnheit als aufgrund vernünftiger Überlegung.

HW 39572

1937 **Plura saepe peccantur, dum demeremur quam cum offendimus.**
Größere Fehler macht man oft, indem man jemanden durch Gefälligkeit zu Dank verpflichtet, als wenn man ihn beleidigt.

(E. Heller)

TACITUS, ANNALES 15, 21, 2

1938 **Plures adorant solem orientem quam occidentem.**
Die aufgehende Sonne beten mehr Menschen an als die untergehende.

vgl. TACITUS, ANNALES 4, 46, 4

HW 39574

ERASMUS, ADAGIA 3, 3, 15

1939 **Plures crapula quam gladius.**
Der Rausch bringt mehr Menschen ins Grab als das Schwert.

1940 **Plurima mortis imago.**
Vielgestaltig ist das Bild des Todes.

VERGIL, AENEIS 2, 369

Crudelis ubique
luctus, ubique pavor et *plurima mortis imago.*

Blutiger Jammer
herrscht überall und Entsetzen und Tod in tausend Gestalten.

(J. Götte)

1941 **Plurima vota valent.**
Stimmenmehrheit entscheidet.

HW 21656

vgl. PLINIUS MINOR, EPISTULAE 2, 12, 5 k.

Numerantur sententiae, non ponderantur.

Die Stimmen werden gezählt, nicht gewogen.

(H. Kasten)

vgl. ERASMUS, ADAGIA 4, 3, 44 (Plurium calculus vincit.)

1942 **Pluris est oculatus testis unus quam auriti decem.**
Mehr taugt ein Zeuge mit Augen als zehn mit Ohren.

PLAUTUS, TRUCULENTUS 489

HW 21660

ERASMUS, ADAGIA 2, 6, 54

1943 **Plus apud nos vera ratio valeat quam vulgi opinio!**
Mehr gelte bei uns die rechte Vernunft als die Meinung der Leute.

CICERO, PARADOXA STOICORUM 1, 1, 8

Quamobrem licet irrideat, si qui vult, *plus apud me* tamen *vera ratio valebit quam vulgi opinio.*

Deshalb gilt bei mir, und mag darüber lächeln, wer mag, die wahre Einschätzung der Dinge mehr als die Meinung der Leute.

1944 **plusculum se invitasse**
sich ein wenig zu viel eingeladen haben
(d. h.: einen sitzen haben)

PLAUTUS, AMPHITRUO 283

So. Credo equidem dormire Solem, atque adpotum probe:
Mira sunt, nisi *invitavit sese* in cena *plusculum.*

SOSIA: Sicher schläft der Sonnengott
Einen ordentlichen Rausch aus. Es kann nicht anders sein,
Er hat beim Mahl des Guten sich zuviel gegönnt.

(W. Binder – W. Ludwig)

1945 **Plus docet, quam scit.**
Er lehrt mehr, als er weiß.

PETRON, SATYRICA 46, 6

Est et alter non quidem doctus, sed curiosus, qui *plus docet quam scit.* Itaque feriatis diebus solet domum venire, et quicquid dederis, contentus est.

Es ist noch ein anderer (sc. Lehrer) da, nicht gerade gelehrt, aber genau, einer, der mehr beibringt, als er weiß. So kommt er gewöhnlich an den Feiertagen ins Haus, und was man ihm gibt, er ist mit allem zufrieden.

(K. Müller – W. Ehlers)

HW 21693

1946 **Plus dolet, quam necesse est, qui ante dolet, quam necesse est.**
Mehr als nötig leidet, wer schon leidet, ehe es nötig ist.

SENECA, EPISTULAE MORALES 98, 8

Denique ut breviter includam, quod sentio, et istos satagios ac sibi molestos describam tibi, tam intemperantes in ipsis miseriis sunt ante illas. *Plus dolet, quam necesse est, qui ante dolet, quam necesse est.*

Schließlich, um kurz in Worte zu fassen, was ich meine, und dir auch jene ängstlichen und sich selbst auf die Nerven gehenden Menschen zu beschreiben – so wenig beherrschen sie sich im Unglück selbst wie davor. Mehr leidet Schmerz, als nötig ist, wer Schmerz leidet, ehe es nötig ist.

(nach M. Rosenbach)

1947 **Plus exempla quam peccata nocent.**
Schlechte Beispiele schaden mehr als die wirklichen Sünden.

CICERO, DE LEGIBUS 3, 32

Quo perniciosius de re publica merentur vitiosi principes, quod non solum vitia concipiunt ipsi, sed ea infundunt in civitatem, neque solum obsunt, quod ipsi corrumpuntur, sed etiam, quod corrumpunt, *plus*que *exemplo quam peccato nocent.*

Um so verheerender versündigen sich lasterhafte Staatsmänner am Staat, als sie nicht nur selbst sich Laster leisten, sondern sie auch unter den Bürgern verbreiten, und sie schaden nicht nur, weil sie selbst korrupt sind, sondern weil sie auch andere korrumpieren, und mehr noch schaden sie durch ihr schlechtes Beispiel als durch ihre Sünden.

1948 **plus minusve**
mehr oder weniger

z. B. OVID, FASTI 5, 110

... nullaque laudetur *plus minusve* mihi

... und keine werde von mir mehr oder weniger gelobt

CENSORINUS, DE DIE NATALI 20, 7 (*plus minusve*)

1949 **plus quam possis audere**
mehr wagen als man kann

QUINTILIAN, INSTITUTIO ORATORIA 1, 1, 32

Incredibile est, quantum morae lectioni festinatione adiciatur. Hinc enim accidit dubitatio, intermissio, repetitio *plus quam possunt audentibus,* deinde cum errarunt, etiam iis, quae iam sciunt, diffidentibus.

Es ist unglaublich, wieviel Zeitverlust beim Lesen die Eile bringt; denn daher kommt das Zaudern, Auslassen, Wiederanfangen, wenn man sich zuviel zutraut, so daß man, wenn es danebengeht, auch in dem, was man schon kann, wieder unsicher wird.

(H. Rahn)

1950 **Plus ratio quam vis caeca valere solet.**
Kluge Berechnung pflegt mehr auszurichten als blinde Gewalt.

HW 21757

1951 **Plus significas quam loqueris.**
Du deutest mehr an als du aussprichst.

SENECA, EPISTULAE MORALES 59, 5

Multi sunt, qui ad id, quod non proposuerant scribere, alicuius verbi placentis decore vocentur, quod tibi non evenit: pressa sunt omnia et rei aptata, loqueris quantum vis et *plus significas quam loqueris.* Hoc maioris rei indicium est: apparet animum quoque nihil habere supervacui, nihil tumidi.

Es gibt viele Leute, die sich vom Glanz eines ihnen besonders gefallenden Wortes bestechen lassen, ganz anders zu schreiben, als sie planten; dir passiert das nicht. Alles ist knapp zusammengedrängt und sachgemäß. Du sagst gerade so viel, wie du willst, und deutest mehr an, als du sagst. Das kennzeichnet noch eine wertvollere Gabe: dein Geist ist frei von allem überflüssigen und geschwollenen Ballast.

(E. Glaser-Gerhard)

1952 **Plus sonat quam valet.**
Er macht mehr Getöse, als er zu leisten vermag.

SENECA, EPISTULAE MORALES 40, 5

Quid, quod haec oratio, quae sanandis mentibus adhibetur, descendere in nos debet? Remedia non prosunt, nisi immorantur. Multum praeterea habet inanitatis et vani, *plus sonat quam valet.* Lenienda sunt, quae me exterrent, compescenda, quae irritant... Quid horum raptim potest fieri?

Wie kann eine solche Rede – bestimmt, unseren Charakter heilsam zu formen – in unser Inneres eindringen? Heilmittel nützen nur, wenn sie in uns wirken. Außerdem verrät eine solche Rede viel Eitelkeit und Nichtigkeit, sie tönt mehr, als daß sie wirkt. Sie soll ja doch abschwächen, was uns ängstigt, zügeln, was unsere Lust reizt...: was von alledem kann so schnell wie der Blitz geschehen?

(E. Glaser-Gerhard)

1953 **Plus timor quam ira celeritatis habet.**
Angst ist schneller als Zorn.

LIVIUS, AB URBE CONDITA 6, 32, 10

Ab Satrico nocte, quae proelio proxima fuit, fugae simili agmine petunt Antium; et cum Romanus exercitus prope vestigiis sequeretur, *plus* tamen *timor quam ira celeritatis habuit.* Prius itaque moenia intravere hostes, quam Romanus extrema agminis carpere aut morari posset.

Von Satricum aus suchten die Feinde in der Nacht nach der Schlacht Antium zu erreichen; ihr Zug glich einer Flucht. Das römische Heer folgte ihnen fast auf dem Fuß, doch die Angst war schneller als der Zorn. Daher gelangten die Feinde in die Stadt, bevor die Römer das Ende ihres Zuges stören oder aufhalten konnten.

(H. J. Hillen)

1954 **Plus vident oculi quam oculus.**
Mehr Augen sehen mehr als eines.
(vgl.: Vier Augen sehen mehr als zwei.)

HW 39598; vgl. 19710a (Oculi plus vident quam oculus.)

1955 **Poenas garrulus ipse dabit.**
Der Schwätzer wird sich selbst bestrafen.

OVID, AMORES 2, 2, 60

Viderit ipse licet, credet tamen ille neganti
   Damnabitque oculos et sibi verba dabit.
Aspiciat dominae lacrimas, plorabit et ipse
   Et dicet *'poenas garrulus iste dabit'.*

Selber hat er's gesehn und glaubt, wie sie leugnet, ihr dennoch,
   Gibt seinen Augen die Schuld, redet sich selbst etwas vor;
Kaum erblickt er den Strom ihrer Tränen, jammert's ihn selber,
   Und er sagt: «Das Geschwätz wird mir aufs strengste bestraft!»

(W. Marg – R. Harder)

1956 **Poeta nascitur, non fit.**
Der Dichter wird (als Dichter) geboren, nicht (durch Ausbildung) dazu gemacht.

vgl. HW 39601 v (..., orator fit.)

1957 **Poetis furere concessum est.**
Dem Dichter ist holder Wahsinn gestattet.

PLINIUS MINOR, EPISTULAE 7, 4, 10 K.

(H. Kasten)

1958 **pollices premere**
die Daumen drücken

PLINIUS MAIOR, NATURALIS HISTORIA 28, 25

Pollices, cum faveamus, *premere* etiam proverbio iubemur.

Ein Sprichwort läßt uns auch die Daumen drücken, wenn wir jemandem gewogen sind.

(R. König)

HW 39604a (pollicem ...); 39704 (premere pollicem)

ERASMUS, ADAGIA 1, 8, 46

1959 **Pollicitis dives quilibet esse potest.**
Mit Versprechungen kann jedermann reich sein.

OVID, ARS AMATORIA 1, 444

HW 21846 (Pollicitis dives poterit bene quilibet esse,
cuius habet cordi fallacia nugis adesse.)

HW 22613b

1960 **Ponderanda sunt testimonia, non numeranda.**
Zeugenaussagen muß man nach ihrem Gewicht beurteilen, nicht aber nach ihrer Zahl.

vgl. PLINIUS MINOR, EPISTULAE 2, 12, 5:

Numerantur enim sententiae, *non ponderantur.*

Denn die Stimmen werden gezählt, nicht gewogen.

1961 **poni inter duo pericula**
sich zwischen zwei Gefahren gestellt sehen
(vgl.: zwischen zwei Feuer geraten)

SENECA RHETOR, CONTROVERSIAE 1, 1, p. 71

1962 **pons aureus**
eine goldene Brücke

HW 37292 c1 a:

Hosti fugienti *pontem* substerne *aureum*!

Bau dem Feind, der da flieht, eine goldene Brücke!

1963 **Poscimur.**
Wir sind gefordert.

Horaz, Carmina 1, 32, 1

(Die Lesart *poscimus* scheint sich durchzusetzen.)

Poscimus. Si quid vacui sub umbra
lusimus tecum, quod et hunc in annum
vivat et pluris, age dic Latinum
barbite, carmen...

Auf nun, Leier! Wenn ich mit dir im Schatten
Mußefroh je spielte, was dieses Jahr und
Viele weitre lebe, so sing ein Lied jetzt
Römischen Klanges!

(Kayer – Nordenflycht – Burger – Färber)

1964 **Possum multa tibi veterum praecepta referre.**
Ich kann dir viele Vorschriften der Alten aufzählen.
(Gemeint sind Regeln für die Landwirtschaft.)

Vergil, Georgica 1, 176

Possum multa tibi veterum praecepta referre,
ni refugis tenuisque piget cognoscere curas.

Viele Regeln noch, alt überlieferte, kann ich dir geben,
wenn dich's nicht schreckt und verdrießt, unscheinbar Werk zu ergründen.

(J. Götte)

1965 **Post amicitiam credendum est, ante amicitiam iudicandum.**
Nach geschlossener Freundschaft heißt's vertrauen, urteilen muß man, ehe man eine Freundschaft schließt.

Seneca, Epistulae morales 3, 2

Sed si aliquem amicum existimas, cui non tantundem credis quantum tibi, vehementer erras et non satis nosti vim verae amicitiae. Tu vero omnia cum amico delibera, sed de ipso prius: *post amicitiam credendum est, ante amicitiam iudicandum.*

Siehst du aber jemand als deinen Freund an, dem du nicht genauso fest vertraust wie dir selbst, so ist das ein gewaltiger Irrtum von dir und beweist, daß du wahre Freundschaft nur ungenügend kennst. Im Gegenteil, berate alles mit deinem Freunde – doch zunächst berate dich über ihn mit dir selbst! Nach Abschluß einer Freundschaft ist nur volles Vertrauen am Platze, vorher klares Urteil.

(E. Glaser-Gerhard)

HW 39617a (..., ante eam fac iudices!)

1966 **Post cenam stabis**
vel passus mille meabis.
Nach dem Essen wirst du stehen
oder tausend Schritte gehen.

HW 21983

1967 **Post certas hiemes uret Achaicus**
ignis Iliacas domos.

Doch gezählt ist der Tag, da der Achäer Brand
Ilions Häuser in Asche legt.

(Nereus prophezeit Paris den Untergang von Ilion/Troja: die Achäer/Griechen werden die Stadt niederbrennen.)

HORAZ, CARMINA 1, 15, 35f.

(Kayser – Nordenflycht – Burger – Färber)

1968 **Post equitem sedet atra cura.**

Hinter dem Reiter sitzt die schwarze Sorge.

HORAZ, CARMINA 3, 1, 40

Sed Timor et Minae
scandunt eodem, quo dominus, neque
decedit aerata triremi et
post equitem sedet atra cura.

Doch, wo der Fuß des Herrn,
Da schreitet mit ihm Schrecken und Furcht zugleich,
Die schwarze Sorge bleibt an Bord mit,
Schwingt sich mit ihm auf des Rosses Rücken.

(Kayser – Nordenflycht – Burger – Färber)

HW 21992a

1969 **Posteri dies testes sunt sapientissimi.**

Die späteren Tage sind die weisesten Zeugen.

nach PINDAR, OLYMPIONIKAIS 1, 33–34

1970 **posteriores cogitationes**

Überlegungen, die man vorher hätte anstellen sollen

CICERO, ORATIONES PHILIPPICAE 12, 5

Cuiusvis hominis est errare, nullius nisi insipientis in errore perseverare. *Posteriores* enim *cogitationes,* ut aiunt, sapientiores solent esse. Discussa est illa caligo, quam paulo ante dixi: diluxit, patet, videmus omnia, neque per nos solum, sed admonemur a nostris.

Jeder kann sich irren, doch nur der Unkluge verharrt bei seinem Irrtum: die späteren Überlegungen pflegen ja, wie man sagt, die klügeren zu sein. Zerstreut hat sich der Nebel, von dem ich soeben sprach; es ist hell geworden und klar, wir sehen alles, nicht nur von uns aus, sondern auch, weil die Unseren uns warnen.

(M. Fuhrmann)

nach EURIPIDES, HIPPOLYTOS 435f.:

Κἀν βροτοῖς αἱ δεύτεραί πως φροντίδες σοφώτεραι.
(Kàn brotoîs hai deúteraí pos phrontídes sophóterai.)

HW 39634a (... meliores.)

1971 **Post facta intelligit stultus acta.**

Erst nach der Tat begreift der Tor, was er getan.

HW 21993

vgl. ERASMUS, ADAGIA 1, 1, 30 (Factum stultus cognoscit.)

1972 **Post factum nullum consilium.**
Nach vollbrachter Tat ist's fürs Überlegen zu spat.

HW 39620

1973 **post festum**
nach dem Fest
(d. h.: zu spät)

Varro, De re rustica 1, 2, 11

Num cena comesa venimus?

Kommen wir, nachdem das Festmahl aufgegessen ist?

nach Platon, Gorgias 447a3:

Κατόπιν ἑορτῆς ἥκομεν; (Katópin heortês hékomen?)

HW 21995a (... venire); 39620e (... venisti.)

Erasmus, Adagia 1, 9, 52 (... venisti.)

1974 **Post folia cadunt arbores.**
Nach den Blättern fallen auch die Bäume.

HW 21998a

vgl. Plautus, Menaechmi 375–376: *folia* nunc cadunt... tum *arbores* in te *cadent.*

Erasmus, Adagia 2, 8, 68

1975 **Post gaudia mille dolores.**
Nach Freuden tausend Schmerzen.

HW 22002

1976 **Post hoc, ergo propter hoc.**
danach, folglich deshalb

1977 **Post malam segetem serendum est.**
Nach einer schlechten Saat muß man erneut säen.
(d. h.: Man darf sich nicht entmutigen lassen.)

Seneca, Epistulae morales 81, 1

Sed nihil facere hoc loco diligentia potest nisi te malignum: nam si hoc periculum vitare volueris, non dabis beneficia: ita ne apud alium pereant, apud te peribunt. Non respondeant potius quam non dentur: et *post malam segetem serendum est.*

Doch nichts kann an dieser Stelle Vorsicht leisten als dich knickerig machen. Denn wenn du diese Gefahr meiden willst, wirst du keine Geschenke machen: auf diese Weise werden sie, damit sie nicht bei einem anderen verlorengehen, bei dir verderben. Immer noch besser, sie bleiben ohne Erwiderung, als sie werden nicht gegeben: auch nach einer schlechten Ernte muß man säen.

(nach M. Rosenbach)

HW 22015c

Erasmus, Adagia 4, 4, 62 (Et post...)

1978 **Post mortem nulla voluptas.**
Nach dem Tod gibt es kein Vergnügen mehr.

HW 22022

1979 **Post nubila Phoebus.**
Nach den Wolken kommt die Sonne hervor.
(Phoebus Apollo gilt auch als Sonnengott.)

HW 22031 (bei Sebastian Franck)

1980 **post scriptum**
(Abk.: PS)
nachträglich angefügt (z. B. nach der Unterschrift)

1981 **Potentissimus est, qui se habet in potestate.**
Am stärksten ist, wer sich selbst in der Gewalt hat.

Seneca, Epistulae morales 90, 34

Vetuit parere opinionibus falsis et quanti quidque esset vera aestimatione perpendit: damnavit mixtas paenitentia voluptates et bona semper placitura laudavit et palam fecit felicissimum esse, cui felicitate non opus est, *potentissimum esse, qui se habet in potestate.*

Er (d. h. der Weise) hat verboten, Vorurteilen zu gehorchen, und er hat den Wert eines jeden Dinges mit richtiger Einschätzung bestimmt: er verurteilte Genüsse, wenn sie mit Reue vermischt, Güter, wenn sie stets gefallen sollten, lobte er, und bekannte, am glücklichsten sei, wer Glück nicht nötig hat, am mächtigsten, wer sich selbst in der Gewalt hat.

(nach M. Rosenbach)

HW 39638

1982 **Potest taurum tollere, qui vitulum sustulerit.**
Einen Stier kann stemmen, wer ihn als Kalb hochgehoben hat.

Petronius, Satyrica 25, 6

Hinc etiam puto proverbium natum illud, *posse taurum tollere, qui vitulum sustulerit.*

Daher stammt, glaube ich, auch das Sprichwort: «Man kann den Stier stemmen, wenn man das Kalb getragen hat.»

(K. Müller – W. Ehlers)

1983 **Potior est, qui prior est.**
Im Vorteil ist, wer zuerst kommt.
(vgl.: Wer zuerst kommt, mahlt zuerst.)

TERENZ, PHORMIO 533

Do. Sed utut haec sunt, tamen hoc faciam: cras mane argentum mihi
miles dare se dixit: si tu prior attuleris, Phaedria,
mea lege utar, ut *potior* sit, *qui prior* ad dandumst. Vale!

DORIO: Aber wie dem sei, noch will ich dies tun: morgen früh versprach
Der Soldat das Geld zu zahlen. Bringst du's eher, folg ich streng
Meiner Regel: wer zuerst zahlt, hat das Vorrecht. Lebe wohl!

(W. Binder – W. Ludwig)

vgl. HW 39642d (... sit, qui prior ad dandum ...)

1984 **potius amicum quam dictum perdere**
lieber einen Freund verlieren als einen Witz unterdrücken

QUINTILIAN, INSTITUTIONES ORATORIAE 6, 3, 28

Laedere numquam velimus, longeque absit illud propositum *potius amicum quam dictum perdendi.*

Verletzen sollten wir niemals, und fern sei der berüchtigte Grundsatz: lieber einen Freund verlieren als einen treffenden Witz.

(H. Rahn)

HW 22104 (... perdit.)

1985 **Potius sero quam numquam.**
Lieber spät als nie!

LIVIUS, AB URBE CONDITA 4, 2, 11

Quia tum concessum sit de tribunis, iterum concessum esse; finem non fieri posse, si in eadem civitate tribuni plebis et patres essent; aut hunc ordinem aut illum magistratum tollendum esse *potiusque sero quam numquam* obviam eundum audaciae temeritatique.

Weil man damals, bei der Einrichtung des Tribunats, ein Zugeständnis gemacht habe, habe man dann ein weiteres Zugeständnis machen müssen; es nehme kein Ende. Es könne nicht in ein und derselben Bürgerschaft Volkstribunen und Patrizier geben. Entweder müsse man diesen Stand oder jenes Amt beseitigen; und es sei besser, der Frechheit und Verantwortungslosigkeit spät entgegenzutreten als überhaupt nicht. (445 v. Chr.)

(H. J. Hillen)

HW 22105a

1986 **praedicare de Romulo et Remo**
von Romulus und Remus erzählen
(d. h.: bei Adam und Eva beginnen)

CICERO, DE LEGIBUS 1, 8

Sunt enim maxumae res in hac memoria atque aetate nostra; tum autem hominis amicissimi Cn. Pompei laudes inlustrabit, incurret etiam in illustrem illum et memorabilem annum suum; quae ab isto malo *pradicari* quam, ut aiunt, *de Remo et Romulo.*

Es sind nämlich in unseren Zeiten bedeutende Dinge vollbracht worden; dann aber wird er das Lob unseres Freundes Cn. Pompeius herausstellen und auch auf sein berühmtes und erinnerungswürdiges Amtsjahr zu sprechen kommen: mir jedenfalls wäre es lieber, wenn man von ihm an mit der rühmenden Darstellung begänne als, wie die Leute sagen, bei Remus und Romulus.

1987 **praemissis praemittendis**
(Abk.: P. P.)
unter Voranstellung der gebührenden Titel

1988 **praemonitus praemunitus**
vorgewarnt vorgerüstet
(d. h.: Wer sich informiert hat, ist auch gewappnet.)

HW 22197b

1989 **Praesenti ne credas fortunae!**
Vertraue nicht dem gegenwärtigen Glück!
(vgl.: Lobe den Tag nicht vor dem Abend!)

Livius, Ab urbe condita 45, 8, 6

Haec Graeco sermone Perseo; Latine deinde suis 'Exemplum insigne cernitis', inquit, 'mutationis rerum humanarum. Vobis hoc praecipue dico, iuvenes. Ideo in secundis rebus nihil in quemquam superbe ac violenter consulere decet *nec praesenti credere fortunae,* cum, quid vesper ferat, incertum sit.'

Diese Worte richtete er* in Griechisch an Perseus; dann in Latein an die Seinen: «Ihr seht ein hervorragendes Beispiel für den Wechsel im Menschenglück. Euch vor allem, ihr jungen Leute, sage ich dies. Es ziemt sich nicht, im Glück gegen irgend jemand stolz und gewalttätig vorzugehen, auch nicht dem Glück des Augenblicks zu vertrauen, da unsicher ist, was der Abend bringen kann.» (*L. Aemilius Paullus, 168 v. Chr.)

1990 **Praestat amicitia propinquitati.**
Freundschaft hat Vorrang vor Verwandtschaft.

Cicero, De amicitia 19

Namque hoc *praestat amicitia propinquitati,* quod ex propinquitate benevolentia tolli potest, ex amicitia non potest; sublata enim benevolentia amicitiae nomen tollitur, propinquitatis manet.

Darin nämlich liegt der Vorrang, den die Freundschaft vor der Verwandtschaft genießt, daß bei einem verwandtschaftlichen Verhältnis die Zuneigung ausgeschlossen sein kann, bei der Freundschaft aber nicht; hört nämlich die Zuneigung auf, dann kann man nicht mehr von Freundschaft sprechen; die Bezeichnung «Verwandtschaft» aber bleibt bestehen.

(M. Faltner)

1991 **Praestat otiosum esse quam nihil gerere.**
Es ist besser, sich der Muße hinzugeben als gar nichts zu tun.

1992 **praeter propter**
mehr oder weniger, näherungsweise

Gellius, Noctes Atticae 19, 10, 4

Cumque architectus dixisset necessaria videri esse sestertia ferme trecenta, unus ex amicis Frontonis: 'Et praeterpropter', inquit 'alia quinquaginta.'

Und da nun ein Baumeister gesagt hatte, es schienen ungefähr 300 000 Sesterzien dafür nötig zu sein, fügte einer von den Freunden des Fronto hinzu: und *praeter propter* (ungefähr, etwa) noch weitere 50 000.

(nach F. Weiss)

1993 **Praeter speciem sapit.**
Er ist nicht so dumm, wie er ausschaut.

1994 **Praeter speciem stultus est.**
Er ist unerwartet dumm.
Er ist dümmer, als er ausschaut.

PLAUTUS, MOSTELLARIA 965

TH. Puere, *praeter speciem stultus es.*
Vide sis, ne forte ad merendam quopiam devorteris
atque ibi amplius quam satis fuerit biberis. PH. Quid est.?

THEOPROPIDES: Du siehst gar nicht so dumm aus, Bursche, wie du bist;
Besinne dich einmal, ob du nicht zum Vespern
Irgendwo eingekehrt bist und etwas mehr, als nötig war,
Getrunken hast. PHANISCUS: Wieso?

(W. Binder – W. Ludwig)

HW 22244b

1995 **Praetervehitur aures.**
Es geht an den Ohren vorbei.
(vgl.: Es geht zum einen Ohr hinein und zum andern wieder hinaus.)

CICERO, PRO L. CORNELIO BALBO 4

Quo mihi difficilior est hic perorandi locus. Etenim ei succedo orationi, quae non *pratervecta* sit *aures vestras,* sed in animis omnium penitus insederit: ut plus voluptatis ex recordatione illius orationis quam non modo ex mea, sed ex cuiusquam oratione capere possitis.

Desto mißlicher ist es, daß ich an letzter Stelle sprechen muß. Denn ich soll nach einer Rede das Wort ergreifen, die nicht an euren Ohren vorbeigerauscht ist, sondern euch allesamt tief beeindruckt hat – ihr könnt euch also durch die Erinnerung an sie mehr Vergnügen verschaffen als durch das Anhören meiner, ja jeder beliebigen Rede.

(M. Fuhrmann)

1996 **Praevisus ante mollior ictus venit.**
Ein Schlag, den man kommen sah, tut weniger weh.

HW 22275; vgl. 39697a

1997 **premere argumentum**
ein Argument pressen

vgl. CICERO, TUSCULANAE DISPUTATIONES 1, 88

Hoc *premendum* etiam atque etiam est et urgendum, confirmato illo, de quo, si mortales animi sunt, dubitare non possumus, quin tantus interitus in morte sit, ut ne minima quidem suspicio sensus relinquatur. (Gigon: urgendum; Merguet: *argumentum*)

Darauf muß man immer und immer wieder insistieren und es wiederholen, wenn wir zuvor bestätigt haben, was man nicht bezweifeln kann – vorausgesetzt, daß die Seelen unsterblich sind –, daß nämlich der Untergang beim Tode so vollständig ist, daß nicht der geringste Rest einer Empfindung übrig bleibt.

(O. Gigon)

1998 **Prima et maxima peccantium poena est pecasse.**
Die erste und schwerste Strafe für den Sünder ist, daß er gesündigt hat.

SENECA, EPISTULAE MORALES 97, 13f.

Ita est, tuta scelera esse possunt, secura esse non possunt.... Quare? Quia *prima* illa *et maxima peccantium est poena pecasse,* nec ullum scelus, licet illud fortuna exornet muneribus suis, licet tueatur et vindicet, impunitum est, quoniam sceleris in scelere supplicium est.

So ist es – sicher können Verbrechen sein, sorgenfrei können sie nicht sein... Warum? Weil die erste und größte Strafe der Verbrecher ist, sich verfehlt zu haben, und kein Verbrechen, mag es das Glück mit seinen Geschenken schmücken, es schützen und behüten, bleibt ungestraft, da ja des Verbrechens Strafe im Verbrechen besteht.

(M. Rosenbach)

1999 **prima facie**
dem ersten Anschein nach

z. B. GAIUS, AD EDICTUM PROVINCIALE 9 (DIG. 16, 1, 13 pr.)

ERASMUS, ADAGIA 1, 9, 88

2000 **primis labris gustare**
sich nur oberflächlich mit etwas beschäftigen

CICERO, DE NATURA DEORUM 1, 20

Hunc censes primis, ut dicitur, labris gustasse physiologiam.

Der Mann (*i. e.* Platon) hat doch auch deiner Meinung nach Physiologie, d. h. die Naturlehre, eben nur «mit den Lippen berührt», wie man sagt.

(W. Gerlach – K. Bayer)

vgl. CICERO, PRO M. CAELIO 28; Quintilian, Institutio oratoria 12, 2, 4

ERASMUS, ADAGIA 1, 9, 92 (primoribus labiis degustare)

2001 **Primum vivere, deinde philosophari.**
Zuerst leben, dann philosophieren.

vgl. ERASMUS, ADAGIA 3, 8, 48 (Omnibus antevertenda vitae cura.)

2002 **Primus in orbe deos fecit timor.**
Die Götter auf Erden schuf zuerst die Furcht.

STATIUS, THEBAIS 3, 661

vgl. HW 22405 (Primus... ferit timor.); 22396 (primos... fecit timor.)

2003 **primus inter pares**
der Erste unter Gleichrangigen

2004 **Princeps, qui vult omnia scire, necesse habet multa ignoscere.**
Ein Fürst, der alles wissen will, muß notwendigerweise auch vieles verzeihen.

ORATORUM ROMANORUM FRAGMENTA, p. 570M.

2005 **Principibus placuisse viris non ultima laus est.**
Den besten Männern (im Staate) gefallen zu haben ist keineswegs das geringste Lob.

HORAZ, EPISTULAE 1, 17, 35

Res gerere et captos ostendere civibus hostis
attingit solium Iovis et caelestia temptat:
principibus placuisse viris non ultima laus est.

Taten vollbringen, Mitbürgern den gefesselten Feind im Triumph vorführen: solch Verdienst reicht an Jovis Thron und strebt himmelwärts. Der ersten Männer Gunst verdienen ist nicht der letzte Grad des Ruhms.

(W. Schöne – H. Färber)

HW 22416

2006 **Principiis consentit exitus.**
Den Anfängen entspricht der Ausgang.
(vgl.: Wie der Anfang, so das Ende.)

CICERO, AD FAMILIARES 11, 6 (5), 3 K.

Quam ob rem te obsecro iisdem precibus quibus senatus populusque Romanus, ut in perpetuum rem p. dominatu regio liberes, ut *principiis consentiant exitus.* Tuum est hoc munus, tuae partes, a te hoc civitas vel omnes potius gentes non exspectant solum, sed etiam postulant.

Darum vereinige ich meine Bitten mit denen des Senats und des römischen Volkes, Du wollest den Staat für alle Zeiten von königlicher Gewaltherrschaft befreien, damit das Ende dem Anfang entspreche. Das ist Deine Aufgabe, das Deine Rolle, das erwartet, ja fordert der Staat oder vielmehr die ganze Menschheit von Dir. (D. Brutus an Cicero, 9. 12. 44)

(H. Kasten)

vgl. HW 22416a (Principii boni finis bonus.)

2007 **Principiis obsta!**
Widerstehe den Anfängen!
(vgl.: Wehret den Anfängen!)

OVID, REMEDIA AMORIS 91

Principiis obsta: sero medicina paratur,
  Cum mala per longas convaluere moras.

Baue den Anfängen vor: Zu spät wird ein Mittel bereitet,
  Wenn durch langen Verzug Kräfte das Übel gewann.

(N. Holzberg)

HW 22418; 39720a

vgl. ERASMUS, ADAGIA 1, 2, 40 (Satius est initiis mederi quam fini.)

2008 **Principis est virtus maxima nosse suos.**
Eines Mannes in leitender Stellung erste Tugend ist es, seine Leute zu kennen.

MARTIAL, EPIGRAMMATA 8, 15, 8

HW 22424

2009 **Principium dimidium totius.**
Der Anfang ist schon die Hälfte des Ganzen.

HESIOD, ERGA 40 – DIOGNET 2, 97

Ἀρχὴ ἥμισυ παντός. (Archè hémisy pantós.)

PLATON, LEGES 753e6

vgl. HORAZ, EPISTULAE 1, 2, 40:

Dimidium facti...

HW 22429

ERASMUS, ADAGIA 1, 2, 39

2010 **Prior tempore potior iure.**
Der der Zeit nach Frühere ist dem Rechte nach der Stärkere.
(vgl.: Wer zuerst kommt, mahlt zuerst.)

TERENZ, PHORMIO 533

DO. Mea lege utar, ut *potior* sit, *qui prior* ad dandumst.

DORIO: ... folg ich streng meiner Regel: Wer zuerst zahlt, hat das Vorrecht.

(J. J. C. Donner)

HW 22443; 39725g

vgl. ERASMUS, ADAGIA 3, 9, 42 (Prior occupat.)

s. D. Liebs, P98; Q72

2011 **Priusquam incipias, consulto et, ubi consulueris, mature facto opus est.**
Ehe man beginnt, bedarf es der Überlegung, und wenn man überlegt hat, rechtzeitiger Ausführung.

SALLUST, CONIURATIO CATILINAE 1, 6

Sed diu magnum inter mortalis certamen fuit, vine corporis an virtute animi res militaris magis procederet. Nam et, *prius quam incipias, consulto et, ubi consulueris, mature facto opus est.* Ita utrumque per se indigens alterum alterius auxilio eget.

Übrigens war es lange eine große Streitfrage unter den Menschen, ob Körperstärke oder Geisteskraft im Bereich des Krieges mehr ausrichte. Denn ehe man beginnt, bedarf es der Überlegung, und wenn man überlegt hat, rechtzeitiger Ausführung. So ist jedes für sich allein unzureichend, eins braucht die Ergänzung durch das andere.

(W. Eisenhut – J. Lindauer)

HW 22449b

ERASMUS, ADAGIA 2, 3, 70 (Antequam...; *om.* est)

2012 **Probitas laudatur et alget.**
Redlichkeit erntet Lob und muß frieren.
(vgl.: Dumme Hunde werden nicht fett.)

JUVENAL, SATURAE 1, 74

Aude aliquid brevibus Gyaris et carcere dignum,
si vis esse aliquid: *probitas laudatur et alget*...

Wage etwas, was eine Verbannung nach dem engen Gyaros oder auch Kerker verdient, wenn du etwas sein willst: Redlichkeit lobt man und läßt sie in der Kälte stehen.

HW 22525; 39749a

2013 **Pro captu lectoris habent sua fata libelli.**
Wie der Leser sie versteht, haben die Bücher ihr Schicksal.

TERENTIANUS, MAURUS, DE SYLLABIS 1286 (GL 6, 363)

2014 **Procellae quanto plus habent virium, tanto minus temporis.**
Je stärker der Sturm, desto kürzer hält er an.

SENECA, QUAESTIONES NATURALES 7, 9

Tempestas magna non perdurat... *Procellae quanto plus habent virium, tanto minus temporis...*

Doch hält kein großer Sturm lange an. Je stärker Stürme sind, desto kürzer dauern sie; (haben Winde ihre größte Stärke erreicht, lassen sie nach; alles Gewaltsame arbeitet notwendigerweise gerade durch seine Heftigkeit auf sein Ende hin).

(O. Schönberger)

2015 **Procul absit!**
Er bleibe mir vom Leibe!

vgl. HW 39757a (Procul absit gloria vulgi!)

2016 **Procul a Iove, procul a fulmine.**
Fern von Jupiter, fern vom Blitz.
(vgl.: Der Himmel ist hoch und der Zar ist weit.)
(Jupiters Attribut war das Blitzbündel, das er auf Frevler niederschleudern konnte.)

HW 22546b; vgl. 39757 (Procul a Iove es? procul eius item es a fulmine.)

ERASMUS, ADAGIA 1, 3, 96 (Porro a Iove atque fulmine.)

2017 **Procul ex oculis, procul ex mente.**
Aus den Augen, aus dem Sinn.

HW 39758

2018 **procul negotiis**
fern den Geschäften

HORAZ, EPODOE 2, 1

Beatus, ille, qui *procul negotiis,*
   ut prisca gens mortalium,
paterna rura bobus exercet suis
   solutus omni faenore...

Dem Manne Heil, der fern von der geschäftgen Welt
   Dem Urgeschlecht der Menschen gleich,
Das väterliche Feld mit eignen Stieren baut
   Und nichts von Zinsgeschäften weiß...

(Kayser – Nordenflycht – Burger – Färber)

2019 **Procul omnis esto clamor et ira.**
Fern sei alles Lärmen und Zürnen!

HORAZ, CARMINA 3, 8, 15f.

Sume, Maecenas, cyathos amici
sospitis centum et vigiles lucernas
perfer in lucem: *procul omnis esto*
clamor et ira.

Leere heut, Mäcen, auf des Freundes Rettung
Hundert Schalen, wach laß die Lampen leuchten
Bis zum Morgenstrahle! Verbannt sei alles
Lärmen und Zanken!

(Kayser – Nordenflycht – Burger – Färber)

HW 22548

2020 **Prodent auctorem vires.**
Die Energie wird den Verursacher verraten.

2021 **Prodest cautela plus quam postremo querela.**
Vorsicht nützt mehr als die Klage hinterher.

HW 22554

2022 **Proditionem amo, sed proditorem non laudo.**
Ich liebe den Verrat, aber den Verräter lobe ich nicht.

nach PLUTARCH

vgl. FLAVIUS VOPISCUS, VITA AURELIANI 23, 4 (SCR. HIST. AUG. XXVI)

HW 22571a

ERASMUS, ADAGIA in 2, 10, 34

2023 **Proditor alterius non erit tibi fidus.**
Wer einen anderen verraten hat, wird auch dir nicht treu sein.

HW 22572a (... non tibi fidus erit.)

2024 **Proditores etiam iis, quos anteponunt, invisi sunt.**
Verräter sind ja selbst denen verhaßt, zu denen sie übergehen.

TACITUS, ANNALES 1, 58, 1

(E. Heller)

HW 39762

2025 **pro domo**
im eigenen Interesse
(wörtl.: für das eigene Haus; Titel einer Rede Ciceros)

CICERO, PRO DOMO SUA AD PONTIFICES ORATIO (29. 9. 57 v. Chr.)

2026 **pro et contra**
das Für und Wider

2027 **pro forma**
um der Form zu genügen

2028 **Pro meritis reddi gratia rara solet.**
Für Verdienste pflegt man nur spärlichen Dank zu ernten.

J. ALBINUS, S. 85

2029 **Prope ad summum, prope ad exitum.**
Nah am Gipfel, nah am Ende.

HW 22 637

2030 **Propone deum ante oculos!**
Habe Gott vor Augen!

CICERO, DE NATURA DEORUM 1, 114

Conprehende igitur animo et *propone ante oculos deum* nihil aliud in omni aeternitate nisi 'mihi pulchre est' et 'ego beatus sum' cogitantem!

Versuche doch, dir einmal einen Gott zu denken und vor Augen zu stellen, der in aller Ewigkeit nichts anderes denken kann als «Mir geht es wohl» und «Ich bin glückselig»!

(W. Gerlach – K. Bayer)

2031 **Propria laus sordet.**
Selbstlob stinkt.

HW 22652:

Propria laus sordet; propriam ne dicito laudem!

Eigenlob stinkt; du sollst dich nicht selber loben!

2032 **proprio Marte**
aus eigener Kraft, auf eigene Faust

vgl. ERASMUS, ADAGIA 1, 6, 19 (nostro . . .)

2033 **Proprium est stultitiae aliorum vitia cernere, oblivisci suorum.**
Den Toren kennzeichnet es, daß er fremde Fehler wahrnimmt und die eigenen vergißt.
(vgl.: der Balken im eigenen Auge ...)

CICERO, TUSCULANAE DISPUTATIONES 3, 73

Nam et qui non levantur, ipsi se ad miseriam invitant, et qui suos casus aliter ferunt atque ut auctores aliis ipsi fuerunt, non sunt vitiosiores quam fere plerique, qui avari avaros, gloriae cupidos gloriosi reprehendunt. *Est* enim *proprium stultitiae aliorum vitia cernere, oblivisci suorum.*

Wer sich nicht trösten läßt, der treibt sich selbst ins Elend, und wer sein eigenes Unglück anders trägt als er selbst es die Anderen tragen heißt, begeht keinen schlimmeren Fehler als die meisten Menschen, die als Geizige den Geiz, als Ruhmsüchtige die Ruhmsüchtigen tadeln. Dies ist eben der Torheit eigentümlich, die Fehler der Anderen zu bemerken, die eigenen dagegen zu vergessen.

(O. Gigon)

2034 **Proque sua causa quisque disertus erat.**
Und für seine eigene Sache war ein jeder beredt.

OVID, FASTI 4, 112

Eloquiumque fuit duram exorare puellam,
proque sua causa quisque disertus erat.

Es bedurfte der Beredsamkeit, das hartherzige Mädchen zu erweichen,
und für seinen Part war ein jeder beredt.

2035 **Prospectandum vetulo latrante.**
Vorsicht, wenn ein alter Hund bellt!

HW 39779a2a

2036 **Prospera omnes sibi vindicant, adversa uni imputantur.**
Erfolge nimmt jeder für sich in Anspuch; was schiefgeht, wird einem einzigen angelastet.

TACITUS, AGRICOLA 27, 1

Iniquissima haec bellorum condicio est: *Prospera omnes sibi vindicant, adversa uni imputantur.*

Und das ist das Ungerechteste an Kriegen: Erfolge schreiben sich alle gut, Mißerfolge rechnet man nur einem an.

(A. Städele)

2037 **Prosperum ac felix scelus virtus vocatur.**
Ein erfolgreiches und glückliches Verbrechen nennt man Leistung.

J. ALBINUS, S. 59

2038 **Pro superi! quantum mortalia pectora caecae | noctis habent!**
Welch eine Finsternis herrscht in der Sterblichen Geist, o ihr Götter!

Ovid, Metamorphoses 6, 472f.

Pro superi . . .

(E. Rösch)

HW 22546 (Proch superi, . . .)

2039 **Protectio trahit subiectionem et subiectio protectionem.**
(Inanspruchnahme von) Schutz hat Abhängigkeit zur Folge, und Abhängigkeit (Anspruch auf) Schutz.

D. Liebs, P 124

2040 **Proximus ardet Ucalegon.**
Beim Nachbarn Ukalegon brennt es.
(Ukalegon bewohnte in Troja das Haus neben dem des Aeneas.)

Vergil, Aeneis 2, 311f.

Iam *proximus ardet* | Ucalegon.

Ucalegons (Haus) brennt ganz | dicht bei.

(J. Götte)

2041 **Proximus est sibi quisque.**
Jeder ist sich selbst der Nächste.

HW 39792 b1

2042 **Proximus sum egomet mihi.**
Ich bin mir selbst der Nächste.

Ch. Heus, *proxumus sum egomet mihi.*

Charinus: Bin mir doch der Nächste selbst.

(J. J. C. Donner)

Terenz, Andria 635

HW 22775; 39792 c1

2043 **Prudens futuri temporis exitum**
caliginosa nocte premit deus.
Wohlweislich hüllt der kommenden Zeiten Lauf
In undurchdringbar Dunkel der Gott uns ein.

Horaz, Carmina 3, 29, 29f.

(Kayser – Nordenflycht – Burger – Färber)

HW 22782 a; 39792 d

2044 **Prudens in flammam manum ne inicito!**
Wenn du klug bist, streck deine Hand nicht in die Flammen!

vgl. HIERONYMUS, EPISTULAE 54, 2 (22, 550 Migne)

Sciens et videns *in flammam* mitto *manum.*

Wissend und sehend strecke ich meine Hand ins Feuer.

HW 22783 (... ne manus inicito!)

ERASMUS, ADAGIA 3, 6, 13 (... mitto manum.)

2045 **Prudens interrogatio quasi dimidium sapientiae.**
Eine klug gestellte Frage ist gleichsam die Hälfte der Weisheit.

FRANCIS BACON

2046 **Prudentis est nonnumquam silere.**
Zur Klugheit gehört, manchmal zu schweigen.

2047 **Pueri inter sese quam pro levibus noxiis iras gerunt!**
Aus welch nichtigem Anlaß Knaben in Streit geraten!

TERENZ, HECYRA 310

PAR. Aut quid, ere, parvom! Si vis vero veram rationem exsequi,
non maxumae eas, quae maxumae sunt, interdum irae iniurias
faciunt; nam saepe est, quibus in rebus alius ne iratus quidem est,
quom de eadem causast iracundus factus inimicissimus.
Pueri inter sese quam pro levibus noxiis iras gerunt!

PARMENO: Wohl, oder auch was Kleines, geht man auf den wahren Grund zurück
Nicht immer läßt der größte Groll auf größtes Unrecht schließen; oft
Geschieht es ja, daß irgendwas, das einen anderen nicht erzürnt,
In gleichem Fall den Zornigen zum bitterbösen Feinde macht.
Wie manche Zornesfehd entbrennt bei Knaben oft um Kindereien!

(J. J. C. Donner)

HW 22835a

2048 **Pueri puerilia tractant.**
Kinder treiben Kindereien.

nach PAULUS, 1. KOR. 13, 11

Sunt pueri pueri, *pueri puerilia tractant.*

Kinder sind halt Kinder, und Kinder treiben nun einmal Kindisches.

HW 39807d; vgl. 22837a (... faciunt.)

2049 **Pugna suum finem, cum iacet hostis, habet.**
Der Kampf hat ein Ende, wenn der Feind am Boden liegt.

OVID, TRISTIA 3, 5, 34

Corpora magnanimo satis est prostrasse leoni,
  pugna suum finem, cum iacet hostis, habet:
at lupus et turpes instant morientibus ursi
  et quaecumque minor nobilitate fera.

Leiber niederzustrecken genügt der Großmut des Löwen:
  liegt am Boden der Feind, findet sein Ende der Kampf;
Sterbende aber bedrängen die Wölfe und garstigen Bären
  und was an wildem Getier minderen Adel nur hat.

(W. Willige)

HW 22841

2050 **pugnos edere**
Prügel bekommen
(wörtl.: Fäuste essen)

PLAUTUS AMPHITRUO 309

SO. Quis homo? ME. Quisquis homo huc profecto venerit, *pugnos edet.*
SO. Apage, non placet me hoc noctis esse: cenavi modo:
Proin tu istam cenam largire, si sapis, esurientibus.

SOSIA: Wer denn? MERCURIUS: Wer's immer sei,
Der mir sich nähert, kann sich drauf verlassen, daß
Er meine Fäuste kosten wird. SOSIA: Pfui! Mein Geschmack
Ist's nicht, so spät bei Nacht zu essen, habe auch
Vor kurzem erst gespeist; laß lieber Hungrigen
Dein Mahl zukommen, wenn du klug bist.

(W. Binder – W. Ludwig)

2051 **Pulchrum est accusari ab accusandis.**
Schön ist's, von Leuten angeklagt zu werden, die eigentlich selbst anzuklagen wären.

2052 **Pulvis sumus et umbra.**
Staub sind wir und Schatten.

HORAZ, CARMINA 4, 7, 16

Damna tamen celeres reparant caelestia lunae:
  nos ubi decidimus,
quo pater Aeneas, quo Tullus dives et Ancus,
  pulvis et umbra sumus.

Ihre Verluste jedoch ersetzen die eilenden Monde:
  Wir aber, fuhren wir hin,
wo der Vater Aeneas und Tullus, der Reiche, und Ancus,
  Schatten nur sind wir und Staub.

(Kayser – Nordenflycht – Burger – Färber)

HW 22889 (... et umbra sumus.); 39827e1

2053 **punctum saliens**
der springende Punkt
(eigtl.: erstes Lebenszeichen im Vogelei)

nach ARISTOTELES, HISTORIA ANIMALIUM VI 3. 561 a 11

Στιγμὴ αἱματίνη ... πηδᾷ καὶ κινεῖται ὥσπερ ἔμψυχον.
(Stigmè haimatíne ... pedâ kai kineîtai hósper émpsychon.)

vgl. THEODORUS GAZA (gest. 1478):

Quod *punctum salit* iam et movetur ut animal.

Dieser Punkt hüpft und bewegt sich wie ein lebendes Wesen.

HW 39827 g 1

2054 **Punica fides**
punische Treue
(Den Puniern wurde die Neigung zur Wortbrüchigkeit nachgesagt.)

SALLUST, BELLUM IUGURTHINUM 108,3

Sed ego conperior Bocchum magis *Punica fide* quam ob ea, quae praedicabat, simul Romanos et Numidam spe pacis adtinuisse multumque cum animo suo volvere solitum, Iugurtham Romanis an illi Sullam traderet; lubidinem advorsum nos, metum pro nobis suasisse.

Wie ich aber erfahre, hat Bocchus eher aus «punischer Treue» als aus den Gründen, die er offen aussprach, die Römer und zugleich die Numider mit der Hoffnung auf einen Frieden hingehalten und bei sich selber vielfach immer wieder überlegt, ob er Jugurtha den Römern oder jenem Sulla übergeben solle: seine Neigung hat gegen uns, seine Furcht für uns gesprochen.

(W. Eisenhut – J. Lindauer)

vgl. LIVIUS, AB URBE CONDITA 21, 4, 9: perfidia plus quam Punica

ERASMUS, ADAGIA 1, 8, 28

2055 **Puras deus, non plenas aspicit manus.**
Die reinen, nicht die vollen Hände sieht Gott an.

HW 22899; 39830

2056 **Puris omnia pura.**
Den Reinen ist alles rein.

PAULUS, AD TITUM 1, 1, 15

Omnia munda mundis.

Alles ist den Reinen rein.

Πάντα καθαρὰ τοῖς καθαροῖς. (Pánta katharà toîs katharoîs.)

HW 39831 (... sunt pura.)

vgl. ERASMUS, ADAGIA 3, 2, 85 (A puro defluit aqua.)

2057 **Purpura indutus pauper sui ipsius immemor est.**
Ein Armer, den man in Purpur kleidet, denkt nicht mehr an seine frühere Armut.
(vgl.: Wenn der Bettelmann aufs Roß kommt, ...)

HW 39832 a 1 (... fatuus sui immemor ...)

Q

2058 **qua**
in der Eigenschaft als ...

2059 **Quadrupedante putrem quatit ungula campum.**
Mit vierfüßigem Huf erschüttert das staubige Feld (der Reitertrupp).

VERGIL, AENEIS 8, 596

It clamor, et agmine facto
quadrupedante putrem quatit ungula campum.

Lärm hallt auf, es schließt sich der Trupp und
dumpf zermalmt der Huf im Galopp das mürbe Gefilde.

(J. Götte)

2060 **Quae e longinquo, magis placent.**
Was noch in der Ferne ist, gefällt besser.

2061 **Quae fuerant vitia, mores sunt.**
Was einst Fehler waren, sind jetzt die Sitten.

SENECA, EPISTULAE MORALES 39, 6

Tunc autem est consummata infelicitas, ubi turpia non solum delectant, sed etiam placent, et desinit esse remedio locus, ubi, *quae fuerant vitia, mores sunt.*

(Sie genießen nicht ihre Lüste, sondern sind deren Sklaven geworden, und ihr eigenes Unglück – das ist der Höhepunkt dabei –, das lieben sie noch.) Wo liegt der Gipfel des Unglücks? Wo schändliches Treiben nicht nur Vergnügen macht, sondern auch innerlich Wohlgefallen erregt. Nichts hilft, wo zur Sitte wird, was Laster war.

(E. Glaser-Gerhard)

HW 22981 a

2062 **Quae fugiunt, celeri carpite poma manu!**
Früchte, die entfliehen, pflücket mit rascher Hand!

OVID, ARS AMATORIA 3, 576

Certior hic amor est, gravis et fecundior ille.
Quae fugiunt, celeri carpite poma manu.

Diese Liebe ist sichrer, nicht leicht, doch ersprießlicher jene.
Pflückt drum die Früchte, die bald fallen, mit eiliger Hand!

(N. Holzberg)

HW 22983

2063 **Quae fuit durum pati, meminisse dulce est.**
Was zu ertragen hart war, ist in der Erinnerung angenehm.

SENECA, HERCULES FURENS 656 f.

AM. Pervince, Theseu, quidquid alto in pectore
remanet pavoris neve te fructu optimo
frauda laborum; *Quae fuit durum pati,*
meminisse dulce est. Fare casus horridos!

AMPHITRYON: Bezwinge, Theseus, was an Furcht im Herzen tief
dir bleibt, und bringe dich nicht um den besten Lohn
deiner Mühen; was zu tragen schwer war, ist,
erinnert man sich, süß. So sprich von deinem Schreckenslos!

HW 22984

2064 **Quae medicamenta non sanant, ferrum sanat;**
quae ferrum non sanat, ignis sanat.
Was Medikamente nicht heilen können, heilt das Eisen;
was Eisen nicht heilt, heilt das Feuer.

FR. SCHILLER (1759–1805), DIE RÄUBER (erschienen 1781)

nach HIPPOKRATES, APHORISMOI, 7, 87:

῾Οκόσα φάρμακα οὐκ ἰῆται ... (Hokósa phármaka uk iêtai ...)

2065 **Quae nocent, docent.**
Was schadet, ist auch eine Lehre.
(vgl.: Aus Schaden wird man klug.)

HW 23023; 39838h6a

ERASMUS, ADAGIA in 1, 1, 31

2066 **Quae non prosunt singula, multa iuvant.**
Was einzeln nicht nützt, hilft in der Masse.

OVID, REMEDIA AMORIS 420

Forsitan haec aliquis (nam sunt quoque) parva vocabit,
Sed, *quae non prosunt singula, multa iuvant.*
Parva necat morsu spatiosum vipera taurum;
A cane non magno saepe tenetur aper ...

Dies mag mancher vielleicht geringfügig nennen (das ist's auch),
Aber, was einzeln nicht nützt, hilft in der Vielzahl durchaus.
Tod bringt riesigen Stieren der Biß einer winzigen Viper;
Oft ist der Hund nicht groß, der einen Eber erjagt.

(N. Holzberg)

2067 **Quae peccamus iuvenes, ea luimus senes.**
Was wir als Jünglinge sündigen, das büßen wir im Alter.

HW 23042

2068 **Quaerenda pecunia primum, virtus post nummos.**
Geld muß zuerst her! Erst nach den Münzen kommt die Tugend.

HORAZ, EPISTULAE 1, 1, 53 f.

'O cives, cives, *quaerenda pecunia primum est;*
virtus post nummos': haec Ianus summus ab imo
prodocet, haec recinunt iuvenes dictata senesque ...

«Nein, hört, ihr Bürger: trachtet am ersten nach dem Reichtum; die Taler gehn der Tugend vor.» So predigt es Janus am ersten und Janus am letzten Bogen; so beten es jung und alt ...

(W. Schöne – H. Färber)

HW 23156c

ERASMUS, ADAGIA in 2, 9, 38 (Pecunia primum quaerenda.)

2069 **Quae res bene vortat!**
Möge das gut ausgehen!

PLAUTUS, TRINUMMUS 500

PH. *Quae res bene vortat,* Habeon pactam? Quid taces?
ST. Pro di inmortales, condicionem quoius modi.
PH. Quin fabulare 'di bene vortant: spondeo'?

PHILTO: Glück auf dazu! Wird eingewilligt? Wie, du schweigst?
STASIMUS: Ihr ewigen Götter, welch ein Anerbieten das!
PHILTO: Was sagst du nicht: «Glück auf dazu; du hast mein Wort!»

(W. Binder – W. Ludwig)

2070 **Quaeritur, sitne aequum amicos cognatis anteferre.**
Man stellt die Frage, ob es denn recht sei, Freunden den Vorzug vor Verwandten zu geben.

CICERO, PARTITIONES ORATORIAE 66

De aequitate autem sic (quaeritur), ut *sitne aequum amicos cognatis anteferre.*

Hinsichtlich der Gerechtigkeit stellt sich z. B. die Frage, ob es recht sei, Freunden den Vorzug vor der Verwandtschaft zu geben.

(K. u. G. Bayer)

2071 **Quaesitam meritis sume superbiam!**
Nimm den Stolz an, zu dem dich Leistung berechtigt!

HORAZ, CARMINA 3, 30, 14 f.

Sume superbiam
quaesitam meritis et mihi Delphica
lauro cinge volens, Melpomene, comam.

Nimm den erhabenen Preis,
Den mein Wirken verdient, winde, Melpomene,
Huldreich mir ums Haupt delphischen Lorbeerzweig!

(Kayser – Nordenflycht – Burger – Färber)

HW 23195e

2072 **Quaevis terra alit artificem.**
Jedes Land nährt den Künstler.

ERASMUS, ADAGIA 1, 7, 33 (Artem quaevis alit terra.)

2073 **Qualis artifex pereo!**
Welch ein Künstler geht an mir verloren!
(Nero vor seinem Selbstmord 68 n. Chr.)

SUETON, VITA NERONIS 49, 1

Tunc uno quoque hinc inde instante, ut quam primum se impendentibus contumeliis eriperet, scrobem coram fieri imperavit dimensus ad corporis sui modulum, componique simul, si qua invenirentur, frusta marmoris et aquam simul ac ligna conferri curando mox cadaveri, flens ad singula atque identidem dictitans: *'Qualis artifex pereo!'*

Als darauf einer nach dem andern immer wieder in ihn drang, sobald als möglich sich dem seiner wartenden Schimpf zu entziehen, befahl er, vor seinen Augen eine Grube zu graben, die seinen Körpermaßen entsprach, zugleich um sie herum einige Marmorblöcke aufzustellen, wenn solche aufgetrieben werden könnten, und Wasser und Holz herbeizubringen, um bald seiner Leiche die letzten Ehren zu erweisen. Während dieser Vorbereitungen weinte er und sagte immer wieder: «Was für ein Künstler geht mit mir zugrunde!»

(A. Lambert)

2074 **Qualis dominus, talis et servus.**
Wie der Herr, so auch sein Knecht.
(vgl.: Wie der Herr, so's G'scherr.)

PETRON, SATYRICA 58, 3

Plane *qualis...*

HW 23233

2075 **Qualis rex, talis grex.**
Wie der König, so die Herde.

HW 23250; 39840a17a

2076 **Qualis sit animus, ipse animus nescit.**
Wie beschaffen die Seele ist, weiß die Seele selbst nicht.

CICERO, TUSCULANAE DISPUTATIONES 1, 53

Sed si, *qualis sit animus, ipse animus nesciet,* dic, quaeso, ne esse quidem se sciet, ne moveri quidem se? Ex quo illa ratio nata est Platonis, quae a Socrate est in 'Phaedro' explicata...

Aber auch wenn die Seele selbst nicht wissen sollte, was die Seele ist, wird sie dann nicht wenigstens wissen, daß sie existiert oder daß sie sich bewegt? Hieraus entstand jener Beweis Platons, den Sokrates im Phaidros auseinandersetzt...

(O. Gigon)

HW 39840a17d

2077 **Qualis vir, talis oratio.**
Wie der Mann, so seine Rede.

PS.-SENECA, DE MORIBUS 72, 73

Imago animi sermo est. *Qualis...*

Die Rede ist ein Bild der Seele, wie...

HW 23251b; 39840a17f

ERASMUS, ADAGIA 1, 6, 50

2078 **Qualis vita, finis ita.**
Wie das Leben, so sein Ende.

HW 23252; 39840a11f (Qualis erat vita, fit tibi merces ita.)

2079 **Quam difficilis est virtutis diuturna simulatio!**
Wie schwierig ist doch die ständige Vortäuschung von Tugend!

CICERO, AD ATTICUM 7, 1, 6 K.

Quam non est facilis virtus! *Quam* vero *difficilis* eius *diuturna simulatio!*

Wie beschwerlich ist doch die Tugend! Wie schwierig, sie dauernd zu heucheln!

(H. Kasten)

2080 **Quamlibet exstinctos iniuria suscitat ignes.**
Kränkung erregt die Glut, war auch längst sie erloschen, aufs neue.

OVID, ARS AMATORIA 3, 597

(N. Holzberg)

HW 23128 (Quaelibet...)

2081 **Quam quis arborem conseverit, sub ea legere alium fructum indignum est.**
Es gehört sich nicht, daß unter dem Baum, den einer gepflanzt hat, ein anderer die Früchte aufliest.

LIVIUS, AB URBE CONDITA 10, 24, 5

Fabius, *quam... consevisset, sub ea... indignum esse* dicere.

Fabius sagte, es sei unangebracht, daß unter dem Baum, den er gepflanzt habe, ein anderer... sammle.
(H. J. Hillen)

vgl. ERASMUS, ADAGIA 4, 7, 37 (sub aliena arbore fructum legere)

2082 **Quam quisque norit artem, in hac se exerceat!**
Jeder übe sich in der Kunst, die er erlernt hat!
(vgl.: Schuster, bleib bei deinem Leisten!)

CICERO, TUSCULANAE DISPUTATIONES 1, 41

Sed hic quidem, quamvis eruditus sit, sicut est, haec magistro concedat Aristoteli, canere ipse doceat. Bene enim illo Graecorum proverbio praecipitur: *Quam quisque norit artem, in hac se exerceat.*

Es wäre also besser, wenn Aristoxenos, so gelehrt er ist – denn das ist er – sich in diesen Dingen seinem Lehrer Aristoteles anvertraute und selbst sich auf den Musikunterricht beschränkte. Denn sehr richtig sagt das griechische Sprichwort: «Jeder soll die Kunst ausüben, in der er Bescheid weiß.»

(O. Gigon)

nach ARISTOPHANES, VESPAE 1431

Ἔρδοι τις, ἣν ἕκαστος εἰδείη τέχνην. (Érdoi tis, hèn hékastos eideíe téchnen!)

HW 23349; 39840a45 (..., eam ipse exerceat.)

ERASMUS, ADAGIA 2, 2, 82

2083 **Quam scit uterque, libens, censebo, exerceat artem!**
Mein Entscheid wird sein für beide: das Handwerk, das ein jeder kennt, das üb' er ohne Murren!

Horaz, Epistulae 1, 14, 44

Optat ephippia bos piger, optat arare caballus:
Quam scit...

Bei verdrossener Laune wünscht der Ochse sich den Reitsattel, der Gaul das Pfluggeschirr.
Mein Entscheid...

(H. Färber – W. Schöne)

2084 **Quamvis sint sub aqua, sub aqua maledicere tentant.**
Obwohl sie unter Wasser sind, versuchen sie doch auch dort noch zu schimpfen.
(die in Frösche verwandelten lykischen Bauern)

Ovid, Metamorphoses 6, 376

Sed nunc quoque turpes
litibus exercent linguas pulsoque pudore,
quamvis sint sub aqua, sub aqua maledicere temptant.

Ihre frechen
Zungen üben sie jetzt noch im Zank; und der Scham sich entschlagend
suchen sie, auch unters Wasser getaucht, unterm Wasser zu schmähen.

(E. Rösch)

HW 23436a

2085 **Quando amici novi veteribus sunt anteponendi?**
Wann verdienen neue Freunde den Vorzug vor alten?

Cicero, De amicitia 67

Exsistit autem hoc loco quaedam quaestio subdifficilis, num *quando amici novi,* digni amicitia, *veteribus sint anteponendi,* ut equis vetulis teneros anteponere solemus: indigna homine dubitatio!

Nun erhebt sich aber zu unserem Thema noch eine Frage, die nicht ganz leicht zu klären ist: Ist es jemals erlaubt, neue Freunde, die der Freundschaft wirklich wert sind, den alten vorzuziehen, so, wie wir gewöhnlich jugendkräftige Pferde denen vorziehen, die schon etwas alt werden? In dieser Frage unschlüssig zu sein verträgt sich mit Menschenwürde nicht.

(M. Faltner)

vgl. Erasmus, Adagia 3, 3, 80 (Novos parans amicos ne obliviscere veterum!)

2086 **Quando conveniunt ancilla, Sibylla, Camilla,**
garrire incipiunt et ab hoc et ab hac et ab illa.
Wenn die Magd, Sibylla und Camilla sich treffen,
geht's gleich her über den und diese und jene.

F. Taubmann (1565–1613)

(verschiedene Fassungen, z. B. Quando c. Margretha, Catharina, Sibylla...)

HW 23470 (... miscent sermones et ab...); vgl. 39840b20b

2087 **Quandoque bonus dormitat Homerus.**
Mitunter schläft auch der gute Homer.

Horaz, De arte poetica 359

Et idem | indignor, *quandoque bonus dormitat Homerus;*
verum operi longo fas est obrepere somnum.

(Ich staune und lächle, wenn der es zwei-, dreimal recht macht,) während es mich aufbringen kann, wenn der wahre Meister Homer einmal einnickt. Aber des Schaffens Länge verzeiht, daß ein Schläfchen sich einstiehlt.

(W. Schöne – H. Färber)

HW 23576

2088 **Quando tumet venter, produntur facta latenter.**
Wenn der Bauch anschwillt, kommt die heimliche Sünde ans Licht.

HW 23562

2089 **Quanta patimur!**
Was wir doch alles erdulden müssen!

2090 **Quanti est sapere!**
Wieviel ist's doch wert, weise zu sein!

Terenz, Eunuchus 791

Gn. Di vostram fidem,
quantist sapere! Numquam accedo, quin abs te abeam doctior.

Gnatho: Götter, helft!
Was die Klugheit wert ist! Nie geh ich, ohne weiser zu sein, von dir.

(J. J. C. Donner)

2091 **Quantum est, quod noscimus!**
Wie wenig wissen wir doch!

2092 **Quantum mutatus ab illo!**
Wie sehr hat er sich verändert!

Vergil, Aeneis 2, 274

Ei mihi, qualis erat, *quantum mutatus ab illo*
Hectore, qui redit exuvias indutus Achilli ...

Weh mir, welch ein Bild! Wie sehr verschieden von jenem
Hektor, der da kam mit der Rüstung geschmückt des Achilles ...

(J. Götte)

2093 **Quantum quisque feret, respiciendus erit.**
Je nach seinem Beitrag wird ein jeder zu berücksichtigen sein.

Ovid, Amores 1, 8, 38

Cum bene deiectis gremium spectabis ocellis,
Quantum quisque ferat, respiciendus erit.

Halte die Augen nur hübsch in den Schoß und gesenkt deine Lider,
Blinzle mir aber derweil, was der Betreffende bringt!

(W. Marg – R. Harder)

HW 23627

2094 **Quas dederis, solas habebis, opes.**
Du wirst nur die Mittel wirklich besitzen, die du hergeschenkt hast.

HW 23652; 39840h6b (... solas semper habebis ...)

2095 **Quasi aranearum fila dirumpit.**
Er zerreißt gewissermaßen Spinnweben.

Hieronymus, Epistulae 125, 6 (22, 1075 Migne)

2096 **Quasi aurum igni, sic benevolentia fidelis periculo aliquo perspici potest.**
Wie Gold durch die Feuerprobe, so wird treues Wohlwollen in einer Bewährungsprobe erkennbar.

Cicero, Ad familiares 9, 16, 2 K.

Nam etsi non facile diiudicatur amor verus et fictus, nisi aliquod incidit eius modi tempus, ut *quasi aurum igni, sic benevolentia fidelis periculo aliquo perspici possit* – cetera sunt signa communia –, sed ego uno utor argumento, quam ob rem me ex animo vereque arbitrer diligi, quia et nostra fortuna ea est et illorum, ut simulandi causa non sit.

Zwar ist wahre und falsche Liebe nur schwer zu unterscheiden, es sei denn, es tritt ein Umstand ein, wo, wie echtes Gold im Schmelztiegel, so in einer Gefahr echte Zuneigung sich zu erkennen gibt, das einzige Merkmal wahrer oder falscher Liebe. Ich mache aber doch einen bestimmten Grund dafür geltend, daß sie* mich wirklich und von Herzen lieben; meine und ihre Lage bietet gar keine Veranlassung zum Schmeicheln. (*die Anhänger Caesars; Juli 46 v. Chr.)

(H. Kasten)

HW 39840h9a

2097 **Quasi mures semper edimus alienum cibum.**
Gerade wie die Mäuse essen wir immer fremde Speise.

Plautus, Captivi 77

Er. Verum hercle vero nos parasiti planius,
quos numquam quisquam neque vocat neque invocat.
Quasi mures semper edimus alienum cibum.

Ergasilus: Fürwahr, weit mehr noch sind wir Parasiten un(an)gerufen,
Die keiner einlädt, keiner auch anruft beim Mahl.
Wie Mäuse halten wir uns stets an fremde Kost.

(W. Binder – W. Ludwig)

HW 23663

2098 **Qua vicit, victos protegit ille manu.**
Mit der Hand, mit der er siegte, schützt er die Besiegten.

Ovid, Amores 1, 2, 52

Ergo cum possim sacri pars esse triumphi,
Parce tuas in me perdere, victor, opes.
Aspice cognati felicia Caesaris arma:
Qua vicit, victos protegit ille manu.

Wo nun also auch ich ein Teil des erlauchten Triumphzugs
Sein kann, laß mich und spar, Sieger*, an mir deine Macht.
Blicke zum Vetter doch hin, auf Caesars glückhafte Waffen,
Der mit dem nämlichen Arm siegt und Besiegte beschützt. (*sc. Amor)

(W. Marg – R. Harder)

2099 **Quem di diligunt, adulescens moritur.**
Jung stirbt, wen die Götter lieben.

Plautus, Bacchides 817 f.

Ni. Responde: quis me vendit? Ch. *Quem di diligunt,*
adulescens moritur, dum valet, sentit, sapit.
Hunc si ullus deus amaret, plus annis decem,
plus iam viginti mortuom esse oportuit

Nicobulus: Antworte: Wer verkauft mich? Chrysalus: Wer der Götter Huld
Genießt, stirbt jung, bei kräftigem, gesundem Sinn.
Wär der ein Götterliebling, würd er längst vor zehn,
Vor zwanzig Jahren schon ins Grab gesunken sein.

(W. Binder – W. Ludwig)

HW 23713 (... dii ...)

2100 **Quem paenitet peccasse, paene est innocens.**
Wer bereut gefehlt zu haben, ist schon fast ohne Schuld.

Seneca, Agamemnon 243

HW 23759; 39840p9

2101 **Quem res plus nimio delectavere secundae, mutatae quatient.**
Wen sein Glück allzusehr ergötzte,
den zermalmt es beim Wechsel.

Horaz, Epistulae 1, 10, 30 f.

HW 23765

2102 **Quem saepe transit casus, aliquando invenit.**
An wem das Unglück oft vorüberging, den ereilt es eines Tages doch.

Seneca, Hercules furens 328

HW 23769

2103 **Qui alteri exitium parat, eum scire oportet sibi paratam pestem.**
Wer einem andern nach dem Leben trachtet, der muß wissen, daß auch ihm der Untergang bereitet ist.
(vgl.: Wer andern eine Grube gräbt, fällt selbst hinein.)

ENNIUS, HECTORIS LYTRA (scaen. fr. 167 V.), zitiert bei CICERO, TUSCULANAE DISPUTATIONES 2, 39: ... paratem pestem, ut participet parem.

Ubi tantum luctus continuatur, vide quam non flebiliter respondeat, rationem etiam adferat, cur aequo animo sibi ferendum sit:
Qui alteri exitium parat,
Eum scire oportet sibi paratum, pestem ut participet parem.

Wo andere bloß das Jammern fortsetzen, sieh, wie er (Eurypylos) durchaus nicht weinerlich antwortet, und sogar den Grund nennt, warum er dies mit Gleichmut tragen muß:
Wer einem andern den Tod zubereitet,
der muß wissen, daß ihm dasselbe Unheil auch zubereitet werden kann.

(O. Gigon)

HW 23821c (... paratam pestem, ut participet parem.)

2104 **Qui alterum incusat probri, eum ipsum se intueri oportet.**
Wer einen andern einer Übeltat bezichtigt, der muß auf sich selbst sehen.

PLAUTUS, TRUCULENTUS 159

AST. Male quae in nos illis, ea omnia tibi dicis, Diniarche,
et nostram et illorum vicem. DI. Qui istuc? AST. Rationem dicam:
quia *qui alterum incusat probri,* sumpsit seniteri *oportet.*
Tu a nobis sapiens nil habes: nos nequam abs te habeamus.

ASTAPHIUM: Alles, was | Du über uns und über jene sagst, das nimm
In unserem wie in ihrem Namen für dich selbst.
DINIARCHUS: Wieso? ASTAPHIUM: Ich liefere den Beweis. Wer anderen
Böses vorwirft, muß zuallererst selbst ohne Tadel sein.
Du, weiser Herr, hast nichts von uns, dagegen wir,
Die zu nichts taugen, haben von dir alles.

(W. Binder – W. Ludwig)

HW 23822

2105 **Qui amant, ipsi sibi somnia fingunt.**
Wer liebt, schafft sich seine Wunschträume selbst.

VERGIL, BUCOLICA 8, 108

Aspice: corripuit tremulis altaria flammis
sponte sua, dum ferre moror, cinis ipse; bonum sit!
Nescio quid certe est, et Hylax in limine latrat.
Credimus? An, *qui amant, ipsi sibi somnia fingunt?*

Sieh doch, mit zitternden Flammen ergriff den Altar von selber,
die ich zu tragen noch zaudere, die Asche! Sei es ein Gutes!
Etwas bedeutet es sicher. Auch Hylax bellt an der Schwelle.
Glauben wir? Oder erdichten sich Liebende selbst ihren Wunschtraum?

(J. Götte)

HW 23822a; 39840t1f (*om.* ipsi)

ERASMUS, ADAGIA III 2, 3, 90 (Amantes sibi somnia fingunt.)

2106 **Qui amat, cui odio est, eum bis facere stulte duco.**
Wer den liebt, der ihn haßt, handelt zweimal töricht.

TERENZ, HECYRA 343

PA. Nam *qui amat, quoi odio ipsust, eum bis facere stulte duco:*
laborem inanem ipsus capit et illi molestiam adfert.

PARMENO: Denn welcher den liebt, der ihn haßt, der handelt doppelt töricht:
Er macht sich selbst vergeblich Müh und wird dem anderen lästig.

(J. J. C. Donner)

HW 39840t1g

2107 **Qui amat periculum, peribit illo.**
Wer die Gefahr liebt, kommt in ihr um.

JESUS SIRACH 3, 26

Καὶ ὁ ἀγαπῶν κίνδυνον ἐν αὐτῷ ἀπολεῖται. (Kaì ho agapôn kíndynon en autô apoleîtai.)

HW 23825a (... in illo.); 39840t2

2108 **quia me vestigia terrent**
weil mich die Fußstapfen schrecken

HORAZ, EPISTULAE 1, 1, 74

Olim quod volpes aegroto cauta leoni
respondit, referam: '*Quia me vestigia terrent,*
omnia te adversum spectantia, nulla retrorsum.'

So möchte ich mir das Wort aneignen, das seinerzeit der vorsichtige Fuchs dem kranken Löwen zur Antwort gab: «Weil mich die Fußspuren schrecken; sie alle weisen hinein zu dir, keine weist hierher zurück.»

(W. Schöne – H. Färber)

2109 **Qui asinum non potest, stratum caedit.**
Wer den Esel nicht prügeln kann, prügelt den Sattel.
(vgl.: Man schlägt den Sack und meint den Esel.)

PETRON, SATYRICA 45, 8

Sed *qui asinum...*

HW 23829a

2110 **Qui aures habet, audiat!**
Wer Ohren hat, der höre!

MATTHAEUS 11, 15

Qui habet aures audiendi, *audiat!*

Wer Ohren hat zu hören, der höre!

2111 **Qui bene amat, bene castigat.**
Wer richtig liebt, züchtigt auch richtig.

HW 23830a; 39840w1a

2112 **Qui bonum respuit consilium, sibi ipsi nocet.**
Wer guten Rat zurückweist, schadet sich selbst.

HW 23884a (nach CICERO, DE AMICITIA 90)

2113 **Quicquid excelsum est, cadet.**
Alles was erhaben ist, wird stürzen.

SENECA, OCTAVIA 571

HW 25276d (Quidquid...)

2114 **Quicquid excessit modum, pendet instabili loco.**
Was das rechte Maß überschritten hat, schwebt in unsicherer Höhe.

SENECA, OEDIPUS 909 f.

HW 25277 (Quidquid...); vgl. 39857f9a (... excedit..., omne numini invisum est Dei.)

2115 **Quicumque turpi fraude semel innotuit,**
etiam si verum dicit, amittit fidem.
Wer durch schändlichen Betrug einmal auffiel,
dem glaubt man nicht, auch wenn er die Wahrheit spricht.
(vgl.: Wer einmal lügt, dem glaubt man nicht, und wenn er auch die Wahrheit spricht.)

PHAEDRUS, FABULAE 1, 10, 1 f. (Der Affe als Richter)

Quicumque turpi fraude semel innotuit,
etiam si verum dicit, amittit fidem.
Hoc adtestatur brevis Aesopi fabula.

Wer einmal sich den Vorwurf bösen Truges verdient,
dem glaubt man nicht mehr, selbst wenn er die Wahrheit spricht.
Die kurze Fabel von Aesop bestätigt dies.

(H. C. Schnur – E. Keller)

HW 24976a

2116 **Quid afferre consilii potest, qui ipse eget consilio?**
Was kann einer schon an Rat beitragen, der selbst des Rates bedarf?

EURIPIDES, fr. 905 S. (1222 N.), zitiert bei CICERO, AD FAMILIARES 7, 6, 2; 13, 15, 2

2117 **Quid congregare cum leonibus vulpes?**
Wozu Füchse mit Löwen vereinen?

MARTIAL, EPIGRAMMATA 10, 100

2118 **Quid dem, quid non dem? Renuis tu, quod iubet alter.**
Was soll ich geben? Was nicht? Du weisest zurück, was der andere befiehlt.

Horaz, Epistulae 2, 2, 63

Tres mihi convivae prope dissentire videntur
poscentes vario multum diversa palato:
Quid dem? Quid non dem? Renuis quod tu, iubet alter:
quod petis, id sane est invisum acidumque duobus.

Die drei Gäste an meinem Tische stimmen, wie mir scheint, nicht ganz überein: sie bestellen gar verschiedene Gerichte für ihres Gaumens verschiedenen Geschmack. Was soll ich bieten, was versagen? Du dankst, wo der andre bedient sein will; was du gern hast, ist zweien ganz unausstehlich und zuwider.

(W. Schöne – H. Färber)

2119 **Quid de quoque viro et cui dicas, saepe videto!**
Was und von wem du zu wem sprichst, das überlege dir reiflich!

Horaz, Epistulae 1, 18, 68

Protinus ut moneam – siquid monitoris eges – tu,
quid de quoque viro et cui dicas, saepe videto.

Ich komme mit weiteren Ratschlägen – sofern ein Berater nötig ist für dich. Beim Urteilen gib du acht und abermals acht, was deine Worte besagen, wem sie gelten und wer sie hört.

(W. Schöne – H. Färber)

HW 24999 (*om.* et; … memento!)

2120 **Qui dedit beneficium, taceat! Narret, qui accepit!**
Wer eine Wohltat erwiesen hat, der schweige davon! Erzähle der davon, der der sie erhielt!

Seneca, De beneficiis 2, 11, 2

HW 24025b; 39841 v2 (… qui accepit, narret!)

2121 **Qui desiderat pacem, praeparet bellum!**
Wer sich nach Frieden sehnt, bereite sich zum Kriege!

Vegetius, Epitoma rei militaris 3 praef.

HW 24029b

2122 **Quid est libertas? Potestas vivendi, ut velis.**
Was ist Freiheit? Die Möglichkeit zu leben, wie du willst.

Cicero, Paradoxa Stoicorum 5, 1, 34

Quid est enim *libertas* …

2123 **Quid est pietas nisi voluntas grata in parentes.**
Was ist Kindesliebe anderes als dankbare Gesinnung gegenüber den Eltern?

Cicero, Pro Cn. Plancio 80

(M. Fuhrmann)

2124 **Quid est turpius quam senex vivere insipiens?**
Was ist schimpflicher als im hohen Alter töricht zu sein?

SENECA, EPISTULAE MORALES 13, 17

Quid est autem *turpius quam senex vivere* incipiens.

Was ist ekliger als ein alter Mann, der erst zu leben beginnt? (textkritisch unbestritten!)

(E. Glaser-Gerhard)

HW 25013 (... incipiens.)

2125 **Quid est veritas?**
Was ist Wahrheit?

PONTIUS PILATUS (26–36 n. Chr. praefectus Iudaeae), bei JOHANNES 18, 38

2126 **Quid facient pauci contra tot milia fortes?**
Was werden wenige Tapfere gegen so viele Tausende ausrichten?

OVID, FASTI 2, 229

Quid faciant...

2127 **Quid facies, facies Veneris si veneris ante?**
Ne pereas per eas, ne sedeas, sed eas!
Was wirst du tun, wenn du vor das Antlitz der Venus trittst?
Damit du dadurch nicht umkommst, setze dich nicht, sondern geh!

HW 25019 (... cum veneris ante? Ne sedeas, sed eas, ne pereas per eas!)

MARQUIS DE BIERVE (17. Jh.)

2128 **Quid facis, infelix? Perdis bona vota.**
Was tust du, Unseliger? Du verschwendest gute Wünsche.

OVID, AMORES 3, 2, 71

Quid facis, infelix? Perdis bona vota puellae;
Tende, precor, valida lora sinistra manu.

Nicht doch, du Unglücksmensch! Du verspielst ihre günstigen Wünsche!
Nimm doch, ich bitte dich, links kräftig die Zügel heran!
(Szene beim Wagenrennen)

(W. Marg – R. Harder)

2129 **Quid harenae semina mandas?**
Was streust du in den Sand die Saat?

OVID, HEROIDES 5, 115

Quid facis, Oenone? *Quid harenae semina mandas?*

Was beginnst du? Was streust in den Sand, Oenone, du Saat aus?

(H. Naumann)

2130 Quid hoc sibi vult?
Was soll das heißen?

z. B. CICERO, DE SENECTUTE 66

Avaritia vero senilis *quid sibi velit,* non intellego; potest enim quicquam esse absurdius quam, quo viae minus restat, eo plus viatici quaerere?

Was jedoch Geiz im Alter für einen Sinn haben soll, leuchtet mir nicht ein; denn was kann so absurd sein wie der Wunsch, um so mehr Reisegeld zu haben, je kürzer der Weg wird, den man noch zu machen hat?

(M. Faltner)

AMARCIUS 2, 257

HW 39854e3a

2131 Quid id ad me?
Was geht das mich an?

PLAUTUS, MENAECHMI 722

ME. *Quid id ad me,* tu te nuptam possis perpeti,
an sis abitura a tuo viro? An hoc hic itast,
peregrino ut advenienti narrent fabulas?

MENAECHMUS S.: Was geht das mich an, ob du deinen Ehestand
Ertragen, ob von deinem Manne du dich trennen willst?
Ist hier der Brauch so, daß man derlei Narrenzeug
Dem Fremden vorschwatzt, wenn er kaum das Land betritt?

(W. Binder – W. Ludwig)

2132 Quid iuvat adspectus, si non conceditur usus?
Was hilft der Anblick, wenn der Gebrauch nicht gestattet?

HW 25055

2133 Quid iuvat amisso claudere saepta grege?
Was hilft's, den Pferch zu schließen, wenn die Herde verloren ist?
(vgl.: Wenn das Kind im Brunnen liegt ...)

HW 25053

2134 Quid leges sine moribus?
Was sollen Gesetze, wenn keine Moral dahintersteht?

HORAZ, CARMINA 3, 24, 35

Quid tristes querimoniae,
  si non supplicio culpa reciditur,
quid leges sine moribus
  vanae proficiunt ...

Doch was frommt unser Jammern all,
  Wenn der schuldigen Tat Triebe nicht Strafe stutzt,
Und was helfen Gesetze, hohl
  Ohn' der Sitte Gebot ...?

(Kayser – Nordenflycht – Burger – Färber)

HW 25063a (... vanae proficiunt?)

2135 **Quid me alta silentia cogis rumpere?**
Was zwingst du mich, tiefes Schweigen zu brechen?

VERGIL, AENEIS 10, 63 f.

Tum regia Iuno
acta furore gravi: '*quid me alta silentia cogis*
rumpere et obductum verbis volgare dolorem?'

Doch Herrscherin Juno
sprach voll grimmiger Wut: «Was zwingst du mich, tiefes Schweigen
nun zu brechen, vernarbten Gram im Wort zu entblößen?»

(J. Götte)

2136 **Quid moror exemplis, quorum me turba fatigat?**
Was halte ich mich mit Beispielen auf, deren Menge mich ermüdet?

OVID, REMEDIA AMORIS 461

Quid moror exemplis, quorum me turba fatigat?
Successore novo vincitur omnis amor.

Doch was halt' ich mich auf mit Beispielen, die mich ermüden?
Jede Leidenschaft wird, folgt eine neue, besiegt.

(N. Holzberg)

2137 **Quid non mortalia pectora cogis,**
auri sacra fames!
Wozu nicht treibst du der Sterblichen Herzen,
Gier nach Gold, du Fluch!

VERGIL, AENEIS 3, 63 f.

(J. Götte)

HW 25116 (... cogit, ...)

2138 **Quid nunc?**
Was nun?

PETRON, SATYRICA 57, 11

Quid nunc stupes tamquam hircus in ervilia?

Was stierst du jetzt wie der Ochse vor dem neuen Tor? (wörtl.: wie der Bock aufs Erbsenfeld)

(K. Müller – W. Ehlers)

HW 25120b

2139 **Quidquid agis, prudenter agas, et respice finem!**
Was immer du tust, tu es klug, und achte aufs Ende!

GESTA ROMANORUM 103

HW 25251

2140 **Quidquid delirant reges, plectuntur Achivi.**
Was immer die Könige anstellen, die Achäer baden es aus.
(Der Streit des Peliden Achilles mit dem Atriden Agamemnon und Menelaus brachte großes Unheil über das Heer der Achäer/Griechen.)

HORAZ, EPISTULAE 1, 2, 14

Nestor componere litis
inter Peliden festinat et inter Atriden:
hunc amor, ira quidem communiter urit utrumque.
Quidquid delirant reges, plectuntur Achivi.

Nestor will Streit beilegen:
lebhaft vermittelt er, jetzt dem Peliden, jetzt dem Atriden zuredend. Hier schürt Liebe den Brand, Zorn lodert hier wie dort gleich heftig. Der Fürsten Wahn sät Hader, die Völker büßen die Streiche.

HW 25272

2141 **Quidquid id est, timeo Danaos et dona ferentes.**
Was es auch sei, ich fürchte die Danaer, selbst wenn sie Geschenke bringen.
(Laokoon warnt die Trojaner vor dem hölzernen Pferd, das die Danaer/Griechen bei ihrem Scheinrückzug vor das Stadttor gestellt haben.)

VERGIL, AENEIS 2, 49

(J. Götte)

HW 25293a

2142 **Quidquid in altum fortuna tulit, ruitura levat.**
Was immer das Schicksal emporhob, es tut's, um es wieder zu stürzen.

SENECA, AGAMEMNON 102 f.

Quidquid in altum fortuna tulit,
ruitura levat. Modicis rebus
longius aevum est. Felix, mediae
quisquis turbae parte quietus,
aura stringit litora tuta.

Was immer das Glück heraushebt,
das will es auch wieder stürzen. Mäßiges Glück
hat länger Bestand. Glücklich ist, wer
immer friedlich inmitten der Menge
mit sicherem Wind den Küsten entlang fährt.

HW 25293b

2143 **quidquid in buccam venerit, garrire**
daherschwätzen, was einem gerade in den Mund kommt

CICERO, AD ATTICUM 1, 12, 4 K.

Tu velim saepe ad nos scribas. Si rem nullam habebis, *quod in buccam venerit,* scribito.

Schreib mir bitte recht oft; wenn Du nichts Rechtes weißt, was Dir gerade in die Feder kommt. (1. 1. 61 v. Chr.)

(H. Kasten)

HW 39857f12b

ERASMUS, ADAGIA 1, 5, 72 (*om.* garrire); vgl. 1, 5, 73 (... in linguam ...)

2144 **Quidquid loquitur adulator, sal merum est.**
Was der Schmeichler auch spricht, es hat reinen, feinen Witz.

L. AFRANIUS, COMPITALIA III 1 (CRF 30 Ribb.)

(Quicquid ..., *om.* adulator)

HW 25296b (... est merum.)

2145 **Quidquid praeter spem eveniat, omne id deputa esse in lucro.**
Was wider Erwarten an Gutem eintrifft, das rechne man als Gewinn!

TERENZ, PHORMIO 241 f., zitiert bei CICERO, TUSCULANAE DISPUTATIONES 3, 30

DE. Quam ob rem omnis, quom secundae res sunt maxume, tum maxume
meditari secum oportet, quo pacto advorsam aerumnam ferant: ...
aut fili peccatum aut uxoris mortem aut morbum filiae;
communia esse haec, fieri posse, ut ne quid animo sit novom;
quidquid praeter spem eveniat, omne id deputare esse in lucro.

DEMIPHO: Wohl sollte jeder, wann es ihm am besten geht, gerade dann
Bei sich erwägen, wie er sich im Mißgeschick benehmen will ...
Der Sohn hab einen schlimmen Streich gespielt,
Tot sei die Gattin oder krank die Tochter: Allgemeines Los
Sei das, es könne so geschehen – daß nichts ihn unerwartet trifft.
Was wider sein Verhoffen ihm begegnet, acht er für Gewinn.

(J. J. C. Donner)

HW 39857h5a

2146 **Quidquid sub terra est, in apricum proferet aetas.**
Alles, was unter der Erde liegt, wird die Zeit ans Licht bringen.

HORAZ, EPISTULAE 1, 6, 24

Quidquid sub terra est, in apricum proferet aetas,
defodiet condetque nitentia.

Alles im Erdenschoß Verborgene wird der Zeiten Lauf zutage fördern,
wird vergraben und zudecken, was jetzt im Lichte glänzt.

(W. Schöne – H. Färber)

HW 25312

2147 **Quidquid venerit obviam, loquitur.**
Was ihm gerade über den Weg läuft, davon redet er.

MARTIAL, EPIGRAMMATA 11, 6, 7 (Saturnalienjubel)

Quidquid venerit obvium, loquamur
morosa sine cogitatione!

Was mir nur in den Mund kommt, will ich reden,
ohne grämlich darüber erst zu grübeln.

(R. Helm)

2148 **Quid Romae faciam? Mentiri nescio.**
Was soll ich in Rom? Lügen kann ich nicht.
(Juvenal geißelt den Sittenverfall in Rom.)

JUVENAL, SATURAE 3, 41

Quid Romae faciam? Mentiri nescio; librum,
si malus est, nequeo laudare et poscere; motus
astrorum ignoro; funus promittere patris
nec volo nec possum...

Was soll ich in Rom? Lügen kann ich nicht. Ein Buch, so es schlecht, kann ich nicht loben noch verlangen; den Lauf der Gestirne kenne ich nicht; des Vaters Tod versprechen will und kann ich nicht...

HW 25162

2149 **Quid, si caelum irruat?**
Was, wenn der Himmel einstürzte?

TERENZ, HEAUTONTIMORUMENOS 719

CL. Tantum sat habes? Quid tum, quaeso, si hoc pater resciverit?
SY. Quid si redeo ad illos, qui aiunt *'Quid, si nunc caelum ruat?'*

CLINIA: Das genügt dir? Aber wenn sein Vater es erfährt, was dann?
SYRUS: Oder, wie die Leute sagen: «Wenn der Himmel niederstürzt?»

HW 25169 (..., si nunc... ruat?)

ERASMUS, ADAGIA 1, 5, 64 (... coelum ruat?)

2150 **Quid sit futurum cras, fuge quaerere!**
Forsche nicht danach, was morgen sein wird!

HORAZ, CARMINA 1, 9, 13

Quid sit futurum cras, fuge quaerere, et
quem Fors dierum cumque dabit, lucro | adpone...!

Was morgen sein wird, meide zu fragen! Sieh
In jedem Tage, den das Geschick dir schenkt, | Gewinn!

(Kayser – Nordenflycht – Burger – Färber)

HW 25176

2151 **Quid tibi vis?**
Was bildest du dir eigentlich ein?

Terenz, Eunuchus 559

An. Chaerea, quid est, quod sic gestis? Quid sibi hic vestitus quaerit?
Quid est, quod laetus es? *Quid tibi vis?* satine sanu's? Quid me adspectas?
Quid dices?

Antipho: Ei, Chaerea, was frohlockst du so? Was soll das Kleid? Was freust du dich?
Was hast du vor? Du bist doch noch gescheit? Was starrst du so mich an?
Was schweigst du?

(J. J. C. Donner)

2152 **Quid verbis opus est?**
Was bedarf es da der Worte?

Terenz, Andria 99

Si. *Quid verbis opus est?* Hac fama impulsus Chremes
ultro ad me venit, unicam gnatam suam
cum dote summa filio uxorem ut daret.

Simo: Was red ich weiter? Angelockt durch diesen Ruf,
Kam Chremes selbst zu mir und trug sein einzig Kind
Mit reicher Morgengabe für den Sohn mir an.

(J. J. C. Donner)

HW 25210 (...? Nequit iram explere potestas.); vgl. 39857 a7a

2153 **Quid vesper ferat, incertum est.**
Was der Abend bringt, ist ungewiß.

Livius, Ab urbe condita 45, 8, 6

HW 39857 a7b

2154 **Quid vesper serus vehat, sol tibi signa dabit.**
Was der späte Abend bringt, das kündet die Sonne durch Zeichen dir an.

Vergil, Georgica 1, 461 ff.

Denique *quid vesper serus vehat,* unde serenas
ventus agat nubes, quid cogitet umidus auster,
sol tibi signa dabit. Solem quis dicere falsum
audeat?

Schließlich, was spät der Abend noch bringe, woher die heitern
Wolken treibe der Wind, was schauernder Südwind ersinne,
Sonne zeigt es dir an. Wer wagte die Gottheit der Sonne
falsch zu nennen?

(J. Götte)

Erasmus, Adagia 1, 7, 5 (Nescis, quid ... ferat.)

2155 **Qui e nuce nucleum esse vult, frangit nucem.**
Wer aus der Nuß den Kern essen will, der zerbricht die Nuß.

PLAUTUS, CURCULIO 55

PA. Semper, tu scito, flamma fumost proxuma:
Fumo comburi nil potest, flamma potest.
Qui e nuce nuculeum esse volt, frangit nucem:
Qui volt cubare, pandit saltum saviis.

PALINURUS: Denk an den Spruch stets: Wo es raucht, da brennt's auch bald.
Der Rauch verbrennt zwar nichts, allein die Flamme tut's.
Wer aus der Nuß den Kern will, bricht die Nuß entzwei;
Wer nach dem Bette strebt, bahnt mit Küssen sich den Weg.

(W. Binder – W. Ludwig)

HW 24063 (..., frangat...)

ERASMUS, ADAGIA 2, 9, 35 (..., frangat...)

2156 **Quies gentium sine armis haberi non potest.**
Der Frieden zwischen den Völkern kann ohne Waffen nicht aufrechterhalten werden.

2157 **Quieta non movere!**
Was in Ruhe ist, soll man nicht aufrühren.

nach MACARIUS HIEROMONACHUS 5, 98

(verwendet von O. v. BISMARCK [1815–1898] in einer Rede vom 14. 4. 1891)

vgl. SALLUST, CONIURATIO CATILINAE 21, 1: *quieta movere*

HW 25317e

vgl. ERASMUS, ADAGIA 1, 6, 61 (Non movenda moves.)

2158 **Qui fert malis auxilium, post tempus dolet.**
Wer Bösen hilft, büßt es bald durch Leid.

PHAEDRUS, FABULAE 4, 20, 1

(H. C. Schnur – E. Keller)

HW 24084; 39843d

2159 **Qui fodit foveam, incidet in eam.**
Wer (andern) eine Grube gräbt, fällt selbst hinein.

PROVERBIA (SALOMONIS): 26, 27

Ὁ ὀρύσσων βόθρον τῷ πλησίον ἐμπεσεῖται εἰς αὐτόν.
(Ho orýsson bóthron tô plesíon empeseîtai eis autón.)

Wer seinem Nächsten eine Grube gräbt, wird (selbst) in diese fallen.

vgl. HW 24095 (Qui fodiunt foveam, propriam sensere ruinam.)

vgl. ERASMUS, ADAGIA 4, 8, 56 (Sibi parat malum, qui alteri parat.)

2160 **Qui fructuosa, non qui multa scit, sapit.**
Wer Fruchtbringendes, nicht wer vieles weiß, hat Verstand.

HW 24104a

2161 **Qui fugit molam, farinam non invenit.**
Wer nicht zur Mühle geht, findet kein Mehl.

HW 24115b:

Qui fugit molam, fugit *farinam.*

Wer die Mühle meidet, meidet das Mehl.

ERASMUS, ADAGIA 3, 3, 59 (Qui vitat molam, vitat farinam.)

2162 **Qui genus iactat suum, aliena laudat.**
Wer seine Herkunft lobt, lobt Fremdes.

SENECA, HERCULES FURENS 340 f.

HW 24130

2163 **Qui gladio ferit, gladio perit.**
Wer mit dem Schwert dreinschlägt, kommt durch das Schwert um.

vgl. MATTHAEUS 25, 52; APOCALYPSIS IOANNIS 13, 10

HW 21131

2164 **Qui iacet in terra, non habet, unde cadat.**
Wer auf der Erde liegt, kann nicht mehr tiefer fallen.

HW 24153; vgl. 39844a7d (... in plano ...)

2165 **Qui ipse sibi sapiens prodesse non quit, nequiquam sapit.**
Ein Weiser, der sich selbst nicht helfen kann, ist umsonst weise.

ENNIUS, MEDEA EXUL (scaen. fr. 273 V.), zitiert bei CICERO, AD FAMILIARES 7, 6, 2 K. und DE OFFICIIS 3, 62

HW 24151 (Qui ipsi ... nequit, nequidquam ...); 39844a7b

ERASMUS, ADAGIA 1, 6, 20 (Nequicquam sapit, qui sibi non sapit.)

2166 **Quilibet praesumitur bonus, donec probetur contrarium.**
Von jedem nimmt man an, er sei unbescholten, bis sich das Gegenteil erweist.

HW 25339a

D. Liebs, Q53 (..., usque dum ...); vgl. B12

2167 **Qui medice vivit, misere vivit.**
Wer nach ärztlicher Vorschrift lebt, lebt miserabel.

HW 24238

2168 **Qui modeste paret, videtur, qui aliquando imperet, dignus esse.**
Wer in Bescheidenheit gehorcht, scheint würdig zu sein, eines Tages (selbst) zu befehlen.

CICERO, DE LEGIBUS 3, 5

Nam et qui bene imperat, paruerit aliquando necesse est, et *qui modeste paret, videtur qui aliquando imperet dignus esse.* Itaque oportet et eum, qui paret, sperare se aliquando tempore imperaturum, et illum, qui imperat, cogitare brevi tempore sibi esse parendum.

Denn wer gut befehligen kann, muß notwendigerweise einmal gehorcht haben, und wer bescheiden gehorcht, scheint würdig, einmal selbst zu befehligen. Deshalb ist es richtig, daß derjenige, der gehorcht, hofft, in einiger Zeit selbst die Befehlsgewalt innezuhaben, und daß derjenige, der jetzt befiehlt, daran denkt, daß auch er bald wieder gehorchen muß.

2169 **Qui monet, ut facias, quod facis, ille probat.**
Wer dich mahnt, das zu tun, was du tust, der billigt auch deine Tat.

vgl. HW 24295c: Qui monet, quod quis facit, non tam monet quam comprobat.

HW 24295d: Qui monet, ut facias, quod iam facis, ille monendo laudat et hortatu comprobat acta suo.

2170 **Quinam hi sunt mores!**
Was sind denn das für Sitten!

2171 **Qui nescit dissimulare, nescit regnare.**
Wer sich nicht zu verstellen weiß, versteht nicht zu regieren.

LUDWIG XI. VON FRANKREICH (1423–1483; König seit 1461) zugeschrieben

HW 24329 (... nescit imperare.); 39846h3a

2172 **Qui nimis propere, minus prospere.**
Wer es zu eilig hat, hat wenig Erfolg.

HW 24365; vgl. 24373

vgl. ERASMUS, ADAGIA 3, 5, 60 (Qui nimium properat, serius absolvit.)

2173 **Qui nimium probat, nihil probat.**
Wer allzuviel beweist, beweist nichts.

D. Liebs, Q 59 (Qui nimis ...)

2174 **Qui non est hodie, cras minus aptus erit.**
Wer heute nicht taugt, wird's morgen erst recht nicht.

Ovid, Remedia amoris 94

Sed propera nec te venturas differ in horas:
Qui non est hodie, cras minus aptus erit.

Nein, beeil dich, und nicht spar auf dich für kommende Stunden:
Wer es heute nicht ist, der ist morgen noch minder geschickt.

(N. Holzberg)

HW 24398

2175 **Qui non proficit, deficit.**
Wer nicht vorangeht, fällt zurück.
(vgl.: Wer rastet, der rostet.)

HW 24412a

2176 **Qui non vetat peccare, cum possit, iubet.**
Wer nicht verbietet zu sündigen, obwohl er es kann, der befiehlt zu sündigen.

Seneca, Troades 291

HW 24416; 39847g4

2177 **Qui non vult fieri desidiosus, amet!**
Wer nicht träge werden will, der liebe!

Ovid, Amores 1, 9, 46

Inpulit ignavum formosae cura puellae
Iussit et in castris aera merere suis.
Inde vides agilem nocturnaque bella gerentem.
Qui nolet fieri desidiosus, amet!

Aber da scheuchte mich auf das Bemühn um ein reizendes Mädchen:
Mußte ins Feld und hart dienen um täglichen Sold.
Flink und elastisch siehst du mich jetzt und nachts in Gefechten.
Willst du nicht lässig und schlaff werden, dann liebe, das hilft!

(W. Marg – R. Harder)

HW 24417a; 39847g4d

2178 **Qui non vult intellegi, non debet legi.**
Wer nicht verstanden werden will, den braucht man auch nicht zu lesen.

HW 24417b

2179 **Quinque horas dormisse sat est iuvenique senique.**
Fünf Stunden Schlaf reichen für Jüngling und Greis.

2180 **Quintili Vare, redde legiones!**
Quintilius Varus, gib mir meine Legionen wieder! (Augustus, 9 n. Chr.)

SUETON, VITA DIVI AUGUSTI 23, 2

..., *legiones redde!*

2181 **Qui numquam quievit, quiescit.**
Er, der niemals ruhte, ruht hier.

Grabinschrift

2182 **Qui partem agnoscit, videtur etiam totum agnoscere.**
Wer einen Teil anerkennt, der scheint das Ganze anzuerkennen.

HW 39847h 4

J. ALBINUS, S. 86: *Qui partem* tangit, *totum* tetigisse *videtur*.

vgl. D. Liebs, Q69

2183 **Qui peccat ebrius, luat sobrius!**
Wer im Rausch sündigt, büße es nüchtern!

HW 24460

2184 **Qui pendet alienis promissis, saepe decipitur.**
Wer sich von Versprechungen anderer abhängig macht, sieht sich oft enttäuscht.

2185 **Qui per alium facit, per se ipse facere videtur.**
Wer etwas durch einen anderen ausführen läßt, gilt (rechtlich) als einer, der selbst handelt.

D. Liebs, Q44 (... per se ipsum ...)

2186 **Qui per virtutem peritat, non interit.**
Wer in Tugend untergeht, geht nicht zugrunde.

PLAUTUS, CAPTIVI 690

HW 24472 (... perit ...)

2187 **Qui proficit in litteris et deficit in moribus, plus deficit quam proficit.**
Wer in den Wissenschaften Fortschritte macht, aber in seinem Charakter nachläßt, der läßt mehr nach, als er vorankommt.

HW 24563; 39848a3

2188 **Qui quaerit alta, is malum videtur quaerere.**
Wer nach Hohem strebt, der scheint ein Übel zu suchen.

HW 24588

2189 **Qui quaerit honores, diligat labores!**
Wer nach Ehren trachtet, liebe die Anstrengungen!

HW 24589

2190 **Qui, quae vult, dicit, quae non vult, audiet.**
Wer sagt, was er will, der wird zu hören bekommen, was er nicht will.

Terenz, Andria 920

Ch. Sic, Crito, est hic: mitte. Cr. videat, qui siet.
Si mihi perget, *quae volt, dicere,* ea, *quae non volt, audiet.*

Chremes: Freund, so ist er, laß ihn! Crito: Sei er, wie er will!
Sagt er fortan, was beliebt, so hört er, was ihm nicht beliebt.

(J. J. C. Donner)

HW 24586

Erasmus, Adagia 1, 1, 27

2191 **Quique aliis cavit, non cavet ipse sibi.**
Er, der für andere sorgte, sorgt nicht für sich selbst.

Ovid, Ars amatoria 1, 84

Subdita qua Veneris facto de marmore templo
Appia expressis aera pulsat aquis,
Illo saepe loco capitur consultus Amori,
Quique aliis cavit, non cavet ipse sibi.

Da, wo die appische Nymphe beim Marmortempel der Venus
Wasser hervorschießen läßt und so die Luft damit peitscht,
Dort wird oftmals von Amor der Rechtsgelehrte ergriffen;
Andern erwirkte er Schutz, schützt aber selber sich nicht.

(N. Holzberg)

2192 **Quis custodiet ipsos custodes?**
Wer wird die Wächter selbst beschützen?

Juvenal, Saturae 6, 365, O 31f.

Novi | consilia et veteres quaecumque monetis, amici:
'Pone seram, cohibe!' Sed *quis custodiat ipsos*
custodes, qui nunc lascivae furta puellae
hac mercede silent? Crimen commune tacetur.

Gut zwar kenn ich den Rat, den ihr alten Freunde
mir gebt: «Riegel vor! Sperre sie ein!» Doch wer
bewacht dir die Wächter? Sie besticht sie, und sie
schweigen, was auch immer die Geile verstohlen treibt:
man schweigt, denn die Schuld ist gemeinsam.

(H. C. Schnur)

HW 25361c

2193 **Qui se ipse laudat, cito derisorem inveniet.**
Wer sich selbst lobt, wird rasch einen Spötter finden.

Publilius Syrus, Sententiae Q 45

(H. Beckby)

HW 24675 (... se ipsum ...)

vgl. Erasmus, Adagia 2, 7, 59 (Te ipsam laudas.)

2194 **Qui semel peieraverit, ei credi postea, etiamsi per plures deos iuret, non oportet.**
Wer einmal einen Meineid begeht, dem soll man hernach, und wenn er bei noch so vielen Göttern schwört, keinen Glauben mehr schenken.

Cicero, Pro C. Rabirio Postumo 36

(M. Fuhrmann)

vgl. Erasmus, Adagia 4, 5, 62 (decipienti semel)

2195 **Qui semel scurra, numquam pater familias.**
Wer einmal ein Hanswurst ist, aus dem wird nie ein rechter Hausvater.

vgl. Cicero, Pro P. Quinctio 55

Memini, vetus est: 'De *scurra* multo facilius divitem quam *patrem familias* fieri posse'

Ich erinnere mich da des alten Sprichworts, daß ein Nichtsnutz viel leichter ein reicher Mann werden könne als ein ehrbarer Hausvater.

(M. Fuhrmann)

HW 24703a

Erasmus, Adagia 2, 4, 11

2196 **Qui sese laudat, laudis se munere fraudat.**
Wer sich selbst lobt, bringt sich um den Ertrag des Lobes.

HW 24725

vgl. Erasmus, Adagia 2, 7, 59 (Te ipsam laudas.)

2197 **Quis fallere possit amantem?**
Wer könnte eine liebende Frau täuschen?

Vergil, Aeneis 4, 296

At regina dolos – *quis fallere possit amantem* –
praesentit motusque excepit prima futuros,
omnia tuta timens.

Aber die Königin* spürte – wer könnte die Liebende täuschen? –
längst die List und vernahm als erste den kommenden Wandel,
war ja schon immer voll Angst. (*Dido)

(J. Götte)

HW 25370

2198 **Quis famulus amantior domini quam canis?**
Welcher Diener wäre seinem Herrn treuer zugetan als ein Hund?

COLUMELLA, DE RE RUSTICA 7, 12, 1

Nam quis hominum clarius aut tanta vociferatione bestiam vel furem praedicat quam iste latratu, *quis famulus amantior domini,* quis fidelior comes, quis custos incorruptior, quis excubitor inveniri potest vigilantior, quis denique ultor aut vindex constantior?

Denn welcher Mensch meldet ein wildes Tier oder einen Dieb deutlicher oder mit gleicher Lautstärke wie der Hund durch sein Gebell? Welcher Knecht liebt seinen Herrn inniger? Wer erweist sich als treuerer Gefährte, wer als unbestechlicherer Hüter, wer als wachsamerer Beobachter, wer schließlich als hartnäckigerer Rächer und Sühner?

(W. Richter)

2199 **Quis furor, o cives, quae tanta licentia ferri?**
Warum der Wahnwitz, meine Landsleute, wozu der gewaltige Schwertertanz?

LUKAN, PHARSALIA 1, 8

(W. Ehlers)

HW 25377

2200 **Qui sibi amicus est, scito hunc amicum omnibus esse.**
Wer sich selbst mag, der – das sollst du wissen – mag auch alle anderen.

vgl. HECATON, fr. 26 F., zitiert bei SENECA, EPISTULAE MORALES 6, 7

Interim, quoniam diurnam tibi mercedulam debeo, quid me hodie apud Hecatonem delectaverit, dicam. 'Quaeris', inquit, 'quid profecerim? *Amicus esse mihi* coepi.' Multum profecit: numquam erit solus. *Scito hunc amicum omnibus esse.*

Mittlerweile – ich muß ja täglich meine kleine Schuld an dich abtragen – will ich dir erzählen, was ich heute im Hekaton fand: «Du fragst mich», sagt er da, «was ich gewonnen habe? Ich habe angefangen, mir selbst Freund zu sein.» Viel hat er damit gewonnen: er wird nie allein sein. Wisse: dieser Mann ist für alle Menschen ein Freund! (Hekaton aus Rhodos, Philosoph der Mittleren Stoa)

(E. Glaser-Gerhard)

HW 24726a; 3984901

2201 **Quis innocens erit, si accusare sufficit?**
Wer wird unschuldig sein, wenn das bloße Anklagen schon genügt?

J. ALBINUS, S. 62

2202 **Quis legem dat amantibus?**
Wer möchte Liebenden Vorschriften machen?

BOETHIUS, CONSOLATIO PHILOSOPHIAE 3, 12C47

Quis legem det amantibus?
Maior lex amor est sibi.

Was gilt Liebenden ein Gesetz?
Liebe ist sich höchstes Gesetz.

(E. Gegenschatz – O. Gigon)

HW 25383; 39858d2a

2203 **Quis non odit varios, leves, futiles?**
Wer haßt nicht die Wankelmütigen, die Leichtfertigen und die Taugenichtse?

CICERO, DE FINIBUS 3, 38

Quis non odit sordidos, *vanos, leves, futtiles?*

Wer haßt nicht die Schmierigen, die Eitlen, die Leichtsinnigen und die Gedankenlosen?

(O. Gigon – L. Straume-Zimmermann)

2204 **Qui socius volet esse meus, non alter, at idem**
fiat ego: quia non est satis alter ego.
Wer mein Freund will sein, der werd' nicht ein zweites Ich, sondern dasselbe:
denn es ist nicht genug, zweites Ich nur zu sein.

ALANUS AB INSULIS (1125/30–1203), LIBER PARABOLORUM IV (210, 589C Migne)

vgl. PETRUS ABAELARDUS (1079–1142) und MONITA AD ASTROLABIUM FILIUM 152 (178, 1759 Migne):

Ni michi sis ut ego, non eris *alter ego.*

ALANUS AB INSULIS (1125/30–1203), LIBER PARABOLORUM IV (210, 589C Migne)

HW 24758 (...: quia non est sat...)

vgl. ERASMUS, ADAGIA 1, 1, 2 (Amicus alter ipse.)

2205 **Qui spe aluntur, pendent, non vivunt.**
Wer sich von Hoffnung nährt, hängt, aber lebt nicht.

HW 24766

2206 **Quis? Quid? Ubi? Quibus auxiliis? Cur? Quomodo? Quando?**
Wer? Was? Wo? Mit welchen Mitteln? Warum? Wie? Wann?
(die sieben Fragen der sog. Chrie)

BERNHARD VON CLAIRVAUX, IN ADVENTU DOMINI, sermo 1

HW 25432; vgl. 39858o4a

2207 **Quisquis amat ranam, ranam putat esse Dianam.**
Wer einen Frosch liebt, der meint, dieser Frosch sei Diana.
(d. h.: Jeder hält seine Braut für die Schönste.)

HW 25531; 39859g17f

2208 **Quisquis magna dedit, voluit sibi magna remitti.**
Wer da große Geschenke dir gibt, will große erhalten.

MARTIAL, EPIGRAMMATA 5, 59, 3

(R. Helm)

HW 25570

2209 **Qui stadium currit, niti et contendere debet, ut vincat.**
Wer zum Wettlauf antritt, muß mit allen Kräften nach dem Sieg trachten.

HW 24775

2210 **Qui studet optatam cursu contingere metam,**
multa tulit fecitque puer, sudavit et alsit,
abstinuit venere et vino.
Wer im Wettlauf dem ersehnten Zielstein zustrebt,
hat oft sich geplagt, jung sich geschunden: Schweiß und Frost hat er ertragen,
hat nicht gefragt nach Weib und Wein.

HORAZ, DE ARTE POETICA 412 f.

(nach W. Schöne – H. Färber)

HW 24798

2211 **Quis tulerit Gracchos de seditione querentes?**
Wer ertrüge es, die Gracchen sich über Aufruhr beklagen zu hören?
(Tiberius und Gaius Gracchus hatten in den Jahren 133 bis 121 v. Chr. durch ihre Reformbestrebungen heftige Unruhen ausgelöst.)

JUVENAL, SATURAE 2, 24

Quis tulerit Gracchos de seditione querentes?
Quis caelum terris non misceat et mare caelo,
si fur displiceat Verri, homicida Miloni,
Clodius accuset moechos, Catilina Cethegum ...?

Wer ertrüge es, die Gracchen über Aufruhr klagen zu hören?
Wer dächte nicht, Himmel und Erde, Meer und Himmel gerieten durcheinander,
Wenn der Dieb dem Verres, der Mörder dem Milo mißfiele,
Wenn Clodius die Ehebrecher, Catilina Cethegus anklagte ...?

2212 **Qui suis rebus contentus est, huic maximae et certissimae divitiae.**
Wer mit seiner Lage zufrieden ist, der besitzt den größten und sichersten Reichtum.

2213 **Quis ullam pro beneficiis deberi putat gratiam?**
Wer glaubt schon, daß man für Wohltaten irgendwie Dank schuldet?

2214 **Qui suo iure utitur, nemini facit iniuriam.**
Wer sein Recht in Anspruch nimmt, tut keinem Unrecht.

vgl. HW 39851q (…, doli accusari non potest.)

vgl. D. Liebs, N25

2215 **Qui tacet, consentire videtur.**
Wer schweigt, scheint zuzustimmen.

Papst Bonifaz VIII. (1235–1303; Papst seit 1294)

HW 24843a

2216 **Qui tacet, non utique fatetur, sed tamen verum est eum non negare.**
Wer schweigt, gesteht zwar nicht, doch ist es wahr, daß er nicht leugnet.

Paulus, Ad edictum 56 (Digesta 50, 17, 142)

2217 **Qui terret, plus ipse timet, sors ita tyrannis.**
Wer Schrecken verbreitet, hat selbst mehr Angst, so ist das Los von Tyrannen.

Claudian, Panegyricus de IV. consulatu Honorii Augusti 8, 290

HW 24857; 39852a8c1 (… convenit.)

2218 **Qui timide rogat, docet negare.**
Wer schüchtern bittet, lehrt ablehnen.

Seneca, Hippolytus 593f.

Ph. Aude, anime, tempta, perage mandatum tuum.
Intrepida constent verba; *qui timide rogat,*
docet negare.

Phaedra, Wage es, meine Seele, unternimm's, führ deinen Auftrag aus.
Furchtlos sei dein Wort; wer zaghaft bittet,
der lehrt, die Bitte abschlagen.

HW 24869

2219 **Qui uti scit, ei bona; illi, qui non utitur, recte mala.**
Wer die Dinge zu gebrauchen weiß, dem sind sie Güter; dem andern aber, der sie nicht gebraucht, mit Recht Übel.

TERENZ, HEAUTONTIMORUMENOS 196

CH. Quid relicuist, quin habeat, quae quidem in homine dicuntur bona?
parentem, patriam incolumem, amicos, genus, cognatos, ditias.
Atque haec perinde sunt, ut illius animust, qui ea possidet:
qui uti scit, ei bona; illi, qui non utitur, recte mala.

CHREMES: Ein armer Mensch? Wen kann
Man minder dafür halten? Hat er nicht, was Glück bei Menschen heißt?
Hat Eltern, Freunde, Verwandte, Geld, Geschlecht, ein blühend Vaterland!
Wohl richtet das sich nach dem Sinn des Besitzers; derlei Dinge sind
Ein Glück für den, der's weise braucht, für andere nur ein Ungemach.

(J. J. C. Donner)

HW 24883a

2220 **Quivis beatus versa rota fortunae ante vesperum potest esse miserrimus.**
Auch der Glückliche kann, wenn sich das Glücksrad dreht, noch vor dem Abend todunglücklich sein.

AMMIANUS MARCELLINUS, RES GESTAE 26, 8, 13

HW 25610a

2221 **Qui vitat molam, vitat farinam.**
Wer nicht zur Mühle geht, bekommt auch kein Mehl.

HW 24927a

2222 **quoad fieri poterit**
soweit es sich machen läßt

PLAUTUS, MILES GLORIOSUS 1153

2223 **quod alii intriverunt, exedere**
auslöffeln müssen, was andere eingebrockt haben

TERENZ, PHORMIO 318

PH. Ad te summa solum, Phormio, rerum redit:
tute hoc intristi: *tibi* omnest *exedendum:* accingere!

PHORMIO: So ruht die ganze Sache, Phormio, jetzt auf dir allein.
Hast du's eingebrockt, so mußt du's auch ausessen: rüste dich!

(J. J. C. Donner)

s. auch AUSONIUS, DE BISSULA I praef. 5 f. (Tibi quod intristi, exedendum est.)

2224 **Quod avertat deus!**
Das möge Gott verhüten!

R. Zoozmann – O. A. Kielmeyer 370

2225 Quod bonum felix faustumque sit!
Was gut, glücklich und zum Heile sei!

CICERO, DE DIVINATIONE 1, 102

Quae (sc. omina) maiores nostri quia valere censebant, idcirco omnibus rebus agendis *'quod bonum, faustum, felix fortunatumque esset'* praefabantur, rebusque divinis, quae fierent publice, ut 'faverent linguis', imperabatur...

Da diese (Vorzeichen) nach der Meinung unserer Ahnen in der Tat Geltung besitzen, pflegte man vor allen Verrichtungen zu sagen: «Dies möge gut, günstig, glücklich und gesegnet sein»; anläßlich von kultischen Handlungen, die von Staats wegen durchgeführt wurden, gebot man «Tragt Sorge für eure Zungen»...

(O. Gigon – L. Straume-Zimmermann)

vgl. LIVIUS, AB URBE CONDITA 1, 17, 10 (10, 8 12):

...*faustum felixque* sit vobis ac r. p.

HW 25731 a

2226 Quod caret alterna requie, durabile non est.
Was keine zeitweiligen Ruhepausen kennt, ist nicht von Dauer.

OVID, HEROIDES 4, 89

Quod caret alterna requie, durabile non est.
haec reparat vires fessaque membra novat.
arcus, – et arma tuae tibi sunt imitandae Dianae –
si numquam cesses tendere, mollis erit.

Was abwechselnder Ruhe entbehrt, entbehrt auch der Dauer;
Ruhe erneuert die Kraft, stärkt den ermatteten Leib
Nimm dir ein Beispiel doch an den Waffen deiner Diana:
Würde der Bogen nicht schlaff, hieltst du ihn immer gespannt?

(H. Naumann)

vgl. PLINIUS MAIOR, NATURALIS HISTORIA 17, 210:

(Natura) vices feriarum (vult).

HW 25741

2227 Quod certaminibus ortum, ultra metam durat.
Was in Auseinandersetzungen entstanden ist, hat über das Ziel hinaus Bestand.

2228 Quod cibus est aliis, aliis est atrum venenum.
Was den einen Speise, ist den andern schwarzes Gift.
(vgl.: Was dem einen sin Uhl, ist des andern sin Nachtigall.)

HW 25745

2229 Quod cito fit, cito perit.
Was schnell entsteht, auch schnell vergeht.

HW 25747; 39860f4a

2230 **Quod dare non possis, verbis promittere noli,**
ne sis ventosus, dum vir bonus esse videris.
Was du nicht geben kannst, das versprich auch nicht,
damit du nicht als Spruchbeutel dastehst, während du doch als braver Mann erscheinen willst.

CATONIS DISTICHA 1, 25 (PLM III 219 B.)

HW 25762

2231 **Quod decet, honestum est, et quod honestum est, decet.**
Was sich ziemt, ist anständig, und was anständig ist, ziemt sich auch.

CICERO, DE OFFICIIS 1, 94

Huius vis ea est, ut ab honesto non queat separari; nam et *quod decet, honestum est, et quod honestum est, decet.* Qualis autem differentia sit honesti et decori, facilius intellegi quam explanari potest.

Dessen (sc. des Schicklichen) Bedeutung ist derart, daß sie vom Ehrenvollen nicht getrennt werden kann. Denn was sich schickt, ist ehrenvoll, und was ehrenvoll ist, schickt sich. Wie aber der Unterschied zwischen Ehrenvollem und Schicklichem ist, das läßt sich leichter erkennen als klarlegen.

(O. Gigon)

HW 25770a; 39860 (..., utique honestum...)

2232 **Quod deus bene vortat!**
Was Gott zum Besten wende!

z. B. TERENZ, PHORMIO 552

Di *bene vortant,* quod agas!

vgl. HW 25771e (Quod deus bene vertat!)

2233 **Quod di bene vortant!**
(Abk.: Q. D. B. V.)
Was die Götter zum Guten wenden mögen!

vgl. z. B. TERENZ, EUNUCHUS 390

Di vortant bene!

LIVIUS, AB URBE CONDITA 29, 22, 5 (..., quod di bene verterent.)

2234 **Quod differtur, non aufertur.**
Was aufgeschoben wird, wird nicht aufgehoben.
(vgl.: Aufgeschoben ist nicht aufgehoben.)

vgl. SENECA, DE PROVIDENTIA 4, 7

Quisquis videtur dimissus esse, *dilatus est.*

Jeder, der davon (sc. vom Unglück) freigestellt scheint, wurde nur zurückgestellt.

(G. Fink)

HW 25776

2235 **Quod dubitas, ne feceris!**
Worüber du dir nicht im klaren bist, davon laß die Finger!

nach Cicero, De officiis 1, 30

Quocirca bene praecipiunt, qui *vetant* quicquam *agere, quod dubites*, aequum sit an iniquum. Aequitas enim lucet ipsa per se, dubitatio cogitationem significat iniuriae.

Daher raten die gut, die verbieten, etwas zu tun, bei dem du zweifelst, ob es gerecht oder ungerecht ist. Rechtes Handeln leuchtet von sich aus selber, Schwanken zeigt Denken an Ungerechtigkeit an.

(O. Gigon)

HW 39860l2; vgl. 25788a (... ne facias!)

2236 **Quod erat demonstrandum.**
(Abk.: q. e. d.)
Was zu beweisen war.

Zamberti (Übersetzer der Elementa/Stoicheia des Euklid/Eukleides aus Alexandreia) 3, 4, 13

HW 25788e

2237 **Quod est violentum, non est durabile.**
Was gewaltsam ist, ist nicht von Dauer.

2238 **Quod factum, infectum fieri non potest.**
Was geschehen ist, kann nicht ungeschehen gemacht werden.

HW 25797 (... reddere nemo potest.)

Erasmus, Adagia 2, 3, 72

2239 **Quod fors feret, feremus aequo animo.**
Wir werden ruhig tragen, was das Schicksal bringt.

Terenz, Phormio 138

(J. J. C. Donner)

HW 25812

2240 **Quod fortunatum felix faustumque sit!**
(Abk.: Q. F. F. F. Q. S.)
Was in jeder Hinsicht glücklich sei!

vgl. Livius, Ab urbe condita 3, 34, 2

Igentique hominum exspectatione propositis decem tabulis populum ad contionem advocaverunt et, *quod bonum, faustum felixque* rei publicae, ipsis liberisque eorum *esset*, ire et legere leges iussere.

Die Menschen waren ungeheuer gespannt, als (die Zehnmänner) zehn Tafeln öffentlich aufstellten. Sie beriefen das Volk zu Beratung, und mit dem Wunsch, es möge für den Staat, für sie selbst und für ihre Kinder gut, günstig und glücklich ausgehen, forderten sie es auf, hinzugehen und die Gesetzesvorschläge zu lesen.

(H. J. Hillen)

2241 **Quod hodie non est, cras erit; sic vita truditur.**
Was heute nicht ist, kommt morgen; so geht's zu im Leben.

PETRON, SATYRICA 45, 2

'Oro te' inquit Echion centonarius, 'melius loquere ‹modo sic, modo sic› inquit rusticus; varium porcum perdiderat. *Quod hodie non est, cras erit;* sic vita truditur...'

«Sei so gut», sagte Echion, ein Fabrikant von Feuerwehrrequisiten, «laß die Unkerei! ‹Mal so, mal so› sagte der Bauer – eine scheckige Sau war ihm krepiert. Was heute nicht ist, kommt morgen; so rollt das Leben weiter...»

(K. Müller – W. Ehlers)

HW 25829

2242 **Quod in corde sobrii, in lingua ebrii.**
Was der Nüchterne bei sich behält, hat der Trunkene auf der Zunge.

HW 26831 a (div. Lesarten); 39861 i 1 (... in animo...)

ERASMUS, ADAGIA 2, 1, 55 (... in animo sobrii, id est...)

2243 **Quod latet, ignotum est: ignoti nulla cupido.**
Was im verborgenen liegt, ist unbekannt; dem Unbekannten gilt kein Verlangen.

OVID, ARS AMATORIA 3, 397

Quod latet, ignotum est: ignoti nulla cupido;
fructus abest, facies cum bona teste caret.

Was sich versteckt, das kennt niemand, und kennt man's nicht, weckt's kein Verlangen.
Fehlen dem schönen Gesicht Zeugen, dann nützt es auch nichts.

(N. Holzberg)

HW 25841

2244 **Quod licet, ingratum est; quod non licet, acrius urit.**
Was erlaubt ist, reizt nicht; was nicht erlaubt ist, brennt um so heftiger.

OVID, AMORES 2, 19, 3

Si tibi non opus est servata, stulte, puella,
at mihi fac serves, quo magis ipse velim.
Quod licet, ingratum est; quod non licet, acrius urit:
ferreus est, siquis, quod sinit alter, amat.

Treibt es dich selber schon nicht, Tor, deine Holde zu hüten –
Hüte sie mir denn zulieb, daß sie mich heftiger reizt!
Nichts, was sich bietet, gefällt; was nicht sich bietet, das stachelt;
Der ist eisern, der liebt, was ihm ein anderer ließ.

(W. Marg – R. Harder)

vgl. HW 25846; 39861 p

2245 **Quod licet Iovi, non licet bovi.**
Was Jupiter erlaubt ist, ist dem Ochsen noch lange nicht erlaubt.

HW 25847

2246 **Quod medicamenta non sanant, sanat ferrum.**
Was Medikamente nicht heilen, heilt das Eisen.

Fr. v. Schiller (1759–1805), Motto zu Die Räuber (erschienen 1781)

2247 **Quod mens sua sponte divinat, idem subicit ratio haud fallax.**
Was der Geist aus sich heraus ahnt, das gleiche flößt uns auch die untrügliche Vernunft ein.

Livius, Ab Urbe Condita 26, 41, 20

(J. Feix)

2248 **Quod natura negat, reddere cura potest.**
Was die Natur verweigert, kann die Pflege verschaffen.

Cornelius Gallus, Elegiae 5, 54 (W. Binder 1513)

vgl. HW 25903 (... nemo potest.)

2249 **Quod nimis miseri volunt, hoc facile credunt.**
Was die allzu Elenden wollen, das glauben sie auch gerne.

Seneca, Hercules furens 313 f.

nach Caesar, Bellum Gallicum 3, 18, 6:

... quod fere libenter homines id, *quod volunt, credunt.*

... (der Umstand,) daß man immer gern glaubt, was man wünscht.

(O. Schönberger)

HW 25917

2250 **Quod nocet, dolet.**
Was schadet, schmerzt auch.

vgl. HW 25923 (Quod nocet, interdum, si prodest, ferre memento!)

2251 **Quod non!**
Nur das nicht!

2252 **Quod non est in actis, non in mundo.**
Was nicht in den Akten verzeichnet ist, existiert nicht.
(Sinn: ... für den Richter)

vgl. Cicero, Ad familiares 2, 15, 5 K.

in actis non erat.

HW 25928a (... non est ...)

2253 **Quod non fecerunt barbari, fecere Barberini.**
Was die Barbaren nicht taten, das schafften die Barberini. (nämlich die Plünderung des Pantheons durch den Barberini-Papst Urban VIII. 1568–1644; Papst seit 1623)

C. Castelli († 1639)

2254 **Quod non opus est, asse est carius.**
Was man nicht braucht, ist schon für einen As zu teuer.

Cato, fr. 366 Sch., zitiert bei Seneca, Epistulae morales 94, 27

Praeterea ipsa, quae praecipiuntur, per se multum habent ponderis, utique si aut carmini intexta sunt aut prosa oratione in sententiam coartata, sicut illa Catoniana: 'Emas non, quod opus est, sed quod necesse est; *quod non opus est, asse carum est.*' ...

Außerdem haben Vorschriften an und für sich großes Gewicht, jedenfalls wenn sie in ein Gedicht eingewoben oder in Prosa wie ein Spruch formuliert sind, wie jenes Cato-Wort: «Kaufe nicht, was du bloß brauchst, sondern was nötig ist; was du nicht brauchst, ist für einen As zu teuer.»

(nach M. Rosenbach)

HW 25933a; vgl. 39863b

Erasmus, Adagia 4, 4, 99 (... carum est.)

2255 **Quod non potest, vult posse, qui nimium potest.**
Was er nicht kann, will der können, der zuviel kann.

Seneca, Hippolytus 215

Nu. Contra divites
regnoque fulti plura quam fas est petunt?
Quod non potest, vult posse, qui nimium potest.

Amme: Warum wollen andererseits die Reichen,
auf ihre Macht gestützt, noch mehr als Gott erlaubt?
Wer ohnehin schon übermächtig ist, will auch noch können, was er nicht kann.

HW 25935; 39863d

2256 **Quod non vetat lex, hoc vetat fieri pudor.**
Was kein Gesetz verbietet, verbietet doch der Anstand.

Seneca, Troades 334

Py. Lex nulla capto parcit aut poenam impedit.
Ag. *Quod non vetat lex, hoc vetat fieri pudor.*
Py. Quodcumque libuit facere, victori licet.
Ag. Minimum decet libere, cui multum licet.

Pyrrhus: Kein Gesetz schont den Gefangnen, keins verbietet Strafe.
Agamemnon: Was kein Gesetz verbietet, verbietet doch die Scham.
Pyrrhus: Was immer ihm zu tun beliebt, der Sieger darf's.
Agamemnon: Wem viel erlaubt, dem ziemt's, nur weniges zu wollen.

HW 25939

2257 **Quod petiit, spernit; repetit, quod nuper omisit.**
Was er erstrebte, weist er von sich; und er will wieder, was er kürzlich unterließ.

HORAZ, EPISTULAE 12, 1, 98

Rides: Quid? Mea cum pugnat sententia secum,
quod petiit, spernit, repetit, quod nuper omisit,
aestuat et vitae disconvenit ordine toto
diruit, aedificat, mutat quadrata rotundis?

Du lachst. Wie aber, wenn mein Wille mit sich im Streit liegt,
wenn er das Gewünschte verwirft und das eben Verstoßene zurückwünscht,
wenn er unstet schwankt und in der ganzen Lebensordnung mit sich uneins ist,
wenn er zerstört und aufbaut und das Viereck tauscht mit dem Kreisrund?

(W. Schöne – H. Färber)

HW 25957a

2258 **Quod pudeat socium, prudens celare memento!**
Was deinen Genossen beschämen könnte, das – denk daran! – behalte für dich, wenn du klug bist.

CATONIS DISTICHA 2, 7 (PLM III 223, 7 B.)

Quod pudeat, socios prudens celare memento,
ne plures culpent id, quod tibi displicet uni!

Was deine Genossen beschämen könnte, das behalte, wenn du klug bist, für dich,
damit nicht andere ihnen das vorwerfen, was allein dir mißfällt.

HW 25987 (..., socios...)

2259 **Quod ratio nequit, saepe sanavit mora.**
Was der Verstand nicht heilen kann, heilt oft die Zeit.

SENECA, AGAMEMNON 130

NU. Licet ipsa sileas, totus in vultu est dolor.
Proin', quidquid est, da tempus ac spatium tibi,
Quod ratio nequiit, saepe sanavit mora.

AMME. Magst du's auch selbst verschweigen, in deinem Gesicht, da steht der ganze Schmerz.
So gönn, was immer es sei, dir Zeit und Frist:
Was der Verstand nicht schafft, oft schon heilt's die Zeit.

HW 26007; 39864f1

2260 **Quod satis est, cui contingit, nihil amplius optet!**
Wer sein auskömmlich Teil empfing, sollte nichts weiter wünschen.

HORAZ, EPISTULAE 1, 2, 46

(W. Schöne – H. Färber)

HW 26015

2261 **Quod scripsi, scripsi.**
Was ich geschrieben habe, habe ich geschrieben.

PONTIUS PILATUS (26–36 n. Chr. praefectus Iudaeae), bei JOHANNES 19,22

HW 26023a

2262 **Quod sensus ostendit, id credit animus.**
Was der Sinneseindruck lehrt, das glaubt das Herz.
(vgl.: Was man sieht, das glaubt man.)

SENECA, EPISTULAE MORALES 117, 13

Sunt, inquit, naturae corporum, tamquam hic homo est, hic equus: has deinde secuntur motus animorum enuntiativi corporum. Hi habent proprium quiddam et a corporibus seductum, tamquam video Catonem ambulantem: hoc *sensus ostendit, animus credidit.*

Es gibt, heißt es, unterschiedliche Wesenheiten von Körpern, so ist das ein Mensch, das ein Pferd: ihnen entsprechen seelische Regungen, die ihren Ausdruck im Körper finden. Sie haben ein gewisses Eigenes und vom Körper Getrenntes, z. B. sehe ich Cato, wie er spazierengeht, das zeigte die Sinneswahrnehmung, die Seele glaubte es

(nach M. Rosenbach)

2263 **Quod sequitur, fugio; quod fugit, usque sequor.**
Was mir (willig) folgt, das will ich nicht; was sich mir entziehen will, dem strebe ich immerzu nach.

OVID, AMORES 2, 19, 36

Quidquid eveniat, nocet indulgentia nobis;
quod sequitur, fugio; quod fugit, ipse sequor.

Mag da kommen, was will – die Bereitschaft schwächt mir die Liebe;
Was mir nachsetzt, ich flieh's; flieht was, dem setze ich nach.

(W. Marg – R. Harder)

HW 26031

2264 **Quodsi non ungitur axis, tardius inceptum continuatur iter.**
Wenn die Radachse nicht geschmiert wird, setzt man die angetretene Reise ziemlich langsam fort.
(vgl.: Wer gut schmiert, fährt gut.)

HW 26133c

2265 **Quod sis, esse velis, nihilque malis!**
Was du bist, das wolle auch sein, und nichts mehr!

MARTIAL, EPIGRAMMATA 10, 47, 12 f.

Vitam quae faciant beatiorem,
iucundissime Martialis, haec sunt: ...
quod sis, esse velis nihilque malis;
summum nec metuas diem nec optes.

Was das Leben erfreulich macht für einen,
mein geliebtester Freund Martial, ist dieses: ...
nur sein wollen, was grad man ist, nichts andres,
und das Ende nicht fürchten und nicht wünschen.

(R. Helm)

HW 26049; 39870

2266 **Quod supra nos, nihil ad nos!**
Was über uns ist, ist nicht für uns.

Sokrates bei MINUCIUS FELIX, OCTAVIUS 13, 1

Quamquam, si philosophandi libido est, Socraten, sapientiae principem, quisque vestrum tantus est, si potuerit, imitetur. Eius viri, quotiens de caelestibus rogabatur, nota responsio est: *'Quod supra nos, nihil ad nos.'*

Wenn aber unbedingt philosophiert werden muß, dann sollte jeder von euch, der sich dazu berufen fühlt, Sokrates nachahmen, den Fürsten der Philosophie. Es ist bekannt, was er anwortete, wenn man ihn nach Überirdischem fragte: «Was über uns ist, ist nicht für uns!»

(B. Kytzler)

HW 26059b (... nil ...)

ERASMUS, ADAGIA 1, 6, 69

2267 **Quod tegitur, maius creditur esse malum.**
Ein Übel, das man verbirgt, hält man für größer, als es ist.

MARTIAL, EPIGRAMMATA 3, 42, 4

HW 26067a (... magnum ...)

2268 **Quod tibi fieri non vis, alteri ne feceris!**
Was du nicht willst, daß man dir tu', das füg' auch keinem andern zu!

Alexander Severus bei LAMPRIDIUS 51, 8

vgl. TOBIAS 4, 16 (möglicherweise nach Rabbi Hillel); MATTHAEUS 7, 12; LUKAS 6, 31
HW 26076; vgl. 39886

2269 **Quod tua nihil refert, ne cures!**
Was dich nichts angeht, darum kümmere dich auch nicht!

PLAUTUS, STICHUS 320

GE. Unde is? Quid fers? Quid festinas?
PI. *Tua quod nil refert, ne cures.*

GELASIMUS: Wo kommst du her? Was bringst du? Was pressiert dir so?
PINACIUM: Für Dinge, die dich nichts angehen, sorge nicht!

(W. Binder – W. Ludwig)

2270 **Quod verum, simplex sincerumque est, id naturae hominis est aptissimum.**
Was wahr, einfach und aufrichtig ist, das ist der Natur des Menschen am gemäßesten.

CICERO, DE OFFICIIS 1, 13

Inprimisque hominis est propria veri inquisitio atque investigatio. Itaque ... cognitionem rerum aut occultarum aut admirabilium ad beate vivendum necessariam ducimus. Ex quo intellegitur, *quod verum simplex sincerumque sit, id esse naturae hominis aptissimum.*

Und vor allem ist dem Menschen die Suche und das Aufspüren der Wahrheit eigentümlich. Deshalb ... halten wir die Erkenntnis verborgener und merkwürdiger Dinge für nötig zum Glücklichleben. Daraus erkennt man, daß, was wahr, einfach und rein ist, der Natur des Menschen am gemäßesten ist.

(O. Gigon)

2271 **Quod volunt homines, se bene velle putant.**
Was die Menschen wollen, von dem glauben sie, es mit gutem Grund zu wollen.

HW 26114

2272 **Quo mihi fortunam, si non conceditur uti?**
Was hilft mir mein Vermögen, wenn ich es nicht nutzen darf?

Horaz, Epistulae 1, 5, 12

Quo mihi fortunam, si non conceditur uti?
Parcus ob heredis curam nimiumque severus
adsidet insano: potare et spargere flores
incipiam patiarque vel inconsultus haberi.

Wozu des Glückes Gaben, wenn ich sie nicht brauchen soll? Sparsucht, die für den Erben sorgt und peinlich kargt, streift hart an Unvernunft. Ein frohes Zechen will ich eröffnen und Blumen ausstreuen, und will gern sogar der Anwalt des Leichtsinns heißen.

(W. Schöne – H. Färber)

HW 25664; vgl. 39860a6b (... divitiae ...)

2273 **Quondam etiam victis redit in praecordia virtus.**
Eines Tages regt sich auch in den Herzen der Besiegten wieder der Mut.

Vergil, Aeneis 2, 367

HW 26151

2274 **Quoniam non potest id fieri, quod vis, id velis, quod possit.**
Da nun einmal nicht geschehen kann, was du willst, so wolle halt, was geschehen kann.

Terenz, Andria 305 f.

By. Quaeso, edepol, Charine, *quoniam non potest id fieri, quod vis, id velis, quod possit.* Ch. Nil aliud volo nisi Philumenam.

Byrria: Ach, Charin, weil nicht geschehen kann, was du willst, so wolle nur, was geschehen kann. Charinus: Bei Gott, ich will nichts anderes als Philumena.

(J. J. C. Donner)

HW 26156 (*om.* id *prius*)

2275 **Quorum pars magna fui.**
Worin ich die Hauptperson war.

Vergil, Aeneis 2, 6

Infandum, regina, iubes renovare dolorem.
Troianas ut opes et lamentabile regnum
eruerint Danai, quaeque ipse miserrima vidi
et *quorum pars magna fui,* quis talia fando ...
temperet a lacrimis?

Unsagbaren Schmerz, o Königin*, heißt du erneuen.
Wie die trojanische Macht und die tief zu beklagende Herrschaft
stürzten die Danaer, was höchst Klägliches selbst ich gesehen,
mehr noch am eigenen Leibe erlebt, das könnte wohl keiner ...
ohne Tränen erzählen. (*Dido; Äneas erzählt)

(J. Götte)

2276 **Quos deus perdere vult, dementat.**
Wen Gott verderben will, dem raubt er den Verstand.

nach SOPHOKLES, ANTIGONE 622 f.

Τὸ κακὸν δοκεῖν ποτ' ἐσθλὸν
τῷδ' ἔμμεν, ὅτῳ φρένας
θεὸς ἄγει πρὸς ἄταν.

Tò kakòn dokeîn pot' esthlòn
tôd' émmen, hóto phrénas
theòs ágei pròs átan.

Wem ein Gott den Geist ins Unheil
stoßen will, dem scheint zuletzt
Arges, als wär's edel.

(W. Willige – K. Bayer)

HW 39984

2277 **Quo se fortuna, eo se favor hominum inclinat.**
Wohin sich das Glück neigt, dorthin neigt sich auch die Gunst der Menschen.

IUSTINUS, EPITOMA HISTORIARUM PHILIPPICARUM 5, 1

HW 25708a

2278 **Quos ego...!**
Euch werd' ich...!
(Neptun droht den von Aeolus aus dem Schlauch entlassenen Winden.)

VERGIL, AENEIS 1, 135

HW 26172

2279 **Quo semel est imbuta recens, servabit odorem | testa diu.**
Dem frischen Tonkrug gibt für lange die erste Füllung ihren Duft.

HORAZ, EPISTULAE 1, 2, 69 f.

(W. Schöne – H. Färber)

HW 25711; vgl. 39860c6

ERASMUS, ADAGIA 2, 4, 20

2280 **Quot caelum stellas, tot habet tua Roma puellas.**
Soviel Sterne am Himmel, soviel Mädchen hat dein Rom.

OVID, ARS AMATORIA 1, 59

2281 **Quot capita, tot sensus.**
Soviel Köpfe, soviel Ansichten.

nach TERENZ, PHORMIO 454

HE. Ego sedulo hunc dixisse credo; verum itast,
quot homines, *tot* sententiae: suos quoique mos.

HEGIO: Ich glaube, der sprach mit Bedacht. Doch also geht's:
«Viel Köpfe, viel Sinne; jedem seine Art!»

(J. J. C. Donner)

HW 26211 b; 40019 (..., tot sunt dispares vitae modi.)

2282 **Quot capitum vivunt, totidem studiorum milia.**
Soviel Menschen leben, soviel tausend verschiedene Meinungen gibt es.

HORAZ, SERMONES 2, 1, 27 f.

Quid faciam? Saltat Milonius, ut semel icto
accessit fervor capiti numerusque lucernis;
Castor gaudet equis, ovo prognatus eodem
pugnis: *quot capitum vivunt, totidem studiorum* | *milia.*

Was tun? Milonius pflegt zu tanzen, wenn ihm des Weines Hitze in den Kopf stieg und der Lampen Zahl verdoppelt; Castor freut sich an Rossen, der demselben Ei entsproßne Zwillingsbruder liebt den Faustkampf: wieviel Menschen, soviel tausend Passionen kennt die Welt.

(W. Schöne – H. Färber)

HW 26212; 40020

2283 **Quot homines, tot sententiae.**
Soviel Menschen, soviel Meinungen.

TERENZ, PHORMIO 454

HW 26216; 40026

ERASMUS, ADAGIA 1, 3, 7

2284 **Quotidiana vilescunt.**
Das Alltägliche verliert seinen Wert.

HW 26228a; 40036

2285 **Quot servi, tot hostes.**
Soviel Sklaven, soviel Feinde.

SENECA, EPISTULAE MORALES 47, 5

Deinde eiusdem adrogantiae proverbium iactatur, *tot*idem *hostes* esse *quot servos:* non habemus illos hostes, sed facimus.

Sodann brüstet man sich mit einem Sprichwort derselben Anmaßung: soviel Feinde gebe es wie Sklaven: wir haben sie nicht zu Feinden, wir machen sie dazu.

(nach M. Rosenbach)

s. auch MACROBIUS, SATURNALIA 1, 11, 13

HW 26227; vgl. 40032

ERASMUS, ADAGIA 2, 3, 31 (Quot servos habemus, totidem habemus hostes.)

2286 **Quousque tandem, Catilina, abutere patientia nostra?**
Wie lange noch, Catilina, willst du unsere Geduld strapazieren? (Cicero als Konsul, 63 v. Chr.)

CICERO, IN L. CATILINAM 1, 1

2287 **Quo vadis, domine?**
Wohin gehst du, Herr?
(fragt Petrus Christus, als er ihm bei der Flucht aus Rom begegnet)

Acta apostolorum apocrypha: Martyrium beati Petri apostoli 6
(Romantitel: H. Sienkiewicz, erschienen 1894–96)

Ut autem portam civitatis voluit egredi (Petrus), vidit sibi Christum occurrere, et adorans eum ait: *'Domine, quo vadis?'* Respondit ei Christus: 'Romam venio iterum crucifigi.'

Als Petrus aus dem Stadttor gehen wollte, sah er Christus entgegenkommen, und er betete ihn an und sagte: «Herr, wohin gehst du?» Da antwortete ihm Christus: «Ich komme nach Rom, um mich ein zweites Mal kreuzigen zu lassen.»

R

2288 **Radit usque ad cutem.**
Er schabt bis auf die Haut.
(d. h.: Er macht seine Sache sehr gründlich.)

HW 26234a

ERASMUS, ADAGIA 3, 3, 34

2289 **Rana in paludes resilit, etiam si in solio locaveris.**
Der Frosch hüpft wieder in seinen Sumpf zurück, auch wenn man ihn auf einen Thron setzt.

HW 26241; 40061 a:

Rana in paludem ex aureo *resilit* throno.

Der Frosch springt von einem goldenen Thron wieder in seinen Sumpf zurück.

HW 8238 (Ex aurea sede in paludem rana resilit.)

2290 **rara avis**
ein seltener Vogel

HORAZ, SERMONES 2, 2, 26

Vix tamen eripiam, posito pavone velis quin
hoc potius quam gallina tergere palatum,
corruptus vanis rerum, quia veneat auro
rara avis et picta pandat spectacula cauda...

Und doch kann ich's kaum hindern, daß du mit dem Pfau, der aufgetragen, lieber deinen Gaumen kitzelst als mit gebratenem Huhn; der Schein betört dich, da der seltene Vogel nur für schweres Geld zu haben (ist) und mit dem bunten, ausgespreizten Schweif ein prächtig Schauspiel bietet.

(W. Schöne – H. Färber)

vgl. PERSIUS, SATURAE 1, 46; JUVENAL, SATURAE 6, 165

HW 26260; vgl. 40073

ERASMUS, ADAGIA 2, 1, 21

2291 **Raro antecedentem scelestum**
deseruit pede Poena claudo.
Und selten wohl blieb lahmen Fußes
Hinter dem Sünder zurück die Strafe.

HORAZ, CARMINA 3, 2, 31

(Kayser – Nordenflycht – Burger – Färber)

HW 26280b; 40124a

2292 **Ratio ad nummum convenit.**
Die Rechnung stimmt auf Heller und Pfennig.

CICERO, AD ATTICUM 5, 21, 12 K.

'Quid opus est', inquam, 'potius quam *rationes* conferatis?' Adsidunt, subducunt; *ad nummum convenit.*

«Dann ist es also das Einfachste», sage ich, «ihr vergleicht eure Abrechnungen.» Sie setzen sich zusammen und rechnen; es stimmte auf den Groschen.

(H. Kasten)

2293 **Ratio et consilium propriae ducis artes.**
Vernunft und Überlegung sind die Eigenschaften, die den Feldherrn kennzeichnen.

TACITUS, HISTORIAE 3, 20, 2

Ut pro virili portione armis ac manu victoriam iuverit, *ratione et consilio, propriis ducis artibus,* profuturum; neque enim ambigua esse, quae occurrant, noctem et ignotae situm urbis, intus hostes et cuncta insidiis opportuna.

Wie er (Antonius Primus) vorher seinen Mann gestellt und mit den Waffen in der Hand zum Sieg verholfen habe, so wolle er jetzt durch planmäßige Überlegung, worin sich das eigentliche Geschick des Feldherrn zeige, zu nützen suchen; es sei ja vollkommen klar, womit sie zu rechnen hätten: mit der Nacht, der unbekannten Lage der Stadt, mit dem Feind im Innern ...

(J. Borst – H. Hroß – H. Borst)

HW 40212

2294 **Ratio fatum vincere nulla potest.**
Keine Berechnung kann das Schicksal besiegen.

OVID, TRISTIA 3, 6, 18

seu *ratio* ...

HW 26363a

2295 **Ratione, non vi vincenda adulescentia est.**
Vernunft, nicht Härte soll die Jugend zügeln.

PUBLILIUS SYRUS, SENTENTIAE R 1

(H. Beckby)

HW 26365

2296 **rationes conturbare**
die Rechnung durcheinanderbringen
(einen Strich durch die Rechnung machen)

TERENZ, EUNUCHUS 868 f.

TH. Neque edepol, quid nunc consili capiam, scio
de virgine istac: ita *conturbasti* mihi
rationes omnis, ut eam non possim suis
ita, ut aequom fuerat atque ut studui, tradere.

THAIS: Fürwahr, ich weiß nicht, was ich nun beginnen soll
Des Mädchens wegen. So verrücktest du mir jetzt
Die ganze Rechnung, daß ich sie den Ihren nicht,
wie es billig und mein Wille war, zustellen kann.

(J. J. C. Donner)

2297 **Rationi nulla resistunt.**
Der Vernunft kann nichts widerstehen.

MANILIUS, ASTRONOMICA 1, 541

HW 26365a

2298 **Ratio praeteriti scire futura facit.**
Die Auseinandersetzung mit der Vergangenheit befähigt zum Wissen um die Zukunft.

vgl. SAPIENTIA (SALAMONIS) 8, 8:

Οἶδεν τὰ ἀρχαῖα καὶ τὰ μέλλοντα εἰκάζει. (Oîden tà archaîa kaì tà méllonta eikázei.)

HW 26364

2299 **Ratio quasi quaedam lux lumenque vitae.**
Die Vernunft ist gleichsam Licht und Leuchte des Lebens.

CICERO, ACADEMICI LIBRI PRIORES 2, 26

Quid? quod si ista vera sunt, *ratio* omnis tollitur, *quasi quaedam lux lumenque vitae;* tamenne in ista pravitate perstabitis?

Wie? Wenn das wahr ist, geht jede Vernunft dahin, gleichsam eine Art Licht und Leuchte im Leben; wollt ihr dennoch auf eurer verkehrten Meinung beharren?

2300 **Rebus in angustis facile est contemnere vitam.**
Geht's eng her, ist es leicht, das Leben zu verachten.

MARTIAL, EPIGRAMMATA 11, 56, 15 f.

O quam tu cupies ter vivere Nestoris annos
et nihil ex ulla perdere luce voles!
Rebus in angustis facile est contemnere vitam:
fortiter ille facit, qui miser esse potest.

O wie wünschtest du dann, du lebtest die Jahre des Nestor
Dreimal, von keinem Tag mißtest du dann etwas gern!
Ist man in Not, ist es leicht, das Leben nicht weiter zu achten.
Tapfer nur handelt, wer still Elend zu tragen vermag.

(R. Helm)

HW 26399 (...: fortior ille...); 40282

2301 **Recenti mens trepidat metu.**
Von frischem Schrecken noch zittert das Herz.

HORAZ, CARMINA 2, 19, 5 (Theophanie)

Euhoe, *recenti mens trepidat metu*
plenoque Bacchi pectore turbidum
laetatur. Ehoe, parce, Liber,
parce gravi metuende thyrso.

Evoe! Noch bebt vom plötzlichen Schrecken das Herz
Und voll des Gottes jauchzt es mir stürmisch auf,
Evoe! Evoe! Sei gnädig, Bacchus,
Strafe mich nicht mit dem Schwung des Thyrsus!

(Kayser – Nordenflycht – Burger – Färber)

2302 **Receptores non minus delinquunt quam aggressores.**
Die Empfänger (von Diebesgut) verfehlen sich nicht weniger als die Räuber.
(vgl.: Der Hehler ist nicht besser als der Stehler.)

ULPIANUS, AD EDICTUM 56 (DIGESTA 47, 9, 3, 3)

Non tantum autem, qui rapuit, verum is quoque, qui recepit, ex causis supra dictis tenetur, quia *receptores non minus delinquunt quam adgressores.*

Aber nicht nur der Räuber, sondern auch derjenige, der (das Raubgut) angenommen hat, wird aus den oben genannten Gründen belangt, weil die Hehler sich nicht weniger vergehen als die Räuber.

2303 **redire in viam**
auf den rechten Weg zurückfinden

TERENZ, ANDRIA 190

SI. Dum tempus ad eam rem tulit, sivi, animum ut expleret suom;
dehinc postulo sive aequomst te oro, Dave, ut *redeat* iam *in viam.*
DA. Hoc quid sit? SI. Omnes, qui amant, graviter sibi dari uxorem ferunt.
DA. Ita aiunt.

SIMO: Solang's die Zeit erlaubte, ließ ich seinen Wünschen freien Lauf.
Doch dieser Tag bringt anderes Leben, fordert andere Lebensart.
Jetzt fordre ich – bitt ich, muß es sein –, führ ihn zum rechten Weg zurück!
DAVUS: Was soll das? SIMO: Wer verliebt ist, grollt, bedenkt man ihn mit einer Frau.
DAVUS: Allerdings.

(J. J. C. Donner)

vgl. ERASMUS, ADAGIA 3, 5, 16 (rectam viam ingredi); 4, 10, 90 (Rectam instas viam.)

2304 **Regia res est succurrere lapsis.**
Königlich ist's, Gestrauchelten zu helfen.

OVID, EPISTULAE EX PONTO 2, 9, 11

Regia, crede mihi, *res est succurrere lapsis,*
convenit et tanto, quantus es ipse, viro.

Glaube mir: Sache der Könige ist's, den Gefallnen zu helfen,
und es geziemt einem solch mächtigen Manne wie dir.

(W. Willige)

HW 26474

2305 **Regium est male audire et bene facere.**
Es ist Schicksal der Herrschenden, daß man über sie schimpft, auch wenn sie ihre Sache gut machen.

nach ANTISTHENES, fr. 25 N., zitiert bei EPIKTET, DISS. 4, 5

HW 40567a

2306 **Relata refero.**

Ich berichte nur, was mir berichtet wurde.

nach Herodot, Historiae 7, 152, 1

Ob Xerxes damals einen Herold mit diesem Auftrag nach Argos geschickt hat und ob die Boten der Argeier nach Susa gingen, das kann ich nicht mit Sicherheit behaupten. Ich will darüber auch keine andere Meinung äußern als die, die die Argeier selbst erzählen.

(J. Feix)

HW 26530a; 40663

2307 **relicta non bene parmula**

wobei ich meinen Schild schmählich liegen ließ

Horaz, Carmina 2, 7, 10

Tecum Philippos et celerem fugam
sensi, *relicta* non *bene parmula,*
cum fracta virtus et minaces
turpe solum tetigere mento.

Ich hab' Philippis Tag und die rasche Flucht
Mit dir erlebt, als ruhmlos den Schild ich ließ,
Als Mannesmut zerbrach und unsre
Helden so schimpflich den Boden küßten.

(Kayser – Nordenflycht – Burger – Färber)

2308 **Religentem esse oportet, religiosum nefas.**

Gottesfürchtig muß man sein, abergläubisch sein ist Sünde.

Nigidius Figulus, zitiert bei Gellius, Noctes Atticae 4, 9, 1

2309 **rem actam agere**

leeres Stroh dreschen

Plautus, Pseudolus 261

Ca. Eheu, quam ego malis perdidi modis,
quod tibi detuli et quod dedi. Ba. Mortua
verba re nunc facis: stultus es, *rem actam agis.*

Calidorus: Weh! Wie schändlich ist
Vergeudet, was ich dir gegeben und gebracht!
Ballio: Das Ding ist tot, was redest du noch viel?
Du bist ein Narr und drischst nur leeres Stroh.

(W. Binder – W. Ludwig)

vgl. HW 34410a (Acta agis.)

2310 **Rem acu tetigisti.**
Du hast den Nagel auf den Kopf getroffen.
(wörtl.: Du hast die Sache mit der Nadel berührt.)

Plautus, Rudens 1306

La. Adulescens, salve. Gr. Di te ament cum inraso capite. La. Quid fit?
Gr. Verum extergetur. La. Ut vales? Gr. Quid tu? Num medicus quaeso's?
La. Immo edepol una littera plus sum quam medicus. Gr. Tum tu
Mendicus es? La. *Tetigisti acu.*

Labrax: Willkommen, junger Mann! Gripus: Die Götter seien mit dir
Und deinem ungeschorenen Kopf! Labrax: Was machst du da?
Gripus: Ich putze einen Bratspieß. Labrax: Und wie geht es dir?
Gripus: Was kümmert's dich? Bist du vielleicht ein Medicus?
Labrax: Ein Buchstabe noch gehört hinzu. Gripus: So bist du ein
Mendicus (Bettler) denn? Labrax: Aufs Haar getroffen.

(W. Binder – W. Ludwig)

HW 40688

2311 **rem involutam emere**
eine Sache eingewickelt kaufen
(vgl.: die Katze im Sack kaufen)

nach Seneca, Epistulae morales 80, 9

Equum *empturus* solvi iubes stratum, detrahis vestimenta venalibus, ne qua vitia corporis lateant: hominem *involutum* aestimas?

Willst du ein Pferd kaufen, läßt du die Decke abnehmen, du nimmst die Kleidung ab, wenn Sklaven zum Verkauf stehen, damit keine körperlichen Fehler verborgen bleiben: einen Menschen schätzt du in seiner Umhüllung ein?

(nach M. Rosenbach)

2312 **Remota iustitia quid sunt regna nisi magna latrocinia?**
Wenn es an Gerechtigkeit fehlt, was sind dann Reiche mehr als große Räuberbanden?

Augustinus, De civitate Dei 4, 4

2313 **Rem tene, verba sequentur.**
Halte die Sache fest! Die Worte ergeben sich von selbst.

Cato, Ad Marcum filium, fr. 371 Sch.

vgl. Horaz, De arte poetica 311

HW 26568; vgl. 40715

2314 **Rem timide tractat.**
Er geht die Sache ängstlich an.
(vgl.: Er geht wie die Katze um den heißen Brei.)

vgl. Horaz, De Arte Poetica 171 (... *res* omnis *timide* ... ministrat.)

2315 **re parvum, tempore magnum**
eigentlich klein, in Anbetracht der Verhältnisse aber bedeutend

Cicero, In C. Verrem II 3, 215

Caritas annonae faciebat, ut istuc, quod *re parvum* videbatur, *tempore magnum* videretur.

Die Teuerung bewirkte, daß das, was in Wirklichkeit gering war, der Verhältnisse wegen als bedeutend erschien.

(M. Fuhrmann)

2316 **Repente dives nemo factus est bonus.**
Kein guter Mensch ist plötzlich zu Reichtum gekommen.

HW 26582

2317 **Repetitio est mater studiorum.**
Wiederholung ist die Mutter der Studien.

HW 40753

2318 **Requiescat in pace!**
Er/Sie ruhe in Frieden!

nach Psalm 4, 9

2319 **rerum concordia discors**
die zwieträchige Eintracht der Dinge

Horaz, Epistulae 1, 12, 10

Nil parvum sapias et adhuc sublimia cures:
quae mare compescant causae, quid temperet annum,
stellae sponte sua iussaene vagentur et errent,
quid premat obscurum lunae, quid proferat orbem,
quid velit et possit *rerum concordia discors*,
Empedocles an Stertinium deliret acumen.

... bist du allem Kleinlichen abgekehrt und wahrst dir den Sinn für die hohen Fragen der Natur: welche Ursachen halten das Meer in Ufern, welch Gesetz regelt den Gang der Jahreszeiten? Ist es eigner Trieb, ist es höherer Wille, der die Sterne wandern und irren heißt? Was hüllt den Mond in Dunkel und füllt ihm wiederum den Lichtkreis? Wo ist Zweck und Ziel in der zwieträchtigen Eintracht der Stoffe? Ist Empedokles auf Abwegen oder Stertinius' Denkergeist?

(W. Schöne – H. Färber)

2320 **Rerum humanarum domina est fortuna.**
Die Herrin aller Menschendinge ist die Göttin des Glücks.

Cicero, pro M. Marcello 7

Nihil sibi ex ista laude centurio, nihil praefectus, nihil cohors, nihil turma decerpit; quin etiam illa ipsa *rerum humanarum domina, Fortuna*, in istius se societatem gloriae non offert: tibi concedit, tuam esse totam et propriam fatetur.

Nichts beansprucht von diesem Verdienst ein Offizier oder Komandant, eine Infanterietruppe oder eine Reiterschwadron; ja selbst die Herrin aller Menschendinge, die Göttin des Glücks, dringt nicht auf einen Anteil an diesem Ruhmestitel: dir tritt sie ihn ab, und sie gibt zu, daß er ganz dein Eigentum ist.

(M. Fuhrmann)

HW 33895

2321 **Rerum omnium custos memoria.**
Aller Dinge Speicher ist das Gedächtnis.

Cicero, Partitiones oratoriae 3

(K. u. G. Bayer)

2322 **Rerum omnium magister est usus.**
Aller Dinge Lehrmeister ist die Übung.

Caesar, Bellum civile 2, 8

Patebat haec quoquoversus pedes XXX, sed parietum crassitudo pedes V. Postea vero, ut *est rerum omnium magister usus* hominum adhibita sollertia, inventum est magno esse usui posse, si haec esset in altitudinem turris elata. Id hac ratione perfectum est...

Jede seiner (d. h. des Turmes) Seiten war 30 Fuß lang, die Mauern waren 5 Fuß dick. Später fand man heraus, dieser Turm könne sehr nützlich sein, wenn man ihn höher baute, wie ja in allen Dingen Erfahrung Lehrmeisterin ist, wenn ein wenig Erfindungskraft mithilft. Dies geschah auf folgende Weise...

(O. Schönberger)

2323 **Res ad triarios redit.**
Die Sache kommt auf die erfahrensten Soldaten zu.
(d. h.: Es kommt aufs Äußerste.)

Livius, Ab urbe condita 8, 8, 11

Si apud principes quoque haud satis prospere esset pugnatum, gradum a prima acie sensim referebant. Inde *rem ad triarios redisse,* cum laboratur, proverbio increbuit.

Wenn auch beim zweiten Glied (den *principes*) nicht hinreichend günstig gekämpft wurde, zogen sie sich von der ersten Reihe auf die Triarier (das dritte Glied) langsam zurück. Von daher kam es zu der Redensart, die Sache sei zu den Triariern gekommen, wenn es hart hergeht.

HW 26595a; 40805

Erasmus, Adagia 1, 1, 23 (... rediit.)

2324 **Res adversae auctoritatem minuunt imperantium.**
Mißerfolge tun der Autorität der Führer Abbruch.

HW 40807

2325 **Res amicos invenit.**
Geld findet Freunde.

PLAUTUS, STICHUS 522

EP. Ut quoique homini res paratast, perinde amicis utitur:
Si res firma, item firmi amici sunt: sin res laxe labat,
Itidem amici conlabascunt. *Res amicos invenit.*

EPIGNOMUS: Bedenke nur: solange der Mensch Vermögen hat,
Sind auch die Freunde fest; wo's mit dem Gelde wankt,
Wankt auch die Freundschaft. Freunde schafft allein das Geld.

(W. Binder – W. Ludwig)

vgl. HW 26607 (... facit.)

2326 **Res eius dilabuntur.**
Sein Vermögen entschwindet.
(Es geht mit ihm den Bach hinunter.)

z. B. CICERO, DE OFFICIIS 2, 64

Habenda autem ratio est rei familiaris, quam quidem *dilabi* sinere flagitiosum est, sed ita, ut inliberalitatis avaritiaeque absit suspicio.

Rücksicht aber ist auf das Vermögen zu nehmen, das zerrinnen zu lassen schandbar ist, aber so, daß der Verdacht von Knauserigkeit und Habsucht nicht aufkommt.

(O. Gigon)

2327 **reservatio mentalis**
innerer Vorbehalt (beim Eid)

B. PASCAL (1623–1662), LETTRES PROVINCIALES 9

2328 **Res est solliciti plena timoris amor.**
(Wann übertrieb ich nicht die Angst vor den echten Gefahren?)
Liebe bedeutet doch stets Zittern und Bangen zugleich.

OVID, HEROIDES 1, 12

(B. W. Häuptli)

HW 26666; 40842

2329 **Res in cardine est.**
Die Sache steht auf der Türangel.
(d. h.: Es wird sich bald entscheiden.)

SERVIUS, AD AENEIDA 1, 672

HAUT TANTO CESSABIT CARDINE RERUM: aut δεικτικῶς (deiktikôs) dicit, ne in tantum quidem, hoc est brevi occasione cessabit; aut simpliciter intelligendum est, non poterit in tanta rerum opportunitate cessare, ut sit de proverbio tractum, quo dicitur *'res in cardine est'*, hoc est in articulo.

NICHT WIRD SIE ZÖGERN BEI SOLCHER WENDUNG DER DINGE: Entweder sagt er das hinweisend: «Sie* wird nicht einmal *in tantum*, d. h. für einen kurzen Moment zögern»; oder es ist einfach zu verstehen: «Sie* wird bei einer so günstigen Gelegenheit nicht zögern können», so daß das vom Sprichwort genommen ist, das besagt: «Die Sache steht auf der Türangel», d. h. am Wendepunkt. (*Juno)

ERASMUS, ADAGIA 1, 1, 19 (*om.* est)

2330 **res iudicata**
ein bereits entschiedener Fall

z.B. CICERO, IN C. VERREM II 2, 81; PARTITIONES ORATORIAE 126

HW 40869 (... pro veritate accipitur.)

2331 **Res loquitur ipsa.**
Die Sache spricht für sich.

CICERO, PRO T. ANNIO MILONE 53

Res loquitur ipsa, iudices, quae semper valet plurimum.

Die Tatsachen sprechen für sich selbst, ihr Richter, und das zählt immer am meisten.

(M. Fuhrmann)

2332 **Res parva magna est tempore et loco data.**
Eine kleine Gabe ist eine große Sache, wenn sie zur rechten Zeit am rechten Ort gegeben wurde.

J. ALBINUS, S. 63

2333 **Res parva, sed initium non parvae.**
Eine unbedeutende Sache, die aber nicht unbedeutende Konsequenzen nach sich zieht.

PLINIUS MINOR, EPISTULAE 5, 4, 1

(H. Kasten)

vgl. HW 40901 (Res parva magnis saepe exordium dedit.)

2334 **Responsum date!**
Gebt Antwort!

HORAZ, EPODOE 7, 14

Neque hic lupis mos nec fuit leonibus
umquam nisi in dispar feris:
furorne caecus an rapit vis acrior
an culpa? *Responsum date!*

Nie war der Wölfe, nie der Löwen Weise dies,
Nur fremde Brut verfolgen sie:
Reißt blinde Wut, ein allzu hitziger Trieb euch fort?
Ist's Schuldgefühl? Antwortet mir!

(Kayser – Nordenflycht – Burger – Färber)

2335 **Res severa est verum gaudium.**
Wahre Freude ist eine ernste Sache.

SENECA, EPISTULAE MORALES 23, 4

Mihi crede, *verum gaudium res severa est.*

Glaube mir, ...

HW 40932

2336 **Res similis fictae, sed quid mihi fingere prodest?**
Die Sache sieht aus wie erdichtet, doch was kann Erdichten mir nützen?
(vgl.: Das sieht aus wie ein Märchen ...)

Ovid, Metamorphoses 13, 935

HW 26772

2337 **Res sunt humanae flebile ludibrium.**
Menschenlos, ein beweinenswertes Spiel.

HW 26776a

2338 **Restat iter caeli; caelo tentabimus ire.**
Es bleibt der Weg durch den Himmel; am Himmel werden wir es versuchen.
(König Minos von Kreta wollte den Erfinder Daedalus mit seinem Sohn Icarus nicht ausreisen lassen.)

Ovid, Ars amatoria 2, 37

Restat iter caeli. Caelo temptabimus ire.
Da veniam coepto, Iuppiter alte, meo:
Non ego sidereas adfecto tangere sedes:
Qua fugiam dominum, nulla, nisi ista, via est.

Nur der Weg durch den Himmel bleibt noch; laß es dort uns versuchen.
Jupiter, mächtiger Gott, schenke Verzeihn meinem Plan!
Nicht an die Sitze der Götter zu rühren treibt mich Verlangen;
Um zu entfliehen dem Herrn, zeigt sich kein anderer Weg.

(N. Holzberg)

2339 **retrorsum vela dare**
die Segel wenden

Horaz, Carmina 1, 34, 3 ff.

Nunc *retrorsum*
vela dare et iterare cursus | cogor relictos.

Ich wende nun die Segel, steure
Wieder, ich muß, die verlaßnen Bahnen | Zurück.

(Kayser – Nordenflycht – Burger – H. Färber)

2340 **Rex datur propter regnum, non regnum propter regem.**
Der König ist für sein Königreich da, nicht aber das Königreich für den König.

2341 **Rex est, qui metuit nihil; rex est, qui cupit nihil.**
König ist, wer nichts fürchtet; König ist, wer nichts begehrt.

SENECA, THYESTES 388

Rex est, qui metuit nihil,
*rex est, qui*que *cupit nihil.*
Hoc regnum sibi quisque dat.

König ist, wer nichts fürchtet,
König ist, wer nichts begehrt.
Diese Herrschaft gibt ein jeder sich selbst.

HW 26848 (... cupiet ...); 41051

2342 **Rex ipse sine aculeo.**
Der (Bienen-)König selbst ist ohne Stachel.
(Die Bienenkönigin hielt man für maskulin.)

SENECA, DE CLEMENTIA 17, 3 (1, 19)

Hoc tamen maxime distinguitur: iracundissimae ac pro corporis captu pugnacissimae sunt apes et aculeos in vulnere relinquunt, *rex ipse sine aculeo est;* noluit illum natura nec saevum esse nec ultionem magno constaturam petere telumque detraxit et iram eius inermem reliquit.

Durch folgendes jedoch wird sie (die Bienenkönigin) am meisten hervorgehoben: sehr aggressiv und für ihre körperliche Leistungsfähigkeit besonders kampfeslustig sind die Bienen, und ihren Stachel lassen sie in der Stichwunde stecken, die Königin selbst ist ohne Stachel; weder wollte die Natur, daß sie wild sei noch daß sie Rache, die teuer zu stehen kommen muß, suche, und nahm ihr die Waffe weg und ließ ihre Aggressivität waffenlos.

(M. Rosenbach)

2343 **Rex magnus, quisquis se bene rexerit.**
Der ist ein großer König, der sich selbst gut regiert.

J. ALBINUS, S. 63

2344 **Rex probavit non rem publicam suam esse, sed se rei publicae.**
Der König hat bekräftigt, daß nicht der Staat ihm, sondern er dem Staate gehöre.
(Bild vom Bienenstaat)

SENECA, DE CLEMENTIA 17, 8 (1, 19)

O ne illo, cui contigit sibi quemque vivere, deus beatior nihilo. Cum adsiduis bonitatis argumentis *probavit non rem publicam suam esse, sed se rei publicae,* quis huic audeat struere aliquod periculum?

O wahrlich, wenn es einem zufällt, daß ein jeder für ihn lebt – ein Gott ist in keiner Hinsicht glücklicher. Wenn er mit unablässigen Beweisen seiner Güte bekräftigt hat, nicht gehöre der Staat ihm, sondern er dem Staat, wer wollte es wagen, ihm eine Gefahr anzustiften?

(nach M. Rosenbach)

2345 **Ridentem dicere verum quid vetat?**
Freilich, warum dürfte man nicht Wahrheit auch scherzend vortragen?

HORAZ, SERMONES 1, 1, 24f.

(W. Schöne – H. Färber)

HW 26874

2346 **ridere in stomacho**
in sich hineinlachen
(wörtl.: im Bauche lachen)

CICERO, AD FAMILIARES 2, 16, 7 K.

Togam praetextam texi Oppio puto te audisse; nam Curtius noster dibaphum cogitat, sed eum infector moratur. Hoc aspersi, ut scires me tamen *in stomacho* solere *ridere.*

Daß für Oppius das Amtskleid schon in Arbeit ist, hast Du wohl gehört. Und unser Curtius denkt gar an das doppelgefärbte Gewand; aber der Färber hält ihn hin. Dies zur Würze, damit Du siehst, daß ich bei allem Ärger doch das Lachen nicht verlernt habe.

(H. Kasten)

2347 **Ride, si sapis!**
Lache, wenn du weise bist!

MARTIAL, EPIGRAMMATA 2, 41, 1

'*Ride, si sapis,* o puella, ride!'
Paelignus, puto, dixerat poeta.
Sed non dixerat omnibus puellis.
Verum, ut dixerit omnibus puellis,
non dixit tibi ...

«Lache, bist du verständig, Mädchen, lache!»
Sagte einst der Paeligner Dichter*, glaub ich.
Doch er sagte es nicht für alle Mädchen.
Aber sagte er es für alle Mädchen,
hat er's dir nicht gesagt ... (*Ovid)

(R. Helm)

HW 41125

2348 **Ridet argento domus.**
Das ganze Haus strahlt vor lauter Silber.

HORAZ, CARMINA 4, 11, 6

Ridet argento domus, ara castis
vincta verbenis avet immolato
  spargier agno ...

Rings in Silber lacht, wie du siehst, die Halle,
Der Altar im Schmuck reiner Laubgewinde
  Dürstet des Lämmleins.

(Kayser – Nordenflycht – Burger – Färber)

2349 **Ridetur, chorda qui semper oberrat eadem.**
Ausgelacht wird der (Kitharaspieler), der immer bei derselben Saite danebengreift.

Horaz, De arte poetica 356

Ut scriptor si peccat idem librarius usque,
quamvis est monitus, venia caret, ut citharoedus
ridetur, chorda qui semper oberrat eadem,
sic mihi, qui multum cessat, fit Choerilus ille,
quem bis terve bonum cum risu miror...

Wenn der Abschreiber trotz aller Warnung stets denselben Fehler wieder macht, verliert er das Recht auf Nachsicht; ein Zitherspieler wird ausgelacht, der immer auf derselben Saite fehlgreift; und der Dichter, der sich vielfach versieht, er gilt mir schließlich wie «Meister» Choerilus; ich staune und lächle, wenn der es zwei-, dreimal recht macht...

(W. Schöne – H. Färber)

HW 26879a; 41140

Erasmus, Adagia 1, 5, 9 (eadem oberrare chorda)

2350 **Ridiculum acri fortius et melius magnas plerumque secat res.**
Scherz entscheidet ja auch wichtige Fragen oft kräftiger und besser als der leidenschaftliche Ernst.

Horaz, Sermones 1, 10, 14f.

(W. Schöne – H. Färber)

2351 **Risu inepto res ineptior nulla est.**
Nichts ist alberner als albernes Lachen.

Catull, Carmina 39, 16

Si urbanus esses aut Sabinus aut Tiburs...
aut quilubet, qui puriter lavit dentes,
tamen renidere usque quaque te nollem;
nam *risu inepto res ineptior nulla est.*

Wärst Römer Du, Sabiner oder aus Tibur...,
wer sonst die Zähne sich in Sauberkeit reinigt,
Ich möchte doch nicht, daß du immerzu grinsest.
Es gibt nichts Dümmres, als immer dumm grinsen.

(W. Eisenhut)

HW 26886b

2352 **Risum teneatis, amici?**
Könntet ihr da das Lachen verbeißen, Freunde?

Horaz, De arte poetica 5

Humano capiti cervicem pictor equinam
iungere si velit et varias inducere plumas...,
spectatum admissi *risum teneatis, amici?*

Ein Menschenhaupt mit Pferdes Hals und Nacken:
denkt euch, so schüfe es die Laune eines Malers:...
Denkt euch, ihr Freunde wärt zur Schau geladen:
würdet ihr euch des Lachens erwehren?

(W. Schöne – H. Färber)

HW 26886e

2353 **Rivalem patienter habe!**
Den Nebenbuhler ertrage mit Geduld!

vgl. PROPERZ, ELEGIAE 2, 34, 18

Lecto te solum, lecto te deprecor uno:
Rivalem possum non ego ferre Iovem.

Von meinem Bette nur wünsch' ich hinweg dich, allein von dem Bette:
Könnt ich doch Jupiter selbst nicht als Rivalen ersehn.

(W. Willige)

2354 **Rixantur de lana saepe caprina.**
Oft streiten sie sich über Ziegenwolle.
(vgl.: ... um des Kaisers Bart)

HORAZ, EPISTULAE 1, 18, 15f.

Alter in obsequium plus aequo pronus ...;
alter *rixatur de lana saepe caprina,*
propugnat nugis armatus: ...

Der eine verneigt sich so untertänig, daß er das Gleichgewicht verliert ...;
der andre zankt oft um der Ziege Bart;
er drängt sich zum Streit in einer Rüstung von leeren Phrasen: ...

(W. Schöne – H. Färber)

HW 26901 (Rixantur viles de lana saepe caprina.)

ERASMUS, ADAGIA 1, 3, 53 (de lana caprina)

2355 **Roma aeterna**
das ewige Rom
(frühester Beleg für die Vorstellung, Rom sei die «Ewige Stadt»;
Tibull lebte ca. 55–19 v. Chr.)

TIBULL, ELEGIAE 2, 5, 23

Romulus *aeternae* nondum formaverat *urbis*
moenia, consorti non habitanda Remo,
sed tunc pascebant herbosa Palatia vaccae,
et stabant humiles in Iovis arce casae.

Noch hatte Romulus Mauern der ewigen Stadt nicht gegeben,
Nicht in Gemeinschaft mit ihm Remus zu wohnen verwehrt,
Kühe noch weideten auf dem Palatium damals im Grase;
Niedrige Hütten allein standen auf Jupiters Berg.

(W. Willige)

HW 26918

2356 **Romae Tibur amem, ventosus Tibure Romam.**
Bin ich in Rom, wär' ich lieber in Tibur, wetterwendisch, wie ich halt bin; und bin ich in Tibur, wäre Rom mir lieber.

HORAZ, EPISTULAE 1, 8, 12

Quae nocuere, sequar, fugiam, quae profore credam,
Romae Tibur amem, ventosus Tibure Romam.

(Sag' ihm,) ich tue, was ich als schädlich erfuhr, ich fliehe, was ich als heilbringend erkenne; mit wetterwendischer Laune schwärme ich in Rom für Tibur, in Tibur für Rom.

(W. Schöne – H. Färber)

2357 **Roma locuta, causa finita.**
Rom hat gesprochen, der Fall ist entscheiden.

nach Augustinus, Sermones 131, 10 (38, 734 Migne)

Iam enim de hac causa duo concilia missa sunt ad Sedem Apostolicam: inde etiam rescripta venerunt. *Causa finita* est: Utinam aliquando finiatur error!

Schon sind in dieser Sache zwei Beschlüsse von Konzilien nach Rom gesandt worden: Von dort kamen auch Anworten. Der Fall ist entschieden: Hoffentlich hat auch der Irrtum bald einmal ein Ende!

HW 26927b

D. Liebs, R 62

2358 **Romam cuncta undique atrocia atque pudenda confluunt celebranturque.**
In Rom strömt von überallher alles Schreckliche und Schändliche zusammen und wird auch noch gefeiert.

Tacitus, Annales 15, 44, 3

Romam, quo *cuncta* ...

2359 **Rore vivit sicut cicada.**
Er lebt wie die Zikade vom Tau.

vgl. HW 41195a1 (Rore pascitur.)

Erasmus, Adagia 4, 4, 16 (Rore pascitur.)

2360 **Rosa de spinis floret.**
Die Rose blüht am Dornenstrauch.

Hieronymus, Vita Hilarionis 2 (23, 30 Migne)

Rosa, ut dicitur, *de spinis floruit.*

Die Rose blühte, wie man sagt, am dornigen Stiel.

2361 **Rosam, quae praeteriit, ne quaeras iterum!**
Die Rose, die vergangen ist, suche nicht ein zweitesmal!

HW 26953g

Erasmus, Adagia 2, 6, 40 (..., quam praeterieris, ...)

2362 **rudis indigestaque moles**
eine rohe, ungegliederte Masse

Ovid, Metamorphoses 1, 7

Ante mare et terras et quod tegit omnia caelum
unus erat toto naturae vultus in orbe,
quem dixere Chaos: *rudis indigestaque moles*
nec quicquam nisi pondus iners ...

Vor dem Meere, dem Land und dem alles deckenden Himmel
zeigte Natur in der ganzen Welt ein einziges Antlitz.
Chaos ward es benannt: eine rohe, gestaltlose Masse,
nichts als träges Gewicht ...

(E. Rösch)

2363 **ruere in servitium**
sich eiligst in die Knechtschaft stürzen

TACITUS, ANNALES 1, 7, 1

At Romae *ruere in servitium* consules, patres, eques.

Aber in Rom stürzte sich alles in die Knechtschaft: Konsuln, Senatoren, Ritter

(H. Heller)

2364 **Rumpe moras!**
Schluß mit dem Zögern!

VERGIL, AENEIS 4, 569

2365 **Rumpitur invidia.**
Er zerplatzt vor Neid.

MARTIAL, EPIGRAMMATA 9, 97, 1 f.

Rumpitur invidia quidam, carrissime Iuli,
quod me Roma legit, *rumpitur invidia.*

Birst doch jemand vor Neid, mein lieber Julius, darum,
weil man in Rom mich liest, deshalb nur birst er voll Neid.

(R. Helm)

HW 26984

S

2366 sacrificium intellectus
Zurückstellung von Bedenken im Hinblick auf einen höheren Wert

nach Paulus, 2 Kor. 10,5

... et in captivitatem redigentes omnem intellectum in obsequium Christi.

Wir nehmen alles Denken gefangen, um es Christus dienstbar zu machen.

(K. Rösch)

2367 Sacrilegia minuta puniuntur, magna in triumphis feruntur.
Kleine Verbrechen bestraft man, große feiert man im Triumph.
(vgl.: Die Kleinen hängt man, die Großen läßt man laufen.)

Seneca, Epistulae morales 87, 23

Quam multi furto non erubescunt, quam multi adulterio gloriantur! Nam *sacrilegia minuta puniuntur, magna triumphis feruntur.*

Wie viele erröten nicht über einen Diebstahl, wie viele rühmen sich eines Ehebruches! Denn geringfügiger Tempelraub wird bestraft, großer in Triumphzügen vorgeführt.

(nach M. Rosenbach)

HW 41234b

2368 Saepe dat unus dies, quod totus denegat annus.
Oft bringt ein einziger Tag, was ein ganzes Jahr verweigerte.

HW 27101 (... una dies, ...)

2369 Saepe decipimur specie recti.
Oft lassen wir uns durch den Schein des Rechten täuschen.

Horaz, De arte poetica 25

Maxima pars vatum, pater et iuvenes patre digni,
decipimur specie recti: brevis esse laboro,
obscurus fio; sectantem levia nervi
deficiunt animique; professus grandia turget...

Euch sei's geklagt, Freund Piso und ihr jungen Söhne, die des Vaters würdig: wir Sänger insgemein lassen uns beirren durch den Schein des Richtigen. Bündige Kürze will ich erzwingen: Dunkelheit ist der Erfolg. Glättung erzielt der Dichter: Kraft und Feuer geht ihm verloren. Gesuchte Erhabenheit wird schwülstig...

(W. Schöne – H. Färber)

2370 **Saepe etiam est olitor valde opportuna locutus.**
Oft schon hat auch ein Gemüsehändler sehr Passendes gesprochen.

HW 27110a

ERASMUS, ADAGIA 1, 6, 1; s. auch 4, 10, 40

2371 **Saepe in coniugiis fit noxia, cum nimia est, dos.**
Oft wird die Mitgift zu einem Unheil in der Ehe, wenn sie übergroß ist.

AUSONIUS, TECHNOPAEGNIUM, DE INCONEXIS 1

vgl. JUVENAL, SATURAE 6, 640

HW 27141

2372 **Saepe ingenia calamitate intercidunt.**
Oft gehen große Talente durch einen Unfall zugrunde.

PHAEDRUS, FABULAE, APPENDIX PEROTTI 14, 7

HW 27142a

2373 **Saepe in magistrum scelera redierunt sua.**
Oft schon sind die eigenen Verbrechen auf den Anstifter zurückgefallen.
(Wer zu Verbrechen anstiftet, auf den fallen sie oft selbst zurück.)

SENECA, THYESTES 311

SER. Alios ministros consiliis istis lege.
Peiora iuvenes facile praecepta audiunt:
In patre facient, quidquid in patruo doces,
saepe in magistrum scelera redierunt sua.

DIENER: Such dir andere Helfer für deinen schlimmen Plan!
Auf schlechten Rat hör'n junge Leute gern:
Dem Vater werden sie antun, was für den Onkel du lehrst,
oft fallen auf den Anstifter die eignen Verbrechen zurück.

HW 27142; 4135a

2374 **Saepe mali malefacta viri populus luit omnis.**
Oft büßt ein ganzes Volk für die Untaten eines schlechten Mannes.

HW 27178

J. ALBINUS, S. 8

2375 **Saepe nihil inimicius homini quam sibi ipse.**
Oft ist dem Menschen nichts feindlicher gesinnt als er sich selbst.

CICERO, AD ATTICUM 10, 14 (12a), 3 K.

Legiones etiam has, quas in Italia assumpsit, alienissimas esse video. Sed tamen *nihil inimicius quam sibi ipse.* Illud certe times, ne ruat; si desperaverit, certe ruet.

Auch auf die Legionen, die ER* in Italien an sich gezogen hat, ist offenbar kein Verlaß; trotzdem, sein ärgster Feind ist und bleibt er selbst. Deine Befürchtung, er werde außer Rand und Band geraten, ist ganz berechtigt; faßt ihn die Verzweiflung, so kommt es bestimmt so. (*Caesar 6. 5. 49 v. Chr.)

(nach H. Kasten)

2376 **Saepe premente deo fert deus alter opem.**
Oft bringt, wenn ein Gott uns bedrängt, ein andrer Hilfe.

OVID, TRISTIA 1, 2, 4

Di maris et caeli – quid enim nisi vota supersunt?
solvere quassatae parcite membra ratis,
neve, precor, magni subscribite Caesaris irae!
saepe premente deo fert deus alter opem.

Götter der See und des Himmels – was bleibt mir denn sonst als zu beten? –
schont mein beschädigtes Schiff, daß es nicht vollends zerbirst!
Leistet, ich flehe, dem Zorn des mächtigen Kaisers nicht Vorschub:
oft, wenn ein Gott uns bedrängt, hilft uns ein anderer Gott.

(W. Willige)

HW 27235

2377 **Saepe stilum vertas!**
Wende oft den Griffel!
(d. h.: Tilge das schon Geschriebene!)

HORAZ, SERMONES 1, 10, 72

Saepe stilum vertas, iterum quae digna legi sint
scripturus, neque te ut miretur turba labores,
contentus paucis lectoribus. An tua demens
vilibus in ludis dictari carmina malis?

Willst du schreiben, was man immer wieder lesen kann, so mußt du oft den Griffel wenden und das Geschriebene tilgen; verschmähen mußt du die Bewunderung der Menge und mit wenigen Lesern dich begnügen. Bist du so von Sinnen, zu wünschen, daß man in Winkelschulen deine Lieder vordiktiert?

(W. Schöne – H. Färber)

HW 41490a; vgl. 27310 (... vertit, qui debet vertere verbum.)

ERASMUS, ADAGIA 1, 5, 59 (stilum vertere)

2378 **Saepe sub pallio sordido sapientia.**
Oft steckt unter einem schmutzigen Gewand Weisheit.

STATIUS CAECILIUS, zitiert bei CICERO, TUSCULANAE DISPUTATIONES 3, 56

Saepe est etiam *sub palliolo sordido sapientia.*

Oft findet sich Weisheit auch unter einem schmutzigen Mantel.

(O. Gigon)

HW 27111a (Saepe etiam sub ... latet sapientia.); vgl. 27317a

2379 **Saepe summa ingenia in occulto latent.**
Oft schlummern große Talente im verborgenen.

PLAUTUS, CAPTIVI 165

ERG. Ut *saepe summa ingenia in occulto latent*:
Hic qualis imperator nunc privatus est.

ERGASILUS: Wie doch die größten Geister oft das Dunkel birgt:
Welch Kriegsgenie lebt als Privatmann hier!

(W. Binder – W. Ludwig)

HW 27324

2380 **Saepe tacens vocem verbaque vultus habet.**
Oft hat eine schweigende Miene Stimme und Wort.

Ovid, Ars amatoria 1, 574

Blanditiasque leves tenui perscribere vino,
ut dominam in mensa se legat illa tuam:
Atque oculos oculis spectare fatentibus ignem:
saepe tacens vocem verbaque vultus habet.

Darfst leichte Schmeicheleien mit klarem Wein niederschreiben,
Daß auf dem Tische sie liest, daß deine Herrin sie ist,
Darfst in die Augen ihr schauen mit Augen, worin deine Glut sich
Zeigt, denn ein schweigender Blick hat oftmals Stimme und Wort.

(N. Holzberg)

HW 27330

2381 **Saepe via obliqua praestat quam tendere recta.**
Oftmals ist es besser, auf einem Umweg zum Ziele zu streben als auf dem direkten Wege.

HW 27349

2382 **Saevi inter se conveniunt ursi.**
Sogar die wilden Bären haben ihre Übereinkunft.

Juvenal, Saturae 15, 164

Indica tigris agit rabida cum tigride pacem
perpetuam, *saevis inter se convenit ursis:*
ast homini ferrum letale incude nefanda
produxisse parum est...

Der indische Tiger hält mit dem reißenden Tiger ewigen Frieden, auch unter wilden Bären herrscht Übereinkunft: doch dem Menschen ist es zu wenig, auf verfluchtem Amboß das tödliche Schwert zu schmieden.

J. Owen (1560–1622, «Der englische Martial»): Saevis inter se convenit ursis.

2383 **Saevit amor ferri et scelerata insania belli, ira super...**
Gier nach Schwertstahl tobt und des Krieges heilloser Wahnsinn, Zorn noch dazu...

Vergil, Aeneis 7, 461 f.

(J. Götte)

HW 27430

2384 **sal Atticus**
feiner Witz
(«Attisches Salz» ist eine Metapher für «feinen Witz», der die Bewohner Attikas auszeichnete.)

z. B. CICERO, AD FAMILIARES 9, 21 (15) 2 K.

Accedunt non *Attici,* sed salsiores quam illi Atticorum Romani veteres atque urbani *sales.*

Dazu tritt Dein nicht attischer, nein, würziger als der attische, Dein altrömischer, städtisch-feiner Witz. (Und ich bin – magst Du glauben, was Du willst – riesig empfänglich für feinen Humor, besonders, wie er bei uns heimisch ist, zumal ich sehe, wie er durch das Latinertum übertüncht worden ist, damals, als die Ausländerei in unsre Stadt einströmte...)

(H. Kasten)

2385 **Salivam mihi movet.**
Es macht mir den Mund wässerig.

SENECA, EPISTULAE MORALES 79, 7

Aut ego te non novi aut Aetna *tibi salivam movet:* iam cupis grande aliquid et par prioribus scribere.

Wenn ich dich recht kenne, läßt dir der Ätna bereits das Wasser im Munde zusammenlaufen. Du bist darauf aus, etwas Großes zu schreiben, was hinter den Vorläufern nicht zurückbleibt. (Ein Aetna-Gedicht des Lucilius ist z. T. erhalten.)

HW 27438e (Salivam hoc movet.)

2386 **Salus publica suprema lex esto!**
Das öffentliche Wohl soll das oberste Gesetz sein!

CICERO, DE LEGIBUS 3, 8

Ollis *salus* populi *suprema lex esto!*

Für sie (die Konsuln usw.) soll (im Kriegsfalle) das Wohl des Staates oberstes Gesetz sein!

HW 41612a; vgl. 27445b (Salus populi...)

D. Liebs, S 1

2387 **Sapere aude!**
Wage es, weise zu sein!

HORAZ, EPISTULAE 1, 2, 40

Dimidium facti, qui coepit, habet: *sapere aude,*
incipe. Vivendi qui recte prorogat horam,
rusticus exspectat, dum defluat amnis; at ille
labitur et labetur in omne volubilis aevum.

Frisch begonnen, ist halb gewonnen. Entschließ dich zur Weisheit! Wage den Anfang! Wer ein neues Leben antreten will und den ersten Tag – vertagt, der tut wie jener Bauer: er steht und wartet, bis der Strom abläuft; der aber fließt und flutet und wird in Ewigkeit fluten.

(W. Schöne – H. Färber)

HW 27510

2388 **Sapiens nihil affirmat, quod non probet.**
Der Weise behauptet nichts, was er nicht beweisen kann.

HW 27517

2389 **Sapiens non semper it uno gradu, sed una via.**
Der Weise geht nicht immer im gleichen Schritt, aber auf dem gleichen Weg.

J. Albinus, S. 65

2390 **Sapienter contrahes vento nimium secundo turgida vela.**
Wenn du weise bist, holst du bei zu günstigem Wind die geschwellten Segel ein.

Horaz, Carmina 2, 10, 22 ff. («Goldene Mitte»)

(Kayser – Nordenflycht – Burger – Färber)

HW 27520d

2391 **sapienter vitam instituere**
sein Leben weise einrichten

z. B. Terenz, Andria 67

So. *Sapienter vitam instituit;* namque hoc tempore
obsequium amicos, veritas odium parit.

Sosia: Da tat er klug; denn heutzutage gilt der Spruch:
Nachsicht erwirbt uns Freunde, Wahrheit aber Haß.

(J. J. C. Donner)

2392 **Sapientia est omnium bonarum artium mater.**
Weisheit ist die Mutter aller schönen Künste.

2393 **Sapientia prima stultitia carere.**
Anfang der Weisheit: kein Narr sein.

Horaz, Epistulae 1, 1, 41 f.

Virtus est vitium fugere et *sapientia prima*
stultitia caruisse. Vides, quae maxima credis
esse mala, exiguum censum turpemque repulsam,
quanto devites animi capitisque labore ...

Tugend übt, wer die Sünde flieht; Abkehr von Torheit ist der Weisheit Anfang. Bedenke, wie kraftvoll du den eingebildeten Übeln vorbeugst – die schlimmsten sind dir Leere im Beutel, schändliche Abweisung beim Amtsbewerb: da setzest du Seele und Leben ein ...

(W. Schöne – H. Färber)

HW 27523f

2394 Sapientia vino obumbratur.
Die Weisheit wird vom Wein verdunkelt.

PLINIUS, NATURALIS HISTORIA 23, 41

Sic quoque in proverbium cessit *sapientiam vino obumbrari.*

So wurde es zum Sprichwort: Der Verstand werde vom Weingenuß verschattet.

(R. König)

HW 27523h

ERASMUS, ADAGIA 2, 2, 61

2395 Sapienti sat!
Für den Weisen genug!

PLAUTUS, PERSA 729

TERENZ, PHORMIO 541

GE. Quid faciam? AN. Invenias argentum. GE. Cupio; sed id unde, edoce!
AN. Pater adest hic. GE. Scio; sed quid tum? AN. Ah, dictum *sapienti sat* est.
GE. Itane ais? AN. Ita.

GETA: Nun, was soll ich? ANTIPHO: Schaffe Geld! GETA: Das will ich; aber sprich: woher?
ANTIPHO: Mein Vater ist zurück. GETA: Was nun? ANTIPHO: Dem Klugen ist ein Wort genug.
GETA: So meinst du? (Gebärde des Stehlens). ANTIPHO: Ja.

(J. J. C. Donner)

HW 27522; vgl. 5654 (Dictum sapienti sat.)

2396 Sapientissimus est, cui, quod opus sit, ipsi venit in mentem.
Am weisesten ist, wem selbst einfällt, was er braucht.

CICERO, PRO A. CLUENTIO HABITO 84

Sapientissimum esse dicunt eum, *cui, quod opus sit, ipsi veniat in mentem:* proxime accedere illum, qui alterius bene inventis obtemperet. In stultitia contra est.

Man sagt, am weisesten sei, wem selbst einfällt, was er braucht, die zweite Stelle nehme ein, wer die guten Gedanken eines anderen befolge. Mit der Torheit verhält es sich umgekehrt. (Denn wem nichts einfällt, der ist weniger töricht als der, der die törichten Einfälle eines anderen gutheißt.)

(M. Fuhrmann)

2397 sapientum octavus

der achte der Weisen

(Die Antike kannte «Sieben Weise»; im Distichon:
Pittacus atque Bias, Periander cum Cleobulo,
Spartanus Chilo cumque Solone Thales.)

Horaz, Sermones 2, 3, 296

Haec mihi Stertinius, *sapientum octavus*, amico
arma dedit, posthac ne conpellarer inultus.
Dixerit insanum qui me, totidem audiet atque
respicere ignoto discet pendentia tergo.

Mit diesem Rüstzeug hat Stertinius, der achte von den Sieben Weisen,
freundschaftlich mich ausgestattet, damit mich künftig keiner ungestraft beschimpfe.
Wer mich nun einen Narren nennt, dem will ich's ebenso zu hören geben;
er soll den unbekannten Sack mit Fehlern auf dem eignen Rücken sehen lernen.

(W. Schöne – G. Färber)

HW 27528b; 41712a

Erasmus, Adagia 1, 8, 90

2398 Sapit nimio plus quam Thales.

Er ist unendlich weiser als Thales.

(Thales aus Milet zählte zu den «Sieben Weisen».)

Plautus, Bacchides 122

Ly: An deus est ullus Suavisaviatio?
Pi: An non putasti esse umquam? O Lyde, es barbarus:
Quem ego *sapere nimio* censui *plus quam Thalem*,
Is stultior es barbaro poticio,
qui tantus natu deorum nescis nomina.

Lydus: Gibt's denn einen Gott mit Namen «süßes Küssen»?
Pistoclerus: Du glaubst das nicht?
Wie ungebildet, Lydus, bist du doch,
Den ich um vieles weiser als den Thales hielt!
Du bist noch dümmer als ein ‹Barbar›, der du so alt schon bist
Und der Götter Namen noch nicht kennst.

(W. Binder – W. Ludwig)

2399 Sat celeriter fit, quidquid fit satis bene.

Schnell genug wird erledigt, was genügend gut geschieht.

Sueton, Vita Divi Augusti 25, 4

Crebro itaque illa iactabat ...: *Sat celeriter fieri, quidquid fiat satis bene.*

Und so wiederholte er* auch häufig ... den lateinischen Merksatz, daß schnell genug getan werde, was recht getan werde. (*sc. Augustus)

(A. Lambert)

HW 27537a

2400 Sat cito, si sat bene.

Schnell genug, wenn gut genug.

Cato, zitiert bei Hieronymus, Epistula ad Pammachium (22, 644 Migne)

HW 27537b; 41723a (vgl. Sueton, Vita Divi Augusti 25, 4)

Erasmus, Adagia in 2, 1, 1

2401 **Sat cito, si sat tuto.**

Rasch genug, wenn sicher genug.

2402 **satis eloquentiae, sapientiae parum**

Redegabe hatte er reichlich, Vernunft aber zuwenig.
(Sallust über Catilina)

Sallust, Coniuratio Catilinae 5, 5

(W. Eisenhut – J. Lindauer)

HW 27547a

2403 **satis superque**

genug und übergenug; mehr als genug

Cicero, De natura deorum 2, 2

Nam contra Epicurum *satis superque* dictum est; sed aveo audire, tu ipse, Cotta, quid sentias.

Gegen Epikur haben wir ja mehr als genug gesprochen; aber jetzt möchte ich gern hören, was du, Cotta, selbst meinst.

(W. Gerlach – K. Bayer)

HW 27551d

2404 **Satis vixi; invictus enim morior.**

Ich habe genug gelebt; ich sterbe nämlich unbesiegt.
(letzte Worte des Epaminondas; 420–372 v. Chr.)

Cornelius Nepos, Vita Epaminondae 9, 4

At Epaminondas ... ferrum ... usque eo retinuit, quoad renuntiatum est vicisse Boeotios. Id postquam audivit, *'Satis'*, inquit, *'vixi: invictus enim morior'*. Tum ferro extracto confestim exanimatus est.

Epimanondas ... ließ die Lanzenspitze ... stecken, bis die Nachricht vom Siege der Boioter sich bestätigte; dann rief er aus: «Ich habe genug gelebt; denn ich sterbe unbesiegt!» riß das Eisen heraus und stürzte entseelt zu Boden.

(H. Färber)

2405 **Satius est recurrere quam currere male.**

Es ist besser zurückzulaufen, als schlecht zu laufen.

HW 27554a; vgl. 41753

Erasmus, Adagia 1, 9, 32

2406 **Satura tota nostra est.**

Die Satire gehört ganz uns (Römern).

Quintilian, Institutio oratoria 10, 1, 93

Satura quidem *tota nostra est,* in qua primus insignem laudem adeptus Lucilius quosdam ita deditos sibi adhuc habet amatores, ut eum non eiusdem modo operis auctoribus, sed omnibus poetis praeferre non dubitent.

In der Satire ist die Meisterschaft ganz auf unserer Seite, wobei als erster Lucilius besondere Anerkennung fand, der noch heute so ergebene Liebhaber besitzt, daß sie ihn unbedenklich nicht nur allen Bewerbern in dieser Gattung, sondern überhaupt allen Dichtern vorziehen.

(H. Rahn)

2407 **Saxum volutum non obducitur musco.**
Ein Stein, der gewälzt wird, wird nicht von Moos überwachsen.

HW 27559a; 41763b

Erasmus, Adagia 3, 4, 74

2408 **scapham scapham dicere**
einen Kahn «Kahn» nennen
(vgl.: das Kind beim Namen nennen)

Julian, Orationes 7, 208a

κατὰ τὸν κωμικὸν τὴν σκάφην σκάφην λέγοντα
(katà tòn komikòn tèn skáphen skáphen légonta)

... wie der Komödiendichter, der den Kahn «Kahn» nennt.

vgl. Plutarch, Moralia 178b

2409 **Scelere velandum est scelus.**
Ein Verbrechen muß durch ein weiteres vertuscht werden.

Seneca, Hippolytus 721

Nu. Deprensa culpa est. Anime, quid segnis stupes?
Regeramus ipsi crimen atque ultro impiam
Venerem arguamus. *Scelere velandum est scelus;*
tutissimum est inferre, cum timeas, gradum.

Amme: Die Sünde ist entdeckt. O Seele, was stehst untätig du herum? Laß uns die Schuld von uns abwälzen und ihn von uns aus unerlaubter Liebe bezichtigen. Das Verbrechen muß mit einem Verbrechen verhüllt werden. Wenn du in Furcht bist, ist's am sichersten, selbst anzugreifen.

HW 27580

2410 **Schlim Schlem quando terit,**
similis similem sibi quaerit.
Wenn Schlim sich an Schlem reibt,
findet sich gleich zu gleich.

HW 27590

2411 **Scholae sunt humanitatis officinae, efficiendo nimirum, ut homines veri homines fiant.**
Die Schulen sind Werkstätten der Menschlichkeit, sofern die bewirken, daß Menschen zu wahren Menschen werden.

J. A. Comenius (1592–1670), Didactica magna 10, 3 (erschienen 1627–32)

2412 **Scientia prodest.**
Wissen nützt.

Cicero, Pro L. Murena 19

Servius hic nobiscum hanc urbanam militiam respondendi, scribendi, cavendi, plenam sollicitudinis ac stomachi, secutus est: ius civile didicit ... multorum stultitiam perpessus est, arrogantiam pertulit, difficultatem exsorbuit: Vixit ad aliorum arbitrium, non ad suum. Magna laus et grata hominibus, unum hominem elaborare in ea *scientia,* quae sit multis *profutura.*

Servius unterzog sich mit uns dem Dienste hier in der Stadt; er gab Auskünfte, schrieb, setzte Urkunden auf, ein Geschäft, das viel Unruhe und Ärger mit sich bringt. Er erlernte das bürgerliche Recht: ... Es ist ein großes und den Menschen willkommenes Verdienst, daß einer sich in der Wissenschaft abmüht, die vielen Nutzen bringt.

(M. Fuhrmann)

2413 **scilicet**
(Abk.: sc.)
natürlich, nämlich

2414 **Scilicet in vulgus manant exempla regentum.**
Natürlich wirken die Beispiele der Herrschenden ins Volk hinaus.

Claudian, In I. Consulatum Stilichonis 1, 168

HW 27597

2415 **Scinditur incertum studia in contraria vulgus.**
Gegensatz spaltet so die ungewiß schwankende Menge.
(beim Anblick des «Trojanischen Pferdes»)

Vergil, Aeneis 2, 39

... *volgus.*

(J. Götte)

HW 27608

2416 **Scio, coactus es voluntate tua.**
Ich weiß: Du hast dich gerne zwingen lassen.

Terenz, Andria 658

Ch. *Scio:* tu *coactus tua voluntate es.* Pa. Mane:
nondum scis ...

Charinus: Ich weiß, du leidest diesen Zwang freiwillig.
Pamphilus: Halt! Du weißt noch nicht ...

vgl. D. Liebs, C 37 (Coactus volui.)

2417 **Scire tuum nihil est, nisi te hoc scire sciat alter.**
Dein Wissen bedeutet nichts, wenn kein anderer weiß, daß du es besitzt.

Persius, Saturae 1, 27

O mores! usque adeone
scire tuum nihil est nisi te scire hoc sciat alter.

O Sitten! so gilt dir dein Wissen
Nicht als das Deinige, wenn kein Anderer weiß, daß du wissest?

(O. Seel)

J. Owen (1560–1622), der «englische Martial»

HW 27633 (... nisi scire tuum sciat ...); 41805b

2418 **Scire volunt omnes, mercedem solvere nemo.**
Wissen wollen alle, das Honorar dafür zahlen mag keiner.

Juvenal, Saturae 7, 157

Nosse *volunt* ...

HW 27639

2419 **Scire volunt secreta domus atque inde timeri.**
Sie wollen die Geheimnisse des Hauses wissen und wegen ihres Wissens gefürchtet werden.

Juvenal, Saturae 3, 113 (versus suspectus)

HW 27642

2420 **Scit uti foro.**
Er versteht es, den Markt zu benutzen.
(d. h.: Er versteht sein Geschäft.)

Erasmus, Adagia 1, 1, 92

W. Binder 1602

2421 **Scopae recentiores semper meliores.**
Die neuen Besen sind immer die besseren.
(vgl.: Neue Besen kehren gut.)

HW 27675

2422 **Scribendi recte sapere est et principium et fons.**
Der Anfang des richtigen Schreibens und seine Quelle ist die Weisheit.

HORAZ, DE ARTE POETICA 309

Scribendi recte sapere est et principium et fons.
Rem tibi Socraticae poterunt ostendere chartae
verbaque provisam rem non invita sequentur.

Dichtung rechter Art hat in gesunder Klarheit ihren Grund und Ursprung. Echten Gehalt können die Blätter Sokratischer Weisheit dir bieten, und ist der Inhalt wohlbedacht, so werden die Worte sich folgsam fügen.

(W. Schöne – H. Färber)

HW 27685

2423 **Scribimus indocti doctique.**
Wir schreiben alle drauf los, Ungelehrte wie Gelehrte.

HORAZ, EPISTULAE 2, 1, 117

Navem agere ignarus navis timet, habrotonum aegro
non audet nisi qui didicit dare; quod medicorum est
promittunt medici, tradunt fabrilia fabri:
scribimus indocti doctique poemata passim.

Ein Schiff zu steuern scheut sich, wer das Schiff nicht kennt; bittre Medizin dem Kranken zu reichen getraut sich keiner, der nicht sachverständig; ärztliche Leistung ist der Ärzte, Handwerk der Handwerker Beruf: das Dichten leisten wir uns – Berufene, Unberufene – ohne Unterschied.

(W. Schöne – H. Färber)

HW 41825b

2424 **scrupulum alicui inicere**
jemandem ein Steinchen hineinwerfen
(Sinn: jemandem einen Floh ins Ohr setzen; beunruhigen)

TERENZ, ADELPHOE 228

SA. Perii hercle: hac illi spe hoc inceperunt. SY. Timet:
inieci scrupulum homini. SA. O scelera: illud vide,
ut in ipso articulo oppressit.

SANNIO: Wehe mir! In dieser Hoffnung taten sie's.
SYRUS: Das brennt ihn: daran muß er kauen! SANNIO: Die Schufte! Seht,
Wie der die Stunde sich abgepaßt!

(J. J. C. Donner)

ERASMUS, ADAGIA 4, 5, 66 (*om.* alicui)

2425 **Secrete amicos admone, lauda palam!**
Ermahne deine Freunde unter vier Augen, aber lobe sie in aller Öffentlichkeit!

HW 27779; 41909 (Secreto . . ., palam lauda!)

2426 secretiora exquirere
Geheimnisse ausforschen

SENECA, DE OTIO 5

Haec res ad spectacula populos contrahit, haec cogit praeclusa rimari, *secretiora exquirere*, antiquitates evolvere, mores barbararum audire gentium.

Das (Interesse, Unbekanntes kennenzulernen) ist es auch, was Menschenmassen bei Schaustellungen zusammenführt, das dazu zwingt, durch Schlüssellöcher zu spähen, Geheimnisse zu enthüllen, Altes auszugraben und von den Bräuchen unzivilisierter Völker zu hören.

(G. Fink)

2427 Secundae cogitationes meliores.
Die zweiten Gedanken sind die besseren.

vgl. CICERO, ORATIONES PHILIPPICAE 12, 5

Posteriores enim *cogitationes,* ut aiunt, sapientiores solent esse.

Die späteren Überlegungen pflegen ja, wie man sagt, die klügeren zu sein.

(M. Fuhrmann)

nach EURIPIDES, HIPPOLYTOS 436:

Αἱ δεύτεραί πως φροντίδες σοφώτεραι. (Hai deúteraí pos phrontídes sophóterai.)

HW 27790c (Secundae vel posteriores cogitationes.)

2428 Secundo amne defluit.
Er schwimmt mit dem Strom.

VERGIL, AENEIS 7, 494 f.

Hunc procul errantem rabidae venantis Iuli
commovere canes, *fluvio cum* forte *secundo*
deflueret ripaque aestus viridante levaret.

Ihn aber hetzten nun hitzig die Hunde des jagenden Julus,
als fernab er schweifte und grad, stromabwärts getrieben,
Kühlung suchte vor Sommersglut am grünenden Ufer.
(Eine Hirschjagd wird zum Kriegsanlaß.)

(J. Götte)

vgl. ERASMUS, ADAGIA 2, 5, 15 (secundo aestu)

2429 secundum naturam vivere
mit der Natur im Einklang leben, naturgemäß leben

z. B. CICERO, DE FINIBUS 2, 34

Ergo nata est sententia veterum Academicorum et Peripateticorum, ut finem bonorum dicerent *secundum naturam vivere,* id est virtute adhibita frui primis a natura datis.

Daraus entstand die Lehre der alten Akademie und der Peripatetiker, die als höchstes Ziel bestimmt haben, der Natur gemäß zu leben, d. h. die Tugend zu betätigen und die ursprünglich naturgemäßen Dinge zu genießen.

(L. Straume-Zimmermann)

s. KLEANTHES, SVF III 178: ὁμολογουμένως τῇ φύσει ζῆν (homologuménos tê phýsei zên)

2430 **Sed fugit interea, fugit irreparibile tempus.**
Doch es entflieht indes, flieht unwiederbringlich die Zeit.

VERGIL, GEORGICA 3, 284

Sed fugit interea, fugit inreparabile tempus,
singula dum capti circumvectamur amore.

Aber es flieht inzwischen die Zeit, flieht unwiederbringlich,
während, gefesselt von Liebe, wir einzelne Dinge durchschweifen.

(J. Götte)

HW 27807; vgl. 10061; 37078b1 (... irrevocabile ...)

2431 **Sed haec hactenus!**
Dies aber soweit (und damit auch genug)!

z. B. CICERO, DE FINIBUS 4, 14

Sed haec hactenus. Nunc videamus, quaeso, de summo bono, quod continet totam philosophiam ...

Darüber nur soviel. Jetzt wollen wir, wenn es dir recht ist, die Frage nach dem höchsten Gut prüfen, in der die ganze Philosophie enthalten ist ...

(O. Gigon – L. Straume-Zimmermann)

2432 **Sed non ego credulus illis.**
Ich aber will ihnen so leicht nicht glauben!

VERGIL, BUCOLICA 9, 34

Et me fecere poetam
Pierides, sunt et mihi carmina, me quoque dicunt
vatem pastores; *sed non sum credulus illis.*

Zum Dichter machten auch mich die
Musen, auch ich weiß Lieder, auch mich bezeichnen als hehren
Sänger die Hirten, doch ich will nicht so leicht ihnen glauben.

(J. Götte)

2433 **Sed nunc non erat his locus.**
Doch hier war das nicht am Platze.

HORAZ, DE ARTE POETICA 19

Et properantis aquae per amoenos ambitus agros
aut flumen Rhenum aut pluvius describitur arcus:
sed nunc non erat his locus.

Geschildert wird ... ein Bächlein, das sich durch liebliche Auen schlängelt, auch wohl der Rheinstrom oder ein Regenbogen. Sehr schön; nur war jetzt nicht der Ort dafür.

(W. Schöne – H. Färber)

2434 **Sed omnes una manet nox.**
Doch alle erwartet die eine, gleiche Nacht.

HORAZ, CARMINA 1, 28, 15

Sed omnis una manet nox
  et calcanda semel via leti.

Ein Dunkel erwartet uns alle,
  Einmal geht es die Straße des Todes.

(Kayser – Nordenflycht – Burger – Färber)

2435 **Sed taciti fecere tamen convicia vultus.**
Aber die schweigenden Mienen ließen doch die Mißbilligung merken.

Ovid, Amores 1, 7, 21

Quis mihi non 'demens', quis non mihi 'barbare' dixit?
  Ipsa nihil; pavido est lingua retenta metu;
Sed taciti fecere tamen convicia vultus,
  Egit me lacrimis ore tacente reum.

Jeder mußte «Barbar», «Wahnwitziger» mußt er mich schelten.
  Sie aber schwieg; ihr schloß blasses Entsetzen den Mund.
Aber der schweigende Blick erhob nur lauter den Vorwurf,
  Tränen im stummen Gesicht klagten nur härter mich an.

(W. Marg – R. Harder)

2436 **Semel emissum volat inrevocabile verbum.**
Einmal gesprochen, fliegt das Wort unwiderruflich dahin.

Horaz, Epistulae 1, 18, 71

Nam garrulus idem est
nec retinent patulae conmissa fideliter aures
et *semel emissum volat inrevocabile verbum.*

(Dem Ausfrager entzieh dich,) denn er ist auch ein Ausplauderer: ein ewig offenes Ohr hält Anvertrautes nicht in treuer Hut, und einmal hinausgeflogen, hört das Wort auf keinen Widerruf.

(W. Schöne – H. Färber)

HW 27869 (... manet ...)

2437 **Semel insanivimus omnes.**
Einmal haben wir alle über die Stränge geschlagen.

HW 27869d

Mantuanus Parthenopeus, ecl. 1 (W. Binder 1608)

2438 **semel pro semper**
ein für allemal

2439 **Semper aliquid haeret.**
Etwas bleibt immer hängen.

nach Plutarch, Quomodo adulator ab amico internoscatur 65c 24 ff.

Ἐκέλευσεν οὖν θαῤῥοῦντας ἅπτεσθαι καὶ δάκνειν ταῖς διαβολαῖς, διδάσκων, ὅτι, κἂν θεραπεύσῃ τὸ ἕλκος ὁ δεδηγμένος, ἡ οὐλὴ μένει τῆς διαβολῆς.

(Ekéleuen ûn tharrhûntas háptesthai kaì dáknein taîs diabolaîs, didáskon, hóti, kàn therapeúse tò hélkos ho dedegménos, he ulè ménei tês diabolês.)

Er befahl, frech anzufassen und mit Verleumdungen zuzubeißen, indem er erklärte, auch wenn der Gebissene seine Wunde heilen könne, werde doch die Narbe der Verleumdung bleiben.

HW 27893a

2440 **Semper avarus eget.**
Immer leidet der Habsüchtige Not.

HORAZ, EPISTULAE 1, 2, 56

Semper avarus eget: certum voto pete finem.

Habsucht fühlt immer ein Darben: ein Ziel muß dir den Wunsch begrenzen.

(W. Schöne – H. Färber)

HW 27910–27914; 42023b

2441 **Semper honos nomenque tuum laudesque manebunt.**
Immer wird deine Ehre, dein Name und dein Ruhm bleiben.

VERGIL, AENEIS 1, 609; s. auch BUCOLICA 5, 78

Quae te laeta tulerunt
saecula, qui tanti talem genuere parentes?
In freta dum fluvii current, dum montibus umbrae
lustrabunt, convexa polus dum sidera pascet,
semper honos nomenque tuum laudesque manebunt...

Welch Freudenjahrhundert hat dich* der
Welt nur geschenkt? Wer zeugte dich, welch glückselige Eltern?
Wahrlich, solange Flüsse zum Meer hinströmen, solange
Schatten wandern in Bergen, der Himmel kreisende Sterne
weidet, bleibt dir Ehre und Ruhm, lebt weiter dein Name...
(*Aeneas spricht zu Dido.)

(J. Götte)

HW 27955

2442 **Semper idem.**
Immer derselbe.

z. B. CICERO, TUSCULANAE DISPUTATIONES 3, 31

Nec vero ea frons erat, quae M. Crassi illius veteris, quem semel ait in omni vita risisse Lucilius, sed tranquilla et serena; sic enim accepimus. Iure autem erat *semper idem* voltus, cum mentis, a qua is fingitur, nulla fieret mutatio.

Es war aber nicht die Miene jenes alten Crassus, von dem Lucilius sagt, er habe in seinem ganzen Leben ein einziges Mal gelacht, sondern eine ruhige und heitere. So wird nämlich berichtet. Und mit Recht war die Miene immer dieselbe, da ja keine Veränderung in dem Geiste, durch den sie geprägt wurde, vor sich ging.

(O. Gigon)

s. dazu HIERONYMUS, EPISTULA AD EUSEBIUM I p. 20 V.

HW 42072a

2443 **Semper inops, quicumque cupit.**
Immer ist arm, wer begehrt.

CLAUDIANUS, IN RUFINUM 1, 200

Semper inops, quicumque cupit. Contentus honesto
Fabricius parvo spernebat munera regum.

Immer bleibt arm, wer da begehrt. Zufrieden mit seinem kleinen, in Ehren erworbenen Besitz verschmähte Fabricius der Könige Geschenke.

HW 27968

2444 **Semper nocuit differre paratis.**
Immer hat der Aufschub denen geschadet, die bereitstanden. (Rat an Caesar, der am Rubico steht)

LUKAN, PHARSALIA 1, 281

Dum trepidant nullo firmatae robore partes,
tolle moras: *semper nocuit differre paratis.*

Mach dich ans Werk, solange die Gegner ohne Truppenverstärkung sind und Verlegenheit zeigen: steht man bereit, war der Aufschub noch immer vom Übel

(W. Ehlers)

HW 27978

2445 **Semper pauper eris, si pauper es;**
dantur opes nulli nunc nisi divitibus.
Immer wirst du arm sein, wenn du arm bist;
Geld wird keinem gegeben außer denen, die reich sind.

MARTIAL, EPIGRAMMATA 5, 81

Semper pauper eris, si pauper es, Aemiliane.
Dantur opes nullis nunc nisi divitibus.

Aemilian, bist du arm, so wirst du auch immer es bleiben.
Schätze werden ja heut stets nur den Reichen verliehn.

(R. Helm)

2446 **Senem iuventus pigra mendicum creat.**
Faule Jugend erzeugt alte Bettler.

HW 28009

2447 **Seniores priores.**
Die Älteren zuerst.

HW 28014

2448 **Septem horas dormisse sat est iuvenique senique.**
Sieben Stunden Schlaf genügen für jung und alt.

HW 28049; vgl. 42199b

2449 **Sequitur ver hiemem.**
Frühling folgt auf den Winter.

vgl. ENNIUS, ANNALES (fr. 424 V.), zitiert bei PRISCIAN, V 17 (GL II 1, 153, 9f.): Aestatem authumnus *sequitur,* post acer *hiemps* it.

HW 28056a; vgl. 42208

ERASMUS, ADAGIA 2, 4, 89 (... hyemem.)

2450 **Sera in fundo parsimonia.**
Zu spät kommt die Sparsamkeit, wenn man schon am Grund (des Portemonnaies) angelangt ist.
(vgl.: Er ist auf den Hund gekommen.)

SENECA, EPISTULAE MORALES 1,5

Nam ut visum est maioribus nostris, *sera parsimonia in fundo* est: non enim tantum minimum in imo, sed pessimum remanet.

Denn, wie unsere Vorfahren meinten, kommt die Sparsamkeit zu spät, wenn man auf dem Grunde ist: denn es bleibt nicht nur recht wenig unten im Gefäß zurück, sondern auch sehr Schlechtes.

(nach M. Rosenbach)

vgl. HESIOD, ERGA 368:

Δειὴ δ' ἐν πυθμένι φειδώ. (Deilè d' en pythméni pheidó.)

HW 28057a

ERASMUS, ADAGIA 2, 2, 64

2451 **Sera numquam est ad bonos mores via.**
Der Weg zu guten Sitten ist nie zu spät.

SENECA, AGAMEMNON 2, 242

Nam *sera*...

HW 28058

2452 **Sera post cineres gloria.**
Zu spät kommt der Ruhm nach dem Tode.

HW 28058a

2453 **Sera tamen tacitis Poena venit pedibus.**
Spät kommt die Strafe lautlosen Schritts (doch sie kommt).

TIBULL, ELEGIAE 1, 9, 4

Quid mihi, si fueras miseros laesurus amores,
foedera per divos, clam violanda, dabas?
A miser, et si quis primo periuria celat,
sera tamen tacitis Poena venit pedibus.

Warum, wenn du mein unglücklich Herz zu kränken gedachtest,
Schwurst du bei den Göttern den Eid, den du zu brechen nicht scheust?
Ach, Unseliger, wenn man zuerst auch verhehlt seinen Treubruch,
Spät und mit lautlosem Schritt kommt doch die Strafe herbei.

(W. Willige)

HW 28058b

2454 **Seris venit usus ab annis.**
In den späten Jahren stellt sich Erfahrung ein.

OVID, METAMORPHOSES 6, 29

Non omnia grandior aetas,
quae fugiamus, habet: *seris venit usus ab annis.*

Nicht alles, was höheres Alter uns bringt, nicht
alles sollten wir fliehn: auch Gutes kommt mit den Jahren.

(E. Rösch)

HW 28064

2455 **Serit arbores, quae in posteros annos prosint.**
Er pflanzt Bäume, die erst in späteren Jahren Nutzen abwerfen.

STATIUS, SYNEPHEBI (fr. 210 Ribb.), zitiert bei CICERO, DE SENECTUTE 24

Sed idem in eis elaborant, quae sciunt nihil ad se omnino pertinere:
Serit | arbores, quae alteri saeculo prosient,
ut ait Statius noster in Synephebis.

Aber sie mühen sich ja in gleicher Weise mit solchen Arbeiten ab,
die ihnen, wie sie genau wissen, nichts mehr einbringen können:
Pflanzt er doch Bäume, die nutzen erst künft'ger Zeit,
wie unser Statius in seinen «Synepheben» sagt.

(M. Faltner)

vgl. CICERO, TUSCULANAE DISPUTATIONES 1, 31

HW 28065

2456 **Serius aut citius sedem properamus in unam.**
Früher oder später eilen wir alle zur gleichen Stelle.
(d. h. zum Tod)

OVID, METAMORPHOSES 10, 33

Omnia debentur vobis paulumque morati
serius aut citius sedem properamus in unam.

Alles schuldet sich euch, und nur ein wenig verzögert,
eilen wir früh oder spät zu dem einen Sitze ... (Orpheus zu den Unterweltgöttern)

(E. Rösch)

HW 28067 (... ad unam.); vgl. 42221 a

2457 **Sermo datur cunctis, animi sapientia paucis.**
Sprache ist allen gegeben, Weisheit des Herzens nur wenigen.

CATONIS DISTICHA 1, 10 (PLM III 217, 10 B.)

Contra verbosos noli contendere verbis:
Sermo ...

Gegen die Wortreichen kämpfe nicht an!
Sprache ...

HW 28075a (... multis ...)

2458 **Sero recusat ferre, quod subiit, iugum.**
Zu spät sträubt er sich, das Joch zu tragen, unter das er bereits getreten ist.

SENECA, HIPPOLYTUS 135

NU: Qui blandiendo dulce nutrivit malum,
sero recusat ferre, quod subiit, iugum.

AMME: Wer durch Schmeichelei das süße Übel genährt,
weigert sich zu spät, das Joch zu tragen, unter das er trat.

HW 28113

2459 **Sero sapiunt Phryges.**
Die Phryger kommen spät zu Verstand.
(Sie entschlossen sich zu spät, Helena zurückzugeben; Phryger ist eine andere Bezeichnung für die Trojaner.)

LIVIUS ANDRONICUS (FESTUS p. 343 M.), zitiert bei CICERO, AD FAMILIARES 7, 11 (16), 1 K.

In 'Equo Troiano' scis esse in extremo: *'sero sapiunt.'* Tu tamen, mi vetule, non sero.

Im «Equus Troianus» heißt es zum Schluß bekanntlich: «Sie kommen zu spät zur Vernunft!» Bei Dir, mein Alterchen, ist es indessen nicht zu spät. (Cicero an Trebatius, Nov. 54 v. Chr.)

(H. Kasten)

HW 42269a; vgl. 28115a (Sero sapiunt principes.)

vgl. ERASMUS, ADAGIA 1, 1, 28; vgl. 1, 5, 61 (Cumani sero sapient.)

2460 **Sero venientibus ossa.**
Wer zu spät kommt, bekommt nur Knochen.
(vgl.: Wer nicht kommt zur rechten Zeit, der bekommt, was übrigbleibt.)

HW 28122a

ERASMUS, ADAGIA 4, 3, 97 (Sero venisti.)

2461 **Serpet hoc malum longius, quam putatis.**
Dieses Übel wird sich weiter ausbreiten, als ihr glaubt.

CICERO, PRO C. RABIRIO POSTUMO 15

Serpet hoc malum – mihi credite! – *longius, quam putatis.*

Dieses Übel – glaubt mir – wird weiter wuchern, als ihr annehmt.

(M. Fuhrmann)

2462 **Serum est cavendi tempus in mediis malis.**
Zu spät ist's, sich mitten in den Übeln vorzusehen.

Seneca, Thyestes 487

HW 28133 (*om.* est)

2463 Serva me, servabo te.
Rette mich, dann rette ich dich.

PETRON, SATYRICA 44, 3

Aediles male eveniat, qui cum pistoribus colludunt *'serva me, servabo te'.* Itaque populus minutus laborat; nam isti maiores maxillae semper Saturnalia agunt.

Unseren Ädilen soll das Genick brechen, die mit den Bäckern das Spielchen machen «Hilfst du mir, helf ich dir»! So müssen also die kleinen Leute büßen; denn die Fettbäuche da feiern alle Tage Karneval.

(K. Müller – W. Ehlers)

2464 Servare cives maior est virtus patriae patri.
Seine Bürger zu schützen ist die wichtigere Sorge für den Vater des Vaterlands.

SENECA, OCTAVIA 444

NE. Extinguere hostem maxima est virtus ducis.
SE. *Servare cives maior est Patriae Patri.*

NERO: Den Feind vernichten ist des Fürsten größte Tat.
SENECA: Seine Bürger retten ist die größre für den Vater des Vaterlands.

2465 sesquipedalia verba
ellenlange Wörter

HORAZ DE ARTE POETICA 97

Et tragicus plerumque dolet sermone pedestri,
Telephus et Peleus cum pauper et exul uterque
proicit ampullas et *sesquipedalia verba,*
si curat cor spectantis tetigisse querella.

Ebenso zeigt der tragische Held, wo er klagt, öfters die schlichte Sprache des Alltags, so Telephus, so Peleus, beide in der Not, in der Fremde, beide den hohlen Klang des Pathos verschmähend samt den ellenlangen Wortgefügen, sobald die Klage ernstlich des Zuschauers Herz rühren soll.

(W. Schöne – H. Färber)

HW 42407a

ERASMUS, ADAGIA III 2, 2, 52

2466 Si alteram talem victoriam reportavero, mea erit pernicies.
Wenn ich noch so einen Sieg erringe, bin ich verloren!
(Pyrrhus nach der Schlacht von Asculum, 279 v. Chr.)

nach PLUTARCH, MORALIA 184c

Ἂν ἔτι μίαν, ἔφη, μάχην Ῥωμαίους νικήσωμεν, ἀπολόλαμεν.
(Àn éti mían, éphe, máchen Rhomaíus nikḗsomen, apolólamen.)

Noch ein solcher Sieg, und ich bin verloren!

2467 **Si bene te novi ...**
Wenn ich dich recht kenne ...

HORAZ, EPISTULAE 1, 18, 1

Si bene te novi, metues, liberrime Lolli,
scurrantis speciem praebere, professus amicum.

Wenn ich dich recht kenne, mein Lollius, wirst du bei deinem hohen Freiheitssinne fürchten, du könntest als Schmeichler, als Schmarotzer erscheinen, sobald du dich als Freund bekennst.

(W. Schöne – H. Färber)

2468 **Sibi asciam in crus impegit.**
Er hat sich selbst die Axt ins Bein geschlagen.
(vgl.: sich ins eigene Fleisch schneiden)

PETRON, SATYRICA 74, 16

At ego dum bonatus ago et nolo videri levis, ipse *mihi asciam in crus impegi.*

Aber ich, indem ich mich als Biedermann aufführe und nicht unsolide dastehen will, habe mir selbst die Axt ins Bein geschlagen.

(K. Müller – W. Ehlers)

s. auch APULEIUS, METAMORPHOSES 3, 22, 6

2469 **sibi non deesse**
es nicht an sich fehlen lassen

CICERO, IN C. VERREM II 5, 56

Ac Netini quidem sibi non defuerunt. nam simul ac pronuntiasti, libenter te Mamertinis remittere, te adierunt et eandem suam causam foederis esse docuerunt.

Und die Netiner ließen es nicht an sich fehlen: sobald zu erklärtest, du wolltest den Mamertinern gerne Erlaß gewähren, kamen sie zu dir und legten dar, daß sie in demselben Vertragsverhältnis stünden.

(M. Fuhrmann)

2470 **Sibi quisque amicus.**
Jeder ist sich selbst Freund.

HW 29448a

2471 **Sibi quisque peccat.**
Ein jeder sündigt zu seinem eigenen Schaden.

PETRON, SATYRICA 45, 9

Sed *sibi* ...

2472 **Sibi quisque proximus.**
Jeder ist sich selbst der Nächste.

CATONIS DISTICHA 1, 40 (PLM III 221, 40 B.)

Dapsilis interdum notis et largus amicis
cum fueris, dando semper *tibi proximus esto!*

Bist in deinem Glücke bisweilen du freigebig zu engsten Freunden,
so sei doch beim Schenken stets dir der Nächste!

vgl. TERENZ, ANDRIA 636:

Proximus sum egomet mihi.

vgl. ERASMUS, ADAGIA in 1, 3, 93 (... amicus.)

2473 **Sibi uni fortunam debet.**
Er verdankt sein Glück ausschließlich sich selbst.

2474 **Si cadere necesse est, occurrendum discrimini.**
Wenn man schon fallen muß, muß man der Gefahr entgegengehen.

TACITUS, HISTORIAE 1, 33, 2

Perinde intuta, quae indecora; vel *si cadere necesse sit, occurrendum discrimini:* id Othoni invidiosius et ipsis honestum.

Was gegen die Ehre verstoße, das sei in gleicher Weise auch unsicher; selbst wenn der Tod unausweichlich sei, müsse man sich der Gefahr stellen. Das würde dem Otho noch größeren Haß eintragen, ihnen selbst Ehre bringen. (Meinung der Berater des Galba)

(J. Borst – H. Hroß – H. Borst)

2475 **Sic erat in fatis.**
So stand es im Schicksalsbuch.

OVID, FASTI 1, 481

HW 42679

2476 **Sic eunt fata hominum.**
So geht es halt im Menschenleben zu.

HW 42680b

2477 **Sic itur ad astra.**
So steigt man zu den Sternen!

VERGIL, AENEIS 9, 641

Macte virtute, puer: *sic itur ad astra,*
dis genite et geniture deos.

Heil, mein Knabe, der Erstlingstat! So steigt man zu Sternen,
Göttersohn, Ahnherr von Göttern! (Apollo zu Ascanius/Iulus)

(J. Götte)

HW 29499

2478 **Sic me servavit Apollo.**
So hat mich Apollo gerettet.
(Apollo, der Gott der Dichtkunst, rettet seinen Schützling Horaz.)

HORAZ, SERMONES 1, 9, 78 (Ende der sog. Schwätzersatire)

HW 29502a

2479 **Si componere magnis parva fas est.**
Wenn Kleines mit Großem zu vergleichen erlaubt ist.

VERGIL, GEORGICA 4, 176

Illi inter sese magna vi bracchia tollunt
in numerum versantque tenaci forcipe ferrum:
non aliter, *si parva* licet *componere magnis,*
Cecropias innatus apes amor urget habendi...

Miteinander erheben mit Macht die riesigen Arme (sc. die Kyklopen im Ätna)
immer im Takt und wenden mit packender Zange das Eisen:
ebenso – wenn es sich schickt, an Großem Kleines zu messen –
drängt die kekropischen Bienen natürlicher Trieb zum Besitze...

(J. Götte)

2480 **Sic transit gloria mundi.**
So vergeht die Herrlichkeit der Welt.

nach THOMAS A KEMPIS (1379/80–1471), IMITATIO CHRISTI 1, 3, 30:

O quam cito *transit gloria mundi!*

HW 29554; 42697b

2481 **Si cui vis apte nubere, nube pari!**
Wenn du dich passend vermählen willst, heirate Deinesgleichen!

OVID, HEROIDES 9, 32 (si qua voles...)

HW 29404 (si vis nubere,...)

2482 **Sic utere tuo, ut alterum non laedas.**
Verwende deinen Besitz so, daß du den Nächsten nicht schädigst!

2483 **Sicuti aurum ignis, ita etiam amicos tempus iudicat.**
Wie Feuer das Gold, so erprobt auch die Zeit die Freunde.

HW 29611a

2484 **Sic visum superis.**
So erschien es den Göttern richtig.
So beschlossen es die Götter.

vgl. VERGIL, AENEIS 3, 2

Postquam res Asiae Priamique evertere gentem
inmeritam *visum superis* ceciditque superbum | Ilium ...

Asiens Macht und des Priamus Volk ganz ohne Verschulden
auszurotten gefiel den Himmlischen; Iliums stolze | Stadt sank hin ...

(J. Götte)

2485 **Sic vive cum hominibus, tamquam deus videat, et videt.**
So lebe mit deinen Mitmenschen, als ob Gott es sähe – und er sieht es auch!

SENECA, EPISTULAE MORALES 10, 5

Vide ergo, ne hoc praecipi salubriter possit: *sic vive cum hominibus, tamquam deus videat;* sic loquere cum deo, tamquam homines audiant.

Vielleicht könnte die folgende Vorschrift eine heilsame Lehre sein: Lebe mit den Menschen so, als ob Gott zusähe; sprich so mit Gott, als könnten die Menschen es hören!

(E. Glaser-Gerhard)

HW 29558a

2486 **Sic volo, sic iubeo, sit pro ratione voluntas!**
So will ich's, so befehle ich's, mein Wille gelte als Grund!

JUVENAL, SATURAE 6, 223

Hoc *volo* ...

HW 29558d; 29559

2487 **Sic vos, non vobis.**
So (arbeitet) ihr, aber nicht für euch (sondern für andere).

VITA VERGIL 155 ff. B.

Hos ego versiculos feci, tulit alter honorem.
Sic vos non vobis nidificatis aves ...

Diese Verse habe ich gedichtet, ein anderer (aber) nahm die Ehre dahin.
So baut ihr nicht für euch das Nest, ihr Vögel ...

(J. Götte – K. Bayer)

HW 29560; 42708

2488 **si digito quem attigisset ...**
wenn er einen auch nur mit dem Finger angerührt hätte ...

CICERO, TUSCULANAE DISPUTATIONES 5, 55

Laelius *si digito quem attigisset,* poenas dedisset; at Cinna collegae sui, consulis Cn. Octavi, praecidi caput iussit ...

Wenn Laelius einen Menschen mit dem Finger angerührt hätte, hätte er sich strafen lassen. Cinna hat den Kopf seines Kollegen, des Cn. Octavius abhauen lassen ...

(O. Gigon)

2489 **Si duo faciunt idem, non est idem.**
Wenn zwei dasselbe tun, ist es nicht dasselbe.

nach Terenz, Adelphoe 821 ff.

Mi. Multa in homine, Demea,
signa insunt, ex quibus coniectura facile fit,
duo quom idem faciunt, saepe ut possis dicere
'hoc licet inpune facere huic, ille non licet'...

Micio: Im Menschen gibt es, Demea,
Der Zeichen viel, woraus sich unschwer Schlüsse ziehen lassen,
Daß man, wo zwei dasselbe tun, oft sagen kann:
Der eine tut es ungestraft, der andere nicht...

(J. J. C. Donner)

2490 **Si foret in terris, rideret Democritus.**
Wenn er noch auf Erden weilte, hätte Demokrit da etwas zu lachen.

Horaz, Epistulae 2, 1, 194

Si foret in terris, rideret Democritus, seu
diversum confusa genus panthera camelo
sive elephans albus volgi converteret ora...

Weilte er auf Erden, der lachende Demokrit, er hätte seinen Spaß daran, wie bald eine Giraffe, dies fremdartige Mischwesen aus Panther und Kamel, bald ein weißer Elefant die Blicke der Menge fesselt.

(W. Schöne – H. Färber)

2491 **Si fractus illabatur orbis,**
impavidum ferient ruinae.
Selbst wenn der Weltbau krachend einstürzt,
Treffen die Trümmer noch einen Helden.
(Gemeint ist der *iustus et tenax propositi vir.*)

Horaz, Carmina 3, 3, 7 f.

(Kayser – Nordenflycht – Burger – Färber)

HW 28509

2492 **Signa suo nomine!**
Bezeichne die Sache mit dem richtigen Namen!
(vgl.: Nenne das Kind beim Namen!)

2493 **signatus septem sigillis (liber)**
ein Buch mit sieben Siegeln

Apocalypsis 5, 1

Et vidi... *librum... signatum septem sigillis.*

Und ich sah ein Buch, das mit sieben Siegeln versehen war.

2494 **Si iudicas, cognosce; si regnas, iube!**
Wenn du Richter bist, untersuche;
wenn du König bist, befiehl!

Seneca, Medea 194

HW 28552

2495 **Silent leges inter arma.**
Es schweigen die Gesetze, wenn die Waffen sprechen.

Cicero, Pro T. Annio Milone 10

Est enim haec, iudices, non scripta, sed nata lex; quam non didicimus, accepimus, legimus, verum ex natura ipsa arripuimus, hausimus, expressimus ... ut, si vita nostra in aliquas insidias, si in vim ... incidisset, omnis honesta ratio esset expediendae salutis. *Silent* enim *leges inter arma* ...

Dies ist also kein geschriebenes Gesetz, ihr Richter, eines, das wir nicht gelernt, übernommen oder uns angelesen, sondern aus der Hand der Natur selbst empfangen, in uns aufgesogen und als unser Eigentum ergriffen haben ...: daß wir, wenn unser Leben durch einen tückischen Anschlag, durch bewaffnete Gewalt ... bedroht ist, in Ehren jedes Mittel verwenden dürfen, das uns vor Schaden bewahrt. Denn inmitten der Waffen verstummen die Gesetze.

(M. Fuhrmann)

HW 29623a

2496 **Si libet, licet.**
Wenn es beliebt, ist es auch erlaubt.
(vgl.: Erlaubt ist, was gefällt)

Aelius Spartianus, Vita Antonini Caracallae 10, 2

Interest scire, quemadmodum novercam suam Iuliam uxorem duxisse dicatur. Quae cum esset pulcherrima et quasi per neglegentiam se maxima corporis parte nudasset, dixissetque Antoninus 'Vellem, si liceret' respondisse fertur: '*Si libet, licet.* An nescis te imperatorem esse et leges dare, non accipere?'

Es ist von Interesse zu wissen, auf welche Weise er* seine Stiefmutter geheiratet hatte. Als diese, eine wirkliche Schönheit, gleichsam aus Nachlässigkeit sich stark entblößte, habe Antonius gesagt: «Ich wollte, wenn es erlaubt wäre.» Darauf habe sie geantwortet: «Wenn es beliebt, ist es auch erlaubt. Weißt du nicht, daß du Kaiser bist und Gesetze zu geben, nicht entgegenzunehmen hast?» (*Caracalla)

HW 28573f

2497 **Simia quam similis, turpissuma bestia, nobis!**
Der Affe, dieses häßliche Tier – wie ähnlich ist er doch uns Menschen!

Ennius, Saturae (fr. 69 V.), zitiert bei Cicero, De natura deorum 1, 97

Ipsa vero quam nihil ad rem pertinet, quae vos delectat maxime, similitudo.
Quid canis nonne similis lupo atque, ut Ennius,
'simia quam similis, turpissima bestia, nobis';
at mores in utroque dispares.

Doch selbst die Ähnlichkeit, an der ihr eure ganz besondere Freude habt, wie wenig tut sie zur Sache! Denn ist der Hund nicht dem Wolf ähnlich, und, um mit Ennius zu reden,
«Ach, wie gleicht uns doch das häßlichste Tier, der Affe!»;
und trotzdem ist der Charakter der beiden verschieden.

(W. Gerlach – K. Bayer)

HW 29638

2498 **Simia simia est, etiamsi aurea gestet insignia.**
Ein Affe bleibt ein Affe, und trüge er goldene Amtsketten.

HW 42744b

ERASMUS, ADAGIA 1, 7, 11

vgl. ERASMUS, LAUS STULTITIAE p. 1178 (W. Binder 1638): Simia in purpura.

2499 **Simile gaudet simili.**
Ähnliches freut sich über Ähnliches.
(vgl.: Gleich und Gleich gesellt sich gern.)

vgl. HW 29639c (Simile simili amicum.); 42746a

ERASMUS, ADAGIA 1, 2, 21

2500 **Similem habent labra lactucam.**
Die Lippen passen zum Salat.
(soll Crassus gesagt haben, als er einen Esel Disteln fressen sah.)

LUCILIUS SATURAE (fr. 1299 M.), zitiert bei HIERONYMUS, EPISTULAE 7, 5 (22, 340f. Migne)

ERASMUS, ADAGIA 1, 10, 71 (Similes... lactucas.)

2501 **Similia similibus curantur.**
Ähnliches wird durch Ähnliches geheilt.

HW 29639 f.; vgl. 42746a

2502 **simplex munditiis**
einfach im Schmuck

HORAZ, CARMINA 1, 5, 5

Cui flavam religas comam
simplex munditiis?

Wem knüpfst du so reizend schlicht
Dein goldlockiges Haar (o Pyrrha)?

(Kayser – Nordenflycht – Burger – Färber)

2503 **Simplicia sunt veritatis dicta.**
Die Worte der Warheit sind einfach.

HW 29651f

2504 **Simulatio amoris peior odio est.**
Geheuchelte Liebe ist schlimmer als offener Haß.

2505 **Simul flare sorbereque haud factu facilest.**
Zugleich zu blasen und zu schlürfen ist nicht leicht.

PLAUTUS, MOSTELLARIA 790–792

TR. Heus tu, si voles verbum hoc cogitare:
simul flare sorbereque haud factu facilest.
ego hic esse et illic simitu hau potui.

TRANIO: Erinnere dich des Spruches doch
«Zugleich zu blasen und zu schlürfen ist nicht leicht.»
Ich konnte doch gleichzeitig hier und dort nicht sein.

(W. Binder – W. Ludwig)

HW 42761 a; vgl. 29663 (... sorbere et flare difficile); 42761 a

ERASMUS, ADAGIA 2, 2, 80 (Simul sorbere et flare difficile.)

2506 **Si natura negat, facit indignatio versum.**
Wenn das Talent es versagt, bildet die Empörung den Vers.

JUVENAL, SATURAE 1, 79

HW 28693

2507 **Sincerum est nisi vas, quodcumque infundis, acescit.**
Ist das Gefäß nicht rein, wird alles, was du hineingießest, sauer.

HORAZ, EPISTULAE 1, 2, 54

(W. Schöne – H. Färber)

HW 29668 (*om.* est)

2508 **Sine amicitia vita est nulla.**
Ohne Freundschaft gibt es kein Leben.

CICERO, DE AMICITIA 86

De amicitia omnes ad unum idem sentiunt, et ii, qui ad rem publicam se contulerunt, et ii, qui rerum cognitione doctrinaque delectantur, et ii, qui suum negotium gerunt otiosi, postremo ii, qui se totos tradiderunt voluptatibus, *sine amicitia vitam esse nullam*, si modo velint aliqua ex parte liberaliter vivere.

Über die Freundschaft aber denken alle ohne Ausnahme gleich: Wer sich dem Staatsdienst verschrieben hat, wer an wissenschaftlicher Forschung seine Freude hat, wer fern vom Getriebe den eigenen Geschäften nachgeht, schließlich auch, wer sich ganz der Sinnenlust ergeben hat – alle diese Leute sind sich einig, daß ein Leben ohne Freundschaft kein Leben ist, wenn man nur einigermaßen anständig leben möchte.

(M. Faltner)

vgl. HW 29668a (Sine amicis nemo sibi vitam optarit.)

2509 **Sine Cerere et Libero friget Venus.**
Ohne Ceres und Liber friert die Venus.
(Ohne Essen und Trinken keine Liebe)

TERENZ, EUNUCHUS 732

CH. Verbum hercle hoc verum erit: *'Sine Cerere et Libero friget Venus'.*

CHREMES: Wahr ist das Wort: Wenn Ceres fehlt und Bacchus fehlt, ist Venus kalt.

(J. J. C. Donner)

s. auch CICERO, DE NATURA DEORUM 2, 60

HW 29670; 42768

ERASMUS, ADAGIA 2, 3, 97

2510 **sine cortice nare**
ohne (Schwimmgürtel aus) Kork schwimmen

HORAZ, SERMONES 1, 4, 120

sine cortice nabis

HW 29670b

ERASMUS, ADAGIA 1, 8, 42 (Sine cortice nabis.)

2511 **sine ira et studio**
ohne Zorn und Eifer
(d. h.: objektiv, unparteiisch)

TACITUS, ANNALES 1, 1, 3

Inde consilium mihi pauca de Augusto et extrema tradere, mox Tiberii principatum et cetera, *sine ira et studio,* quorum causas procul habeo.

Deshalb beabsichtige ich, nur weniges über Augustus, und zwar das Ende seiner Regierung, zu berichten, dann den Prinzipat des Tiberius und die Folgezeit darzustellen, ohne Abneigung und Vorliebe, wofür mir jeglicher Anlaß fehlt.

(E. Heller)

HW 29673c

2512 **Sine pennis volare haud facile est.**
Ohne Federn fliegen ist nicht leicht.

PLAUTUS, POENULUS 871

SY. *Sine pennis volare hau facilest:* meae alae pennas non habent.
MI. Nolito edepol devellisse: iam his duobus mensibus
volucres tibi erunt tuae hirquinae. SY: I malam rem.

SYNCERASTUS: Ohne Federn fliegen ist nicht leicht,
Und meine Achseln haben keine. MILPHIO: Lasse sie
Nur ungerupft, dann sind sie nach zwei Monaten schon
Flügge unter Bocksgestank. SYNCERASTUS: Zum Henker du!

(W. Binder – W. Ludwig)

HW 29675

ERASMUS, ADAGIA 3, 5, 84

2513 **Sine philosophia nemo intrepide potest vivere.**
Ohne Philosophie kann niemand in Ruhe leben.

Seneca, Epistulae morales 16, 3

Non est philosophia populare artificium nec ostentationi paratum: non in verbis, sed in rebus est. Nec in hoc adhibetur, ut cum aliqua oblectatione consumatur dies, ut dematur otio nausia: animum format et fabricat, vitam disponit, actiones regit, agenda et omittenda demonstrat, sedet ad gubernaculum et per ancipitia fluctuantium dirigit cursum. *Sine hac nemo intrepide potest vivere,* nemo secure.

Nicht ist die Philosophie ein volkstümliches Handwerk noch zur Schaustellung geschaffen: nicht in Worten, sondern in Taten besteht sie. Nicht dazu dient sie, in einer Art von Zerstreuung den Tag zu verbringen, der Muße den Überdruß zu nehmen: die Seele gestaltet und formt sie, das Leben ordnet sie, Handlungen lenkt sie, nötiges Tun und Lassen zeigt sie, sie sitzt am Steuer, und durch die Gefahren des Wogenschwalls lenkt sie den Kurs. Ohne sie kann niemand furchtlos leben, niemand sorgenfrei.

(M. Rosenbach)

2514 **Sine requie nil prosunt divitiae.**
Ohne Seelenruhe nützt Reichtum nichts.

HW 29676 (MGH SS in usum schol. 12, 73: Ps.-Wipo)

2515 **Sine vitiis nemo nascitur.**
Niemand wird ohne Fehler geboren.

Horaz, Sermones 1, 3, 68

Eheu, | quam temere in nosmet legem sancimus iniquam.
Nam *vitiis nemo sine nascitur;* optimus ille est,
qui minimis urgetur.

Stellen wir da nicht in blindem Eifer ein Gesetz auf, das uns
selbst am ärgsten trifft? Kein Mensch wird ja ohne Fehler geboren;
der ist noch der beste, den die kleinsten drücken.

(W. Schöne – H. Färber)

2516 **Si nihil infesti durus vidisset Ulixes,**
Penelope felix, sed sine laude foret.
Wäre keinerlei Leid widerfahren dem kühnen Odysseus,
wäre Penelope zwar glücklich, doch nicht so berühmt.
(Odysseus war wegen des Trojanischen Krieges und der anschließenden Irrfahrten zwanzig Jahre lang von seiner Gattin Penelope getrennt.)

Ovid, Tristia 5, 5 (6), 51 f.

(W. Willige)

HW 42550a

2517 **Si 'nisi' non esset, perfectus quilibet esset.**
Wenn das Wörtchen «wenn nicht» nicht wär', wäre jeder vollkommen.

HW 28724 (verschiedene Fassungen):

Si 'nisi' non esset, perfectus quisque fuisset.
Sed non sunt visi, qui caruere 'nisi'.

Wenn das Wörtchen «wenn nicht» nicht wär', wäre jeder vollkommen.
Doch man sah noch keinen, der ohne dieses «wenn nicht» auskam.

W. Binder 1649: Si Nisi non esset, perfectus quilibet esset;
Set pauci visi, qui caruere Nisi.

2518 **Si non caste, caute tamen!**
Wenn schon nicht keusch, so doch wenigstens vorsichtig!

HW 28730a

2519 **Sint Maecenates, non derunt, Flacce, Marones.**
Wenn es Menschen gibt wie Maecenas, dann, mein lieber Flaccus (d. h. Horaz), wird es auch keinen Mangel an Dichtern wie Maro (d. h. Vergil) geben.

MARTIAL, EPIGRAMMATA 8, 55 (56), 5

Sint Maecenates, non derunt, Flacce, Marones
Vergiliumque tibi vel tua rura dabunt.

Flaccus, schaff Mäzenaten, so fehlt's nicht an Männern wie Maro;
selbst dein eigenes Gut schenkt dir dann einen Virgil.

(R. Helm)

HW 29692

2520 **Sint sales sine vilitate!**
Witze sollten nicht billig sein!

2521 **Sint, ut sunt, aut non sint!**
Sie seien, wie sie sind, oder es soll sie besser nicht mehr geben!

L. RICCI, 18. Jesuitengeneral, zu Papst CLEMENS XIV. (1769–1774) bei der Auflösung der Societas Jesu im Jahre 1773.

2522 **si parva licet componere magnis**
Wenn es sich schickt, an Großem Kleines zu messen.
(sc. die Arbeit der Bienen an der der Kyklopen)

VERGIL, GEORGICA 4, 176

(J. Götte)

HW 28790

2523 **Si quid novisti rectius istis,**
candidus inperti; si nil, his utere mecum.
Hast du bessere Weisheit, als ich sie wußte, so gib mir redlich davon ab; wo nicht, so zehre mit mir.

Horaz, Epistulae 1, 6, 69 f.

(W. Schöne – H. Färber)

2524 **Si quid scriptum est obscure, de re dubites!**
Wenn etwas dunkel geschrieben ist, dann zweifle gleich an der Sache selbst!

Cicero, De inventione 2, 126

Duabus de causis iudicem *dubitare* oportere, *si* aut *scriptum sit obscure* aut neget aliquid adversarius; cum et scriptum aperte sit et adversarius omnia confiteatur, tum legi parere, non interpretari legem oportere.

Aus zwei Gründen müsse der Richter Zweifel anmelden: wenn etwas undurchsichtig geschrieben ist oder der Prozeßgegner es leugnet. Wenn es aber durchsichtig geschrieben und der Prozeßgegner voll geständig ist, dann müsse der Richter dem Gesetz gehorchen und dürfe das Gesetz nicht interpretieren.

2525 **Si quis dat mannos, ne quaere in dentibus annos!**
Wenn dir jemand Pferde schenkt, dann forsche nicht in deren Zähnen nach ihrem Alter!
(vgl.: Einem geschenkten Gaul schaut man nicht ins Maul)

HW 28988

2526 **Si tacuisses, philosophus mansisses.**
Wenn du geschwiegen hättest, wärest du ein Philosoph geblieben.

nach Boethius, Consolatio philosophiae 2, 7p.

Intellexeram, inquit, *si tacuisses.*

Ich hätte es begriffen, sagte er, wenn du geschwiegen hättest.

(E. Gegenschatz – O. Gigon)

HW 29212

2527 **Sit modus in rebus, sint certi denique fines!**
Es sei ein Maß in den Dingen, es gebe schließlich feste Grenzen!

nach Horaz, Sermones 1, 1, 106

Est *modus in rebus, sunt certi denique fines,*
quos ultra citraque nequit consistere rectum.

Es gibt ein rechtes Maß in allen Dingen; kurz: feste Schranken sind gezogen,
und diesseits wie jenseits liegt das Unhaltbare.

(W. Schöne – H. Färber)

vgl. HW 29807–29809

2528 **Sit piger ad poenas princeps, ad praemia velox!**
Der Fürst sei langsam mit dem Strafen, aber rasch mit dem Belohnen!

OVID, EPISTULAE EX PONTO 1, 2, 123

Sed *piger ad poenas princeps, ad praemia velox,*
quique dolet, quotiens cogitur esse ferox,
qui vicit semper, victis ut parcere posset,
clausit et aeterna civica bella sera,
multa metu poenae, poena qui pauca coercet,
et iacit invita fulmina rara manu.

Nein, zu dem Fürsten (flehe), der langsam im Strafen und rasch im Belohnen,
den es mit Kummer erfüllt, zwingt man ihn, strenge zu sein,
der stets siegreich war, um Besiegte schonen zu können,
der auch dem Bürgerkrieg ew'ge Schranken gesetzt,
vieles durch Furcht vor Strafe und wenig durch Strafe verhindert,
mit widerstrebender Hand selten nur schleudert den Blitz.

(W. Willige)

HW 29816

2529 **Sit procul omne nefas; ut ameris, amabilis esto!**
Fern bleibe alles Ungehörige! Damit du geliebt wirst, sei liebenswert!

OVID, ARS AMATORIA 2, 107

vgl. MARTIAL, EPIGRAMMATA 6, 11, 10: *Ut ameris*, ama!

HW 29825 (... omne scelus ...)

2530 **Sit tibi credibilis sermo, consuetaque verba!**
Deine Rede sei glaubwürdig, deine Worte seien die üblichen!

OVID, ARS AMATORIA 1, 467

Sit tibi credibilis sermo consuetaque verba,
blanda tamen, praesens ut videare loqui.

Glaubwürdig sei deine Sprache, alltäglich seien die Worte,
Doch dabei schmeichelnd, daß sie denkt, daß du selbst mit ihr sprichst.
(Gemeint ist: im Brief.)

(N. Holzberg)

2531 **Sit tibi terra levis!**
(Abk.: STTL)
Möge dir die Erde leicht sein!

MARTIAL, EPIGRAMMATA 9, 29, 11 (s. auch 5, 34, 9–10; 6, 52, 5; 6, 68, 12)

Sit tibi terra levis mollique tegaris harena.

Sei die Erde dir leicht, mög lockerer Sand dich bedecken!

(R. Helm)

JUVENAL, SATURAE 7, 207

vgl. TIBULL, ELEGIAE 2, 4, 50 f.

Et 'bene' discedens dicet 'placideque quiescas,
*terra*que securae *sit* super ossa *levis*!'

«Ruhe», so spricht er im Weggehen, «ruhe du wohl und in Frieden
Sorglos: die Erde, sie sei leicht über deinem Gebein!

(W. Willige)

EURIPIDES, ALCESTIS 463–464

Κούφα σοι
χθὼν ἐπάνωθε πέσοι, γύναι.

(kúpha soi
chthòn epánothe pésoi, gýnai!)

Falle locker die Erde auf dich, o Frau!

(E Buschor – G. A. Seeck)

HW 29878

2532 **Sit tua cura sequi, me duce tutus eris.**
Deine Sorge sei es, mir zu folgen; wenn ich führe, bist du sicher.
(Daedalus zu seinem Sohn Icarus)

OVID, ARS AMATORIA 2, 58

vgl. HW 29882

2533 **Sit venia verbo!**
Man entschuldige den Ausdruck!

PLINIUS MINOR, EPISTULAE 5, 6, 46

Mei quoque nusquam salubrius degunt; usque adhuc certe neminem ex iis, quos eduxeram mecum (*venia sit* dicto), ibi amisi. Di modo in posterum hoc mihi gaudium, hanc gloriam servent!

Auch meine Leute leben nirgends gesünder; bis jetzt jedenfalls habe ich – unberufen! – niemanden von denen, die ich mit hinausgenommen habe, verloren. Möchten nur die Götter mir diese Freude und dem Plätzchen diesen Ruhm erhalten!

(H. Kasten)

HW 29885a

2534 **Si vir es atque vires, cape vires et rape vi res!**
Wenn du ein Mann und bei Kräften bist, nimm deine Kräfte zusammen und setze energisch dich durch!

HW 29370a

2535 **Si vir es, i!**
Bist du ein Mann, so geh!

Ovid, Fasti 6, 594

Si vir es, i! Dictas exige dotis opes!

Wenn du ein Mann bist, geh hin, fordre das Heiratsgut ein!

(N. Holzberg)

2536 **Si vis amari, ama!**
Willst du geliebt werden, so liebe!

Hekaton, fr. 27 F., zitiert bei Seneca, Epistulae morales 9, 6

Hecaton ait: 'Ego tibi monstrabo amatorium sine medicamento, sine herba, sine ullius veneficae carmine: *Si vis amari, ama!*'

Hekaton sagt: «Ich will dir einen Liebeszauber zeigen, ohne Gift, ohne Zauberkraut, ohne irgendeiner Hexe Zauberspruch: Wenn du geliebt werden willst, liebe!»

(nach M. Rosenbach)

HW 29376

2537 **Si vis me flere, dolendum est | primum ipsi tibi.**
Willst du mich zu Tränen nötigen, so mußt du selbst zuvor das Leid empfinden.

Horaz, De arte poetica 102 f.

(W. Schöne – H. Färber)

2538 **Si vis pacem, cole iustitiam!**
Willst du Frieden, so pflege Gerechtigkeit!

Inschrift am Friedenspalast zu Den Haag

2539 **Si vis pacem, para bellum!**
Willst du Frieden, so rüste zum Krieg!

nach Vegetiuss, Epitoma rei militaris 3 praef.

Igitur qui desiderat *pacem*, prae*paret bellum;* qui victoriam cupit, milites inbuat diligenter; qui secundos optat eventus, dimicet arte, non casu. Nemo provocare, nemo audet offendere, quem intellegit superiorem esse pugnaturum.

Wer also Frieden will, der bereite sich zum Krieg; wer den Sieg will, der bilde seine Soldaten sorgfältig aus; wer den Erfolg wünscht, der kämpfe mit Sachverstand und überlasse nichts dem Zufall. Niemand wird es wagen, den zu provozieren, den zu beleidigen, von dem er weiß, daß er ihm im Kampf überlegen sein wird.

HW 29404a

2540 **Si wis vel dum is, princeps sine munere stum is.**
Mag einer gescheit oder dumm sein: ein Fürst mit leeren Händen ist stumm.

HW 29445

2541 **Societas ferociam parit.**
Zusammenhalten erzeugt trotzigen Übermut.

HW 29906a

vgl. ERASMUS, ADAGIA 3, 7, 53 (Satietas...)

2542 **societas leonina**
eine Löwengesellschaft

nach AESOP, FABULAE 238 Halm (Löwe und Esel)

vgl. PHAEDRUS, FABULAE 1, 5

s. auch ULPIANUS, AD SABINUM 30 (DIGESTA 17, 2, 29, 2)

2543 **Societatis vinculum ratio et oratio.**
Das Band der Gesellschaft sind Vernunft und Sprache.

CICERO, DE OFFICIIS 1, 50

Est enim primum, quod cernitur in universi generis humani *societate.* Eius autem *vinculum est ratio et oratio,* quae docendo, discendo, communicando, disceptando, iudicando conciliat inter se homines coniungitque naturali quadam societate.

Die erste (Grundlage) nämlich ist die, die sichtbar wird in der Gesellschaft des gesamten Menschengeschlechts. Ihr Band aber ist Vernunft und Rede, die durch Lehren, Lernen, Mitteilen, Erörtern, Urteilen die Menschen unter sich verbindet und in einer Art natürlicher Genossenschaft verknüpft.

(O. Gigon)

2544 **Socius fidelis ancora tuta est.**
Ein treuer Gefährte ist (wie) ein sicherer Anker.

HW 29707b

2545 **socordia et desidia bonum otium conterere**
in Sorglosigkeit und Untätigkeit die gute Muße vertrödeln

SALLUST, CONIURATIO CATILINAE 4, 1

Igitur ubi animus ex multis miseriis atque periculis requievit et mihi reliquam aetatem a re publica procul habendam decrevi, non fuit consilium *socordia atque desidia bonum otium conterere...*

Als ich dann aus vielen Mißgeschicken und Fährnissen heraus zur inneren Ruhe gefunden hatte und es für mich feststand, daß ich mein weiteres Leben fern von der Politik verbringen müsse, da war es nicht meine Absicht, die wertvolle Ruhezeit mit untätigem Herumsitzen zu vertrödeln...

(W. Eisenhut – J. Lindauer)

2546 **Solamen miseris socios habuisse malorum.**
Es ist ein Trost für die Unglücklichen, Gefährten im Unglück zu haben.

B. SPINOZA (1632–1677), ETHIK 4, 5, nach ÄSOP, FABULAE 237b Halm (Hasen und Frösche)

HW 29943

2547 **Sol decedens crescentes duplicat umbras.**
Im Weggehen verdoppelt die Sonne die wachsenden Schatten.

VERGIL, BUCOLICA 2, 67

Aspice aratra iugo referunt suspensa iuvenci,
et *sol crescentis decedens duplicat umbras.*

Siehe, schon hängt an der Deichsel der Pflug, heimziehen die Stiere,
und im Sinken verdoppelt die Sonne wachsende Schatten.

(J. Götte)

2548 **Solent ii fortunam sibi obici nolle, qui se fortunae commiserunt, qui in eius periculis sunt ac varietate versati.**
Es lassen sich nur die Männer ungern den Zufall vorwerfen, die sich wirklich dem Zufall anvertraut, die sich mit seinen Fährnissen und seiner Wechselhaftigkeit bekannt gemacht haben.

(M. Fuhrmann)

CICERO, IN C. VERREM II 5, 132

2549 **Solent mendaces luere poenam maleficii.**
Lügner büßen in der Regel für ihre Missetat.

PHAEDRUS, FABULAE 1, 17, 1 (Schaf, Hund und Wolf)

HW 29952c (... poenas ...)

2550 **Soli hoc sapienti contingit, ut nihil faciat invitus.**
Allein dem Weisen gelingt es, nichts wider seinen Willen zu tun.

CICERO, PARADOXA STOICORUM 5, 1, 34

Soli igitur *hoc contingit sapienti, ut nihil faciat invitus,* nihil dolens, nihil coactus.

Allein dem Weisen gelingt es also, daß er nichts gegen seinen Willen, nichts mit Bedauern, nichts unter Zwang tut.

2551 **Solitudinem faciunt, pacem appellant.**
Sie schaffen eine Wüste und nennen es Frieden.

TACITUS, AGRICOLA 30, 4

(Romani) soli omnium opes atque inopiam pari adfectu concupiscunt, auferre trucidare, rapere falsis nominibus imperium, atque ubi *solitudinem faciunt, pacem appellant.*

Als einzige von allen stürzen (die Römer) sich auf Wohlstand und Not in gleicher Gier. Wegschleppen, morden, rauben nennen sie mit falschem Namen Herrschaft, und wo sie eine Einöde schaffen, sprechen sie von Frieden.

(A. Städele)

2552 **Sollicitae mentes spe metuque pavent.**
Aufgeregte Gemüter sind zwischen Hoffnung und Furcht in Schrecken.

OVID, FASTI 3, 362

HW 29972b

2553 **Sol omnibus lucet.**
Die Sonne leuchtet für alle.

PETRON, SATYRICA 100, 1

HW 29914b

2554 **Solum patriae omnibus est carum, dulce atque iucundum.**
Der Boden des Vaterlands ist allen teuer, lieb und angenehm.

CICERO, IN L. CATILINAM 4, 16

Quis est enim, cui non haec templa, aspectus urbis, possessio libertatis, lux denique haec ipsa et commune *patriae solum* cum sit *carum*, tum vero *dulce atque iucundum*?

Denn wem wären nicht diese Heiligtümer, der Anblick der Stadt, der Besitz der Freiheit, endlich das Tageslicht selbst und der gemeinsame Boden des Vaterlandes teuer, ja süß und wonnevoll?

(M. Fuhrmann)

vgl. ERASMUS, ADAGIA 3, 10, 18 (Patria sua cuique iucundissima.)

2555 **Somnus est imago mortis.**
Der Schlaf ist ein Bild des Todes.

CICERO, TUSCULANAE DISPUTATIONES 1, 92

Habes *somnum imaginem mortis* eamque cotidie induis; et dubitas, quin sensus in morte nullus sit, cum in eius simulacro videas esse nullum sensum?

Du hast den Schlaf als Abbild des Todes und erfährst ihn täglich und zweifelst noch, daß es beim Tode keine Empfindung gebe, da Du ja siehst, daß es bei seinem Abbilde keine gibt?

(O. Gigon)

2556 **Sorex suo perit indicio.**
Die Spitzmaus kommt durch ihre eigene Anzeige um.

vgl. TERENZ, EUNUCHUS 1024

PA. Egomet *meo indicio* miser *quasi sorex* hodie *perii.*

PARMENO: Mich selbst verratend, laß ich heut mein Leben, wie die Spitzmaus.

(J. J. C. Donner)

HW 30052a; vgl. 30857f

ERASMUS, ADAGIA 1, 3, 65 (Suo ipsius indicio perit sorex.)

2557 **Sors tua mortalis: non est mortale, quod optas.**
Dein Los ist das eines Sterblichen: nicht ist sterblich, was du begehrst.

OVID, METAMORPHOSES 2, 56

Magna petis, Phaëthon, et quae nec viribus istis
munera conveniant nec tam puerilibus annis:
sors tua mortalis. Non est mortale, quod optas.

Großes verlangst, mein Phaëthon, du, ein Geschenk, wie es deinen
Kräften hier nicht entspricht und den Jahren nicht eines Knaben.
Sterblich dein Los. Unsterblichkeit heischt, was hier du dir forderst.

(E. Rösch)

HW 30075

2558 **Sorte sua nemo contentus vivit ubique.**
Mit seinem Lose zufrieden lebt nirgends einer.

HW 30083; 38697 b 1; vgl. 16454a

2559 **spargere voces in vulgum ambiguas**
zweideutige Reden unters Volk streuen

Vergil, Aeneis 2, 99 f.

Hinc mihi prima mali labes, hinc semper Ulixes
criminibus terrere novis, hinc *spargere voces*
in volgum ambiguas et quaerere conscius arma.

Nun erst fing mein Unglück an, nun schreckte Ulixes
immer mit neuem Verdacht, nun streute er böse Gerüchte
zweideutig unter das Volk und, schuldbewußt, sann er auf Arglist.
(Klage des Palamedes.)

(J. Götte)

2560 **Spatio brevi spem longam reseces!**
Schränke dein Hoffen auf einen kurzen Zeitraum ein!

Horaz, Carmina 2, 11 6 f. (an Leukonoë)

Sapias: vina liques et *spatio brevi*
spem longam reseces. Dum loquimur, fugerit invida
aetas: carpe diem quam minimum credula postero.

Zeige dich klug: kläre den Wein, stelle der Hoffnung Flug
Auf das Heute nur ein! Neidisch entflieht, während du sprichst, die Zeit;
Schenk dem kommenden Tag nimmer Vertraun, koste den Augenblick!

(Kayser – Nordenflycht – Burger – Färber)

2561 **Spectatum veniunt, veniunt, spectentur ut ipsae.**
Sie kommen zum Zuschauen, sie kommen aber auch, um selbst gesehen zu werden.

Ovid, Ars amatoria 1, 99

Spectatum veniunt, veniunt spectentur ut ipsae.
Ille locus casti damna pudoris habet.
Primus sollicitos fecisti, Romule, ludos,
cum iuvit viduos rapta Sabina viros...

Sie, die zum Sehen kommen, sie kommen, gesehen zu werden.
Sittsamer Anstand gerät an diesem Ort in Gefahr.
Romulus, du hast zuerst Bewegung gebracht in die Spiele,
Als der Sabinerin Raub ledigen Männern gefiel!...

(N. Holzberg)

HW 30102

2562 **spemque metumque inter dubii**
schwankend zwischen Hoffen und Bangen

Vergil, Aeneis 1, 218

Postquam exempta fames epulis mensaeque remotae,
amissos longo socios sermone requirunt
spemque metumque inter dubii, seu vivere credant
sive extrema pati nec iam exaudire vocatos.

Als der Hunger gestillt und die Tische wieder entfernt sind,
denken der Freunde in langem Gespräch sie, ihrer verlornen,
bang zwischen Hoffen und Furcht, ob man glauben darf, daß sie noch leben,
oder das Schlimmste schon leiden und keinen Ruf mehr vernehmen.

(J. Götte)

HW 37625 (inter spem et metum)

2563 **Sperate et vosmet rebus servate secundis!**
Hoffet und erhaltet euch für bessere Zeiten!

Vergil, Aeneis 1, 207

Durate *et vosmet rebus servate secundis!*

Drum bleibt hart und spart euch auf der glücklichen Zukunft!

(J. Götte)

2564 **Speremus, quae volumus, sed quae acciderint, feramus!**
Lasset uns hoffen, was wir wollen, doch was geschieht, das laßt uns ertragen!

vgl. Cicero, Ad familiares 14.1 (4), 5 K.

Sed si hoc fuit liberis nostris gratius, nos vivere, cetera, quamquam ferenda non sunt, *feramus!* Atque ego, qui te confirmo, ipse me non possum.

Aber wenn's für unsere Kinder besser ist, daß ich am Leben geblieben bin, dann will ich alles andere auf mich nehmen, wenn's auch kaum zu tragen ist. Sieh, da will ich Dich aufrichten und kann mich selbst nicht trösten. (29. 4. 58 v. Chr. an Terentia)

(H. Kasten)

2565 **Sperne voluptates, nocet empta dolore voluptas.**
Verachte die Vergnügungen: mit Schmerz erkauftes Vergnügen schadet.

Horaz, Epistulae 1, 2, 55

Sperne voluptates: nocet empta dolore voluptas.
Semper avarus eget: certum voto pete finem.
Invidus alterius macrescit rebus opimis...

Meide die Lüste: die Lust schafft Leid, und Schmerz ist ihr Preis.
Habsucht fühlt immer ein Darben: ein Ziel muß dir den Wunsch begrenzen.
Der Neider magert ab, weil sein Nachbar im Fette sitzt.

(W. Schöne – H. Färber)

HW 30146

2566 **Spes etiam valida solatur compede vinctum.**
Hoffnung tröstet auch den noch, der in fester Fußfessel gefangen liegt.

TIBULL, ELEGIAE 2, 6, 25

HW 30188c

2567 **Spes sibi quisque!**
Jeder sei sich selbst Hoffnung!
(d. h.: Er vertraue zuerst sich selbst!)

HW 30208b

2568 **sponte asciam cruribus suis illidere**
sich absichtlich die Axt ins Bein schlagen

APULEIUS, METAMORPHOSES 3, 22 6

'Ain?', inquit, 'vulpinaris, amasio, meque *sponte asceam cruribus* meis *inlidere* compellis? Sic inermem vix a lupulis conservo Thessalis. Hunc alitem factum ubi quaeram, videbo quando?'

«Das fehlte noch», antwortete sie, «ein Schlaufuchs bist du, Schürzenjäger! Mutest du mir zu, mir selber die Axt in die Beine zu schlagen? Wer so wehrlos ist, den schütze ich kaum vor den thessalischen Vamps; wird er zum Vogel, – wo ihn suchen, wann ihn wiedersehen?»

(E. Brandt – W. Ehlers – N. Holzberg)

vgl. PETRON, SATYRICA 74, 16

2569 **spumare ex corde scelus, anhelare ex intimo pectore crudelitatem**
aus dem Herzen Verbrechen schäumen und aus dem Innern Grausamkeit hauchen
(vgl. etwa: Gift und Galle speien)

AUCTOR AD HERENNIUM 4, 68

Deinde vaga multitudo, subito timore perterrita, fugere coepit. At iste, *spumans ex ore scelus, anhelans ex infimo pectore crudelitatem,* contorquet bracchium et dubitanti Graccho, quid esset, neque tamen locum, in quo constiterat, relinquenti percutit tempus.

Daraufhin begann die schwankende Menge, von plötzlicher Furcht ergriffen, zu fliehen. Aber jener, aus dem Munde Verbrechen schäumend, aus tiefster Brust Grausamkeit fauchend, packte ihn am Arm und zertrümmert ihm, der noch im Zweifel war, was da geschehe, und dennoch seinen Platz, an dem er stand, nicht verließ, die Schläfe. (Tod des Tiberius Gracchus)

2570 **stans pede in uno**
auf einem Bein stehend
(vom Schnelldichter gesagt)

Horaz, Sermones 1, 4, 10

Nam fuit hoc vitiosus: in hora saepe ducentos,
ut magnum, versus dictabat *stans pede in uno;*
cum flueret lutulentus, erat quod tollere velles;
garrulus atque piger scribendi ferre laborem,
scribendi recte: nam ut multum, nil moror...

Dies war ja seine (d. h. des Lucilius) Schwäche: in einer Stunde diktierte er oft zweihundert Verse auf einem Beine stehend, wie wenn das eine große Leistung wäre! So manches möchte man tilgen, denn schlammig rauschte seiner Dichtung Strom; redselig war er und zu bequem, in ernster Arbeit zu schaffen – Gutes zu schaffen, meine ich, denn auf die Menge leg' ich keinen Wert.

(W. Schöne – H. Färber)

2571 **stante pede**
stehenden Fußes, unverzüglich

HW 43072b

2572 **Stat ei in corde silex.**
Es steht ihm ein Stein im Herzen.
(vgl.: Er hat ein Herz von Stein.)

Tibull, Elegiae 1, 1, 64

Flebis: non tua sunt duro praecordia ferro
vincta, neque in tenero *stat tibi corde silex.*
Illo non iuvenis poterit de funere quisquam
lumina, non virgo sicca referre domum.

Weinen wirst du, da nicht dir die Härte des Eisens den Busen
Fesselt: ist doch dein Herz zärtlich und nicht von Stein;
Bringt doch kein Jüngling die Augen von meinem Leichenbegängnis,
Bringt keine Jungfrau sie doch trocken nach Hause zurück.

(W. Willige)

2573 **Stat magni nominis umbra.**
Als Schatten eines großen Namens steht er da.

Lukan, Pharsalia 1, 135

Stat magni nominis umbra,
qualis frugifero quercus sublimis in agro
exuvias veteris populi sacrataque gestans
dona ducum...

Nur mehr ein Schatten seines großen Namens stand er* da – als ob eine ragende Eiche im Kornfeld Trophäen der Vorzeit und Weihegeschenke von Kriegshelden trägt, aber... (*sc. Pompeius)

(W. Ehlers)

HW 30313

2574 **Stat pro ratione voluntas.**
An der Stelle einer Begründung steht der Wille.

vgl. JUVENAL, SATURAE 6, 223

'O demens, ita servus homo est? Nil fecerit, esto:
hoc volo, sic iubeo, sit *pro ratione voluntas.*'

«O du Narr, ist denn der Sklave ein Mensch? Er mag nichts angestellt haben, sei's drum: Dies (d. h. seinen Tod) will ich, so befehle ich's, statt der Begründung gelte mein Wille!»

HW 30317a

2575 **Stat sua cuique dies.**
Jedem steht der bestimmte (Todes-)Tag fest.

VERGIL, AENEIS 10, 467

Tum genitor natum dictis adfatur amicis:
'*Stat sua cuique dies,* breve et inreparabile tempus
omnibus est vitae: sed famam extendere factis,
hoc virtutis opus...'

Da aber sprach der Vater zum Sohne mit freundlichen Worten:
«Jedem steht fest sein Tag; kurz ist und unwiederbringlich
allen des Lebens Zeit: doch Ruhm ausstrahlen und Tatkraft,
das ist Mannes Werk...»(an Pallas gerichtete Worte)

(J. Götte)

HW 30320

2576 **status quo**
der bestehende Zustand

2577 **Stercus et urina medicorum ferula prima.**
Stuhlgang und Urin sind der Ärzte erste Stütze.

HW 30336

2578 **Stertit noctes et dies.**
Er schnarcht Tag und Nacht.

TERENZ, EUNUCHUS 1079

GN. Principio et habet, quod det, et dat nemo largius.
fatuos est, insulsus, tardus, *stertit noctis et dies.*

GNATHO: (Dazu verhilft keiner so leicht und so sicher;) denn er hat
Viel wegzuschenken und fürwahr, kein anderer Mensch gibt reichlicher.
Er ist ein Tölpel, abgeschmackt, ein träger Klotz, schnarcht Tag und Nacht.

(J. J. C. Donner)

vgl. ERASMUS, ADAGIA 1, 4, 24 (noctesque diesque)

2579 **Stillicidii casus lapidem cavat.**
Der Fall des Tropfens (aus der Dachrinne) höhlt den Stein.

LUKREZ, DE RERUM NATURA 1, 313

Quin etiam multis solis redeuntibus annis
anulus in digito subter tenuatur habendo,
stilicidi casus lapidem cavat, uncus aratri
ferreus occulte decrescit vomer in arvis...

Ja, wenn viele Jahre der Sonne kommen und gehen,
wird am Finger der Ring dünner darunter vom Tragen,
Fall des Tropfens höhlt den Stein, des Pfluges gekrümmte
eiserne Schar nimmt unvermerkt an Größe im Feld ab...

(K. Büchner)

HW 30351

vgl. ERASMUS, ADAGIA 3, 3, 3 (Assidua stilla saxum excavat.)

2580 **Stimulos dedit aemula virtus.**
Sporen lieh der wetteifernde Ehrgeiz.

LUKAN, PHARSALIA 1, 120

Morte tua discussa fides bellumque movere
permissum ducibus. *Stimulos dedit aemula virtus:*
tu, nova ne veteres obscurent acta triumphos
et victis cedat piratica laurea Gallis,
Magne, times...

Dein (d. h. Julias) Tod sprengte den Bund und gab den Rivalen freie Hand zum Kriegsbeginn. Aufstachelnd wirkte männlicher Ehrgeiz: du* großer Feldherr fürchtetest, die neuen Taten könnten deine alten Erfolge überschatten, dein Triumph im Seeräuberkrieg möchte gegen den Sieg Caesars über Gallien verblassen... (*Pompeius).

(W. Ehlers)

HW 30352

2581 **Stomachatur omnia.**
Er frißt alles in sich hinein.
(richtiger: Er regt sich über alles auf.)

CICERO, AD ATTICUM 14, 21, 3 K.

Amariorem enim me senectus facit; *stomachor omnia.* Sed mihi quidem βεβίωται (bebiotai); viderint iuvenes.

Das Alter macht mich ziemlich bitter, die Fliege an der Wand ärgert mich. Aber was mich angeht – mein Leben liegt hinter mir; jetzt sind die Jungen dran.

(H. Kasten)

vgl. ERASMUS, ADAGIA 3, 9, 94 (Tacite stomachatur.)

2582 **strenua inertia**
geschäftiges Nichtstun

HORAZ, EPISTULAE 1, 11, 28

Strenua nos exercet *inertia*: navibus atque
quadrigis petimus bene vivere. Quod petis, hic est,
est Ulubris, animus si te non deficit aequus.

Was uns plagt, ist Unrast ohne Tatkraft: mit Schnellseglern und Vierspännern jagen wir dem Lebensglücke nach. Das gesuchte Glück ist hier zu haben und ist zu haben im elenden Ulubrae, – bleibt unbeirrt dir nur der Seele Gleichmaß.

(W. Schöne – H. Färber)

2583 **Studio culinae tenetur.**
Ihn fesselt die Sorge um die Küche.

vgl. CICERO, AD FAMILIARES 15, 16 (18) 1 K.

'Ridere igitur', inquies, 'possumus?' Non mercule facillime; verum tamen aliam aberrationem a molestiis nullam habemus. 'Ubi igitur', inquies, 'philosophia?' Tu quidem *in culina,* mea molestast; pudet enim servire; itaque facio me alias res agere, ne convicium Platonis audiam.

«Also», wirst Du* sagen, «können wir lachen?» Weiß Gott, ganz leicht ist es nicht; immerhin ist es für uns die einzige Ablenkung von all den Widerwärtigkeiten. «Wo bleibt denn die Philosophie?» Bei Dir in der Küche; meine macht mir Schwierigkeiten, weil sie sich schämt, Sklavin zu sein. Ich stelle mich deshalb so, als triebe ich andere Dinge, um nicht von Plato Schelte zu bekommen. (*sc. Cassius)

(H. Kasten)

2584 **Stultitia est venatum ducere invitos canes.**
Torheit ist es, Hunde wider ihren Willen zur Jagd zu führen.
(vgl.: Hunde zur Jagd tragen)

PLAUTUS, STICHUS 139

PAN. *Stultitiast,* pater, *venatum ducere invitas canes.*
Hostis est uxor invita, quae viro nuptum datur.

PANEGYRIS: Dumm ist's, wenn man den Hund zum Jagen tragen muß.
Des Mannes Feindin ist die aufgezwungne Frau.

(W. Binder – W. Ludwig)

HW 30411

vgl. ERASMUS, ADAGIA 1, 7, 65 (invitis canibus venari)

2585 **Stultitiam dissimulare non potes nisi taciturnitate.**
Torheit kann man nur durch Schweigsamkeit kaschieren.

HW 30418a:

Stultitiam dissimulare difficile est, in vino vero impossibile.

Seine Dummheit zu verleugnen ist schwer, im Rausch aber völlig unmöglich.

2586 **Stultitiam patiuntur opes.**
Reichtum kann sich Dummheit leisten.

HORAZ, EPISTULAE 1, 18, 29

Plus quam se sapere et virtutibus esse priorem
volt et ait prope vera: 'Meae – contendere noli! –
stultitiam patiuntur opes, tibi parvola res est.
Arta decet sanum comitem toga: desine mecum | certare.'

Er will den jungen Mann gescheiter machen, als er selber ist. Er sagt ihm, und darin liegt etwas Wahres: «Meine Mittel – du hältst den Vergleich nicht aus – erlauben mir die leichtsinnige Torheit. Dein Vermögen ist unbeträchtlich. Knappes Kleid schickt sich für den Klienten und spricht für gesundes Empfinden. Gib es auf, mit mir zu wetteifern.»

(W. Schöne – H. Färber)

HW 30420

2587 **Stultitiam simulare loco sapientia summa est.**
Zur rechten Zeit Torheit vorzutäuschen ist höchste Weisheit.

CATONIS DISTICHA 2, 18, 2 (PLM III 224 B.):

Stultitiam dissimulare ioco, cum tempore laus *est*.

HW 30422; 41135b

2588 **Stultorum calami carbones, moenia chartae.**
Der Toren Griffel sind die Kohlen, ihr Schreibpapier die Wände.
(vgl.: Narrenhände beschmieren Tisch und Wände.)

HW 30428

2589 **Stultorum eventus magister est.**
Das Ergebnis ist der Lehrmeister der Toren.

LIVIUS, AB URBE CONDITA 22, 39, 10

Nec *eventus* modo hoc docet – *stultorum* iste *magister* –, sed etiam ratio, quae fuit futuraque, donec res eaedem manebunt, immutabilis est.

Dies lehrt nicht nur der Erfolg – er ist ein Lehrmeister der Toren –, sondern die gleiche Überlegung, die bereits galt und die auch in Zukunft unabänderlich weitergelten wird, solange die Verhältnisse die gleichen bleiben. (Quintus Fabius über die Kriegführung gegen Hannibal)

(J. Feix)

2590 **Stultorum plena sunt omnia.**
Die Welt ist voller Narren.

CICERO, AD FAMILIARES 9, 22, 4 K.

HW 30433a; vgl. 14290

2591 **Stultum est amare compedes suas quamvis aureas.**
Es ist töricht, seine Fesseln zu lieben, und wären sie aus Gold.

ERASMUS, ADAGIA 2, 4, 25 (aureae compedes)

J. ALBINUS, S. 66

2592 **Stultum est dicere: non putarem.**
Es ist töricht zu sagen: Das hätte ich nie gedacht!

CICERO, DE OFFICIIS 1, 81 (Non putaram.)

SENECA, DE IRA 2, 31

Turpissimam aiebat Fabius imperatori excusationem esse: *«Non putavi»,* ego turpissimam homini puto.

Ganz schimpflich sei, so meinte Fabius, für einen General die Entschuldigung: «Das hätte ich nicht geglaubt.» Ich sehe sie als ganz schimpflich an für jedermann.

(G. Fink)

HW 30437e

2593 **Stultum est timere, quod vitari non potest.**
Es ist töricht, sich vor Unvermeidlichem zu fürchten.

HW 43139

2594 **Stultum est ulcisci velle alium poena sua.**
Ein Narr, wer Rache sinnt zum eignen Schaden.

Publilius Syrus, Sententiae S 20

(H. Beckby)

HW 30440

2595 **Stultus es, rem actam agis.**
Du bist ein Tor; du tust, was schon getan ist.
(vgl.: leeres Stroh dreschen)

Plautus, Pseudolus 261

Ca: Eheu, quam ego malis perdidi modis,
quod tibi detuli et quod dedi. Ba. Mortua
verba re nunc facis: *stultus es, rem actam agis.*

Calidorus: Weh! Wie schändlich ist
Vergeudet, was ich dir gegeben und gebracht!
Ballio: Das Ding ist tot, was redest du noch viel?
Du bist ein Narr und drischst nur leeres Stroh.

(W. Binder – W. Ludwig)

2596 **Stultus est, qui cupita cupiens cupienter cupiet.**
Ein Tor ist, wer beim Erstreben seiner Wunschziele leidenschaftliches Begehren zeigt.

Ennius, Trg. Frg. 337

HW 30466e (... cupida ...)

2597 **Stultus semper incipit vivere.**
Der Tor beginnt ständig mit dem Leben.

vgl. Seneca, Epistulae morales 13, 17

... senex *vivere incipiens*

2598 **Sua confessione hunc iugulo.**
Mit seinem eigenen Geständnis erdroßle ich ihn.

Cicero, In C. Verrem II 5, 166

Hoc teneo, hic haereo, iudices, hoc sum contentus uno, omitto ac neglego cetera; *sua confessione* induatur ac *iuguletur* necesse est.

Hieran halte, hieran klammere ich mich, ihr Richter; hiermit allein bin ich zufrieden, ich übergehe und vernachlässige alles übrige; durch sein eigenes Geständnis soll er in die Schlinge geraten und sich den Hals brechen.

(M. Fuhrmann)

vgl. Erasmus, Adagia 1, 1, 51 (Suo sibi hunc iugulo gladio, suo telo.); 1, 1, 53 (Suo ipsius laqueo captus est.)

2599 **Sua cuique deus fit dira cupido.**
Die eigene schreckliche Begierde wird einem jeden zum Verhängnis.

VERGIL, AENEIS 9, 185

Nisus ait: 'Dine hunc ardorem mentibus addunt,
Euryale, an *sua cuique deus fit dira cupido?...*'

Nisus sprach: «Ob Götter, Euryalus, solch eine Glut uns
gießen ins Herz oder wird seine Leidenschaft jedem zum Gotte?»

(J. Götte)

HW 43187a

2600 **Sua cuique vita obscura est.**
Jedem ist das eigene Leben dunkel.

2601 **Sua cuique voluptas.**
Jeder hat sein eigenes Vergnügen.
(vgl.: Was dem einen sin Uhl, ist dem andern sin Nachtigall.)

2602 **Suae quemque fortunae maxime paenitet.**
Jeder hadert mit seinem Schicksal.

CICERO, AD FAMILIARES 6, 1, 1

Etsi ea perturbatio est omnium rerum, ut *suae quemque fortunae maxime paeniteat* nemoque sit, quin ubivis quam ibi, ubi est, esse malit, tamen mihi dubium non est, quin hoc tempore bono viro Romae esse miserrimum est.

Gewiß, die ganze Welt steht auf dem Kopfe; jedermann ist vor allem mit seinem persönlichen Geschick unzufrieden und möchte lieber wer weiß wo sein als gerade da, wo er sich befindet, aber zweifellos fühlt sich ein anständiger Mensch heutzutage in Rom am unglücklichsten. (an Torquatus, Ende 46 v. Chr.)

(H. Kasten)

2603 **Suae quisque fortunae faber.**
Jeder ist seines Glückes Schmied.

APPIUS (CLAUDIUS CAECUS), zitiert bei SALLUST, EPISTULAE AD CAESAREM SENEM 1, 1, 2

Sed res docuit id verum esse, quod in carminibus Appius ait,*fabrum esse suae quemque fortunae,* atque in te maxume, qui tantum alios praegressus es, ut prius defessi sint homines laudando facta tua quam tu laude digna faciundo.

Aber es hat sich gezeigt, daß wahr ist, was Appius in seinen Sprüchen sagt: jeder sei seines Glückes Schmied! Der beste Beweis dafür bist Du*, der Du die anderen so weit hinter Dir gelassen hast, daß den Leuten beim Rühmen Deiner Taten eher der Atem ausging als Dir bei ruhmreichen Vollbringen. (*Caesar)

(W. Eisenhut – J. Lindauer)

HW 43196a

2604 **Sua munera mittit cum hamo.**
Er schickt seine Geschenke mit einem Angelhaken.

2605 **Sua quisque exempla debet aequo animo pati.**
Wer ein Vorbild gibt, ertrag auch Gleiches mit Geduld!

PHAEDRUS, FABULAE 1, 26, 12 (Fuchs und Storch), nach AESOP, FABULAE 34 Halm

(H. C. Schnur – E. Keller)

HW 30509

2606 **Sua quisque incommoda optime novit.**
Jeder kennt seine eigenen Schwächen am besten.
(Jeder weiß, wo ihn der Schuh drückt.)

HW 30509a

2607 **Sua regina regi placet, Iuno Iovi.**
Dem König gefällt seine Königin, dem Jupiter seine Juno.

vgl. PLAUTUS, STICHUS 133

PA. Placet ille meus mihi mendicus: *suos rex reginae placet.*
Idem animust in paupertate, qui olim in divitiis fuit.

PAMPHILA: Oh, mir gefällt mein Bettler, wie der Königin
Ihr König. Arm, bewahr ich noch den gleichen Sinn
Wie einst im Reichtum.

(W. Binder – W. Ludwig)

HW 30510

ERASMUS, ADAGIA in 1, 2, 16 (Suus rex reginae placet, sua cuique sponsa sponso.)

2608 **Suave est ex magno tollere acervo.**
Es ist doch ein behagliches Gefühl, so aus dem vollen schöpfen zu können.

HORAZ, SERMONES 1, 1, 51

At *suave* …

(W. Schöne – H. Färber)

HW 30520

2609 **Suave mari magno turbantibus aequore ventis**
e terra magnum alterius spectare laborem.
Angenehm ist's, bei stürmischer See und tobenden Stürmen vom sicheren Land aus zu sehn des anderen große Bedrängnis.

LUKREZ, DE RERUM NATURA 2, 1 f.

Suave mari magno turbantibus aequora ventis
e terra magnum alterius spectare laborem,
non quia vexari quemquamst iucunda voluptas,
sed quibus ipse malis careas quia cernere suave est.

Süß, wenn auf hohem Meer die Stürme die Wellen erregen,
ist es, des anderen mächtige Not vom Lande zu schauen,
nicht weil wohlige Wonne das ist, daß ein andrer sich abquält,
sondern zu merken, weil süß es ist, welcher Leiden du ledig.

(K. Büchner)

HW 30520a

2610 **Suavis est laborum praeteritorum memoria.**
Süß ist die Erinnerung an vergangenes Leid.

CICERO, DE FINIBUS 2, 105

Quid, si etiam *iucunda memoria est praeteritorum malorum?* Ut proverbia nonnulla veriora sint quam vestra dogmata. Vulgo enim dicitur: 'Iucundi acti labores', nec male Euripides – concludam, si potero, Latine; Graecum enim hunc versum nostis omnes –: *'Suavis laborum est praeteritorum memoria.'*

Außerdem, warum sollte die Erinnerung an verganges Übel nicht sogar angenehm sein? Da gibt es einige Sprichwörter, die wahrer sind als eure Dogmen: «Überstandene Mühen sind süß», und nicht schlecht erklärt Euripides – ich will versuchen, es auf Latein zu sagen; denn den griechischen Vers kennt ihr alle –: «Süß ist die Erinnerung an vergangene Mühen.»

(O. Gigon – L. Straume-Zimmermann)

EURIPIDES, ANDROMEDA, fr. 133 N.[2]

'Αλλ' ἡδύ τοι σωθέντα μεμνῆσθαι πόνων. (All' hedý toi sothénta memnêsthai pónon.)

HW 30520f

2611 **Suaviter in modo, fortiter in re!**
Angenehm in der Methode, aber hart in der Sache!

CLAUDIO ACQUAVIVA (1543–1615; seit 1581 5. Jesuitengeneral)

HW 30522

2612 **Sublata causa tollitur effectus.**
Mit der Ursache entfällt auch die Wirkung.

HW 30588b

2613 **Sublimi feriam sidera vertice.**
Mit erhabenem Scheitel werde ich die Sterne berühren. (Horaz über seinen Dichterruhm)

HORAZ, CARMINA 1, 1, 36

Quodsi me lyricis vatibus inseres,
sublimi feriam sidera vertice.

Ja, reihst du mich dem Kreis lyrischer Sänger ein,
O, dann trag ich das Haupt bis zu den Sternen hoch!

(Kayser – Nordenflycht – Burger – Färber)

2614 **Sub mellita re fel saepe solet latitare.**
Hinter einem honigsüßen Äußeren pflegt sich oft Galle zu verbergen.

HW 30540

2615 **sub omni canone**
unterhalb des Kanons liegend (d. h. unterhalb des Maßstabs, nach dem z. B. Schularbeiten bewertet werden)
Scherzhaft: unter aller Kanone

L. Röhrich III 800

2616 **Sub omni lapide scorpius dormit.**
Unter jedem Stein schläft ein Skorpion.

nach Macarius Hieromonachus 8, 69

Ὑπὸ παντὶ λίθῳ σκόρπιος. (Hypò pantì lítho skórpios.)

HW 30546a

Erasmus, Adagia 1, 4, 34

W. Binder 1688 (... excubat.)

2617 **sub sigillo silentii**
unter dem Siegel der Verschwiegenheit

HW 30560c

2618 **sub specie aeternitatis**
unter dem Blickwinkel der Ewigkeit

B. Spinoza (1632–1677), Ethik 5, 29 f.

... quatenus res *sub specie aeternitatis* concipit.

... sofern er (d. h. der Geist) die Dinge unter dem Blickwinkel der Ewigkeit begreift

2619 **sub voce**
(Abk.: s. v.)
Sieh nach unter dem Lemma ...!

2620 **Successore novo vincitur omnis amor.**
Jede Leidenschaft wird, folgt eine neue, besiegt.

Ovid, Remedia amoris 462

(N. Holzberg)

HW 30604

2621 **Successus ad perniciem multos devocat.**
Erfolg führt viele ins Verderben hin.

Phaedrus, Fabulae 3, 5, 1 (Äsop und der Unverschämte)

(H. C. Schnur – E. Keller)

HW 30605

2622 **Successus improborum plures allicit.**
Der Erfolg von Schurken lockt noch mehr an.

Phaedrus, Fabulae 2, 3, 7 (Äsop über den Erfolg des Bösen)

HW 30608; 43291

2623 **sudore et sanguine**
mit Schweiß und Blut

Ennius, Aiax (scaen. fr. 18 V.), zitiert bei Cicero, De officiis 1, 61

Itaque in probris maxime in promptu est, si quid tale dici potest:
'Vos enim iuvenes animum geritis muliebrem, illa virgo viri'
et si quid eiusmodi:
'Salmacida spolia sine *sudore et sanguine*'.

Daher ist bei Schmähungen am leichtesten zur Hand, wenn etwas Derartiges gesagt werden kann:
«Ihr jungen Männer habt den Sinn eines Weibes, jene Jungfrau den eines Mannes!»
und etwas dieser Art:
«Salmakidische Beute ohne Schweiß und Blut!»

(Salmakis: eine Quelle in Karien, die verweichlichend wirkte)

(O. Gigon)

2624 **sudorem timere**
den Schweiß fürchten
(vgl.: nicht gerne dicke Bretter bohren)

vgl. Seneca, Epistulae morales 31, 7

'Quid ergo?' inquis, 'labor frivolus et supervacuus et quem humiles causae evocaverunt, non est malus?' Non magis quam ille, qui pulchris rebus impenditur, quoniam animi est ipsa tolerantia, quae se ad dura et aspera hortatur ac dicit: 'Quid cessas? Non est viri *timere sudorem.*'

«Was also», sagst du, «Anstrengung, belanglose und überflüssige, die niedrige Anlässe hervorgerufen haben, ist nicht schlecht!» Nicht mehr als jene, die für schöne Dinge aufgewandt wird, da es ja gerade die Leidensfähigkeit der Seele ist, die sich zu Hartem und Rauhem auffordert und spricht: «Was zögerst du? Nicht ist es Mannesart, den Schweiß zu fürchten.»

(nach M. Rosenbach)

2625 **Sui amans sine rivali.**
Wer sich selbst liebt, hat keinen Rivalen zu fürchten.

Cicero, Ad Quintum fratrem 3, 6, 4 K.

Pompeius plane negat se velle; antea mihi ipse non negabat. Hirrus auctor fore videtur, o di, quam ineptus, quam *se ipse amans sine rivali!*

Pompeius versichert, er wolle auf keinen Fall; mir gegenüber hat er neulich nicht nein gesagt. Anscheinend soll Hirrus den Antrag einbringen – mein Gott, dieser Tropf, diese Eigenliebe ohne Nebenbuhler! (Oktober 54 v. Chr.)

(H. Kasten)

vgl. Horaz, De arte poetica 444

Erasmus, Adagia 2, 1, 17 (sine rivale diligere)

2626 **Sui cuique mores fingunt fortunam.**
Der eigene Charakter formt einem jeden das Schicksal.

CORNELIUS NEPOS, VITA ATTICI 11, 6

Itaque hic fecit, ut vere dictum videatur: *Sui cuique mores fingunt fortunam hominibus.*

So machte er die Sentenz wahr: «Des Menschen eignes Wesen bildet sein Geschick.»

(H. Färber)

vgl. HERAKLIT, fr. 22 B 119 D.-K.:

Ἦθος ἀνθρώπῳ δαίμων. (Êthos anthrópo daímon.)

HW 43307b

ERASMUS, ADAGIA 2, 4, 40

2627 **sui generis**
von eigner Art, besonders

z. B. PLINIUS MAIOR, NATURALIS HISTORIA 23, 134

Mora, in Aegypto et Cypro *sui generis,* ut diximus, largo suco abundant summo cortice desquamato.

Die Maulbeerbäume, in Ägypten und Zypern, wie wir gesagt haben, von besonderer Art, triefen von reichlichem Saft, wenn man die äußerste Rinde abschabt.

(R. König – J. Hopp)

2628 **sui iuris**
selbständig

z. B. ULPIANUS, AD SABINUM 23 (DIGESTA 32, 50, 4)

Sic autem haec scriptura varia est et voluntatis habet quaestionem, ut illa quoque, si quis ita scripserit 'cum *sui iuris* fuerit factus'; nam aliter alias accipiatur: et plerumque potestatis liberationem continet, plerumque pubertatem vel vicesimum quintum annum.

So aber ist diese Schreibweise nicht eindeutig, und es stellt sich die Frage nach der Willensmeinung, wie auch bei jener, wenn einer so formuliert hat: «wenn er für selbständig erklärt sein wird», denn ein andermal würde es anders verstanden: und meistens enthält diese Formulierung die Befreiung von der väterlichen Gewalt oder sie nennt den Eintritt der Volljährigkeit oder das 25. Lebensjahr.

2629 **Suis fortuna cuique fingitur moribus.**
Durch den eigenen Charakter bestimmt sich eines jeden Schicksal.

CICERO, PARADOXA STOICORUM 5, 1, 34

Cui quidem etiam, quae vim habere maximam dicitur, *Fortuna* ipsa cedit, si, ut sapiens poeta dixit, '*suis ea cuique fingitur moribus*'.

Einem solchen Manne weicht sogar die Macht, die den größten Einfluß haben soll, das Schicksal, wenn es so ist, wie ein weiser Dichter gesagt hat: «Durch den eigenen Charakter bestimmt sich für einen jeden das Schicksal.»

vgl. CORNELIUS NEPOS, VITA ATTICI 11, 6

HW 30628a; vgl. 43307d (... finguntur ...)

2630 **sui similem esse**
sich selbst treu bleiben

Cicero, In C. Verrem II 5, 55

Numquam in Sicilia frumentum publice est emptum, quin Mamertinis pro portione imperaretur, antequam hoc delectum praeclarumque consilium is dedit, ut ab his nummos acciperet ac sui similis esset.

Nie wurde in Sizilien von Staats wegen Getreide eingekauft, ohne daß man den Mamertinern eine den Verhältnissen entsprechende Lieferung auferlegt hätte – bevor Verres diesen auserlesenen und glänzenden Rat einsetzte, um von den Mamertinern Geld zu erhalten und sich selber treu zu bleiben.

(M. Fuhrmann)

vgl. auch Tacitus, Germania 4 (... tantum sui similem gentem exstitisse ...)

2631 **Sum apud te primus.**
Ich bin bei dir der Erste.
(d. h.: Ich bin bei dir Hahn im Korb)

Terenz, Eunuchus 90

Th. Quid taces?
Ph. Sane quia vero haec mihi patent semper fores
aut quia *sum apud te primus.* Th. Missa istaec face!

Thais: Du schweigst?
Phaedria: Natürlich, weil die Türe mir stets offensteht
Und ich bei dir die erste Rolle spiele. Thais: Ach, still davon!

(J. J. C. Donner)

2632 **Sumere fraus novit, quod numquam reddere possit.**
Ein Betrüger versteht anzunehmen, was er niemals zurückgeben kann.

HW 30645b

2633 **Sumitis a vetitis, sitit is, sitit Eva, sitimus.**
Ihr nehmt vom Verbotenen; es dürstet er danach, es dürstet auch Eva, und auch wir dürsten. (Palindrom)

HW 43313a

B. Sepp, Varia, S. 28, Fn. 3

2634 **Summa bona putas aliena vivere quadra.**
Du hältst es für das Bequemste, auf Kosten anderer zu leben.

Juvenal, Saturae 5, 2

Si te propositi nondum pudet atque eadem est mens,
ut *bona summa putes aliena vivere quadra* ...,
quamvis iurato metuam tibi credere testi.

Wenn dich dein Vorsatz noch nicht reut und dein Sinn noch derselbe,
daß du meinst, am bequemsten lebe es sich vom fremden Tische ...,
hätte ich doch Bedenken, dir, und hättest du auch geschworen, als Zeugen zu glauben.

2635 **Summae opes inopia cupiditatum.**
Größter Reichtum ist der Mangel an Begierden.

2636 **Summa perfectio attingi non potest.**
Höchste Vollkommenheit läßt sich nicht erreichen.

vgl. Cicero, Brutus 137

Est enim propositum colligere eos, qui hoc munere in civitate functi sint, ut tenerent oratorum locum; quorum quidem quae fuerit ascensio et quam in omnibus rebus *difficilis optumi perfectio* atque absolutio, ex eo, quod dicam, existumari potest.

Ist es doch meine Absicht, alle diejenigen hier zusammenzustellen, die es sich zur Aufgabe gemacht haben, im öffentlichen Leben den Platz eines Redners einzunehmen. Welch allmählicher Aufstieg dabei nötig war und wie schwierig in jeder Kunst das Erreichen des Vollkommenen ist, das mag man ersehen aus dem, was ich noch sagen will.

(B. Kytzler)

2637 **Summa sedes non capit duos.**
Der oberste Sitz ist nicht für zwei.

HW 30668a

2638 **summa summarum**
alles in allem

Plautus, Truculentus 25

Di. Non omnis aetas ad perdiscendum sat est
amanti, dum id perdiscat, quot pereat modis,
neque eam rationem eapse umquam educet Venus,
quam penes amantum *summa summarum* redit,
quot amans exemplis ludificetur...

Diniarchus: Lernt ein Verliebter auch sein ganzes Leben durch,
Nie kriegt er doch heraus, auf wieviel Arten ihm
Der Untergang bereitet wird. Ja, Venus selbst,
Die doch in allen Liebessachen oberste
Gebieterin ist, wär außerstande, Auskunft ihm
zu geben, wie so oft man den Verliebten foppt...

(W. Binder – W. Ludwig)

Plinius, Naturalis Historia 7, 99

HW 30668b; 43330

2639 **Summum ius summa iniuria.**
Das höchste (d. h. das auf die Spitze getriebene) Recht ist das höchste Unrecht.

TERENZ, HEAUTONTIMORUMENOS 795–796 (... summast malitia.)

CICERO, DE OFFICIIS 1, 33

Exsistunt etiam saepe iniuriae calumnia quadam et nimis callida, sed malitiosa iuris interpretatione. Ex quo illud, '*summum ius summa iniuria*' factum est iam tritum sermone proverbium.

Häufig entstehen auch Ungerechtigkeiten durch Verdrehung und eine allzu scharfsinnige, aber böswillige Rechtsauslegung. Hieraus ist jenes Wort «das strengste Recht ist das schlimmste Unrecht» zum schon im Gerede abgebrauchten Sprichwort geworden.

(O. Gigon)

COLUMELLA, DE RE RUSTICA 1, 7, 2

HW 30677; vgl. 30676 (... summa crux.)

ERASMUS, ADAGIA 1, 10, 25

D. Liebs, S 79

2640 **Sum, quod eris; fui, quod es.**
Ich bin, was du sein wirst; ich war, was du bist. (GRABINSCHRIFT)

vgl. HW 30636:

Sum, quod eris; plora!
Quod es, ipse *fui;* precor ora,
ut mihi sit requies
fine tremenda dies.

Ich bin, was du sein wirst; weine!
Was du bist, bin ich selbst gewesen. Bete, bitte,
daß für mich Ruhe bedeute
der schreckliche Tag am Ende.

HW 43312a 1 (Sum, quod eram, sum quod non eram, nunc dicor utrumque.)

2641 **Sunt bona mixta malis, sunt mala mixta bonis.**
Gutes ist mit Schlechtem, Schlechtes mit Gutem durchmischt.

HW 30705

2642 **Sunt certi denique fines.**
Es gibt schließlich bestimmte Grenzen.

HORAZ, SERMONES 1, 1, 106

Est modus in rebus, *sunt certi denique fines,*
Quos ultra citraque nequit consistere rectum.

Es gibt ein rechtes Maß in allen Dingen; kurz, feste Schranken sind gezogen, und diesseits wie jenseits liegt das Unhaltbare.

(W. Schöne – H. Färber)

HW 43369a

2643 **Sunt Iovis omnia plena.**
Alles ist Gottes voll.

VERGIL, BUCOLICA 3, 60

Ab Iove principium musae; *Iovis omnia plena;*
ille colit terras, illi mea carmina curae.

Jupiter sei des Liedes Beginn! Er füllt ja das Weltall.
Er behütet die Lande, er liebt auch hier meine Lieder.

(J. Götte)

2644 **Sunt lacrimae rerum.**
Tränen rinnen dem Leid.

VERGIL, AENEIS 1, 462

En Priamus. Sunt hic etiam sua praemia laudi,
sunt lacrimae rerum et mentem mortalia tangunt.
Solve metus; feret haec aliquam tibi fama salutem.

Priamus dort! Auch hier wird wahrer Lohn dem Verdienste,
Tränen rinnen dem Leid, ans Herz rührt sterbliches Dasein.
Banne die Furcht; dir bringt dieser Ruhm noch irgendwie Rettung. (Aeneas bei Betrachtung eines Tempelfrieses)

(J. Götte)

HW 30754

2645 **Sunt laqueus Veneris vox et visus mulieris.**
Fallstrick der Venus sind Stimme und Blick eines weiblichen Wesens.

HW 30755

vgl. ERASMUS, ADAGIA 1, 2, 79 (Ex aspectu nascitur amor.)

2646 **Sunt pueri pueri, pueri puerilia tractant.**
Kinder sind Kinder, und Kinder treiben Kindgemäßes.

nach PAULUS, 1 KOR 13,11

Cum essem parvulus, loquebar ut *parvulus,* sapiebam ut *parvulus,* cogitabam ut *parvulus.* Quando autem factus sum vir, evacuavi, quae erant *parvuli*...

Als ich ein Kind war, redete ich wie ein Kind, fühlte ich wie ein Kind, dachte ich wie ein Kind. Als ich aber zum Mann wurde, legte ich ab, was Kinderart war...

HW 30797b; vgl. 30798; 30799; 43400a

2647 **Sunt superis sua iura.**
Die Götter haben ihr eigenes Recht.

OVID, METAMORPHOSES 9, 500

Sunt superis sua iura! Quid ad caelestia ritus
exigere humanos diversaque foedera tempto?

Ihre Gesetze haben die Götter! Wie darf ich der Menschen
Bräuche zum Himmel und dessen ganz anderen Bräuchen erheben?

(E. Rösch)

2648 **Sunt verba et voces.**
Es sind nur Worte und Stimmen.

Horaz, Epistulae 1, 1, 34

Fervet avaritia miseroque cupidine pectus:
sunt verba et voces, quibus hunc lenire dolorem
possis et magnam morbi deponere partem.

Es fiebert das Herz voll Habsucht und quälender Gier:
hier ist ein Zuspruch, eine Zauberformel; damit kannst du solchen Schmerz
dir lindern und viele Plagen der Krankheit von dir tun.

(W. Schöne – H. Färber)

HW 30854 (... praetereaque nihil.)

2649 **suo anno**
in «seinem» Jahr
(d. h.: zum üblichen Zeitpunkt z. B. Konsul werden)

2650 **suo Marte**
aus eigener Kraft, auf eigenes Risiko
(Mars ist der Kriegsgott; als Metapher bedeutet «Mars» auch «Kraft», «Energie», «Risikofreude».)

z. B. Cicero, Orationes Philippicae 2, 95

Rex enim (Deiotarus) ipse sua sponte nullis commentariis Caesaris, simul atque audivit eius interitum, *suo Marte* res reciperavit. Sciebat homo sapiens ius semper hoc fuisse, ut, quae tyranni eripuissent, ea tyrannis interfectis ii, quibus erepta essent, reciperarent.

Der König selbst hat nämlich von sich aus, ohne irgendwelche Aufzeichnungen Caesars abzuwarten, sobald er von dessen Ende hörte, auf eigene Verantwortung sein Eigentum zurückgeholt. Der kluge Mann wußte ja, was seit jeher Rechtens ist: daß alles, was Tyrannen geraubt haben, den Beraubten nach dem Tode der Tyrannen wieder zufalle.

(M. Fuhrmann)

2651 **suo se modulo ac pede metiri**
sich nach seinem eigenen Maß und Fuß messen

Horaz, Epistulae 1, 7, 98

Qui semel adspexit, quantum dimissa petitis
praestant, mature redeat repetatque relicta.
Metiri se quemque suo modulo ac pede verum est.

Wer einmal mit Augen sah, wie das Weggegebene so viel besser war als das
Herbeigewünschte, der kehre beizeiten um, zurück zu dem, was er verließ!
Ein jeder messe sich nach seinem eigenen Maß und Fuß: das ist allein das Richtige.

(W. Schöne – H. Färber)

Erasmus, Adagia 1, 6, 89 (Tuo te pede metire!)

2652 **Superflua non nocent.**
Überflüssiges schadet nicht.
(vgl.: Lieber zu viel als zu wenig!)

CODEX IUSTINIANUS 6, 23, 27

HW 30 859f

D. Liebs, S 84

2653 **Surdas iamdudum aures pulso.**
Schon lange rede ich zu tauben Ohren.
(vgl.: tauben Ohren predigen)

CURTIUS RUFUS, HISTORIA ALEXANDRI MAGNI 9, 2, 30

Ubi est ille clamor, alacritatis vestrae index? Ubi ille meorum Macedonum vultus? Non agnosco vos, milites, nec agnosci videor a vobis. *Surdas iam dudum aures pulso,* aversos animos et infractos excitare conor.

Wo ist euer lauter Beifall, der Künder eures feurigen Mutes? Wo ist das alte Antlitz meiner Makedonen? Ich kenne euch nicht wieder, Soldaten, und ihr scheint mich nicht zu kennen! Schon längst treffen meine Worte auf taube Ohren; mir entfremdete, gebrochene Herzen versuche ich zu entflammen! (Alexander vor seinen Soldaten)

(H. Schönfeld)

2654 **surdis auribus dicere**
tauben Ohren predigen

LIVIUS, AB URBE CONDITA 3, 70, 7

Nec fugare equitem integrum satis esse: conficerent equos virosque, ne quis reveheretur inde ad proelium aut integraret pugnam; non posse illos resistere sibi, quibus conferta peditum acies cessisset. Haud *surdis auribus dicta.*

Es sei nicht genug, wenn sie die Reiter unverletzt in die Flucht schlügen. Sie sollten Roß und Reiter niederstoßen, daß keiner von dort in die Schlacht zurückkehren und den Kampf wiederaufnehmen könne. Unmöglich könnten jene ihnen standhalten, wo vor ihnen sogar die dichtgedrängte Schlachtreihe des Fußvolks habe weichen müssen. Das ließen sie sich nicht zweimal sagen. (446 v. Chr.)

(H. J. Hillen)

vgl. VERGIL, BUCOLICA 10, 8: Non canimus *surdis.*

vgl. HW 30874d (... canere.)

vgl. ERASMUS, ADAGIA 1, 4, 87 (Surdo canis.)

2655 **Surdo fabulam narras.**
Du erzählst deine Geschichte einem Tauben.

TERENZ, HEAUTONTIMORUMENOS 222

CL. Perii! Is mi, ubi adbibit plus paulo, sua quae narrat facinora!
Nunc ait 'Periclum ex aliis facito tibi, quod ex usu siet':
Astutus. Ne ille haud scit, quam mihi nunc *surdo narret fabulam.*

CLITIPHO: Zum Henker! Was erzählt er nicht von sich für Streiche, wann er sich
Bezecht! Jetzt heißt es: spiegle dich an anderen, dadurch werde klug!
Gar schlau! Er weiß noch nicht, wie taub ich jetzt für seine Lehren bin.

(J. J. C. Donner)

HW 30876 (... narras fabulam.); vgl. 44459a (Surdo canis...)

vgl. ERASMUS, ADAGIA 1, 4, 87 (Surdo canis.)

2656 **Sus Minervam.**
Ein Schwein will Minerva belehren.

Cicero, Academici libri posteriores 1, 18

Sed quid ago? inquit: aut summe sanus, qui haec vos doceo? nam etsi non *sus Minervam*, ut aiunt; tamen inepte, quisquis Minervam docet.

Doch was treibe ich? sagte er: oder bin ich eigentlich gesund, der ich euch das lehre? Denn wenn es auch nicht gerade das Schwein ist, das hier Minerva belehren will, wie man sagt, so handelt doch unpassend, wer immer Minerva belehren will.

vgl. Cicero, De natura deorum 2, 233; Ad familiares 9, 17, 3

HW 30912a; 43465

Erasmus, Adagia 1, 1, 40

2657 **Suspiciones maiorem pariunt calumniam quam ipsa facta.**
Verdächtigungen erzeugen größere Schaden als die eigentlichen Tatsachen.

J. Albinus, S. 64

2658 **Sustine et abstine!**
Halte durch und halte dich fern!
(vgl.: Leide und meide!)

Epiktet bei Gellius, Noctes Atticae 17, 19, 6

Praeterea idem ille Epictetus, quod ex eodem Favorino audivimus, solitus dicere est duo esse vitia multo omnium gravissima ac taeterrima, intolerantiam et incontinentiam ... 'Itaque', inquit, 'si quis haec duo verba cordi habeat ..., is erit pleraque inpeccabilis vitamque vivet tranquilissimam.' Verba haec duo dicebat: 'Ανέχου καὶ ἀπέχου. (Anéchu kaì apéchu!)

Außerdem pflegte eben dieser Epictet, wie wir von demselben Favorin erfuhren, zu behaupten, daß es (besonders) zwei Laster gebe, welche unter allen die unerträglichsten und häßlichsten wären, nämlich Unduldsamkeit und Unenthaltsamkeit ... Wenn sich daher nur Einer folgende zwei Worte ins Herz schreiben ... will, der wird größtenteils fehlerfrei bleiben und sein Leben in ungetrübtester Ruhe verleben. Diese beiden Worte seien, wie er sagte: «Leide und meide!»

(F. Weiss)

HW 30937a

Erasmus, Adagia 2, 7, 13

2659 **Sustine paulum: venit ecce mors, quae vos pares faciat.**
Wart' ein Weilchen! Schau, da kommt der Tod, der macht euch gleich!

Seneca, De Ira 3, 43

(G. Fink)

2660 Suum cuique!

Jedem das Seine!

Cicero, De Officiis 1, 15

Institutiones 1, 1, 3

Iuris praecepta haec sunt: honeste vivere, alterum non laedere, *suum cuique* tribuere.

Die Vorschriften des Rechts sind die folgenden: In Ehren leben, den Nächsten nicht schädigen, jedem das Seine geben.

vgl. Cato Maior, fr. 283 Sch., zitiert bei Gellius, Noctes Atticae 13, 24, 1

HW 30942a (2)

D. Liebs, S 89

2661 Suum cuique pulchrum.

Jedem erscheint das Seine schön.

Cicero, Tusculanae disputationes 5, 63

... poetam etiam tragicum (quam bonum, nihil ad rem; in hoc enim genere nescio quo pacto magis quam in aliis *suum cuique pulchrum* est. Adhuc neminem cognovi poetam – et mihi fuit cum Aquinio amicitia –, qui sibi non optimus videretur. Sic se res habet: te tua, me delectant mea) ...

(Er war) sogar ein tragischer Dichter (ob ein guter, tut hier nichts zur Sache. Denn in dieser Gattung gefällt einem jeden mehr als anderswo aus irgendeiner Ursache das Eigene besser als das Fremde; ich habe bis jetzt noch keinen Dichter kennengelernt – und ich war doch mit Aquinius befreundet –, der sich nicht selbst für den besten Dichter gehalten hätte. So ist es eben: dir gefällt das Deine, mir das Meine).

(O. Gigon)

HW 30942b; vgl. 43490 (... perpulchrum.)

Erasmus, Adagia 1, 2, 15

2662 Suus cuique mos.

Jeder hat seine eigene Sitte.

(vgl.: Jedem Narren gefällt seine Kappe.)

HW 30944d:

Suus cuique mos, suus cuique ritus est.

Jeder hat seine eigene Sitte, jeder seinen eigenen Brauch.

T

2663 **tabula rasa**

ein unbeschriebenes Blatt; reinen Tisch (machen)
(eigtl.: eine Wachstafel, die wieder glattgestrichen wurde)

Ps.-Aristoteles, De Anima III 4. 430a;

s. auch Platon, Theaitetos 197d 4–5; 200 c 1

Albertus Magnus (1200–1280), De anima 3, 2, 17

2664 **Tacent: satis laudant.**

Sie schweigen: das ist Lob genug.

Terenz, Eunuchus 476

Pa. Quid ais, Gnatho?
num quid habes, quod contemnas? quid tu autem, Thraso?
tacent: satis laudant.

Parmeno: Ei, Gnatho, was sagst du dazu?
Nun? Hast du was zu tadeln? Oder, Thraso, du?
Sie schweigen: Lob's genug!

(J. J. C. Donner)

HW 30952c

2665 **Tacitae magis et occultae inimicitiae timendae sunt quam indictae et apertae.**

Vor stillen und geheimen Feindschaften muß man sich mehr fürchten als vor erklärten und offenen.

Cicero, In C. Verrem II 5, 182

(M. Fuhrmann)

2666 **taciturnior statua**
stummer als eine Statue
(vgl.: stumm wie ein Fisch)

HORAZ, EPISTULAE 2, 2, 83

Ingenium, sibi quod vacuas desumpsit Athenas
et studiis annos septem dedit insenuitque
libris et curis, *statua taciturnius* exit
plerumque et risu populum quatit...

Ein stiller Geist hat sich das einsame Athen erkoren und der Gedankenarbeit sieben Jahre gewidmet. Das Haupt ist ergraut über dem Lesen und Grübeln; stummer als ein Standbild geht er zumeist auf die Straße; das Volk kann sich des Lachens nicht erwehren...

(W. Schöne – H. Färber)

vgl. HW 30957a (taciturnior Pythagoreis)

ERASMUS, ADAGIA 4, 3, 99 (statua taciturnior)

2667 **taedium vitae**
Lebensüberdruß

OVID, METAMORPHOSES 10, 482

Tum nescia voti
atque inter mortisque metus et taedia vitae
est talis complexa preces:...

Was sie* bitte, im Zweifel,
formt, zwischen Todesfurcht und Lebensüberdruß schwankend,
dieses Gebet sie:... (*Myrrha)

(E. Rösch)

vgl. HW 30970a:

Taedio vitae properare ad Orci iter stultissimum est.

Aus Lebensüberdruß den Weg zum Orcus zu beschleunigen ist sehr töricht.

2668 **Talis hominibus oratio qualis vita.**
Der Menschen Rede ist so wie ihr Lebenswandel.

SENECA, EPISTULAE MORALES 114, 1

Hoc, quod audire vulgo soles, quod apud Graecos in proverbium cessit: *Talis hominibus* fuit *oratio qualis vita.*

Die Antwort kannst du überall hören, bei den Griechen ist sie zum Sprichwort geworden: So sprechen die Menschen, wie sie leben.

(M. Rosenbach)

SOLON bei DIOGENES LAERTIUS 1, 58

vgl. SOKRATES bei CICERO, TUSCULANAE DISPUTATIONES 5, 47

HW 43519a (... hominum ...)

2669 **Tam deest avaro, quod habet, quam quod non habet.**
Ob es der Geizige hat, ob nicht: es fehlt ihm.

PUBLILIUS SYRUS, SENTENTIAE T 3

(H. Beckby)

vgl. QUINTILIAN, INSTITUTIO ORATORIA 8, 5, 6

HW 31007

2670 **Tamdiu discendum est, quamdiu nescias: si proverbio credimus: quamdiu vivas.**
Man muß lernen, solange man unwissend ist;
wenn wir dem Sprichwort glauben: solange man lebt.

SENECA, EPISTULAE MORALES 76, 3

(nach M. Rosenbach)

vgl. HW 31007 b–e; 31029

W. Binder 1714 (..., quam diu vivas.)

2671 **Tamen aliquid dici videtur.**
Dennoch hat man den Eindruck, es werde immerhin etwas gesagt.

CICERO, IN C. VERREM II 2, 101

Postremo (Verres) illo desperatissimo perfugio uti posset, se imprudentem fecisse, existimasse id licere.
quamquam haec perditissima defensio est, *tamen aliquid dici vide*retur.

Schließlich könnte er auf den ganz verzweifelten Ausweg verfallen, er habe es aus Unwissenheit getan, habe geglaubt, es sei gestattet.
Gewiß, diese Entschuldigung wäre ganz hoffnungslos; gleichwohl hätte man den Eindruck, es würde doch immerhin etwas gesagt.

(M. Fuhrmann)

2672 **Tamen est laudanda voluntas.**
Der gute Wille ist dennoch zu loben.

OVID, EPISTULAE EX PONTO 3, 4, 79

Ut desint vires, *tamen est laudanda voluntas:*
hac ego contentos auguror esse deos.

Wenn es an Kräften gebricht, so ist doch der Wille zu loben:
so – das verkünde ich – wird Göttern Genüge getan.

(W. Willige)

2673 **Tam felix utinam quam pectore candidus essem!**
O wäre ich doch so glücklich, wie ich reinen Herzens bin!

OVID, EPISTULAE EX PONTO 4, 14, 43

Tam felix utinam quam pectore candidus essem!
Exstat adhuc nemo saucius ore meo.

Wenn ich doch so glücklich wäre, wie rein von Gewissen!
Niemanden hab' ich bisher durch meine Worte verletzt.

(W. Willige)

2674 **Tamquam truncus stipesque stat.**
Er steht da wie ein Klotz und ein Baumstumpf.

CICERO, IN L. CALPURNIUM PISONEM 19

Consulem ego tum requirebam, consulem, inquam, non illum quidem, quem in hoc maiali invenire non possem, qui tantam rei publicae causam gravitate et consilio suo tueretur, sed qui, *tamquam truncus atque stipes*, si *stetisset* modo, posset sustinere tamen titulum consulatus.

Den Konsul suchte ich damals, den Konsul, sage ich – nicht einen, wie ich ihn in diesem Ochsen nie hätte finden können: imstande, mit Festigkeit und Umsicht ein so wichtiges Stück Politik durchzufechten, sondern wenigstens einen, der als eine Art Klotz oder Pfahl, wenn er nur nicht umgefallen wäre, wenigstens die Aufschrift ‹Konsul› zu tragen vermocht hätte.

(M. Fuhrmann)

2675 **tam similis ei quam ovo ovum**
ihm so ähnlich wie ein Ei dem andern

SENECA, APOCOLOCYNTOSIS 11, 5

Quando quidem divus Claudius occidit socerum suum Appium Silanum, generos duos Magnum Pompeium et L. Silanum, socerum filiae suae Crassum Frugi, hominem *tam similem sibi quam ovo ovum*, Scriboniam socrum filiae suae ...: placet mihi in eum severe animadverti ...

Sintemal der göttliche Claudius ums Leben brachte seinen Schwiegervater Appius Silanus, seine beiden Schwiegersöhne Magnus Pompeius und Lucius Silanus, seiner Tochter Schwiegervater Crassus Frugi – einen Menschen, ihm so ähnlich wie ein Ei dem andern –, Scribonia, die Schwiegermutter seiner Tochter ...: so stelle ich den Antrag, gegen ihn aufs strengste einzuschreiten ...

(W. Schöne)

HW 43608a (... similis sibi ...)

vgl. ERASMUS, ADAGIA 1, 5, 10 (Ovum ovo simile.)

2676 **Tandem bona causa triumphat.**
Endlich triumphiert die gute Sache.

HW 31033; 43612a

2677 **Tantae molis erat Romanam condere gentem.**
Also mühevoll war's, das römische Volk zu begründen.
(Vergil blickt zu Beginn seines Epos «Aeneis» auf das Resultat voraus: Rom, das neue Troja.)

VERGIL, AENEIS 1, 33

(J. Götte)

2678 **Tantaene animis caelestibus irae?**
Kann so die Gottheit grollen und zürnen?

VERGIL, AENEIS 1, 11

(J. Götte)

2679 **Tanta faex est in urbe.**
So viel Hefe ist in der Stadt.

Cicero, Ad Familiares 7, 32, 2 K.

Sed quoniam *tanta faex est in urbe*, ut nihil tam sit ἀκύθηρον (akýtheron), quod non alicui venustum esse videatur, pugna, si me amas, nisi acuta ἀμφιβολία (amphibolía), nisi elegans ὑπερβολή (hyperbolé), nisi παράγραμμα (parágramma), nisi ridiculum παρὰ προσδοκίαν (parà prosdokían), nisi cetera, quae sunt a me in secundo libro 'de oratore' per Antoni personam disputata de ridiculis, ἔντεχνα (éntechna) et arguta apparebunt, ut sacramento contendas mea non esse.

Aber es ist nun einmal so viel Hefe in der Stadt; nichts ist so häßlich, daß es nicht irgend jemandem hübsch erschiene. Darum streite für mich, und wenn es keine witzige Zweideutigkeit, keine geistvolle Überspitzung, kein hübsches Wortspiel, kein unerwarteter Witz ist, wenn nicht alles, was ich im zweiten Buche «De oratore» Antonius über den Witz sagen lasse, in kunstgemäßer, geistreicher Form, dann kannst Du unter Eid behaupten, daß es nicht von mir stammt.
(an L. Volumnius, 51/50 v. Chr.)

(H. Kasten)

2680 **Tanti eris aliis, quanti tibi fueris.**
Du wirst anderen so viel wert sein, wie du dir selbst wert bist.

vgl. Cicero, De amicitia 56

Constituendi autem sunt, qui sint in amicitia fines et quasi termini diligendi, de quibus tres video sententias ferri, quarum nullam probo: ... tertiam, ut, *quanti quisque se ipse facit, tanti fiat ab amicis.* Harum trium sententiarum nulli prorsus adsentior.

Es gilt nun genau zu bestimmen, welche Grenzen und gewissermaßen Marksteine der Liebe in der Freundschaft gelten. Darüber gibt es, wie ich weiß, drei Auffassungen, von denen ich jedoch keine gutheißen kann: ... die dritte (besagt), daß jeder von den Freunden so hoch geschätzt werden soll, wie er sich selbst einschätzt. Von diesen drei Ansichten kann ich durchaus keiner beipflichten.

(M. Faltner)

HW 31046

2681 **Tantummodo incepto opus est, cetera res expediet.**
Man braucht nur anzufangen, das übrige wird sich von selbst erledigen.

Sallust, Coniuratio Catilinae 20, 10

(W. Eisenhut – J. Lindauer)

2682 **Tantum religio potuit suadere malorum.**
Soviel Unheil hat der Aberglaube anzuraten vermocht.

Lukrez, De rerum natura 1, 101

HW 31057b

2683 **Tarde beneficere nolle est; vel tarde velle nolentis est.**
Zögernd wohltun bedeutet nicht wollen; selbst zögernd wollen heißt nicht wollen.

vgl. SENECA, DE BENEFICIIS 1, 1, 8

Eodem animo beneficium debetur, quo datur, et ideo non est neglegenter dandum: sibi enim quisque debet, quod a nesciente accepit; ne tarde quidem, quia cum omni in officio magni aestimetur dantis voluntas, *qui tarde fecit, diu noluit;* utique non contumeliose ...

In derselben Gesinnung wird eine Wohltat geschuldet, wie sie erwiesen wird, und deswegen darf man sie nicht gedankenlos erweisen: sich schuldet nämlich ein jeder, was er von einem Menschen ohne dessen Wissen erhalten hat; auch nicht langsam, denn – da ja doch bei jeder Gelegenheit der Wille des Gebenden hoch gewertet wird – wer langsam gegeben hat, wollte lange nicht geben ...

(nach M. Rosenbach)

2684 **Taurum tollet, qui vitulum sustulerit.**
Einen Stier wird heben, wer das Stierkalb heben konnte.

PETRON, SATYRICA 25, 6

Et subinde prodeuntibus annis maioribus me pueris applicui, donec ad aetatem perveni. Hinc etiam puto proverbium natum illud, *posse taurum tollere, qui vitulum sustulerit.*

... und habe dann mit vorrückenden Jahren immer größere Buben bei mir gehabt, bis meine Zeit da war. Daher stammt, glaube ich, auch das bekannte Sprichwort: «Man kann den Stier stemmen, wenn man das Kalb getragen hat.»

(K. Müller – W. Ehlers)

HW 43650a1; vgl. 31081d (Taurum tollit, ...)

ERASMUS, ADAGIA 1, 2, 51

2685 **tecto latere abscedere**
mit gedeckter Flanke abziehen
(d. h.: mit heiler Haut davonkommen)

TERENZ, HEAUTONTIMORUMENOS 672

SY. Nam quod de argento sperem aut posse postulem me fallere,
nil est: triumpho, si licet me *latere tecto abscedere.*
Crucior bolum mihi tantum ereptum tam desubito e faucibus.

SYRUS: Denn meine Hoffnung auf das Geld, mein Wunsch, ihn anzuführen,
Umsonst; ich juble, wenn ich nur mit heiler Haut entwischen kann.
Daß solch ein fetter Bissen mir vom Munde weggerissen wird,
Das schmerzt.

(J. J. C. Donner)

2686 **Te ipsum cura, medice!**
Heile dich selbst, Arzt!

HW 31105b

2687 **tela, quae ab alio clam subministrantur, palam in aliquem iacere**

Geschosse, die von einem anderen heimlich geliefert werden, auf jemanden offen abschießen

CICERO, PRO M. CAELIO 20

Sed totum genus oppugnationis huius, iudices, et iam prospicitis animis, et cum inferetur, propulsare debebitis. Non enim ab iisdem accusatur M. Caelius, a quibus oppugnatur. *Palam in eum tela iaciuntur, clam subministrantur.*

Doch ihr seht ja schon voraus, ihr Richter, was es mit all diesen Anwürfen auf sich hat, und ihr werdet sie, sobald man sie vorbringt, unbedingt ablehnen. Die Ankläger des M. Caelius sind ja nicht mit denen identisch, die ihn bekämpfen: Die Geschosse, die man offen gegen ihn abschleudert, werden insgeheim geschmiedet.

(M. Fuhrmann)

2688 **Tempora labuntur tacitisque senescimus annis**
et fugiunt freno non remorante dies.

Eilig schwindet die Zeit, unmerklich nahen die Jahre des Alters,
und die Tage, sie flieh'n, da doch kein Zügel sie hemmt.

OVID, FASTI 6, 771 f.

HW 31201

2689 **Tempora mutantur et nos mutamur in illis.**

Die Zeiten ändern sich, und wir ändern uns mit ihnen.

Kaiser LOTHAR I. (795–855)

Omnia *mutantur, nos et mutamur*...

HW 31206

2690 **Tempora si fuerint nubila, solus eris.**

Wenn die Zeiten wolkenverhangen sind, wirst du allein sein.

OVID, TRISTIA 1, 9, 6

Donec eris sospes, multos numerabis amicos:
tempora si fuerint nubila, solus eris.

Während du glücklich bist, erfreust du dich vieler Gefährten;
wird der Himmel jedoch trübe, so bist du allein.

(W. Willige)

HW 31216

2691 temporibus servire
sich der Lage anbequemen

CICERO, IN C. VERREM II 3, 199

Imponitis decumas: patiuntur, alteras: *temporibus* vestris *serviendum* putant; dent emptum praeterea: dabunt, si voletis.

Ihr bürdet ihnen den Zehnten auf; sie nehmen es hin. Und einen zweiten; sie glauben, sich eurer Lage anbequemen zu müssen. Außerdem noch Kaufgetreide: sie werden es liefern, wenn ihr wollt.

(M. Fuhrmann)

LAUS PISONIS 155 (PLM I 231): Temporibus servire decet.

vgl. HW 31276 (... decet.); 43708: (Temporibus solent servire res, non rebus tempora.)

ERASMUS, ADAGIA in 1, 1, 91 (servire tempori)

2692 Tempori cedere semper sapientis est habitum.
Den Zeitumständen zu weichen hat immer als Zeichen der Weisheit gegolten.

CICERO, AD FAMILIARES 4, 9, 2 K.

At tibi ipsi dicendum erit aliquid, quod non sentias, aut faciendum, quod non probes. Primum *tempori cedere,* id est necessitati parere, *semper sapientis est habitum;* deinde non habet, ut nunc quidem est, id vitii res.

Gewiß, Du wirst einiges sagen müssen, was Deiner wahren Meinung widerspricht, oder tun, was Du nicht gutheißt. Aber erstens hat es stets als ein Zeichen von Klugheit gegolten, sich in die Umstände zu schicken, das heißt: der Notwendigkeit zu gehorchen. Zweitens findet, wie die Verhältnisse jetzt sind, niemand etwas dabei. (an M. Marcellus, August 46 v. Chr.)

(H. Kasten)

HW 31258a

2693 tempus edax rerum
die Zeit, die alles verschlingt
(vgl.: Zahn der Zeit)

OVID, METAMORPHOSES 15, 234

Tempus edax rerum, tuque, invidiosa vetustas,
omnia destruitis, vitiataque dentibus aevi
paulatim lenta consumitis omnia morte.

Zeit, du gefräßigste du, und du, du neidisches Alter,
alles zerstört ihr, verzehrt allmählich, was vorher der Stunden
Zähne benagt und geschwächt, in langsam schleichendem Tode.

(E. Rösch)

HW 31296; 43726

J. OWEN (1560–1622, der «englische Martial»), EPIGRAMMATA 3, 171

W. Binder 1733

2694 **Tempus est etiam maiora conari.**
Es ist Zeit, auch Größeres zu versuchen.

LIVIUS, AB URBE CONDITA 6, 18, 13

Tempus est etiam maiora conari. Experimini modo et vestram felicitatem et me, ut spero, feliciter expertum.

Es ist an der Zeit, auch einmal Größeres zu wagen. Versucht es doch mit eurem Glück und mit mir*, mit dem ihr, wie ich hoffe, gute Erfahrungen gemacht habt!
(*M. Manlius Capitolinus, 384 v. Chr.)

(H. J. Hillen)

2695 **Teneas tuis te!**
Halte dich an Deines!
(vgl.: Pack dich an der eigenen Nase!)

HORAZ, SERMONES 2, 3, 324

'Non dico horrendam rabiem'– 'iam desine.' – 'cultum
maiorem censu' – '*teneas,* Damasippe, *tuis te.*' –
'mille puellarum, puerorum mille furores' –
'o maior tandem parcas, insane, minori!'

«Von des Jähzorns Wut will ich nicht reden ...» – «Genug nun!» – «Von dem Aufwand, der zu groß für dein Vermögen ...» – «Um dich magst du dich kümmern, Damasippus!» – «Und von der Liebesleidenschaft für tausend Mädchen, tausend Jungen ...» – «Nun Schluß! Der größere Narr verschone jetzt den kleinern!»

(W. Schöne – H. Färber)

2696 **Tene, quod bene!**
Halte fest, was gut ist!

HW 43744a

2697 **tenere lupum auribus**
einen Wolf bei den Ohren halten

SUETON, VITA TIBERII 25, 1, nach TERENZ, PHORMIO 506

Cunctandi causa erat metus undique imminentium discriminum, ut saepe *lupum se auribus tenere* diceret.

Der Grund seines Zögerns war die Furcht vor den ihm von allen Seiten drohenden Gefahren; so sagte er* auch öfters, er halte einen Wolf bei den Ohren. (*Tiberius)

(A. Lambert)

2698 **tensus arcus**
ein gespannter Bogen

PHAEDRUS, FABULAE 3, 14, 10

Cito rumpes *arcum,* semper si *tensum* habueris;
at si laxaris, cum voles, erit utilis.

Immer straff gespannt zerbricht der Bogen bald,
entspannt jedoch bleibt nützlich er, wenn man ihn braucht.

(H. C. Schnur – E. Keller)

2699 **terminus ante / post quem**
der Zeitpunkt, vor / nach dem ein bestimmtes Ereignis eingetreten sein muß.

2700 **terminus technicus**
(Abk.: t. t.)
Fachausdruck

2701 **terra incognita**
unbekanntes Land, unerforschtes Gebiet

vgl. Tacitus, Agricola 10, 4

Ac simul *incognitas* ad id tempus insulas, quas Orcadas vocant, invenit domuitque.

Gleichzeitig entdeckte sie* bis dahin unbekannte Inseln, die Orkaden heißen, und unterwarf sie. (*sc. eine römische Flotte)

(A. Städele)

2702 **Terram caelo miscent.**
Sie vermischen Himmel und Erde.

vgl. Livius, Ab urbe condita 4, 3, 6

Quid tandem est, cur *caelum ac terras misceant,* cur in me impetus modo paene in senatu sit factus, negent se manibus temperaturos violaturosque denuntient sacrosanctam potestatem?

Was ist denn der Grund dafür, daß sie Himmel und Erde in Bewegung setzen, daß es gerade eben erst im Senat beinahe zu Tätlichkeiten gegen mich gekommen wäre, daß sie sagen, sie würden vor Handgreiflichkeiten nicht zurückschrecken, und verkünden, sie würden sich an dem heilig-unverletzlichen Amt vergreifen? (Canuleius im Senat 445 v. Chr.)

(H. J. Hillen)

vgl. Erasmus, Adagia 1, 3, 81 (mare coelo miscere)

2703 **Terra usus mortalium semper ancilla.**
Die Erde ist den Bedürfnissen der Menschen stets dienstbar.

Plinius Maior, Naturalis historia 2, 155

Aquae subeunt in imbres, rigescunt in grandines, tumescunt in fluctus, praecipitantur in torrentes, aer densatur nubibus, furit procellis: at haec benigna, mitis, indulgens *usus*que *mortalium semper ancilla;* quae coacta generat, quae sponte fundit, quos odores saporesque, quos sucos, quos tactus, quos colores!

Das Wasser wird zu Regen, erstarrt zu Hagel, schwillt zu Fluten an und stürzt als reißender Strom dahin; die Luft verdichtet sich zu Wolken und wütet in Stürmen: die *Erde* aber ist gütig, mild, nachsichtig, den Bedürfnissen der Sterblichen stets dienstbar. Was erzeugt sie durch Zwang, was spendet sie freiwillig, welche Genüsse für Geruch und Gaumen, Geschmack, Gefühl und Farbempfindung!

(R. König)

2704 **tertium comparationis**
das Dritte bei einem Vergleich
(der Bezugspunkt)

2705 **Tertium non datur.**
Eine dritte Möglichkeit ist ausgeschlossen.

CICERO, AD FAMILIARES 9, 25 (22), 1

Sic enim disserunt (Stoici): Nihil esse obscenum, nihil turpe dictu; nam si quod sit in obscenitate flagitium, id aut in re esse aut in verbo; *nihil esse tertium.* In re non est. Itaque non modo in comoediis res ipsa narratur, ut...

Ihre Beweisführung (sc. die der Stoiker) ist folgende: Nichts ist an sich unanständig, nichts anstößig. Denn wenn dem Obszönen etwas Schandbares anhaftet, dann müßte es entweder in der Sache oder in der Bezeichnung stecken. Eine dritte Möglichkeit gibt es nicht. In der Sache steckt es nicht. Darum wird nicht nur in der Komödie der Vorgang selbst geschildert, wie...

(H. Kasten)

vgl. LIVIUS, AB URBE CONDITA 9, 3, 10 (... tertium nullum consilium esse.)

HW 31382a

2706 **Tertius e caelo cecidit Cato!**
Ein dritter Cato ist vom Himmel gefallen!
(Der ‹erste Cato› war M. Porcius Cato Censorius, 234–149 v. Chr., der ‹zweite Cato› M. Porcius Cato Uticensis, 95–46 v. Chr., der sich nach Caesars Sieg bei Thapsus das Leben nahm.)

JUVENAL, SATURAE 2, 40

Felicia tempora, quae te
moribus opponunt! Habeat iam Roma pudorem:
Tertius e caelo cecidit Cato!

Glückliche Zeit, die dich
dem Sittenverfall entgegensetzt! Schäme dich, Rom:
Ein dritter Cato ist vom Himmel gefallen!

HW 31383

ERASMUS, ADAGIA 1, 8, 89 (tertius Cato)

2707 **tertius gaudens**
der lachende Dritte (bei einem Streit)

2708 **Testis unus, testis nullus.**
Ein Zeuge ist kein Zeuge.

vgl. CODEX IUSTINIANUS 4, 20, 9

Et nunc manifeste sancimus, ut *unius* omnino *testis responsio non audiatur,* etiamsi praeclarae curiae honore praefulgeat.

Und jetzt verfügen wir unmißverständlich, daß die Antwort eines einzigen Zeugen grundsätzlich nicht anzuhören ist, selbst wenn er im Glanz der Curie hervorragte.

s. D. Liebs, T 19

2709 **Te tero, Roma, manu nuda: date tela, latete!**
Dich, Rom, zerreibe ich mit bloßer Hand: gebt die Waffen her, versteckt euch!

HW 31151

2710 **Te tua, me delectant mea.**
Dir gefällt das Deine, mir das Meine.

CICERO, TUSCULANAE DISPUTATIONES 5, 63

(O. Gigon)

HW 31154 (..., me mea, quem sua delectant.)

ERASMUS, ADAGIA 1, 2, 15 (... delectant mea.)

2711 **Tibi ut opus est facto, fac!**
Du magst handeln, wie du es für Dich für nötig hältst.

CICERO, DE FINIBUS 5, 29

Sed alii dolore moventur, alii cupiditate, iracundia etiam multi efferuntur et, cum in mala scientes inruunt, tum se optime sibi consulere arbitrantur. Itaque dicunt nec dubitant: 'Mihi sic usus est, *tibi ut opus est, fac!*'

Vielmehr werden die einen durch einen Schmerz getrieben, andere durch eine Begierde, wieder andere lassen sich oftmals durch den Zorn hinreißen, und wenn sie sich wissentlich ins Unglück stürzen, glauben sie gerade am besten für sich selbst zu sorgen. Darum sagen sie auch ohne jedes Zögern: «Ich bin es eben so gewohnt, und du magst handeln, wie du es für dich nötig hältst.»

(O. Gigon – L. Straume)

2712 **Timeo Danaos et dona ferentes.**
Ich fürchte die Danaer, auch wenn sie Geschenke bringen. (Die ‹Danaer› sind die Achäer/Griechen; ihr Geschenk ist das hölzerne Pferd, das Troja den Untergang brachte.)

VERGIL, AENEIS 2, 49

Quidquid id est, *timeo*...

HW 31424a

2713 **Timeo lectorem unius libri.**
Ich fürchte den, der nur ein einziges Buch gelesen hat.

A. Fritsch, Timeo lectorem unius libri. In: Vox Latina 19 (1983), fasc. 73, S. 309–315.

2714 **Timidi mater non flet.**
Die Mutter eines Ängstlichen weint nicht.

CORNELIUS NEPOS, VITA THRASYBULI 2, 3

Quo magis praeceptum illud omnium in animis esse debet, nihil in bello oportere contemni, neque sine causa dici *matrem timidi flere non solere.*

Eine Warnung für alle, nichts im Kriege leicht zu nehmen; sagt doch das Sprichwort mit gutem Grunde: eines Vorsichtigen Mutter braucht nicht zu weinen.

(H. Färber)

ERASMUS, ADAGIA 4, 6, 12

2715 **Timidus vocat se cautum, parcum sordidus.**
Der Ängstliche nennt sich vorsichtig, sparsam der Geizige.

HW 31426

2716 **Timor Dei initium sapientiae.**
Gottesfurcht ist der Weisheit Anfang.

Hiob 28, 28: Ἰδοὺ ἡ θεοσέβειά ἐστιν σοφία. (Idù he theosébeiá estin sophía.)

HW 31426b (... Domini ...)

2717 **Tolle, lege!**
Heb es auf! Lies!
Nimm es und lies!

Augustinus, Confessiones 8, 12

2718 **Tolle moras!**
Schluß mit dem Zaudern!

Lukan, Pharsalia 1, 281

Dum trepidant nullo firmatae robore partes,
tolle moras: semper nocuit differre paratis.

Mach dich ans Werk, solange die Gegner ohne Truppenverstärkung sind und Verlegenheit zeigen: steht man bereit, war Aufschub noch immer vom Übel. (Curio zu Caesar am Rubico)

(W. Ehlers)

HW 31438

vgl. Erasmus, Adagia 5, 2, 27 (Cunctatio noxia.)

2719 **Tollenti onus auxiliare, deponenti nequaquam!**
Dem, der eine Last aufnimmt, hilf; dem, der sie abschütteln will, keinesfalls!

vgl. Erasmus, Adagia 4, 8, 68 (Operi incipienti favendum.)

2720 **Tota res vacillat et claudicat.**
Die ganze Sache wankt und hinkt.

Cicero, De natura deorum 1, 107

Quae autem istae imagines vestrae aut unde? Democrito omnino haec licentia; sed et ille reprehensus a multis est, nec vos exitum reperitis *tota*que *res vacillat et claudicat.*

Was sind das aber überhaupt für Bilder, von denen ihr sprecht, oder woher kommen sie? Diese dreisten Behauptungen stammen im allgemeinen von Demokrit; aber viele haben ihn deshalb schon getadelt, und auch ihr findet keinen befriedigenden Ausweg, und die ganze Sache wankt und hinkt.

(W. Gerlach – K. Bayer)

2721 **Tota via erras.**
Du bist auf dem Holzweg.

Terenz, Eunuchus 245

Gn. Quid? Tu his rebus credis fieri? *Tota erras via.*

Gnatho: Wie? Du meinst, mit solchen Dingen geh es? Irrst dich straßenlang.

(J. J. C. Donner)

Erasmus, Adagia 1, 1, 48 (Tota erras via.); vgl. 1, 1, 49 (toto coelo errare)

2722 **Tot capita, tot sensus.**
Soviel Köpfe, soviel Meinungen.

vgl. Terenz, Phormio 454

He. Ego sedulo hunc dixisse credo; verum itast,
quot homines, tot sententiae: suos quoique mos.
Mihi non videtur, quod sit factum legibus,
rescindi posse; et turpe inceptust.

Hegio: Ich glaube, der sprach mit Bedacht. Doch also geht's:
«Viel Köpfe, viele Sinne; jedem seine Art!»
Ich meine nicht, daß umgestoßen werden kann,
Was nach Gesetz geschehen: schimpflich wäre das.

(J. J. C. Donner)

HW 31477a

2723 **totum se fingere et accommodare ad alicuius arbitrium et nutus**
sich ganz nach jemands Wink und Willen richten

Cicero, Orator 24

Semper oratorum eloquentiae moderatrix fuit auditorum prudentia. Omnes enim, qui probari volunt, voluntatem eorum, qui audiunt, intuentur ad eamque et *ad eorum arbitrium et nutum totos se fingunt et accommodant.*

Stets ist das ausschlaggebende Moment für die Sprache der Redner die Einsichtskraft ihrer Zuhörer gewesen. Jeder nämlich, der Beifall finden möchte, beobachtet die Wünsche seiner Zuhörer, und danach, nach ihrem Wink und Willen, richtet er sich in jeder Weise ein und paßt sich an.

(B. Kytzler)

vgl. Cicero, Partitiones Oratoriae 15

2724 **trabali clavo figere**
niet- und nagelfest machen

Cicero, In C. Verrem II 5, 53

Et, ut hoc beneficium, quem ad modum dicitur, *trabali clavo figeret*, cum consilio causam Mamertinorum cognoscit et de consilii sententia Mamertinis se frumentum non imperare pronuntiat.

Und, um diese Vergünstigung, wie man sagt, niet- und nagelfest zu machen, untersucht er* die Sache der Mamertiner mit seinen Beratern und erklärt nach deren Spruch, daß er den Mamertinern keine Getreidelieferung auferlege. (*Verres)

(M. Fuhrmann)

2725 **Trahit sua quemque voluptas.**
Jeden reißt seine Leidenschaft hin.

Vergil, Bucolica 2, 65

Torva leaena lupum sequitur, lupus ipse capellam,
florentem cytisum sequitur lasciva capella,
te Corydon, o Alexi: *trahit sua quemque voluptas.*

Grimmig verfolgt die Löwin den Wolf, der Wolf aber jagt die
Ziege, und lüstern verfolgt die Ziege das blühende Kleefeld,
Corydon dich, o Alexis. So reißt seine Lust einen jeden.

(J. Götte)

HW 31520; 43926

2726 **Tranquillas etiam naufragus horret aquas.**
Auch ruhige Gewässer fürchtet, wer einmal Schiffbruch erlebt hat.
(vgl.: Gebranntes Kind scheut das Feuer.)

OVID, EPISTULAE EX PONTO 2, 7, 8

Da veniam, quaeso, nimioque ignosce timori;
tranquillas etiam naufragus horret aquas;
qui semel est laesus fallaci piscis ab hamo,
omnibus unca cibis aera subesse putat.

Bitte, entschuldige dies! Verzeih die zu große Besorgnis!
Schaudern Gescheiterte doch selbst vor dem ruhigen Meer.
Wenn schon einmal der Fisch von der tückischen Angel verletzt ward,
scheint ihm bei jeglichem Fraß eher ein Haken zu drohn.

(W. Willige)

HW 31526

2727 **Tres faciunt collegium.**
Drei bilden ein Kollegium.

MARCELLUS, DIGESTA 1 (DIGESTA 50, 16, 85)

Neratius Priscus *tres facere* existimat *collegium.*

Neratius Priscus ist der Ansicht, daß drei Mann nötig sind, um ein Kollegium zu bilden.

HW 31554

D. Liebs, T 34

2728 **Tria verba non potest iungere.**
Er kann keine drei Wörter zusammenhängend aussprechen.

SENECA, EPISTULAE MORALES 40, 9

Cum quaereretur, quomodo P. Vinicius diceret, Asellius ait: 'tractim'. Nam Geminus Varius ait: 'Quomodo istum disertum dicatis, nescio: *tria verba non potest iungere.*'

Als Asellius gefragt wurde, wie Publius Vinicius spreche, sagte er: «schleppend». Denn Geminus Varius sagt: «Wie ihr diesen Mann beredt nennen könnt, weiß ich nicht: er kann doch keine drei Worte hintereinander sprechen.»

(nach M. Rosenbach)

2729 **Tribunus factus serva ordinem!**
Man hat dich zum Tribun gemacht: sorge nun auch für Ordnung!

ERASMUS, ADAGIA 4, 2, 71 (Contribulis factus ...)

K. E. Georges 1839², 105 s. v. 'Amt'

2730 **Truditur dies die**
novaeque pergunt interire lunae.
Tag um Tag verrinnt, und neu
Gehn Monde wechselnd hin, um nie zu kehren.

HORAZ, CARMINA 2, 18, 15–16

(Kayser – Nordenflycht – Burger)

HW 31605

2731 **Tua res agitur.**
Es geht um deine Sache.

Horaz, Epistulae 1, 18, 84

Nam *tua res agitur,* paries cum proximus ardet.

Denn dein Besitz steht auf dem Spiel, wenn die Nachbarwand brennt.

(W. Schöne – H. Färber)

HW 31770a

Erasmus, Adagia 3, 6, 71 (..., cum proximus ardet paries.)

2732 **Tu dic, quo pignore mecum certes!**
Sag, um was du mit mir wetten willst!

Vergil, Bucolica 3, 31

..., mecum quo pignore...

2733 **Tu, Germane, bibis, comedis non; non bibis, Angle, sed comedis; comedis, Galle, bibisque bene.**
Du, Deutscher, trinkst, aber ißt nicht; du trinkst nicht, Engländer, sondern ißt; du, Franzos, ißt gut und trinkest auch gut.

HW 31649

2734 **Tu, homo, adigis me ad insaniam!**
Du, Mensch, treibst mich noch zum Wahnsinn!

Terenz, Adelphoe 111

De. Pro Iuppiter, *tu homo adigis me ad insaniam!*

Demea: Beim Jupiter! Du bringst mich noch zum Rasen, Mensch!

(J. J. C. Donner)

2735 **Tulit alter honores.**
Ein anderer trug die Ehre davon.

Vita Vergili 154 B.

Hos ego versiculos feci,
tulit alter honores.

Ich habe diese Verse gedichtet,
und ein anderer trug die Ehre davon.

(J. Götte – K. Bayer)

2736 **tundere eandem incudem**
Immer auf den gleichen Amboß schlagen

CICERO, DE ORATORE 2, 162

Ego autem, si quem nunc plane rudem institui ad dicendum velim, his potius tradam adsiduis uno opere *eandem incudem* diem noctemque *tundentibus*, qui omnis tenuissimas particulas atque omnia minima mansa ut nutrices infantibus pueris in os inserant.

Wenn ich nun einen völlig unerfahrenen Anfänger in der Redekunst anleiten lassen wollte, würde ich ihn freilich eher den Leuten anvertrauen, die unverdrossen in einem fort bei Tag und Nacht denselben Amboß schlagen, die den Schülern alles in winzigen Portionen zerkleinert und vorgekaut, wie Ammen den Kleinkindern, in den Mund zu stecken versuchen.

(H. Merklin)

ERASMUS, ADAGIA 1, 9, 98 (eandem tundere ...)

2737 **Tu ne cede malis, sed contra audentior ito!**
Weiche du nicht dem Übel, sondern geh ihm noch kühner entgegen!

VERGIL, AENEIS 6, 95

Tu ne cede malis, sed contra audentior ito,
quam tua te fortuna sinet. Via prima salutis
quod minime reris, Graia pandetur ab urbe.

Du aber weich nicht dem Weh, begegne ihm mutiger stets, als
Zufallsgeschehen erlaubt: der erste Weg zur Errettung
öffnet sich – was du am wenigsten glaubst – von griechischer Stadt dir.

(J. Götte)

HW 31677

2738 **Tu nescies, quod scis, si sapies.**
Du wirst besser nicht wissen, was du weißt, wenn du gescheit bist.

TERENZ, HEAUTONTIMORUMENOS 748

SY. *Tu nescies, quod scis,* Dromo, *si sapies.* DR. Mutum dices.

SYRUS: Du weißt von allem, was du weißt, nichts Dromo, wenn du klug bist! DROMO: Ich werde stumm sein.

(J. J. C. Donner)

2739 **Tunica propior palliost.**
Die Tunica ist mir näher als das Pallium.
(vgl.: Das Hemd ist mir näher als der Rock.)
(Die Tunika war ein ärmelloses, wollenes Unterkleid, das Pallium ein mantelartiger Umhang.)

PLAUTUS, TRINUMMUS 1154

HW 31818

ERASMUS, ADAGIA 1, 3, 89 (... pallio propior est.)

2740 **Turdus ipse sibi malum cacat.**
Die Drossel macht ihr eigenes Unglück.
(Aus ihrem Kot wurde Vogelleim gefertigt.)

HW 31933c

Erasmus, Adagia 1, 1, 55

2741 **Turpe est aliud loqui, aliud sentire.**
Schimpflich ist es, etwas anderes zu sagen, als man denkt.

Seneca, Epistulae morales 24, 19

HW 31937h

2742 **Turpe est impingere in primo limine.**
Es macht einen schlechten Eindruck, wenn an schon an der Schwelle stolpert.

J. Albinus, S. 66

2743 **Turpe est iterum ad eundem lapidem impingere.**
Es ist schimpflich, sich zweimal am selben Stein zu stoßen.

vgl. Erasmus, Adagia 1, 5, 8 (iterum eundem ad lapidem offendere)
J. Albinus, S. 66

2744 **Turpe est laudari ab illaudatis.**
Es ist eine Schande, von Leuten gelobt zu werden, die selbst kein Lob verdienen.
(vgl.: Lob von der falschen Seite)

2745 **Turpe est magistro, si ambigit de iis, quae docet.**
Es ist schimpflich für einen Lehrer, wenn er an sich über seinen Lehrstoff unschlüssig ist.

HW 31938g

2746 **Turpis avis, proprium qui foedat stercore nidum.**
Das ist ein häßlicher Vogel, der mit seinem Mist das eigene Nest beschmutzt.

HW 31979

2747 **turture loquacior**
geschwätziger als eine Turteltaube

HW 44003a

Erasmus, Adagia 1, 5, 30

2748 **Tu si hic sis, aliter sentias.**
Wärest du hier (an meiner Stelle), dächtest du wohl anders.

TERENZ, ANDRIA 310

CH. Facile omnes, quom valemus, recta consilia aegrotis damus.
Tu si hic sis, aliter sentias.

CHARINUS: Gesunde wissen leicht für Kranke guten Rat: Doch dächtest du
An meiner Statt wohl anders.

(J. J. C. Donner)

2749 **Tute hoc intristi; tibi omne est exedendum.**
Du hast das angerührt; du mußt es auch ganz ausessen.
(vgl.: Das hast du dir selbst eingebrockt.)

TERENZ, PHORMIO 318

PH. Ad te summa solum, Phormio, rerum redit:
tute hoc intristi: tibi omnest exedendum: accingere!

PHORMIO: So ruht die ganze Sache, Phormio, jetzt auf dir allein.
Hast du's eingebrockt, so mußt du's auch ausessen: rüste dich!

(J. J. C. Donner)

vgl. AUSONIUS, DE BISSULA I praef. 5–6

HW 31999

ERASMUS, ADAGIA 1, 1, 85 (..., omne tibi exedundum est.)

2750 **Tutimet mirabere.**
Du wirst dich wundern.

TERENZ, HEAUTONTIMORUMENOS 374

CLIT. Laudabis. SY. Vide, sis. CLIT. *Tutimet mirabere.*

CLITIPHO: Du sollst mich loben. SYRUS: Sieh dich vor! CLITIPHO: Ja, wundern sollst du dich.

(J. J. C. Donner)

2751 **Tuum tibi narro somnium.**
Ich erzähle dir deinen eigenen Traum.

ERASMUS, ADAGIA 2, 9, 68 (... narrabo ...)

U

2752 **Ubi amici, ibi opes.**
Wo Freunde, da Vermögen.

PLAUTUS, TRUCULENTUS 885

PHR. Ille quidem hinc abiit, abscessit. Dicere hic quidvis licet.
Verum vetus est verbum, quod memoratur: *Ubi amici, ibi opes.*

PHRONESIUM: Da geht er hin; fort ist er! Nun kann ich mich frei
Aussprechen. Wahr ist doch, wie es im Sprichwort heißt:
Wo Freunde sind, da sind auch Schätze.

(W. Binder – W. Ludwig)

s. auch QUINTILIAN, INSTITUTIO ORATORIA 5, 11, 41

HW 32034 (..., ibidem sunt et...)

ERASMUS, ADAGIA 1, 3, 24

2753 **Ubi bene, ibi patria.**
Wo es mir gut geht, da ist mein Vaterland.

CICERO, TUSCULANAE DISPUTATIONES 5, 108

Postremo ad omnis casus facillima ratio est eorum, qui ad voluptatem omnia referunt, quae sequuntur in vita, ut, quocumque haec loco suppeditetur, ibi beate queant vivere. Itaque ad omnem rationem Teucri vox accommodari potest: *Patria* est, *ubi*cumque *est bene.*

Schließlich ist allen Unglücksfällen gegenüber der einfachste Gedanke derjenige jener Philosophen, die alle Ereignisse des Lebens auf die Lust beziehen, so daß sie also glückselig leben können, wo immer die Lust ihnen zur Verfügung steht. Ganz allgemein läßt sich also der Ausspruch des Teukros anwenden: «Vaterland ist, wo es einem gut geht.»(O. Gigon)

nach ARISTOPHANES, PLUTOS 1151:

Πατρὶς γάρ ἐστι πᾶς, ἵν' ἂν πράττῃ τις εὖ. (Patrìs gár esti pâs, hín' àn prátte tis eû.)

HW 32036e

vgl. ERASMUS, ADAGIA 2, 2, 3 (Quaevis terra patria.)

2754 **Ubi leonis pellis deficit, vulpina est induenda.**
Wo's am Löwenfell mangelt, muß man den Fuchspelz überstreifen.

PHAEDRUS, FABULAE, APPENDIX PEROTTI 25 tit.

Ubi leonis pellis deficit, vulpinam induendam esse: hoc est, ubi deficiunt vires, astu utendum.

..., das heißt: wo es an Kräften fehlt, muß man zur List greifen.

nach ZENOBIUS 1, 93:

Ἢν ἡ λεοντῆ μὴ ἵξεται, τὴν ἀλωπεκῆν πρόσαψον. (Ên he leontê mè híxetai, tèn alopekên próshapson!)

HW 32052

ERASMUS, ADAGIA 3, 5, 81 (Si leonina pellis non satis est, vulpina addenda.)

2755 **Ubi lex, ibi poena.**
Wo ein Gesetz, da auch eine Strafandrohung

2756 **Ubi lucrum est, ibi vix esse audet fides.**
Wo Gewinn ist, dort wagt die Treue sich kaum aufzuhalten.

HW 32054a; vgl. 44051 (... ibi esse non solet pudor.)

2757 **Ubi mel, ibi apes.**
Wo Honig, da auch Bienen.

HW 32056

2758 **Ubi nihil est, Caesar iure suo excidit.**
Wo nichts ist, fällt der Kaiser aus seinem Recht.
(vgl.: Wo nichts ist, hat der Kaiser sein Recht verloren.)

HW 32057i (... suo iure ...)

2759 **Ubi non sis, qui fueris, non est, cur velis vivere.**
Bist du nicht mehr, was du warst, so hat das Leben seinen Sinn verloren.

CICERO, AD FAMILIARES 7, 3, 4 K.

Vetus est enim, *ubi ... non esse, cur ...*

Ein altes Sprichwort sagt: «Bist du ... verloren.» *(August/September 46 v. Chr.)*

(H. Kasten)

vgl. HW 32059d (... es ...)

ERASMUS, ADAGIA 1, 8, 45

2760 **Ubi periculum, ibi lucrum.**
Wo Gefahr, da auch Gewinn.

CODEX IUSTINIANUS 6, 2, 22, 3a (Ubi enim ...)

D. Liebs, U 17

2761 **Ubi rerum testimonia adsunt, non opus est verbis.**
Wo Beweise vorliegen, bedarf es keiner langen Worte.

HW 32067f

2762 **Ubi semel quis peieraverit, ei credere postea non oportet.**
Wenn einer einmal einen Meineid geschworen hat, darf man ihm später nicht mehr trauen.

CICERO, PRO C. RABIRIO POSTUMO 36

Ubi semel quis peieraverit, ei credi postea, etiam si per plures deos iuret, *non oportet.*

Wer einmal einen Meineid begeht, dem soll man hernach, und wenn er bei noch so vielen Göttern schwört, keinen Glauben mehr schenken.

(M. Fuhrmann)

2763 **udus tamquam mus**
naß wie eine (getaufte) Maus

PETRON, SATYRICA 44, 18

Antea stolatae ibant nudis pedibus in clivum, passis capillis, mentibus puris, et Iovem aquam exorabant. Itaque statim urceatim plovebat: aut tunc aut numquam: et omnes redibant *udi tamquam mures.*

Ehedem zogen die Damen in langen Kleidern mit nackten Füßen aufs Kapitol, mit aufgelösten Haaren, mit reinen Herzen, und beteten zu Jupiter um Regen. So pladderte es gleich mit Gießkannen – «entweder heute oder nie» –, und alle kamen naß wie die Mäuse heim.

(K. Müller – W. Ehlers)

2764 **Ulcus est.**
Es ist ein Geschwür.
(vgl.: Es ist eine empfindliche Stelle.)

CICERO, DE NATURA DEORUM 1, 104

Quicquid enim horum attigerit, *ulcus est*; ita male instituta ratio exitum reperire non potest.

Denn Epikur mag von diesen Fragen berühren, was er will, alles hat seine wunde Stelle: ein so schlecht aufgebautes philosophisches System kann zu keinem Ergebnis führen.

(W. Gerlach – K. Bayer)

2765 **ulcus tangere**
eine wunde Stelle berühren
(vgl.: einen wunden Punkt berühren)

TERENZ, PHORMIO 690

AN. Quid minus utibile fuit quam hoc *ulcus tangere*
aut nominare uxorem? Iniectast spes patri
posse illam extrudi.

ANTIPHO: Was konnte minder frommen, als den wunden Punkt
Zu berühren oder meine Frau zu nennen? Sprich!
Mein Vater hofft jetzt, ihrer loszuwerden.

(J. J. C. Donner)

ERASMUS, ADAGIA 1, 6, 79 (ulcus tangere)

2766 **ultima Thule**
das weit in der Ferne gelegene Thule

Vergil, Georgica 1, 30

Tibi serviat *ultima Thule.*

Dir diene das äußerste Thule. (Hymnus auf Augustus)

(J. Götte)

2767 **Ultra posse nemo obligatur.**
Über sein Können hinaus wird niemand (zu einer Leistung) verpflichtet.

P. Iuventius Celsus, Digesta 8 (Digesta 50, 17, 185)

Impossibilium nulla obligatio est.

Es gibt keine Verpflichtung zu Unmöglichem.

HW 32104 (Ultra posse suum profecto nemo tenetur.)

W. Binder 1786 (... nemo obligatur.)

D. Liebs, J 22

2768 **Ultra vires nihil aggrediendum.**
Man darf nichts unternehmen, was die Kräfte übersteigt.

HW 44079a

vgl. HW 32110a:

Ultra vires et ultra posse nemo cogitur.

Niemand wird zu etwas verpflichtet, was über seine Kräfte und sein Können hinausgeht.

vgl. Erasmus, Adagia 5, 2, 2 (Quod fieri non potest, ne incipiendum quidem est.)

2769 **Ultro istum a me!**
Fort mit diesem Menschen!

Plautus, Captivi 551

Tyn. Proin tu ab istoc procul recedas. He. *Ultro istum a me.*
Ar. Ain, verbero?

Tyndarus: Drum halte dich
Entfernt von ihm. Hegio: Weit weg von mir!
Aristophontes: Was sagst du, Schurke?

(W. Binder – W. Ludwig)

2770 ululas Athenas portare
Eulen nach Athen tragen

vgl. CICERO, AD FAMILIARES 6, 2 (3), 4 K. u. ö., nach ARISTOPHANES, AVES 301

Sed haec consolatio levis est; illa gravior, qua te uti spero, ego certe utor; nec enim, dum ero, angar ulla re, cum omni vacem culpa, et, si non ero, sensu omnino carebo. Sed rursus γλαῦκ' εἰς 'Αθήνας (glaûk' eis Athénas), qui ad te haec.

Aber das ist wie, wie gesagt, ein schwacher Trost; wirksamer der andre, den Du hoffentlich und ich auf jeden Fall anwende; solange ich lebe, habe ich nichts zu fürchten, denn ich fühle mich frei von jeder Schuld; und wenn ich nicht mehr bin, fühle ich überhaupt nichts mehr. Aber das brauche ich Dir nicht zu sagen; schon wieder «Eulen nach Athen!»

(H. Kasten)

ERASMUS, ADAGIA 1, 2, 11 (*om.* portare)

2771 Umbra et imaginibus utimur.
Wir verwenden Schatten und Bilder.

CICERO, DE OFFICIIS 3, 69

Sed nos veri iuris germanaeque iustitiae solidam et expressam effigiem nullam tenemus, *umbra et imaginibus utimur.* Eas ipsas utinam sequeremur!

Aber wir haben keine feste und ausgeprägte Gestalt des wahren Rechts und der echten Gerechtigkeit: Schatten und Abbilder verwenden wir. Wenn wir doch diesen wenigstens folgten!

(O. Gigon)

2772 umbram timere
sogar den Schatten fürchten

Q. CICERO, COMMENTARIOLUM PETITIONIS 9

Alter vero, di boni! quo splendore est? Primum nobilitate eadem. Num maiore? Non. Sed virtute. Quam ob rem? Quod Antonius *umbram* suam *metuit*, hic ne leges quidem ...

Und nun gar der andere! Du lieber Gott! Womit kann der denn glänzen? Zunächst mit seinem adligen Blut wie jener! Wohl gar mit einem edleren? Nein! Aber er ist tüchtiger! Wieso? Weil Antonius seinen eigenen Schatten fürchtet, dieser nicht einmal die Gesetze ...

(H. Kasten)

vgl. CICERO, AD ATTICUM 15, 21 (20), 4 K.: ... videtur iste, qui *umbras timet* ...

vgl. HW 44081 d

vgl. ERASMUS, ADAGIA 1, 5, 65 (... suam metuere)

2773 Una domus non alit duos canes.
Ein Haus ernährt nicht zwei Hunde.

HW 32125a; 44082a

ERASMUS, ADAGIA 2, 2, 24

2774 **Una hirundo non facit ver.**
Eine Schwalbe macht keinen Frühling.
(vgl. Eine Schwalbe macht noch keinen Sommer.)

HW 32125h; 44082b

nach ARISTOTELES, ETHICA NICOMACHEA I 6.1098a 18:

Χελιδὼν μία ἔαρ οὐ ποιεῖ, οὐδὲ μία ἡμέρα.
(Chelidòn mía éar u poieî, udè mía heméra.)

ERASMUS, ADAGIA 1, 7, 94

2775 **Una salus victis nullam sperare salutem.**
Einzige Rettung der Besiegten: auf keine Rettung hoffen.

VERGIL, AENEIS 2, 354

Excessere omnes adytis arisque relictis
di, quibus imperium hoc steterat; succurritis urbi
incensae: moriamur et in media arma ruamus.
Una salus victis nullam sperare salutem.

Tempel stehn und Altäre verwaist, entwichen sind alle
Götter, mit denen dies Reich einst stand; einer brennenden Stadt eilt
ihr zu Hilfe: so laßt uns sterben im Waffengewühle!
Einzig Heil für Besiegte ist dies: kein Heil zu erhoffen.

(J. Götte)

HW 32129; 44084b

2776 **una voce**
mit einer Stimme

vgl. CICERO, DE OFFICIIS 2, 42

Id si ab uno iusto et bono viro consequebantur, erant eo contenti; cum id minus contingeret, leges sunt inventae, quae cum omnibus semper *una* atque eadem *voce* loquerentur. Ergo hoc perspicuum est, eos ad imperandum deligi solitos, quorum de iustitia magna esset opinio multitudinis.

Wofern sie dies (Recht) von einem gerechten und guten Manne erhielten, waren sie mit dem zufrieden. Als das weniger glückte, wurden die Gesetze erfunden, daß sie mit allen immer mit ein und derselben Stimme reden sollten. Also dies ist offensichtlich, daß die zum Herrschen ausgewählt zu werden pflegten, von deren Gerechtigkeit die Menge eine große Meinung hatte.

(K. Büchner)

2777 **Unde fames homini vetitorum tanta ciborum?**
Woher kommt dem Menschen so großer Hunger nach verbotenen Speisen?

OVID, METAMORPHOSES 15, 138

Unde (fames homini vetitorum tanta ciborum est)
audetis vesci, genus o mortale? Quod oro,
ne facite et monitis animos advertite nostris!

Und – so groß ist der Menschen Gier nach verbotener Speise –
hiervon wagst du zu essen, o menschlich Geschlecht! Und ich bitte:
tu es nicht und kehr' deinen Sinn an meine Ermahnung! (Pythagoras)

(E. Rösch)

HW 44087a

2778 **Unde habeas, quaerit nemo; sed oportet habere.**
Woher du's hast, fragt keiner; haben mußt du's aber!

Juvenal, Saturae 14, 207

Lucri bonus est odor ex re
qualibet. Illa tuo sententia semper in ore
versetur dis atque ipso Iove digna poeta:
Unde habeas, quaerit nemo, sed oportet habere.

Des Gewinnes Duft ist gut aus
jedem Geschäft. Diese Ansicht soll immer in deinem Munde
sein, sie ist der Götter, ja Jupiters selbst als Autor würdig:
Woher du's hast, fragt keiner, doch haben mußt du's unbedingt.

HW 32250; 44087b

2779 **Undique ad inferos tantundem viae est.**
Von überallher ist es gleich weit zur Unterwelt.
(Anaxagoras auf die Frage, ob er nach Hause übergeführt werden wolle)

Cicero, Tusculanae disputationes 1, 104

Praeclare Anaxagoras, qui, cum Lampsaci moreretur, quaerentibus amicis, velletne Clazomenas in patriam, si quid ei accidisset, auferri, 'nihil necesse est', inquit; '*undique* enim *ad inferos tantundem viae est.*'

Großartig auch Anaxagoras, als er in Lampsakos zum Sterben kam und die Freunde ihn fragten, ob er, wenn ihm etwas geschehe, nach Klazomenai, in seine Vaterstadt, gebracht zu werden wünsche: «Das braucht es nicht, denn von überall her ist der Weg in die Unterwelt gleich lang.»

(O. Gigon)

HW 44087b2

2780 **unguibus ac pedibus repugnare**
sich mit Händen und Füßen wehren

Lukrez, De rerum natura 5, 1037

At catuli pantherarum scymnique leonum
unguibus ac pedibus iam tum morsuque *repugnant*,
vix etiam cum sunt dentes unguesque creati.

Aber die Jungen des Panthers, des Löwen kleine Gesellschaft
wehren mit Krallen schon sich dann und mit Füßen und Bissen,
wenn ihnen kaum eben noch sind Zahn und Krallen gewachsen.

(K. Büchner)

2781 **unguibus et rostro**
mit Krallen und dem Schnabel
(vgl.: mit Zähnen und Klauen)

vgl. HW 32189:

unguibus et morsu teneri

mit Krallen und Biß festgehalten werden

2782 **Unico digito scalpit caput.**
Mit einem einzigen Finger kratzt er sich am Kopf.
(d. h.: Er will seine Modefrisur nicht gefährden.)

JUVENAL, SATURAE 9, 133

Ne trepida, numquam pathicus tibi derit amicus
stantibus et salvis his collibus: undique ad illos
conveniunt et carpentis et navibus omnes,
qui *digito scalpunt uno caput.*

Sei unbesorgt, niemals wird dir ein schwuler Freund fehlen,
solange diese Hügel stehen und heil sind: Von überallher kommen
sie hier zusammen mit Wagen und Schiffen, sie alle,
die sich den Kopf mit nur einem Finger kratzen.

vgl. ERASMUS, ADAGIA 1, 8, 34

2783 **Uni cum duobus non est pugnandum.**
Man soll sich nicht mit zwei Gegnern anlegen.

vgl. CATULL, CARMINA 62, 64: Noli *pugnare duobus!*

HW 32191 a

ERASMUS, ADAGIA 5, 2, 30

2784 **Uni duo esse heredes pro solido haud queunt.**
Einer kann nicht zwei Erben fürs Ganze haben.

HW 32192a

2785 **Uni navi ne committas omnia!**
Vertraue nicht alles einem einzigen Schiff an!

HW 32193; 44087d

vgl. ERASMUS, ADAGIA 4, 4, 6 (Ne uni navi facultates!)

2786 **Uni quod accidit, cuivis accidere potest.**
Was einem widerfährt, kann jedem beliebigen wiederfahren.

vgl. SENECA, AD MARCIAM DE CONSOLATIONE 9

2787 **Uni testi nec Catoni creditum est.**
Einem einzigen Zeugen, und wär' es Cato, hat man nie vertraut.

HIERONYMUS, ADVERSUS RUFINUM 2, 24 (23, 468 A Migne)

Et quia 'in ore duorum vel trium stat omne verbum' *unique testi nec Catoni creditum est,* id ipsum multorum me ex Urbe fratrum scripta docuerunt sciscitantium, an ita se haberet et a quo ipsa epistula disseminata esset in vulgus lacrymaliter indicantium.

Und weil «erst im Munde von zwei oder drei Zeugen jedes Wort Bestand hat» und einem einzigen Zeugen, und wäre es Cato selbst, nicht geglaubt wurde, haben mich darauf schriftliche Anfragen vieler unserer Brüder hingewiesen, die wissen wollten, ob es sich wirklich so verhalte und von wem der bewußte Brief derer veröffentlicht worden sei, die tränenreich auf diesen Umstand verweisen.

s. auch 5 MOSES 17, 6; MATTHAEUS 18, 16

2788 **Unius dementia dementes efficit multos.**
Die Verrücktheit eines einzigen macht viele zu Narren.

HW 32206:

Unius dementia fit *multorum* opinio.

Die Verrücktheit eines einzigen wird zur Meinung aller.

2789 **Uno animo omnes socrus oderunt nurus.**
Einmütig hassen alle Schwiegermütter ihre Schwiegertöchter.

TERENZ, HECYRA 201

LA. Itaquo adeo *uno animo omnes socrus oderunt*, oderunt *nurus*.

LACHES: So haßt auch jede Schwiegermutter ihre Schwiegertochter.

(J. J. C. Donner)

HW 19922a

2790 **Uno opere eandem incudem die nocteque tundit.**
Tag und Nacht haut er auf denselben Amboß ein.
(vgl.: immer dieselbe Leier)

CICERO, DE ORATORE 2, 162

Ego autem, si quem nunc plane rudem institui ad dicendum velim, his potius tradam adsiduis *uno opere eandem incudem diem noctemque tundentibus.*

Wenn ich nun einen völlig unerfahrenen Anfänger in der Redekunst anleiten lassen wollte, würde ich ihn freilich eher den Leuten anvertrauen, die unverdrossen in einem fort bei Tag und Nacht denselben Amboß schlagen...

(H. Merklin)

ERASMUS, ADAGIA 1, 9, 98 (eandem tundere incudem)

2791 **Uno oscitante et oscitabunt ceteri.**
Wenn erst einmal einer gähnt, werden bald auch die übrigen gähnen.
(vgl.: Gähnen steckt an.)

HW 32218b

vgl. ERASMUS, ADAGIA 3, 4, 95 (Oscitante uno deinde oscitat et alter.)

2792 **Unum cum noveris, omnes noveris.**
Kennst du einen, kennst du alle.

TERENZ, PHORMIO 265

DE. Ecce autem similia omnia! Omnes congruont:
Unum quom noris, omnis noris.

DEMIPHO: Seht! Alle gleich! Der eine wie der andere!
Ja, kennt man einen, kennt man alle.

(J. J. C. Donner)

HW 32227a (... noris,... noris.)

2793 **unus et idem**
ein und derselbe

z. B. Horaz, Epistulae 2, 2, 200

Pauperies inmunda domus procul absit: ego utrum
nave ferar magna an parva, ferar *unus et idem.*

Nur den Schmutz der Armut im Haus wünsch' ich mir weit weg: sonst, ob ich auf großem oder kleinem Schiffe fahre, ich bin und bleibe derselbe Fahrgast.

(W. Schöne – H. Färber)

2794 **unus multorum**
einer von vielen

Horaz, Sermones 1, 9, 71 f.

'Nulla mihi' inquam
'religio est.' 'At mi: sum paulo infirmior, *unus*
multorum. Ignosces; alias loquar.'

«O, mich plagt kein Skrupel.» «Aber mich; das ist meine kleine Schwäche, bin eben nur so ein Herdenmensch. Du wirst verzeihen. Wir sprechen ein andermal davon.»

(W. Schöne – H. Färber)

2795 **Unusquisque tantum iuris habet, quantum potentia valet.**
Jeder hat nur so viel Recht, wie er durch seine Macht vermag.

2796 **Urbem venalem et mature perituram, si emptorem invenerit.**
O, diese käufliche Stadt! Wie bald wird sie zugrunde gehen, wenn sie erst einen Käufer findet!

Sallust, Bellum Iugurthinum 35, 10

Sed postquam Roma egressus est, fertur saepe eo tacitus respiciens postremo dixisse: '*Urbem venalem et mature perituram, si emptorem invenerit.*'

Nachdem er aber Rom verlassen hatte, soll er öfters schweigend dorthin zurückgeblickt und schließlich ausgerufen haben: «Diese feile Stadt, die bald untergehen wird, wenn sie einen Käufer findet!» (Jugurtha über Rom, 111/110 v. Chr.)

(W. Eisenhut – J. Lindauer)

vgl. HW 32253

2797 **urbi et orbi**
(Segenswunsch des Papstes) für die Stadt (Rom) und den (ganzen) Erdkreis
(verallgemeinert: für alle Welt)

HW 44113c

2798 **urbs aeterna**
die ewige Stadt (Rom)
(frühester Beleg für Rom als «Ewige Stadt».
Tibull lebte ca. 55–19 v. Chr.)

Tibull, Elegiae 2, 5, 23

Romulus *aeternae* nondum formaverat *urbis* | moenia.

Romulus hatte noch nicht der ewigen Stadt | Mauern erbaut.

2799 **Urceatim pluit.**
Es gießt wie aus Kübeln.

PETRON, SATYRICA 44, 18

Itaque statim *urceatim plovebat.*

So pladderte es gleich mit Gießkannen.

(K. Müller – W. Ehlers)

2800 **Urit mature urtica vera.**
Früh brennt eine echte Brennessel
(vgl.: Früh krümmt sich, was ein Häkchen werden will.)

HW 32269 (Urit mature, quod vult urtica manere.)

2801 **usque ad nauseam**
bis zum Erbrechen / bis zum Überdruß
(wörtl.: bis zum Seekrank-Werden)

HW 34444a (ad nauseam usque)

vgl. ERASMUS, ADAGIA 2, 8, 73 (ad satietatem usque)

2802 **usque ad vivam cutem attondere**
Bis auf die lebende Haut scheren

PLAUTUS, BACCHIDES 242

CH. Adibo hunc, quem quidem ego hodie faciam hic arietem
Phrixi: itaque *tondebo* auro *usque ad vivam cutem.*

CHRYSALUS: Heran an diesen! Phrixus' Widder muß er mir
Heute werden: bis auf die blanke Haut will ich das Gold
Aus ihm heraus mir scheren.

(W. Binder – W. Ludwig)

2803 **Usus efficacissimus rerum omnium magister.**
Erfahrung ist der wirksamste Lehrmeister in allen Dingen.

PLINIUS, NATURALIS HISTORIA 26, 11 (*usu efficacissimo ... magistro*)

HW 32302a

2804 **Usus magister est optimus.**
Erfahrung ist der beste Lehrmeister.

CICERO, PRO C. RABIRIO POSTUMO 9

Per deos immortales! Quid agimus, iudices? Aut quem hunc morem novorum iudiciorum in rem publicam inducimus? Erat enim haec consuetudo nota vobis quidem omnibus, sed, si *usus magister est optimus*, mihi debet esse notissima.

Bei den unsterblichen Göttern: was tun wir da, ihr Richter, und warum führen wir diese neue Art von Prozessen bei uns ein? Gewiß war die bisherige Regelung euch allen bekannt; wenn es jedoch zutrifft, daß Erfahrung der beste Lehrmeister ist, dann muß ich sie am genauesten kennen.

(M. Fuhrmann)

HW 32305a

2805 **Usus tyrannus.**
Der Gebrauch ist ein Tyrann.
(Gemeint ist der Sprachgebrauch.)

vgl. Horaz, De arte poetica 71 f.

Multa renascentur, quae iam cecidere cadentque,
quae nunc sunt in honore vocabula, si volet *usus*,
quem penes arbitrium est et ius et norma loquendi.

Vieles harrt der Wiedergeburt, was schon dahinstarb; vieles wird hinsterben, was jetzt an Worten in Geltung ist, ganz wie der Bedarf es will: er gibt Gesetz, Entscheid und Richtschnur für das Sprachtum.

(W. Schöne – H. Färber)

2806 **ut aliquid fecisse videamur**
damit es wenigstens so aussieht, als hätten wir etwas unternommen

Laktanz, Institutiones divinae 7, 4

Item qui vas aliquod instituit ac format, non propterea id facit, *ut* tantum *fecisse videatur*, sed ut vas illud effectum capiat aliquid necessarium. Similiter cetera, quaecumque fiunt, non utique in supervacuum, sed ad usus aliquos utiles laborantur.

Ebenso macht einer, der ein Gefäß anfängt und formt, dieses nicht deshalb, daß er nur etwas gemacht zu haben scheine, sondern damit jenes Gefäß, wenn es gefertigt ist, etwas Notwendiges fassen kann. Ähnlich werden auch die übrigen Dinge, die hergestellt werden, jedenfalls nicht zum Überfluß, sondern zu irgendwelchen nützlichen Zwecken gefertigt.

vgl. Cicero, In C. Verrem II 2, 101 (Tamen aliquid dici videatur.)

2807 **Ut ameris, amabilis esto!**
Damit man dich liebe, sei liebenswürdig!

Ovid, Ars amatoria 2, 107

Sit procul omne nefas. *Ut ameris, amabilis esto!*
Quod tibi non facies solave forma dabit.

Jeglicher Frevel sei fern! Sei liebenswert, daß man dich liebe!
Dies gibt dir nicht dein Gesicht, nicht die Gestalt dir allein.

(N. Holzberg)

vgl. Martial, Epigrammata 6, 11, 10 (*Ut ameris*, ama!)

HW 32310 (…, ama!)

2808 **Ut aurum ignis, ita amicos tempus probat.**
Wie das Feuer Gold, so prüft die Zeit die Freunde.

vgl. Seneca, De providentia 5, 8

Ignis aurum probat, miseria fortes viros.

Feuer prüft Gold, Unbill mutige Männer.

(G. Fink)

vgl. Erasmus, Adagia 4, 1, 58 (aurum igni probatum)

2809 **Ut desint vires, tamen est laudanda voluntas.**
Wenn auch die Kräfte fehlen, ist dennoch der Wille zu loben.

OVID, EPISTULAE EX PONTO 3, 4, 79

Ut desint vires, tamen est laudanda voluntas:
hac ego contentos auguror esse deos.

Wenn es an Kräften gebricht, so ist doch der Wille zu loben:
so – das verkünde ich – wird Göttern Genüge getan.

(W. Willige)

HW 32364

2810 **Utendum est aetate, cito pede labitur aetas.**
Man muß die Zeit nutzen; raschen Fußes enteilt sie.

OVID, ARS AMATORIA 3, 65

Utendum est aetate. Cito pede labitur aetas,
nec bona tam sequitur, quam bona prima fuit.

Nutzen muß man die Zeit, denn sie gleitet mit eilendem Fuße
Fort; nicht so gut, wie sie war, wird in der Zukunft sie sein.

(N. Holzberg)

HW 32652; 44152

2811 **Ut fragilis glacies interit ira mora.**
Wie zerbrechliches Eis schmilzt der Zorn durch den Aufschub.

OVID, ARS AMATORIA 1, 374

Sed propera, ne vela cadant auraeque residant.
Ut fragilis glacies interit ira mora.

Eile, damit nicht das Segel herabsinkt und nicht sich der Wind legt.
Wie das zerbrechliche Eis schmilzt mit der Zeit auch der Zorn.

(N. Holzberg)

HW 32403; 44137a3

2812 **Utilis interdum est ipsis iniuria passis.**
Mitunter ist ein Unrecht sogar denen von Nutzen, die es erlitten.

OVID, HEROIDES 17 (16), 187

HW 32725

2813 **uti possidetis**
wie ihr besitzt
(d. h.: nach dem augenblicklichen Besitzstand)

DIGESTA 43, 17 tit.

2814 **Ut locuples fiat,**
semper avarus hiat.
Um reich zu werden, sperrt der Geizige ständig seinen Rachen auf.

HW 32434

2815 **Ut locuples moriaris, egentis vive fato!**
Damit du als reicher Mann stirbst, lebe nach Art eines Bettlers!

JUVENAL, SATURAE 14, 137

Sed quo divitias haec per tormenta coactas,
cum furor haut dubius, cum sit manifesta phrenesis,
ut locuples moriaris, egentis vivere fato?

Doch wozu der Reichtum, unter solchen Qualen gesammelt,
wo doch der Wahnsinn offenbar, wo sichtbar die Geisteskrankheit,
nur um reich zu sterben, wie ein Armer zu leben?

2816 **ut lupus ovem**
wie der Wolf das Schaf (liebt)

HW 32436a

ERASMUS, ADAGIA 4, 7, 91

2817 **ut nil supra**
daß nichts darüber geht

TERENZ, ANDRIA 120

SI. Et voltu, Sosia,
adeo modesto, adeo venusto, *ut nil supra.*

SIMO: Und von Gesicht – ach, Sosia! –
so unschuldsvoll, so reizend; Schöneres gibt es nichts.

(J. J. C. Donner)

2818 **ut pictura poesis**
Das Gedicht gleicht einem Gemälde.

HORAZ, DE ARTE POETICA 361

Ut pictura poesis: erit quae, si propius stes,
te capiat magis, et quaedam, si longius abstes.

Das Dichtwerk gleicht dem Gemälde: manches wird dich, wenn du näher stehst,
mehr ansprechen, ein andres bei entfernterem Standpunkt.

(W. Schöne – H. Färber)

HW 32500a

2819 **Ut quimus, quando, ut volumus, non licet.**
Wie wir können, wenn nicht erlaubt ist, wie wir wollen.

TERENZ, ANDRIA 805

MY. Nos quidem pol miseras perdidit.
CR. Quid vos? Quo pacto hic? Satine recte? MY. Nosne? Sic:
ut quimus, aiunt, *quando, ut volumus, non licet.*

MYSIS: Uns Arme hat sie (sc. Chrysis) tief gebeugt.
CRITO: Wie geht's denn euch? Gut, hoff' ich. MYSIS: Wie das Sprichwort sagt:
Da 's nicht geht, wie man will, so lebt man, wie man kann.

(J. J. C. Donner)

vgl. MENANDER, fr. 7

HW 32529

ERASMUS, ADAGIA 1, 8, 43 (Ut possumus . . .,)

2820 Ut quisque fortuna utitur, ita praecellet.
Wie jeder sein Glück nutzt, so wird er sich auszeichnen.

PLAUTUS, PSEUDOLUS 679f.

Ps. Centum doctum hominum consilia sola haec devincit dea,
Fortuna. Atque hoc verumst: Proinde *ut quisque fortuna utitur,*
ita praecellet atque exinde sapere eum dicimus.

PSEUDOLUS: (Doch jetzt soll und muß
das alles anders werden, denn) die einzige
Göttin Fortuna macht zu nichts, was Hunderte
Der Klügsten ausgesonnen. Und auch das ist wahr:
Wie jeder sich des Glücks bedient, so ragt er vor,
Und wir alle preisen ihn als einen weisen Mann.

(W. Binder – W. Ludwig)

HW 32530b

2821 Ut rei servire suave est!
Wie süß ist es doch, der «Sache» (d. h. seinem Vermögen) zu dienen!

PLAUTUS, TRUCULENTUS 342

DI. *Ut rem servare suavest!* (*servire* ist Konjektur)

DINIARCHUS: Wie süß
Ist's doch, wenn sein Vermögen man im Stand erhält!

(W. Binder – W. Ludwig)

2822 Utrumque vitium est, et omnibus credere et nulli.
Beides ist ein Fehler: allen zu vertrauen und keinem.

SENECA, EPISTULAE MORALES 3, 4

HW 32756c

2823 Ut sementem feceris, ita metes.
Wie du säst, so wirst du ernten.

CICERO, DE ORATORE 2, 261

In verbis etiam illa sunt, quae aut ex immutata oratione ducuntur aut ex unius verbi translatione aut ex inversione verborum. Ex immutatione, ut olim Rusca cum legem ferret annalem, dissuasor M. Servilius 'Dic mihi', inquit, 'M. Pinari, num, si contra te dixero, mihi male dicturus es, ut ceteris fecisti?' '*Ut sementem feceris, ita metes*' inquit.

Zu den Mitteln des Ausdrucks gehören auch die Wirkungen, die man durch allegorische Redeweise ... erzielt. Der Allegorie bediente sich z. B. Rusca einst bei seinem Gesetzesantrag über das Mindestalter bei Amtsbewerbungen; als M. Servilius, der gegen den Antrag sprach, sich mit den Worten an ihn wandte: «Sage mir, M. Pinarius, du wirst mich doch nicht schelten, wenn ich gegen dich spreche, wie du es bei den anderen getan hast?» erwiderte er: «Wie du säst, so wirst du ernten.»

(H. Merklin)

HW 32558a 6

ERASMUS, ADAGIA 1, 8, 78 (..., ita et metes.)

2824 Ut sis nocte levis, sit tibi cena brevis!
Damit dir die Nacht leicht werde, sei dein Abendbrot kurz!

HW 32566

2825 **Ut sit magna, tamen certe lenta ira deorum est.**
Mag der Zorn der Götter auch groß sein, er ist dennoch sicherlich langsam.

JUVENAL, SATURAE 13, 100

HW 32569 (*om.* est)

2826 **ut solet accipiter trepidas agitare columbas**
wie der Habicht die zitternden Tauben zu jagen pflegt

OVID, METAMORPHOSES 5, 606

Sic ego currebam, sic me ferus ille premebat,
ut fugere accipitrem penna trepidante columbae,
ut solet accipiter trepidas urgere columbas.

So lief ich, und so verfolgte er mich, der Wilde,
wie mit ängstlichem Fittich die Taube den Habicht zu fliehen,
so wie der Habicht pflegt zu bedrängen die ängstlichen Tauben.
(Arethusa über Alpheus)

(E. Rösch)

2827 **Ut spectent, veniunt, veniunt, spectentur ut ipsae.**
Um zuzuschauen kommen sie, sie kommen aber auch, um selbst gesehen zu werden.

vgl. OVID, ARS AMATORIA 1, 99

Spectatum *veniunt*...

Sie, die zum Sehen kommen, sie kommen, gesehen zu werden.

(N. Holzberg)

2828 **Ut sunt humana, nihil est perpetuum.**
Wie die menschlichen Dinge so liegen: nichts ist von ewiger Dauer.

PLAUTUS, CISTELLARIA 194

AU. *Ut sunt humana, nil est perpetuom* datum.

AUXILIUM (DEUS): Doch wie's nun einmal in der Welt
Hergeht, nichts hat Bestand.

(W. Binder – W. Ludwig)

HW 32585

2829 **Ut tute es, item omnes censes esse.**
Wie du selbst bist, so – meinst du – sind sie alle.

PLAUTUS, RUDENS 1099

TR. Scelerum caput,
Ut tute's, item omnis censes esse? Periuri caput.

TRACHALIO: Verfluchter Kerl, denkst du, die Menschen seien alle
Gleich dir meineidige Schufte?

(W. Binder – W. Ludwig)

HW 32609b

2830 **Uxorem fato credat obesse suo.**
Er mag glauben, seine Frau stehe seinem Glück im Wege.

Ovid, Remedia amoris 566

Cui durus pater est, ut voto cetera cedant,
Huic pater ante oculos durus habendus erit;
Hic male dotata pauper cum coniuge vivit:
Uxorem fato credat adesse suo.

Der, dessen Vater streng ist – mag sonst ihm auch alles nach Wunsch gehn –,
Habe den Vater stets und dessen Strenge im Blick;
Lebt einer ärmlich mit seiner Frau, deren Mitgift nur klein war,
Denk' er, zu seinem Pech komme die Frau noch hinzu.

(N. Holzberg)

HW 32773

2831 **Uxorem malam obolo non emerem.**
Eine schlechte Frau möchte ich nicht um einen Obolos (einen Pfennig) kaufen.

HW 32775

2832 **Uxori nubere nolo meae.**
Meine Frau will ich lieber nicht zum Manne nehmen.

Martial, Epigrammata 8, 12, 2

Uxorem quare locupletem ducere nolim,
quaeritis? *Uxori nubere nolo meae.*
Inferior matrona suo sit, Prisce, marito:
Non aliter fiunt femina virque pares.

Warum ich nicht eine reichere Frau mir wünsche zu nehmen,
fragt ihr? Frau meiner Frau werden, das möchte ich nicht.
Unter dem Manne, mein Priscus, muß immer stehen die Gattin.
Sonst stehn Mann und Frau nie in der Ehe sich gleich.

(R. Helm)

2833 **Uxoris linguam, si frugi est, ferre memento!**
Namque malum est non velle pati nec posse tacere.
Der Gattin spitze Zunge ertrage, wenn sie sonst brav ist;
denn es ist von Übel, nichts einstecken zu wollen und den Mund nicht halten zu können.

Catonis Disticha 3, 23 (PLM III 229 B.)

HW 32785

2834 **Uxorium se praebet.**
Er zeigt sich als seiner Frau hörig.
(d. h.: Er ist ein Pantoffelheld.)

Macrobius, Saturnalia 7, 3, 19

... ut si quis adulescentem coram parentibus vel magistris inrideat, quod insanire possit continuis vigiliis lectionibusque nocturnis, aut uxore praesente, quod stulte faciat *uxorium se praebendo* ...

... wie wenn einer einen jungen Mann in Gegenwart seiner Eltern oder Lehrer verlacht, weil er verrückt handle mit seinem ständigen Aufbleiben und Lesen während der Nacht, oder in Gegenwart seiner Gattin, daß er töricht handle, wenn er sich als Pantoffelheld zeige ...

V

2835 **Vacare culpa magnum est solacium.**
Und doch, von Schuld sich frei zu fühlen ist ein starker Trost.

CICERO, AD FAMILIARES 7, 3, 4 K.

Sed tamen *vacare*...

(H. Kasten)

HW 32790

2836 **Vacat.**
Diese Seite bleibt unbedruckt.
(auch: Vakat)

2837 **Vade mecum!**
Geh mit mir!
(davon Vademecum: Handbuch)

2838 **Vae miser!**
Wehe, du Elender!

z. B. HW 32 828a:

Vae, miser hypocrita, cuius foris est bona vita,
Intus sed vitia mente latent tacita.

Wehe, du elender Heuchler, dessen Leben draußen gut ist,
dessen Laster jedoch still sich verbergen zu Haus.

2839 **Vae victis!**
Wehe den Besiegten!
(Brennus vor dem Abzug aus Rom 390 v. Chr.)

LIVIUS, AB URBE CONDITA 5, 48, 9

Rei foedissimae per se adiecta indignitas est: pondera ab Gallis allata iniqua, et tribuno recusante additus ab insolente Gallo ponderi gladius auditaque intoleranda Romanis vox: '*Vae victis!*'

Zu der an sich schon höchst schimpflichen Sache kam noch eine besondere Schmach hinzu: Die Gallier brachten falsche Gewichte heran, und als der Tribun sie zurückwies, legte der unverschämte Gallier noch sein Schwert zu den Gewichten, und man mußte das für Römer unerträgliche Wort hören: «Wehe den Besiegten!»

(H. J. Hillen)

HW 44174b1

2840 **Valere malo quam dives esse.**
Ich will lieber gesund als reich sein.

CICERO, DE OFFICIIS 2, 88

Nam et corporis commoda cum externis et externa cum corporis et ipsa inter se corporis et externa cum externis comparari solent. Cum externis corporis hoc modo comparantur, *valere ut malis quam dives esse...*

Denn die Vorteile für den Körper pflegt man mit den äußerlichen, die äußerlichen mit denen des Körpers und die des Körpers selbst unter sich und die äußerlichen mit den äußerlichen zu vergleichen. Mit den äußerlichen werden die des Körpers auf folgende Weise verglichen, daß du lieber gesund als reich sein willst, ...

(K. Büchner)

HW 44175b (... malis ...)

2841 **Valet ancora virtus.**
Tugend hat den Wert eines Ankers.

vgl. AUGUSTINUS, IN PSALMUM 54, 24 (36, 644 Migne):

Ancora spes eius (i. e. navis) est.

2842 **vana surdis auribus canere**
tauben Ohren Nichtigkeiten predigen

LIVIUS, AB URBE CONDITA 40, 8, 10

Sed interdum spes animum subibat... subituram vobis aliquando germanitatis memoriam, puerilis quondam simplicitatis consuetudinisque inter vos, meorum denique praeceptorum, quae vereor, ne *vana surdis auribus cecinerim.*

Aber zuweilen beschlich mich die Hoffnung... euch würde einmal die Erinnerung kommen, daß ihr Brüder seid, an eure Aufrichtigkeit in der Kindheit und den vertrauten Verkehr untereinander, schließlich auch an meine Lehren, von denen ich fürchte, daß ich sie tauben Ohren umsonst verkündet habe. (Ein Vater als Richter über seine Söhne 182 v. Chr.)

(H. J. Hillen)

2843 **Vanitas vanitatum!**
Eitelkeit der Eitelkeiten!

Prediger SALOMON/ECCLESIASTES 1, 2 (und 12, 8):
ματαιότης ματαιοτήτων (mataiótes mataiotéton)

HW 44181b

2844 **Vara vibiam sequitur.**
Das Querholz folgt dem Balken.
(d. h.: Ein Übel zieht das nächste nach sich.)

AUSONIUS, TECHNOPAEGNIUM IV. praef. Monosyllabarum 1:

Ut in vetere proverbio est, *sequitur vara vibiam,*
similium nugarum subtexo nequitiam.

... wie es in einem alten Sprichwort heißt «Querholz folgt dem Balken»,
so füge ich die Spielerei mit ähnlichen Nichtigkeiten an.

HW 34448a1; vgl. 44182a1 (Varam cum vibia proicit.)

2845 **Vare, redde legiones!**
Varus, gib (mir) meine Legionen wieder!

SUETON, VITA DIVI AUGUSTI 23, 2

Quintili *Vare, legiones redde*!

2846 **Variatio delectat.**
Abwechslung erfreut.

PHAEDRUS, FABULAE 2, pro. 10

Sed si libuerit aliquid interponere,
dictorum sensus *ut delectet varietas,*
bonas in partes, lector, accipias velim,
ita, si rependet illi brevitas gratiam.

Schieb ich aber etwas ein,
damit des Ausdrucks Wechsel auch ergötzen mag,
so nimm es, lieber Leser, freundlich an,
vorausgesetzt, daß meine Kürze Würze ist.

(H. C. Schnur – E. Keller)

vgl. z. B. EURIPIDES, ORESTES 234:

Μεταβολὴ πάντων γλυκύ. (Metabolè pánton glyký.)

HW 32905a

2847 **Varium et mutabile semper femina.**
Die Frau ist stets wankend und veränderlich.

VERGIL, AENEIS 4, 569

'Heia age, rumpe moras! *varium et mutabile semper femina.*' Sic fatus nocti se inmiscuit atrae.

«Auf denn, ohne Verzug! Ein buntveränderlich Etwas
bleibt das Weib!» So sprach er und tauchte in nächtliches Dunkel.
(Merkur erscheint Aeneas im Traum.)

(J. Götte)

HW 32906; 44182c

2848 **Vates optimus, qui optime coniectarit.**
Der ist der beste Prophet, der die besten Schlüsse zieht.

HW 32923d (*var.*: Vates ille optimus, qui coniectator optimus.)

nach EURIPIDES, z. B. fr. 574

2849 **Vectigalia nervi sunt rei publicae.**
Steuereinnahmen sind die Nerven des Staates.

CICERO, PRO LEGE MANILIA 17

Etenim si *vectigalia nervos esse rei publicae* semper duximus, eum certe ordinem, qui exercet illa, firmamentum ceterorum ordinum recte esse dicemus.

Denn wenn uns die Steuereinnahmen stets als der Nerv des Staates gegolten haben, so dürfen wir mit Recht behaupten, daß der Stand, der sie verwaltet, die Stütze der übrigen Stände sei. (Gemeint sind die Steuerpächter.)

(M. Fuhrmann)

2850 **Vel caeco apparet.**
Selbst ein Blinder sieht das.

LIVIUS, AB URBE CONDITA 32, 34, 3

'*Apparet id quidem*', inquit Philippus, '*etiam caeco*' iocatus in valetudinem oculorum Phaeneae; et erat dicacior natura, quam regem decet, et ne inter seria quidem risu satis temperans.

«Das ist sogar einem Blinden klar», entgegnete Philipp und zielte mit diesem Witz auf das Augenleiden des Phaineas. Er besaß von Natur mehr beißenden Witz, als es sich für einen König geziemt, und enthielt sich nicht einmal bei ernsten Anlässen ganz des Spottes. (198 v. Chr.)

(H. J. Hillen)

HW 44185a; vgl. 32930 (Vel caecus videat, qui nullo lumine gaudet.)

ERASMUS, ADAGIA 1, 8, 93 (... appareat.)

2851 **Vel capillus habet umbram suam.**
Auch ein Haar wirft seinen Schatten.

PUBLILIUS SYRUS, SENTENTIAE E 13

Etiam *capillus* unus *habet umbram suam.*

Ein einzig Härchen auch hat seinen Schatten.

(H. Beckby)

HW 8790; 32931

vgl. ERASMUS, ADAGIA 3, 5, 32 (Etiam capillus unus.)

2852 **velis et remis**
mit Segeln und Rudern
(d. h.: volle Kraft voraus)

CICERO, AD FAMILIARES 12, 24 (25), 3 K.

Ego... iratus temporibus Graeciam desperata libertate rapiebar, cum me etesiae quasi boni cives relinquentem rem p. prosequi noluerunt austerque adversus maximo flatu me... Regium rettulit, atque inde *ventis, remis* in patriam omni festinatione properavi postridieque in summa reliquorum servitute liber unus fui.

Ich selbst... ließ mich im Zorn über die Zustände, weil ich an der Freiheit verzweifelte, nach Griechenland treiben. Aber die Passatwinde wollten mir gleichsam als wohlmeinende Mitbürger nicht das Geleit geben, als ich den Staat im Stich ließ, und ein widriger Südwind trug mich mit kräftiger Brise... nach Regium zurück. Von dort eilte ich, so schnell mich Wind und Ruder tragen wollten, nach Hause und war am nächsten Tage der einzige Freie unter lauter Sklaven. (19. 3. 43 v. Chr.)

(H. Kasten)

vgl. ERASMUS, ADAGIA 1, 4, 18 (remis velisque); s. auch 1, 4, 17 (velis equisque)

2853 **Velle non discitur.**
Wollen läßt sich nicht lernen.

2854 **Velle suum cuique est.**
Das Wollen ist für jeden das Seine.
(vgl.: Des Menschen Wille ist sein Himmelreich.)

PERSIUS, SATURAE 5, 53

Mille hominum species et rerum discolor usus;
velle suum cuique est nec voto vivitur uno.
Dissimilis cunctis vox vultus vita voluntas.

Menschlicher Arten sind tausend, buntscheckig der Dinge Benützung;
Jeder hat eigenen Wunsch, nicht lebt man nach einerlei Willen.
Allen verschieden ist Stimme und Miene und Leben und Neigung.

(O. Seel)

HW 32949; 44196a

2855 **Vellet nollet.**
Ob er will oder nicht.

SENECA, EPISTULAE MORALES 53, 3

Instit gubernatori et illum, *vellet nollet*, coegi, peteret litus. cuius ut viciniam attigimus, ... memor artificii mei vetus frigidae cultor mitto me in mare, quomodo psychrolutam decet, gausapatus.

Ich setzte dem Steuermann zu und zwang ihn, er wolle, wolle nicht, die Küste anzusteuern. Als wir deren Nähe erreicht hatten, springe ich, eingedenk meiner Fertigkeit, ein alter Verehrer des kalten Wassers, ins Meer, wie es einem Kaltbader geziemt, im leichten Friesgewand.

(nach M. Rosenbach)

2856 **veluti in speculum inspicere**
wie in einen Spiegel schauen

TERENZ, ADELPHOE 415

DE. Denique *inspicere* tamquam *in speculum* in vitas omnium
iubeo atque ex aliis sumere exemplum sibi.

DEMEA: Ich heiß ihn allezeit
In aller Leben als in einen Spiegel schauen,
Daß andrer Beispiel lehrend ihm und warnend sei.

(J. J. C. Donner)

vgl. PLATON, LEGES 10.905b5

vgl. ERASMUS, ADAGIA 2, 3, 50 (tamquam in speculo; tamquam in tabula)

2857 **velut inter ignes luna minores**
wie der Mond unter den kleineren Sternen

HORAZ, CARMINA 1, 12, 48

Crescit occulto velut arbor aevo
fama Marcelli; micat inter omnis
Iulium sidus *velut inter ignis*
luna minores.

Wie der Baum unmerklich im Lauf der Jahre
Wächst Marcellus' Ruhm; doch hervor aus allen
Strahlt der Stern der Julier wie der Mond aus
Kleineren Lichtern.

(Kayser – Nordenflycht – Burger – Färber)

2858 Venalis populus, venalis curia patrum.
Käuflich das Volk, käuflich die Kurie der Väter (d. h. der Senat)

PETRON, SATIRICA 119, 41

HW 32971:

Venalis populus, venalis curia primum
ipsaque maiestas auro corrupta tacebit.

Käuflich das Volk, käuflich die Regierung zuerst,
und selbst die Majestät wird, mit Gold bestochen, schweigen.

2859 venatum ducere invitos canes
Hunde, die nicht wollen, zur Jagd führen
(vgl.: einen Hund zur Jagd tragen müssen)

PLAUTUS, STICHUS 139

PAN. Stultitiast, pater, *venatum ducere invitas canes.*
Hostis est uxor invita, quae viro nuptum datur.

PANEGYRIS: Dumm ist's, wenn man den Hund zum Jagen tragen muß.
Des Mannes Feindin ist die aufgezwungne Frau.

(W. Binder – W. Ludwig)

2860 Venenum in auro bibitur.
Gift trinkt man aus goldnem Becher.

SENECA, THYESTES 453

O quam bonum est
obstare nulli, capere securas dapes!
Humi iacentem scelera non intrant casam
tutusque mensa capitur angusta cibus.
Venenum in auro bibitur; expertus loquor.

O, wie gut ist's,
keinem im Wege zu stehn, sein Mahl sorglos zu sich zu nehmen!
Die niedrige Hütte suchen Verbrechen nicht auf
und in Sicherheit nimmt man vom schmalen Tisch sein Mahl.
Gift trinkt man aus goldnem Becher; aus Erfahrung sag' ich das.

HW 32985; 44200c

2861 venia legendi
die Erlaubnis, Vorlesungen zu halten
vgl. auch venia docendi: Lehrerlaubnis

2862 Venia sit dicto.
Das Wort sei gestattet.
(mit Verlaub)

PLINIUS MINOR, EPISTULAE 5, 6, 46

Usque adhuc certe neminem ex iis, quos eduxeram mecum *(venia sit dicto),* ibi amisi

Bis jetzt jedenfalls habe ich – unberufen! – niemanden von denen, die ich (auf mein Landgut) mit hinausgenommen habe, verloren.

(H. Kasten)

2863 **Veni, vidi, vici.**
Ich kam, sah, siegte.
(Caesar über die Schlacht bei Zela, 47 v. Chr.)

SUETON, VITA DIVI IULII 37, 2

Pontico triumpho inter pompae fercula trium verborum praetulit titulum *VENI • VIDI • VICI* non acta belli significantem sicut ceteris, sed celeriter confecti notam.

Im Pontischen Triumphzug ließ er unter andern im Festzug mitgeführten Gegenständen eine Inschrift von drei Worten vorantragen: «Kam, sah, siegte», womit er nicht, wie in den übrigen, auf die Geschehnisse des Krieges hinweisen wollte, sondern auf dessen rasche Beendigung.

(A. Lambert)

vgl. PLUTARCH, CAESAR 50

2864 **Venter non habet aures.**
Der Bauch hat keine Ohren.

HW 33 000a (2)

vgl. SENECA, EPISTULAE MORALES 21, 11:

Nam de illis extraordinariis ... hoc unum commonefaciam: ista voluptas naturalis est, non necessaria. Huic nihil debes: si quid impendis, voluntarium est. *Venter praecepta non audit:* poscit, appellat. Non est tamen molestus creditor: parvo dimittitur, si modo das, quod debes, non quod potes.

Denn über jene unnatürlichen Bedürfnisse ... will ich nur eine einzige Bemerkung machen: dieses Vergnügen ist natürlich, nicht notwendig. Dem Bauch schuldest du nichts: wenn du etwas aufwendest, ist es freiwillig. Der Bauch hört nicht auf Vorschriften: er fordert, er mahnt. Dennoch ist er kein lästiger Gläubiger: mit Geringem wird er befriedigt, wenn du ihm nur gibst, was du schuldest, nicht was du kannst.

(M. Rosenbach)

vgl. HW 32995e (Venter auribus caret.)

ERASMUS, ADAGIA 2, 8, 84 (Venter auribus caret.)

2865 **ventis secundis**
mit günstigem Wind

z. B. CICERO, DE NATURA DEORUM 3, 83

secundissimo vento

unter besonders günstigen Windverhältnissen

(W. Gerlach – K. Bayer)

2866 **Ventum est ad supremum.**
Es ist zum Äußersten gekommen.

VERGIL, AENEIS 12, 803

Ventum ad supremum est. Terris agitare vel undis
Troianos potuisti, infandum accendere bellum,
deformare domum et luctu miscere hymenaeos:
Ulterius temptare veto.

Jetzt ist das Äußerste da. Zu Lande oder auf Wogen
konntest du jagen die Troer, unsagbaren Krieg hier entflammen,
gräßlich schlagen das Haus und trüben mit Leid die Vermählung:
mehr noch zu wagen verbiete ich dir! (Jupiter zu Juno)

(J. Götte)

2867 **Venus vulgivaga**
käufliche Liebe

Lukrez, De rerum natura 4, 1071

Inque dies gliscit furor atque aerumna gravescit,
si non prima novis conturbes volnera plagis
*volgivaga*que vagus *Venere* ante recentia cures
aut alio possis animi traducere motus.

Täglich vermehrt sich der Wahn, und schwerer lastet das Leiden,
wenn du mit neuem Schlag nicht die ersten Wunden erschütterst
und durch schweifende Venus vorher sie frisch noch behandelst
unstet oder die Regung des Herzens nach anderer Richtung ablenkst.

(K. Büchner – H. Diels)

2868 **Verae amicitiae sempiternae sunt.**
Wahre Freundschaften sind von ewiger Dauer.

Cicero, De amicitia 32

Nam si utilitas amicitias conglutinaret, eadem commutata dissolveret; sed quia natura mutari non potest, idcirco *verae amicitiae sempiternae sunt.*

Würde nämlich das Nützlichkeitsstreben Freundschaften knüpfen, dann würde es sie auch wieder auflösen, sobald sich eben eine Änderung ergeben hätte; weil aber angeborene Art keiner Wandlung unterworfen ist, deswegen sind wahre Freundschaften auch ewig.

(M. Faltner)

HW 33053b (... aeternae sunt.)

2869 **Vera et sapiens animi magnitudo principem se esse mavult quam videri.**
Ein Mensch von echter und weiser Seelengröße will lieber der erste sein als scheinen.

(nach K. Büchner)

Cicero, De Officiis 1, 65

2870 **Vera redit facies, dissimulata perit.**
Das ware Aussehen kehrt zurück, das vorgespielte schwindet.

Petron, Satyrica 80, 9 (v. 8)

Grex agit in scaena mimum: pater ille vocatur,
filius hic, nomen divitis ille tenet.
Mox ubi ridendas inclusit pagina partes,
vera redit facies, assimulata perit.

Fahrendes Volk gibt ein lustiges Spiel: der eine ist Vater,
Sohn der zweite, als reich gibt sich ein anderer aus.
Kaum aber sind mit dem Stück die komischen Rollen zu Ende,
fällt die Maske, es kehrt wieder das wahre Gesicht.

(K. Müller – W. Ehlers)

HW 33046

2871 **verba dare**
bloße Worte geben (d. h. täuschen)
(vgl.: einem ein X für ein U vormachen)

z. B. Terenz, Andria 211

Da. Nec quid agam, certumst, Pamphilumne adiutem an auscultem seni.
Si illum relinquo, eius vitae timeo; sin opitulor, huius minas,
quoi *verba dare* difficilest.

Davos: Auch bin ich noch unschlüssig, was ich tue: helf ich Pamphilus,
Soll ich dem Alten folgen hier? – Verlaß ich jenen, muß mir um
Sein Leben bangen; helf ich ihm, fürcht ich des Greises Drohungen,
Dem schwer was weiszumachen ist.

(J. J. C. Donner)

Erasmus, Adagia 1, 5, 49

2872 **verba dare in ventos**
in den Wind sprechen

Ovid, Amores 1, 6, 42

Lentus es; an somnus (qui te male perdat) amantis
verba dat in ventos aure repulsa tua?

Träg bist du – oder läßt Schlaf (er bring dir Verderben!) die Worte
Von dem verschlossenen Ohr fort mit den Winden verwehn?

(W. Marg – R. Harder)

2873 **Verba dat omnis amans.**
Jeder Liebende gibt schöne Worte.

Ovid, Remedia amoris 95

Verba dat omnis amor reperitque alimenta morando;
Optima vindictae proxima quaeque dies.

Liebe spielt stets uns was vor, und durch Zögern findet sie Nahrung;
Freiheit am besten gewährt jeweils der nächste Termin.

(N. Holzberg)

HW 33057

2874 **Verba ligant homines, taurorum cornua funes.**
Worte binden die Menschen, der Stiere Hörner nur Stricke.

HW 33064

2875 **verba sine penu et pecunia**
Wörter ohne Geld und Gut

Plautus, Captivi 472

Er. Nihil morantur iam Lacones unisubselli viros,
plagipatidas, quibus sunt *verba sine penu et pecunia.*

Ergasilus: Nicht gönnt den letzten Platz sie* den Spartanern mehr,
Den Prügeljungen, Schwätzern ohne Geld und Gut. (*sc. die Jugend)

(W. Binder – W. Ludwig)

2876 **Verbera post verba veniunt.**
Schläge folgen den Worten.
(Erst Worte, dann Schläge.)

HW 33101 a

2877 **verbis castigare**
mit Worten züchtigen
(vgl.: die Leviten lesen)

Cicero, Tusculanae disputationes 3, 64

Pueros vero matres et magistri *castigare* etiam solent, nec *verbis* solum, sed etiam verberibus, si quid in domestico luctu hilarius ab iis factum est aut dictum, plorare cogunt.

Die Kinder werden von ihren Müttern und Lehrern sogar gezüchtigt; nicht nur mit Worten, sondern auch mit Schlägen werden sie zu weinen gezwungen, wenn sie in einer häuslichen Trauer etwas Fröhliches gesagt oder getan haben.

(O. Gigon)

2878 **verbis parvam rem magnam facere**
mit Worten eine kleine Sache zu einer großen machen
(vgl.: aus einer Mücke einen Elefanten machen)

Livius, Ab urbe condita 41, 27, 17

Quid *rem parvam* et apertam *magnam* et suspectam *facimus?* Quid vanos tumultus ciemus?

Warum machen wir eine kleine und offenkundige Angelegenheit zu einer großen und verdächtigen? Warum erregen wir ohne Grund Unruhe? (174 v. Chr.)

(H. J. Hillen)

2879 **Verbis simus faciles!**
Was die Worte anlangt, seien wir umgänglich!

2880 **verborum paupertas, immo egestas**
eine Armut, ja Dürftigkeit der Worte

Seneca, Epistulae morales 58, 1

Quanta *verborum* nobis *paupertas, immo egestas* sit, numquam magis quam hodierno die intellexi. Mille res inciderunt, cum forte de Platone loqueremur, quae nomina desiderarent nec haberent, quaedam vero, quae, cum habuissent, fastidio nostro perdidissent.

Welch große Armut an Wörtern, vielmehr Dürftigkeit wir haben, niemals habe ich das deutlicher erkannt als gestern. Tausend Sachverhalte fielen uns ein, als wir gestern zufällig über Platon sprachen, die Bezeichnungen brauchten und nicht hatten; obwohl manche solche besessen hatten, waren sie wegen unseres Hochmuts verlorengegangen.

(nach M. Rosenbach)

vgl. Lukrez, De rerum natura 1, 832 (*egestas* patrii sermonis); s. auch 1, 139; 3, 260

2881 **verbo tenus**
wörtlich, bis aufs Wort

z. B. CICERO, DE LEGIBUS 3, 14

ATT. Etiam Stoicis ista tractata sunt? MA. Non sane nisi ab eo, quem modo nominavi, et postea a magno homine et in primis erudito Panaetio. Nam veteres *verbo tenus* acute illi quidem, sed non ad hunc usum popularem atque civilem, de re publica disserebant.

ATTICUS: Sind diese Fragen auch von den Stoikern erörtert worden? MARCUS: Nein, nur von dem eben erwähnten (Diogenes, dem Stoiker) und später von dem großen Gelehrten Panaitios. Denn die Alten diskutierten zwar, soweit es bei Worten blieb, scharfsinnig über den Staat, jedoch nicht zu diesem (hier vorliegenden) Gebrauch in der politischen Praxis.

2882 **Verbum sat sapienti.**
Dem Weisen genügt ein Wort.

TERENZ, PHORMIO 541

AN. Ah, dictum *sapienti sat* est.

ANTIPHO: Dem Klugen ist ein Wort genug.

(J. J. C. Donner)

vgl. HW 27522

2883 **Vere calor redit ossibus.**
Im Frühjahr kehrt Wärme in die Knochen zurück.

VERGIL, GEORGICA 3, 272

Continuoque avidis ubi subdita flamma medullis
– vere magis, quia *vere calor redit ossibus* – illae
ore omnes versae in Zephyrum stant rupibus altis
exceptantque levis auras, et saepe sine ullis
coniugiis vento gravidae, mirabile dictu ...

Gleich, wenn im brünstigen Mark entbrennt die verborgene Glut – im
Lenze zumal, denn im Lenze durchpulst wieder Wärme die Glieder –
stehen sie alle, das Haupt zum Zephir gewendet, auf hohen
Felsen und saugen die säuselnden Lüfte, oft ohne alle
Paarung werden sie schwanger vom Wind – ein Wunder zu sagen ...
(Gemeint sind die Stuten.)

(J. Götte)

2884 **Verecundari neminem apud mensam decet.**
Bei Tische ziemt es sich für keinen, Scheu zu zeigen.

PLAUTUS, TRINUMMUS 478

ST. At pol ego, etsi vetet,
edim atque ambabus malis expletis vorem
et quod illi placeat, praeripiam potissimum:
neque illi concedam quicquam de vita mea.
Verecundari neminem apud mensam decet.

STASIMUS: Und ich, beim Pollux, auch wenn er mir's verwehrte,
Würd essen, steckte mir die beiden Backen voll,
Und das gerade, was ihm schmeckte, schnappt ich weg;
Nicht einen Schritt von meinem Lebensglück wich ich ihm zuliebe.
Scheu ziemt bei Tische niemandem ...

(W. Binder – W. Ludwig)

HW 33154

ERASMUS, ADAGIA 5, 1, 7 (Apud cenam verecundari neminem decet.)

2885 **Verecundia inutilis viro egenti.**
Bescheidenheit kann ein Armer sich nicht leisten.

vgl. Homer, Odyssee 17, 347. 578

HW 33154b; 44213b

Erasmus, Adagia 2, 7, 2

2886 **Verecundia mulierem ornat, non color fucatus.**
Zurückhaltung schmückt die Frau, nicht aufgetragne Schminke.

vgl. Horaz, Epodoe 12, 11

neque illi
iam manet umida creta colorque
stercore *fucatus* crocodili ...

Vermischt mit dem Schweiße
Fließt ihr die Schminke, die aus Krokodilmist gegoren, ...

(Kayser – Nordenflycht – Burger – Färber)

2887 **Vereor coram in os te laudare amplius.**
Ich scheue mich, dich in deiner Gegenwart weiter zu loben.

Terenz, Adelphoe 269

Ct. O mi Aeschine,
o mi germane! Ah, *vereor coram in os te laudare amplius,*
ne id adsentandi magis, quam quo habeam gratum facere, existumes.

Ctesipho: O mein Aeschinus!
Mein Bruder! Ach, dich ins Gesicht noch mehr zu loben scheu ich mich;
Du könntest glauben, solches sei mehr Schmeichelei als Dankbarkeit.

(J. J. C. Donner)

2888 **Vereri perdidit.**
Er hat verlernt, sich zu schämen.

Plautus, Bacchides 158

Pi. Fiam, ut ego opinor, Hercules, tu autem Linus.
Ly. Pol metuo magis, ne Phoenix tuis factis fuam
teque ad patrem esse mortuom renuntiem.
Pi. Satis historiarumst. Ly. Hic *vereri perdidit* ...

Pistoclerus: Zum Herkules werd ich und zum Linus du.
Lydus: Ich fürchte vielmehr, daß mich dein Benehmen noch
Zum Phönix macht, der deinem Vater Kunde bringt,
Du seist gestorben. Pistoclerus: Genug von den Geschichten jetzt!
Lydus: Hier ist die Scham dahin! ...

(W. Binder – W. Ludwig)

2889 **Veritas nihil veretur nisi abscondi.**
Alles, was die Wahrheit fürchtet, ist, daß sie geheim gehalten wird.

2890 **Veritas odium parit.**
Wahrheitsliebe erzeugt Haß.

TERENZ, ANDRIA 68, zitiert bei CICERO, DE AMICITIA 89

Sed nescio quomodo verum est, quod in Andria familiaris meus dicit: 'Obsequium amicos, *veritas odium parit.*' Molesta veritas, si quidem ex ea nascitur odium, quod est venenum amicitiae, sed obsequium multo molestius, quod peccatis indulgens praecipitem amicum ferri sinit.

Aber leider ist es wahr, was mein Freund in seinem «Mädchen aus Andros» sagt: «Nachgiebigkeit schafft Freunde, Wahrheit Feinde.» Da hat man es natürlich schwer mit der Wahrheit, wenn aus ihr Haß entsteht, der die Freundschaft vergiftet. Aber noch viel mehr Schaden stiftet die Nachgiebigkeit, weil sie mit ihrem «Verständnis» für die Fehler den Freund kopfüber ins Unglück stürzen läßt.

(M. Faltner)

HW 33157k; 44224c

2891 **Veritas vincit.**
Wahrheit siegt.

HW 33157s

2892 **Veritatem dies aperit.**
Der Tag offenbart die Wahrheit.

SENECA, DE IRA 2, 22

Dandum semper est tempus: *veritatem dies aperit.*

Man muß sich stets eine Frist setzen; was wahr ist, offenbart die Zeit.

(G. Fink)

HW 33157y; 44232a (... aperit dies.)

2893 **Veritatis sermo est simplex.**
Die Wahrheit ist leicht auszudrücken.

vgl. SENECA, EPISTULAE MORALES 49, 12

HW 33158e (... oratio simplex.)

2894 **Veritatis simplex oratio est.**
Die Rede der Wahrheit ist einfach.

SENECA, EPISTULAE MORALES 49, 12

Si me nolueris per devia ducere, facilius ad id, quo tendo, perveniam. Nam, ut ait ille tragicus: '*Veritatis simplex oratio est';* ideoque illam implicari non oportet. Nec enim quicquam minus convenit quam subdola ista calliditas animis magna conantibus.

Wenn du mich nicht auf Abwege führen willst, werde ich leichter zu meinem Ziel gelangen. Denn, wie jener Tragiker (Euripides) sagt, «der Wahrheit Rede ist schlicht»; und deswegen darf man sie nicht kompliziert machen. Nichts paßt nämlich weniger für Seelen, die Großes versuchen, als diese verschlagene Schläue.

(nach M. Rosenbach)

mit EURIPIDES, PHOENISSAE 469:

'Απλοῦς ὁ μῦθος τῆς ἀληθείας ἔφυ. (Haplûs ho mŷthos tês aletheías éphy.)

HW 33158e (Veritatis oratio simplex.); vgl. 29651f; 44236

ERASMUS, ADAGIA 1, 3, 88 (*om.* est)

2895 **Ver non semper viret.**
Der Frühling grünt nicht immer.

HW 33033a

2896 **Ver non una dies, non una reducit hirundo.**
Den Frühling bringt nicht ein einzelner Tag, nicht eine einzelne Schwalbe zurück.

ARISTOTELES, ETHICA NICOMACHEA 1, 6.1098a 18:

Μία γὰρ χελιδὼν ἔαρ οὐ ποιεῖ, οὐδὲ μία ἡμέρα.

(Mía gàr chelidòn éar u poieî, udè mía heméra.)

HW 33034

MANTUANUS PARTHENOPAEUS, ECL. (W. Binder 1838)

2897 **vero distinguere falsum**
Wahr und Falsch unterscheiden

HORAZ, EPISTULAE 1, 10, 29

Non qui Sidonio contendere callidus ostro
nescit Aquinatem potantia vellera fucum
certius accipiet damnum propiusve medullis,
quam qui non poterit *vero distinguere falsum.*

Echten sidonischen Purpur verwechseln mit Wollzeug, das Aquinums Pflanzensaft trank, ist Unkenntnis, die Schaden bringt; aber nicht so sicher und nicht so tief im Mark, wie der Mangel an Klarheit über das Wahre und über das Falsche.

(W. Schöne – H. Färber)

vgl. CICERO, PARTITIONES ORATORIAE 139

2898 **Versate diu, quid ferre recusent, quid valeant umeri!**
Überlegt euch lange, was eure Schultern leisten können und was nicht!

HORAZ, DE ARTE POETICA 39f.

Sumitis materiam vestris, qui scribitis, aequam
viribus et *versate diu, quid ferre recusent,*
quid valeant umeri. Cui lecta potenter erit res,
nec facundia deseret hunc nec lucidus ordo.

Nehmt euch Stoff, ihr Männer des Schrifttums, der für eure Kräfte paßt; lange müßt ihr abwägen, was zu schwer für eure Schultern und was sie tragen können: Wo die Wahl dem Können entsprach, wird dem Schaffenden nicht die Gabe des Wortes sich versagen, nicht die ordnende Klarheit.

(W. Schöne – H. Färber)

2899 **Verum gaudium res severa est.**
Wahre Freude ist eine ernste Sache.

SENECA, EPISTULAE MORALES 23, 4

Mihi crede, *verum*...

Glaube mir, wahre...

2900 **Verus amicus est tamquam alter idem.**
Ein wahrer Freund ist gleichsam ein zweites Ich.

CICERO, DE AMICITIA 80

Ipse enim se quisque diligit, non ut aliquam a se ipse mercedem exigat caritatis suae, sed quod per se sibi quisque carus est. Quod nisi idem in amicitiam transferetur, *verus amicus* numquam reperietur; *est* enim is, qui est *tamquam alter idem*.

Jeder liebt ja sich selbst, nicht etwa, weil er von sich selbst irgendeinen Lohn für seine Liebe herausschlagen wollte, sondern weil eben die Selbstliebe ein Naturgesetz ist. Wendet man nicht die gleiche Voraussetzungslosigkeit auf die Freundschaft an, dann wird man nie einen wahren Freund finden können. Denn der wahre Freund ist gleichsam ein zweites Ich.

(M. Faltner)

nach ARISTOTELES, ETHICA NICOMACHEA IX 4. 1166a31: Ἔστι γὰρ ὁ φίλος ἄλλος αὐτός. (Ésti gàr ho phílos állos autós.)

2901 **Verus amicus noscitur ex amore, more, ore, re.**
Den wahren Freund erkennt man an seiner Liebe, seinem Charakter, seinem Gesicht und seinem Geld.

HW 33202a

2902 **Verus amor nullum novit habere modum.**
Wahre Liebe kennt kein Maß.

PROPERZ, ELEGIAE 2, 15, 30

Errat, qui finem vesani quaerit amoris:
Verus amor nullum novit habere modum.

Töricht, wer rasender Liebe versucht eine Grenze zu setzen:
wahrhafte Liebe hat nie, Maß sich zu geben, gelernt.

(W. Willige)

HW 33205; 44239a2

2903 **Vestigia terrent.**
Die Fußstapfen schrecken mich ab.

HORAZ, EPISTULAE 1, 1, 74 (nach ÄSOP, FABULAE 246 Halm)

Olim quod volpes aegroto cauta leoni
respondit, referam: '*Quia* me *vestigia terrent*,
omnia te adversum spectantia, nulla retrorsum.'

So möchte ich mir das Wort aneignen, das seinerzeit der vorsichtige Fuchs dem kranken Löwen zur Antwort gab: «Weil mich die Fußspuren schrecken; sie alle weisen hinein zu dir, keine weist hierher zurück.»

(W. Schöne – H. Färber)

HW 33255

2904 **Vestis virum reddit.**
Das Kleid macht den Mann.
(vgl.: Kleider machen Leute.)

HW 33265a (... facit.); 44241c

ERASMUS, ADAGIA 3, 1, 60 (... facit.);

vgl. 3, 9, 36 (Ex habitu bonum virum prae se fert.)

2905 **Vetera quae nunc sunt, fuerunt olim nova.**
Was jetzt alt ist, war auch einmal neu.

2906 **Veto.**
Ich erhebe Einspruch.
(Wahrnehmung eines absolut hindernden Einspruchsrechtes)

2907 **Via hostibus, qui fugiant, munienda.**
Dem Feind, der flieht, soll man die Bahn ebnen.

Scipio bei VEGETIUS, EPITOMA REI MILITARIS 3, 21

Scipionis ... qui dixit *viam hostibus, qua fugerent, muniendam.*

2908 **Via trita est tutissima.**
Der ausgetretene Weg ist der sicherste.

D. Liebs, V 21 (*om.* est)

2909 **vice versa**
wechselweise
(d. h.: Etwas gilt auch umgekehrt.)

2910 **Vicina semper opibus superbia.**
Hochmut wohnt immer nahe an der Macht.

HW 33289

2911 **Vicina sunt vitia virtutibus.**
Nahe an den Tugenden liegen die Laster.

HIERONYMUS, ADVERSUS LUCIFERIANOS 15 (23, 178 C Migne)

HW 33288b (... saepe sunt virtutibus vitia.); 44247 (Vicina ubique vitia sunt virtutibus.)

2912 **victima nil miserantis Orci**
ein Opfer des mitleidlosen Orkus

HORAZ, CARMINA 2, 3, 24

Divesne prisco natus ab Inacho
nil interest an pauper et infima
de gente sub divo moreris,
victima nil miserantis Orci.

Sei reich, ein Sproß aus Inachus' altem Haus,
Sei arm an Gut, ein Sohn des geringsten Volks:
Wer weilet unterm Himmelszelte,
Gnadlos verfällt er dem Reich des Orkus.

(Kayser – Nordenflycht – Burger – Färber)

2913 **Victoria pax, non pactione parienda.**
Durch einen Sieg, nicht durch einen Vertrag ist der Friede zu gewinnen.

CICERO, AD FAMILIARES 10, 5 (6), 1 K.

Pacis enim auctor eras, cum collega tuus, vir clarissimus, a foedissimis latronibus opsideretur, qui aut positis armis pacem petere debent aut, si pugnantes eam postulant, *victoria pax, non pactione pariendast.*

Du rätst zum Frieden, während Dein Kollege von der ekelhaften Räuberbande belagert wird. Sie soll erst einmal die Waffen niederlegen, ehe sie uns mit Friedenswünschen kommt; fordert sie ihn mit der Waffe in der Hand, dann diktiert der Sieger den Frieden, nicht gütliches Übereinkommen. (an Plancus, 20. 3. 43 v. Chr.)

(H. Kasten)

2914 **Victrix causa diis placuit, sed victa Catoni.**
Die siegreiche Sache gefiel den Göttern, die besiegte dem Cato (Uticensis).

LUKAN, PHARSALIA 1, 128

Quis iustius induit arma,
scire nefas: magno se iudice quisque tuetur;
victrix causa deis placuit, sed victa Catoni.
Nec coiere pares.

(Caesar duldete keinen mehr über sich, Pompeius keinen neben sich.) Wer mit größerem Recht Waffen anlegte, sollen wir nicht wissen: jeder kann sich auf hohe Richter berufen – der Sieger hatte die Götter auf seiner Seite, doch der Verlierer einen Cato. Dabei waren es ungleiche Gegner.

(W. Ehlers)

HW 33303

2915 **Victrix fortunae sapientia.**
Sieger über das Schicksal ist die Weisheit.

JUVENAL, SATURAE 13, 20

Magna quidem, sacris quae dat praecepta libellis,
victrix Fortunae sapientia; ducimus autem
hos quoque felices, qui ferre incommoda vitae
nec iactare iugum vita didicere magistra.

Erhaben zwar ist die Philosophie, die uns in hehren Schriften lehrt, das wechselvolle Schicksal zu besiegen; doch glücklich schätzen wir auch jene, die in des Lebens Schule lernten, des Lebens Unbill zu ertragen und das Joch nicht abzuschütteln.

(H. C. Schnur)

HW 33304

2916 **Videant consules, ne quid detrimenti capiat res publica.**
Die Konsuln mögen Sorge tragen, daß der Staat keinen Schaden nimmt.
(Erklärung des Notstandes)

z. B. CICERO, PRO T. ANNIO MILONE 70 (vgl. ORATIO IN L. CATILINAM 1, 4)

Quamquam, quis hoc credat, Cn. Pompeium, cum senatus ei commiserit, ut *videret, ne quid res publica detrimenti caperet,* quo uno versiculo satis armati semper consules fuerunt, etiam nullis armis datis... iudicium exspectaturum fuisse in eius consiliis, qui vi iudicia ipsa tolleret.

Doch nein, wer wäre bereit zu glauben, daß Cn. Pompeius, den doch der Senat beauftragt hat, er solle Sorge tragen, daß der Staat nicht Schaden leide (und mit dieser Formel waren unsere Konsuln stets hinlänglich bewaffnet, auch ohne sonstige Waffenmacht) – daß Pompeius... das Urteil eines Gerichts abgewartet hätte, um den Mann für seine Anschläge zu bestrafen, der angeblich mit Gewalt die gesamte Gerichtsbarkeit beseitigen wollte?

(M. Fuhrmann)

HW 33310b

2917 **Video meliora proboque, deteriora sequor.**
Ich sehe das Bessere und billige es, folge aber dem Schlechteren.

OVID, METAMORPHOSES 7, 20f.

Excute virgineo conceptas pectore flammas,
si potes, infelix! Si possem, sanior essem;
sed trahit invitam nova vis, aliudque cupido,
mens aliud suadet. *Video meliora proboque,*
deteriora sequor.

Wirf aus der Jungfrauenbrust die eingedrungenen Flammen! –
Wenn du Unselige kannst! – Wenn ich's könnte, wär' ich bei Sinnen.
Aber mich zwingt eine neue Gewalt. Die Liebe, sie rät zum
Einen, zum Andern mein Sinn. Ich sehe und lobe das Beßre,
folge dem Schlechteren doch! (Selbstgespräch Medeas)

(E. Rösch)

HW 33311

2918 **Videre nostra mala non possumus.**
Alii simul delinquunt, censores sumus.
Unsere eigenen Fehler können wir nicht sehen.
Sobald aber andere sündigen, werfen wir uns sogleich zu Zensoren auf.

PHAEDRUS, FABULAE 4, 10, 4f.

Peras imposuit Iuppiter nobis duas:
propriis repletam vitiis post tergum dedit,
alienis ante pectus suspendit gravem.
Hac re *videre nostra mala non possumus;*
alii simul delinquunt, censores sumus.

Zwei Ranzen hat uns Jupiter umgehängt:
den mit den eigenen Fehlern gefüllten legte er auf den Rücken,
den mit den fremden Fehlern schweren vorn auf die Brust.
Daher können wir unsre eigenen Fehler nicht sehen;
Sobald aber andre sündigen, sind wir als Zensoren zur Stelle.

HW 33312 (... delinquant,...)

2919 **Videsne, ut in proverbio sit ovorum inter se similitudo?**
Siehst du, wie die Ähnlichkeit der Eier untereinander zum Sprichwort geworden ist?

CICERO, ACADEMICI LIBRI PRIORES 2, 57

Ut mater geminos internoscit consuetudine oculorum, sic tu internosces, si assueveris. *Videsne, ut in proverbio sit ovorum inter se similitudo?* Tamen hoc accepimus: Deli fuisse complures ..., qui gallinas alere permultas quaestus causa solerent: hi cum ovum inspexerant, quae id gallina peperisset, dicere solebant.

Wie eine Mutter durch die Gewohnheit ihrer Augen ihre Zwillinge unterscheidet, so wirst du den Unterschied sehen, wenn du dich daran gewöhnst. Du siehst doch, wie es im Sprichwort von der Ähnlichkeit der Eier untereinander heißt? Dennoch erfuhren wir dies: Auf Delos habe es ... mehrere gegeben, die sehr viele Hennen aus Erwerbsgründen hielten. Wenn die ein Ei anschauten, pflegten sie zu sagen, welche Henne es gelegt hatte.

2920 **Vides, quod aliis leporem excitavi.**
Du siehst, daß ich den Hasen für einen andern aufgescheucht habe.

PETRON, SATYRICA 131, 8

Et illa gaudio exsultans '*Vides*' inquit 'Chrysis mea, *vides, quod aliis leporem excitavi?*'

Da tat sie einen Freudensprung und rief: «Siehst du, liebste Chrysis, siehst du, wie ich einen Rammler hochgetrieben habe, damit andere ihn schießen?»

(K. Müller – W. Ehlers)

2921 **Videte, quaeso, quid potest pecunia!**
Seht euch, bitte, an, was das Geld vermag!

PLAUTUS, STICHUS 410

EP. *Videte, quaeso, quid potest pecunia.*
Quoniam bene gesta re rediisse me videt
magnasque adportavisse divitias domum,
sine advocatis ibidem in cercuro in stega
in amicitiam atque in gratiam convortimus.

EPIGNOMUS: Ei, seht doch, was das Geld vermag! Weil er nun sieht,
Daß wohlverrichteter Dinge ich zurückgekehrt
Und Geld und Gut in Menge bring in unser Haus,
so hat er ohne fremdes Zutun noch im Schiff
Auf dem Verdeck die Freundschaft wiederhergestellt.

(W. Binder – W. Ludwig)

HW 33313

2922 **Vigilantibus leges sunt scriptae.**
Die Gesetze sind für Wachsame geschrieben.
(d. h.: Man muß wachsam sein, wenn man sein Recht sichern will.)

SCAEVOLA, LIBER QUAESTIONUM PUBLICE TRACTATARUM (DIGESTA 42, 8, 24)

Ius civile *vigilantibus scriptum* est.

Die Bürgersatzung ist für Wachsame geschrieben.

vgl. HW 33326g:

Vigilantibus, non dormientibus servit *lex.*

Den Wachsamen, nicht den Schlafenden dient das Gesetz.

D. Liebs, J 179

2923 **Vigilavit iustitiae oculus sempiternus.**
Das ewige Auge der Gerechtigkeit hat gewacht.

AMMIANUS MARCELLINUS, RES GESTAE 28, 6, 25

Hoc memorando fine externis domesticisque cladibus vexata,
conticuit Tripolis, non indefensa, quia *vigilavit Iustitiae oculus sempiternus.*

Nachdem sie dieses Ende erwähnt hatte, verstummte Tripolis – durch Niederlagen draußen und drinnen geplagt, jedoch nicht unverteidigt, weil das Auge der ewigen Gerechtigkeit wachte.

vgl. ERASMUS, ADAGIA 4, 1, 11 (iustitiae oculus); vgl. 5, 1, 88 (Sero vidit iustitia.)

2924 **Vile donum, vilis gratia.**
Geringe Gabe, geringer Dank.

HW 33331 b; 44272 a

2925 **Vilis saepe cadus nobile nectar habet.**
Ein billiger Krug enthält oft edlen Nektar.

HW 33361

2926 **Vilius argentum est auro, virtutibus aurum.**
Geringer als Gold ist Silber, Gold geringer als Tugend.

HORAZ, EPISTULAE 1, 1, 52

Quis circum pagos et circum compita pugnax
magna coronari contemnat Olympia, cui spes,
cui sit condicio dulcis sine pulvere palmae?
Vilius argentum est auro, virtutibus aurum.

Wer möchte beharrlich Dörfer und Jahrmärkte als Ringkämpfer bereisen und den hehren Kranz von Olympia verschmähen, wenn er die Hoffnung, wenn er alle Aussicht hätte, staublos den köstlichsten Preis zu gewinnen? Tiefer als Gold steht Silber im Wert, Gold tiefer als Tugend.

(W. Schöne – H. Färber)

HW 33363

2927 **Vim vi repellere omnia iura clamant.**
Gewalt mit Gewalt zurückzuweisen verlangt jedes Recht.

vgl. z. B. CICERO, PRO P. SESTIO 39

Quos homines si, id quod facile factu fuit et quod fieri debuit quodque a me optimi et fortissimi cives flagitabant, vi armisque superassem, non verebar, ne quis aut *vim vi repulsam* reprehenderet aut perditorum civium vel potius domesticorum hostium mortem maereret.

Wenn ich diese Leute (d. h. Schurken) – was leicht war, was eigentlich hätte geschehen müssen und was die besten und mutigsten Bürger von mir verlangten – mit bewaffneter Gewalt bezwungen hätte, dann hätte ich nicht zu befürchten gehabt, jemand könne mir aus der Abwehr der Gewalt durch Gewalt einen Vorwurf machen oder über den Tod heilloser Bürger oder vielmehr innerer Feinde betrübt sein.

(M. Fuhrmann)

s. auch ULPIANUS, AD EDICTUM 11 (DIGESTA 4, 2, 12, 1)

HW 33384d (... omnes leges onmiaque iura permittunt.); 44277

D. Liebs, V 26

2928 **Vince animos iramque tuam, qui cetera vincis!**
Bezwinge deine Erregung und deinen Zorn, der du alles übrige schaffst.

Ovid, Heroides 3, 85

HW 33416a

2929 **Vincere scis, Hannibal, victoria uti nescis.**
Zu siegen verstehst du, Hannibal, aber den Sieg zu nutzen, das verstehst du nicht.
(Maharbal zu Hannibal 216 v. Chr.)

Livius, Ab urbe condita 22, 51, 4

Itaque voluntatem se laudare Maharbalis ait; ad consilium pensandum temporis opus esse. Tum Maharbal: 'Non omnia nimirum eidem di dedere. *Vincere scis, Hannibal; victoria uti nescis.*' Mora eius diei satis creditur saluti fuisse urbi atque imperio.

Daher entgegnete Hannibal: Er lobe zwar den guten Willen Maharbals, aber er brauche Zeit, um seinen Vorschlag zu überprüfen. Darauf antwortete Maharbal: «Nicht alles haben die Götter freilich einem einzigen Manne gegeben; zu siegen verstehst du, Hannibal; den Sieg zu nutzen verstehst du nicht.» Man nimmt als ziemlich sicher an, daß der Aufschub dieses einen Tages die Rettung für Hauptstadt und Reich bedeutete.

(J. Feix)

2930 **Vincit omnia veritas.**
Wahrheit siegt über alles.

2931 **Vincula da linguae, vel tibi vincla dabit.**
Lege deiner Zunge Fesseln an, sonst wird sie dir Fesseln anlegen.

HW 33446

2932 **Vino diffugiunt mordaces curae.**
Beim Wein entfliehen die beißenden Sorgen.

vgl. Horaz, Carmina 1, 18, 4

Siccis omnia nam dura deus proposuit neque
mordaces aliter *diffugiunt* sollicitudines.

Sieh! Den Nüchternen teilt alles in Grau immer der Gott nur zu,
Einzig weicht dir im Wein beißende Angst – was nur das Herz beschwert.

(Kayser – Nordenflycht – Burger – Färber)

HW 33458

2933 **Vinum lac senum.**
Wein ist die Milch der Greise.

HW 44296b8;

vgl. HW 33476:

Vinum lac Veneris.

Wein ist die Milch der Venus.

2934 **Violenta nemo imperia continuit diu, moderata durant.**
Gewaltsame Herrschaft hat noch keiner lange aufrechterhalten, gemäßigte hingegen ist von Dauer.

HW 44296d 1 (*om.* moderata durant)

2935 **viperam sub ala nutricare**
eine Schlange unter der Achsel nähren
(vgl.: eine Schlange am Busen nähren)

PETRON, SATYRICA 77, 1

Rogo, Habinna – puto, interfuisti –: 'tu dominam tuam de rebus illis fecisti. Tu parum felix in amicos es. Nemo umquam tibi parem gratiam refert. Tu latifundia possides. Tu *viperam sub ala nutricas*' et... etiam nunc mi restare vitae annos triginta...

Bitt schön, Habinnas – ich glaube, du bist dabeigewesen –: «Du hast deine Gattin mit dem bewußten Mittel in die Hand bekommen. Du hast wenig Glück mit deinen Freunden. Niemand bezeigt dir jemals angemessenen Dank. Du bist Großgrundbesitzer. Du päppelst eine Schlange an deinem Busen.» Und... es bleiben mir jetzt noch 30 Jahre...

(K. Müller – W. Ehlers)

HW 44296d5 (Viperam in sinu fovet.)

2936 **vir bonus, dicendi peritus**
ein tüchtiger, im Reden erfahrener Mann

CATO, AD MARCUM FILIUM, fr. 370 Sch., bei SENECA RHETOR, CONTROVERSIAE 1 pr. 9

Orator est, Marce fili, *vir bonus, dicendi peritus.*

Ein Redner ist, lieber Marcus, ein rechtschaffener Mann, der gut reden kann.

(O. Schönberger)

2937 **Viresque acquirit eundo.**
Und Kräfte gewinnt es (sc. das Gerücht) beim Gehen.

VERGIL, AENEIS 4, 175

Fama, malum qua non aliud velocius ullum:
mobilitate viget *viris*que *adquirit eundo,*
parva metu primo, mox sese attollit in auras
ingrediturque solo et caput inter nubila condit.

Fama, ein Übel, geschwinder im Lauf als irgendein andres,
ist durch Beweglichkeit stark, erwirbt sich Kräfte im Gehen,
klein zunächst aus Furcht, dann wächst sie schnell in die Lüfte,
schreitet am Boden einher und birgt ihr Haupt zwischen Wolken.

(J. Götte)

2938 **viribus unitis**
mit vereinten Kräften

DEVISE, z. B. auf dem US-Dollar

2939 **Viri infelicis procul amici.**
Eines unglücklichen Mannes Freunde sind weit weg.
(d. h.: Sie lassen sich nicht blicken.)
(vgl.: Freunde in der Not, gehen hundert auf ein Lot.)

HW 33637e; vgl. 44302f (... infortunati ...)

Erasmus, Adagia 2, 8, 81 (... infortunati ...); vgl. 2, 3, 86 (Non sunt amici, amici qui degunt procul.)

2940 **Viris fortibus non est opus moenibus.**
Tapfere Männer brauchen keine Festungen.

nach Thukydides, De Bello Peloponnesiaco 7, 77, 7

2941 **vir omnium horarum**
ein Mann für alle Stunden

Quintilian, Institutio oratoria 6, 3, 110

Quod si non totius, ut mihi videtur, orationis color meretur, sed etiam singulis dictis tribuendum est, illa potius urbana ex serio dixerim, quae sunt generis eiusdem, ex quo ridicula ducuntur et tamen ridicula non sunt, ut de Pollione Asinio seriis iocisque pariter accommodato dictum est, esse eum *omnium horarum.*

Wenn aber nicht die Färbung der ganzen Rede, wie es mir erscheint, diesen Namen verdient, sondern er auch einzelnen Äußerungen zugebilligt werden soll, so würde ich lieber im Ernst solche Äußerungen als urban bezeichnen, die zur selben Art gehören, aus der sich lachenerregende Äußerungen gewinnen lassen und die dennoch nicht lachenerregend sind; wie man von Pollio Asinius, dem Ernsthaftes und Scherzhaftes gleicherweise lag, gesagt hat, er sei ein Mann für alle Stunden.

(H. Rahn)

Erasmus, Adagia 1, 3, 86 (omnium horarum vir)

2942 **Virtus est medium vitiorum.**
Tugend ist die rechte Mitte zwischen Fehlern.

Horaz, Epistulae 1, 18, 9

Virtus est medium vitiorum et utrimque reductum.

Tugend hält die Mitte zwischen den Fehlern, hält sich zurück von beidem.

(W. Schöne – H. Färber)

HW 33663 (... et utrimque reductum.)

2943 **Virtus est vitium fugere et sapientia prima stultitia caruisse.**
Tugend übt, wer die Sünde flieht; Abkehr von Torheit ist der Weisheit Anfang.

Horaz, Epistulae 1, 1, 41

(W. Schöne – H. Färber)

HW 33664

2944 **Virtus post nummos!**
Erst das Geld, dann die Tugend!

HORAZ, EPISTULAE 1, 1, 54

O cives, cives, quaerenda pecunia primum est; *virtus post nummos.*

Nein, hört, ihr Bürger: trachtet am ersten nach dem Reichtum; die Taler gehn der Tugend vor.

(W. Schöne – H. Färber)

HW 33686; 44318a1

vgl. ERASMUS, ADAGIA in 2, 9, 38 (Pecunia primum quaerenda.)

2945 **Virtus, recludens inmeritis mori**
caelum, negata temptat iter via.
Wer ganz ein Mann, schwingt, wert der Unsterblichkeit,
Auf sonst versagter Bahn sich zum Himmel auf...

HORAZ, CARMINA 3, 2, 21f.

2946 **Virtus vincit invidiam.**
Tugend siegt über Mißgunst.

2947 **Virtutem incolumem odimus.**
Vollkommene Tugend hassen wir.

HORAZ, CARMINA 3, 24, 31f.

Quatenus, heu nefas,
virtutem incolumem odimus,
sublatam ex oculis quaerimus invidi.

Schändlichen Neides voll,
Sind wir dem Großen gram, das lebt,
Ach! und seufzen ihm nach, wenn es entschwand dem Blick.

(Kayser – Nordenflycht – Burger – Färber)

HW 33712b

2948 **Virtutes paganorum splendida vitia.**
Die Tugenden der Nichtchristen sind glänzende Laster.

vgl. AUGUSTINUS, DE CIVITATE DEI 19, 25

Proinde *virtutes,* quas habere sibi videtur, per quas imperat corpori et vitiis, ad quodlibet adipiscendum vel tenedum rettulerit nisi ad Deum, etiam ipsae *vitia sunt potius quam virtutes*... Ideo non virtutes, sed vitia iudicanda sunt.

Deshalb sind ihre Tugenden, die sie* zu haben glaubt, mit denen sie über Leib und Leidenschaften herrscht, sie mag erlangen oder festhalten, was sie will: da es nicht Gott ist, worauf sie es anlegt, sind ihre Tugenden selbst eher Leidenschaften als Tugenden... sind sie... daher nicht als Tugenden, sondern vielmehr als Laster zu beurteilen. (*sc. die Vernunft)

(C. J. Perl)

HW 33723b

2949 **Virtuti nil invium.**
Für Tapferkeit gibt es keinen unbegehbaren Weg.

OVID, METAMORPHOSES 14, 113

Invia *virtuti* nulla est via.

Dem Tapferen ist kein Gang ungangbar.

(nach E. Rösch)

TACITUS, AGRICOLA 27, 1

Cuius conscientia ac fama ferox exercitus *nihil virtuti* suae *invium* et penetrandam Caledoniam inveniendumque tandem Britanniae terminum continuo proeliorum cursu fremebant.

Das Bewußtsein dieses Erfolgs und der damit verbundene Ruhm machten das Heer kampflustig; nichts sei für ihre Tüchtigkeit unzugänglich, man müsse weiter nach Kaledonien vordringen und endlich den äußersten Punkt Britanniens in einer zusammenhängenden Reihe von Gefechten ausfindig machen, forderte man ungestüm.

(A. Städele)

HW 33729b (... nulla invia via est.)

2950 **Virtutis viam deserit arduae.**
Er verläßt den steilen Pfad der Tugend.

HORAZ, CARMINA 3, 24, 44 (Bußpredigt)

Magnum pauperies opprobrium iubet
quidvis et facere et pati
virtutisque viam deserit arduae?

Wenn als Schande man scheut arm zu sein, und Armut dann
Alles tun und erdulden heißt,
Als zu steil man verläßt ragender Tugend Pfad?

(Kayser – Nordenflycht – Burger – Färber)

2951 **Vis consilii expers mole ruit sua.**
Gewalt ohne Überlegung stürzt durch eigne Wucht.

HORAZ, CARMINA 3, 4, 65

Vis consili expers mole ruit sua,
vim temperatam di quoque provehunt
in maius, idem odere viris
omne nefas animo moventis.

Kraft bar der Weisheit stürzt durch die eigne Wucht,
Kraft, die das Maß hält, fördern die Götter selbst
Noch höher; denn sie hassen Kräfte,
Welche nur Frevel im Sinne wälzen.

(Kayser – Nordenflycht – Burger – Färber)

HW 33766; 44338a1

2952 **vis maior**
höhere Gewalt

PLINIUS MAIOR, NATURALIS HISTORIA 18, 278

vgl. HW 33778g:

Vis maior imis summa miscet numinum.

Die größere Gewalt der Götter mischt das Oberste mit dem Untersten.

2953 **Vita brevis, ars longa.**
Das Leben ist kurz, die Kunst ist lang.

SENECA, DE BREVITATE VITAE 1, 1 (nach HIPPOKRATES, APHORISMATA 1,1)

Nec huic publico, ut opinantur, malo turba tantum et imprudens vulgus ingemuit; clarorum quoque virorum hic affectus querellas evocavit. Inde illa maximi medicorum exclamatio est *vitam brevem esse, longam artem.*

Und über solches Unglück, das angeblich alle ereilt, jammert nicht nur die große Masse und der unverständige Pöbel: Auch berühmten Persönlichkeiten hat dieses Gefühl schon Klagen entlockt. Daher stammt jener Ausspruch des unvergleichlichen Arztes*: «Das Leben ist kurz, weitläufig die Wissenschaft.» (*Gemeint ist Hippokrates.)

(G. Fink)

HW 33829c

2954 **Vitae summa brevis spem nos vetat incohare longam.**
Die kurze Spanne unseres Lebens erlaubt uns nicht, lange Hoffnung zu hegen.

HORAZ, CARMINA 1, 4, 15

Pallida Mors aequo pulsat pede pauperum tabernas
regumque turris. O beate Sesti,
vitae summa brevis spem nos vetat incohare longam:
iam te premet nox fabulaeque Manes
et domus exilis Plutonia...

Klopft doch der Tod, der bleiche, an mit dem gleichen Fuß an Hütten
Wie Königsschloß. O Sestius, Sohn des Glückes,
Kurz ist des Lebens Spanne, vergönnet uns nicht ein langes Hoffen.
Bald deckt dich Nacht, das nichtige Reich der Schatten.
Dürftig ist Plutos Haus...

(Kayser – Nordenflycht – Burger – Färber)

vgl. HW 33886 (... brevis, omnes mors una manet.)

2955 **Vita et fama pari passu ambulant.**
Leben und Leumund gehen im gleichen Schritt einher.

HW 33845h

2956 **Vitae via virtus.**
Tugend: der Weg des Lebens.

2957 **vitam impendere vero**
sein Leben der Wahrheit weihen

JUVENAL, SATURAE 4, 91

Ille igitur numquam derexit bracchia contra
torrentem, nec civis erat qui libera posset
verba animi proferre et *vitam inpendere vero*...

Jener also hat nie seine Arme gegen den tosenden Strom gerichtet, auch war er kein Bürger, der freimütig von der Leber weg sprechen und sein Leben der Wahrheit weihen wollte...

HW 33890e

2958 **Vita morti propior est cottidie.**
Das Leben ist dem Tode täglich näher.

PHAEDRUS, FABULAE 3, 20, 10

HW 33855e

2959 **Vitam regit fortuna, non sapientia.**
Das Leben regiert das Glück, nicht die Weisheit.

CICERO, TUSCULANAE DISPUTATIONES 5, 25

Vexatur idem Theophrastus et libris et scholis omnium philosophorum, quod in Callisthene suo laudarit illam sententiam:
'*Vitam regit fortuna, non sapientia.*'
Negant ab ullo philosopho quicquam dictum esse languidius.
Recte id quidem, sed nihil intellego dici potuisse constantius.

Derselbe Theophrast wird in Büchern und Vorträgen aller Philosophen angegriffen, weil er in seinem Buche 'Kallisthenes' jenen Vers gelobt hat:
«Das Leben regiert das Schicksal, nicht die Weisheit.»
Da wird gesagt, daß kein Philosoph jemals eine schwächlichere Sprache geführt habe. Dies ist sicher richtig, aber ich sehe nicht, wie er konsequenter hätte sein können.»

(O. Gigon)

HW 33895; 44409

2960 **Vitavi culpam, non laudem merui.**
Dann hab' ich (schließlich) Unerlaubtes nicht getan, doch auch kein Lob verdient.

HORAZ, DE ARTE POETICA 267f.

Vitavi denique *culpam,* ...

(W. Schöne – H. Färber)

2961 **Vitia nobis sub virtutum nomine obrepunt.**
Die Laster beschleichen uns unter dem Namen von Tugenden.

SENECA, EPISTULAE MORALES 45, 7

Venit ad me pro amico blandus inimicus; *vitia nobis sub virtutum nomine obrepunt:* temeritas sub titulo fortitudinis latet, moderatio vocatur ignavia, pro cauto timidus accipitur. In his magno periculo erramus: his certas notas imprime!

Es kommt zu mir als Freund ein gleisnerischer Feind: Fehlhaltungen schleichen sich uns unter der Maske charakterlicher Vorzüge ein: Leichtsinn ist unter dem Namen Tapferkeit verborgen, Selbstbeherrschung heißt Feigheit, für vorsichtig hält man den Furchtsamen.

(nach M. Rosenbach)

HW 33908d

2962 **Vitium fuit, nunc mos est assentatio.**
Einst war das ein Laster, jetzt ist es Sitte: die Schmeichelei.

HW 33913

2963 **Vivant sequentes!**
Es leben die Nachfolgenden!

2964 **Vivat, crescat, floreat!**
Es lebe, blühe und wachse!

2965 **viva voce**
mit lebender Stimme
(d. h.: mündlich, nicht schriftlich)

z. B. Seneca Rhetor, Controversiae I paef. 11

quod vulgo aliquando dici solet, sed in illo proprie debet, potui *vivam vocem audire.*

... was man gelegentlich zu sagen pflegt, bei jenem aber wirklich gesagt werden muß: Ich konnte ihn sprechen hören (d. h. bei seinem Vortrag anwesend sein).

vgl. auch Seneca, Epistulae morales 6, 5; 33, 9; Plinius minor, Epistulae 2, 3, 9; Cicero, Ad Atticum 2, 10, 2 (ζώσης φωνῆς – zóses phonês).

HW 33923b (Viva vox docet.); 44413

Erasmus, Adagia 1, 2, 17 (viva vox)

2966 **Vive memor leti!**
Lebe im Gedanken an deinen Tod!

Persius, Saturae 5, 153

'*Vive memor leti!* Fugit hora; hoc, quod loquor, inde est!'
en, quid agis? Duplici in diversum scinderis hamo:
huncine an hunc sequeris? Subeas alternus oportet
ancipiti obsequio dominos, alternus oberres.

«Lebe und denk an den Tod! Es entfliehet die Zeit, da ich rede!»
Nun, wie hältst du's? Ein zweifacher Haken zerrt hier- dich und dorthin:
Folgst du dem oder dem? Unterstell dich im Zwiespalt gehorsam
Wechselnd den beiden Gebietern; so wirst du sie wechselnd versäumen!

(O. Seel)

HW 33944 (..., fugit hora.)

2967 **Vivere est militare.**
Leben heißt kämpfen.

Seneca, Epistulae morales 96, 5

Ipse te interroga, si quis potestatem tibi deus faciat, utrum velis vivere in macello an in castris. Atqui *vivere,* Lucili, *militare est.* Itaque hi, qui iactantur et per operosa atque ardua sursum ac deorsum eunt et expeditiones periculosissimas obeunt, fortes viri sunt primoresque castrorum ...

Frage dich selbst, wenn dir ein Gott die Wahl ließe, ob du lieber auf dem Fleischmarkt leben willst oder im Lager. Und doch, mein Lucilius, Leben ist Kriegsdienst. Daher – die, die umhergeworfen werden, die mühselige und steile Pfade auf und ab gehen und die gefährlichsten Unternehmungen auf sich nehmen, sind tapfere Männer und die Führer im Lager ...

(nach M. Rosenbach)

HW 33984a

2968 **vivere naturae convenienter**
im Einklang mit der Natur leben

KLEANTHES, SVF I 178:

τῇ φύσει ὁμολογουμένως ζῆν (tê phýsei homologuménos zên)

HORAZ, EPISTULAE 1, 10, 12

Vivere naturae si *convenienter* oportet
ponendaeque domo quaerenda est area primum:
novistine locum potiorem rure beato?

Anschluß an die Natur gilt ja als Regel der Lebensführung; und wer sein Haus errichten will, muß Bauland suchen vor allem. Kennst du eine köstlichere Stätte als die Flur mit ihrer Segensfülle?

(W. Schöne – H. Färber)

HW 33985a (... oportet.); vgl. 44416a1

2969 **Vivere si recte nescis, decede peritis!**
Weißt du das Leben nicht recht zu führen, so weiche den Erfahrenen!

HORAZ, EPISTULAE 2, 2, 213

Vivere si recte nescis, decede peritis.
Lusisti satis, edisti satis atque bibisti:
Tempus abire tibi est, ne potum largius aequo
rideat et pulset lasciva decentius aetas.

Lebensglück setzt Lebenskunst voraus: hast du sie nicht, so mache Kennern Platz. Genossen hast du Scherz und Schmaus und Trank: Zeit ist's, du gehst von hinnen; sonst, wenn du allzu reichlich trinkst, foppen und puffen dich jüngere Semester, denen Übermut besser steht.

(W. Schöne – H. Färber)

HW 34001

2970 **Vive valeque!**
Lebe und sei glücklich!

HORAZ, EPISTULAE 1, 6, 67 (u. ö.)

Si, Mimnermus uti censet, sine amore iocisque
nil est iucundum, vivas in amore iocisque.
Vive, vale, siquid novisti rectius istis,
candidus inperti; si nil, his utere mecum.

Hat nach Mimnermus' Ausspruch das Leben keinen Reiz ohne Lieb' und Lust, so magst du leben in Lieb' und Lust.
Leb wohl, fahr wohl! Hast du bessere Weisheit, als ich sie wußte, so gib mir redlich davon ab; wo nicht, so zehre hiervon mit mir!

(W. Schöne – F. Färber)

2971 **Vive, vivite!**
Lebe! Lebt!

vgl. Horaz, Sermones 2, 6, 96f.

Quo, bone, circa,
dum licet, in rebus iucundis *vive* beatus,
vive memor, quam sis aevi brevis!

Derohalben, mein Bester,
lebe herrlich und in Freuden, solang dir's vergönnt ist;
lebe und bedenke, wie kurze Frist dir bleibt!

(W. Schöne – H. Färber)

2972 **Vivit post funera virtus.**
Es lebt nach der Bestattung die Tugend.
(d. h.: Tugend lebt übers Grab hinaus.)

HW 34026; 44420a

2973 **Vivos voco, mortuos plango, fulgura frango.**
Die Lebenden rufe ich, die Toten beklage ich, die Blitze breche ich.

Fr. v. Schiller (1759–1805), Motto zur «Glocke» (erschienen 1799)

2974 **Vix ea nostra voco.**
Kaum nenne ich dies das Unsere.

Ovid, Metamorphoses 13, 141

Nam genus et proavos et quae non fecimus ipsi,
vix ea nostra voco; sed enim quia rettulit Aiax
esse Iovis pronepos, nostri quoque sanguinis auctor
Iuppiter est, totidemque gradus distamus ab illo.

Abkunft nämlich und Ahnen und, was wir selbst nicht geleistet,
nenn ich das Unsrige kaum. Doch da Aiax hier anführt, daß er des
Jupiter Urenkel sei: der ist Erwecker auch unsres
Blutes; von Jupiter ist mein Abstand gleichviele Glieder.
(aus der Rede des Odysseus)

(E. Rösch)

2975 **Vixere fortes ante Agamemnona multi.**
Auch vor Agamemnon lebten schon viele Helden.
(Agamemnon, König von Mykene, war zusammen mit seinem Bruder Menelaus, dem König von Sparta, Führer der Achäer/Griechen im Trojanischen Krieg.)

Horaz, Carmina 4, 9, 25

Vixere fortes ante Agamemnona
multi; sed omnes inlacrimabiles
urgentur ignotique longa
nocte, carent quia vate sacro.

Vor Agamemnon lebte schon mancher Held,
Doch unbeweint hält alle die lange Nacht
Und unbekannt umfangen, denn es
Fehlt der geheiligte Sänger ihnen.

(Kayser – Nordenflycht – Burger – Färber)

2976 **Vixit, dum vixit, bene.**
Er hat, solange er lebte, gut gelebt.

TERENZ, HECYRA 461

PA. Sane hercle homo voluptati obsequens
fuit, dum vixit; et qui sic sunt, haud multum heredem iuvant,
sibi vero hanc relinquont laudem '*vixit, dum vixit, bene*'.
LA. Tum tu igitur nil attulisti plus una hac sententia?

PAMPHILUS: Ach! Solang er lebte, ließ der Mann es sich
Immer wohl sein; und ein solcher macht den Erben niemals reich,
Hinterläßt er auch den Ruhm: «Solang er lebte, lebt' er gut.»
LACHES: Also hast du weiter nichts uns mitgebracht als diesen Spruch?

(J. J. C. Donner)

ERASMUS, ADAGIA 3, 5, 66

2977 **Vix ossibus haeret.**
Er hängt kaum in der Haut.
(d. h.: Er besteht nur noch aus Haut und Knochen.)

VERGIL, BUCOLICA 3, 102

His certe neque amor causa est: *vix ossibus haerent.*
Nescio quis teneros oculus mihi fascinat agnos.

Diesen ist sicher die Liebe nicht schuld, kaum trägt ihr Gebein sie.
Irgendein böser Blick verhext mir die Lämmer, die zarten.
(Klage über den Zustand des Viehs)

(J. Götte)

2978 **volatilis aetas**
die flüchtige Zeit

OVID, METAMORPHOSES 10, 519

Labitur occulte fallitque *volatilis aetas.*

Heimlich entgleitet die flüchtige Zeit in dringender Eile, und nichts Schnelleres ist als die Jahre.

(E. Rösch)

2979 **volens nolens**
wollend und auch nicht wollend
(d. h.: notgedrungen)

SENECA RHETOR, CONTROVERSIAE 9, 3, 8

CICERO, DE NATURA DEORUM 1, 17 (velim nolim.)

AUGUSTINUS, DE CIVITATE DEI 10, 27

HW 34133a; 38844e

vgl. ERASMUS, ADAGIA 1, 3, 45 (nolens volens); 2, 7, 82 (volens nolente animo)

2980 **Volenti non fit iniuria.**
Einem, der es so will, widerfährt kein Unrecht.

Ulpianus, Ad edictum 56 (Digesta 47, 10, 1, 5)

Usque adeo autem iniuria, quae fit liberis nostris, nostrum pudorem pertingit, ut, etiamsi volentem filium quis vendiderit, patri suo quidem nomine competit iniuriarum actio, filii vero nomine non competit, quia *nulla iniuria est, quae in volentem fiat.*

Insoweit berührt aber ein Unrecht, das unseren Kindern widerfährt, doch unser Ehrgefühl, als selbst dann, wenn ein Vater seinen Sohn mit dessen Einverständnis verkauft hat, dem Vater zwar in seinem Namen eine iniuriarum actio zusteht, im Namen seines Sohnes jedoch nicht, da das kein Unrecht ist, was einem mit eigener Einwilligung geschieht.

HW 34133c; 44445a1b

D. Liebs, V 36

2981 **Volo, non valeo.**
Ich will, kann aber nicht.

2982 **volubilis fortuna**
wandelbares Glück

Valerius Maximus, Dicta ac facta memorabilia 7, 1, 1

Volubilis fortunae conplura exempla rettulimus, constanter propitiae admodum pauca narrari possunt.

Für wandelbares Glück haben wir mehrere Beispiele aufgeführt, für beständig gnädiges Glück lassen sich nur sehr wenige nennen.

2983 **Voluptate homines capiuntur ut hamo pisces.**
Von der Lust lassen sich die Menschen fangen wie Fische mit dem Angelhaken.

HW 34141a; 44445c (... capiuntur homines ...)

vgl. Erasmus, Adagia 2, 5, 74 (vorare hamum)

2984 **Voluptatem maeror sequitur.**
Auf das Vergnügen folgt der Kater.

Plautus, Amphitruo 635

AL. Ita dis est placitum, *voluptatem* ut *maeror* comes con*sequatur.*

Alcumena: (So ward es jeglichem
Bestimmt in seinem Leben,) so beschlossen es
Die Götter, daß das Leid der Lust Begleiter ist.

(W. Binder – W. Ludwig)

2985 **volventibus annis**
im Laufe der Jahre

Vergil, Aeneis 1, 234

Certe hinc Romanos olim *volventibus annis*,
hinc fore ductores revocato a sanguine Teucri ...

Ihnen* sollten doch Römer entstammen im Laufe der Jahre
einst und Führer aus neu aufblühendem Blute des Teuker. (*sc. den Trojanern)

(J. Götte)

s. auch Ovid, Metamorphoses 5, 565:

Iuppiter ex aequo volventem dividit annum.

... teilte Jupiter endlich gerecht das rollende Jahr ein.

(E. Rösch)

2986 **voraces inpensae**
gefräßige Unkosten

Valerius Maximus, Dicta ac facta memorabilia 7, 1, 2

(Apollo) insolenter fulgore fortunae suae glorianti* respondit magis se probare ... unum aut alterum iugum boum facilis tutelae quam exercitus et arma et equitatum *voracibus inpensis* onerosum. (*sc. Gygi)

Apollo antwortete dem sich seines glanzvollen Glücks rühmenden Gyges, er schätze ein oder zwei Joch Ochsen, die sich leicht hüten ließen, höher als Heere, Waffen und Reiterei, die nur gefräßige Unkosten verursachten und dadurch zu einer Last würden.

2987 **Vos exemplaria Graeca nocturna versate manu, versate diurna!**
Ihr aber nehmt die griechischen Vorbilder zur Hand bei Nacht, und nehmt sie am Tage euch vor!

Horaz, De arte poetica 268f.

Idcircone vager scribamque licenter? An omnis
visuros peccata putem mea, tutus et intra
spem veniae cautus? Vitavi denique culpam,
non laudem merui. *Vos exemplaria Graeca*
nocturna versate manu, versate diurna!

Soll ich darum mich gehenlassen und lässig schreiben? Oder soll ich annehmen, daß jeder meine Verstöße sieht, und vorsorglich mich selbst vor Fehlern hüten, für die ich auf Nachsicht rechnen kann? Dann hab' ich schließlich Unerlaubtes nicht getan, doch auch kein Lob verdient. Nehmt ihr euch zu Mustern die Griechen: nehmt sie zu jeder Zeit zur Hand, bei Tag und bei Nacht!

(W. Schöne – H. Färber)

2988 **Vox clamantis in deserto.**
Die Stimme des Rufenden in der Wüste.
(Johannes der Täufer)

Matthaeus 3, 3

2989 **Vox et praeterea nihil.**
Ein Wort und weiter nichts.

2990 **Vox faucibus haesit.**
Die Stimme blieb im Halse stecken
(d. h.: Die Stimme versagte ihm.)

VERGIL, AENEIS 2, 774

Quaerenti et tectis urbis sine fine furenti
infelix simulacrum atque ipsius umbra Crëusae
visa mihi ante oculos et nota maior imago.
Obstipui steteruntque comae et *vox faucibus haesit.*

Also suchte und stürmte ich wild durch die Häuser der Stadt hin.
Da erschien ein Unglücksbild, der Schatten Crëusas,
mir vor Augen; ihr Bild überragte die mir einst Vertraute.
Starr stand ich, die Haare gesträubt, mir stockte die Stimme.

(J. Götte)

2991 **Vox populi vox dei.**
Die Stimme des Volkes ist die Stimme Gottes.

PETRUS BLESENSIS (1135–1204), EPISTOLAE 15 (207, 54 C Migne)

HESIOD, ERGA 763f.

Φήμη δ' οὔ τις πάμπαν ἀπόλλυται, ἥν τινα πολλοὶ
λαοὶ φημίξωσι· θεός νύ τίς ἐστι καὶ αὐτή.

(phéme d' ú tis pámpan apóllytai, hén tina polloì
laoì phemíxosi; theós ný tís esti kaì auté.)

Ganz verschwindet es nie, das Gerede, wenn einmal viele
Leute im Munde es führen, es ist ja selbst eine Gottheit.

(A. v. Schirnding)

vgl. SENECA RHETOR, CONTROVERSIAE 1, 1, 10:

Crede mihi, sacra *populi* lingua est.

Glaube mir: Heilig ist die Stimme des Volkes.

PETRUS BLESENSIS, EPISTULAE 15 (207, 54 C Migne):

HW 34182; vgl. 44451:

Vox populi, quaecumque fatur longius, vox dei est.

2992 **Vulcanum naribus efflant.**
Sie schnauben Feuer.

OVID, METAMORPHOSES 7, 104

Ecce adamenteis *Vulcanum naribus efflant*
aeripedes tauri, tactaeque vaporibus herbae
ardent.

Siehe! Die Stiere schnauben aus stählernen Nüstern ihr Feuer,
nahen auf ehernem Fuß; die von dem Odem getroffenen Kräuter
brennen.

(E. Rösch)

2993 **Vulgare amici nomen.**
Verbreitet ist das Wort «Freund».

PHAEDRUS, FABULAE 3, 9, 1

Vulgare amici nomen, sed rara est fides.
Cum parvas aedes sibi fundasset Socrates...
Ex populo sic nescioquis, ut fieri solet:
'Quaeso, tam angustam talis vir ponis domum?'
'Utinam', inquit, 'veris hanc amicis impleam!'

Von Freunden spricht man viel, doch selten ist die Treu.
Es hatte Sokrates ein Häuschen sich erbaut,...
da sagte irgendwer zu ihm, wie man halt spricht:
«Nanu, so enges Häuschen für so großen Mann?»
«O könnt ich's», sprach er, «doch mit wahren Freunden füllen!»

(H. C. Schnur – E. Keller)

HW 34185

2994 **Vulgatum illud, quia verum erat, in proverbium venit, amicitias immortales, mortales inimicitias debere esse.**
Diese allbekannte Tatsache ist, weil sie Wahrheit war, zu einem Sprichwort geworden, daß Freundschaft unvergänglich, Feindschaft dagegen vergänglich sein muß.

(H. J. Hillen)

LIVIUS, AB URBE CONDITA 40, 46, 12

ERASMUS, ADAGIA 4, 5, 26 (Amicitias immortales esse oportet.)

2995 **Vulgi opinio mutari vix potest.**
Die Meinung der Menge läßt sich kaum ändern.

CICERO, TOPICA 73

(K. Bayer)

2996 **Vulgo audio dici: diem adimere aegritudinem hominibus.**
Allgemein höre ich sagen, die Zeit nehme den Menschen ihre Betrübnis.
(vgl.: Zeit heilt Wunden.)

TERENZ, HEAUTONTIMORUMENOS 421 f.

ME. Aut ego profecto ingenio egregio ad miserias
natus sum aut illud falsumst, quod *volgo audio*
dici, diem adimere aegritudinem hominibus;
nam mihi quidem cottidie augescit magis...

MENEDEMUS: Entweder ward ich von Natur vor anderen
Zu Leid geboren, oder 's ist ein falsches Wort,
Daß Gram und Sorge durch die Zeit sich mindere.
Bei mir vermehrt mit jedem Tage sich der Gram...

(J. J. C. Donner)

HW 34187b

2997 **vulpes iungere**
Füchse ins Joch spannen

VERGIL, BUCOLICA 3, 91

Qui Bavium non odit, amet tua carmina, Mevi.
Atque idem *iungat vulpes* et mulgeat hircos.

Wer nicht den Bavius haßt, der liebe auch Mevius' Lieder,
spanne auch Füchse ins Joch an den Pflug und melke sich Böcke!

(J. Götte)

ERASMUS, ADAGIA 1, 3, 50 (iungere vulpes); vgl. 1, 9, 19 (congregare cum leonibus vulpes.)

2998 **Vulpes non iterum capitur laqueo.**
Ein Fuchs geht kein zweitesmal in die Schlinge.

HW 34223b; 44464b1 (... haud rursus...)

ERASMUS, ADAGIA 2, 5, 22; vgl. 1, 10, 17 (Annosa vulpes haud capitur...)

2999 **Vulpes pilum mutat, non mores.**
Der Fuchs wechselt den Balg, aber nicht den Charakter.

SUETON, VITA DIVI VESPASIANI 16, 3

Quidam natura cupidissimum tradunt, idque exprobratum ei a sene bubulco, qui negata sibi gratuita libertate, quam imperium adeptum suppliciter orabat, proclamaverit *'vulpem pilum mutare, non mores'*.

Einige berichten, diese große Habgier sei ein ihm* von Natur gegebener Fehler gewesen, und ein alter Rinderhirt habe ihm das vorgeworfen. Der Mann habe nämlich Vespasian als Kaiser flehentlich gebeten, ihm ohne Loskauf die Freiheit zu gewähren, und habe, als der Kaiser es ihm abschlug, laut ausgerufen: «Der Fuchs wechselt zwar den Balg, aber nicht die Art!» (*Vespasian)

(A. Stahr – F. Schön – G. Waldherr)

HW 34223d; 44464c

3000 **Vultus est index animi.**
Die Miene zeigt die Seelenstimmung an.

vgl. CICERO, DE LEGIBUS 1, 27

Nam et oculi nimis arguti, quemadmodum animo affecti simus, locuntur, et is, qui appellatur *vultus*, qui nullo in animante esse praeter hominem potest, *indicat mores*, quoius vim Graeci norunt, nomen omnino non habent.

Denn allzu lebhafte Augen sagen, wie es um uns im Innern steht, und der sog. *vultus* (die Miene), über den unter allen Lebewesen nur der Mensch verfügt, zeigt den Charakter an; die Sache kennen die Griechen, doch haben sie keine Bezeichnung dafür.

HW 34263f; vgl. 44468 (... interpres animi est.)

Anhang

Stichwortregister

Alle Angaben beziehen sich auf die Übersetzungen der lateinischen Zitate. Unter den Termini «Pflanzen und Pflanzenprodukte» sowie «Tiere» sind alle Stichwörter aus diesen Bereichen geordnet.

Namenregister

Begriffsregister

Quellenregister

Verwendete Abkürzungen

CIL	=	Corpus inscriptionum Latinarum
CRF	=	Comicorum Romanorum fragmenta
GL	=	Grammatici Latini
HW	=	H. Walther
ILS	=	Inscriptiones Latinae selectae
MGH	=	Monumenta Germaniae historica
ORF	=	Oratorum Romanorum fragmenta
PLM	=	Poetae Latini minores
SVF	=	Stoicorum veterum fragmenta

Querverweise

	Beginn des Zitats	teilidentisch bzw. Fortsetzung	variiert	ähnliches Motiv	ähnliche Form
1	ab alio amentatas			833	
2	Ab alio exspectes			109. 2268	
3	Abducet praedam			1983. 2010	
5	ab hoc et ab hac	2086			
28	Accepto			307. 2133	
35	acta agere		2309		
53	Ad impossibilia			324. 1172	
73	Adulatoris laus			1930. 2144	
77	Adversus necessitatem			462. 531. 1009. 1416	
87	Aeris alieni				785. 917. 1085
89	Aestas non semper		1633		
90	Aetas volat			512. 1137	
94	Agunt opus suum			500. 610. 706. 2476	
95	Ait omnia			591. 981. 1531. 1886. 2921	
96	Aiunt homines			1436. 1561	
102	aliena negotia		102. 1561	1436	
104	Aliena vitia			964. 1842. 2033	
105	alienis gloriari			106. 2162	
109	Aliis ne feceris			2. 2268	
110	Aliis si licet			900. 1610	
117	alter ego		134. 2204. 2900		
129	Amici, diem	444			
134	Amicus est	117. 2900	2204		
145	animi sub vulpe	1702		189. 2754	
152	Ante mortem nemo	1445	440		
164	arare bove			15	
170	Arcus nimium		2698	1483	
171	Ardua per praeceps			1677	
177	Arrectae sunt	1717. 2990			
179	Ars longa	2953		255. 396. 1394. 1835. 2954	
188	Aspiciunt oculis			608	
189	Astutam vapido			145. 1702. 2754	
191	Atrocitati mansuetudo				1020. 1269
194	Audaces fortuna		751	1048	
195	Audacter calumniare	261			
197	Audet vel lepus		1355		
199	Audi, vide, sile			206	
203	aurea mediocritas			1043. 1275	
206	Auribus frequentius			199. 306	
207	Auribus teneo		1211. 2697		
209	auri sacra fames	2137		210. 212	
210	Auro loquente			209. 212. 2137	
212	Aurum omnes			209. 210	
217	Avaritia omnia			218. 620. 1812	

	Beginn des Zitats	teilidentisch bzw. Fortsetzung	variiert	ähnliches Motiv	ähnliche Form
218	Avaritia prima			217. 1812	
224	Beati possidentes			1620	
225	Beatus ille	2018			
235	Bene vincit		239	956	
239	Bis vincit		235	936	
241	bolum e faucibus		356		
246	Bonis nocet			248. 1294	
248	Bonos corrumpunt			246. 1294	
249	Bonus esse		278. 575	584. 2230. 2869	
255	Brevis nobis			179. 396. 1394. 1835. 2953. 2954	
261	Calumniare	195			
262	Canes plurimum			264	
264	Canis timidus			262	
267	Cantilenam eandem			2736. 2790	
277	Casus magister			1219	583. 2322. 2803. 2804
278	Cato esse	249	575	584. 2230. 2869	
282	Cautis pericula			683	
285	Cedamus: leve fit	1167			
296	Charta non		554		
297	Cibi condimentum		703. 1817	701. 1252	
299	Cita mors			2659. 2958	
301	Cito arescit		1142. 1519		
306	Claude os			206	
307	Claudit eques			28. 2133	
316	Communia inter		1783	1061	
324	Condicio impossibilis			53. 1172	
330	Consuetudo est			1723. 1936	
337	Contra vim		1673		
346	crambe repetita	1721			
349	Cras vives			1585	
353	Crescentem sequitur			1968	
355	Crescunt anni			520	
356	Crucior bolum		241		
359	Cui bono?			1109	
365	Cuiusvis hominis		883	569. 570	
370	Cum insanientibus			377. 1411	
373	Cum libentissime			536	
374	Cum moritur			1536. 2840	
377	cum ratione			370. 1411	
378	Cum sale panis			643. 929	
379	Cum tacent			2215. 2216. 2380. 2664	
382	Cuneus cuneum			1248. 1558	
388	Custos virtutum			786. 1919. 2948	
393	Dantur opes	2445		398	
396	Da spatium			179. 255. 1394. 1835. 2953. 2954	
410	Deforme est			1155. 2193. 2196	
419	De nihilo			1513. 1676	
424	Desunt inopiae		1035. 1036		
427	Deus det!			429	
429	Deus meliora			427	
432	Di bene vertant		433. 2233		
433	Di bene vortant		432. 2233		

	Beginn des Zitats	teilidentisch bzw. Fortsetzung	variiert	ähnliches Motiv	ähnliche Form
435	dicenda tacenda			436. 2380	
436	Dicere fortasse			435. 2380	
440	Dici beatus		152. 1445		
444	Diem perdidi	129			
445	Diem vesper			1577. 1578	
447	Dies diem			466	
448	Dies dolorem			1692	
450	Differ, habent			1345. 1900	
457	Di meliora		429		
458	Dimidium est		459		
459	Dimidium facti		458		
460	Dimidium plus			2009	
462	dira necessitas			77. 531. 1009. 1416	
464	Dis aliter			2914	
466	Discipulus est			447	
467	Discite iustitiam			1130	
468	Discrepant facta			443. 634	
470	Displicuisse malis			2005	
472	Dives est			473. 514. 1368. 1959. 2316	
473	Dives qui			472. 1368. 1959. 2316	
496	Dos est			1512. 2926	
500	Ducunt volentem			94. 610. 706. 771. 2294. 2475. 2476	
512	Dum loquimur			90. 1137	
514	Dummodo sit			0472. 0473. 1368. 1959. 2316	
520	Dum vires			355	
521	Dum vitant			1760	
531	Durum telum		1009	77. 462. 1413	
535	Ede, bibe, lude	1978			
536	Edere oportet			373	
537	E duobus malis			644	
538	Effugit mortem			1353	
548	Eiusdem est farinae		1777		
554	Epistula non		296		
555	Equi donati		1562		
560	Eripere lupo			1214. 2816	
569	Errare humanum	570		365. 883	
570	Errare humanum	569		365. 883	
575	Esse quam videri		249. 278	584. 2230. 2869	
579	Est modus		2527	1335	
583	Est omnium		2322. 2803	1219. 2804	277
584	Esto, quod			249. 278. 575. 2230. 2869	
585	Est proprium		2033		
591	Et genus			95. 981. 1531. 1886. 2921	
608	Et videt			188	
610	Eunt via		94	2476	
612	Eventus stultorum		2589		
620	Ex avaritia			217. 218. 1812	
634	Ex factis			443. 468	
635	Ex facto			937	
636	Exigit et			681. 1587	
643	Ex magna			378. 929	
644	Ex malis		1318	537	
659	Extrema sunt			2822	

	Beginn des Zitats	teilidentisch bzw. Fortsetzung	variiert	ähnliches Motiv	ähnliche Form
664	Ex uno puteo		1477		
669	Faber est		2603	759	
681	Facis farinam			636	
682	Facit consuetudinem			944	
683	Facit experientia			282	
686	Facta infecta		690. 2238		
689	Factum abiit			1352	
690	Factum illud		686. 2238		
695	Fallit vitium			2911. 2961	
701	Fames est			297. 703. 1252. 1817	
703	Fames optimum			297. 701. 1252. 1817	
705	Fata obstant			500. 771. 2475	
706	Fata viam			94. 500. 610. 2476	
722	Ferreus adsiduo			805. 2579	
723	Ferro nocentius			210. 2137	
749	Forsan et haec		1747. 2063		
751	Fortes fortuna		194		
755	Fortuna caeca			757	
756	fortunae filius			2473. 2820	
759	Fortunam sibi			669. 2603	
770	Frustra laborant		1098	1442	
771	Fugiendo in media			2294. 2475. 2476	
782	Furorne caecus		2199		
785	Gaudii comes				87. 917. 1085
786	Genetrix virtutum			388. 1919. 2948	
795	gloriari alienis	105		106. 2162	
805	Gutta cavat			722. 2579	
833	hastas iacere		1		
837	Hectora quis			1700. 2186. 2945. 2972	
864	Historia vitae				277. 583. 612. 1219. 2322. 2589. 2803. 2804
873	Hoc volo	2486. 2574			
883	Hominis est		365	569. 570	
898	Honesta mors			899. 2078. 2955. 2958	
899	Honesta vita			899. 2078. 2955. 2958	
900	Honestum est			110. 927. 1321. 1610	
904	Honos est		1095. 1096		
905	Honos habet		1595		
909	Horribile dictu				980. 1535
917	Iactantiae comes				87. 785. 1085
927	Id facere			900. 1321	
929	Ieiunus raro			378. 643	
934	Ignis aurum	2808		1570. 1611	
937	Ignorantia facti			635	
944	Iliacos intra			682	
954	Impavidum ferient			2149	
964	In alienis vitiis		104. 1111		
980	incredibile dictu				909. 1535
981	In cunctis pecunia			95. 591. 1531. 1886. 2921	
984	Indignere licet	1134			
992	In eo operam	1745			
1003	Ingenio pollet			2248. 2506	

	Beginn des Zitats	teilidentisch bzw. Fortsetzung	variiert	ähnliches Motiv	ähnliche Form
1009	Ingens telum		531	77. 462. 1413	
1020	Iniuriarum remedium			191. 1269	
1027	In medio consistit		1029	2942	
1029	In medio stat		1027	2942	
1035	Inopiae desunt	424	1036		
1036	Inopiae pauca	424	1035		
1042	· in pertusum			2653	
1043	In plerisque			203. 1275	
1046	In praetoriis		487		
1048	In rebus dubiis			194	
1061	Inter amicos	316. 1793			
1085	Invidia gloriae			87. 785. 917	
1090	Invitat culpam		2176		
1095	Ipsa quidem		904. 1096		
1096	Ipsa quidem		904. 1095		
1098	Ipse Iuppiter		1442	770	
1109	Is fecit			359	
1111	Ita comparatam		964		
1112	Ita est vita			1800	
1130	Iustitia erga			467	
1131	Iustitia fundamentum			2312	
1134	Iuvat inconcessa	984			
1137	Labitur occulte			90. 512	
1140	Labor voluptasque		2810	1593	
1142	Lacrima nil	1519	301		
1144	Laetus sorte			1465. 2212. 2558	
1155	Laus in proprio			410. 2193. 2196	
1167	Leve fit	285			
1171	Levis sit	2531			
1172	Lex cogit		53	324	
1186	Linguam compescere			2931	
1210	Lupo ovem	1834		2816	
1211	lupum auribus	207. 2697			
1212	lupum sub			1215	
1214	Lupus non curat			560. 1214	
1215	Lupus pilum			1212	
1219	Magister alius	2803. 2804		583. 2322	277
1225	Maiora perdes			450. 2878	
1248	Malo nodo		1558	382	
1252	Malum panem			297. 701. 703. 1817	
1263	Mater artium			1413	
1269	Maximum remedium			191. 1020	
1270	Mea virtute me			2841. 2946	
1271	Medice, cura		2686	1273. 1404	
1273	Medicus curat		1404	1271. 2686	
1275	Mediocritas est			203. 1043	
1276	Medio tutissimus			1277	
1277	Medium tenuere			1276	
1294	Mens bona			246. 248	
1318	minima malorum			537. 644	
1321	Minimum decet			900. 927	
1327	Misera mors			1349. 1350	
1328	Miseris succurere	1596			
1335	Modus omnibus			579. 2527	
1345	Mora trahit		1900		
1346	Mors certa			299. 2958	

	Beginn des Zitats	teilidentisch bzw. Fortsetzung	variiert	ähnliches Motiv	ähnliche Form
1347	Mors et fugacem			1348. 1353	
1348	Mors ipsa			1347. 1353	
1349	Mors laborum			1327. 1350	
1350	Mors misera			1327. 1349	
1351	Mors ultima			1810	
1352	Mortalia facta			689	
1353	Morte carent			538	
1355	Mortuo leoni		197		
1368	Multo facilius			514. 2316	
1384	Nabis sine	2510			
1389	Nam vitiis	2515			
1394	Natura dedit			179. 255. 396. 1835. 2953. 2954	
1404	Natura sanat		1273	1271. 2686	
1411	Necesse est		370	377	
1412	Necessitas ante			462. 1413	
1413	Necessitas est			1263	
1414	Necessitas ultimum			77. 531. 1413	
1416	Necessitatem ne dii			462. 531. 1009	
1417	Necessitati parendum		1418		
1418	Necessitati parere		1417		
1427	Nec semper	1635			
1436	Ne depugnes			102	
1438	Nefas propter			2300	
1442	Ne Iuppiter		1098	770	
1445	Nemo ante mortem		152	440	
1451	Nemo est		1505		
1454	Nemo invenitur			1098. 1442	
1460	Nemo nostrum			1884	
1461	Nemo potest			1649	
1465	Nemo sua		2558	1144. 2212	
1477	Neque aqua		664		
1482	Neque semper			170	
1504	Nihil eripit			1590. 1989. 2959	
1505	Nihil est ab		1451		
1508	Nihil est, quod			1509	
1509	Nihil est, quod			1508	
1512	Nihil est			496. 2926	
1513	Nihil ex nihilo			419. 1676	
1519	Nihil lacrima		301. 1142		
1531	Nihil tam fixum			95. 591. 981. 1866. 2921	
1535	Nil est dictu				909. 980
1536	Nil feret			374. 2840	
1555	Nocet empta	2565		1975. 2984	
1557	Nodum in scirpo		1566		
1558	Nodus malus		1248	382	
1559	nolens volens	2979			
1561	Noli curare		102	1436	
1562	Nolumus in equo		555		
1570	Non aurum		1611	934	
1577	Nondum meridies			445. 1578	
1578	Nondum omnium			445. 1577	
1582	Non est ad		1895		
1585	Non est, crede			349	
1587	Non est de			548. 1777	
1590	Non est tuum			1504. 1989. 2959	

	Beginn des Zitats	teilidentisch bzw. Fortsetzung	variiert	ähnliches Motiv	ähnliche Form
1593	Non habet			1140	
1595	Non honor		905		
1596	Non ignara	1328			
1610	Non omne			110. 900	
1611	Non omne		1570	934	
1617	Non ovum		2675		
1620	Non possidentem			224	
1633	Non semper erit		89		
1635	Non semper feriet	1427			
1649	Non vult			1461	
1670	Nulla est iniuria			2980	
1673	Nulla herba			337	
1676	Nullam rem			419. 1513	
1677	Nulla nisi			2950	
1683	Nulla salus			1881	
1691	Nullum simile			1763	
1692	Nullus dolor			448	
1700	Numquam Stygias			837. 2186. 2945. 2972	
1702	Numquam te			145. 189. 2754	
1709	Nunc vino			2932	
1717	Obstipui steteruntque	2990	177		
1721	Occidit miseros	346			
1722	O cives, cives	2068. 2944			
1723	O consuetudo			330. 1936	
1733	Odia qui			2171	
1738	O fortunatum			2225. 2240	
1739	O fortes		1813		
1745	Oleum et operam		992		
1747	Olim meminisse		749. 2063		
1760	Omne nimium			2822	
1763	Omne simile claudicat			1691	
1777	omnes eiusdem		548		
1778	Omni aetati			1346. 1783. 1784	
1783	Omnia mors aequat			2659	
1784	Omnia mors poscit			1346. 1778. 1783	
1793	Omnia sunt	316		1061	
1800	Omnibus telis			1112	
1807	Omni sine			1872. 2079. 2580	
1810	Omnium rerum			1351	
1812	Omnium vitiorum			217. 218	
1813	O passi		1739		
1814	O praeclarum			1214	
1817	Optimum cibi		297. 703	701. 1252	
1834	ovem committere		1214	2816	
1835	O vita			179. 255. 396. 1394. 2953. 2954	
1842	Papulas observatis			104. 2033	
1850	Par pari refertur		1851		
1851	par pari respondere		1850		
1854	Parva do			1856. 2332. 2333	
1856	Parva magnis	2479. 2522		1854. 2332. 2333	
1872	Paulum sepultae			1807. 2079. 2580	
1875	Per aspera		1582		
1881	Pax optima			1683	
1884	Peccare nemini			1460	
1886	Pecuniae omnia			95. 591. 981. 1531. 2931	

	Beginn des Zitats	teilidentisch bzw. Fortsetzung	variiert	ähnliches Motiv	ähnliche Form
1900	Periculum in mora		1345	450	
1919	Pietas est			388. 786. 2948	
1930	Plaudit adulator			73. 2144	
1931	Post facta			1972. 2011	
1936	Plura faciunt			330. 1723	
1940	Plurima mortis			2555	
1959	Pollicitis dives			472. 473. 514. 1368. 1959. 2316	
1968	Post equitem			353	
1972	Post factum			1971. 2011	
1975	Post gaudia			1555. 1897	
1978	Post mortem	535			
1983	Potior est		2010	3	
1989	Praesenti ne			1504. 2959	
1998	Prima et			2100	
2005	Principibus placuisse			3. 1983	
2008	Principis est			2005. 2464	
2009	Principium dimidium			460	
2010	Prior tempore		3	1983	
2011	Priusquam incipias			1972. 2011	
2018	procul negotiis	225			
2033	Proprium est	585		104, 1842	
2061	Quae fuerant			2962	
2063	Quae fuit		749. 1747		
2068	Quaerenda pecunia	1722.2944			
2069	Quae res			2232. 2233	
2078	Qualis vita			898. 899. 2955. 2958	
2079	Quam difficile			1807. 1872. 2580	
2082	Quam quisque			2083	
2083	Quam scit			2082	
2086	Quando conveniunt	5			
2096	Quasi aurum		934. 2483. 2803		
2100	Quem paenitet			1998	
2108	Quia me	2903			
2133	Quid iuvat			28. 307	
2137	Quid non cogis	209			
2161	Qui fugit		2221		
2162	Qui genus			105. 106	
2171	Qui nescit			1733	
2176	Qui non vetat			1090	
2179	Quinque horas		2448		
2186	Qui per virtutem			837. 1700. 2945. 2972	
2193	Qui se ipse			410. 1155. 2196	
2196	Qui sese			410. 1155. 2193	
2199	Quis furor			782	
2204	Qui socius			134. 2900	
2212	Qui suis rebus			1144. 1465. 2558	
2215	Qui tacet consentire			379. 2216. 2380. 2664	
2216	Qui tacet, non			379. 2215. 2380. 2664	
2220	Quivis beatus		1510		
2221	Qui vitat		2161		
2225	Quod bonum		2240	1738	
2230	Quod dare			249. 278. 575. 584. 2869	
2232	Quod deus			432. 433. 2233	
2233	Quod di			432. 433. 2232	

	Beginn des Zitats	teilidentisch bzw. Fortsetzung	variiert	ähnliches Motiv	ähnliche Form
2238	Quod factum		686. 690		
2240	Quod fortunatum		2225	1738	
2248	Quod natura			1003. 2506	
2268	Quod tibi	109	2		
2269	Quod tua			1436. 1561	
2294	Ratio fatum			94. 610. 2476	
2299	Ratio quasi			2600	
2300	Rebus in			1438	
2312	Remota iustitia			1132	
2316	Repente dives			472. 473. 514. 1368	
2320	Rerum humanarum			2959	
2322	Rerum omnium		583. 2803	1219. 2804	277
2332	Res parva magna			2333	
2333	Res parva, sed			2332	
2391	sapienter vitam			2959	
2445	Semper pauper	393		398	
2448	Septem horas		2179		
2464	Servare cives			2005. 2008	
2473	Sibi uni			2820	
2475	Sic erat			500. 771. 2294. 2476	
2476	Sic eunt			72. 2426. 2294	
2479	Si componere		1856. 2522		
2380	Saepe tacere			379. 2215. 2216. 2664	
2484	Sicuti aurum			2096	
2486	Sic volo	873. 2574			
2506	Si natura			1003. 2248	
2510	Sine cortice	1384			
2515	Sine vitiis	1389			
2522	Si parva	2479	1856		
2527	Sit modus		579. 1335		
2531	Sit tibi		1171		
2555	Somnus est			1940	
2558	Sorte sua		1465	1144. 2212	
2565	Sperne voluptates	1555			
2574	Stat pro	873. 2486			
2579	Stillicidii casus			722. 805	
2580	Stimulos dedit			1807. 1872. 2079	
2589	Stultorum eventus		612		
2601	Sua cuique		2725. 2983		
2603	Suae quisque		669	759	
2626	Sui cuique		2629		
2629	Suis fortuna		2626		
2653	Surdas iam			1042	
2659	Sustine paulum			299. 2958	
2664	Tacent, satis			379. 2215. 2216. 2380	
2672	Tamen est	2809		2768	
2675	Tam similis		1614		
2686	Te ipsum		1271	1273. 1404	
2697	tenere lupum		207. 1211		
2698	tensus arcus		170		
2725	Trahit sua	2601		2983	
2736	tundere eandem		2790	267	
2754	Ubi leonis			145. 189. 1702	
2768	Ultra vires			2672. 2809	
2790	Uno opere	2736		267	

	Beginn des Zitats	teilidentisch bzw. Fortsetzung	variiert	ähnliches Motiv	ähnliche Form
2803	Usus efficacissimus		583. 2322	1219. 2804	277
2804	Usus magister		2803	583. 1219. 2322	277
2808	Ut aurum ignis		934		
2809	Ut desint vires	2672			
2810	Utendum aetate			2978	
2816	ut lupus ovem			1210. 1834	
2820	Ut quisque			2473	
2822	Utrumque vitium			1760	
2840	Valere malo			374. 1536	
2841	Valet ancora			1270. 2946	
2869	Vera et sapiens			249. 278. 575. 584. 2230	
2903	Vestigia terrent	2108			
2911	Vicina sunt			695. 2961	
2914	Victrix causa			464	
2921	Videte, quaeso			95. 591. 981. 1531. 1886	
2926	Vilius argentum			496. 1512	
2931	Vincula da			1186	
2932	Vino diffugiunt			1709	
2942	Virtus est medium			659. 1027. 1029. 2822	
2943	Virtus est vitium			2948	
2944	Virtus post	1722. 2068			
2945	Virtus recludens			837. 1700. 2186. 2972	
2946	Virtus vincit			1270. 2841	
2948	virtutes paganorum			2943	
2950	Virtutis viam			1677	
2953	Vita brevis	179		255. 396. 1394. 1835. 2954	
2955	Vita et fama			898. 899. 2078	
2958	Vita morti			2954	
2959	Vitam regit			2320	
2961	Vitia nobis			695. 2911	
2972	Vivit post			837. 1700. 2186. 2945	
2978	volatilis aetas		1137	2810	
2979	volens nolens	1559			
2980	Volenti non		1670		
2983	Voluptate capiuntur			2601. 2725	
2984	Voluptatem maeror			1555. 2565	
2990	Vox faucibus	177. 1717			

Übersetzungen

Apuleius, Der goldene Esel / Metamorphoseon Libri, lateinisch-deutsch, herausgegeben und übersetzt von E. Brandt und W. Ehlers. Mit einer Einführung, Erläuterungen und Literaturhinweisen von N. Holzberg, 5. Aufl., Düsseldorf / Zürich 1998.

Augustinus
- Bekenntnisse / Confessiones, lateinisch-deutsch. Vollständige Ausgabe, eingeleitet und übertragen von W. Thimme, Zürich / Stuttgart 1950.
- Der Gottesstaat / De civitate Dei, in deutscher Sprache von C. J. Perl. Mit einem Namen- und Sachregister von J. Götte, Paderborn / München / Wien / Zürich 1979.

Boethius, Trost der Philosophie / Consolatio philosophiae, lateinisch-deutsch, herausgegeben und übersetzt von E. Gegenschatz und O. Gigon. Mit einer Einführung, Anmerkungen und Literaturhinweisen, 5. Aufl., Düsseldorf / Zürich 1998.

Caesar
- Bürgerkrieg / Bellum Civile, lateinisch-deutsch, herausgegeben und übersetzt von O. Schönberger. Mit einer Einführung, Erläuterungen, einer Zeittafel, einem Register und Literaturhinweisen, 3. Aufl., Düsseldorf / Zürich 1998.
- Der Gallische Krieg / De bello Gallico, lateinisch-deutsch, neu herausgegeben und übersetzt von O. Schönberger. Mit einer Einführung, Erläuterungen, Literaturhinweisen und einem Register, München 1990.

Cato, Vom Landbau / Fragmente / Alle erhaltenen Schriften, lateinisch-deutsch, herausgegeben und übersetzt von O. Schönberger, München 1980.

Catull, Sämtliche Gedichte, lateinisch-deutsch, herausgegeben von W. Eisenhut, 10. Aufl., München 1993.

Cicero
- Atticus-Briefe, lateinisch-deutsch, herausgegeben von H. Kasten, 5. Aufl., München 1998.
- An Bruder Quintus / Epistulae ad Quintum fratrem, Epistulae ad Brutum, accedit Q. Tulli Ciceronis Commentariolum petitionis, lateinisch-deutsch, ed. H. Kasten, München 1965.
- An seine Freunde / Epistulae ad familiares, lateinisch-deutsch, herausgegeben und übersetzt von H. Kasten, 5. Aufl., Düsseldorf / Zürich 1997.
- Brutus, lateinisch-deutsch, herausgegeben und übersetzt von B. Kytzler. Mit einer Einführung, einem Register, Literaturhinweisen und zwei Stammtafeln, 4. Aufl., München 1990.
- Cato d. Ä. / Über das Alter / Laelius / Über die Freundschaft, lateinisch-deutsch, herausgegeben und übersetzt von M. Faltner. Mit einer Einführung, Erläuterungen und Literaturhinweisen von G. Fink, 2. Aufl., München 1993.
- Über das Fatum / De fato, lateinisch-deutsch, herausgegeben von K. Bayer, 3. Aufl., München 1980.
- Über die Gesetze, Stoische Paradoxien / De legibus, Paradoxa Stoicorum, lateinisch-deutsch, herausgegeben, übersetzt und erläutert von R. Nickel, Zürich 1994.
- Gespräche in Tusculum / Tusculanae disputationes, lateinisch-deutsch, herausgegeben und übersetzt von O. Gigon. Mit einer Einführung, Anmerkungen, einem Literaturverzeichnis und einem Register, 7. Aufl., Düsseldorf / Zürich 1998.
- Vom rechten Handeln / De officiis, lateinisch-deutsch, herausgegeben und übersetzt von K. Büchner. Mit einer Einführung, einem erläuternden Verzeichnis der Eigennamen und Literaturhinweisen, 4. Aufl., München 1994.
- Hortensius, Lucullus, Academici libri, lateinisch-deutsch, herausgegeben, übersetzt und kommentiert von L. Straume-Zimmermann, F. Broemser und O. Gigon, Zürich 1990.
- Orator, lateinisch-deutsch, herausgegeben von B. Kytzler, 4., durchgesehene Aufl., Düsseldorf / Zürich 1998.
- Rhetorik in Frage und Antwort / Partitiones oratoriae, lateinisch-deutsch, herausgegeben, übersetzt und erläutert von K. Bayer, Zürich 1994.
- Der Staat / De re publica, lateinisch-deutsch, herausgegeben und übersetzt von K. Büchner. Mit einer Einführung, einem erläuternden Verzeichnis der Eigennamen und Literaturhinweisen, 5. Aufl., München 1993.
- Die Kunst, richtig zu argumentieren / Topica, lateinisch-deutsch, herausgegeben, übersetzt und erläutert von K. Bayer, München 1993.
- Über die Wahrsagung / De divinatione, lateinisch-deutsch, herausgegeben und übersetzt von Chr. Schäublin. Mit einer Einführung, Anmerkungen und Literaturhinweisen, München 1991.
- Vom Wesen der Götter / De natura deorum, lateinisch-deutsch, herausgegeben und übersetzt von W. Gerlach und K. Bayer. Mit einer Einführung, Erläuterungen, einer Dokumentation der Wirkungsgeschichte, Literaturhinwaeisen und einem Register, 3. Aufl., München 1990.

- Über die Ziele des menschlichen Handelns / De finibus bonorum et malorum, lateinisch-deutsch, herausgegeben, neu übertragen und kommentiert von O. Gigon und L. Straume. Mit einer Einführung, Erläuterungen und Literaturhinweisen, München 1988.
- Die politischen Reden, 3 Bde., lateinisch-deutsch, herausgegeben, übersetzt und erläutert von M. Fuhrmann, München 1993.
- Die Reden gegen C. Verres, 2 Bde., lateinisch-deutsch, herausgegeben und übersetzt von M. Fuhrmann, Zürich 1995.
- Die Prozeßreden, 2 Bde., lateinisch-deutsch, herausgegeben und übersetzt von M. Fuhrmann, Düsseldorf / Zürich 1997.

Columella, 12 Bücher über die Landwirtschaft in drei Bänden / De re rustica
- Band I, lateinisch-deutsch, herausgegeben von W. Richter, München 1981.
- Band II, lateinisch-deutsch, herausgegeben von W. Richter, München 1982.
- Band III, lateinisch-deutsch, herausgegeben von W. Richter. Mit einem Gesamtregister für alle drei Bände von R. Heine, München 1983.

Curtius, Geschichte Alexanders des Großen / (Historiae Alexandri Magni regis Macedonum), lateinisch-deutsch, von K. Müller und H. Schöndorf. Mit einer Einführung, Erläuterungen und Literaturhinweisen, München 1954.

Gellius, Die Attischen Nächte, zum ersten Male vollständig übersetzt und mit Anmerkungen versehen von F. Weiss, Bd. I (I.–VIII. Buch); Bd. II (IX.–XX. Buch), Leipzig 1875; Nachdruck: Darmstadt 1981.

Hesiod, Theogonie / Erga, griechisch-deutsch, herausgegeben und übersetzt von A. v. Schirnding. Mit einer Einführung, Erläuterungen und Literaturhinweisen von E. G. Schmitt, 2. Aufl., Düsseldorf / Zürich 1997.

Horaz, Sämtliche Werke, lateinisch-deutsch, nach Kayser, Nordenflycht und Burger herausgegeben von H. Färber und W. Schöne. Mit Erläuterungen, Namensregister, Verzeichnis der Gedichtanfänge, Literaturhinweisen und einer Zeittafel, 11. Aufl., München 1993.

Juvenal, Satiren / Saturae, lateinisch-deutsch, herausgegeben, übersetzt und mit Anmerkungen versehen von J. Adamietz, München 1993.

Livius, Römische Geschichte / (Ab urbe condita), lateinisch-deutsch, mit Einführung, Erläuterungen und Literaturhinweisen, 11 Bde., übersetzt und herausgegeben von H. J. Hillen und J. Feix, München / Zürich / Düsseldorf 1977–1999.

Lucan, Der Bürgerkrieg / Bellum civile, herausgegeben und übersetzt von W. Ehlers. Mit einer Einführung, Erläuterungen und Literaturhinweisen. 2. Aufl., München 1978.

Lukrez, Von der Natur / De rerum natura, lateinisch-deutsch, herausgegeben und übersetzt von H. Diels, mit einer Einführung und Erläuterungen von E. G. Schmidt, München 1993.

Martial, Epigramme / (Epigrammata), eingeleitet und im antiken Versmaß übertragen von R. Helm, Zürich / Stuttgart 1957.

Minucius Felix, Octavius, lateinisch-deutsch, herausgegeben, übersetzt und eingeleitet von B. Kytzler, München 1965.

Nepos, Kurzbiographien und Fragmente / (De viris illustribus), lateinisch-deutsch, herausgegeben von H. Färber, München 1952.

Ovid
- Briefe aus der Verbannung / Tristia / Epistulae ex ponto, lateinisch-deutsch, herausgegeben und übersetzt von W. Willige. Mit einer Einführung, Anmerkungen und Literaturhinweisen von N. Holzberg, 2. Aufl., München 1995.
- Festkalender / Fasti, lateinisch-deutsch, auf der Grundlage der Ausgabe von W. Gerlach neu übersetzt und herausgegeben von N. Holzberg, Zürich 1995.
- Liebesbriefe / Heroides – Epistulae, lateinisch-deutsch, herausgegeben und übersetzt von B. W. Häuptli, Zürich 1995.
- Liebesgedichte / Amores, lateinisch-deutsch, herausgegeben von W. Marg und R. Harder. Mit einer Einführung, Anmerkungen, Literaturhinweisen und einem Register, 7. Aufl., München 1992.
- Liebeskunst / Ars amatoria, lateinisch-deutsch, zusammen mit den «Heilmitteln gegen die Liebe» (Remedia amoris) herausgegeben und übersetzt von N. Holzberg. Mit einer Einführung, Erläuterungen und Literaturhinweisen, 4. Aufl., München 1999.
- Metamorphosen, lateinisch-deutsch, herausgegeben und übersetzt von E. Rösch. Mit einer Einführung von N. Holzberg, Anmerkungen, Register und Literaturhinweisen, 14. Aufl., Düsseldorf / Zürich 1996.

Persius, Die Satiren des Persius / (Saturae), lateinisch und deutsch, herausgegeben von O. Seel, 2. Aufl., München 1950.

Petron, Satyrica, lateinisch-deutsch, herausgegeben von K. Müller und W. Ehlers, 4. Aufl., Zürich 1995.

Phaedrus, in: Fabeln der Antike, griechisch-lateinisch-deutsch, herausgegeben von H. C. Schnur, bearbeitet von E. Keller, 2. Aufl., München 1985.

Pindar, Siegeslieder, griechisch-deutsch, herausgegeben, übersetzt und mit einer Einführung versehen von D. Bremer, München 1992.

Plautus, in: Antike Komödien
- Band II, herausgegeben und mit einem Nachwort und Anmerkungen versehen in einer grundlegenden Neubearbeitung der Übersetzung von W. Binder (Stuttgart 1964ff.) durch W. Ludwig, München o. J. (enthält Amphitruo, Persa)

– Band III, wie bei Band II, München o. J. (enthält Poenulus, Truculentus; dazu Terenz, s. u.)

Plinius d. Ä., Naturkunde / Naturalis historia, 37 Bücher, herausgegeben von R. König / G. Winkler / K. Bayer / J. Hopp, München 1973–1996.

Plinius d. J., Briefe / Epistulae, lateinisch-deutsch, herausgegeben und übersetzt von H. Kasten. Mit einer Einführung, Erläuterungen, Registern und Literaturhinweisen, 6. Aufl., München 1990.

Properz, Elegien / (Elegiae), lateinisch-deutsch, übersetzt und herausgegeben von W. Willige, München 1950.

Publilius Syrus, Die Sprüche des Publilius Syrus / (Publilii Syri Sententiae), lateinisch-deutsch, herausgegeben von H. Beckby, München 1969.

Quintilian, Ausbildung des Redners. Zwölf Bücher, herausgegeben und übersetzt von H. Rahn. Teil I (Buch I–VI); Teil II (Buch VII–XII), Darmstadt 1988.

Rhetorica ad Herennium, lateinisch-deutsch, herausgegeben und übersetzt von Theodor Nüßlein, 2. Aufl., Düsseldorf / Zürich 1998.

Sallust, Werke und Schriften, lateinisch-deutsch, herausgegeben und übersetzt von W. Eisenhut und J. Lindauer. Mit einer Einführung, Erläuterungen, Literaturhinweisen und Register, 2. Aufl., München / Zürich 1994.

Seneca
- Die kleinen Dialoge, 2 Bde., lateinisch-deutsch, herausgegeben von G. Fink, 2. Aufl., München 1992.
- Apocolocyntosis, lateinisch-deutsch, herausgegeben von W. Schöne, München 1957.
- Philosophische Schriften. Ad Lucilium Epistulae morales / An Lucilius Briefe über Ethik, übersetzt, eingeleitet und mit Anmerkungen versehen von M. Rosenbach, Band III (1–69) 1974; Band IV (70–125, [125]), Darmstadt 1984.
- Briefe an Lucilius, Gesamtausgabe I (Briefe 1–80), neu übersetzt und mit Erläuterungen sowie einem Essay ‹Zum Verständnis des Werkes› herausgegeben von E. Glaser-Gerhard, Reinbek bei Hamburg 1965.

Sueton, Leben der Caesaren, übersetzt und mit Anmerkungen, Register sowie einem Essay ‹Zum Verständnis des Werkes› herausgegeben von A. Lambert, Reinbek bei Hamburg 1960.
- Sämtliche erhaltene Werke, unter Zugrundelegung der Übertragung von A. Stahr neu bearbeitet von F. Schön und G. Waldherr, mit einer Einleitung von F. Schön, Essen 1987.

Tacitus
- Agricola / Germania, lateinisch-deutsch, herausgegeben und übersetzt von A. Städele. Mit einer Einführung, Anmerkungen, einer Zeittafel Register, Literaturhinweisen und 2 Karten, München 1991.
- Annalen / Annales, lateinisch-deutsch, herausgegeben von E. Heller, 3. Aufl., Düsseldorf / Zürich 1997.
- Das Gespräch über die Redner / Dialogus de oratoribus, lateinisch-deutsch, herausgegeben und übersetzt von H. Volkmer, 4., durchges. Aufl., Düsseldorf / Zürich 1998.
- Historien / Historia, lateinisch-deutsch, herausgegeben und übersetzt von J. Borst unter Mitarbeit von H. Hross und H. Borst. Mit einer Einführung, Anmerkungen, Literaturhinweisen und einem Register, 5. Aufl., München 1984.

Terenz, in: Antike Komödien, Band III, in der Übersetzung von J. J. C. Donner (Leipzig und Heidelberg 1964), München o. J. (zusammen mit Plautus, Poenulus, Truculentus, s. o. bei Plautus).

Tibull und sein Kreis, lateinisch-deutsch, herausgegeben von W. Willige, München 1966.

Vergil
- Aeneis, lateinisch-deutsch, herausgegeben und übersetzt von M. und J. Götte. Mit einem Nachwort und Literaturhinweisen von B. Kytzler, einer Zeittafel und einem Register, 9. Aufl., Düsseldorf / Zürich 1997.
- Landleben / Catalepton / Bucolica / Georgica, herausgegeben von J. und M. Götte; Vergil-Viten (Vitae Vergilianae), herausgegeben von K. Bayer, lateinisch-deutsch. Mit Einführung, Erläuterungen und Literaturhinweisen, 6. Aufl., München / Zürich 1995.

Nicht näher bezeichnete Übersetzungen stammen vom Verfasser.

Literatur

J. Albinus, Epigrammata ex M. Val. Martiale selecta, Monosticha item Ethica et Politica veterum sapientum, Elbing 1609.

K. Bartels, Veni vidi vici. Geflügelte Worte aus dem Griechischen und Lateinischen, 8. Aufl., Zürich 1990.

W. Binder, Medulla Proverbiorum Latinorum, Stuttgart 1856.

F. Bömer, Lateinische Zitate, in: Gymnasium 102 (1995), S. 437–440.

G. Büchmann / W. Robert-Tornow / K. Weidling / E. Ippel / B. Krieger / G. Haupt / W. Rust / A. Grunow, Geflügelte Worte. Der Zitatenschatz des deutschen Volkes, 3 Bde., München 1967 u. ö. [erstmals 1864].

O. Cato / H. Birnbaum, Lateinische Zitate, Kernsprüche und Redensarten, Hildesheim 1985 (vormals Cato major, Leipzig o. J.)

J. M. und M. J. Cohen, A treasure-trove of new gens and old favourites from Aesop and Matthew Arnold to Xenophon and Zola, London 1960.

K. Eichenholz, Lateinische Citate mit deutscher Übersetzung. Lateinische Sprüche, Wörter und Sprüchwörter, Hamburg o. J.

Erasmus von Rotterdam, Adagia. Ausgabe, Leiden 1703, recogn. Johannes Clericus, Bd. 2, Nachdr. Hildesheim/Zürich/New York 1961.

A. Fritsch, Timeo lectorem unius libri, in: Vox Latina 19 (1983), fasc. 73, S. 309–315.

A. Fritsch, Index sententiarum ac locutionum. Handbuch lateinischer Sätze und Redewendungen, Saraviponti / Saarbrücken 1996.

A. Grunow, Führende Worte, Bd. 3, Berlin 1963.

Th. Knecht, Das römische Sprichwort – Abgrenzung, Formen, Anwendung, in: Dialog Schule–Wissenschaft. Klassische Sprachen und Literaturen, Band XX, München 1986, S. 47–59.

Th. Knecht, Eile mit Weile – Vom Ursprung und von der Überlieferung griechischer Sprichwörter, in: Dialog Schule–Wissenschaft. Klassische Sprachen und Literaturen, Band XXVIII, München 1994, S. 102–113.

D. Liebs, Lateinische Rechtsregeln und Rechtssprichwörter, unter Mitarbeit von H. Lehmann und G. Strobel zusammengestellt, München 1982.

H. Neu, Patriae inserviendo consumor, in: Gymnasium 100 (1993), S. 267–271.

A. Otto / R. Häussler, Die Sprichwörter und sprichwörtlichen Redensarten der Römer, Darmstadt 1968 [Leipzig 1890].

H. G. Reichert, Unvergängliche lateinische Spruchweisheit, Wiesbaden o. J. [Hamburg 1956].

L. Röhrich, Lexikon der sprichwörtlichen Redensarten, 5 Bde., Freiburg/Basel/Wien 1994.

O. de Rudda, Aperto Libro. Citations et pensées latines. Larousse – le souffle des mots.

A. Sellner, Latein im Alltag, Wiesbaden 1980.

H. Sichtermann, De gustibus, in: Gymnasium 81 (1974), S. 1–40.

P. B. Sepp, Varia. Eine Sammlung von lateinischen und deutschen Versen, Sprüchen und Redensarten, 6. Aufl., Augsburg 1894.

H. Walther, Lateinische Sprichwörter und Sentenzen des Mittelalters in alphabetischer Anordnung, 6 Bde., Göttingen 1963ff.

J. Werner / P. Flury, Lateinische Sprichwörter und Sinnsprüche des Mittelalters, 2. Aufl., Heidelberg 1966.

Zenobii Athoi, Proverbia, Bd. 4, ed. W. Bühler, Göttingen/Zürich 1982.

R. Zoozmann / O. A. Kielmeyer, Zitatenschatz der Weltliteratur. Eine Sammlung von Zitaten, Sequenzen, Aphorismen, Epigrammen, Sprichwörtern, Redensarten und Aussprüchen, Königstein i. Ts., 12. Aufl. 1980.